## Die Bonus-Seite

### Ihr Vorteil als Käufer dieses Buches

Auf der Bonus-Webseite zu diesem Buch finden Sie zusätzliche Informationen und Services. Dazu gehört auch ein kostenloser **Testzugang** zur Online-Fassung Ihres Buches. Und der besondere Vorteil: Wenn Sie Ihr **Online-Buch** auch weiterhin nutzen wollen, erhalten Sie den vollen Zugang zum **Vorzugspreis**.

### So nutzen Sie Ihren Vorteil

Halten Sie den unten abgedruckten Zugangscode bereit und gehen Sie auf **www.sap-press.de**. Dort finden Sie den Kasten **Die Bonus-Seite für Buchkäufer**. Klicken Sie auf **Zur Bonus-Seite/ Buch registrieren**, und geben Sie Ihren **Zugangscode** ein. Schon stehen Ihnen die Bonus-Angebote zur Verfügung.

Ihr persönlicher **Zugangscode**

x2q5-ukjy-gdsc-tmvh

Das ABAP®-Kochbuch

SAP PRESS

SAP PRESS ist eine gemeinschaftliche Initiative von SAP und Galileo Press. Ziel ist es, Anwendern qualifiziertes SAP-Wissen zur Verfügung zu stellen. SAP PRESS vereint das fachliche Know-how der SAP und die verlegerische Kompetenz von Galileo Press. Die Bücher bieten Expertenwissen zu technischen wie auch zu betriebswirtschaftlichen SAP-Themen.

Christian Assig
ABAP Workbench – 100 Tipps & Tricks
2012, 405 S., brosch.
ISBN 978-3-8362-1719-4

Roland Schwaiger
Schrödinger programmiert ABAP – Das etwas andere Fachbuch
2013, 735 S., brosch.
ISBN 978-3-8362-1858-0

Horst Keller, Sascha Krüger
ABAP Objects – ABAP-Programmierung mit SAP NetWeaver
3., aktualisierte und erweiterte Auflage 2006, 1147 S., geb.
ISBN 978-3-8362-358-8

Schneider, Westenberger, Gahm
ABAP-Entwicklung für SAP HANA
2013, ca. 530 S., geb.
ISBN 978-3-8362-1996-9

Petra Hunger, Thomas Klein
ABAP-Programmierung für den Vertrieb mit SAP
2. Auflage 2012, 276 S., geb.
ISBN 978-3-8362-1934-1

Aktuelle Angaben zum gesamten SAP PRESS-Programm finden Sie unter *www.sap-press.de.*

# Auf einen Blick

Der Name Galileo Press geht auf den italienischen Mathematiker und Philosophen Galileo Galilei (1564–1642) zurück. Er gilt als Gründungsfigur der neuzeitlichen Wissenschaft und wurde berühmt als Verfechter des modernen, heliozentrischen Weltbilds. Legendär ist sein Ausspruch *Eppur si muove* (Und sie bewegt sich doch). Das Emblem von Galileo Press ist der Jupiter, umkreist von den vier Galileischen Monden. Galilei entdeckte die nach ihm benannten Monde 1610.

**Lektorat** Janina Schweitzer
**Korrektorat** Alexandra Müller, Olfen
**Herstellung** Norbert Englert
**Einbandgestaltung** Sabine Reibeholz
**Titelbild** Veer: 1185347 © sirylok
**Typografie und Layout** Vera Brauner
**Satz** III-satz, Husby
**Druck und Bindung** Wilco, Amersfoort

**Gerne stehen wir Ihnen mit Rat und Tat zur Seite:**
janina.schweitzer@galileo-press.de bei Fragen und Anmerkungen zum Inhalt des Buches
service@galileo-press.de für versandkostenfreie Bestellungen und Reklamationen
thomas.losch@galileo-press.de für Rezensionsexemplare

**Bibliografische Information der Deutschen Nationalbibliothek**
Die Deutsche Nationalbibliothek verzeichnet diese Publikation in der Deutschen Nationalbibliografie; detaillierte bibliografische Daten sind im Internet über http://dnb.d-nb.de abrufbar.

**ISBN 978-3-8362-2108-5**


1. Auflage 2013

# Inhalt

# Vorwort

Glückwunsch – Sie halten unser erstes ABAP-Kochbuch in Ihren Händen. 656 Seiten stark und mit vielen Rezepten, zubereitet mit viel Wissen, Erfahrung und Leidenschaft. Gewürzt mit einer Prise Praktikabilität – und verfeinert mit einem inhaltlichen roten Faden, der Ihnen schrittweise die Welt der effizienten SAP-Programmierung näherbringen wird. Oder, um in der Bildsprache des Kochens zu bleiben: Dieses Buch will Ihnen die Grundlagen und Konzepte der ABAP-Programmierung häppchenweise schmackhaft machen. Nicht nur theoretisch, sondern auf eine nützliche und praktische Art. Es soll in diesem Buch nicht nur, wie in vielen anderen Werken aus dem SAP-Bereich, um das »Wie?« gehen. Das bloße Nachkochen von Rezepten würde aus einem ordentlichen Koch auch nie einen richtig guten Koch werden lassen. Es wird in diesem Buch vor allem um das »Warum?« gehen. Ihnen werden Wege und Mittel – Rezepte – aufgezeigt, die Ihnen nicht nur die wichtigsten Zutaten für ein Menü nennen, sondern auch die Wirkung und Zusammenhänge der einzelnen Zutaten näherbringen. Denn die Frage, die Sie sich als SAP-Entwickler stellen müssen, um die Zusammenhänge besser zu verstehen, ist weniger die, wie etwas programmiert wird, sondern die, warum ein Werkzeug im Fall XY am besten eingesetzt werden sollte. Und zwar so einfach und wirkungsvoll wie möglich.

### Praktisches Hilfsmittel

Dieses Werk soll für Sie einen ganz praktischen Nutzen haben. Das inhaltliche Konzept sieht entsprechend vor, Ihnen so übersichtliche und sinnvolle Hilfsmittel wie möglich an die Hand zu geben. Dazu gehören:

- Kapitel, die mit kleinen Ausnahmen separat voneinander bearbeitet werden können
- ein zusammenhängendes Ticketsystem als Beispielanwendung, das Sie als Leser Schritt für Schritt anhand einer typischen Anwendung programmieren können. Am Ende wird Ihnen ein solides

Grundgerüst zur Verfügung stehen, das von Ihnen jederzeit und nach eigenen Bedürfnissen erweitert und angepasst werden kann.

- Arbeitsanweisungen, die Ihnen beschreiben, wie die notwendigen Objekte im Detail angelegt werden müssen
- 20 Kapitel, jede Menge Inhalt

Einen detaillierten Überblick über jedes einzelne Kapitel erspare ich Ihnen in diesem Vorwort. Folgen Sie einfach dem Inhaltsverzeichnis, und Sie werden schnell und übersichtlich die für Sie nützlichsten Inhalte wiederfinden. Sie können aber davon ausgehen, dass die folgenden 20 Kapitel das Feld der SAP-Programmierung rundum beleuchten werden, angefangen mit wichtigen Tipps, die den Weg der Entwicklung einer speziellen SAP-Anwendung einfacher machen sollen. Unter anderem werden Sie Tabellen mit den entsprechenden Tabellenpflegedialogen und eigenständige Module erstellen sowie Daten komfortabel bearbeiten.

In vielen Kapiteln stehen besonders die Themen Modularisierung und Wiederverwendbarkeit im Vordergrund. Entwickeln, sammeln und bereiten Sie aktuelle Meldungstexte und Protokolle auf, erfahren Sie mehr über Änderungsbelege, und programmieren Sie die Darstellung einer Teamstruktur. Beschäftigen Sie sich mit der Anzeige und Interaktion von dynamischen Dokumenten, erfahren Sie mehr über das Schubladen-Control, und bauen Sie bereits erstellte Module in ein Hauptprogramm ein. Programmieren Sie einen Report, oder tauchen Sie in die Welt von Drag & Drop ein. Darüber hinaus präsentiert Ihnen dieses Buch die Möglichkeiten des ALV Grid Controls und von SAP Smart Forms sowie eine Einführung in die Erstellung eines Formulars. Weitere spannende Standard-SAP-Hilfsmittel sind die Generic Object Services, kurz GOS, sowie die elegante Einbindung von technischer Kommunikation in die Beispielanwendung. Und um den Rundumblick vollständig zu machen: Sie lernen auf den folgenden Seiten auch etwas über das dynamische Programmieren in der Praxis, die elegante Art der Datenspeicherung für dynamisch erzeugte Daten und den Themenkomplex »Webservices«.

Die Autoren dieses etwas anderen SAP-Buches sind großartige Küchenchefs und Inwerken-Mitarbeiter – echte Sterne-Programmierer, die sich tagtäglich Gedanken machen, wie das System SAP, mit seinen fast unendlich vielfältigen Werkzeugen und Hilfsmitteln, für SAP-Nutzer noch effektiver eingesetzt werden kann: Enno Wulff,

Maic Haubitz, Dennis Goerke, Sascha Seegebarth und Udo Tönges, bei denen ich mich an dieser Stelle für ihr unermüdliches Engagement bedanken möchte. Sechs Monate intensiver Arbeit stecken in diesem Fachbuch. Sechs Monate, an deren Ende ein mehr als starkes Ergebnis steht. Sechs Monate, die mich als Firmeninhaber in einem bestärkt haben: Meine Mitarbeiter sind das pulsierende Herz, das unser mittelständisches Unternehmen leidenschaftlich antreibt.

Ich hoffe, dass es Ihnen, lieber Leser und liebe Leserin, ähnlich geht wie mir – und Sie dieses Buch als eine sinnvolle Stütze in Ihrem Alltag mit einem SAP-System sehen. Ich wünsche Ihnen viel Spaß und einige erhellende Momente beim Lesen!

**Frank Bachmann**
Vorstand Inwerken AG

# Einleitung

Programmierbücher gibt es wie Sand am Meer. Auch Bücher über Programmierkonzepte, Programmiermethoden sowie die Wartung und Weiterentwicklung von Applikationen findet man zuhauf. Für den SAP-Bereich gibt es eine ganze Reihe Bücher, die dem Leser Grundlagen und Konzepte der ABAP-Programmierung nahebringen möchten. Warum schreiben wir nun noch ein Buch über SAP-Programmierung? Die Antwort ist einfach: Es gibt aus unserer Sicht noch kein Buch, das die wichtigsten und am einfachsten nutzbaren Programmierwerkzeuge in einem SAP-System aus Programmierersicht beleuchtet. Die meisten Programmierhandbücher zeigen sehr umfangreich und in großer Detailtiefe, *wie* Befehle angewandt werden und welche Befehlszusätze es gibt. Wir konzentrieren uns in diesem Buch auf die in der Praxis am häufigsten eingesetzten Befehle und Tools. Darüber hinaus möchten wir Ihnen zeigen, *warum* diese Werkzeuge verwendet werden sollten und für welche alltäglichen Aufgaben welche Hilfsmittel am einfachsten nutzbar sind.

Einfache Konzepte

Dabei geht es uns nicht um besonders anspruchsvolle Konzepte oder sensationelle Ergebnisse. Es geht uns darum, zu zeigen, wie einfach einige Dinge zu realisieren sind. Und es geht uns darum, wirkungsvolle Konzepte vorzustellen, die einerseits die Entwicklung und andererseits auch die Wartung vereinfachen. Wir werden immer wieder auf die Schlagworte *Modularisierung* und *Wiederverwendbarkeit* zurückkommen. Beides sind Konzepte, die in der Programmierung heute eigentlich selbstverständlich sein sollten. Dadurch, dass in SAP-Systemen jedoch fast ausschließlich Sonderlösungen entwickelt werden, gerät der Leitgedanke der leichten Wiederverwendbarkeit leicht aus dem Fokus. Die Komplexität des SAP-Systems macht es nicht einfacher, zu erkennen, wo gleiche oder ähnliche Funktionen wie die bereits existierenden oder programmierten einsetzbar wären.

Vorausgesetzte Kenntnisse

Dieses Buch richtet sich sowohl an erfahrene Programmierer, die gerne an der einen oder anderen Stelle dazulernen möchten, als auch an Programmieranfänger, die sich dafür interessieren, wie bestimmte Dinge richtig und einfach programmiert werden können.

Kochbuch

Das Buch soll Ihnen als Arbeitsbuch, Nachschlagewerk und Ideengeber dienen. Wir werden in den folgenden Kapiteln Lösungen zeigen und Konzepte vermitteln, die Ihnen – und Ihren Kollegen – das Leben einfacher machen können. Notwendige Arbeitsschritte wie das Anlegen bestimmter Objekte, die immer wieder durchgeführt werden müssen, werden in Anhang A, »Wiederkehrende Arbeitsschritte«, beschrieben. Wenn Sie sich schon etwas in der Entwicklungsumgebung des SAP-Systems auskennen, werden Sie die Anweisungen in diesem Buch auch ohne Hilfe des Anhangs leicht nachvollziehen können. Sollten Sie bei einer Anweisung nicht genau wissen, wie diese zu verstehen ist, können Sie auf die detaillierte Anleitung anhand eines Beispielobjekts im Anhang zurückgreifen. Mit diesem Konzept hoffen wir, Ihnen die Lektüre des Buches möglichst einfach zu gestalten.

Rezepte

Dieses Buch heißt *Kochbuch*. Es enthält *Rezepte* zum *Nachkochen*. Wir legen bei den Rezepten besonderen Wert darauf, dass Sie verstehen, warum die vorgestellten Zutaten sinnvoll sind, und darauf, dass Sie ihr Zusammenwirken erkennen. Der Titel soll deutlich machen, was Sie erwartet: eine Sammlung von Rezepten für den täglichen Bedarf. Sie können jedes Kapitel separat bearbeiten. In einigen Kapiteln beziehen wir uns explizit auf andere Kapitel oder Abschnitte. Damit aber genug der Kochmetaphern und zurück zum Programmieren.

Ticketsystem

Die Lösungen und Konzepte, die wir in diesem Buch für Sie beschreiben, sind nach unserer Erfahrung in vielen Applikationen enthalten bzw. könnten viele bereits bestehende Programme bereichern und Sie können sie im Downloadbereich zu diesem Buch auf www.sap-press.de herunterladen. Wir wollten diese Elemente in diesem Buch nicht einfach nur aneinanderreihen, sondern haben uns eine Beispielanwendung ausgedacht, in der alle Elemente ihren Platz haben. Diese Beispielanwendung ist ein Ticketsystem: Es können Servicetickets erfasst werden, und innerhalb eines Tickets können verschiedene Aktionen durchgeführt werden.

Auf den folgenden Seiten werden Sie zusammen mit uns diese in unseren Augen typische Anwendung erstellen. Ein Ticketsystem ist eine praxisnahe Anwendung, die keinerlei Fachwissen über einzelne Module voraussetzt. Es sollte daher für jedermann verständlich und nachvollziehbar sein.

Diese Beispielanwendung wird an vielen Stellen stark vereinfacht sein und ist nicht dazu gedacht, vollständig in einem System eingesetzt zu werden. Zugunsten der Verständlichkeit verzichten wir auf Fehlerbehandlungen. Einige Funktionen müssten für eine sinnvolle Verwendung besser ausprogrammiert werden. Wir gehen nicht explizit darauf ein, welches Feld ein Muss-Feld ist oder welche Felder in bestimmten Situationen nicht geändert werden dürften. Das soll Sie jedoch nicht stören, denn Sie werden den Sinn und Zweck der einzelnen Anwendungsbestandteile verstehen. Zu einer ausgereiften Anwendung gehören mehr Bestandteile, als wir hier im Rahmen eines Arbeitsbuches präsentieren können.

Aufbau des Buches

In **Kapitel 1**, »Grundlagen der Anwendungsprogrammierung«, erfahren Sie, was Sie vor und während der Entwicklung einer Anwendung im Allgemeinen und einer SAP-Anwendung im Speziellen bedenken sollten.

In **Kapitel 2**, »Mit Tabellenpflegedialogen arbeiten«, erstellen Sie eine Tabelle mit dem entsprechenden Tabellenpflegedialog. Wahrscheinlich haben Sie bereits mit dieser Form der Datenpflege zu tun gehabt? Wir zeigen Ihnen, wie einfach das Erstellen eines Tabellenpflegedialogs ist, und zusätzlich verraten wir Ihnen, wie Sie den Dialog »pimpen« können. Zu den Tabellenpflegedialogen gehören fast unweigerlich die Viewcluster. Mit Tabellenpflegedialogen kann jeweils eine Tabelle bearbeitet werden, oftmals hängen jedoch mehrere Tabellen zusammen. Mit Viewclustern können Sie diese Beziehungen definieren und die Daten komfortabel bearbeiten. Wie das geht, erfahren Sie in **Kapitel 3**, »Viewcluster verwenden«. Die Pflegedialoge dienen uns dazu, Grundeinstellungen für die Beispielanwendung vornehmen zu können.

Der eigentlichen Anwendung widmen wir uns in **Kapitel 4**, »Dialog erstellen«. Hier legen wir den Grundstein für alle weiteren Programmierschritte in diesem Buch. Der Ticketdialog wird ein einfaches Programm mit dem Zweck, Ticketdaten zu erfassen und zu ändern. Es wird einige Ein- und Ausgabefelder geben und eine Funktion zum Speichern des Tickets.

Die zentralen Grundideen in diesem Buch sind Modularisierung und Wiederverwendbarkeit. In **Kapitel 5**, »Komponenten wiederverwenden«, erklären wir, was wir uns darunter vorstellen und was uns wichtig erscheint. Sie werden zwei eigenständige Module erstellen.

Das erste Modul wird eine besondere Schaltfläche auf HTML-Basis sein, die Sie in den Dialog einbinden werden. Als Nächstes erstellen Sie ein Modul mithilfe eines Subscreens in dem verschiedene auswählbare Standorte angezeigt werden.

Auch die darauffolgenden Kapitel sind den Themen Modularisierung und Wiederverwendbarkeit gewidmet. In **Kapitel 6**, »Mit dem Text-Edit Control arbeiten«, werden Sie ein Modul entwickeln, das jeweils den aktuellen Meldungstext an den bereits vorhandenen anhängt und speichert. In **Kapitel 7**, »Mit dem Applikationslog arbeiten«, wird es ebenfalls um Meldungen gehen, allerdings in Form eines Protokolls: dem Anwendungslog, einem Standardhilfsmittel in vielen SAP-Transaktionen. Mit dem Log können Sie Meldungen sammeln, speichern und in vielfältiger Weise aufbereitet darstellen. Ein Tool, das Sie unbedingt kennen sollten!

Änderungsbelege sind kein wirklich spannendes Thema. Schon gar kein Thema, dem man viele Geheimnisse entlocken könnte. Wir haben uns jedoch entschlossen, die Änderungsbelege mit in das Buch aufzunehmen, da sie zur Anwendungsentwicklung gehören. Und wer weiß, vielleicht erfahren Sie in **Kapitel 8**, »Änderungsbelege verwenden«, ja noch etwas Neues?

Wir fahren mit einem weiteren Modul fort, das wir in unsere Anwendung einbauen möchten. Sie werden in **Kapitel 9**, »Mit Tree Controls arbeiten«, das Tree Control kennenlernen und mit diesem Control die Darstellung einer Teamstruktur programmieren. Wir werden Sie umfassend über die Vor- und Nachteile sowie über die Unterschiede der verschiedenen zur Verfügung stehenden Tree-Variationen informieren. Das Tree Control werden wir in Kapitel 14, »Drag & Drop implementieren«, noch einmal erweitern.

Beim nächsten eingesetzten Modul geht es um ein Control, das Sie bereits in Kapitel 5, »Komponenten wiederverwenden«, kennenlernen: das HTML-Control. In **Kapitel 10**, »Dynamische Dokumente verwenden«, beschäftigen wir uns mit der Anzeige und den Interaktionsmöglichkeiten dynamischer Dokumente.

In **Kapitel 11**, »Controls in Dialog einbauen«, werden Sie die bisher erstellten Module in das Hauptprogramm – den Ticketdialog – einbauen. Sie werden dabei sehen, wie einfach die Integration der erstellten Module ist.

Ein wenig bekanntes Control ist das als »Schubladen-Control« bezeichnete vertikale Tabstrip. Diesen Exoten werden Sie in **Kapitel 12**, »Frameworks verwenden«, kennenlernen. Hier werden Sie ebenfalls bereits erstellte Module einbauen, und zwar mithilfe eines eigenständigen Frameworks, das ähnlich wie das Schubladen-Control funktioniert.

**Kapitel 13**, »ALV Grid erstellen«, möchten wir nutzen, um Ihnen einige Funktionen des ALV Grid Controls zu präsentieren. Sie werden einen Report anlegen, der die erstellten Tickets auflistet. Sie lernen verschiedene Layout- und Interaktionsmöglichkeiten kennen. In **Kapitel 14**, »Drag & Drop implementieren«, lernen Sie, die Drag-&-Drop-Funktionalität in das bereits erstellte Tree Control zu implementieren.

Bei einem Rundumschlag um die Grundfunktionen eines SAP-Systems dürfen SAP Smart Forms nicht fehlen. Dabei handelt es sich um den Nachfolger der ungeliebten SAPScript-Formulare. **Kapitel 15**, »Formulare erstellen«, führt Sie in die Erstellung eines Formulars ein. Sie werden sehen, dass es nicht so schwierig ist, wie Sie vielleicht denken.

Ein weiteres spannendes Standard-SAP-Hilfsmittel beschreiben wir in **Kapitel 16**, »Generische Objektdienste verwenden«. Dahinter verbirgt sich eine Sammlung nützlicher Funktionen, um externe Dokumente in einer Transaktion verwalten und ablegen zu können. Wir zeigen Ihnen, wie Sie Excel-Dateien, PDF-Dokumente und einfache Texte oder Links mithilfe der generischen Objektdienste in Ihre Ticketanwendung einbinden.

Kommunikation ist wichtig. Wie eine Kommunikationsmöglichkeit zwischen den Anwendern des Dialogs technisch elegant in das Ticketsystem eingebunden werden kann, demonstrieren wir Ihnen in **Kapitel 17**, »E-Mails versenden«. Sie werden die Klassen zum E-Mail-Versand nutzen und ein mittels SAP Smart Forms erstelltes Formular versenden. Zudem zeigen wir Ihnen, wie Sie Zugriff auf die über generische Objektdienste Services importierten Dokumente erhalten, um diese ebenfalls zu versenden.

Dynamische Programmierung ist ein Lieblingsthema von uns. Hier kann man als Programmierer zeigen, was man kann! **Kapitel 18**, »Dynamisch programmieren«, zeigt Ihnen, wie hilfreich dynamisches Programmieren in der Praxis ist. Zudem zeigen wir Ihnen eine elegante Art der Datenerfassung und Datenspeicherung für dynamisch erzeugte Daten.

Ein wenig bekanntes Hilfsmittel ist das Personalisierungs-Framework, mit dessen Hilfe Sie dem Anwender eine einfache Möglichkeit bieten, die Anwendung zu personalisieren. Wir werden Ihnen in **Kapitel 19**, »Personalisierung verwenden«, zeigen, welche Vorteile die Personalisierung für Sie und für den Anwender hat.

**Kapitel 20**, »Mit Webservices auf das SAP-System zugreifen«, soll aufzeigen, wie schnell ein Webservice erstellt ist. Ein Webservice ist die Voraussetzung für die Kommunikation zwischen Intranet und Internet. Mit einem Webservice können Sie z.B. die Anzahl der offenen Tickets, die ein Kollege noch zu bearbeiten hat, in Ihrem Firmenportal darstellen.

Hinweise zur Lektüre

Wir hoffen, dass Sie durch dieses Buch viele Handgriffe lernen, die Ihnen im Alltag helfen, und Ideen für Ihre eigenen Entwicklungen bekommen. Sie finden in diesem Buch mehrere Orientierungshilfen, die Ihnen die Arbeit mit dem Buch erleichtern sollen.

In hervorgehobenen Informationskästen sind Inhalte zu finden, die wissenswert und hilfreich sind, aber etwas außerhalb der eigentlichen Erläuterung stehen. Damit Sie die Informationen in den Kästen sofort einordnen können, haben wir die Kästen mit Symbolen gekennzeichnet:

[+] Die mit diesem Symbol gekennzeichneten *Tipps* geben Ihnen spezielle Empfehlungen, die Ihnen die Arbeit erleichtern können.

[«] In Kästen, die mit diesem Symbol gekennzeichnet sind, finden Sie Informationen zu *weiterführenden Themen* oder wichtigen Inhalten, die Sie sich merken sollten.

[!] Dieses Symbol weist Sie auf *Besonderheiten* hin, die Sie beachten sollten. Es *warnt Sie* außerdem vor häufig gemachten Fehlern oder Problemen, die auftreten können.

[zB] *Beispiele*, durch dieses Symbol kenntlich gemacht, weisen auf Szenarien aus der Praxis hin und veranschaulichen die dargestellten Funktionen.

### Danksagung

Endlich ist es fertig, das ABAP-Kochbuch. Für uns alle war es das erste Buch, das wir geschrieben haben. Es war mehr Arbeit und hat mehr Zeit gekostet, als wir zu Beginn ahnten. Es gibt jedoch noch viele andere Menschen, die ebenfalls viel Zeit mit dem Buch zugebracht haben und ohne die eine Veröffentlichung kaum möglich gewesen wäre:

Wir danken Galileo Press für die Gelegenheit, das ABAP-Kochbuch veröffentlichen zu können, und speziell unserer Lektorin Janina Schweitzer, die uns bei der Entstehung des Buches mit Rat und Tat zur Seite stand. Bedanken möchten wir uns auch bei Stefan Proksch, der die Initialzündung für das Buch gab und es verstand, seine und unsere Ideen konstruktiv voranzubringen.

Danken möchten wir auch unserem Chef Frank Bachmann, der uns stets beratend und tatkräftig zur Seite steht und uns erlaubt hat, die Entwicklungen für dieses Buch auf dem SAP-System der Inwerken AG vorzunehmen. Ein spezieller Dank geht an unseren Probeleser René Eberstein, der unsere Kapitel Stück für Stück durcharbeitete. Mit René haben wir den idealen Testleser gefunden, da er mit seinem Berater-Wiki (*www.berater-wiki.de*) weiß, worauf es bei der Dokumentation und Beschreibung von Quellcode und Programmiertechniken ankommt. Ebenfalls bedanken möchten wir uns bei Stefan Schmöcker, der uns mit seiner Programmierkunst und seinen Ideen bei der dynamischen Programmierung unterstützte.

Ganz herzlich möchten wir uns auch bei Dr. Rüdiger Plantiko bedanken, der uns seine Anwendung zur Onlinebereitstellung der ABAP-Quelltexte zur Verfügung stellte. Diese Technik nutzte Rüdiger bereits für sein eigenes BSP-Praxisbuch (erschienen im dpunkt.verlag), um den Lesern den Quellcode des Buches online zur Verfügung zu stellen.

Ebenso möchten wir uns bei unserer Fotografin Svenja Wichers und ihrer Assistentin Galina Lisowski bedanken, die unsere Schokoladenseiten gefunden und fotografiert haben. Nico Schmarje möchten wir dafür danken, dass er uns mit seiner jahrelangen Erfahrung bei der Erstellung des Smart-Forms-Kapitels zur Seite stand.

Unser allergrößter Dank gebührt jedoch unseren Familien, unseren Frauen, Lebenspartnerinnen und Kindern, die sich während der häufigen und intensiven Schreibphasen sicherlich oftmals eine andere Abend- und Wochenendgestaltung gewünscht haben. Wir möchten uns ganz herzlich für die Geduld und Unterstützung unserer Familien bedanken!

*Man muss sicher auf festem Boden gehen können, ehe man mit dem Seiltanzen beginnt.*

*Henri Matisse*

# 1 Grundlagen der Anwendungsprogrammierung

Zum richtigen Vorgehen bei der Anwendungsprogrammierung gibt es wahrscheinlich so viele Ansichten, wie es Programmierer selbst gibt. Der eine plant und konzipiert, erstellt Ablaufpläne und Datenbeziehungen, bevor er sich an die eigentliche Entwicklung macht. Ein anderer programmiert mit einem vagen Konzept im Kopf erst einmal drauflos. Der eine programmiert im stillen Kämmerlein, der andere wiederum bespricht sich mit Kollegen und Beratern. Einer programmiert einfache Programme, ein anderer verwendet komplexe objektorientierte Konzepte.

Alle kommen zum Ziel, jeder hat seine eigene Art. Es ist schwer, jemandem vorzuschreiben, in welcher Weise er programmieren soll. Wir können Ihnen daher lediglich Konzepte und Hilfsmittel vorstellen, die sich aus unserer Sicht bewährt haben. Wir wollen das Rad dabei nicht neu erfinden. Die meisten der hier vorgestellten Konzepte und Lösungen sind nicht unsere Erfindungen, sondern einfach Erfahrungswerte aus unserer Praxis. Für das ein oder andere von uns verwendete Konzept gibt es sogar einen Namen. Sofern wir diesen kennen, werden wir ihn erwähnen.

## 1.1 Entwurfsmuster

Ein Konzept, das wir häufig verwenden, ist das der *Entwurfsmuster*, das in dem 1994 erschienenen Buch *Design Patterns. Elements of Reusable Object-Oriented Software* beschrieben wurde. Die vier Autoren Erich Gamma, Richard Helm, Ralph Johnson und John Vlissides – auch »Viererbande« (*Gang of Four*) genannt – haben damit ein wichtiges Standardwerk im Bereich der Softwareentwicklung geschrieben. Wenn Sie sich mit objektorientierter Programmierung beschäftigen, werden Sie an Entwurfsmustern kaum vorbeikommen.

[»]

**Design Patterns**

Die sogenannten *Design Patterns* oder *Entwurfsmuster*, die in der objektorientierten Programmierung verwendet werden, sind Lösungsschablonen, die sich im praktischen Einsatz bewährt haben. Jedes Design Pattern bietet einen bewährten Lösungsansatz für ein oder mehrere in der Softwareentwicklung immer wieder auftauchende Probleme. Ihre Anwendung ist optional, kann den Prozess der Entwicklung aber mehr oder weniger stark beschleunigen.

Wichtige Entwurfsmuster

Im Folgenden finden Sie eine Auswahl wichtiger Entwurfsmuster, die Ihnen in einigen Kapiteln dieses Buches begegnen werden:

- **Singleton-Pattern**
  Das Singleton-Pattern stellt sicher, dass es nur eine Instanz eines Objekts zu einer Zeit gibt. Die Realisierung erfolgt durch das Factory-Pattern.
- **Factory-Pattern**
  Das Factory-Pattern erzeugt eine Objektreferenz durch den Aufruf einer Klassenmethode anstelle des Befehls `CREATE OBJECT`. Die Instanzerzeugung der Klasse ist PRIVATE, sodass die Instanz nur durch eine Methode innerhalb der Klasse erzeugt werden kann.
- **Model View Controller**
  Der Model View Controller (MVC) ist ein komplexes Entwurfsmuster mit dem Ziel, die Anwendungslogik (*Model*) von der Präsentationsschicht (*View*) zu trennen. Die Steuereinheit (*Controller*) übernimmt dabei die Kommunikation zwischen beiden Schichten. Eine nach MVC-Kriterien programmierte SAP-GUI-Anwendung kann einfach um eine Web-Dynpro-Darstellung erweitert werden, denn die Sicht ist losgelöst von der Programm-/Geschäftslogik.

## 1.2 Entwicklungsumgebung

Nützliche Funktionen

Die Entwicklungsumgebung der SAP, die *ABAP Workbench* (Object Browser, Transaktion SE80), ist sehr umfangreich. Sie vereint viele SAP-Entwicklungswerkzeuge unter einer Oberfläche. Darüber hinaus werden in der ABAP Workbench alle Unterobjekte der Objekte des

*ABAP Repositorys* aufgelistet. Ein Programm besteht z.B. aus einem Quelltext und aus Dynpros. Den Quelltext können Sie mit dem *ABAP Editor* (Transaktion SE38), Dynpros mit dem *Screen Painter* (Transaktion SE51) bearbeiten. Mithilfe der ABAP Workbench haben Sie alle Unterobjekte und Werkzeuge im Überblick und können leicht in die jeweilige Transaktion springen. Zwar mussten SAP-Programmierer lange auf einige Funktionen warten, die in anderen Programmiersprachen bereits längst Gang und Gäbe waren (etwa ein bedienungsfreundlicher Editor oder Autovervollständigung), dafür bietet SAP für die Entwicklung aber auch vieles an, das nicht selbstverständlich ist:

- **Vorwärtsnavigation durch Doppelklick**
  In fast allen Quellcodes gelangen Sie durch einen Doppelklick auf ein Objekt zu der Definition dieses Objekts. Existiert es noch nicht, werden Sie nach dem Doppelklick gefragt, ob es angelegt werden soll.
- **Dictionary-Integration**
  Die Objekte des *ABAP Dictionarys* sind komplett in die Entwicklungsumgebung und die Programmiersprache ABAP integriert. Mit einem Doppelklick auf einen in einer Datendefinition verwendeten Tabellennamen gelangen Sie zur Definition der Tabelle im ABAP Dictionary.
- **Verwendungsnachweise**
  Ein große Stärke der ABAP-Entwicklungsumgebung ist der *Verwendungsnachweis*. Sie können programmintern einen Verwendungsnachweis auf Variablen, Unterprogramme oder Methoden ausführen. Objektübergreifend können Sie durch einen Verwendungsnachweis z.B. prüfen, in welchen Tabellen, Programmen oder Klassen ein bestimmtes Datenelement verwendet wird.
- **Automatische Versionierung**
  Bei jedem Transport einer Änderung wird die aktuelle Version gespeichert. Sie können daher für jedes Programm und jede Tabelle nachvollziehen, wann welche Änderung durchgeführt wurde.
- **Pretty Printer**
  Der *Pretty Printer* formatiert den Quelltext nach bestimmten Vorgaben. Es werden z.B. Funktionsbausteinaufufe einheitlich dargestellt, und Quelltext innerhalb von Kontrollstrukturen (`LOOP ...`

`ENDLOOP`, `IF ... ENDIF`, `CASE ... ENDCASE` etc.) wird eingerückt. Auf diese Weise wird erreicht, dass der Quelltext nach der Formatierung schöner aussieht. Schöner Quelltext ist besser zu lesen!

- **Open SQL**
  Ebenso wie das ABAP Dictionary sind auch die Datenbankanweisungen in die Programmiersprache ABAP und in die Entwicklungsumgebung integriert. Open SQL ist eine Technik, die es dem SAP-Programmierer erlaubt, immer auf die gleiche Weise auf Daten zuzugreifen, unabhängig vom verwendeten Datenbanksystem. Der Open-SQL-Befehlssatz ist gegenüber Native SQL eingeschränkt. Die verschiedenen Native-SQL-Derivate unterscheiden sich jedoch teilweise deutlich. Durch die Verwendung von Open SQL muss sich ein SAP-Programmierer nicht mit datenbankspezifischen Befehlen auskennen.

Hilfsmittel zur Analyse

Darüber hinaus gibt es viele Hilfsmittel, die die Arbeit im SAP-System erleichtern und umfangreiche Analysen der erstellten Programme, z.B. Fehler- und Performanceanalysen, möglich machen:

- **SQL Trace (Transaktion ST05)**
  Der SQL Trace protokolliert jede Datenbankoperation sowie deren Laufzeit. Er kann zur Performanceanalyse herangezogen werden, aber auch, um Informationen über in einem Programm durchgeführte Datenbankzugriffe zu erhalten.
- **Testumgebungen für Funktionsbausteine und Klassen**
  In der Testumgebung können Funktionen getestet und analysiert werden. Für Funktionsbausteine können Testdaten gespeichert werden.
- **Laufzeitanalyse (Transaktion SM30)**
  Die Laufzeitanalyse wertet die Laufzeit eines Programms und der Datenbankoperationen aus. Die Analyse liefert wertvolle Hinweise über das Laufzeitverhalten einer Anwendung.
- **Debugger (Kommando /h)**
  Der Debugger ist sicherlich eines der wichtigsten und am häufigsten genutzten Werkzeuge im SAP-System. Dieser »Hoppelmodus« ist die erste Wahl bei der Fehlersuche, denn im Debugger können Sie genau nachvollziehen, welche Befehle mit welchen Variablenwerten ausgeführt werden.

- **SAP Code Inspector (Transaktion SCI)**
  Die *Syntaxprüfung* stellt sicher, dass ein Programm syntaktisch fehlerfrei und lauffähig ist. Mit der *erweiterten Programmprüfung* können zusätzliche Prüfungen durchgeführt werden. Der SAP Code Inspector ist die Weiterentwicklung der erweiterten Programmprüfung. Mit dem SAP Code Inspector können Sie prüfen, ob Programmierrichtlinien eingehalten wurden oder ob kritische Befehle im Programm verwendet wurden. Die Prüfungen sind teilweise sehr detailliert und weisen Sie z.B. auf laufzeitintensive Befehlskombinationen hin.

Tücken der ABAP Workbench

Die ABAP-Entwicklungsumgebung hat allerdings auch einige Ecken und Kanten, über die man sich ärgern kann:

- **Ein teilweise eigenwilliges objektorientiertes Konzept**
  Für Programmierer anderer objektorientierter Programmiersprachen ist das Konzept von ABAP Objects an manchen Stellen gewöhnungsbedürftig.
- **Nicht komplett einheitliches Handling bei Doppelklicks**
  In der Regel navigiert man mit einem Doppelklick auf ein Objekt zu dessen Definition. Klickt man in der Definition doppelt auf den Objektnamen, wird normalerweise ein Verwendungsnachweis erzeugt. Bei einem Doppelklick auf den Namen einer Methode im Quelltext funktioniert diese Vorwärtsnavigation jedoch nicht.
- **Versionierung nur für einzelne Objekte oder Objektteile möglich**
  Die Versionierung bezieht sich leider immer nur auf ein technisches Objekt wie etwa ein Include. Includes dienen der technischen Unterteilung von Programmen. Wenn Sie in einem Include eine Änderung vornehmen, dann wird nur dieses Include versioniert, nicht aber das Hauptprogramm.

## 1.3 Anforderungen an SAP-Programme

Ein SAP-System ist kompliziert, ebenso wie die Prozesse, die damit abgebildet werden. Die Technik, die den SAP-Systemen zugrunde liegt, ist komplex, entwickelt sich und wird weiterentwickelt. Einige Entwicklungen sind dabei besser als andere. Leider müssen aus Gründen der Kompatibilität mit späteren Versionen auch alle Fehlentwicklungen oder inzwischen abgelöste Programme im System bleiben. So ist es für einen Programmierer manchmal schwer, zu erkennen, welche SAP-eigenen Hilfsmittel, Konzepte und Entwicklungen es wert sind, verwendet zu werden. Neuentwicklungen müssen nicht zwingend gut sein, aber Altes muss auch nicht zwingend schlecht sein. Es gilt, zwischen der Einarbeitung in unbekannte Themen und den eigenen Anforderungen an die Bedienbarkeit und Funktionalität einen praktikablen Mittelweg zu finden.

**Vorgaben und Regeln**

Den meisten Programmierern fällt es schwer, ihre eigene *Handschrift* abzulegen. Das ist auch häufig gar nicht nötig, denn nur selten existieren genaue Vorgaben und Regeln, wie etwas in einem SAP-System umgesetzt werden sollte. Vorgaben bei der ABAP-Programmierung, nach denen Sie sich richten könnten, sind z.B. diese:

- Es sollten globale anstelle von lokalen Klassen verwendet werden.
- Jedes Objekt muss in der Originalsprache Englisch angelegt werden.
- Jedes Objekt muss in Englisch und Deutsch dokumentiert werden.
- Programmierungen müssen von einem IT-Verantwortlichen genehmigt werden.
- Programmierungen müssen von der Fachabteilung getestet werden.
- Es dürfen keine direkten Updates auf SAP-Standardtabellen erfolgen.
- Sofern möglich, müssen Business Application Programming Interfaces (BAPIs) für das Ändern von Daten verwendet werden.
- Globale Variablen sollten vermieden werden.
- Die Namen globaler Variablen müssen mit »G« beginnen.
- In jedem Programm müssen im Programmkopf der Name des Programmierers, der Name des Anforderers und der Grund der Anforderung stehen.
- Zur Protokollierung soll möglichst das Anwendungs-Log verwendet werden.

Dies sind nur einige Beispiele von Vorgaben, die in Ihrem Unternehmen existieren könnten. Vorgaben sollten nicht starr sein und Ausnahmen zulassen. Um solche Ausnahmesituationen erkennen zu können, müssen jedoch überhaupt erst Vorgaben vorhanden sein, an denen man sich orientieren kann.

Allgemeine Anforderungen

Neben solchen formellen Anforderungen an die Programmierweise gibt es auch Vorgaben, die schwer zu definieren sind, da ihre Umsetzung nicht exakt bemessen werden kann. Dazu gehören unter anderem diese Richtlinien:

- Das Programm muss gut wartbar sein.
- Das Programm soll leicht an neue Erfordernisse angepasst werden können.
- Die Applikation soll benutzerfreundlich und leicht zu bedienen sein.
- Die Entwicklung soll flexibel sein.
- Das Programm soll robust sein.
- Redundanter Code soll vermieden werden.
- Es sollen SAP-Standardbausteine verwendet werden.

Sie werden uns sicherlich zustimmen, dass dies alles nachvollziehbare Forderungen sind, die sich zunächst einmal logisch und sinnvoll anhören. Wie diese Forderungen jedoch umgesetzt werden sollen, lässt sich nur durch Schulungen, Beispiele, Gespräche und letztlich Erfahrung erlernen. Da häufig unter hohem Zeit- und Kostendruck entwickelt wird, ist man oft schon froh, dass das Programm überhaupt funktioniert. Wartbarkeit, Robustheit oder gar »Schönheit« (ja, Programmcode kann *schön* oder *hässlich* sein!) sind dann kein Thema mehr.

Arbeitserleichterung

In diesem Buch möchten wir Ihnen zeigen, mit welchen Prinzipien und Konzepten genau diese schwer fassbaren Forderungen möglichst gut erfüllt werden können, ohne dass die Programmierung mehr Zeit in Anspruch nimmt. Wenn die Umsetzung tatsächlich länger dauern sollte, dann in erster Linie deswegen, weil man sich an neue Konzepte gewöhnen muss. Man muss sie anwenden und Erfahrungen damit sammeln. Sollte die Umsetzung nach den ersten auf diese Weise realisierten Programmen in einigen Fällen immer noch länger dauern als auf dem herkömmlichen Weg, werden Sie im Gegenzug jedoch feststellen, dass die neue Vorgehensweise Vorteile gegenüber der alten hat. Allerdings: Programmieren ist und bleibt eine komplexe Angelegenheit. Viele aufwendige Schritte können mit einfachen Mitteln umgangen werden, anderes braucht einfach Zeit und ist kompliziert. Da helfen dann auch Tricks kaum weiter.

## 1.4 Vorhandenes clever nutzen

Das SAP-System ist voll von Frameworks, Tools, Hilfen, Bausteinen, Konvertierungsfunktionen und Beispielprogrammen. Hier eine Übersicht zu bekommen und zu behalten ist eine schwierige und kaum zu bewältigende Aufgabe. Zur Anwendungsentwicklung gehört nicht nur, Programme zu schreiben, sondern auch, vorhandene Funktionen einbinden zu können. Das können komplexe Funktionen, wie z.B. das Business Rules Framework (BRF+) oder das Klassensystem, sein, in der Regel werden es aber kleinere Hilfsmittel sein, wie BAPIs oder Konvertierungsbausteine.

Hilfreiche SAP-Tools

Wir haben die gängigsten Hilfsmittel zusammengestellt, die aus unserer Sicht für die meisten Programmieraufgaben nützlich sein können. Es gibt Hilfsmittel, die eigenständige Applikationen sind, z.B.:

- Tabellenpflegegenerator
- SAP Smart Forms
- Klassensystem

Funktionssammlungen und Frameworks

Es gibt Hilfsmittel, die eher unter die Begriffe *Funktionssammlung* oder *Framework* fallen:

- Bausteine für Änderungsbelege
- Generic Object Services (GOS)
- Anwendungs-Log
- E-Mail-Versand

Programmierobjekte

Und dann gibt es noch Objekte, die am besten als *Basiselemente* beschrieben werden können:

- ALV Grid Control
- Tree Control
- HTML Control
- Drawer Control
- Drag & Drop

Alle Elemente der ABAP-Entwicklungsumgebung zusammen bieten einen riesigen Funktionsumfang und viele Anwendungsmöglichkeiten. Die Anwendung vieler dieser Elemente ist für routinierte Entwickler offensichtlich, da sie häufig genutzt werden. Einige Funktionen sind aber vielleicht selbst erfahrenen Entwicklern noch nicht bekannt. Auch lassen sich einige Elemente zweckentfremden, wie wir Ihnen am Beispiel einer HTML-Schaltfläche in Kapitel 5, »Komponenten wiederverwenden«, zeigen werden.

Mit diesem Buch und den darin enthaltenen Beispielen möchten wir Sie ermuntern, sich eigene Frameworks und eigene Funktionssammlungen zu erstellen. Konsequent genutzt, kann auf diese Weise sowohl für die Anwender als auch für die Programmierer schnell ein Mehrwert erzielt und eine Programmqualität erreicht werden, die bald niemand mehr missen möchte. Wir zeigen Ihnen anhand von praxisnahen Beispielen, wie Sie die vorhandenen Funktionen schnell und einfach für Ihre Programmierungen verwenden können.

## 1.5 Kosten-Nutzen-Verhältnis

**Effiziente Vorgehensweise**

Programmierungen müssen effizient durchgeführt werden. Auch dies ist eine Anforderung, deren Relevanz eigentlich keiner weiteren Worte bedürfen sollte. »Schmuck am Nachthemd« sollte vermieden werden. Leider erleben wir häufig, dass bei Entwicklungen das Wesentliche vernachlässigt wird und dafür Kleinigkeiten große Aufmerksamkeit bekommen. Dies liegt häufig in den Voraussetzungen des Entwicklers begründet, was sich mit dem folgenden Ausspruch des Psychologen Abraham Maslov veranschaulichen lässt:

> *Wenn man als einziges Werkzeug einen Hammer hat, neigt man dazu, jedes Problem als Nagel anzusehen.*

**Bewährte Werkzeuge und Lösungen**

Wir stellen Ihnen in diesem Buch eine Auswahl bewährter Werkzeuge und Lösungsmöglichkeiten vor, sodass Sie in Zukunft eine große Auswahl von Werkzeugen zur Verfügung haben und Ihre Zeit nicht mit Kleinigkeiten verschwenden müssen.

Letztlich ist es bei der Wahl der Mittel jedoch wichtig, dass es in einem Team oder einem Entwicklungsprojekt jemanden gibt, der Entscheidungen trifft und das Heft in die Hand nimmt. Programmierer setzen in der Regel immer andere Prioritäten als Projektleiter oder Anwender. Das wissen wir aus eigener Erfahrung ... Bei abweichenden Meinungen stellt sich dann mitunter erst später heraus, wer Recht hatte.

## 1.6 Planung einer Anwendung

Je umfangreicher, komplexer und integrierter eine Anwendung sein soll, desto wichtiger ist es natürlich, sie vorab bis ins Detail zu planen. Es gibt verschiedene Möglichkeiten, Verfahren und Techniken, dies zu tun: Datenflussdiagramme, Ablaufpläne, Scrum, Rapid Prototyping und vieles mehr.

Mit diesen Methoden wollen wir uns in diesem Buch jedoch nicht beschäftigen, denn das würde den Rahmen deutlich sprengen. Unerlässlich ist es für jedes Projekt, genau zu definieren und mit den Anwendern oder Auftraggebern zu besprechen, was die Anwendung können soll und worauf besonderer Wert gelegt wird. Ist es z. B. eine Anwendung, die vielleicht nur einmal im Jahr von einer Person im Unternehmen ausgeführt werden muss? Dann kann es sein, dass die Anforderungen gering sind und sie sehr einfach programmiert sein kann – oder sie muss besonders bedienerfreundlich sein, damit der Anwender auch nach einem Jahr immer noch intuitiv weiß, wie sie zu bedienen ist.

Wird das Programm täglich von mehreren hundert Anwendern benutzt, sind Bedienerfreundlichkeit und Performance sehr wichtig. Aber auch die Nachvollziehbarkeit von Änderungen sowie die Protokollierung von Meldungen und Fehlern sind bei solchen Rahmenbedingungen wichtige Faktoren, die bei der Entwicklung berücksichtigt werden müssen.

Unser Beispiel-Ticketsystem wird viele mögliche Techniken zur Implementierung vieler wichtiger Funktionen aufzeigen, die Ihnen bei der Planung und Umsetzung Ihrer Anwendung helfen können. Mitunter werden wir auch ungewöhnliche Techniken anwenden, die aber alle mit Standardmitteln entwickelt werden können.

## 1.7 Dokumentation

Die Dokumentation von Eigenentwicklungen ist immer ein wichtiges und häufig auch leidiges Thema. In der Regel kommt dieses Thema dann zur Sprache, wenn es keine Dokumentation gibt. Nachlässigkeit in diesem Bereich liegt häufig sicherlich darin begründet, dass nach Fertigstellung der Entwicklung erst einmal alle Beteiligten froh sind, fertig zu sein.

Zudem müsste es immer mindestens zwei Dokumentationen geben: eine Anwenderdokumentation und eine Entwicklerdokumentation. Die Anwenderdokumentation enthält detaillierte Vorgehensweisen zur Nutzung der Applikation und wird häufig von der Fachabteilung, die mit dem Programm arbeitet, selbst erstellt. Das hat leider oft zur Folge, dass die Dokumentation nach Programmänderungen nicht angepasst wird. Häufig wird die Dokumentation auch per E-Mail verteilt, und jeder Anwender speichert sich diese ab, sodass mitunter unterschiedliche Versionen existieren.

**Anwender- und Entwickler-dokumentation**

Bei Entwicklerdokumentationen stellt sich die Frage: Was muss alles dokumentiert werden? Was kann man als Wissen voraussetzen? Sicherlich ist es erforderlich, alle angelegten Objekte aufzuzählen und verwendete Funktionen zu benennen. Die Dokumentation sollte stets genauso Bestandteil der Entwicklung sein wie das Programm selbst! Der Auftraggeber muss diese Dokumentation demzufolge genauso auch einplanen und schließlich auch einfordern und abnehmen.

**Publikation**

Damit Dokumentationen ihren Zweck erfüllen können, müssen diese für alle verfügbar sein. In Unternehmen sollten einheitliche Vorlagen und Anforderungen an eine Dokumentation vorhanden sein. Außerdem sollte die Dokumentation zentral abgelegt werden. Nutzen Sie dazu die folgenden Kanäle:

- ein Gruppenlaufwerk
- ein Wiki
- ein Dokumentenmanagementsystem (DMS)
- ein Content-Management-System (CMS)

Verwenden Sie einen dieser Kanäle, die Entscheidung, welcher sich am besten eignet, ist dabei zweitrangig. Auch wenn die Form der Ablage vielleicht nicht optimal ist: Einen Ablageort für Dokumentationen zu haben ist besser, als keinen oder viele zu haben.

## 1.8 Teamarbeit

»Seien Sie ein Teamplayer!« ist eine Phrase, die Sie häufig hören und die inzwischen für selbstverständlich gehalten, aber selten wirklich unterstützt wird. Teamarbeit bedeutet nicht, dass man die Kollegen in einer E-Mail auf CC setzt. Teamarbeit bedeutet auch nicht, jeden über alles zu informieren. Für eine funktionierende Teamarbeit sind (wieder einmal) zwei Dinge unerlässlich: Führung und Vorgaben. Wenn Teamarbeit in einem Unternehmen gefragt ist, muss sie auch »von oben« unterstützt werden, und es muss Raum dafür geschaffen werden.

Aktive Teammitglieder

Zu einem IT-Team gehören nicht nur die Entwickler, die gerade an einer Anwendung arbeiten, sondern darüber hinaus – je nach Struktur des Unternehmens – auch die folgenden Personen:

- der Vorgesetzte
- die Fachabteilung
- externe Berater und Dienstleister
- Projektleiter
- Modulbetreuer
- Anwendungsbetreuer

Für ein gutes Team ist aus unserer Sicht in erster Linie ein gesundes Betriebsklima entscheidend, also ein Klima, in dem Wissen weitergegeben wird, Austausch stattfindet und gemeinsame Aktionen organisiert werden.

Die SAP-Software ist vielfältig, komplex und kompliziert, daher kann niemand allein alles wissen. Es gibt starke Verzahnungen innerhalb der SAP-Systeme und mit angebundenen Systemen von Drittanbietern, so sind z.B. die Module in SAP ERP eng miteinander verbunden. Es kann z.B. vorkommen, dass man bei der Beschäftigung mit einem neuem Prozess zum ersten Mal mit Buchungsbelegen und Qualitätsmeldungen in Berührung kommt. Da ist es gut, wenn man Kollegen hat, die sich mit diesen Funktionen auskennen.

Austausch und Schulungen

Wichtig ist unserer Meinung nach ein regelmäßiger Austausch in einem geeigneten Kreis. Dieser Austausch kann in kurzen Präsentationen für die Programmiererkollegen erfolgen, es können aber auch Veranstaltungen organisiert werden, bei denen Fachfremde über Themen informiert werden, mit denen sie nur am Rande zu tun haben. Informieren Sie alle Prozessbeteiligten über alle Schritte innerhalb eines Prozesses, und informieren Sie sie darüber, welche Schwierigkeiten es an welchen Stellen gibt und warum.

Führen Sie in Ihrem Unternehmen auch Schulungen zu den »Basics« der EDV durch. Gehen Sie nicht davon aus, dass alle Mitarbeiter mit Microsoft Word und Excel umgehen können und dass jeder Mitarbeiter die SAP-Grundlagen beherrscht. Sie werden staunen, wie oft Sie bei einer Schulung zu grundlegenden Funktionen zu hören bekommen: »Ach, das geht? Wusste ich noch gar nicht ...«.

Es kann jedoch nicht alles Wissen dokumentiert und in gezielten Schulungsveranstaltungen weitergegeben werden. Wissen wird am besten durch direkte und situationsbedingte Kommunikation weitergegeben. Dabei ist es oftmals gar nicht wichtig, dass man die Lösung behält, sondern dass man sich erinnert, wer die Lösung kennt!

*Das Konzept der Parametrisierung hat zum Erfolg der SAP-Software beigetragen. Die Parametrisierung wird mithilfe von Tabellen und den zugehörigen Tabellenpflegedialogen realisiert.*

# 2 Mit Tabellenpflegedialogen arbeiten

Ohne Tabellenpflegedialoge geht in einem SAP-System nichts! Ein Tabellenpflegedialog ist das Standardmittel zur einfachen Pflege von Tabellen. Er wird häufig im Customizing eingesetzt, da ein Dialog zu einer Datenbanktabelle recht einfach generiert werden kann. Genau diese Eigenschaft von Tabellenpflegedialogen können Sie auch für Ihre Entwicklungen nutzen. Der Tabellenpflegedialog bietet neben seinen offensichtlichen Funktionen, die dem Einlesen, Ändern und Sichern der Daten dienen, noch viele weitere Funktionen, z.B. zur Auswahl von Einträgen, zum Systemvergleich etc. Zudem bietet er viele Möglichkeiten der Anpassung durch Verwendung von Views oder Zeitpunkten. In diesem Kapitel werden Sie einiges über Tabellen und Tabellenpflegedialoge lernen. Sie werden Tabellen anlegen und einen Tabellenpflegedialog generieren. Nicht zuletzt zeigen wir Ihnen ein paar Tricks und Kniffe, um die Pflege für den Anwender zu erleichtern.

Die Technik der Tabellenpflegedialoge ist so alt wie das SAP R/3-System. Entsprechend antiquiert ist auch das zugehörige Framework. Dennoch funktioniert es einwandfrei und bietet viele nützliche Funktionen. In Abbildung 2.1 sehen Sie einen typischen Tabellenpflegedialog.

**Tabellenpflegedialog generieren**

Ein Tabellenpflegedialog wird mithilfe eines geführten Dialogs generiert, d.h., mithilfe des Tabellenpflegegenerators wird Programm-Coding erzeugt und in einer Funktionsgruppe gespeichert. Die Funktionsgruppe dient als Rahmen für die generierten Objekte. Es werden zwei Funktionsbausteine und zwei Dynpros angelegt, jeweils eines für das Übersichtsbild und eines für die Detailsicht. Die Generierung des Pflegedialogs, die für jede zu pflegende Tabelle vorgenommen werden muss, hat sowohl Vor- als auch Nachteile. Zu den Vorteilen gehört, dass die Objekte – insbesondere die Dynpros – nach Belieben geändert werden können. Nachteilig ist, dass für jeden Pflegedialog eigene Funktionsbausteine generiert werden. Müssen die Dialoge wegen einer Änderung in der Tabellenstruktur neu generiert werden, werden Anpassungen an Dynpros überschrieben, was ein weiterer Nachteil ist. Leider lassen sich die Änderungen innerhalb des Tabellenpflegedialogs nicht dokumentieren, und leider gibt es auch kaum Alternativen zu den Tabellenpflegedialogen. In einigen Unternehmen ist es erlaubt, die Tabelleneinträge mit der Tabellenanzeige in Transaktion SE16N zu pflegen. Dies ist nur möglich, solange es keinen generierten Tabellenpflegedialog für die Tabelle gibt. Wir raten Ihnen jedoch dazu, auch für kleine und selten benutzte Tabellen einen Tabellenpflegedialog zu generieren. Nur so kann über die Vergabe von Berechtigungen der Zugriff sinnvoll kontrolliert werden.

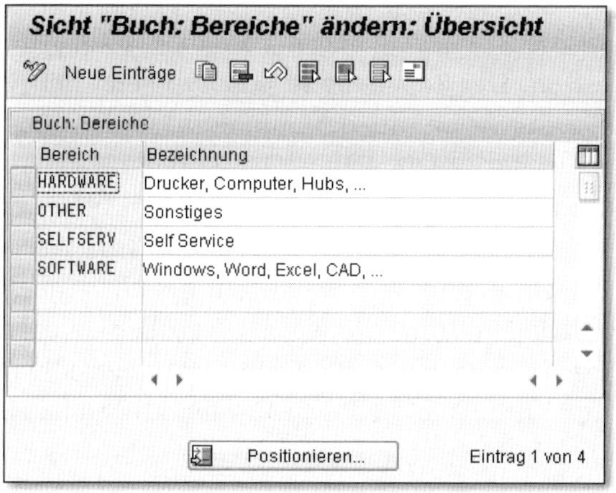


**Abbildung 2.1** Beispiel für einen Tabellenpflegedialog

## 2.1 Datenmodell erarbeiten

**Stammdaten und Customizing-Daten**

Vor der Erstellung eines Dialogs stehen Sie vor der Frage, ob es sich bei den darin verarbeiteten Daten um *Stammdaten* oder *Customizing-Daten* handelt. Stammdaten müssen in *jedem* System gepflegt werden, da Stammdatentabellen mit Werten gefüllt werden, die in jedem System unterschiedlich sein können: Materialnummern, Kundennummern, Personalnummern etc.

Einsatz der Tabelle

Trotzdem gibt es natürlich übergreifende »Einstellungstabellen«, die auf Stammdaten basieren. Ein Beispiel wäre hier eine Tabelle, in der Materialnummern definiert werden, die für bestimmte Prozesse notwendig sind und im Programm geprüft werden. Das Customizing dieser Tabellen wird ausschließlich im Entwicklungssystem gepflegt und durch Transporte in die Produktivsysteme verteilt. Dieses Vorgehen garantiert, dass die Einstellungen in jedem System identisch sind. Es ist also wichtig, vorher zu entscheiden, wo welche Daten gepflegt werden müssen.

Ebenso wichtig wie der Ort der Datenpflege ist die *Datenstruktur*. Sie müssen für jede Tabelle Schlüsselfelder definieren und die Daten *normalisieren*. Durch die Normalisierung der Daten vermeiden Sie Redundanzen. Datenbankdesign ist jedoch ein separates komplexes Thema, das wir hier nicht behandeln werden.

Bereiche

Möchten Sie einen Tabellenpflegedialog erstellen, benötigen Sie als Erstes eine Datenbanktabelle, in der die Daten gespeichert werden. Diese wollen wir nun für die *Bereiche* des in diesem Buch entwickelten Ticketsystems erstellen.

In der Tabelle `ZBOOK_AREAS` soll eingestellt werden können, zu welchen Themenbereichen Meldungen erfasst werden können:

- ERP-Systeme
- Hardware
- Software
- Gebäude

Kategorien

Den einzelnen Bereichen werden wir später *Kategorien* zuordnen. Kategorien sind im Grunde Unterbereiche, die Struktur der in der Tabelle zu erfassenden Daten ist also zweistufig. Ein Beispiel für die Kategorien der einzelnen Bereiche sehen Sie in Tabelle 2.1.

| Bereich | Kategorien |
|---|---|
| ERP-Systeme | SAP-Entwicklung<br>SAP-Test<br>SAP-Produktivsystem<br>SAP-BI-Systeme |

**Tabelle 2.1** Bereiche und deren Kategorien

| Bereich | Kategorien |
|---|---|
| Hardware | PC<br>Drucker<br>Notebook |
| Software | Microsoft Word<br>Microsoft Excel<br>CAD-Systeme (Computer-Aided Design) |
| Gebäude | Lager 1<br>Lager 2<br>Verwaltungsgebäude<br>Produktionshalle |

**Tabelle 2.1** Bereiche und deren Kategorien (Forts.)

Ein Ticket soll später einem Eintrag aus dieser Tabelle zugeordnet werden können.

[»]

**Beliebige Verzweigungstiefe**

Eine zweistufige Datenstruktur – wie hier vorgestellt – ist recht starr. In unserem Beispiel ist sie auf die Stufen *Bereiche* und *Kategorien* eingeschränkt. Für unseren Anwendungsfall reicht eine so vereinfachte Struktur aus. Interessanter sind jedoch rekursive Strukturen, also Strukturen, die unbegrenzt viele Stufen abbilden können. In Kapitel 9, »Mit Tree Controls arbeiten«, stellen wir Ihnen dieses Konzept anhand eines praktischen Beispiels vor.

**Tabelle erstellen**

Eine Anleitung zum Anlegen einer Tabelle erhalten Sie in Anhang A.11, »Tabelle anlegen«. Zum Anlegen der Beispieltabelle `ZBOOK_AREAS` starten Sie das ABAP Dictionary mit Transaktionscode SE11 und stellen sicher, dass das Feld DATENBANKTABELLE aktiviert ist (siehe Abbildung 2.2). Geben Sie dann den Namen der zu erstellenden Tabelle `ZBOOK_AREAS` ein, und klicken Sie auf ANLEGEN.

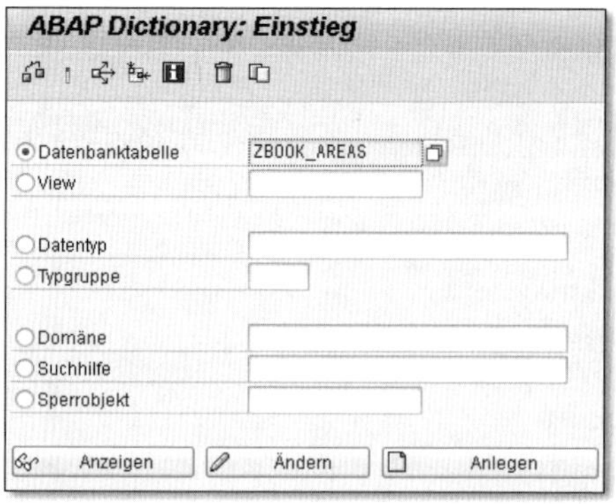


**Abbildung 2.2** Transaktion SE11 – ABAP Dictionary

Sie befinden sich nun in der Tabellenpflege für Dictionary-Tabellen. Hier vergeben Sie eine Beschreibung für die Tabelle und tragen die Felder mit den dazugehörigen Datenelementen ein, wie aus Abbildung 2.3 hervorgeht.

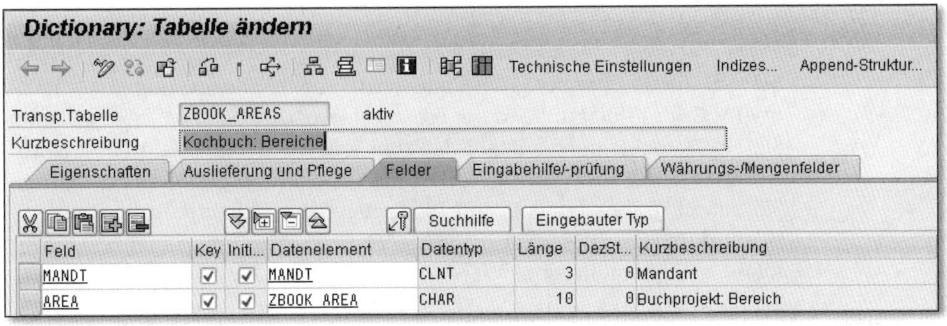


**Abbildung 2.3** Die Tabelle ZBOOK_AREAS

**Datenelement erstellen**

Das Datenelement ZBOOK_AREA müssen Sie ebenfalls anlegen:

1. Klicken Sie dazu doppelt auf das Datenelement.
2. Bestätigen Sie die Abfrage zum Sichern der Tabelle. Hinweise, wie Sie beim Sichern der Tabelle vorgehen müssen, finden Sie in Anhang A.2, »Transportaufträge«.
3. Vergeben Sie für das Datenelement eine BESCHREIBUNG, einen DATENTYP und einen FELDBEZEICHNER auf den gleichnamigen Registerkarten.
4. Als Datentyp verwenden Sie die Domäne ZBOOK_AREA. Legen Sie diese Domäne vom Typ CHAR mit der Länge 10 an. Ordnen Sie die Wertetabelle ZBOOK_AREAS zu.
5. Zum Abschluss aktivieren Sie das Datenelement, indem Sie auf den Button AKTIVIEREN klicken, und kehren mit [F3] zur Tabellendefinition zurück.

**Auslieferungsklasse festlegen**

Wechseln Sie auf die Registerkarte AUSLIEFERUNG UND PFLEGE, um festzulegen, ob die Tabelleneinträge geändert werden dürfen oder nicht. Setzen Sie für das Feld AUSLIEFERUNGSKLASSE den Wert A – Anwendungstabelle. Dieser Wert dient dem Tabellenpflegegenerator später als Entscheidungsgrundlage dafür, ob die Tabelleneinträge nur im Entwicklungssystem geändert werden dürfen und ein Transportauftrag für die Änderungen erstellt werden muss (Tabellenart C – Customizing) oder ob die Werte in jedem System geändert werden können (Tabellenart A – Anwendungstabelle).

Zusätzlich setzen Sie hier den Wert für DATA BROWSER/TABELLENSICHT-PFLEGE auf X – Anzeige/Pflege erlaubt.

[+]

**Verwenden Sie gut dokumentierte Datenelemente!**

Sowohl die Beschreibung der Spalten in Tabellenpflegedialogen als auch in ALV Grids erfolgt anhand der *Feldbezeichner* des Datenelements. Wenn Sie ein Datenelement nutzen, das zum entsprechenden Feld passt, wird automatisch die korrekte Beschreibung in der Spalte angezeigt. Achten Sie darauf, Datenelemente mit eindeutigen Bezeichnern zu verwenden. Allein durch diese Sorgfalt ersparen Sie sich unter Umständen eine ausführliche Dokumentation.

Wenn es z. B. von Bedeutung ist, dass in die Spalte VERTRIEBSBELEG eine Rechnungsnummer eingetragen werden muss, verwenden Sie das dafür spezifische Datenelement `VBELN_VF` und nicht das allgemeinere Datenelement `VBELN`.

Technische Einstellungen

Um die Tabelle aktivieren zu können, müssen Sie deren technische Eigenschaften definieren. Klicken Sie auf die Schaltfläche TECHNISCHE EINSTELLUNGEN, und tragen Sie bei DATENART APPL2 »Organisation und Customizing« und bei GRÖSSENKATEGORIE »0« ein.

[+]

**Tabellenpufferung**

Aktivieren Sie die Pufferung in den technischen Einstellungen in den folgenden Fällen:

- wenn später viele Zugriffe von Programmen auf diese Tabelle erfolgen werden
- wenn die Tabelle wenige Einträge hat
- wenn sich die Datensätze in der Tabelle selten ändern

Sprechen Sie die Aktivierung der Pufferung jedoch zuvor mit den Systemadministratoren ab, da die Pufferung den Hauptspeicherverbrauch des SAP-Systems erhöht.

Erweiterungskategorie

Als letzten Schritt vor der Aktivierung der Tabelle müssen Sie noch die Erweiterungskategorie festlegen. Wählen Sie dazu den Menüeintrag ZUSÄTZE • ERWEITERUNGSKATEGORIE ... Es erscheint ein Pop-up-Fenster, in dem Sie entweder BELIEBIG ERWEITERBAR oder ERWEITERBAR UND ZEICHENARTIG ODER NUMERISCH markieren. Bei beiden Erweiterungskategorien können Sie der Tabelle zu einem späteren Zeitpunkt neue Felder hinzufügen.

Die deutsche Übersetzung der Kategorie ERWEITERBAR UND ZEICHENARTIG ODER NUMERISCH ist in unseren Augen misslungen. Die englische Bezeichnung lautet: CAN BE ENHANCED (CHARACTER-TYPE OR NUMERIC). Die korrekte Übersetzung sollte demnach heißen: erweiterbar (zeichenartig oder numerisch).

**Aktivierung und Test der Tabelle**

Aktivieren Sie nun die Tabelle. Erst durch die Aktivierung wird die Tabelle im Datenbanksystem angelegt und kann verwendet werden. Sie können die Tabelle nun mit Werten füllen. Wechseln Sie dazu in Transaktion SE16N, und tragen Sie die Tabelle `ZBOOK_AREAS` in das Feld TABELLE ein. Drücken Sie [F8], um sich die – noch leere – Tabelle anzeigen zu lassen.

**Werte erfassen**

Da Sie die Anzeige und Pflege der Tabelle erlaubt haben und es bisher keinen Tabellenpflegedialog für die erstellte Tabelle gibt, können Sie im *Data Browser* Werte erfassen, um die Tabelle zu füllen (siehe Abbildung 2.4).

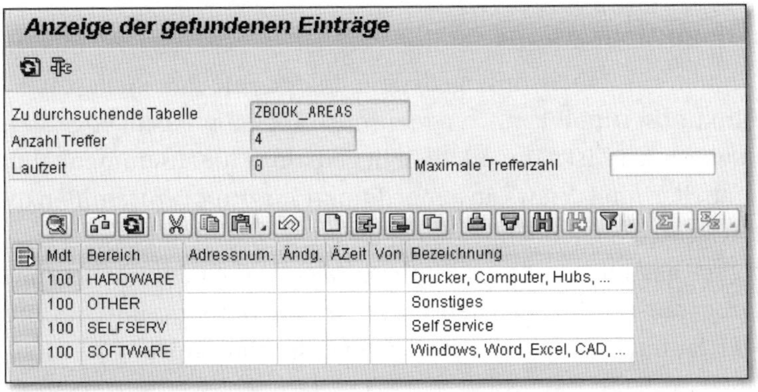


| Mdt | Bereich | Adressnum. | Ändg. | ÄZeit | Von | Bezeichnung |
|---|---|---|---|---|---|---|
| 100 | HARDWARE | | | | | Drucker, Computer, Hubs, ... |
| 100 | OTHER | | | | | Sonstiges |
| 100 | SELFSERV | | | | | Self Service |
| 100 | SOFTWARE | | | | | Windows, Word, Excel, CAD, ... |

**Abbildung 2.4** Der Data Browser für eine Tabelle ohne Pflegedialog

Der Nachteil der Werteerfassung über den Data Browser ist, dass die Werte nicht automatisch in einen Transportauftrag übernommen werden, sondern über das Menü TABELLENEINTRAG • TRANSPORTIEREN manuell einem Transportauftrag zugewiesen werden müssen. Neue Einträge können zwar gepflegt werden, aber nur mit dem Änderungsberechtigungsobjekt `S_TABU_DIS` für *alle* Tabellen. Mit OSS-Hinweis 1481950 wurde das Berechtigungsobjekt `S_TABU_NAM` eingeführt, mit dessen Hilfe die Berechtigung nun auch je Tabellenname vergeben werden kann.

## 2.2 Tabellenpflegegenerator

Aufruf

In der Tabellen- oder View-Pflege (Transaktion SE11) können Sie den Tabellenpflegegenerator direkt über das Menü HILFSMITTEL • TABELLENPFLEGEGENERATOR aufrufen. Alternativ gelangen Sie mit Transaktion SE54 zu den generierten Objekten eines Dictionary-Objekts.

### 2.2.1 Berechtigungsgruppen

Sie können die Tabellen einzelnen Berechtigungsgruppen zuordnen. Die Berechtigungen vergeben Sie anschließend für diese Gruppen im Berechtigungsobjekt `S_TABU_DIS`. Über das Menü UMFELD • BERECHTIGUNG • BERECHTIGUNGSGRUPPEN gelangen Sie in die Pflege der Berechtigungsgruppen. Sie können hier für Ihre Anwendungen eine eigene Gruppe anlegen oder eine vorhandene Gruppe in das Feld BERECHTIGUNGSGRUPPE eintragen.

### 2.2.2 Funktionsgruppe

Rahmen für zusammengehörige Tabellen

Den Rahmen für Tabellenpflegedialoge bildet eine *Funktionsgruppe*. Eine Funktionsgruppe kann für mehrere Tabellenpflegedialoge verwendet werden. Es ist sinnvoll, die Pflegedialoge für zusammengehörende Tabellen und Views in einer Funktionsgruppe zusammenzufassen. Beachten Sie jedoch, dass bei häufig geänderten Pflege-Views und folglich geänderten Tabellenpflegedialogen die Funktionsgruppe *als Ganzes* transportiert werden muss. Konkurrierende Entwicklungen oder laufende Anpassungen können so eine Störung verursachen.

[+]

**Namen für Funktionsgruppen von Tabellenpflegedialogen**

Die Funktionsgruppen, die vom Tabellenpflegegenerator generiert wurden, sind leicht zu erkennen: Es wird immer die Beschreibung ERWEITERTE TABELLENPFLEGE (GENERIERT) verwendet.

Sie sollten in Ihrem Unternehmen eine Namenskonvention für die Funktionsgruppen vorgeben (z. B. könnte der Namensbestandteil `_TPD_` oder `_TABGEN_` im Namen enthalten sein müssen), damit nicht andere Funktionsbausteine versehentlich in einer Funktionsgruppe angelegt werden. Das könnte zu verschiedensten Problemen führen, etwa wenn aus bestimmten Gründen ein Tabellenpflegedialog nicht generiert werden kann.

### 2.2.3 Pflegebilder

Der Tabellenpflegegenerator erzeugt Dynpros für die Benutzeroberfläche der Tabellenpflege. Sie können für die neuen Dynpros eine Bildnummer vorgeben, Sie können aber auch die nächste freie Bildnummer durch die Funktion BILDNUMMER(N) SUCHEN automatisch eintragen lassen.

**Einstufiger Dialog**

Bei Tabellen mit wenigen Feldern reicht es, einen einstufigen Dialog generieren zu lassen. Wählen Sie dazu im Bereich PFLEGEBILDER die Option EINSTUFIG (siehe Abbildung 2.5). Der Pflegedialog enthält in diesem Fall nur ein Dynpro, auf dem alle Felder enthalten sind.

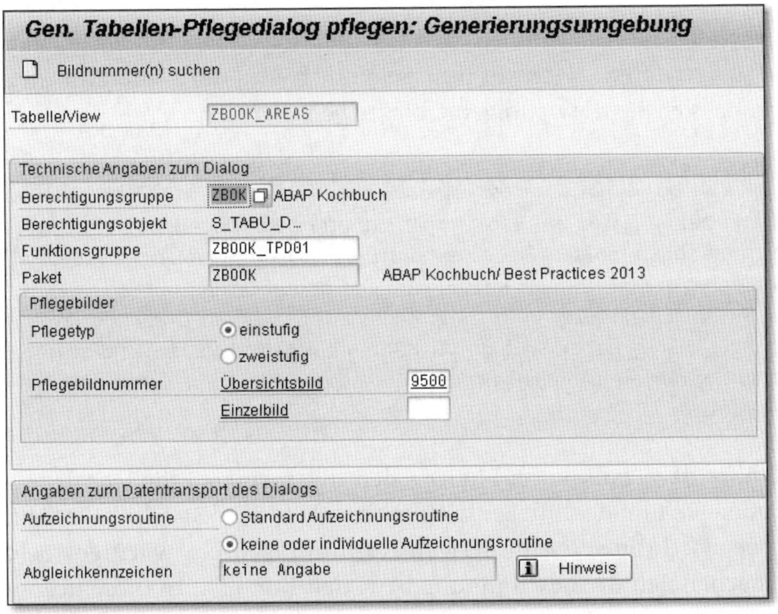


**Abbildung 2.5** Der Tabellenpflegegenerator kurz vor Arbeitsbeginn

**Dialog mit Detailbild**

Enthält die Tabelle viele Felder und sollen diese gegebenenfalls auch noch gruppiert dargestellt werden, wählen Sie stattdessen ZWEISTUFIG, um einen Dialog mit Detailbild zu erzeugen. Bei dieser Form der Darstellung hat der Anwender die Möglichkeit, sich mit einem Doppelklick auf eine Zeile einen einzelnen Datensatz anzusehen. Je nach Anzahl der Tabellenfelder müssen Sie sogar in die Detailsicht springen, da unter Umständen nicht alle Felder in das Übersichtsbild generiert wurden. Die Feldbeschreibungen sind im Detailbild länger, was hilfreich ist, da die Überschrift gerade bei kleinen Feldern häufig nicht sehr aussagekräftig ist.

Bei unserer Beispieltabelle reicht ein einstufiger Dialog. Wählen Sie daher die Option EINSTUFIG, und tragen Sie eine beliebige noch nicht in der Funktionsgruppe verwendete Dynpro-Nummer in das Feld PFLEGEBILDNUMMER ein.

Aufzeichnungsroutine festlegen

Da Sie die Tabelle ZBOOK_AREAS als Anwendungstabelle definiert haben, übernimmt der Tabellenpflegegenerator hier den Wert KEINE ODER INDIVIDUELLE AUFZEICHNUNGSROUTINE. In diesem Fall ist die Pflege der Tabelle in jedem System möglich. Sie können die Einstellung hier jedoch übersteuern.

### 2.2.4 Generierung des Pflegedialogs

Klicken Sie auf das Icon ANLEGEN (□), um den Tabellenpflegegenerator zu aktivieren. Nach ein paar Sekunden wird der Generator melden, dass er die notwendigen Objekte generiert hat.

[+]

**Einfügen von Werten aus Microsoft Excel**

Wenn häufig Daten aus Excel kopiert und in den Pflegedialog eingefügt werden sollen, sollten Sie einen *einstufigen Dialog* wählen. Bei diesem Dialogtyp stehen Ihnen beim Hinzufügen neuer Einträge mehrere leere Zeilen zur Eingabe zur Verfügung. Bei einem Dialog mit Detailbild (zweistufiger Dialog) haben Sie beim Ausführen der Aktion NEUE EINTRÄGE HINZUFÜGEN nur die Möglichkeit, einen einzigen Eintrag auf dem Detailbild einzufügen.

Allgemeine Tabellenpflege

Mithilfe der Transaktion SM30 – der allgemeinen Tabellenpflege – können Sie nun den Pflegedialog nutzen. Wie Sie feststellen werden, haben wir in unseren bisherigen Ausführungen ein wichtiges Feld vernachlässigt: die Beschreibung bzw. den Kurztext. In diesem Kontext möchten wir Ihnen zeigen, wie Sie mithilfe einer Texttabelle die Pflegetransaktion korrekt für die Mehrsprachigkeit nutzen. Im nächsten Abschnitt legen Sie dazu eine Texttabelle an. Danach werden Sie den soeben generierten Pflegedialog ändern und dabei eine große Stärke des Tabellenpflegegenerators kennenlernen.

### 2.2.5 Texttabellen anlegen

Zu jeder Wertetabelle sollte auch eine Texttabelle gehören, in der die Kürzel durch einen beschreibenden Kurztext dokumentiert werden.

Sprachkennzeichen

Für eine Texttabelle benötigen Sie die gleichen Schlüsselfelder, die auch in der Wertetabelle verwendet werden, für die Sie die Texttabelle anlegen möchten. Zusätzlich benötigen Sie ein Feld, das das *Sprachkennzeichen* beinhaltet. Am einfachsten ist es, wenn Sie die vorhandene Tabelle kopieren. So sind alle Einstellungen bereits vorhanden, und Sie müssen lediglich ein paar Anpassungen vornehmen (siehe Abbildung 2.6).

**Abbildung 2.6** Texttabelle ZBOOK_AREAT

**Texttabelle ermitteln** [+]

In der Regel besteht der Name einer Texttabelle aus dem Namen der zugehörigen Customizing-Tabelle, dem ein T angefügt wird. Aus `T005` wird dann also die Bezeichnung `T005T` für die Texttabelle. Dies muss jedoch nicht immer der Fall sein. Wirklich zuverlässig können Sie die zugehörige Texttabelle in Transaktion SE11 über das Menü Springen • Texttabelle ermitteln.

**Anpassung der Texttabelle**

Wie bereits erwähnt, benötigen wir für unsere Tabelle das Feld, das den Sprachenschlüssel speichert. Als Bezeichnung für dieses Feld haben sich `SPRAS` oder `LANGU` bewährt. Fügen Sie als Erstes zwischen den Feldern `MANDT` und `AREA` eine Zeile ein, in die Sie dann das Feld `SPRAS` mit dem gleichnamigen Datenelement eintragen. `SPRAS` muss ein Schlüsselfeld sein, damit Sie später mehrere Spracheinträge verwenden können.

Nun benötigen wir noch das Feld, in dem die Beschreibung gespeichert wird. In SAP-Customizing-Tabellen wird für den Text häufig eine Länge von 20 Zeichen verwendet, was wir für zu kurz halten.

Eine Länge von 40 Zeichen bietet unserer Ansicht nach Platz genug. Das passende Datenelement für ein solches Textfeld heißt BEZEI40.

[!]

**Groß-/Kleinschreibung**

Achten Sie darauf, dass für die im verwendeten Datenelement referenzierte Domäne die Option KLEINBUCHSTABEN markiert ist. Andernfalls werden die Eingaben des Anwenders in Großbuchstaben konvertiert, was bei beschreibenden Texten unüblich ist.

Fremdschlüsselprüfung

Bei Texttabellen sollten Sie besonderen Wert auf die korrekte Definition der Fremdschlüssel legen. Beginnen wir mit dem Feld SPRAS: Stellen Sie den Cursor in das Feld SPRAS, und klicken Sie auf den Button mit dem Schlüssel. Da für das Datenelement – bzw. die referenzierte Domäne – die Wertetabelle hinterlegt ist, schlägt das System automatisch die zugeordnete Tabelle T002 als Fremdschlüsselprüftabelle vor (siehe Abbildung 2.7).

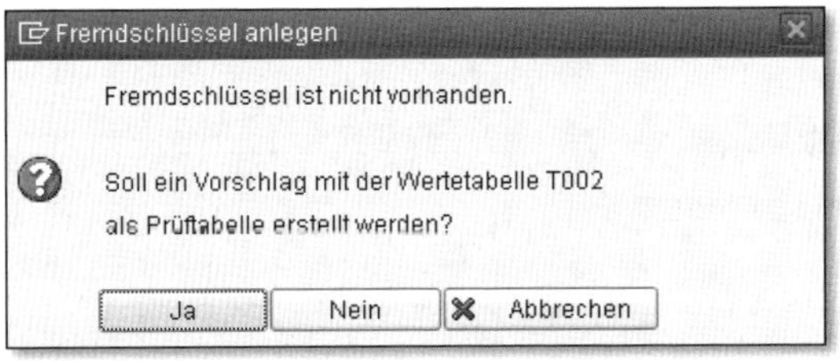


**Abbildung 2.7** Fremdschlüssel automatisch anlegen

Sie können den Vorschlag annehmen und die Einstellungen zum Fremdschlüssel bestätigen.

Prüftabelle festlegen

Als nächstes Feld müssen Sie den Fremdschlüssel zum Schlüsselfeld AREA definieren. Hier haben Sie zuvor keine eigene Domäne angelegt, also hat das System auch keinen Hinweis, welche Tabelle zur Fremdschlüsselprüfung dienen könnte. Sie müssen die Tabelle daher selbst definieren. Tragen Sie »ZBOOK_AREAS« in das Feld PRÜFTABELLE ein, und bestätigen Sie Ihre Eingabe mit [↵]. Sie werden nun gefragt, ob ein Vorschlag für die Zuordnung der Fremdschlüsselfelder gemacht werden soll. Klicken Sie auf JA, um den Vorschlag zu akzeptieren.

Kardinalität

Dass es sich bei der Tabelle ZBOOK_AREAT um eine Texttabelle handelt, weiß das System bisher nicht. Teilen Sie dies dem System mit, indem Sie in der Gruppe SEMANTISCHE EIGENSCHAFTEN die Option SCHLÜSSELFELDER EINER TEXTTABELLE auswählen und in die Felder hinter KARDINALITÄT »1:CN« eintragen (siehe Abbildung 2.8). Über diese

Zuordnung findet das System diese Tabelle als Texttabelle. Welche Vorteile das hat, erfahren Sie im Folgenden. Sichern Sie die Fremdschlüsseldefinition durch einen Klick auf ÜBERNEHMEN.

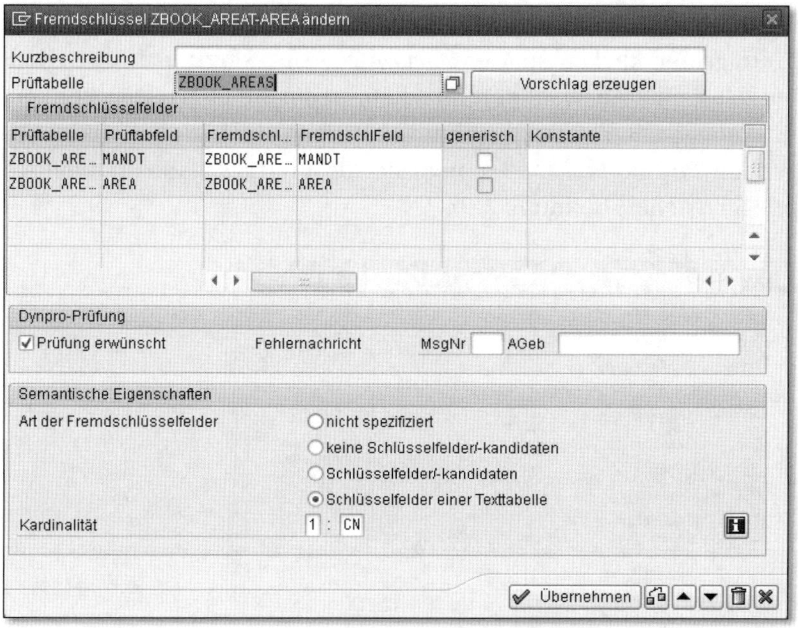


**Abbildung 2.8** Fremdschlüssel: Schlüsselfelder einer Texttabelle

Sie haben nun alle notwendigen Einstellungen vorgenommen und können die Tabelle aktivieren.

**Tabellenpflegedialog ändern**

Um die Tabelle als Texttabelle nutzen zu können, müssen Sie den Tabellenpflegedialog anpassen. Gehen Sie dazu in Transaktion SE11 im Änderungsmodus in die Tabelle ZBOOK_AREAS, und starten Sie den Tabellenpflegegenerator über das Menü HILFSMITTEL • TABELLENPFLEGEGENERATOR.

Klicken Sie auf den Button ÄNDERN, und wählen Sie im folgenden Pop-up-Fenster die Option ANDERE TEXTTABELLENBEZIEHUNG. Bestätigen Sie Ihre Wahl anschließend mit [↵]. Markieren Sie nun noch das anzupassende Pflegebild (Übersichtsbild), und bestätigen Sie die Wahl ebenfalls. Sie erhalten die Information, dass das Bild gelöscht und neu generiert wird. Das ist in Ordnung, schließlich ist das der Grund unserer Änderung. Überprüfen Sie die Änderungen, indem Sie in die allgemeine Tabellenpflege wechseln (Transaktion SM30) und die Tabelle ZBOOK_AREAS auswählen.

**Ergebnis**

Wie Sie sehen, hat der Tabellenpflegegenerator durch die Texttabellenbeziehung automatisch die Spalte BEZEICHNUNG in der Wertetabelle hinzugefügt und mit der Texttabelle ZBOOK_AREAT verknüpft. Die Tabelleneinträge können nun komfortabel beschrieben und übersetzt werden. Zur Übersetzung der Einträge markieren Sie alle Einträge und klicken im Menü SPRINGEN • ÜBERSETZUNG an. Sie erhalten dann eine Auswahl der Sprachen, in die Sie übersetzen können. Klicken Sie z.B. ENGLISCH an, und bestätigen Sie die Auswahl. Im folgenden Pop-up-Fenster können Sie die Einträge dann in Englisch pflegen (siehe Abbildung 2.9).

**Abbildung 2.9** Übersetzung von Tabelleneinträgen

**[!]**

**Vorsicht beim Kopieren von Einträgen!**

Kopierte Einträge in Steuertabellen sind häufig ein Ärgernis, wenn nicht darauf geachtet wird, dass die kopierten Einträge auch übersetzt werden. Häufig finden sich in Systemen mehrere Einträge mit der gleichen Bezeichnung, wenn man sich mit der Anmeldesprache Englisch anmeldet. In diesem Fall wurde wahrscheinlich ein Eintrag kopiert, und dem kopierten Eintrag wurde eine neue Bezeichnung zugewiesen, die Übersetzung wurde jedoch vergessen. Es ist im Nachhinein sehr mühselig, diese Einträge »auf Vordermann« zu bringen.

### 2.2.6 Pflegetransaktion anlegen

**Transaktionscodes für Tabellen**

Um Anwendern die Pflege und Verwaltung der Tabellen zu erleichtern, hat es sich bewährt, Transaktionscodes für den Aufruf der jeweiligen Tabellen zuzuweisen.

Die Transaktionscodes werden in Transaktion SE93 verwaltet. Starten Sie diese Transaktion, und tragen Sie im Feld Transaktionscode »ZBOOK_AREA« ein. Klicken Sie anschließend auf Anlegen.

In dem folgenden Pop-up-Fenster müssen Sie eine Beschreibung in das Feld Kurztext eintragen und die Art der Transaktion wählen. Verwenden Sie die Option Transaktion mit Parametern (Parametertransaktion), und bestätigen Sie Ihre Eingabe mit einem Klick auf (siehe Abbildung 2.10).

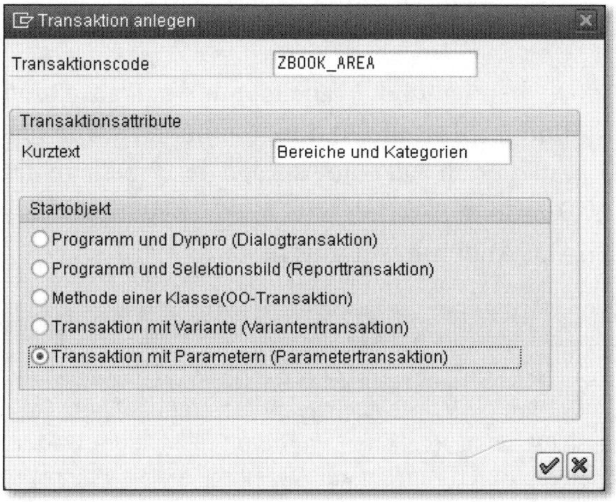


**Abbildung 2.10** Anlage der Parametertransaktion

Durch die Transaktionsart Transaktion mit Parametern (Parametertransaktion) können Sie eine vorhandene Transaktion wählen und die Eingabefelder des zugeordneten Programms – also die Parameter – in der Transaktion füllen. In unserem Beispiel möchten wir Transaktion SM30 aufrufen und die Parameter mit unserer Pflegetabelle vorgeben. Tragen Sie deswegen »SM30« in das Feld Transaktion ein, und wählen Sie die Option Einstiegsbild überspringen (siehe Abbildung 2.11).

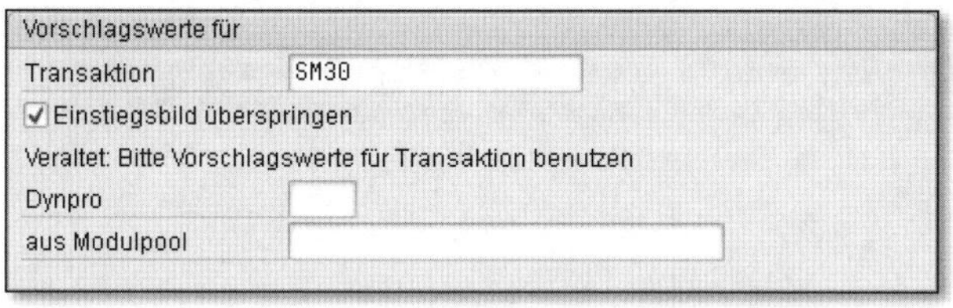


**Abbildung 2.11** Vorschlagswerte der Pflegetransaktion

Parameter pflegen

Nun müssen Sie noch die Parameter mit den in Abbildung 2.12 gezeigten Werten füllen.

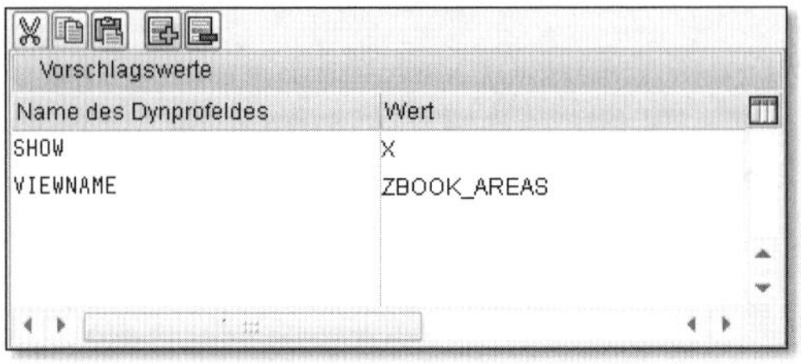


**Abbildung 2.12** Parameter der Transaktion

Aktionen

Das Dynpro-Feld VIEWNAME beinhaltet die Tabelle, mit der Transaktion SM30 aufgerufen wird, und SHOW ist die Aktion, die beim Aufruf ausgeführt werden soll, d.h. in diesem Fall eine Anzeige der Tabelle in der Transaktion. Alternativ würde die Aktion UPDATE = X bewirken, dass der Tabellenpflegedialog im Änderungsmodus gestartet wird.

[+]

**Anzeige- oder Änderungsmodus?**

Verwenden Sie möglichst die Aktion SHOW. In den wenigsten Fällen werden bei Aufruf der Pflegetransaktion die Werte auch geändert. Der häufigere Fall ist, dass Einträge angeschaut oder verglichen werden. Sollen doch Daten geändert werden, können Sie durch Klicken auf ANZEIGEN/ÄNDERN einfach in den Änderungsmodus wechseln. Der Vorteil beim Start im Anzeigemodus ist, dass in Systemen, in denen die Tabelle nicht geändert werden darf, oder für Benutzer, die keine Änderungsberechtigung haben, so kein Pop-up-Fenster mit der Meldung »Daten dürfen nur angezeigt werden« erscheint.

### 2.2.7 Kategorientabelle erstellen

In diesem Abschnitt werden Sie die Tabelle ZBOOK_CLAS anlegen, in der die Kategorien – also die Unterbereiche der Tabelle ZBOOK_AREAS – verwaltet werden. Verfahren Sie beim Anlegen der Tabelle genauso wie zuvor bei der Tabelle ZBOOK_AREAS. Verwenden Sie die in Tabelle 2.2 aufgeführten Schlüsselfelder.

| Feldname | Schlüsselfeld | Datenelement |
|---|---|---|
| MANDT | X | MANDT |
| AREA | X | ZBOOK_AREA |
| CLASS | X | ZBOOK_CLASS |

**Tabelle 2.2** Schlüsselfelder der Tabelle ZBOOK_CLAS

Das Datenelement ZBOOK_CLAS legen Sie analog zu ZBOOK_AREA an. Den Fremdschlüssel für das Feld AREA referenzieren Sie auf die Tabelle ZBOOK_AREAS.

**Texttabelle**

Legen Sie auch die Texttabelle ZBOOK_CLASST zur Tabelle ZBOOK_CLASS an. Gehen Sie genauso vor wie bei der Texttabelle ZBOOK_AREAT.

## 2.3 Adressdatenpflege integrieren

Die zentrale Adressverwaltung ist eine der Stärken des SAP-Systems: Adressen können im gesamten SAP-System einheitlich verwendet werden. Es kommen immer die gleichen Bausteine zum Lesen und Ändern der Adressen zum Einsatz. Welche Felder eingeblendet werden, wird zentral über *Adressgruppen* gesteuert.

**Feld ADRNR**

Die Integration der Adressdatenpflege in einen Pflegedialog ist denkbar einfach: Legen Sie in der Tabelle ZBOOK_AREAS ein neues Feld ADRNR an. Wichtig: Verwenden Sie die Domäne AD_ADDRNUM (siehe Abbildung 2.13). Dadurch erkennt der Pflegedialog, dass eine Adresse gepflegt werden kann. Das Feld wird nicht eingeblendet, ermöglicht aber die Pflege einer Adresse zu jedem Eintrag.

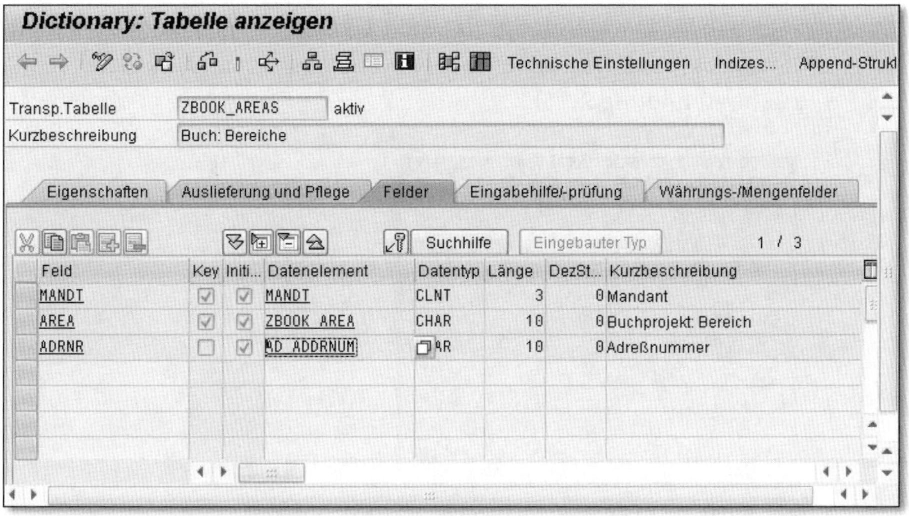


**Abbildung 2.13** Geänderte Tabelle mit dem Feld für die Adresse

**Änderungen dokumentieren**

Aktivieren Sie die Tabelle, und ändern Sie den Pflegedialog über den Menüpfad Hilfsmittel • Tabellenpflegegenerator. Drücken Sie [F7], um den vorhandenen Dialog zu ändern. Sie müssen dem Tabellenpflegegenerator anschließend mitteilen, was geändert wurde. Da Sie ein Feld hinzugefügt haben, wählen Sie Feld/Sek.Tabelle neu in Struktur aus und bestätigen Ihre Eingabe mit einem Klick auf das grüne Häkchen ✔ (siehe Abbildung 2.14).

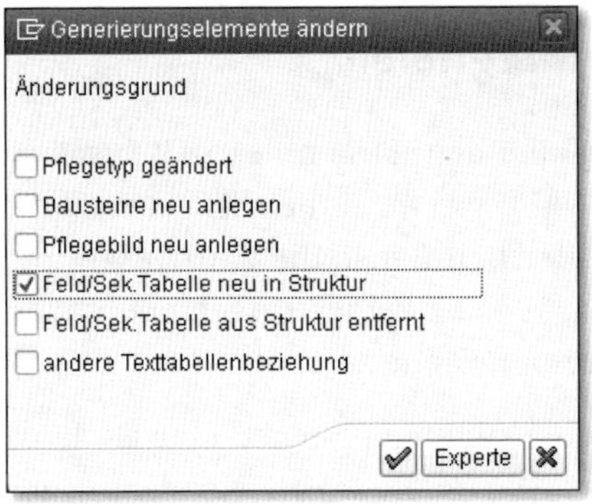


**Abbildung 2.14** Ein neues Feld in der Tabelle

Als Nächstes müssen Sie im Detailbild angeben, welche Dynpros geändert werden sollen und ob Sie normale Felder oder Schlüsselfelder geändert haben. Da wir in unserem Beispiel nur das Übersichtsbild haben, markieren Sie das Feld Übersichtsbild, und da Sie ein normales Feld bearbeitet haben, markieren Sie Normales Feld (siehe Abbildung 2.15).

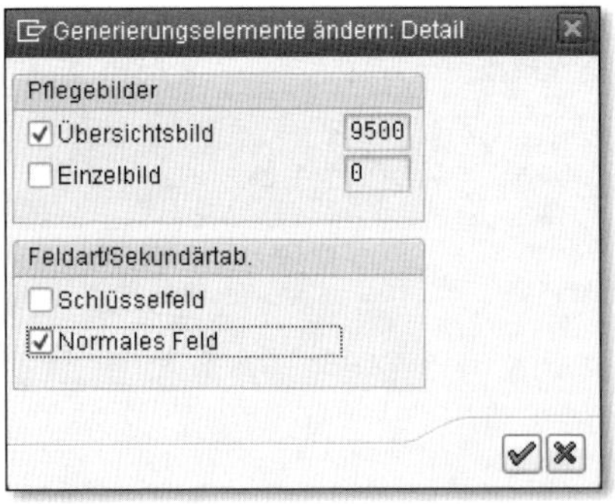


**Abbildung 2.15** Details zur Änderung

Sie erhalten nun die Meldung »Pflegebild 9500 wird gelöscht und neu angelegt«. Nachdem Sie diese Meldung bestätigt haben, ändert der Tabellenpflegegenerator alle notwendigen Elemente. Nach erfolgter Änderung wird im Pflegedialog ein neuer Button ( ) angezeigt, den Sie – bei markiertem Eintrag – verwenden können, um eine Adresse zu pflegen (siehe Abbildung 2.16).

**Abbildung 2.16** Der geänderte Pflegedialog mit Adresspflege

Sie können nun für jeden Bereich einen Ansprechpartner eingeben. Die Adresse können Sie im Programm mithilfe des Funktionsbausteins `ADDR_GET` ermitteln.

## 2.4 Zeitpunkte

Mithilfe von Zeitpunkten ist eine umfangreiche Anpassung des Pflegedialogs möglich. Es gibt zwei Arten von Zeitpunkten:

- Zeitpunkte, die vor oder nach Aufruf einer Standardfunktion ausgelöst werden
- Zeitpunkte, die die Standardfunktion ersetzen

Modifikation

Das Konzept der Zeitpunkte ist sehr umfangreich und oftmals mit Beispielen in der SAP-Onlinedokumentation beschrieben. In diesem Abschnitt behandeln wir beispielhaft einige Zeitpunkte mit großer Wirkung und häufig angeforderten Funktionen.

Zur Pflegetabelle für Zeitpunkte gelangen Sie über das Menü Umfeld • Modifikation • Zeitpunkte im Tabellenpflegegenerator.

[!] **SAP-Namensraum**

Die Pflege der Zeitpunkte erfolgt über eine Tabelle, in die eigentlich nur SAP-eigene Daten geschrieben werden dürften. Sie erhalten deswegen bei jedem Aufruf der Pflegetabelle die Meldung: »Bitte keine Änderungen (Daten gehören SAP)«. Da diese Funktion jedoch ausdrücklich von SAP zur Anpassung der Tabellenpflegedialoge vorgesehen wurde, brauchen Sie diese Meldung nicht weiter zu beachten.

### 2.4.1 Anlegen eines Pflege-Views

Die bisher in diesem Kapitel erstellten Pflegedialoge basierten auf einer Tabelle. Für einige Zeitpunkte benötigen wir allerdings einen *View*. In einem View können die folgenden Aktionen durchgeführt werden:

- Daten können aus mehreren Tabellen kombiniert werden (Join).
- Felder können ausgeblendet werden.
- Felder können auf NICHT EINGABEBEREIT gesetzt werden.
- Zugriffe können eingeschränkt werden (z. B. Lesen und Ändern, aber kein Hinzufügen neuer Einträge).
- Datenselektionen können definiert werden.

Pflege-View

Bearbeiten Sie die Tabelle ZBOOK_AREAS und fügen Sie die Felder AEDAT (Datum der letzten Änderung), AETIM (Uhrzeit der letzten Änderung) und AENAM (letzter Änderer) hinzu. Verwenden Sie die gleichnamigen Datenelemente und aktivieren Sie die Tabelle. Legen Sie daher zunächst den Pflege-View ZBOOK_AREASV im ABAP Dictionary an (Transaktion SE11). Wählen Sie dazu in Transaktion SE11 die Objektart VIEW aus, und klicken Sie auf ANLEGEN. Wählen Sie in dem folgenden Pop-up-Fenster den View-Typ PFLEGE-VIEW. Beachten Sie, dass nur für diese Art von Views Pflegedialoge angelegt werden können. Vergeben Sie im Feld PFLEGE-VIEW einen Namen, und geben Sie in die Spalte TABELLEN im linken Bereich der Registerkarte TABELLEN/JOINBEDINGUNGEN die Tabelle »ZBOOK_AREAS« ein (siehe Abbildung 2.17).

Beziehung zwischen Basis- und Texttabelle

Aufgrund der im ABAP Dictionary festgelegten Texttabellenverknüpfung, die wir zuvor vorgenommen haben, hatte der Tabellenpflegegenerator uns die Verknüpfung der beiden Tabellen im Pflegedialog abgenommen. Da wir den View an dieser Stelle jedoch manuell erstellen und individuell anpassen wollen, müssen wir diese Verknüpfung ebenfalls manuell anlegen.

**Abbildung 2.17** Anlage des Pflege-Views

Markieren Sie zu diesem Zweck den gerade eingefügten Eintrag ZBOOK_AREAS, und klicken Sie auf den Button BEZIEHUNGEN. Es erscheint ein Pop-up-Fenster, in dem die Tabelle ZBOOK_AREAT aufgrund der Fremdschlüsselbeziehung als abhängige Tabelle vorgeschlagen wird. Markieren Sie den Eintrag, und klicken Sie auf ÜBERNEHMEN. Abbildung 2.18 zeigt den View mit korrekt zugeordneter Texttabelle.

**Texttabelle verknüpfen**

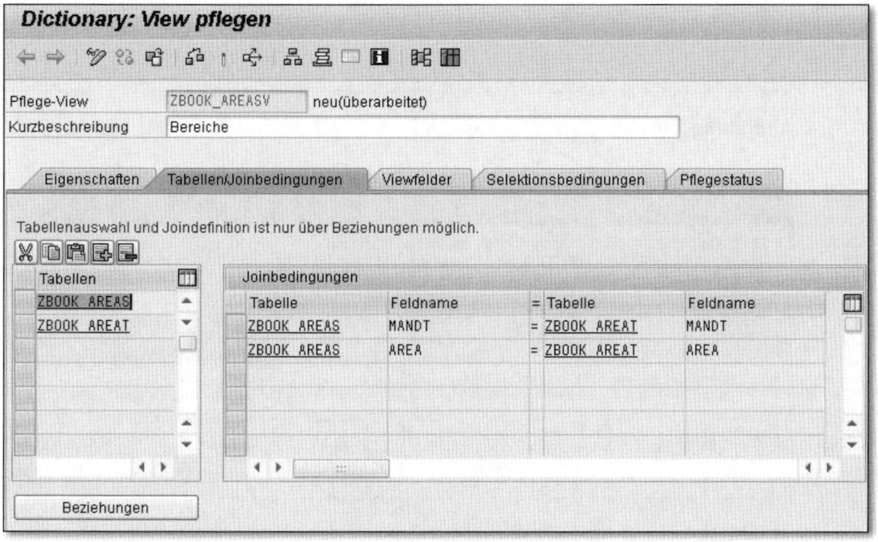


**Abbildung 2.18** View mit korrekt zugeordneter Texttabelle

Wechseln Sie zur Registerkarte VIEWFELDER. Sie sehen dort die Schlüsselfelder der Basistabelle. Sie müssen nun noch die folgenden Objekte in den View übernehmen:

- das Beschreibungsfeld aus der Texttabelle
- die Felder für die Änderungsinformationen

Tabellenfelder

Klicken Sie auf den Button TABELLENFELDER, und wählen Sie in dem sich öffnenden Pop-up-Fenster zunächst den Eintrag ZBOOK_AREAS aus (siehe Abbildung 2.19). Markieren Sie dann die Felder AEDAT, AETIM und AENAM. Fügen Sie die Felder durch einen Klick auf den Button ÜBERNEHMEN in den View ein (siehe Abbildung 2.20).

Abbildung 2.19 Tabellenfelder auswählen

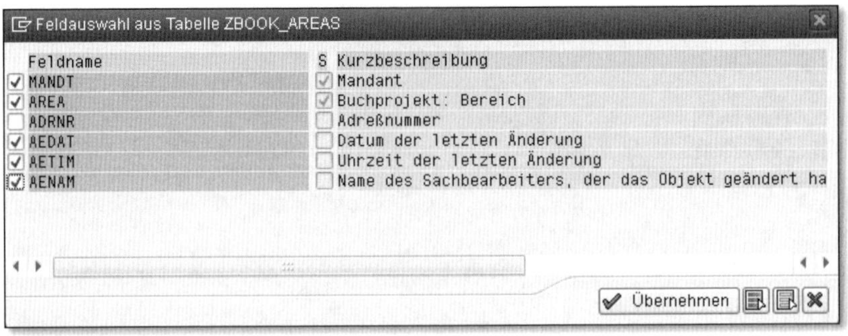


Abbildung 2.20 Feldauswahl

Wiederholen Sie diese Schritte für die Tabelle ZBOOK_AREAT und das Feld ATEXT. Das zuletzt eingefügte Feld steht auch an letzter Stelle. Die Änderungsinformationen sollten jedoch an letzter Stelle stehen, da diese Informationen bei der Pflege der Daten nicht relevant sind. Markieren Sie zu diesem Zweck die Zeile ATEXT, und schneiden Sie sie mithilfe der Schaltfläche zum Ausschneiden () aus. Klicken Sie nun in das Feld AEDAT, und fügen Sie die Zeile mit dem Button EINSETZEN () wieder ein.

**Read-only**

Der Hauptgrund für die Erstellung des Pflege-Views war, dass wir die Felder AEDAT, AETIM und AEDAT auf NICHT EINGABEBEREIT setzen möchten. Schließlich sollen die Änderungsinformationen über den Zeitpunkt automatisch gesetzt werden.

Neben der Spalte FELD sehen Sie die Spalte PFLEGEMERKMAL FÜR VIEWFELD, die mit P gekennzeichnet ist. In diese Spalte tragen Sie für die genannten Felder das Kennzeichen »R« für *Read-only* ein (siehe Abbildung 2.21). Damit definieren Sie, dass die Felder im Tabellenpflegedialog nur angezeigt, aber nicht vom Anwender geändert werden können.

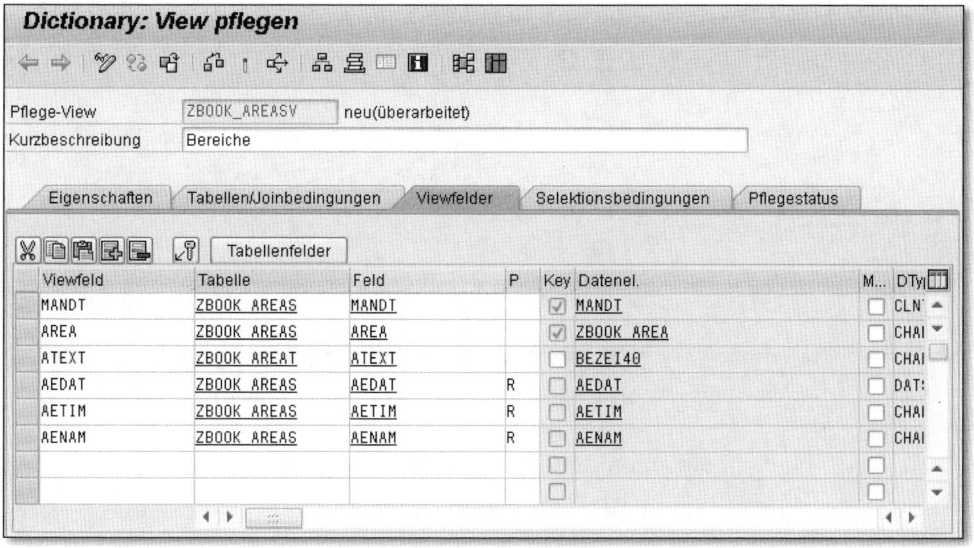


**Abbildung 2.21** Alle View-Felder mit entsprechenden Attributen

Aktivieren Sie den Pflege-View, und legen Sie einen Pflegedialog dafür an. Am einfachsten erfolgt dies über das Menü HILFSMITTEL •

TABELLENPFLEGEGENERATOR. Sie können den Pflegedialog in die gleiche Funktionsgruppe generieren, die Sie bei den beiden anderen Tabellen verwendet haben.

### 2.4.2 Zeitpunkt 05: Hinzufügen eines neuen Eintrags

Eine häufige Forderung an Tabellen ist es, sicherzustellen, dass Schlüsselfelder in jedem Fall ausgefüllt werden (*Muss-Feld-Prüfung*). Dies lässt sich zwar relativ einfach mit der Modifikation des Pflege-Dynpros realisieren, allerdings hat eine solche Änderung nur so lange Bestand, bis nach einer Änderung der Tabelle ein neuer Pflegedialog generiert wird. Zudem lassen sich auf diese Weise keine komplexen Muss-Feld-Prüfungen durchführen (z.B. »Wenn Feld X gefüllt ist, muss auch Feld Y gefüllt sein«). So eine Prüfung können wir mit dem Zeitpunkt 05 jedoch realisieren.

**Zeitpunkt definieren**

Stellen Sie sicher, dass Sie sich im Tabellenpflegegenerator befinden. Über den Menüpfad UMFELD • MODIFIKATION • ZEITPUNKTE gelangen Sie in die Pflege der Zeitpunkte für den Pflegedialog (siehe Abbildung 2.22).

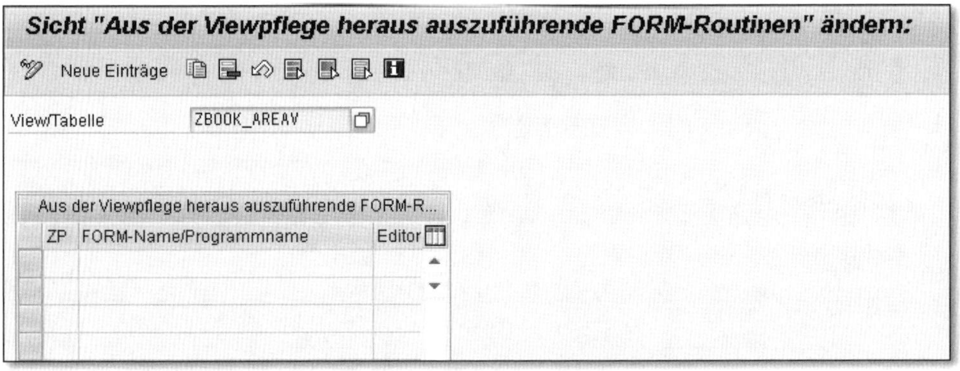


**Abbildung 2.22** Übersicht Zeitpunkte – noch keine Zeitpunkte vorhanden

Fügen Sie einen neuen Eintrag hinzu:

- Zeitpunkt: 05
- FORM-Routinenname: `ZZ_NEW_ENTRY`

**Include einfügen**

Drücken Sie , und klicken Sie anschließend auf das Quellcodesymbol rechts neben dem Eintrag. Da noch kein Zeitpunkt definiert wurde, schlägt das System ein Include vor, in dem die FORM-Routine gespeichert werden soll. Sie können den Vorschlag übernehmen und erhalten die Meldung, dass das Include in die Funktionsgruppe eingefügt wird (siehe Abbildung 2.23).

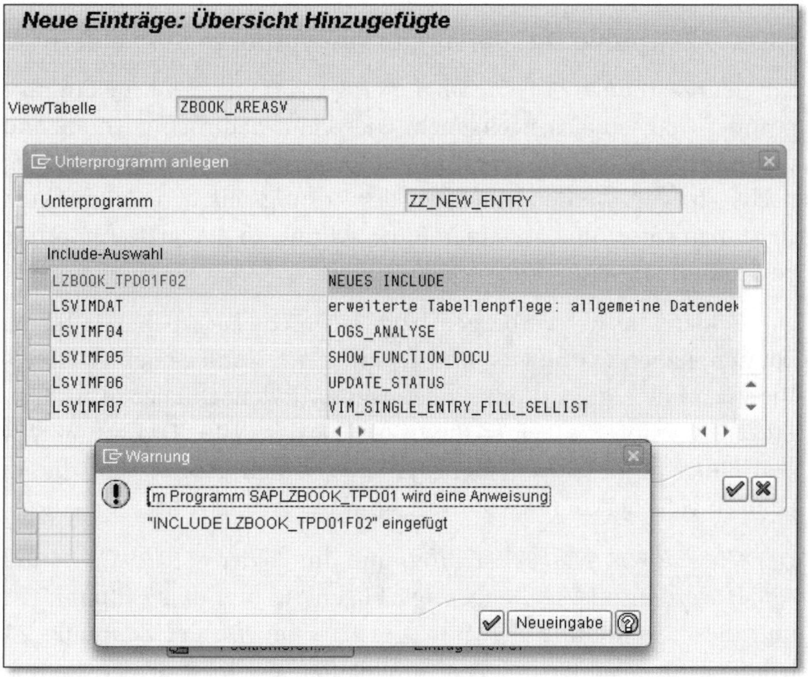


**Abbildung 2.23** Ein neues Include wurde eingefügt.

**Meldung integrieren**

Sie befinden sich nun im ABAP Editor und sozusagen »mitten in der Funktionsgruppe« und haben Zugriff auf alle Daten. Uns interessiert jedoch nur der aktuell hinzugefügte Eintrag. Dieser steht in dem Arbeitsbereich, der die gleiche Bezeichnung wie der View trägt, und zwar ZBOOK_AREASV. Fügen Sie den Code aus Listing 2.1 ein, und aktivieren Sie das Coding, damit bei jedem neuen Eintrag die Meldung »Schlüsselfeld darf nicht leer sein!« angezeigt wird.

```
FORM zz_new_entry.
  IF zbook_areasv-area IS INITIAL.
    MESSAGE e000(oo)
       WITH 'Schlüsselfeld darf nicht leer sein!'.
  ENDIF.
ENDFORM.                         "zz_new_entry
```

**Listing 2.1** Hinweis bei neuem Eintrag

Vergessen Sie nicht, auch das Rahmenprogramm, also die Funktionsgruppe selbst, zu aktivieren. Kehren Sie mit [F3] zurück in die Pflege der Zeitpunkte, und sichern Sie diese. Erst dann sind die Zeitpunkte auch aktiv.

### 2.4.3 Zeitpunkt 21: Versorgen von verborgenen Feldern

Mit dem Zeitpunkt 21 lässt sich der Frage, wer wann welche Einträge geändert hat, einfach nachgehen. Dies kann natürlich auch anhand von Änderungsbelegen, die für die Tabelle aktiviert werden können, nachvollzogen werden, aber bei der Lösung mit den Zeitpunkten sieht man sofort und auf einen Blick, wer wann die letzte Änderung vorgenommen hat.

Systemvariablen verwenden

Die Felder, die wir verbergen bzw. auf nicht eingabebereit setzen können, haben wir bereits in Abschnitt 2.4.1, »Anlegen eines Pflege-Views«, in den Pflege-View eingetragen. Mit dem Quellcode aus Listing 2.2 werden die Felder BENUTZERNAME (AENAM), DATUM (AEDAT) und UHRZEIT (AETIM) aus den Systemvariablen gesetzt. Aus diesen Feldern geht hervor, wer die Tabelle wann geändert hat.

Der View ZBOOK_AREASV ist aktiv, und die Felder AEDAT, AETIM und AENAM werden im View angezeigt. Fügen Sie nun den Zeitpunkt 21 und die FORM-Routine ZZ_HIDDEN_FIELDS ein. Da der Zeitpunkt 21 lediglich für geänderte Zeilen durchlaufen wird, ist dessen Coding denkbar einfach (siehe Listing 2.2).

```
FORM zz_hidden_fields.
  zbook_areasv-aedat = sy-datum.
  zbook_areasv-aetim = sy-uzeit.
  zbook_areasv-aenam = sy-uname.
ENDFORM.                    "zz_hidden_fields
```

**Listing 2.2** Informationen zur Feldänderung ergänzen

### 2.4.4 Zeitpunkt 23: vor dem Aufruf des Adresspflegebildes

Da wir die Adresspflege für die Bereiche der Tabelle verwenden, zeigen wir Ihnen an dieser Stelle, wie Sie Einfluss auf das Addressbild nehmen können. Angezeigt werden alle Standardfelder zur Adresse. Einige sind aber eventuell gar nicht nötig und sollen ausgeblendet werden. Andere sind nicht sichtbar und müssen erst eingeblendet werden. Wir übernehmen die Standardbildschirmsteuerung für das

Adressbild in diesem Zeitpunkt, blenden jedoch unnötige Felder aus und wichtige Felder ein. Sie können auch steuern, ob eine Eingabe für bestimmte Felder gemacht werden muss (Pflichtfelder). Die möglichen Werte zur Feldsteuerung können Sie Tabelle 2.3 entnehmen.

| Steuerzeichen | Bedeutung |
|---|---|
| – (Minus) | Feld ausblenden |
| . (Punkt) | Kann-Eingabe |
| + (Plus) | Muss-Eingabe |
| * (Stern) | nur Ausgabe |
| # (Raute) | Feld immer sichtbar |
| (Leerzeichen) | Standardfeldsteuerung |

**Tabelle 2.3** Steuerzeichen für den Adresspflegedialog

**FORM-Routine ZZ_ADDRESS**

Legen Sie den Zeitpunkt 23 mit der FORM-Routine ZZ_ADDRESS an, und verwenden Sie dazu den Quelltext aus Listing 2.3.

```
FORM zz_address.
  vim_addr_frame_text = 'Bereichsleiter'.
  vim_addr_titlebar   = 'Adresse für Bereiche'.
  vim_addr_field_selection+00(1) = '-'. "Title"
  vim_addr_field_selection+28(1) = '#'. "Building"
  vim_addr_field_selection+29(1) = '#'. "Floor"
  vim_addr_field_selection+30(1) = '#'. "Room"
  vim_addr_field_selection+34(1) = '-'. "Remark"
  vim_addr_field_selection+10(1) = '-'. "company"
  vim_addr_field_selection+14(1) = '-'. "company"
  vim_addr_field_selection+33(1) = '-'. "company"
ENDFORM.                    "zz_address
```

**Listing 2.3** Feldänderungen im Adressdialog

Wie Sie sehen, verändern Sie so die Feldleiste des Adressdialogs. In der SAP-Onlinehilfe finden Sie weitere Möglichkeiten der Einflussnahme.

### 2.4.5 Zeitpunkt 19: nach Initialisieren globaler Variablen

Ein Hilfsmittel, das wir sehr zu schätzen gelernt haben und das auch von unseren Kunden sehr gut angenommen wird, ist die Anzeige der Tabellendokumentation in einem *Docking-Container*, der an der rechten Seite des Dynpros angefügt wird (siehe Abbildung 2.24).

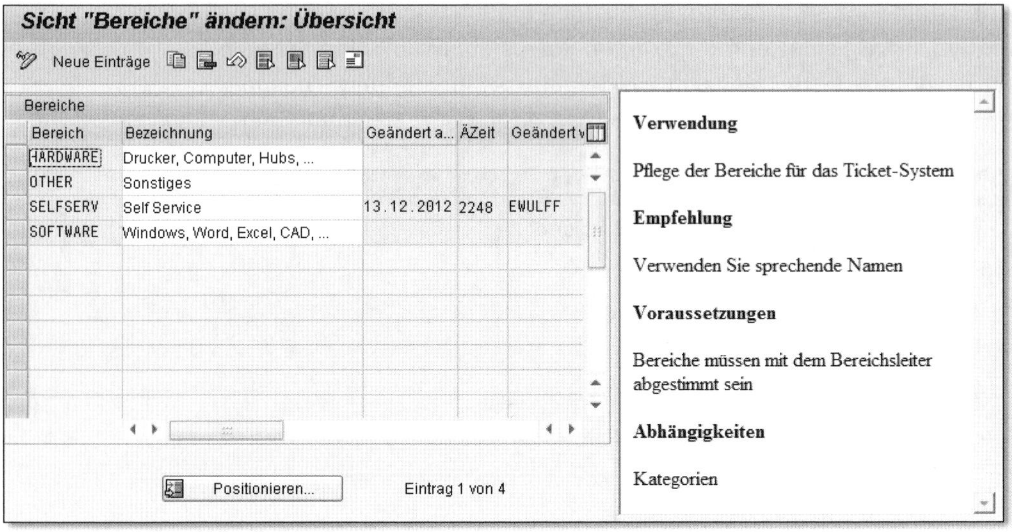


**Abbildung 2.24** Anzeige der Tabellendokumentation im Docking-Container

**Klasse und Methode anlegen**

Dazu müssen wir allerdings ein wenig mehr Aufwand treiben, denn für diese Anzeige programmieren wir eine eigene Klasse, die wir später wieder verwenden wollen:

1. Legen Sie dazu zuerst in Transaktion SE24 die Klasse `ZCL_BOOK_DOCU` an. Informationen zum Anlegen einer Klasse finden Sie in Anhang A.9.
2. Legen Sie eine öffentliche statische Methode namens `DISPLAY` an. Verwenden Sie dabei die Parameter aus Abbildung 2.25 (siehe auch Anhang A.8, »Klasse und Methoden anlegen«).

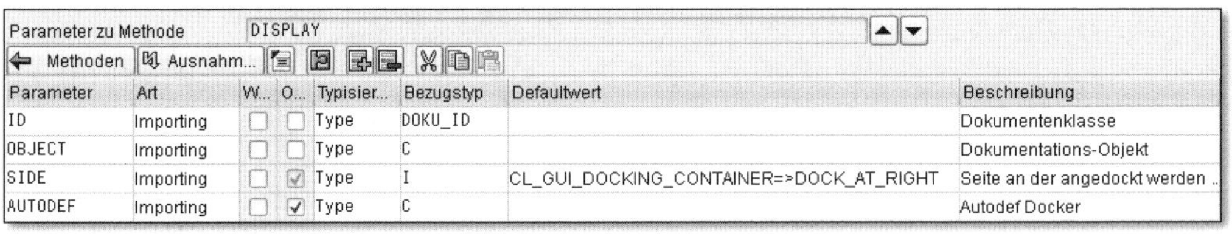


**Abbildung 2.25** Parameter der Methode DISPLAY

Im Coding aus Listing 2.4 wird die Dokumentation zu einem Objekt gelesen. Die Dokumentation, die im SAPScript-Format vorliegt, wird dabei in HTML konvertiert und in einem Docking-Container als HTML-Control ausgegeben.

```
METHOD display.
  DATA lt_lines        TYPE STANDARD TABLE OF tline.
  DATA ls_header       TYPE thead.
  DATA lt_html         TYPE STANDARD TABLE OF htmlline.
  DATA lv_url          TYPE c LENGTH 500.
  DATA lv_spras        TYPE sylangu.
  STATICS sv_object    TYPE doku_obj.
  STATICS sr_dock      TYPE REF TO cl_gui_docking_container.
  STATICS sr_container TYPE REF TO cl_gui_container.
  STATICS sr_html      TYPE REF TO cl_gui_html_viewer.
  CHECK sv_object <> name.
  sv_object = name.
*== Dokumentation lesen
  CALL FUNCTION 'DOCU_GET'
    EXPORTING
      id     = id
      langu  = sy-langu
      object = sv_object
    IMPORTING
      head   = ls_header
    TABLES
      line   = lt_lines
    EXCEPTIONS
      OTHERS = 5.
  IF sr_dock IS INITIAL.
*== Docking-Container erzeugen
    CREATE OBJECT sr_dock
      EXPORTING
        Side       = side
        extension  = 400
        no_autodef_progid_dynnr = 'X'.
  ENDIF.
  IF lt_lines IS INITIAL.
*== Keine Dokumentation vorhanden:
*== Docking-Container ausblenden
    IF sr_html IS BOUND. sr_html->set_visible( ' ' ). ENDIF.
    IF sr_dock IS BOUND. sr_dock->set_visible( ' ' ). ENDIF.
  ELSE.                     *== Dokumentation ist vorhanden:
*== Docking-Container einblenden
    IF sr_html IS BOUND. sr_html->set_visible( 'X' ). ENDIF.
    IF sr_dock IS BOUND. sr_dock->set_visible( 'X' ). ENDIF.
  ENDIF.

  IF lt_lines IS NOT INITIAL.
    IF sr_html IS INITIAL.
      CREATE OBJECT sr_html
        EXPORTING
          parent = sr_dock.
    ENDIF.
```

```
      CALL FUNCTION 'CONVERT_ITF_TO_HTML'
        EXPORTING
          i_header     = ls_header
        TABLES
          t_itf_text  = lt_lines
          t_html_text = lt_html
        EXCEPTIONS
          OTHERS       = 4.
      IF sy-subrc = 0.
        CALL METHOD sr_html->load_data
          IMPORTING
            assigned_url = lv_url
          CHANGING
            data_table   = lt_html
          EXCEPTIONS
            OTHERS       = 4.
        IF sy-subrc = 0.
          sr_html->show_url( lv_url ).
        ENDIF.
      ENDIF.
    ENDIF.
ENDMETHOD.
```

**Listing 2.4** Methode DISPLAY zur Anzeige der Dokumentation

**Klasse aktivieren und aufrufen**

Aktivieren Sie nun die Klasse. Legen Sie anschließend den Zeitpunkt 19 und die FORM-Routine ZZ_DOCUMENTATION an, und verwenden Sie den in Listing 2.5 gezeigten Aufruf der eben erstellten Klasse:

```
FORM zz_documentation.
  CALL METHOD zcl_book_docu=>display
    EXPORTING
      id   = 'VW' "View
      name = view_name.
ENDFORM.                    "zz_documentation
```

**Listing 2.5** Quellcode für Zeitpunkt 19

Aktivieren Sie daraufhin das Coding, und sichern Sie die Zeitpunkte. Starten Sie anschließend Transaktion SM30 mit dem View ZBOOK_AREASV.

[»]

**Docking-Container bleibt sichtbar**

Da die Methode ZCL_BOOK_DOCU=>DISPLAY den Docking-Container unabhängig von einem Dynpro erzeugt, bleibt die Dokumentation bei erneutem Aufruf des Startbildschirms im Container stehen, wenn Sie die Einträge mit Transaktion SM30 gepflegt haben. Dies ist nicht der Fall, wenn Sie eine Pflegetransaktion für den View anlegen.

Sie sollten den Docking-Container außerhalb des Pflegedialogs unsichtbar schalten, damit er auf dem Startbild nicht angezeigt wird. Nutzen Sie dazu den Zeitpunkt 13: Beenden der Bearbeitung. Da wir in der Methode DISPLAY STATICS-Variablen verwenden, bleiben die Referenzen erhalten, und wir können den Docking-Container unsichtbar machen und anschließend die statische Variable, die den Objektnamen hält, löschen:

```
IF object IS INITIAL.
  sv_object = object.
  IF sr_dock IS BOUND.
    sr_dock->set_visible( space ).
    EXIT.
  ENDIF.
ELSE.
  sv_object = object.
ENDIF.
```

**Listing 2.6** Methode DISPLAY

Diese Methode rufen Sie mit der folgenden FORM-Routine im Coding des Zeitpunkts 13 auf:

```
FORM zz_exit.
  zcl_book_docu=>display( id = space object = space ).
ENDFORM.                    "zz_Exit
```

## 2.5 Stolperfallen und Hilfestellungen

Bei der Erstellung und nachträglichen Anpassung gibt es einige Stolperfallen. Diese möchten wir Ihnen zeigen und Ihnen eine Lösung anbieten. Darüber hinaus gibt es Einstellungen und Änderungen, die Sie vornehmen sollten, um dem Anwender die Eingabe und die Benutzung des Tabellenpflegedialogs angenehmer und übersichtlicher zu machen.

### Listboxen

Nachträgliche Anpassung

Sobald ein Feld eine Domäne mit Festwerten verwendet, stellt der Tabellenpflegegenerator das Feld auf dem Pflege-Dynpro als *Listbox* dar. Möchten Sie das nicht, müssen Sie die Darstellung leider im Nachhinein manuell auf dem Tabellenpflege-Dynpro anpassen.

[!]

**Kein automatisches Einfügen von Listboxen**

Listboxen sind schwierig zu handhaben, da die Werte in Listboxen beim Block-Kopieren mit [Strg] + [Y] nicht mitkopiert werden. Auch beim Einfügen verhalten sich die Listboxen sehr störrisch.

Es ist also sinnvoll, bei Pflegedialogen, in die nach und nach viele Daten aus Microsoft Excel kopiert werden, die Listboxen in normale Eingabefelder umzuwandeln.

### Verlorene Mengenfelder

Ab einer bestimmten Anzahl von Feldern oder einer bestimmten Breite einer Struktur werden Mengen- und Währungsfelder ausgeblendet und sind nur in der Detailansicht sichtbar. Dieses Verhalten lässt sich leider nicht beeinflussen.

### Stamm- oder Bewegungsdaten?

Aufzeichnungsart beachten

Sobald Sie Stammdaten in einer Pflegetabelle verwenden, ist es sinnvoll, bei der Pflegedialoggenerierung die Aufzeichnungsart KEINE ODER INDIVIDUELLE AUFZEICHNUNGSART zu wählen, damit die sich aktuell im System befindlichen Daten verwendet werden können (zur Änderung der Aufzeichnungsart siehe auch Abschnitt 2.9.2, »Änderung der Speicherart«). Keine gute Idee ist es, die Fremdschlüsselprüfung auszuschalten, um eine Eingabe von im Entwicklungssystem nicht vorhandenen Daten zu ermöglichen, die dann transportiert werden sollen. So entstehen leicht fehlerhafte Einträge.

### Fehlende Spaltenüberschriften

Es gibt leider auch im SAP-Standard Datenelemente, die keine Bezeichner haben. Bei der Erstellung einer Tabelle ist es sinnvoll, vorhandene Datenelemente zu nehmen, die den passenden Verwendungszweck haben. Sie sollten allerdings darauf achten, dass die Bezeichner gepflegt sind, andernfalls wird in der Spaltenüberschrift nur ein »+« angezeigt.

### Implizite Dokumentation

Eindeutige Datenelementbezeichnungen

Technisch gesehen, sind viele Datenelemente gleich, sie sind jedoch dafür konzipiert, einen semantischen – d.h. einen inhaltlichen – Unterschied ausdrücken zu können. Bei der Pflege von Daten ist es für den Anwender eine wichtige Hilfestellung, wenn er genau weiß, wozu ein Feld verwendet wird.

Wenn es z.B. einen Tabellenpflegedialog für die Tabelle »Besonderheiten Rechnungsempfänger« gibt, ergibt sich aus dem Kontext, dass das Feld KUNDENNUMMER (Datenelement KUNNR) in diesem Fall den Rechnungsempfänger darstellt. Heißt die Tabelle jedoch: »Besonderheiten Abrechnung«, ist es sinnvoll, anstelle des Datenelements für die Kundennummer das Datenelement KUNRE für den Rechnungsempfänger zu verwenden.

### Gruppierung von Pflegedialogen

**Zentrale Einstiegstransaktion**

Oft gibt in einem Anwendungsbereich eine Vielzahl von Tabellenpflegedialogen. Für den Anwender ist es in diesem Fall hilfreich, wenn er *eine* Transaktion hat, von der aus er alle notwendigen Dialoge aufrufen kann. Dies können Sie mithilfe eines einfachen Programms oder durch die Zusammenfassung in einem Viewcluster realisieren. Wie Sie einen Viewcluster zur Gruppierung nutzen, erfahren Sie im folgenden Kapitel, »Viewcluster verwenden«.

In Abbildung 2.26 sehen Sie ein kleines Beispielprogramm für die Gruppierung von Funktionen. Über zwei Schaltflächen kann der Anwender in die Pflege der entsprechenden Tabellen abspringen.

**Abbildung 2.26** Einfaches Benutzermenü

Listing 2.7 beinhaltet den Quellcode, mit dem Sie dieses einfache Benutzermenü umsetzen.

```
REPORT zbook_simple_menu.

SELECTION-SCREEN BEGIN OF BLOCK a WITH FRAME TITLE text-tia.
SELECTION-SCREEN PUSHBUTTON /1(40) text-a01
                 USER-COMMAND a01.
SELECTION-SCREEN PUSHBUTTON /1(40) text-a02
                 USER-COMMAND a02.
SELECTION-SCREEN END OF BLOCK a.

AT SELECTION-SCREEN.
  CASE sy-ucomm.
    WHEN 'A01'.
      CALL FUNCTION 'VIEW_MAINTENANCE_CALL'
```

```
          EXPORTING
            action    = 'S'
            view_name = 'ZBOOK_AREAS'
          EXCEPTIONS
            OTHERS    = 15.
      WHEN 'A02'.
        CALL TRANSACTION 'ZBOOK_CLASS'.
    ENDCASE.
```

**Listing 2.7** Programm zur Gruppierung von Funktionen

[+]

**Erstellen Sie eine Klassenbibliothek**

Der Aufruf des Funktionsbausteins `VIEW_MAINTENANCE_CALL` in Listing 2.7 ist zwar recht kurz, wenn Sie diesen noch einmal in einer statischen Methode kapseln, kann der Aufruf jedoch noch kürzer erfolgen:

```
ZCL_VIEW_MAINTENANCE=>DISPLAY( 'ZBOOK_AREAS' ).
```

## 2.6 Einzelne Datensätze gezielt pflegen

Ein Pflegedialog ist eine angenehme Möglichkeit, um Daten anzuzeigen und zu pflegen. Es wird jedoch häufig vorkommen, dass Sie nicht alle Daten allen Anwendern zur Pflege anbieten möchten oder dass innerhalb eines bestimmten Kontextes nur ein Teil der Daten angezeigt werden soll.

Funktionsbausteine nutzen

Zu diesem Zweck gibt es Funktionsbausteine, die einfach zu bedienen sind und viele Möglichkeiten bieten. Diese Funktionsbausteine müssen in ein Programm eingebaut werden. Entweder werden die Daten bereits zuvor selektiert und anschließend dem Baustein übergeben, oder es wird eine Datenselektion definiert, die dann dem Baustein übermittelt wird. Der Funktionsbaustein ermittelt in diesem Fall die Daten selbst.

In den folgenden Abschnitten stellen wir Ihnen zwei Funktionsbausteine vor, mit deren Hilfe Sie einzelne Datensätze gezielt ausgeben können.

### 2.6.1 Funktionsbaustein VIEW_MAINTENANCE_CALL

Ein mächtiger Funktionsbaustein für den Aufruf der Tabellenpflegedialoge ist `VIEW_MAINTENANCE_CALL`. Mit seiner Hilfe lassen sich Daten gezielt ermitteln und im Dialog anzeigen, darüber hinaus lassen sich bestimmte Funktionen ausblenden, die nicht ausgeführt werden dürfen. Zum Beispiel könnte es aufgrund bestimmter Gegebenheiten nicht erwünscht sein, dass Einträge kopiert oder gelöscht werden.

**Selektionsparameter**

Die Auswahl der zu präsentierenden Daten wird über Selektionsparameter definiert, was wir in dem folgenden Beispiel zeigen. Der Report in Listing 2.8 ermöglicht die Eingabe eines Ticketbereichs und ruft für genau diesen Ticketbereich den Pflegedialog auf:

```
DATA gt_sellist TYPE STANDARD TABLE OF vimsellist.
FIELD-SYMBOLS <sellist> TYPE vimsellist.
*== Selektionsbild
PARAMETERS p_area LIKE zbook_areas-area.
START-OF-SELECTION.
*== define select options
  APPEND INITIAL LINE TO gt_sellist ASSIGNING <sellist>.
  <sellist>-viewfield = 'AREA'.
  <sellist>-operator  = 'EQ'.
  <sellist>-value     = p_area.
*== Tabellenpflegedialog ausführen (SM30)
  CALL FUNCTION 'VIEW_MAINTENANCE_CALL'
    EXPORTING
      action      = 'S'
      view_name   = 'ZBOOK_AREASV'
    TABLES
      dba_sellist = gt_sellist
    EXCEPTIONS
      OTHERS      = 15.
```

**Listing 2.8** Aufruf eines Tabellenpflegedialogs für einen Bereich

### 2.6.2 Funktionsbaustein VIEW_MAINTENANCE_SINGLE_ENTRY

**Bearbeitung einzelner Datensätze**

Mit dem Funktionsbaustein `VIEW_MAINTENANCE_SINGLE_ENTRY` ist es möglich, genau einen Datensatz des Tabellen-Pflege-Views zu bearbeiten. Bearbeiten bedeutet in diesem Fall anzeigen, ändern, anlegen oder auch transportieren. Das Beispiel in Listing 2.9 demonstriert die Verwendung des Funktionsbausteins.

```
DATA gs_zbook_areasv TYPE zbook_areasv.
*== selection screen
PARAMETERS p_area LIKE zbook_areas-area.
START-OF-SELECTION.
*== Selection
  SELECT SINGLE * FROM zbook_areas
```

```
      INTO CORRESPONDING FIELDS OF gs_zbook_areasv
     WHERE area = p_area.
    CHECK sy-subrc = 0.
*== call single view maintenance
    CALL FUNCTION 'VIEW_MAINTENANCE_SINGLE_ENTRY'
      EXPORTING
        action    = 'UPD'
        view_name = 'ZBOOK_AREASV'
      CHANGING
        entry     = gs_zbook_areasv
      EXCEPTIONS
        OTHERS    = 15.
```

**Listing 2.9** Anzeige eines einzelnen Datensatzes im Pflegedialog

## 2.7 Zeitabhängige Pflege-Views

Sobald es notwendig wird, Daten zeitabhängig zu verwalten, möchten wir Ihnen die Verwendung eines *zeitabhängigen Tabellenpflegedialogs* ans Herz legen. Eine Zeitabhängigkeit besteht, wenn ein Tabelleneintrag ein Beginn-Datum und ein Ende-Datum hat. Die Herausforderung bei zeitabhängigen Daten ist die korrekte Abgrenzung von bereits bestehenden Einträgen. Der zeitabhängige Tabellenpflegedialog setzt dies zuverlässig und mit wenig Aufwand um. Allerdings sind ein paar Dinge zu beachten.

**Technische Voraussetzungen**

Um einen zeitabhängigen Tabellenpflegedialog generieren zu können, müssen Sie die Datumsfelder zwingend mit `BEGDA` und `ENDDA` benennen oder eines der folgenden Datenelemente verwenden, damit der Tabellenpflegegenerator erkennt, dass es sich um einen zeitabhängigen Dialog handelt:

- Beginn-Datum: `BEGDA`, `BEGDATUM`, `VIM_BEGDA`
- Ende-Datum: `ENDDA`, `ENDDATUM`, `VIM_ENDDA`

Wir raten Ihnen dazu, die Datumsfelder in jedem Fall `BEGDA` und `ENDDA` zu nennen, da nur in diesem Fall die automatische Abgrenzung von Einträgen aktiviert werden kann.

**Tabellenpflegedialog entwerfen**

Als Beispiel wollen wir eine Tabelle entwerfen, in der einem *Ticketbereich* eine Kostenstelle zugeordnet wird und bei der jeder Eintrag einen eigenen Gültigkeitszeitraum hat (siehe Abbildung 2.27). Zu dieser Tabelle erstellen wir dann den zeitabhängigen Tabellenpflegedialog. Das Ergebnis entspricht dem Pflegedialog in Abbildung 2.28.

**Abbildung 2.27** Beispiel für eine zeitabhängige Tabelle

Legen Sie dafür die Tabelle ZBOOK_DATE im ABAP Dictionary an. Verwenden Sie dazu dieselben Einstellungen wie für die Tabelle ZBOOK_AREAS. Die Felddefinition entnehmen Sie Abbildung 2.27.

**Logische Reihenfolge einhalten** [+]

Bei vielen zeitabhängigen Tabellen ist das letzte Schlüsselfeld das ENDE-DATUM. Das darauffolgende Nicht-Schlüsselfeld ist das BEGINN-DATUM. Wir empfehlen Ihnen stattdessen, die logische Reihenfolge BEGINN-DATUM – ENDE-DATUM einzuhalten, denn das vereinfacht die Pflege in der Regel deutlich.

**Vorteile**

Zeitabhängige Einträge können zwar auch mit einem normalen Pflegedialog geändert werden, allerdings wird das schnell unübersichtlich. Der zeitabhängige Pflegedialog zeigt nur die aktuell gültigen Einträge an, ältere oder noch nicht gültige Einträge werden ausgeblendet. Klicken Sie auf AUFR. <-> VERB., um sich alle Einträge anzeigen zu lassen (siehe Abbildung 2.28). In Abbildung 2.29 sehen Sie die vollständige Anzeige.

**Zeitabhängigen Pflegedialog generieren**

Gehen Sie bei der Generierung eines zeitabhängigen Tabellenpflegedialogs genauso vor wie bei einem normalen Tabellenpflegedialog. Sie finden dann in Ihrem Pflegedialog die Funktionen AUFR. <-> VERB. und ABGRENZEN. Es werden in diesem Pflegedialog jedoch noch keine Überprüfungen auf zeitliche Überschneidungen vorgenommen. Diese Funktion erhalten Sie erst, wenn Sie nach der Generierung über das Menü UMFELD den Eintrag ZEITABH. GENERIEREN auswählen. Voraussetzung dabei ist, dass Sie als Feldnamen für die Datumsfelder BEGDA und ENDDA angegeben haben.

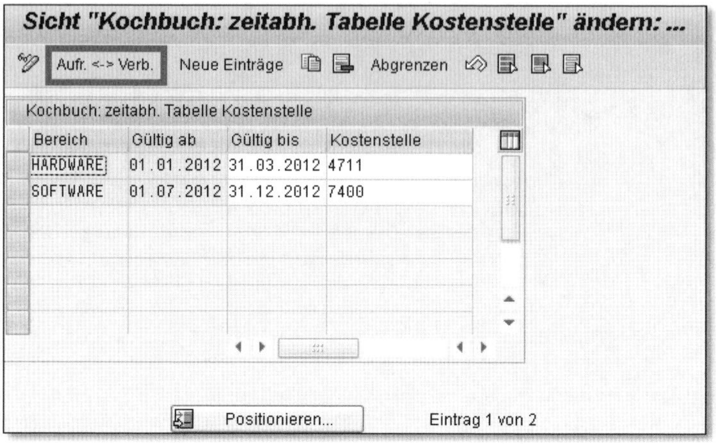


Abbildung 2.28 Sicht der aktuellen Einträge im zeitabhängigen Pflegedialog

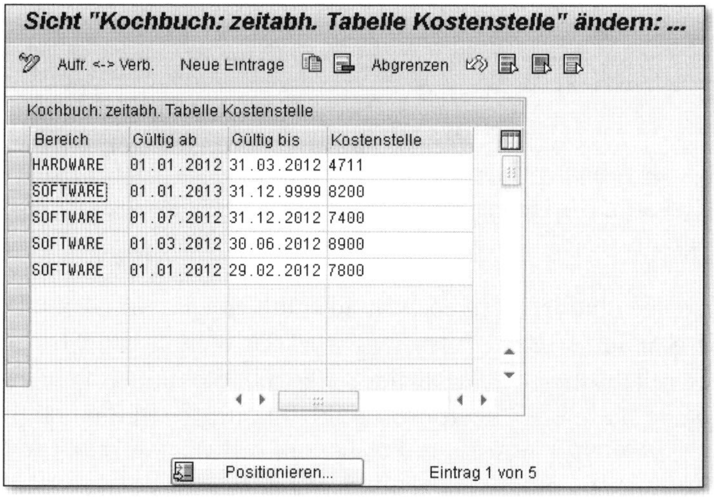


Abbildung 2.29 Alle Gültigkeiten des Bereichs SOFTWARE

Nach Ausführen der Funktion ZEITABH. GENERIEREN erscheint die Meldung, dass der Auftrag erfolgreich abgeschlossen wurde. Im Pflegedialog können Sie nun neue Einträge hinzufügen oder alte ändern, und die vorhandenen Einträge werden entsprechend abgegrenzt.

**Datensätze abgrenzen**

In Abbildung 2.30 sehen Sie einen Eintrag, der unendlich gültig ist. Nun soll ab April 2013 eine andere Kostenstelle gültig sein. Sie fügen also einen neuen Eintrag ein, dessen Gültigkeit mit dem 1. April 2013 beginnt.

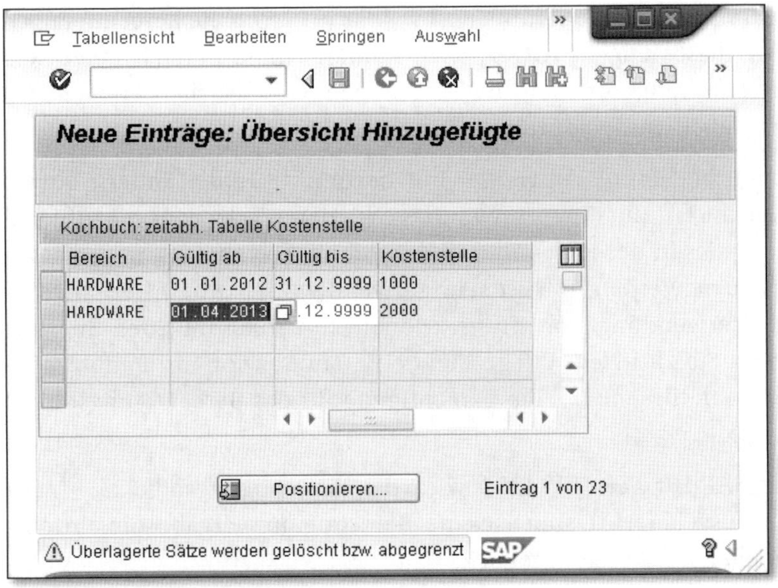


**Abbildung 2.30** Neuer Datensatz mit Beginn-Datum

Sie erhalten die Warnmeldung »Überlagerte Sätze werden gelöscht bzw. abgegrenzt.«, die Sie mit der [↵]-Taste bestätigen müssen. Das System hat den neuen Eintrag nun abgegrenzt.

Genauso gut hätten Sie auch den alten Eintrag abgrenzen können. Markieren Sie dazu den alten Eintrag, und klicken Sie auf den Button ABGRENZEN. Sie werden dann nach dem neuen Ende-Datum gefragt. Das System schlägt das Tagesdatum vor.

Der Nachteil bei dieser Variante ist, dass das System Sie auffordert, den alten Eintrag zu ändern, in diesem Fall also die Kostenstelle des alten Eintrags. In der Regel grenzt man einen alten Eintrag aber deshalb ab, weil dem neuen Eintrag ein neuer Wert zugewiesen werden soll. Sie müssen also den alten Eintrag so lassen und danach den neuen Eintrag ändern.

## 2.8 Berechtigungen

Die Berechtigungsprüfung bei Tabellenpflegedialogen kann sehr schwierig sein, wenn man alle ihre Funktionen nutzen möchte. Das Berechtigungsobjekt zur Bestimmung der Anzeige und Pflege bestimmter Tabellengruppen ist S_TABU_DIS. Um die Berechtigungen über dieses Objekt zuweisen zu können, muss bereits im Vorfeld bekannt sein, welche Tabellengruppen von welchen Anwendern bearbeitet werden dürfen.

**Berechtigungsobjekt S_TCODE**

Sollen bestimmte Anwender nur bestimmte Felder ändern dürfen oder dürfen nur Key-User Einträge kopieren oder neu hinzufügen, muss dies in der Regel über unterschiedliche Tabellenpflegedialoge gesteuert werden. Das ist sehr aufwendig. Eine gute Alternative ist die Verwendung von Transaktionen zur Steuerung des Zugriffs. Legen Sie zu jedem Pflege-View eine Transaktion an. Benutzer erhalten in diesem Fall die Berechtigung für das Berechtigungsobjekt S_TCODE.

**Einzelne Tabellen und Sätze berechtigen**

Mit SAP-Hinweis 1434284 wird das Berechtigungsobjekt S_TABU_NAM ausgeliefert. Damit ist eine Berechtigungsvergabe für einzelne Tabellen oder Views möglich.

Sollen Anwender nur Zugriff auf einzelne Datensätze haben, muss dies über Zeitpunkte oder ein eigenes Programm realisiert werden. Über den ersetzenden Zeitpunkt AA • AN STELLE DER STANDARDROUTINE FÜR DAS EINLESEN VON DATEN kann jeder Eintrag gegen ein passendes Berechtigungsobjekt geprüft und gegebenenfalls gelöscht werden.

Eine andere Variante ist die Verwendung des in Abschnitt 2.6.1 beschriebenen Funktionsbausteins VIEW_MAINTENANCE_CALL. Hier kann die Selektion auf Einträge beschränkt werden, für die der Anwender eine Berechtigung hat.

## 2.9 Änderungen am Pflegedialog vornehmen

Der Tabellenpflegegenerator ist ein Standard-Tool. Aus diesem Grund werden Standardpflegeansichten generiert. Darauf, wie das Ergebnis dieser Generierung aussieht, haben Sie kaum Einfluss. Einige Anpassungen und Änderungen können jedoch durch die richtige Wahl von Datenelementen (Überschriften, Dokumentationen) oder durch die Verwendung von Zeitpunkten erreicht werden.

Änderungsmöglichkeiten

In einigen Fällen ist es darüber hinaus sinnvoll, die generierten Tabellenpflegedialoge nachträglich anzupassen. Folgende Änderungen können Sie z. B. vornehmen:

- Einbau eigener Funktionen (Suche oder Absprung in andere Transaktionen)
- Ändern von Beschriftungen
- Größenänderung von Listboxen
- Umwandlung von Listboxen in Eingabefelder
- Ändern von Abstand, Größe oder Position einzelner Objekte
- Gruppierung oder Änderung von Elementen in der Detailanzeige
- Abfragen oder Funktionen, die sich nicht oder nur unzureichend durch Zeitpunkte realisieren lassen

Verhalten bei Neugenerierung

In jedem Fall sollten Sie sich darüber bewusst sein, dass eine Neugenerierung die Änderungsarbeiten wieder »über den Haufen wirft«. In folgenden Fällen kann eine Neugenerierung der betroffenen Dialogbausteine nötig sein:

- wenn die Tabelle geändert wird (neue Felder oder Entfernen von Feldern)
- bei einer Änderung der Feldreihenfolge
- wenn es beim Ändern des Tabellenpflegedialogs zu Fehlern gekommen ist, sodass die Tabellenpflege nicht mehr funktioniert

Im Folgenden erfahren Sie, was Sie bei den häufigsten Tabellenänderungen und Anpassungen am Pflegedialog beachten müssen.

### 2.9.1 Felder hinzufügen oder entfernen

Sobald Sie neue Tabellenfelder hinzufügen oder Felder entfernen, sollten Sie den Tabellenpflegedialog nachgenerieren. Das tun Sie am einfachsten, indem Sie im Tabellenpflegegenerator auf das Icon für Ändern () klicken (F7). Im folgenden Pop-up-Fenster wählen Sie Übersichtsbild und Normales Feld aus (siehe Abbildung 2.31). Abschließend bestätigen Sie Ihre Angaben mit einem Klick auf das grüne Häkchen ().

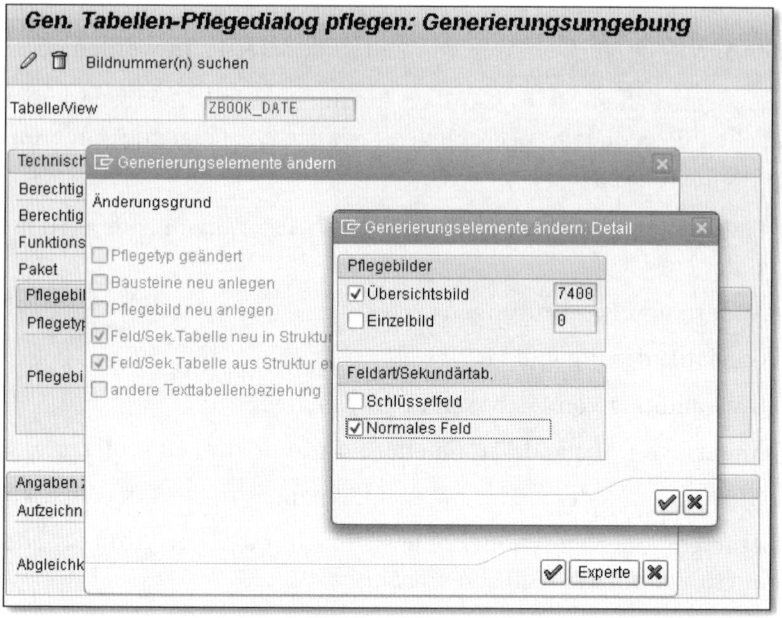


Abbildung 2.31 Nachgenerierung des Tabellenpflegedialogs

Eventuelle Änderungen auf dem Pflege-Dynpro gehen dabei verloren.

### 2.9.2 Änderung der Speicherart

**Aufzeichnungsroutine**

Bei der Generierung eines Tabellenpflegedialogs schlägt das System die Aufzeichnungsroutine vor, die der *Auslieferungsklasse* der Tabelle entspricht. Häufige Auslieferungsklassen und die zugehörigen Aufzeichnungsroutinen listet Tabelle 2.4 auf.

| Auslieferungsklasse | Vorschlag Aufzeichnungsroutine |
|---|---|
| A – Stamm- und Bewegungsdaten | KEINE ODER INDIVIDUELLE AUFZEICHNUNGSROUTINE |
| C – Customizing | STANDARD AUFZEICHNUNGSROUTINE |

Tabelle 2.4 Relevante Auslieferungsklassen

**Aufzeichnungsart ändern**

Sie können die Aufzeichnungsart jedoch im Nachhinein übersteuern, ohne den Pflegedialog zu ändern. Gehen Sie dazu in den Tabellenpflegegenerator, und setzen Sie die Auswahl auf die gewünschte Aufzeichnungsart. Sichern Sie anschließend Ihre Änderung (siehe Abbildung 2.32).

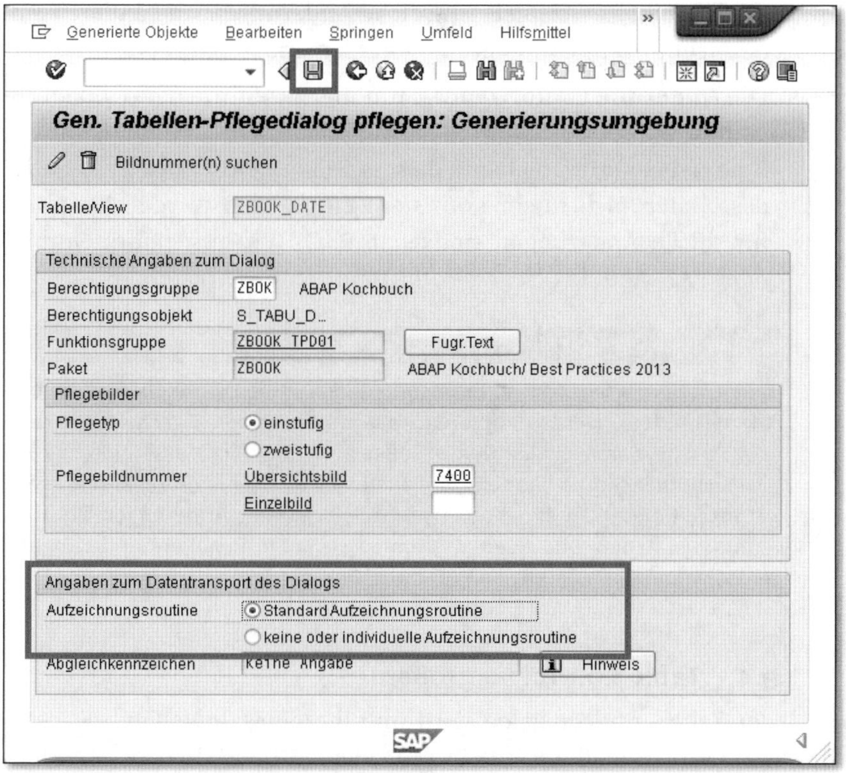


**Abbildung 2.32** Änderung der Aufzeichnungsart

## 2.9.3 Dynpros nachbearbeiten

Nachbearbeitungen von Dynpros sollten Sie – wenn möglich – vermeiden! Durch die erneute Generierung des Pflegedialogs werden Ihre Änderungen überschrieben. Es gibt jedoch Anwendungsfälle, die eine Nachbearbeitung nötig machen (Umwandlung von Listboxen in Eingabefelder, Vergrößerung von Feldern, Gruppierung von Feldern auf dem Detailbild etc.). Diese Bearbeitungen sollten jedoch von einem erfahrenen Programmierer vorgenommen werden, der diese Änderungen im Bedarfsfall (nach einer erneuten Generierung) auch erneut durchführen kann. Die Änderungen sollten an zentraler Stelle dokumentiert werden. Leider bietet der Tabellenpflegedialog keine Möglichkeit der Dokumentation.

Änderungsgründe

Sie sollten zwischen folgenden Änderungsarten unterscheiden:

- **Die Änderung ist eine »Schönheitskorrektur«**
  Eine Neugenerierung ändert in diesem Fall nicht die Funktionali-

tät des Dialogs. Beispiele für solche Änderungen sind andere Feldbezeichnungen, Gruppierung von Elementen, Icons etc.

- **Die Änderung ist notwendig, um die Datenintegrität sicherzustellen**
  Eine Neugenerierung hat in diesem Fall möglicherweise zur Folge, dass Daten nicht mehr konsistent eingegeben werden. Beispiele für solche Änderungen sind neue PBO- (Process Before Output) oder PAI-Module (Process After Input) in der Ablauflogik.

[+]

**Kopieren des Dynpros**

Haben Sie umfangreiche Änderungen vorgenommen, können Sie das von Ihnen geänderte Dynpro kopieren. Machen Sie in den Eigenschaften des kopierten Dynpros in der KURZBESCHREIBUNG deutlich, dass es sich um eine Sicherheitskopie handelt. Im Falle einer Neugenerierung können Sie erstens mit dieser Dynpro-Kopie vergleichen, welche Änderungen Sie vorgenommen haben, und zweitens können Sie in der Regel die Änderungen per Copy and Paste in das neue Dynpro übernehmen.

### 2.9.4 Table Control vergrößern

Änderungen im Screen Painter

Jeder Tabellenpflegedialog wird mithilfe eines *Table Controls* realisiert. Standardmäßig wird ein sehr kleiner Table Control generiert. Sie können ihn jedoch einfach vergrößern, indem Sie den Bereich im grafischen Screen Painter größer ziehen (Sie erreichen die Tabellenpflege-Dynpros am einfachsten aus der Generierungsumgebung des Tabellenpflegegenerators. Klicken Sie den Bezeichner ÜBERSICHTSBILD oder EINZELBILD an):

1. Setzen Sie das Dynpro zuerst auf die maximale mögliche Breite.
2. Klicken Sie im Tabellenpflegegenerator doppelt auf das zu ändernde Dynpro, und wechseln Sie auf die Registerkarte EIGENSCHAFTEN.
3. Dort setzen Sie das Feld SPALTEN im Bereich WEITERE ATTRIBUTE auf 200 (siehe Abbildung 2.33).
4. Danach wechseln Sie durch einen Klick auf LAYOUT zum grafischen Screen Painter. Dort müssen Sie nun den Anfasser für den Table Control finden und ihn mit gedrückter linker Maustaste ganz nach rechts ziehen (siehe Abbildung 2.34).

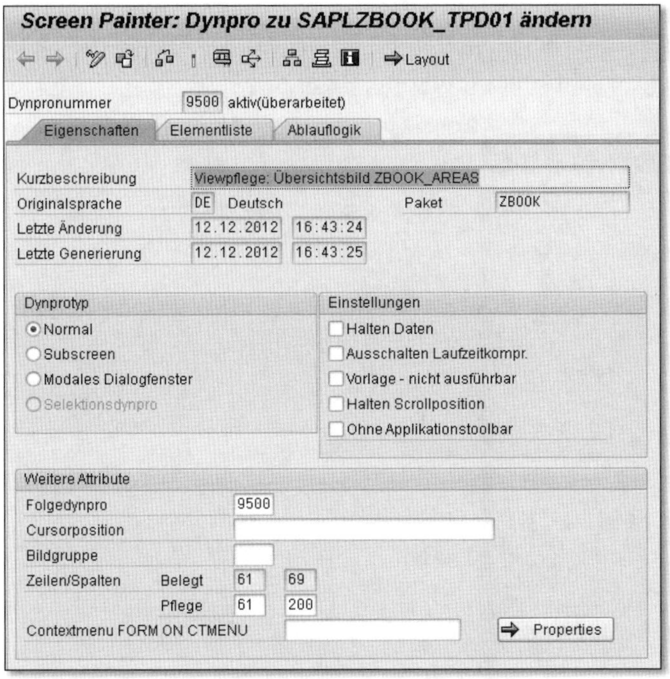


**Abbildung 2.33** Die Eigenschaften des Pflege-Dynpros

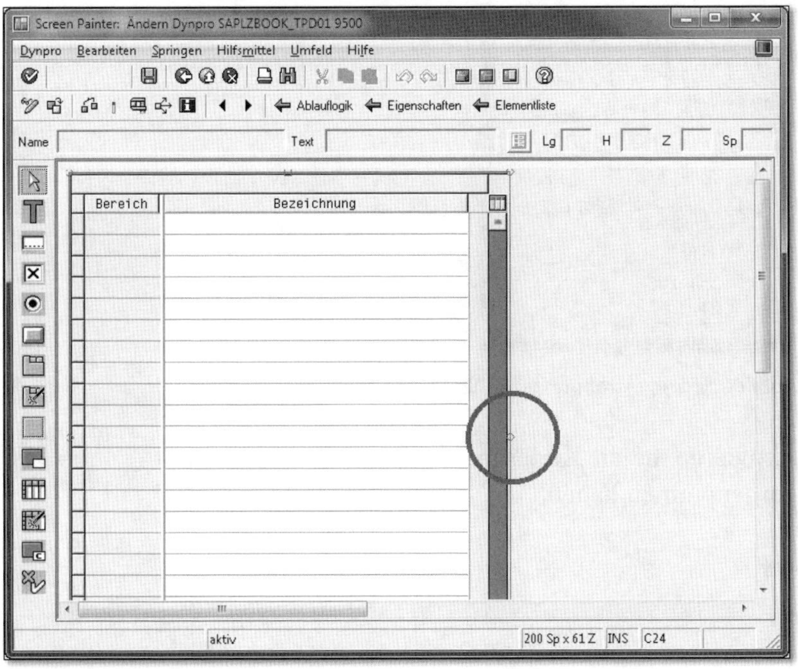


**Abbildung 2.34** Der grafische Screen Painter mit markiertem Anfasser

**Resizing-Attribut** Das RESIZING-Attribut des Table Controls ist standardmäßig bereits gesetzt, sodass auch bei kleineren Bildschirmen der Pflege-View korrekt angezeigt wird (siehe Abbildung 2.35).

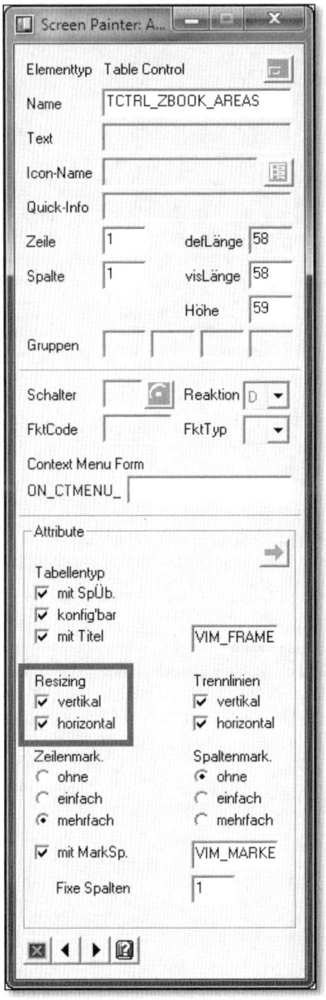


**Abbildung 2.35** Attribute des Table Controls

Aktivieren Sie die Änderungen, die Sie im Dynpro mit [Strg] + [F3] vorgenommen haben.

*In Viewclustern können Sie Tabellenpflegedialoge, die inhaltlich oder technisch zusammengehören, gruppieren. Wie Sie dieses Mittel praktisch einsetzen, erfahren Sie in diesem Kapitel.*

# 3 Viewcluster verwenden

Ein Viewcluster ist eine Sammlung verschiedener Tabellenpflegedialoge. Diese können technisch zusammenhängen oder thematisch gruppiert sein. Der Clou bei Viewclustern ist, dass die eingebundenen Tabellen miteinander verbunden werden können. Häufig gibt es zu einem Eintrag einer Tabelle zugehörige Einträge einer oder mehrerer anderer Tabellen. In Kapitel 2, »Mit Tabellenpflegedialogen arbeiten«, haben wir bereits zwei abhängige Tabellen erstellt:

- Tabelle `ZBOOK_AREAS` für die Themenbereiche der Tickets in unserem Ticketsystem
- Tabelle `ZBOOK_CLASS` für die Kategorien innerhalb dieser Bereiche

Sie können z.B. den Bereich HARDWARE in mehrere Kategorien untergliedern. Als kleinen Vorgeschmack auf das Ziel der Programmierungen, die wir Ihnen in diesem Kapitel vorstellen werden, zeigen wir Ihnen in Abbildung 3.1 einen fertigen Viewcluster. Er zeigt die abhängigen Einträge zum Bereich HARDWARE an. Der Vorteil bei dieser Art der Tabellenpflege ist, dass die Schlüsselfelder der übergeordneten Tabelle (in unserem Beispiel `ZBOOK_AREAS`) in den zugeordneten Tabellen nicht mehr eingegeben werden müssen. Darüber hinaus erkennt der Anwender leicht, dass alle angezeigten Einträge zu dem übergeordneten Tabelleneintrag gehören. Die Tabellen eines Viewclusters müssen nicht zwingend eine hierarchische Beziehung haben. Sie sollten jedoch in irgendeiner Weise zusammengehören (technisch oder betriebswirtschaftlich).

Viewcluster bieten also eine gute Möglichkeit, um mehrere thematisch zusammenhängende Tabellen in einer Benutzeroberfläche zusammenzufassen. Die Vorteile eines Viewclusters werden besonders dann deutlich, wenn die Tabellen auch *technisch* miteinander verbunden werden.

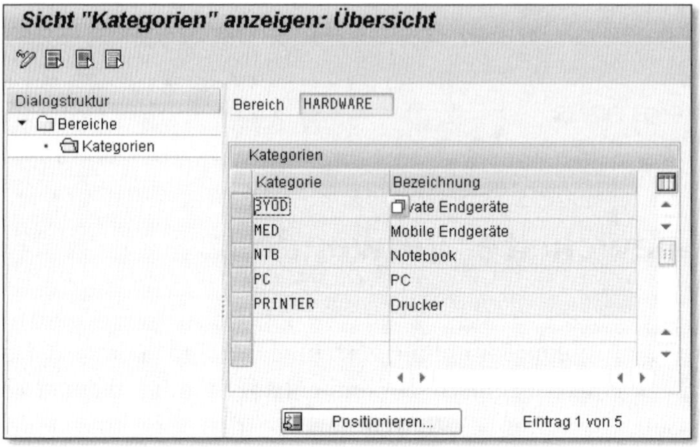


**Abbildung 3.1** Viewcluster »Bereiche – Kategorien«

Die Verbindung besteht mindestens in einem gleichen Schlüsselfeld in den zusammengefassten Tabellen. Die beiden von Ihnen in Kapitel 2, »Mit Tabellenpflegedialogen arbeiten«, angelegten Tabellen haben AREA als gemeinsames Schlüsselfeld.

Wir zeigen Ihnen in diesem Kapitel einerseits, wie ein Viewcluster erstellt und wie eine Tabelle eingebunden wird. Den nächsten Schritt stellt die Verknüpfung der beiden Tabellen ZBOOK_AREAS und ZBOOK_CLASS dar. Zu diesem Zweck erstellen Sie einen *Pflege-View* für die Tabelle ZBOOK_CLASS. Dazu muss ebenfalls ein Tabellenpflegedialog erstellt werden. Am Ende des Kapitels werden wir Ihnen noch ein paar hilfreiche Zeitpunkte vorstellen, die in diesem Zusammenhang sinnvoll verwendet werden können.

## 3.1 Viewcluster definieren

**Anlegen im Tabellenpflegegenerator**

Die Struktur des Viewclusters definieren Sie im *Tabellenpflegegenerator*, den Sie mit Transaktion SE54 aufrufen.

1. Starten Sie die Transaktion, und klicken Sie auf BEARB. VIEWCLUSTER. Nachdem Sie die Funktion ausgewählt haben, ist die Funktion ausgegraut (siehe Abbildung 3.2).

2. Geben Sie den Namen des Viewclusters ein. Für unser Beispiel wählen wir `ZBOOK_AREACL_VCL`.
3. Klicken Sie auf den Button Anlegen/Ändern.

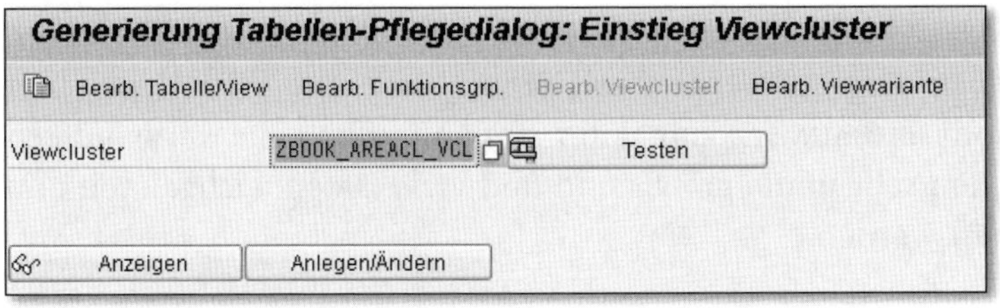


**Abbildung 3.2** Viewcluster anlegen

Änderungswarnung

Ihnen wird eine Meldung angezeigt, dass keine Änderungen vorgenommen werden sollen (siehe Abbildung 3.3):

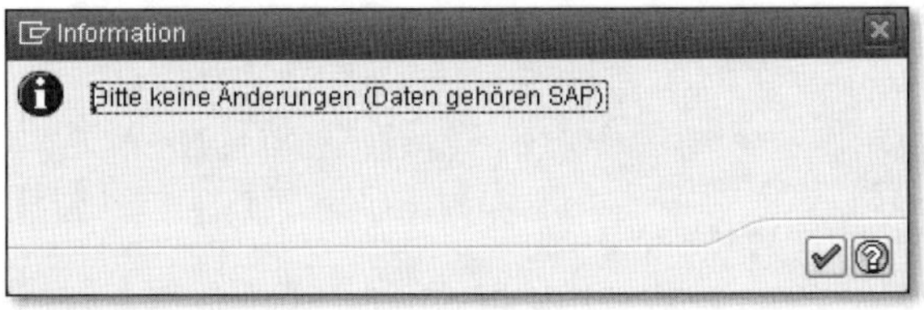


**Abbildung 3.3** Meldung »Bitte keine Änderungen (Daten gehören SAP)«

Der Grund für diese Meldung ist, dass die Definitionen in einer *Systemtabelle* vorgenommen werden (Auslieferungsklasse S – Systemtabelle, Pflege nur durch SAP, Änderung = Modifikation). Sie werden diese Meldung noch häufiger erhalten. Sie wird in der Viewcluster-Pflege einmal je Objekt erzeugt. Bestätigen Sie die Meldung. Obwohl die Meldung Gegenteiliges vermuten lässt: Dieses Vorgehen ist korrekt. Es handelt sich bei der vorgenommenen Änderung nicht um eine Modifikation im herkömmlichen Sinne.

Vergeben Sie nun die Beschreibung »Bereiche + Kategorien« für das Viewcluster. Für den Kopfeintrag, also die übergeordnete Tabelle im Viewcluster, müssen Sie zwei Einstellungen vornehmen (siehe Abbildung 3.4):

- Behandlung der hierarchischen Pflegeoperationen
  Hier steuern Sie, ob der Anwender beim Löschen von Einträgen auch abhängige Einträge der untergeordneten Tabelle mitlöschen kann oder nicht. Es ist in den wenigsten Fällen sinnvoll, abhängige

Einträge nicht ebenfalls zu löschen. Aus diesem Grund setzen Sie die Option auf Anwenden auf Hierarchie (unbedingt).

- Art des Einlesens
  Hier legen Sie fest, ob alle Daten des Viewclusters eingelesen (Komplett) oder ob nur jeweils der erste Eintrag der abhängigen Tabellen gelesen werden soll (Teilbaum). Die Aktivierung der Option Teilbaum ist nur dann sinnvoll, wenn die verwendeten Tabellen sehr umfangreich sind und viele Daten nachgelesen und geprüft werden.

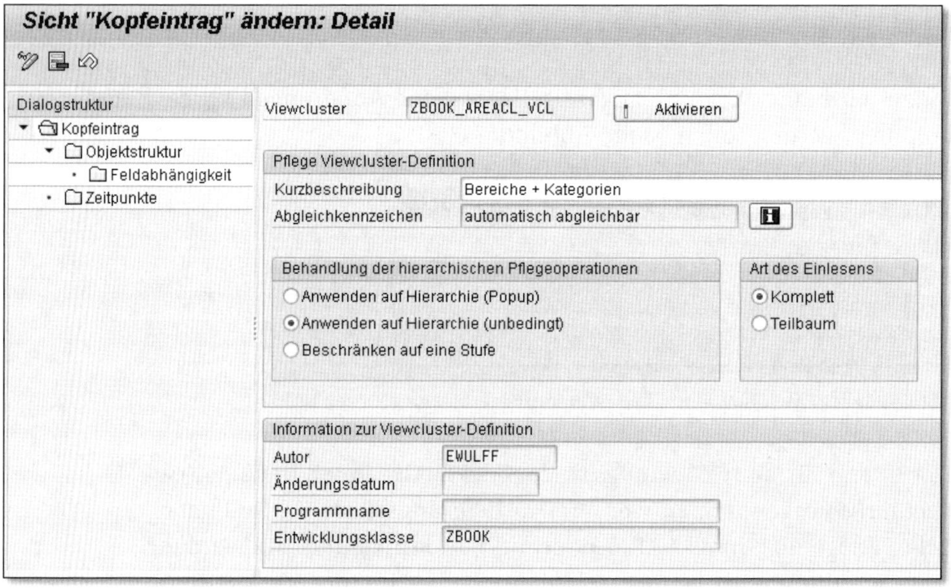


**Abbildung 3.4** Kopfdaten definieren

**Objektstruktur**

Als Nächstes müssen Sie die Objektstruktur definieren, d.h., Sie legen fest, welche Tabellen eingebunden werden sollen. Sie können bis zu 15 Tabellen in ein Viewcluster aufnehmen, danach ist leider Schluss. Unser Beispiel betrifft diese Beschränkung jedoch nicht, denn wir werden lediglich zwei Tabellen verwenden.

Für jede Tabelle, die Sie zuordnen möchten, muss ein Tabellenpflegedialog vorhanden sein. Dieser muss also vorher generiert werden. Wie das geht, beschreiben wir in Abschnitt 2.2.4, »Generierung des Pflegedialogs«. Sie erhalten die Fehlermeldung »Pflegedialog für Tabelle XYZ ist nicht vorhanden«, wenn Sie eine Tabelle verwenden möchten, zu der kein Pflegedialog existiert. Der Pflegedialog für unsere Beispieltabelle ZBOOK_AREAS ist bereits vorhanden, daher können Sie die Tabelle in der Spalte VIEW/TAB. eintragen (siehe Abbildung 3.5).

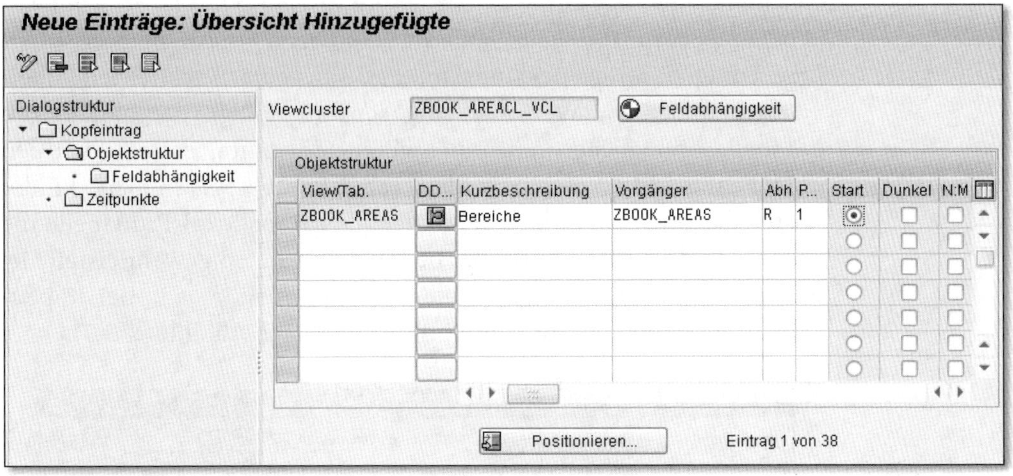


**Abbildung 3.5** Einfügen der Tabelle ZBOOK_AREAS in die Objektstruktur

**Pflege unabhängig vom Viewcluster**

Beim Eintragen der Tabelle erhalten Sie eine Meldung, dass die Tabelle auch unabhängig vom Viewcluster gepflegt werden kann (siehe Abbildung 3.6). SAP empfiehlt, eine Einzelpflege der Tabelle zu untersagen, da Änderungen außerhalb des Viewclusters zu Dateninkonsistenzen führen können. Dazu müssen Sie in den Tabelleneinstellungen das Kennzeichen TABELLENPFLEGE auf EINGESCHRÄNKT ERLAUBT setzen.

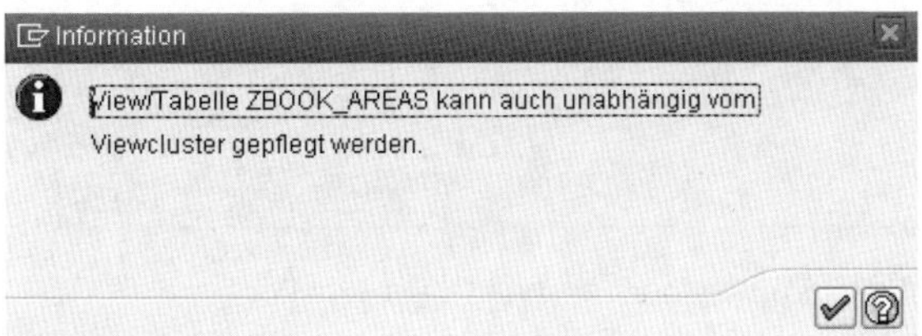


**Abbildung 3.6** Hinweis auf die Möglichkeit einer unabhängigen Pflege

Diese Meldung hat ihre Berechtigung: Wenn Sie durch die Verwendung des Viewclusters definieren, dass es Abhängigkeiten zwischen einer Tabelle (z.B. ZBOOK_AREAS) und anderen Tabelle (z.B. ZBOOK_CLASS) gibt, sollten alle abhängigen Einträge ebenfalls gepflegt werden.

Allerdings ist die Pflege abhängiger Tabelleneinträge im Viewcluster keine Pflicht.

Wird häufig eine große Zahl von Tabelleneinträgen hinzugefügt, kann bei der Pflege im Viewcluster nur *ein Eintrag zur gleichen Zeit* bearbeitet werden. Dies kann mühsam sein, wenn Sie z. B. mehrere übergeordnete Einträge per Copy and Paste aus einer Excel-Tabelle übertragen möchten. Wenn Sie die separate Pflege der abhängigen Tabelle ermöglichen möchten, achten Sie darauf, dass Sie bei den Schlüsselfeldern, die in beiden Tabellen übereinstimmen, in der Fremdschlüsseldefinition der abhängigen Tabelle als Prüftabelle die übergeordnete Tabelle (Kopftabelle) eintragen. So gewährleisten Sie, dass nur Einträge erfasst werden können, für die es in der Kopftabelle einen übergeordneten Eintrag gibt (siehe Abbildung 3.7).

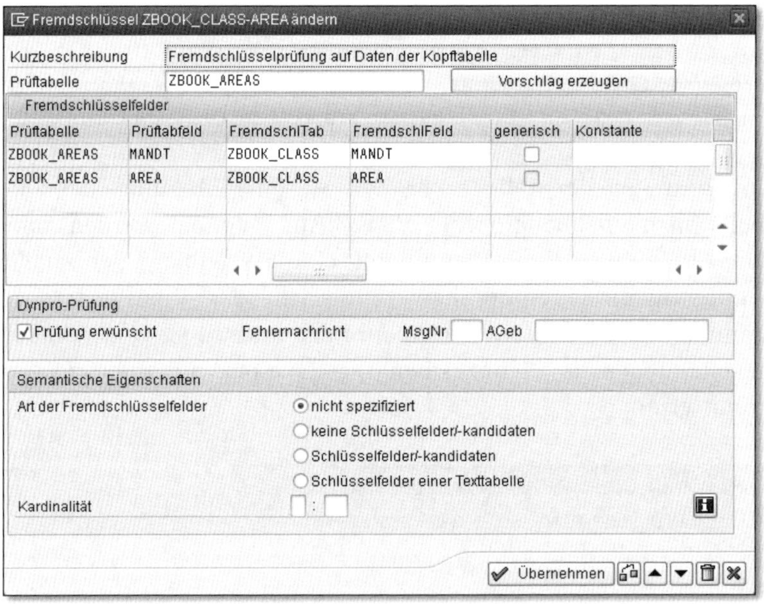


**Abbildung 3.7** Fremdschlüsselprüfung in einer abhängigen Tabelle

Weitere Felder zur Objektstruktur

In die Spalte Kurzbeschreibung tragen Sie den Text ein, der auf der linken Seite des Viewclusters als Navigationsbaumeintrag stehen soll (siehe Abbildung 3.5). In der Spalte Abhängigkeit definieren Sie, ob es sich um einen Kopfeintrag handelt (R) oder um einen abhängigen Eintrag (S). Handelt es sich um einen Kopfeintrag, d.h. eine übergeordnete Tabelle, müssen Sie in der Spalte Vorgänger die gleiche Tabelle eintragen wie in der Spalte View/Tab. Bei einer abhängigen

Tabelle wird der Vorgänger, d.h. die übergeordnete Tabelle, eingetragen.

Die POSITION (P...) definiert die Position des Objekts in der Baumdarstellung, in unserem Beispiel 1 für die übergeordnete Tabelle zu den Bereichen des Ticketsystems. Sie sollten darauf achten, dass abhängige Tabellen stets unterhalb der Kopftabelle positioniert sind.

Dem ersten Objekt innerhalb der Viewcluster-Definition (Kopftabelle) sollten Sie das Kennzeichen START zuweisen, indem Sie den Radiobutton in der Spalte START aktivieren. Bei Aufruf des Viewclusters wird die Tabelle, bei der das Kennzeichen START gesetzt ist, angezeigt.

**Feldabhängigkeit**

Im nächsten Schritt definieren Sie die Feldabhängigkeiten, indem Sie in der DIALOGSTRUKTUR den Eintrag FELDABHÄNGIGKEIT wählen. Dabei legen Sie fest, über welche Schlüsselfelder die Tabellen zusammenhängen. Bei Tabellen auf der ersten Ebene (Kopfeinträge) ist dies eigentlich nicht notwendig, denn die als Kopfeintrag definierten Tabellen sind nicht von anderen Tabellen abhängig. In der Tabelle FELDABHÄNGIGKEIT (siehe Abbildung 3.8) markieren Sie den vorhandenen Eintrag ZBOOK_AREAS und erzeugen die notwendigen Einträge zur Feldabhängigkeit über die Schaltfläche FELDABHÄNGIGKEIT. Sie erhalten die Meldung »Feldabhängigkeit(en) wurde(n) ohne Probleme generiert«.

**Manuelle Definition**

Sollte die automatische Generierung nicht funktionieren, können Sie die Feldabhängigkeiten auch manuell eintragen. Markieren Sie dazu ebenfalls den Eintrag, und klicken Sie doppelt auf den Eintrag FELDABHÄNGIGKEITEN links im Navigationsbaum. Tragen Sie in die beiden Spalten VIEW/TAB. und VORGÄNGER die Tabelle »ZBOOK_AREAS« ein (siehe Abbildung 3.8).

**Abbildung 3.8** Feldabhängigkeit zur Tabelle ZBOOK_AREAS

**Viewcluster aktivieren**

Nun müssen Sie den Viewcluster noch aktivieren. Springen Sie dazu in den Kopfeintrag zurück. Klicken Sie doppelt auf den Navigationsbaumeintrag KOPFEINTRAG und anschließend auf die Schaltfläche AKTIVIEREN (siehe Abbildung 3.4).

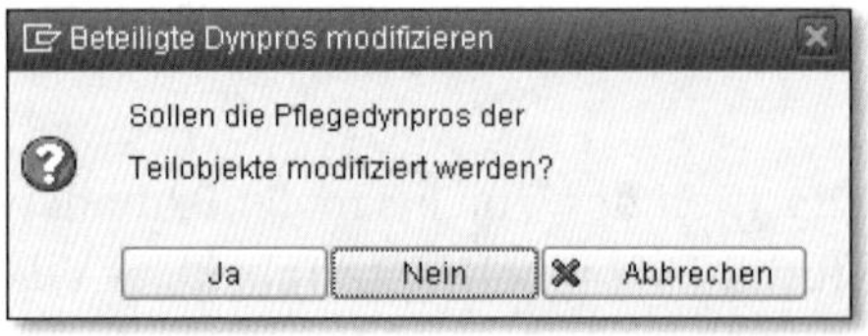


**Abbildung 3.9** Pflege-Dynpros modifizieren?

Bei der Aktivierung werden Sie gefragt, ob die Pflege-Dynpros der Teilobjekte modifiziert werden sollen (siehe Abbildung 3.9). Wählen Sie die Option Nein.

[»]

**Relikte aus der Vorzeit**

Die Systemnachfrage zur Modifizierung der Pflege-Dynpros (siehe Abbildung 3.9) stammt noch aus der Zeit, in der die Viewcluster ohne die Baumanzeige im Docking-Container auskommen mussten. Anstelle des Docking-Containers wurde zur Navigation ein Subscreen am oberen Rand der Pflege-Dynpros eingeblendet.

Die Meldung »Viewcluster ZBOOK_AREACL_VCL wurde gesichert und aktiviert« bestätigt Ihnen daraufhin, dass der Viewcluster nun verwendet werden kann.

Viewcluster testen

Den erzeugten Viewcluster können Sie in der Viewcluster-Pflege mit Transaktion SM34 aufrufen und Daten einpflegen (siehe Abbildung 3.10).

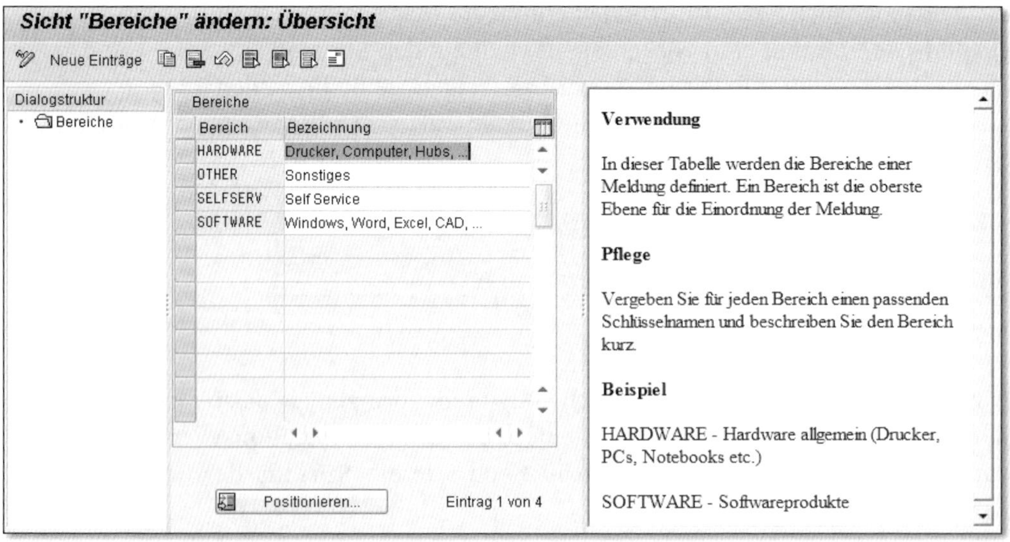


**Abbildung 3.10** Der Viewcluster

**Anzeige der Tabellendokumentation**

In Abschnitt 2.4.5, »Zeitpunkt 19: nach Initialisieren globaler Variablen«, haben wir eine Tabellendokumentationsanzeige in einem Docking-Container erzeugt. Wie Sie sehen können, werden die für den Tabellenpflege-View eingestellten Zeitpunkte beim Aufruf der Viewcluster-Pflege durchlaufen, denn die Dokumentation zur Tabelle wird im rechten Bildschirmbereich angezeigt. Sie können diese Anzeige unterbinden, indem Sie im Zeitpunkt 19, zu dem die Dokumentation angezeigt wird, die folgende Abfrage einfügen:

```
CHECK vim_called_by_cluster = space.
```

**Textübersetzung**

Die Texte der verwendeten Objekte im Viewcluster können übersetzt werden. Dazu müssen Sie in der Sicht OBJEKTSTRUKTUR (siehe Abbildung 3.5) die zu übersetzenden Tabellen markieren. Über das Menü SPRINGEN • ÜBERSETZUNG gelangen Sie zur Übersetzung der Einträge. Wählen Sie die Zielsprache aus. In einem Pop-up-Fenster können Sie daraufhin die Einträge in der ausgewählten Sprache pflegen (siehe Abbildung 3.11).

Abbildung 3.11 Übersetzung der Objektstruktur

## 3.2 Abhängige Einträge definieren

Unser Beispiel-Viewcluster ist mit einem Eintrag nicht besonders sinnvoll. Aus diesem Grund – und weil wir es am Anfang des Kapitels versprochen haben – werden wir nun die abhängige Tabelle ZBOOK_CLASS in den Viewcluster integrieren.

**Einfache Zuordnung**

In Abschnitt 2.7, »Zeitabhängige Pflege-Views«, haben wir den Tabellenpflege-View ZBOOK_CLASV angelegt. Diesen werden wir nun so anpassen, dass wir ihn für den Viewcluster verwenden können. Alternativ könnten wir einfach die Tabelle ZBOOK_CLASS in den Viewcluster eintragen, jedoch würde in diesem Fall das gemeinsame

Schlüsselfeld AREA im Tabellenpflegedialog nicht ausgeblendet werden und müsste bei neuen Tabelleneinträgen jeweils gefüllt werden (siehe Abbildung 3.12).

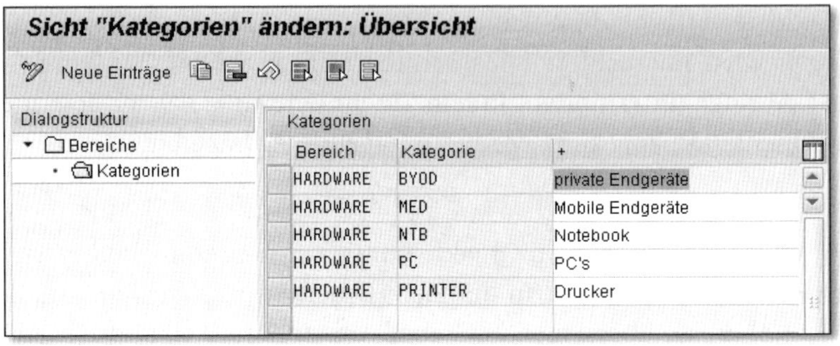


**Abbildung 3.12** Tabelle ZBOOK_CLASS mit Anzeige des Feldes »Bereich« (AREA)

**Pflege-View ändern**

Um stattdessen den Tabellenpflege-View zu ändern, wechseln Sie in das ABAP Dictionary und bearbeiten den Pflege-View ZBOOK_CLASV auf der Registerkarte VIEWFELDER (siehe Abbildung 3.13).

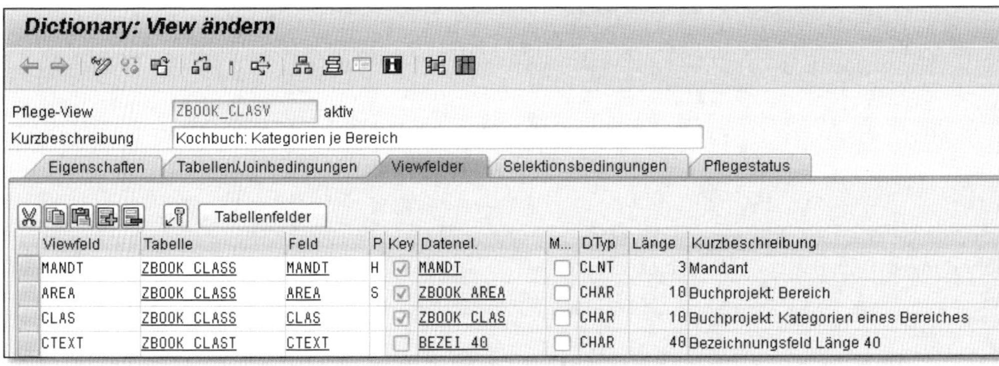


**Abbildung 3.13** ABAP Dictionary: Felder des Views ZBOOK_CLASV

**View-Felder pflegen**

Hier müssen Sie zwei Änderungen ausführen:

1. **Pflegemerkmal anpassen**
   Die unscheinbare Spalte P (PFLEGEMERKMAL) müssen Sie für die Felder MANDT und AREA ausfüllen. Das Feld MANDT wird in Pflege-Views nie angezeigt, das Pflegemerkmal muss deswegen auf H (*Hidden*) gesetzt werden. Das gemeinsame Schlüsselfeld AREA soll bei der Datenpflege aus der übergeordneten Tabelle übernommen werden. Setzen Sie daher das Pflegemerkmal für das Feld AREA auf S (*Subset*).

Das Setzen des Pflegemerkmals auf S bewirkt zweierlei:

- Bei der Generierung des Tabellenpflegedialogs werden mit SUBSET gekennzeichnete Felder nicht mit in die Tabellensicht aufgenommen, sondern zu Informationszwecken in den Kopfdaten des Dynpros angezeigt.
- Die Subset-Felder werden bei der Generierung der Feldabhängigkeiten in der Viewcluster-Definition berücksichtigt.

Aktivieren Sie den Pflege-View `ZBOOK_CLASV`, kann er im Viewcluster verwendet werden. Zuerst müssen Sie jedoch die Pflegebilder des Tabellenpflegedialogs nachgenerieren.

2. **Nachgenerierung des Tabellenpflegedialogs**
   Sie befinden sich noch im ABAP Dictionary. Hier können Sie direkt über das Menü den Tabellenpflegedialog nachgenerieren: HILFSMITTEL • TABELLENPFLEGEGENERATOR.

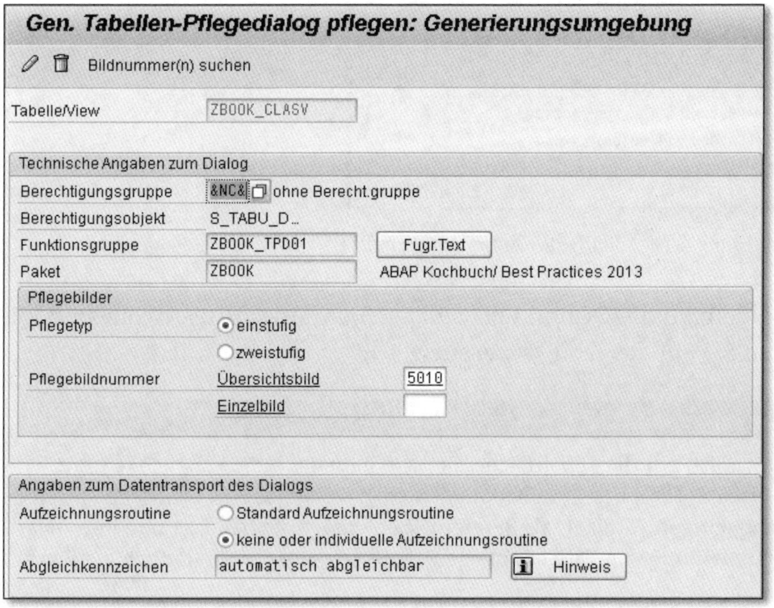


**Abbildung 3.14** Nachgenerierung des Tabellenpflegedialogs

Änderungsgründe

Ist der Tabellenpflegedialog generiert, wie in Abschnitt 2.2.4, »Generierung des Pflegedialogs«, beschrieben, haben Sie nun die Möglichkeit, den Dialog zu ändern (siehe Abbildung 3.14). Eine Änderung kann z.B. nötig sein, wenn eins der folgenden Elemente geändert wurde:

- Felder aus der zugrunde liegenden Tabelle/dem View
- Feldeigenschaften (Pflegemerkmal)
- Selektionsbedingungen

In unserem Beispiel haben wir das Pflegemerkmal Subset geändert. Klicken Sie daher auf das Icon (Ändern). Ihnen wird ein Pop-up-Fenster angezeigt (siehe Abbildung 3.15), in dem Sie verschiedene Änderungsgründe markieren können. Abhängig von der gewählten Option werden bestimmte Teile des Tabellenpflegedialogs neu generiert.

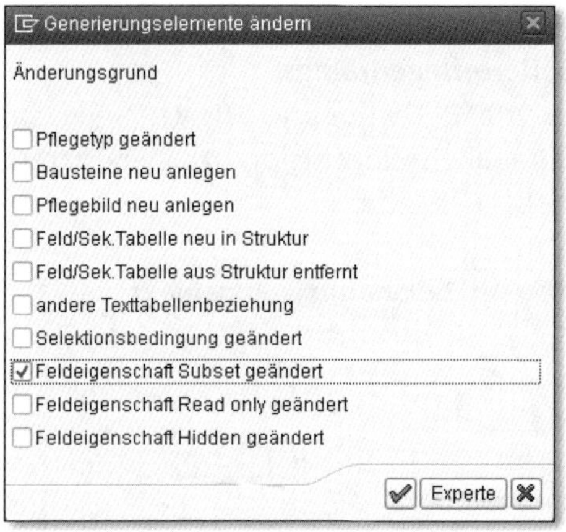


**Abbildung 3.15** Angabe des Änderungsgrunds

Wählen Sie die Option Feldeigenschaft Subset geändert, und klicken Sie auf das Icon (Weiter).

[»]

**Expertenmodus**

Mit Klick auf die Schaltfläche Experte haben Sie die Möglichkeit, gezielt einzelne Teile des Tabellenpflegedialogs zu erneuern. Während unserer langjährigen Tätigkeit als Berater haben wir – trotz häufiger und intensiver Verwendung von Tabellenpflegedialogen – diese Option jedoch nie benötigt.

Im nächsten Schritt müssen Sie das Dynpro auswählen, das nachgeneriert werden soll. Da wir in unserem Beispiel nur das Übersichtsbild haben, wählen Sie dieses aus und bestätigen die Auswahl (siehe Abbildung 3.16). Sie erhalten die Meldung »Pflegebild 5010 wird gelöscht und neu angelegt«, die Sie bestätigen. Der Tabellenpflegegenerator meldet nach getaner Arbeit »Auftrag erfolgreich abgeschlossen«. Der View ZBOOK_CLASV ist nun für die Verwendung im Viewcluster bereit.

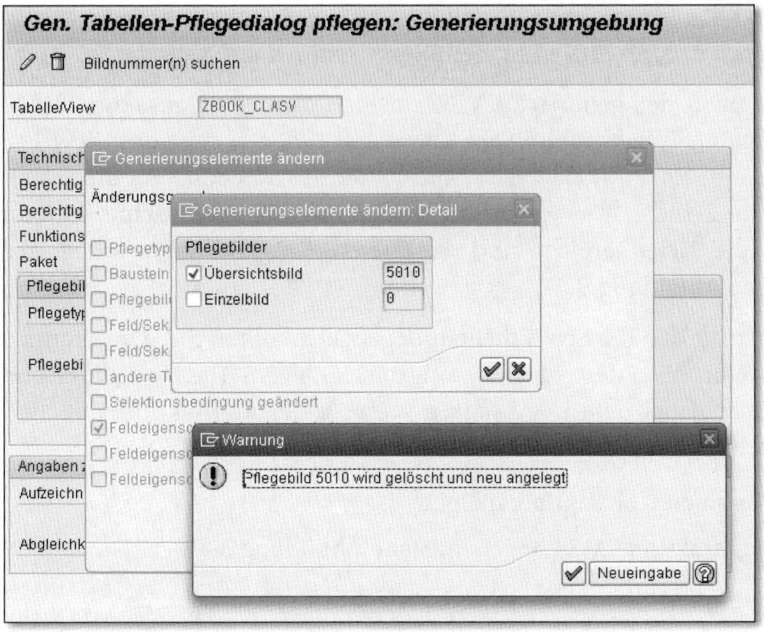


Abbildung 3.16 Nachgenerierung des Übersichtsbildes

Um den Pflege-View in den Viewcluster einzubinden, wechseln Sie nun erneut in die Definition des Viewclusters (Transaktion SE54) und springen in die Sicht Objektstruktur.

**Viewcluster ändern**

1. Dort fügen Sie einen neuen Eintrag zum Viewcluster ZBOOK_AREACL_VCL hinzu (siehe Abbildung 3.17), nämlich den soeben modifizierten Pflege-View ZBOOK_CLASV.
2. Die Vorgängertabelle ist die Kopftabelle ZBOOK_AREAS, die Abhängigkeit ist S (Subset).

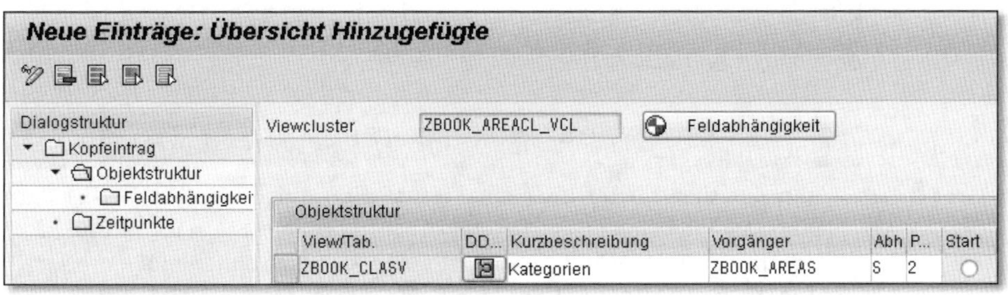


Abbildung 3.17 Neuer Eintrag ZBOOK_CLASV

3. Markieren Sie den Eintrag, und klicken Sie den Button FELDABHÄNGIGKEIT. Sie sollten die Meldung »Feldabhängigkeit(en) wurde(n) ohne Probleme generiert« erhalten. Springen Sie zur Sicht KOPFEINTRAG, und aktivieren Sie den Viewcluster. Beantworten Sie die Frage nach der Modifizierung der Pflege-Dynpros mit NEIN.

**Viewcluster testen**

Testen Sie den generierten Viewcluster, indem Sie Transaktion SM34 aufrufen. Tragen Sie im Feld VIEWCLUSTER den Namen des Viewclusters ein: `ZBOOK_AREACL_VCL`. Klicken Sie anschließend auf die Schaltfläche PFLEGEN. Der Viewcluster zeigt nun die gewünschte Struktur an: die Ticketbereiche und darunter die zugeordneten Kategorien (siehe Abbildung 3.1).

**Transaktion anlegen**

Genauso wie für den Tabellenpflegedialog sollten Sie eine Transaktion für die Pflege des Viewclusters anlegen. Das Vorgehen entspricht dabei dem in Abschnitt 2.2.6, »Pflegetransaktion anlegen«, beschriebenen.

1. Parametertransaktion anlegen
2. Transaktion SM34 angeben (siehe Abbildung 3.18)
3. EINSTIEGSBILD ÜBERSPRINGEN auswählen
4. Die Vorschlagswerte aus Abbildung 3.19 einsetzen

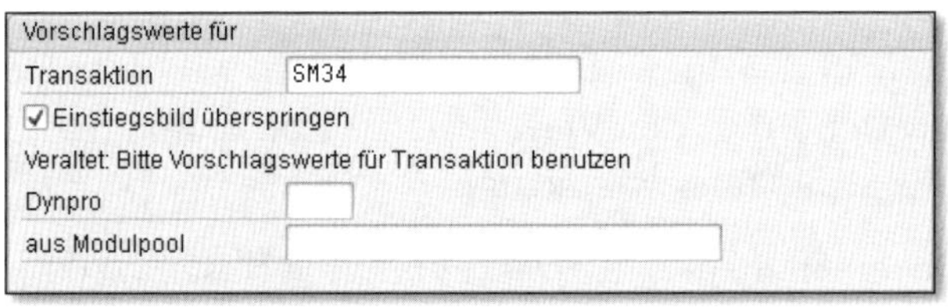


**Abbildung 3.18** Parametertransaktion festlegen

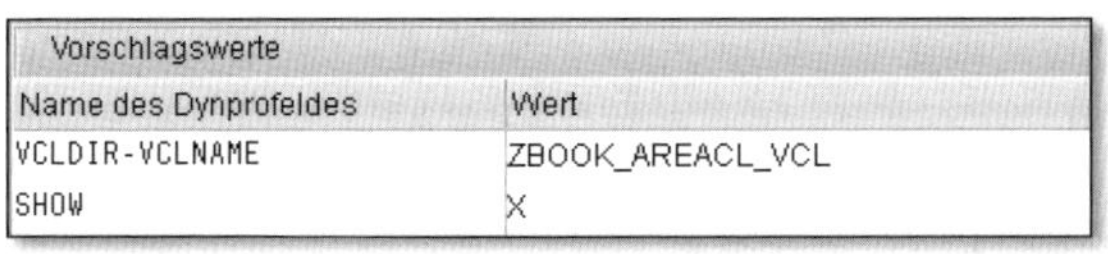


**Abbildung 3.19** Vorschlagswerte für den Aufruf

[+]

**Namen eines Viewclusters herausfinden**

Wenn der Viewcluster über eine Transaktion aufgerufen wurde, ist der Name des Viewclusters nicht ersichtlich. Springen Sie nach Aufruf der Pflegetransaktion SM34 in Transaktion SE54 und anschließend in die Sicht BEARB. VIEWCLUSTER, wird der Name des Viewclusters eingeblendet.

## 3.3 Viewcluster per Programm aufrufen

Auch den Viewcluster können Sie – analog zum Tabellenpflegedialog – aus einem Programm heraus aufrufen. Sie können die Selektionsoptionen übergeben und auf diesem Weg nur einen Teil der Daten zur Pflege anbieten. Listing 3.1 demonstriert den Aufruf des Viewclusters ZBOOK_AREACL_VCL mithilfe des Funktionsbausteins VIEWCLUSTER_MAINTENANCE_CALL. Im Selektionsbild können Sie zwei Bereiche des Ticketsystems angeben, für die der Pflegedialog aufgerufen wird.

Beim Aufruf des Funktionsbausteins VIEWCLUSTER_MAINTENANCE_CALL wird der Parameter MAINTENANCE_ACTION verwendet. Folgende Werte für den Parameter sind möglich:

- S (SHOW): Die Daten werden angezeigt.
- U (UPDATE): Die Daten sind änderbar, sofern die Systemeinstellungen dies zulassen.
- T (TRANSPORT): Die Einträge werden in einen Transport eingetragen.

Viele weitere Optionen können Sie der sehr guten Funktionsbausteindokumentation entnehmen.

```
REPORT zbook_call_viewcluster_01.
DATA gt_sellist         TYPE STANDARD TABLE OF vimsellist.
FIELD-SYMBOLS <sellist> TYPE vimsellist.
*== Selektionsbild
PARAMETERS:
  p_area1 LIKE zbook_areasv-area  DEFAULT 'HARDWARE',
  p_area2 LIKE zbook_areasv-area  DEFAULT 'SOFTWARE'.
START-OF-SELECTION.
*== 1. Bereich aus Selektionsbild
  APPEND INITIAL LINE TO gt_sellist ASSIGNING <sellist>.
  <sellist>-viewfield = 'AREA'.
  <sellist>-operator  = 'EQ'.
  <sellist>-value     = p_area1.
  <sellist>-and_or    = 'OR'.
*== 2. Bereich aus Selektionsbild
  APPEND INITIAL LINE TO gt_sellist ASSIGNING <sellist>.
  <sellist>-viewfield = 'AREA'.
  <sellist>-operator  = 'EQ'.
  <sellist>-value     = p_area2.
*== Aufruf des Funktionsbausteins
  CALL FUNCTION 'VIEWCLUSTER_MAINTENANCE_CALL'
    EXPORTING
```

```
    viewcluster_name        = 'ZBOOK_AREACL_VCL'
    maintenance_action      = 'S' "SHOW
    SHOW_SELECTION_POPUP    = ' '
  TABLES
    DBA_SELLIST             = gt_SELLIST
  EXCEPTIONS
    OTHERS                  = 16.
```

**Listing 3.1** Aufruf des Viewclusters per Funktionsbaustein

## 3.4 Zeitpunkte

Auch in einem Viewcluster gibt es Zeitpunkte, die mehr oder weniger häufig zum Einsatz kommen. Zeitpunkte werden ähnlich wie bei den Tabellenpflegedialogen definiert (siehe Abschnitt 2.4, »Zeitpunkte«). Der Aufruf der Zeitpunktepflege unterscheidet sich jedoch: Die Zeitpunkte sind links in der Navigationsbaumstruktur über den Eintrag ZEITPUNKTE direkt erreichbar. Der zweite – weit wichtigere – Unterschied zu den Zeitpunkten in Tabellenpflegedialogen ist der »Ablageort« des Programmcodes. Während bei den Tabellenpflegedialogen der Programmcode für die Zeitpunkte in der jeweiligen Funktionsgruppe gespeichert wird, muss bei Viewclustern ein eigenes Rahmenprogramm angelegt werden.

Rahmenprogramm anlegen

Wechseln Sie dazu in Transaktion SE54, und klicken Sie im Navigationsbaum ZEITPUNKTE an. In die Zeitpunktetabelle müssen Sie das für die Zeitpunkte verwendete Rahmenprogramm eintragen (siehe Abbildung 3.20).

**Abbildung 3.20** Zeitpunkte im Viewcluster definieren

Klicken Sie auf die Schaltfläche ÄNDERN, um das Rahmenprogramm zu ändern. Geben Sie im darauffolgenden Pop-up-Fenster den Programmnamen ZBOOK_VIEWCLUSTER_EXIT_POOL ein, und klicken Sie auf ÜBERNEHMEN. Sie erhalten die Meldung »Bitte beachten Sie, dass das Rahmenprogramm der Userexits vom Typ ‚1‘, ‚M‘ oder ‚S‘ sein muss!«. Bestätigen Sie die Programmanlage mit JA. Daraufhin wird erneut der Programmname abgefragt, was Sie mit einem Klick auf das grüne Häkchen bestätigen.

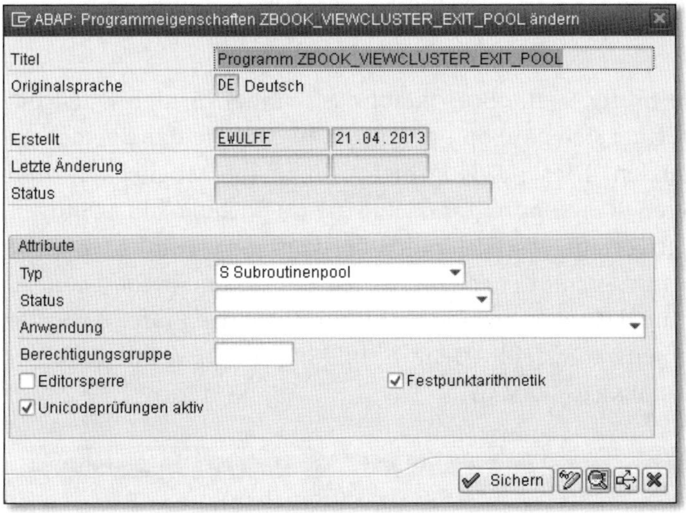


**Abbildung 3.21** Programmattribute des Rahmenprogramms

**Programmeigenschaften festlegen**

Sie können die vorgeschlagenen Programmeigenschaften ohne Änderung übernehmen. Sichern Sie die Programmattribute (siehe Abbildung 3.21). Sie befinden sich danach im Editor des eben erstellten Programms. Fügen Sie das folgende Include ein:

```
PROGRAM zbook_viewcluster_exit_pool.
INCLUDE lsvcmcod.
```

Dies ist notwendig, um eine Verbindung des Rahmenprogramms zum Viewcluster herzustellen. Das Include enthält sowohl globale Datendefinitionen als auch Unterroutinen zum Zugriff auf Objekte des Viewclusters. Aktivieren Sie das Programm, und kehren Sie dann zurück in die Pflege der Zeitpunkte.

**Dokumentation einbinden**

Wir möchten gerne erreichen, dass auch im Viewcluster die Dokumentation zur jeweils ausgewählten Tabelle angezeigt wird. Tragen Sie den Zeitpunkt 03 (Unmittelbar vor der Navigation in ein anderes Objekt) in die Tabelle ein (siehe Abbildung 3.22).

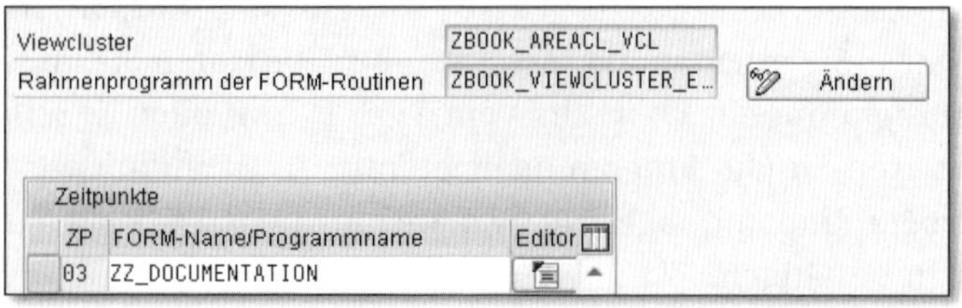


**Abbildung 3.22** Zeitpunkt 03 – unmittelbar vor der Navigation in ein anderes Objekt

Klicken Sie in der Spalte EDITOR auf das Symbol für den Quellcode . Es öffnet sich ein Pop-up-Fenster, in dem Sie den Speicherort wählen müssen. Dieser Dialog bietet Ihnen die Möglichkeit, dem zugeordneten Rahmenprogramm ein neues Include hinzuzufügen. Hier müssen Sie aufpassen, denn da der von uns gewählte Name für das Rahmenprogramm sehr lang ist, ist der automatische Namensvorschlag für das neue Include nicht korrekt – das Präfix Z für den Kundennamensraum fehlt (siehe Abbildung 3.23). Wählen Sie den Eintrag RAHMENPROGRAMM.

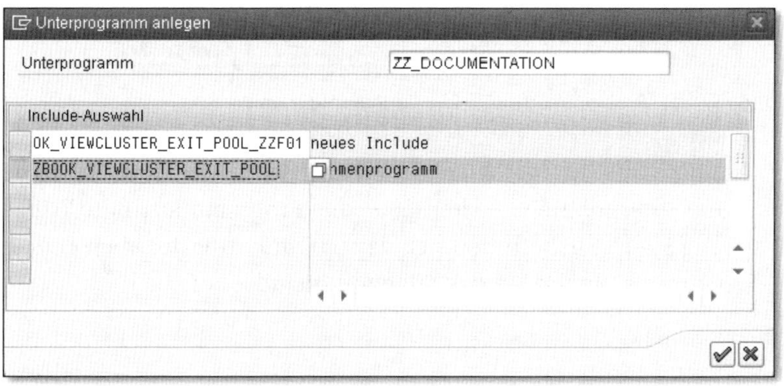


**Abbildung 3.23** Auswahl des Rahmenprogramms

Sie gelangen nun in den ABAP Editor und können die Programmierung des Zeitpunktes fortsetzen. Haben Sie zuvor die Abfrage eingebaut, die verhindert, dass die Dokumentation im Viewcluster angezeigt wird (mit dem Befehl `CHECK vim_called_by_cluster = space`, siehe Abschnitt 3.1, »Viewcluster definieren«), sollte bei Aufruf des Viewclusters keine Dokumentation angezeigt werden.

**View und Tabelle unterscheiden**

Den Aufruf der Tabellendokumentation werden wir nun im Viewcluster selbst realisieren. Dazu werden wir die Dokumentationsanzeige so anpassen, dass die Klasse ZCL_BOOK_DOCU selbst erkennt, ob es sich bei dem übergebenen Objektnamen um eine Tabelle oder einen View handelt, denn beide Objekte haben eine unterschiedliche Identifikation im Dokumentationsumfeld. Der Viewcluster selbst unterscheidet nicht zwischen View und Tabelle, deshalb müssen wir die Art des Objekts (Kennung oder ID) selbst ermitteln. Tabellen haben die Kennung TB, Views haben die Kennung VW. Diese Kennung wird dem Funktionsbaustein zum Lesen der Dokumentation übermittelt.

**Dokumentation aus Basistabelle**

Eine zweite Anpassung wollen wir außerdem noch vornehmen: Sollte der im Viewcluster eingebundene View selbst nicht dokumentiert sein, soll die zugehörige Basistabelle aus der View-Definition ermittelt und die Dokumentation zur Basistabelle ausgelesen werden.

**Erweiterung implementieren**

Zunächst soll bei der Dokumentationsanzeige jedoch automatisch erkannt werden, um was für ein Objekt es sich handelt. Da dies nicht uneingeschränkt möglich ist, da unterschiedliche technische Objekte gleiche Namen haben können (z.B. Tabelle und Programm), vereinbaren wir eine eigene Identifikation, nämlich das Kürzel Z. Wird der Methode ZCL_BOOK_DOCU=>DISPLAY die ID Z übergeben, lesen wir die Tabelle DD02L, in der die Kopfinformationen zu Tabellen und Views stehen. Anhand des Feldes TABCLASS können wir erkennen, ob es sich bei dem Objekt um eine Tabelle (Kennung TB) oder um einen View (Kennung VW) handelt. Bei der zweiten Erweiterungsanforderung machen wir uns es einfach: Wir gehen davon aus, dass die Dokumentation zum View nicht vorhanden ist, und greifen direkt auf die Basistabelle des übergebenen Views zu, um die zugehörige Dokumentation lesen zu können.

Ändern Sie die Methode ZCL_BOOK_DOCU=>DISPLAY, wie in Listing 3.2 gezeigt.

```
DATA lv_id          TYPE doku_id.
DATA lv_tabclass    TYPE tabclass.
lv_object = object.
IF id = 'Z'.
  SELECT SINGLE tabclass FROM dd02l INTO lv_tabclass
   WHERE tabname  = object
     AND as4local = 'A'
     AND as4vers  = 0.
  CASE lv_tabclass.
    WHEN 'VIEW'.
      lv_id = 'TB'.
```

```
      SELECT SINGLE roottab FROM dd25l INTO lv_object
       WHERE viewname = lv_object
         AND as4local = 'A'
         AND as4vers  = 0.
    WHEN 'TRANSP'.
      lv_id = 'TB'.
    WHEN OTHERS.
      EXIT.
  ENDCASE.
ELSE.
  lv_id = id.
ENDIF.
*== Dokumentation lesen
CALL FUNCTION 'DOCU_GET'
  EXPORTING
    id     = lv_id
    langu  = sy-langu
    object = lv_object
    typ    = 'E'
  IMPORTING
    head   = ls_header
  TABLES
    line   = lt_lines
  EXCEPTIONS
    OTHERS = 1.
```

**Listing 3.2** Viewcluster erweitern

Die Methode ZCL_BOOK_DOCU=>DISPLAY ist nun sehr variabel einsetzbar. Beim Aufruf – in diesem Fall durch den Viewcluster – ist es nun nicht relevant, ob das gerade angezeigte Objekt eine Tabelle oder ein View ist.

**Tabelleneinträge prüfen**

Einen anderen Zeitpunkt wollen wir Ihnen noch vorstellen, bei dem auch eine wichtige Unterroutine zum Einsatz kommt. Vor dem Sichern der Daten möchten wir überprüfen, ob zu jedem Eintrag in Tabelle ZBOOK_AREAS auch mindestens ein zugehöriger Eintrag in der abhängigen Tabelle ZBOOK_CLASV vorhanden ist.

**Zugriff auf Daten**

Zur Umsetzung eignet sich der Zeitpunkt 04 – vor dem Sichern der Daten in der Datenbank. In Listing 3.3 verwenden wir die zentrale Routine VCL_SET_TABLE_ACCESS_FOR_OBJ, mit der wir Zugriff auf die Daten eines Objekts des Viewclusters bekommen, also der Tabelle im Tabellenpflegedialog. Wir wenden diese Routine auf das Objekt ZBOOK_AREAS an und kopieren die Daten dieser Tabelle in die interne

Tabelle LT_AREAS. Genauso verfahren wir mit dem abhängigen Objekt ZBOOK_CLASV. Die Zuweisung ist jedoch umständlich:

Die im Viewcluster genutzten internen Tabellen beziehen sich auf das angegebene Objekt aus dem ABAP Dictionary, allerdings verwendet der Viewcluster zusätzliche Felder, die der Tabelle angehängt wurden. Je nach Art des Objekts müssen verschiedene Strukturen in die interne Tabelle eingebunden werden:

- View oder Tabelle: VIMFLAGTAB
- Tabelle mit Texttabelle: VIMTBFLAGS

Die genaue Verwendung sehen Sie in Listing 3.3.

```
FORM zz_exit.

*== Definition für Viewcluster-Struktur ZBOOK_AREAS
*== Da wir für den Tabellenpflegedialog eine Tabelle
*== mit Texttabelle verwenden, sind beide Tabellen
*== - Basistabelle und Texttabelle - in der
*== Viewcluster-Struktur vorhanden:
  TYPES: BEGIN OF ty_areas,
           base TYPE zbook_areas,
           text TYPE zbook_areat.
           INCLUDE TYPE vimtbflags.
  TYPES: END OF ty_areas.
  DATA lt_areas     TYPE STANDARD TABLE OF ty_areas.
  FIELD-SYMBOLS <areas> TYPE ty_areas.
*== Definition für Viewcluster-Struktur ZBOOK_CLASV
  TYPES: BEGIN OF ty_clasv.
           INCLUDE TYPE zbook_clasv.
           INCLUDE TYPE vimflagtab.
  TYPES: END OF ty_clasv.
  DATA lt_clasv TYPE STANDARD TABLE OF ty_clasv.
  DATA ls_clasv TYPE ty_clasv.
*== Variablen für Verarbeitung
  DATA lv_error     TYPE c LENGTH 1.
  DATA ls_vcl_total TYPE c LENGTH 1000.

*== Zugriff auf Daten des Objekts ZBOOK_AREAS
  PERFORM vcl_set_table_access_for_obj
    USING 'ZBOOK_AREAS' CHANGING lv_error.

  CHECK lv_error = space.
*== unicode-konforme Zuweisung der Daten über ein Feldsymbol
  LOOP AT <vcl_total> INTO ls_vcl_total.
    APPEND INITIAL LINE TO lt_areas ASSIGNING <areas>.
```

```
      PERFORM move_unicode_save USING ls_vcl_total
                              CHANGING <areas>.
    ENDLOOP.

*== Zugriff auf Daten des Objekts ZBOOK_CLASV
    PERFORM vcl_set_table_access_for_obj
      USING 'ZBOOK_CLASV' CHANGING lv_error.
    CHECK lv_error = space.
*== unicode-konforme Zuweisung der Daten mittels
Arbeitsbereich
    LOOP AT <vcl_total> INTO ls_vcl_total.
      CLEAR ls_clasv.
      PERFORM move_unicode_save USING ls_vcl_total
                              CHANGING ls_clasv.
      APPEND ls_clasv TO lt_clasv.
    ENDLOOP.

*== Für neue Einträge prüfen, ob abhängige Einträge
*== vorhanden sind:
    LOOP AT lt_areas ASSIGNING <areas>
      WHERE vim_action = vcl_neuer_eintrag.
      READ TABLE lt_clasv TRANSPORTING NO FIELDS
            WITH KEY area = <areas>-base-area.
      IF sy-subrc > 0.
        MESSAGE i000(oo)
           WITH 'Es müssen Kategorien zu Bereich'
                <areas>-base-area 'vorhanden sein!'.
        vcl_stop = 'X'.
      ENDIF.
    ENDLOOP.

ENDFORM.                         "zz_exit
```

**Listing 3.3** Routine VCL_SET_TABLLE_ACCESS_FOR_OBJ zur Prüfung vorhandener Kategorien

**Verfügbare Felder**

Die folgenden Felder sind durch die Verwendung der Strukturen in der Tabelle verfügbar:

- `ACTION` bzw. `VIM_ACTION`: Daraus ist ersichtlich, welche Aktion mit dem Eintrag durchgeführt wurde (N = Neuer Eintrag, U = Eintrag geändert etc.). Die möglichen Werte finden Sie im Debugger bei der Verarbeitung oder im Include `LSVCMCOD` im ersten Abschnitt des Quellcodes »Zentrale Konstantendefinitionen«.
- `MARK` bzw. `VIM_MARK`: Im Tabellenpflegedialog markierte Einträge sind mit einem X markiert.

- VIM_TXTACT: Siehe ACTION. Die Aktionen gelten jedoch für die zugeordnete Texttabelle.

**Zuweisung in Unicode-Systemen**

Die Daten werden in der unstrukturierten Tabelle <VCL_TOTAL> vom Typ CHAR verwaltet. Um diese unstrukturierten Daten in eine strukturierte interne Tabelle zu kopieren, genügt oftmals die einfache Zuweisung: ITAB = <VCL_TOTAL>. Dies geht in Unicode-Systemen jedoch nur gut, wenn ausschließlich CHAR-konforme Felder verwendet werden. Gepackte Zahlen (Typ P) oder Integerwerte (Typ I) sind nicht CHAR-konform. Sie belegen in Unicode-Systemen intern mehr Speicherplatz. Eine direkte Zuweisung endet mit dem Kurzdump UC_OBJECTS_NOT_CONVERTIBLE. Um die Zuweisung unicodesicher durchführen zu können, müssen Quell- und Zielstruktur in das Hexadezimalformat umgewandelt werden. Erst dann kann eine sichere Zuweisung erfolgen. Die Umwandlung sehen Sie in Listing 3.4.

Wir überprüfen hier lediglich neue Einträge zur Demonstration des Kennzeichens ACTION. Sollte es zu einem gerade erfassten Bereich der Tabelle ZBOOK_AREAS keinen abhängigen Eintrag geben, teilen wir dies dem Anwender mit und verhindern das Sichern der Daten. Dazu setzen Sie die Variable VCL_STOP. Der Anwender hat so die Möglichkeit, die fehlenden abhängigen Einträge zu erfassen.

```
FORM move_unicode_save USING in TYPE any
                       CHANGING out TYPE any.

  CLEAR   out.
  FIELD-SYMBOLS <in>  TYPE x.
  FIELD-SYMBOLS <out> TYPE x.

  ASSIGN in  TO <in>  CASTING.
  ASSIGN out TO <out> CASTING.

  <out> = <in>.

ENDFORM.                        "move_unicode_save
```

**Listing 3.4** Sichere Zuweisung in Unicode-Systemen

*Im Hauptprogramm laufen alle Fäden unserer Anwendung zusammen. Dieses Grundgerüst bauen wir in diesem Kapitel – es lässt sich danach beliebig erweitern.*

# 4 Dialog erstellen

In diesem Kapitel erstellen wir das Hauptprogramm unserer Beispielanwendung, das zum Erfassen und Ändern der Tickets dient. Sie erfahren, wie Sie das Programm und die zugehörigen Dynpros anlegen. Das in diesem Kapitel entwickelte Dialogprogramm stellt daher die Basis für die weiteren Entwicklungen in den folgenden Kapiteln dar. Wir werden nach und nach weitere Module konstruieren, die wir in das Hauptprogramm einbinden werden. Sie werden sehen, wie einfach sich die erstellten Komponenten in das Hauptprogramm einfügen lassen. Nachdem Sie das Kapitel durchgearbeitet haben, werden Sie in der Dialoganwendung bereits ein Ticket erfassen und speichern können.

Das Hauptprogramm besteht aus mehreren Komponenten und Funktionen, die wir nacheinander anlegen werden:

- eine Datenbanktabelle, in der die Tickets gespeichert werden
- Modulpool (Hauptprogramm)
- Dictionary-Struktur für die Dynpros
- Dynpros
- Transaktion
- Suchhilfe für Tickets
- Felder ein- und ausblenden
- Änderungen erkennen
- Daten sichern
- TextEdit Control für die Texteingabe

[»]

**Hinweis zum Programmbeispiel**

Das in diesem Kapitel entwickelte Programm ist das Rahmenprogramm für die in den folgenden Kapiteln durchgeführten Programmierungen. Es soll die technische Umsetzung eines Programms veranschaulichen und lässt sich nicht 1:1 in einem Produktivsystem einsetzen. Wir verzichten daher in unseren Beispiel-Coding auf Fehlerbehandlungen und die Prüfung von Benutzereingaben.

Programmaufbau

Für die Anlage, Änderung und Anzeige von Daten wird in SAP-Systemen in der Regel ein und dasselbe Programm verwendet. Bei der Datenanlage gibt der Anwender auf dem Startbildschirm des Programms steuernde Parameter ein, wie z.B. eine Kundennummer oder die Art des anzulegenden Objekts. Auf dem Hauptbildschirm der Anwendung werden daraufhin alle notwendigen Felder zur Eingabe bereitgestellt.

In die Änderungs- und Anzeigetransaktion des Programms steigt der Anwender mit einem Bildschirm ein, auf dem er zuerst die Nummer des zu ändernden Objekts angeben muss. Mit [↵] gelangt der Anwender dann in den Hauptbildschirm der Transaktion. Im Änderungsmodus sind die Felder eingabebereit, im Anzeigemodus werden die Felder auf nicht eingabebereit gestellt.

In einigen Enjoy-Transaktionen – wie z.B. der Bestelländerung in Transaktion ME22N, der Transaktion MIGO (Warenbewegungen) und auch der Transaktion SE80 (Object Navigator in der ABAP Workbench) – wurde ein anderes Verhalten programmiert. Hier startet der Anwender direkt im Hauptbildschirm und kann die anzuzeigende oder zu bearbeitende Objektnummer eingeben.

Das hier entwickelte Ticketsystem wird ein klassisches Programm mit einem Dynpro zur Eingabe der Ticketnummer (Änderung und Anzeige) und einem Hauptbildschirm für die Erfassung und Änderung der Ticketdaten sein. Bei der Erfassung eines Tickets sind keine steuernden Parameter notwendig, sodass die Erfassung direkt im Hauptbildschirm startet.

## 4.1 Datenbanktabelle erstellen

Für unser Programm benötigen wir zuerst eine Tabelle, in der die eingehenden Tickets gespeichert werden. Erstellen Sie dazu eine

Datenbanktabelle im *ABAP Dictionary* mit dem Namen ZBOOK_TICKET (siehe auch Anhang A.11, »Tabelle anlegen«). Das Schlüsselfeld der Tabelle muss die Ticketnummer sein.

**Domäne anlegen**

Für diese Tabelle benötigen Sie einige Datenelemente, die wir im Folgenden vorgeben. Legen Sie die Datenelemente jeweils mit der angegebenen Domäne an (siehe Anhang A.9, »Datenelement anlegen«). Sofern Sie keine SAP-interne Domäne verwenden, müssen Sie die Domäne ebenfalls anlegen (siehe Anhang A.10, »Domäne anlegen«). Verwenden Sie dazu die Werte in Tabelle 4.1. Wir geben Ihnen die Kurzbeschreibung für das Datenelement vor, die Sie ebenfalls für die Domäne verwenden sollten. Passen Sie die Feldbezeichner bitte eigenständig an.

| Parameter | Wert |
|---|---|
| Datentyp | CHAR |
| Zahl der Stellen | 10 |
| Ausgabelänge | 10 |
| Konvertierungsroutine | ALPHA |
| Wertetabelle | ZBOOK_TICKET |

**Tabelle 4.1** Domäne ZBOOK_TICKET: Ticketnummer

**Datenelemente anlegen**

Beim Aktivieren der Domäne werden Sie eine Warnung bekommen, weil die Tabelle ZBOOK_TICKET nicht existiert. Diese Warnung können Sie ignorieren, da wir die Tabelle im nächsten Schritt anlegen. Legen Sie die Datenelemente mit den Werten aus den Tabellen 4.2 bis 4.5 an.

| Feld | Wert |
|---|---|
| Parameter-ID | ZBOOK_TICKET_NR (Anlage durch Doppelklick) |
| Domäne | ZBOOK_TICKET_NR |

**Tabelle 4.2** Datenelement ZBOOK_TICKET_NR (Ticketnummer)

| Feld | Wert |
|---|---|
| Änderungsbeleg | X |
| Domäne | ZBOOK_TICKET_STATUS |
| Datentyp | CHAR |

**Tabelle 4.3** Datenelement ZBOOK_TICKET_STATUS (Status)

| Feld | Wert |
|---|---|
| Zahl der Stellen | 4 |
| Ausgabelänge | 4 |
| Festwerte | OPEN (offen) |
| | CLSD (abgeschlossen) |
| | WORK (in Arbeit) |
| | HOLD (zurückgestellt) |
| | DELE (gelöscht) |

**Tabelle 4.3** Datenelement ZBOOK_TICKET_STATUS (Status) (Forts.)

| Feld | Wert |
|---|---|
| Änderungsbeleg | X |
| Domäne | TEXT80 |

**Tabelle 4.4** Datenelemente ZBOOK_PERSON_REPSONSIBLE (Verantwortlicher) und ZBOOK_PERSON_OWNER (Meldender)

| Feld | Wert |
|---|---|
| Änderungsbeleg | X |
| Domäne | CHAR10 |

**Tabelle 4.5** Datenelement ZBOOK_LOCATION (Standort)

Tabelle ZBOOK_TICKET

Als Nächstes müssen Sie die Datenbanktabelle anlegen. Die dafür benötigten Tabellenfelder finden Sie in Tabelle 4.6. Bei den beiden ersten Feldern `MANDT` und `TIKNR` müssen Sie das Kennzeichen Key markieren, um die Felder als Schlüsselfelder zu kennzeichnen.

| Feldname | Datenelement | Beschreibung |
|---|---|---|
| MANDT | MANDT | Mandant |
| TIKNR | ZBOOK_TICKET_NR | Ticketnummer |
| AREA | ZBOOK_AREA | Bereich |
| CLAS | ZBOOK_CLAS | Kategorie |
| LOCATION | ZBOOK_LOCATION | Standort |
| TEXT | TEXT255 | Kurztext |
| STATUS | ZBOOK_TICKET_STATUS | aktueller Status |
| RESPONSIBLE | ZBOOK_PERSON_ RESPONSIBLE | verantwortlich für die Erledigung |

**Tabelle 4.6** Felder der Tabelle ZBOOK_TICKET

| Feldname | Datenelement | Beschreibung |
|---|---|---|
| OWNER | ZBOOK_PERSON_OWNER | Besitzer der Meldung |
| ERDAT | ERDAT | Erstellungsdatum |
| ERTIM | ERZET | Erstellungsuhrzeit |
| ERNAM | ERNAM | Erfasser |
| AEDAT | AEDAT | Änderungsdatum |
| AETIM | AEZET | Änderungszeit |
| AENAM | AENAM | letzter Änderer |

**Tabelle 4.6** Felder der Tabelle ZBOOK_TICKET (Forts.)

Nachdem Sie alle Felder der Tabelle angelegt haben, sollte die fertige Tabelle aussehen wie in Abbildung 4.1.

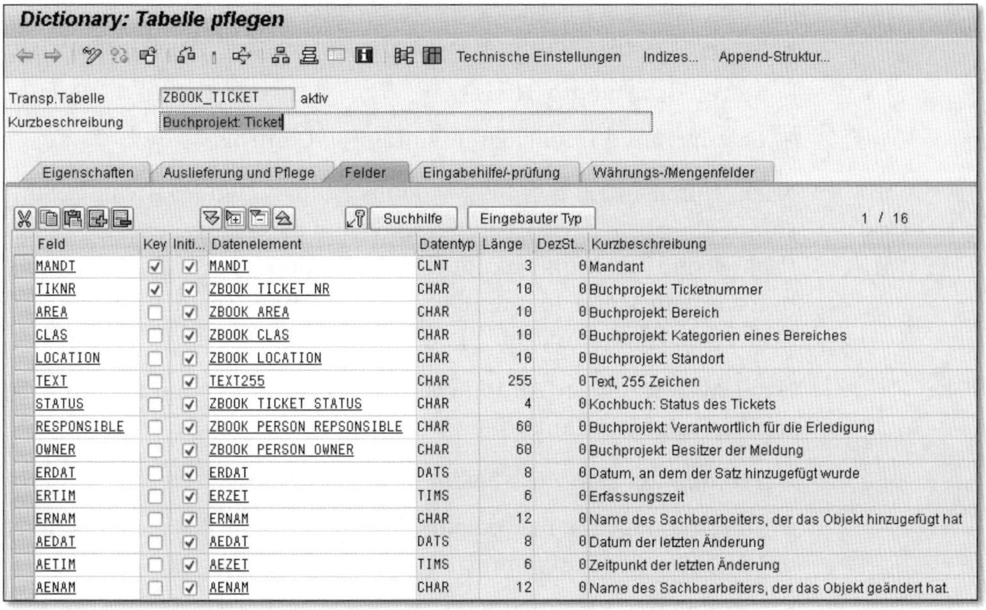


**Abbildung 4.1** Die Tabelle ZBOOK_TICKET

## 4.2 Suchhilfe anlegen

**Feldabhängigkeit**

Die Definition einer Suchhilfe gehört zum Standardrepertoire eines SAP-Entwicklers. Das Erstellen einer Suchhilfe, die die Eingabemöglichkeiten zu einem Feld anzeigt, ist einfach. In Entwicklungsprojekten besteht jedoch häufig die Anforderung, die Werte eines Tabellenfeldes abhängig vom Wert eines anderen Tabellenfeldes anzuzeigen.

Diese Anforderung ist bereits kniffliger und wird häufig sehr umständlich gelöst. Das ist jedoch nicht nötig, wie wir in diesem Abschnitt zeigen werden!

Um die Technik, die hinter dem Aufruf der [F4]-Wertehilfe steht, zu verstehen, müssen Sie wissen, wie die Dynpro-Logik in SAP-Anwendungen beschaffen ist. Ein Dynpro besteht aus einer Ablauflogik und der Benutzeroberfläche. Die Ablauflogik setzt sich aus dem Ereignis *Process Before Output* (PBO) und dem Ereignis *Process After Input* (PAI) zusammen. In beiden Ereignissen können *Module* aufgerufen werden.

PBO

Die Module des PBO – auch *PBO-Module* genannt – werden ausgeführt, bevor das Dynpro angezeigt wird. Dabei werden häufig die folgenden Aktionen durchgeführt:

- Feldsteuerung (Felder ausblenden, Eingabebereitschaft ändern)
- Setzen des GUI-Status (Menü, Drucktasten und Drucktastenleiste)
- Setzen des Dynpro-Titels
- Erzeugen und Initialisieren von Enjoy Controls

Nach Durchlaufen der PBO-Module ist das Dynpro sichtbar, und sofern Eingabefelder vorhanden sind, sind diese eingabebereit. Schaltflächen sind aktiv, und Aktionen können durch Auswahl einer Funktion aus dem Menü oder durch Klicken auf eine Schaltfläche oder Drücken einer Funktionstaste, z.B. der [↵]-Taste, ausgelöst werden.

PAI

Nach Auslösen einer Aktion erfolgt deren Bearbeitung im PAI. Hier werden folgende Funktionen ausgeführt:

- Prüfung, ob alle Muss-Felder ausgefüllt wurden
- Übertragung der Feldinhalte des Dynpros in die gleichnamigen Variablen des Programms
- Prüfung von Feldinhalten
  - systemeigene Prüfungen durch Fremdschlüsseldefinition
  - Prüfungen durch eigene Module
- Ausführen von Funktionen (Berechnungen, Hinzulesen von Daten, Absprung in andere Transaktionen etc.)

Ablauflogik und Wertehilfe

Die Besonderheit der [F4]-Wertehilfe ist, dass diese Funktion den PAI nicht auslöst, denn man möchte ja erst mit ihrer Hilfe einen Feldwert, z.B. für ein Muss-Feld, suchen. Wenn an dieser Stelle bereits der PAI durchlaufen würde, würde in dessen Verlauf festgestellt, dass das Muss-Feld nicht gefüllt ist, und eine Fehlermeldung ausgegeben.

Da der PAI bei der [F4]-Wertehilfe nicht durchlaufen wird, findet auch die Übertragung der Dynpro-Feldwerte in die Programmvariablen nicht statt. Sie können daher alle Felder einer Bildschirmansicht füllen – das Programm »erfährt« von diesen Daten erst dann, wenn Sie eine Funktion aufrufen, die den PAI auslöst. Genau darin liegt die Schwierigkeit, abhängige Feldwerte bei Verwendung der [F4]-Wertehilfe zu definieren.

**Beispiel: Dynpro mit Feldwerten**

In Abbildung 4.2 sehen Sie ein Dynpro, in dem das Feld `P_AREA` bereits ausgefüllt wurde. Es wurde jedoch noch kein PAI ausgelöst. Der aktuelle Feldwert ist dem Programm also noch unbekannt.

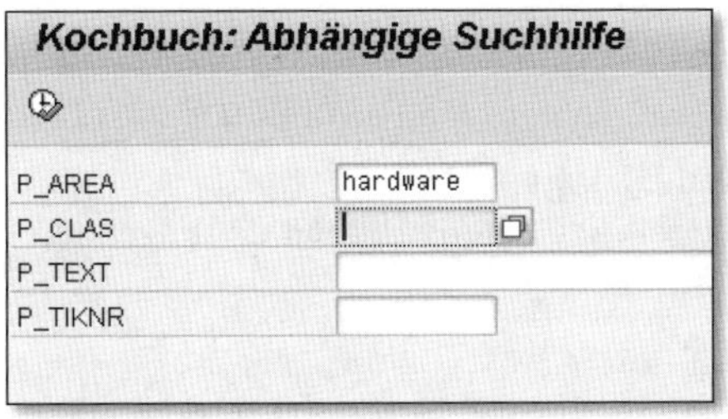


**Abbildung 4.2** Feldwerte in einem Dynpro

Häufig lösen Entwickler dieses Problem, indem sie mithilfe des Funktionsbausteins `DYNP_VALUES_READ` die Feldwerte ermitteln und diese dann an eine separat aufzurufende Suchhilfe übergeben. Die Verwendung des Funktionsbausteins `DYNP_VALUES_READ` zum Lesen von Feldinhalten und des zugehörigen Bausteins `DYNP_VALUES_UPDATE` kann in bestimmten Situationen durchaus sinnvoll sein. In der Regel geht es jedoch deutlich einfacher! Dieses einfache Verfahren – das sogar ohne Programmierung auskommt – stellen wir Ihnen auf den folgenden Seiten vor.

[«]

**Eingabehilfe und Suchhilfe**

Zunächst einmal müssen wir die Begriffe *Eingabehilfe* und *Suchhilfe* unterscheiden. In der Praxis werden beide Begriffe häufig synonym verwendet, was jedoch nicht ganz korrekt ist. Eingabehilfe ist allgemein die Bezeichnung für Dialoge, die mögliche Werte zu einem Feld anzeigen. Eine Suchhilfe – oder genauer: eine *elementare Suchhilfe* – ist ein im ABAP Dictionary definiertes Objekt. Zur Bereitstellung von Eingabehilfen gibt es folgende technische Möglichkeiten:

- **Statische Eingabehilfen**:
  Für Felder vom Typ `DATS` und `TIMS` sind im SAP-System feste Dialoge eingebaut, die automatisch zur Verfügung stehen.
- **Festwerte**:
  In der zugeordneten Domäne sind feste Werte hinterlegt, die durch einen Dialog ausgewählt werden können.
- **Prüftabelle**:
  In der zugeordneten Domäne ist eine Prüftabelle definiert, in der die erlaubten Werte gespeichert sind.
- **Suchhilfe**:
  Verwendung einer im ABAP Dictionary definierten *elementaren Suchhilfe* oder einer *Sammelsuchhilfe*

  Die Suchhilfe kann auf eine der folgenden Arten implementiert werden:
  - Definition der Suchhilfe im Datenelement
  - Zuweisung der Suchhilfe zu Feldern einer Struktur
  - Zuweisung der Suchhilfe auf dem Dynpro (Feldattribut SUCHHILFE)
- **Programmierung eines eigenen Dialogs:**
  In einem Report kann die Eingabehilfe zu einem Feld mit der folgenden Anweisung programmiert werden:

  ```
  AT SELECTION-SCREEN ON VALUE-REQUEST FOR fieldname.
  ```

  In einem Modulpool wird eine eigene Eingabehilfe mit der Anweisung `PROCESS ON VALUE-REQUEST` definiert. In beiden Fällen kann ein eigener Dialog aufgerufen werden.

### 4.2.1 Eingabehilfe einrichten

Im Folgenden werden wir eine Eingabehilfe für die Tabellenfelder `ZBOOK_TICKET-AREA` und `ZBOOK_TICKET-CLAS` einrichten. Dadurch müssen wir uns bei Dialogprogrammen, in denen diese Felder verwendet werden, nur noch auf die Tabelle `ZBOOK_TICKET` beziehen, und dem Anwender stehen so alle notwendigen Eingabemöglichkeiten zur Verfügung.

Feld AREA

Wir beginnen mit der Eingabehilfe für das Feld `AREA`:

1. Rufen Sie das ABAP Dictionary auf, und bearbeiten Sie die Tabelle `ZBOOK_TICKET`.
2. Stellen Sie den Cursor auf das Feld `AREA`, und klicken Sie auf das Icon (FREMDSCHLÜSSEL), das sich neben der Schaltfläche SUCHHILFE befindet.

Das dem Feld zugeordnete Datenelement ZBOOK_AREA ist mit der gleichnamigen Domäne ZBOOK_AREA verknüpft. Der Domäne ist die Prüftabelle ZBOOK_AREAS zugeordnet (siehe auch Abschnitt 2.1, »Datenmodell erarbeiten«). Aus diesem Grund schlägt das System diese Tabelle automatisch als Wertetabelle vor (siehe Abbildung 4.3).

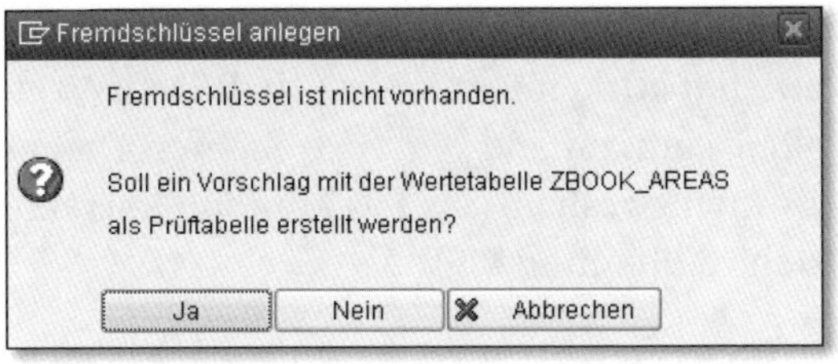


**Abbildung 4.3** Zuordnung des Fremdschlüssels zum Feld AREA

3. Bestätigen Sie die Meldung mit JA. Das System belegt die notwendigen Felder, und Sie müssen den Vorschlag lediglich übernehmen (siehe Abbildung 4.4).

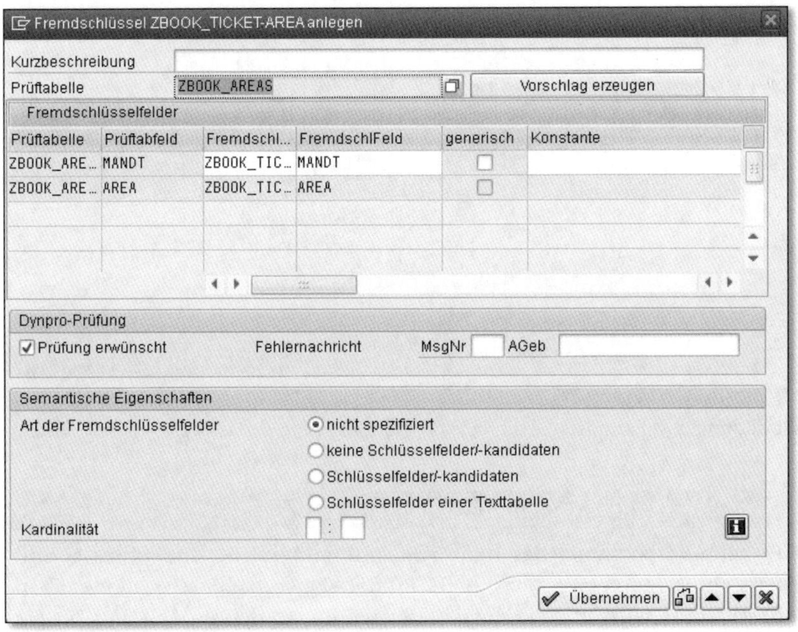


**Abbildung 4.4** Dialog »Fremdschlüssel« zum Feld AREA

Diese Fremdschlüsseldefinition genügt, um dem Anwender die erlaubten Werte über die F4-Wertehilfe zur Verfügung zu stellen.

**Feld CLAS**

Im nächsten Schritt werden wir die Fremdschlüsselprüfung für das Feld `CLAS` definieren. Dieser Fall ist etwas spezieller, denn die gültigen Werte ergeben sich nur aus der Kombination der Felder `AREA` und `CLAS`. Setzen Sie den Cursor auf das Feld `CLAS`, und klicken Sie erneut auf die Schaltfläche (Fremdschlüssel). In diesem Fall erhalten Sie keinen Vorschlag, denn wir verwenden im Datenelement `ZBOOK_CLAS` die generelle Domäne `CHAR10`. Hier ist keine Prüftabelle hinterlegt. Geben Sie daher selbst im Feld Prüftabelle die Tabelle `ZBOOK_CLASS` an, und klicken Sie auf die Schaltfläche Vorschlag erzeugen. Die Felder sind anhand der verwendeten Datenelemente eindeutig zuzuordnen, weshalb das System eine korrekte Feldzuordnung erzeugt (siehe Abbildung 4.5).

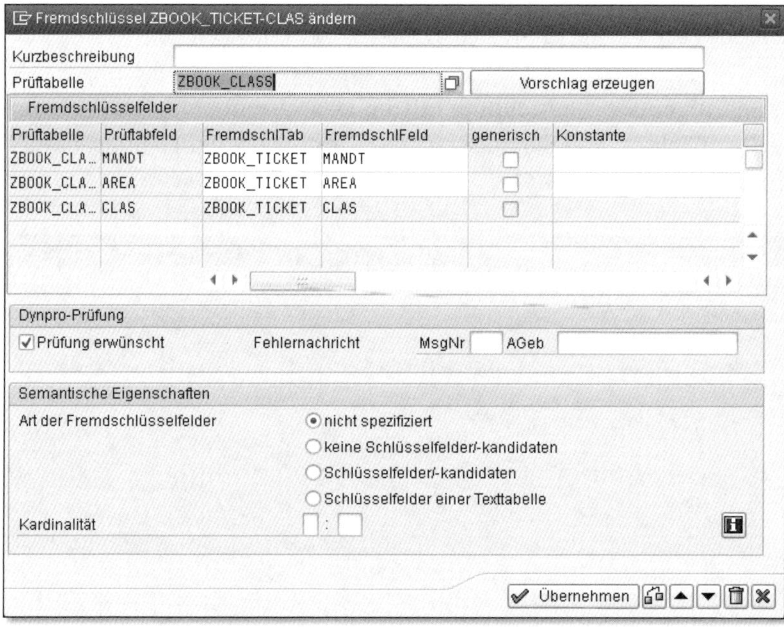


**Abbildung 4.5** Fremdschlüssel für das Feld CLAS

[»]

**Doppeldeutigkeit von Feldbezeichnungen**

Es kann vorkommen, dass eine Feldzuordnung nicht eindeutig ist, d.h. dass ein Datenelement, das in der Prüftabelle vorhanden ist, mehrfach in der Fremdschlüsseltabelle verwendet wurde. In diesem Fall müssen Sie die Fremdschlüsselfelder manuell korrekt zuordnen.

**Testprogramm**

Sie haben nun für beide Felder die Fremdschlüsselbeziehungen gepflegt. Aktivieren Sie Ihre Änderungen. Als Nächstes sollten Sie prüfen, ob die Änderungen auch wie gewünscht funktionieren. Schreiben Sie dafür ein simples Programm ZBOOK_DEMO_SEARCHHELP, das Sie in Listing 4.1 sehen:

```
REPORT zbook_demo_searchhelp.
PARAMETERS p_area TYPE zbook_ticket-area.
PARAMETERS p_clas TYPE zbook_ticket-clas.
```

**Listing 4.1** Testprogramm zur Prüfung der Fremdschlüsselbeziehungen

Das definierte Programm enthält zwei Selektionsparameter, die jeweils auf Felddefinitionen aus der Tabelle ZBOOK_TICKET referenzieren. Damit das Programm ordnungsgemäß funktioniert, müssen die Tabellen mit Daten gefüllt sein. Führen Sie das Programm aus, und tragen Sie in das Feld P_AREA den Wert HARDWARE ein. Öffnen Sie die Eingabehilfe für das Feld P_CLAS durch einen Klick auf das Symbol für die [F4]-Wertehilfe, das sich an der rechten Seite des Feldes befindet. Es werden nun nur die Einträge angezeigt, die durch die Tabelle ZBOOK_CLASS als gültige Werte für HARDWARE definiert wurden.

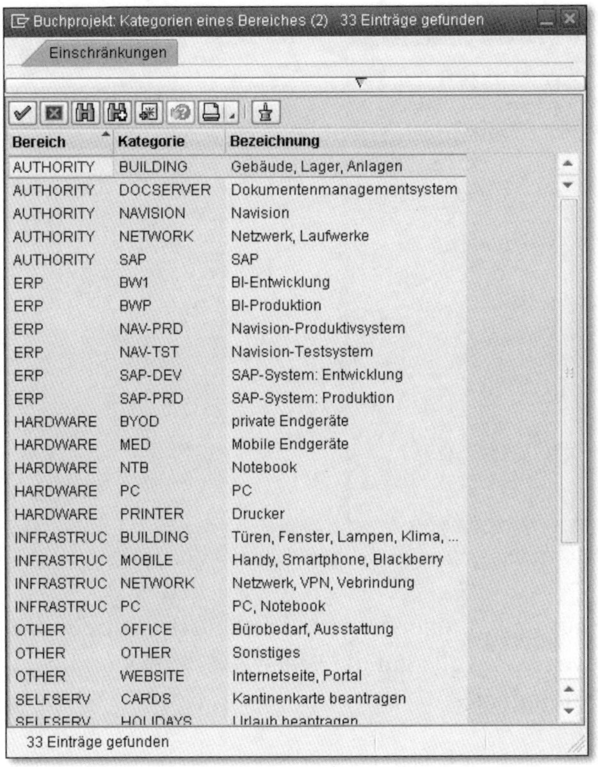


| Bereich | Kategorie | Bezeichnung |
|---|---|---|
| AUTHORITY | BUILDING | Gebäude, Lager, Anlagen |
| AUTHORITY | DOCSERVER | Dokumentenmanagementsystem |
| AUTHORITY | NAVISION | Navision |
| AUTHORITY | NETWORK | Netzwerk, Laufwerke |
| AUTHORITY | SAP | SAP |
| ERP | BW1 | BI-Entwicklung |
| ERP | BWP | BI-Produktion |
| ERP | NAV-PRD | Navision-Produktivsystem |
| ERP | NAV-TST | Navision-Testsystem |
| ERP | SAP-DEV | SAP-System: Entwicklung |
| ERP | SAP-PRD | SAP-System: Produktion |
| HARDWARE | BYOD | private Endgeräte |
| HARDWARE | MED | Mobile Endgeräte |
| HARDWARE | NTB | Notebook |
| HARDWARE | PC | PC |
| HARDWARE | PRINTER | Drucker |
| INFRASTRUC | BUILDING | Türen, Fenster, Lampen, Klima, ... |
| INFRASTRUC | MOBILE | Handy, Smartphone, Blackberry |
| INFRASTRUC | NETWORK | Netzwerk, VPN, Vebrindung |
| INFRASTRUC | PC | PC, Notebook |
| OTHER | OFFICE | Bürobedarf, Ausstattung |
| OTHER | OTHER | Sonstiges |
| OTHER | WEBSITE | Internetseite, Portal |
| SELFSERV | CARDS | Kantinenkarte beantragen |
| SELFSERV | HOLIDAYS | Urlaub beantragen |

**Abbildung 4.6** Wertehilfe für das Feld P_CLAS

Machen wir noch einen Test: Löschen Sie das Feld P_AREA, und öffnen Sie die Wertehilfe für das Feld P_CLAS. Hier können Sie sehen, dass die beiden Spalten BEREICH und KATEGORIE farblich hervorgehoben sind (siehe Abbildung 4.6). Das bedeutet, dass bei Auswahl einer Zeile die Werte in *beide* Felder zurückgestellt werden.

### 4.2.2 Elementare Suchhilfe einrichten

Als nächstes Beispiel möchten wir eine »echte« – also eine elementare – Suchhilfe programmieren. Diese soll die Suche nach den Tickets unterstützen. Schauen Sie sich zuerst an, wie die Suchhilfe in diesem Beispiel aussieht:

```
PARAMETERS p_ticket LIKE zbook_ticket-tiknr.
```

Wir haben bisher lediglich eine Zuordnung über die zum Feld TIKNR verwendete Domäne zur Prüftabelle ZBOOK_TICKET angelegt. Aufgrund dieser Zuordnung erstellt das System automatisch die Eingabehilfe wie in Abbildung 4.7.

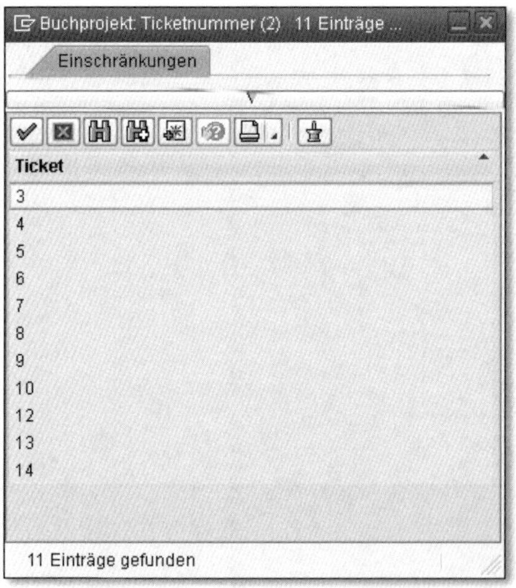


**Abbildung 4.7** Suchhilfe für im System vorhandene Tickets – Grundgerüst

Grundgerüst »aufpimpen«

Um die Suchhilfe aussagekräftiger zu gestalten, müssen wir ein paar mehr Felder anzeigen. Sinnvoll sind die Felder AREA, CLAS und TEXT, die Sie wie folgt einbinden:

1. Wechseln Sie wieder in das ABAP Dictionary, und tragen Sie den Namen »ZBOOK_TICKET« in das Feld SUCHHILFE ein.
2. Klicken Sie auf ANLEGEN.
3. Wählen Sie im sich öffnenden Fenster die Option ELEMENTARE SUCHHILFE, und bestätigen Sie Ihre Auswahl.
4. Vergeben Sie eine Kurzbeschreibung.
5. Tragen Sie in das Feld SELEKTIONSMETHODE die Tabelle `ZBOOK_TICKET` ein. Aus dieser Tabelle können Sie nun die Felder wählen, die der Anwender in der Wertehilfe angezeigt bekommen soll.
6. In dem Table Control PARAMETER können Sie die Felder auswählen (siehe Abbildung 4.8). Verwenden Sie die Wertehilfe für das Feld SUCHHILFEPARAMETER, und wählen Sie nacheinander die folgenden Felder aus: `TIKNR`, `AREA`, `CLAS`, `TEXT`.

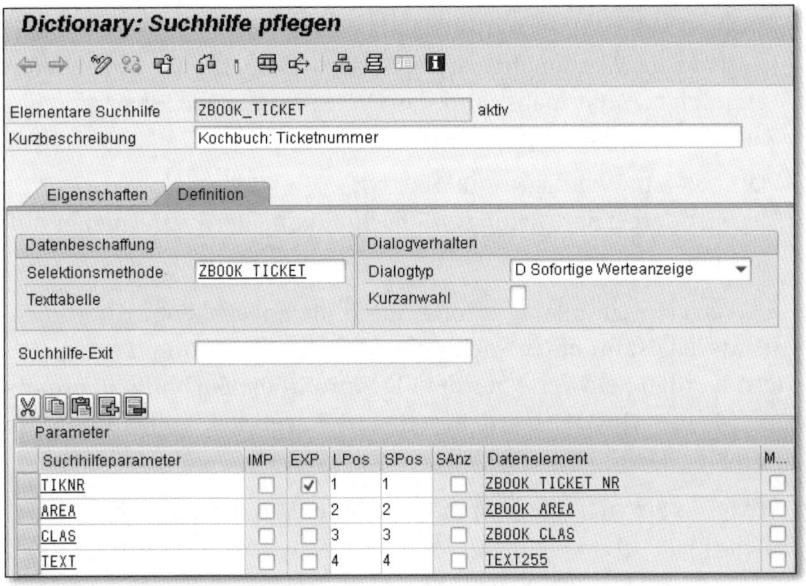


**Abbildung 4.8** Suchhilfe ZBOOK_TICKET

7. Die Ticketnummer soll in das Eingabefeld zurückgestellt werden. Aus diesem Grund markieren Sie für das Feld `TIKNR` die Option EXPORT.
8. Definieren Sie noch die Reihenfolge der Felder. Tragen Sie in die Felder LPOS und SPOS die entsprechende Nummer ein.

[»]

**Spalten »Lpos« und »SPos«**

In der Suchhilfe haben Sie die Reihenfolge der Suchhilfefelder in den Spalten LPos und SPos eingetragen. In der Spalte LPos wird die Reihenfolge der Felder auf dem Auswahldialog festgelegt. Diese können Sie beliebig sortieren. Sie können ein Feld auch leer lassen, wenn es nicht in der Auswahl angezeigt werden soll. Sie fragen sich wahrscheinlich, warum ein nicht angezeigtes Feld dann überhaupt im Suchhilfedialog definiert werden sollte? An dieser Stelle kommt die Spalte SPos zum Einsatz. Hier werden die Reihenfolge und das Vorkommen der Felder im Treffermenge-Einschränkungsdialog definiert. Sie können damit also ein Feld bei der Anzeige unterschlagen, dieses aber zur Einschränkung der Treffermenge anbieten.

Wertehilfe – Anzeigeoptionen

Die Suchhilfe sieht nun so aus wie in Abbildung 4.8. Der DIALOGTYP wird mit D – SOFORTIGE WERTEANZEIGE vorbelegt, d.h., die Werte werden unmittelbar angezeigt. Die Alternativen sind:

- DIALOG ABHÄNGIG VON DER WERTEMENGE:
  Enthält die Wertemenge weniger als 100 Treffer, wird sie sofort angezeigt. Andernfalls wird das Dialogfenster zur Einschränkung der Treffermenge aufgerufen.
- DIALOG MIT WERTEEINSCHRÄNKUNG:
  Es wird sofort der Dialog zur Einschränkung der Treffermenge aufgerufen.

Die Werteeinschränkung erfolgt durch die angegebenen SUCHHILFEPARAMETER. Ist für einen Suchhilfeparameter die Option IMPORT markiert, werden Feldwerte aus dem Dynpro in die Suchhilfe übernommen. Diese Option werden wir im Folgenden anhand unseres Beispiels testen.

Suchhilfe aktivieren und zuordnen

Aktivieren Sie zuerst jedoch die Suchhilfe. Um die Suchhilfe unserer Tabelle `ZBOOK_TICKET` zuzuordnen, bearbeiten Sie die Tabelle `ZBOOK_TICKET` im ABAP Dictionary:

1. Positionieren Sie den Cursor auf das Feld `TIKNR`.
2. Klicken Sie auf die Schaltfläche SUCHHILFE, und tragen Sie die eben erstellte Suchhilfe »ZBOOK_TICKET« ein.
3. Drücken Sie die [↵]-Taste oder die Schaltfläche VORSCHLAG ERZEUGEN. Da die verwendeten Felder eindeutig sind, wird der einzige in der Suchhilfe definierte Parameter `TIKNR` dem Tabellenfeld `TIKNR` zugeordnet.

4. ÜBERNEHMEN Sie die Änderungen, und aktivieren Sie die Tabelle.

Als Testprogramm können wir das in Abschnitt 4.2.1, »Eingabehilfe einrichten«, erstellte Programm ZBOOK_DEMO_SEARCHHELP wie in Listing 4.2 erweitern.

**Suchhilfe testen**

```
PARAMETERS p_area  TYPE zbook_ticket-area.
PARAMETERS p_clas  TYPE zbook_ticket-clas.
PARAMETERS p_tiknr TYPE zbook_ticket-tiknr.
```

**Listing 4.2** Erweitertes Testprogramm ZBOOK_DEMO_SEARCHHELP

Wir haben lediglich den Parameter für die Ticketnummer hinzugefügt. Führen Sie das Programm aus, und testen Sie die Suchhilfe. Es sollten nun die definierten Felder angezeigt werden.

### 4.2.3 Suchhilfe erweitern

**Treffermenge einschränken**

Als Nächstes wollen wir unsere Suchhilfe so erweitern, dass sie bereits eingegebene Werte berücksichtigt und die Treffermenge entsprechend einschränkt:

1. Bearbeiten Sie die Suchhilfe in Transaktion SE11 (ABAP Dictionary).
2. Markieren Sie die Option IMPORT für die Felder AREA, CLAS und TEXT. Dadurch haben Sie die Suchhilfeparameter so angepasst, dass sie Feldern der Tabelle ZBOOK_TICKET als Parameter zugeordnet werden können.
3. Aktivieren Sie dann die Änderungen in der Suchhilfe.
4. Sie müssen die geänderten Parameter nun aktualisieren. Bearbeiten Sie erneut die Tabelle ZBOOK_TICKET. Positionieren Sie den Cursor auf das Feld TIKNR, und klicken Sie auf die Schaltfläche SUCHHILFE. Die Suchhilfe ist dem Feld AREA aus unserem letzten Beispiel noch zugewiesen, allerdings nur mit dem Feld TIKNR.
5. Klicken Sie auf die Schaltfläche VORSCHLAG ERZEUGEN (siehe Abbildung 4.9). Die Felder, für die Sie soeben die IMPORT-Option markiert haben, werden nun ebenfalls zugeordnet.

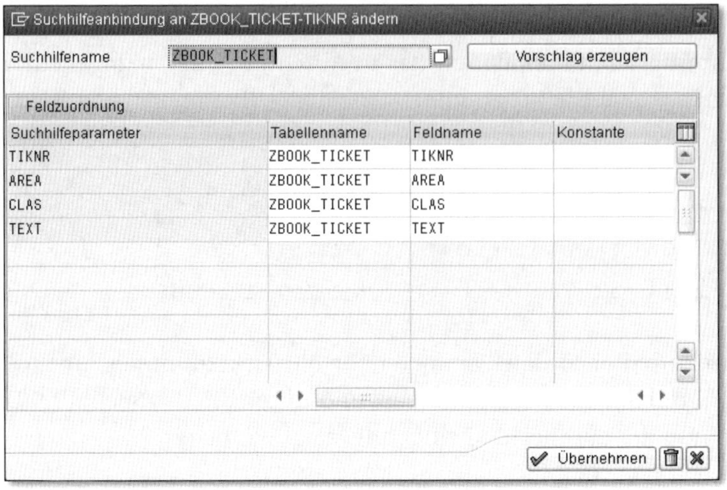


Abbildung 4.9 Suchhilfeparameter für ZBOOK_TICKET-TIKNR

6. Übernehmen Sie die Änderungen, und aktivieren Sie die Tabelle. Erweitern Sie das Testprogramm ZBOOK_DEMO_SEARCHHELP um den Parameter P_TEXT:

```
PARAMETERS p_area  TYPE zbook_ticket-area.
PARAMETERS p_clas  TYPE zbook_ticket-clas.
PARAMETERS p_text  TYPE zbook_ticket-text.
PARAMETERS p_tiknr TYPE zbook_ticket-tiknr.
```

**Erweiterte Suchhilfe testen**

Testen Sie anschließend die Suchhilfe, indem Sie eines oder mehrere der Felder vorbelegen. Sie können dabei auch Wildcards verwenden (siehe Abbildung 4.10).

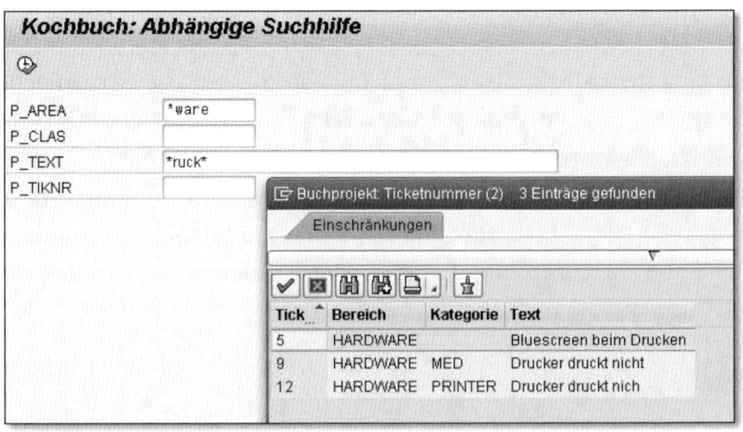


Abbildung 4.10 Suchhilfe für die Ticketnummer

**Einsatz der Felder »Import« und »Export«** [zB]

Mithilfe der beiden Ankreuzfelder IMPORT und EXPORT definieren Sie, welche Felder bei Aufruf der Suchhilfe berücksichtigt werden (Import) und welche Felder zurückgestellt werden (Export). Die Übergabe mehrerer Rückgabefelder kann durchaus sinnvoll sein, z. B. könnten wir in unser Ticketsystem ein Feld REFERENZTICKET einbauen, das sich auf ein vorhandenes Ticket bezieht. Wenn ein Kollege in der Hotline anruft und berichtet, er habe das gleiche Problem, das er vor Kurzem schon einmal gemeldet hat, erneut, könnten die IT-Service-Mitarbeiter die Ticketsuchhilfe für das Referenzticket aufrufen, die letzten gemeldeten Tickets des Anrufers suchen und daraus das passende auswählen. Die Nummer dieses Tickets wird in das Feld REFERENZTICKET eingetragen, und alle anderen mit EXPORT gekennzeichneten Felder werden automatisch in die Ticketübersicht übernommen: BEREICH, KATEGORIE, VERANTWORTLICH und KURZBESCHREIBUNG. Damit werden alle relevanten Informationen aus dem Ticket übernommen, und der Bearbeiter des neuen Tickets muss nur noch einen kurzen Text dazuschreiben.

**Standard-Suchhilfe-Exit**

Wir haben nun bereits eine recht gut funktionierende Suchhilfe erstellt und möchten diese weiter an unsere Bedürfnisse anpassen. Unsere Anforderung ist es, die Tickets nicht nach Ticketnummer sortiert, sondern nach dem Kurztext sortiert darzustellen. Anhand dieses Beispiels zeigen wir Ihnen, wie Sie einen standardmäßig im System vorhandenen *Suchhilfe-Exit* einsetzen. Suchhilfe-Exits sind Funktionsbausteine mit einer definierten Schnittstelle.

**Treffermenge sortieren**

Wir verwenden den Suchhilfe-Exit `F4UT_PARAMETER_SORT`, um die Ergebnismenge nach dem Feld `TEXT` zu sortieren. Bearbeiten Sie dazu erneut die Suchhilfe `ZBOOK_TICKET`, und tragen Sie in das Feld SUCHHILFEEXIT den Funktionsbaustein »F4UT_PARAMETER_SORT« ein. Der Baustein hat den Importing-Parameter `PARAMETER_SORT`, der den Namen des zu sortierenden Feldes erwartet. Diesen Parameter können Sie in der Suchhilfe definieren und füllen (siehe Abbildung 4.11):

1. Tragen Sie in der Spalte SUCHHILFEPARAMETER den Namen des Übergabeparameters `PARAMETER_SORT` ein. Da der Parameter keinen Bezug zur angegebenen Tabelle `ZBOOK_TICKET` hat, kann kein Datenelement automatisch zugeordnet werden. Das Feld ist aus diesem Grund eingabebereit.
2. Tragen Sie hier das Datenelement `SHLPFIELD` und in der Spalte DEFAULTWERT den Namen des zu sortierenden Feldes in Hochkommata ein: `'TEXT'`.
3. Aktivieren Sie die Änderungen.

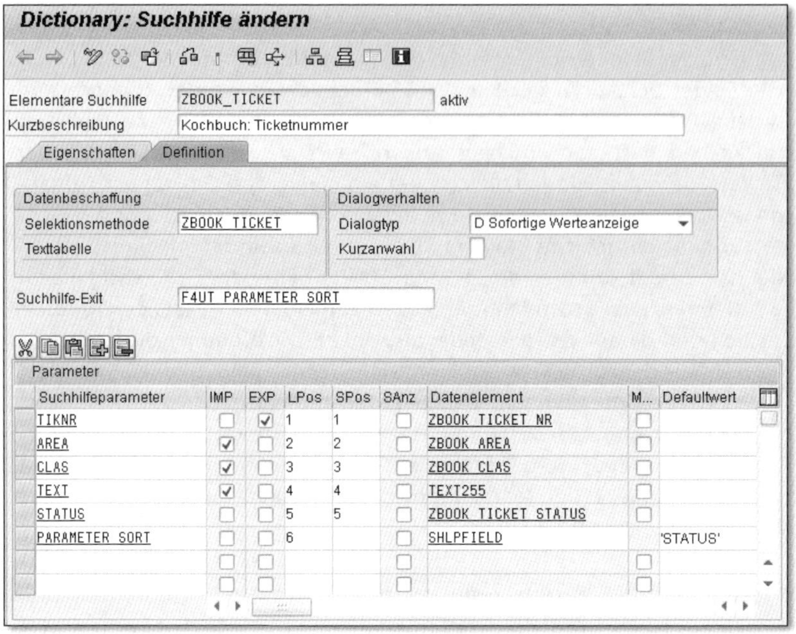


**Abbildung 4.11** Suchhilfe-Exit zum Sortieren nach Feld TEXT

Beim erneuten Test der Suchhilfe mit dem Testprogramm werden Sie sehen, dass die Ergebnismenge nun nach dem Feld TEXT sortiert wird. Sie können mehrere Sortierfelder definieren. Diese müssen durch Komma getrennt ohne Leerzeichen angegeben werden.

**Festwerte hinzulesen**

Einen weiteren nützlichen Funktionsbaustein möchten wir Ihnen ebenfalls nicht vorenthalten: F4UT_FIXED_VALUES_TEXT_ADD. Verwenden Sie diesen Baustein als Suchhilfe-Exit, können Sie die Texte der Festwerte zu einem Tabellenfeld ausgeben. In der Tabelle ZBOOK_TICKET ist dies auf das Feld TEXT anwendbar. Hier sind in der zugeordneten Domäne Festwerte inklusive der beschreibenden Texte hinterlegt (siehe Abbildung 4.12).

**Ausgabe von Festwerten**

Wir werden nun die Kurzbeschreibung zu einem Status in die Trefferliste mit aufnehmen:

1. Legen Sie die Suchhilfe ZBOOK_TICKET_STATUS an.
2. Geben Sie unter Suchhilfe-Exit den Funktionsbaustein F4UT_FIXED_VALUES_TEXT_ADD an.
3. Füllen Sie alle weiteren Felder wie in Abbildung 4.13.

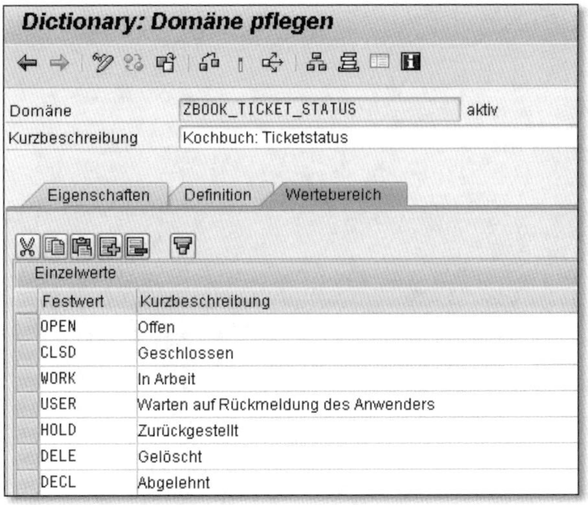


**Abbildung 4.12** Festwerte der Domäne ZBOOK_TICKET_STATUS

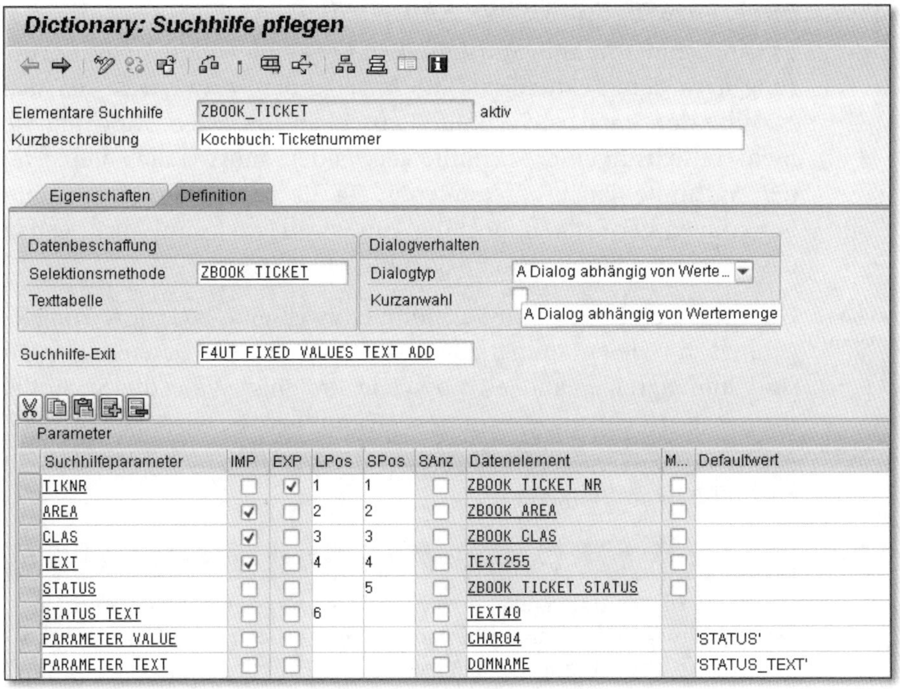


**Abbildung 4.13** Änderungen der Suchhilfe zur Ausgabe der Festwerte

Im Ergebnis sieht die Suchhilfe nun aus wie in Abbildung 4.14.

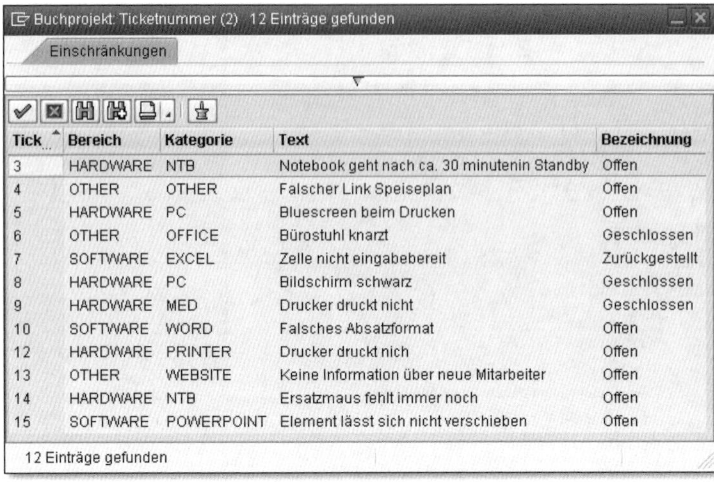

Buchprojekt: Ticketnummer (2) 12 Einträge gefunden

Einschränkungen

| Tick... | Bereich | Kategorie | Text | Bezeichnung |
|---|---|---|---|---|
| 3 | HARDWARE | NTB | Notebook geht nach ca. 30 minutenin Standby | Offen |
| 4 | OTHER | OTHER | Falscher Link Speiseplan | Offen |
| 5 | HARDWARE | PC | Bluescreen beim Drucken | Offen |
| 6 | OTHER | OFFICE | Bürostuhl knarzt | Geschlossen |
| 7 | SOFTWARE | EXCEL | Zelle nicht eingabebereit | Zurückgestellt |
| 8 | HARDWARE | PC | Bildschirm schwarz | Geschlossen |
| 9 | HARDWARE | MED | Drucker druckt nicht | Geschlossen |
| 10 | SOFTWARE | WORD | Falsches Absatzformat | Offen |
| 12 | HARDWARE | PRINTER | Drucker druckt nich | Offen |
| 13 | OTHER | WEBSITE | Keine Information über neue Mitarbeiter | Offen |
| 14 | HARDWARE | NTB | Ersatzmaus fehlt immer noch | Offen |
| 15 | SOFTWARE | POWERPOINT | Element lässt sich nicht verschieben | Offen |

12 Einträge gefunden

**Abbildung 4.14** Suchhilfe mit Festwerten zum Feld TEXT

### 4.2.4 Eigenen Suchhilfe-Exit anlegen

Es kann immer nur ein Suchhilfe-Exit verwendet werden; die Sortierung nach dem Textfeld *und* die Anzeige der Festwerte lassen sich mithilfe der Standard-Suchhilfe-Exits nicht umsetzen. Möchten Sie mehrere Exits in einer Suchhilfe verwenden, müssen Sie einen eigenen Suchhilfe-Exit programmieren. Da Sie mit Sicherheit mehrere Funktionen verwenden möchten, tun wir im nächsten Schritt genau das: Wir legen einen eigenen Suchhilfe-Exit an.

Eigene Suchhilfen programmieren

Die Programmierung von Suchhilfe-Exits ist eine komplexe Angelegenheit mit vielen Stolperfallen. Die verwendeten Datenstrukturen sind umfangreich, und es gibt viele Ereignisse, die die Suchhilfe mehrmals durchläuft. Aus diesem Grund werden wir hier nur allgemein aufzeigen, welche Schritte zur Programmierung einer eigenen Suchhilfe notwendig sind.

[+]

**Hilfsbausteine**

Ihnen ist bestimmt aufgefallen, dass die hier vorgestellten Funktionsbausteine alle mit dem Namensbestandteil F4UT_ beginnen. UT steht dabei für *Utility*, also Hilfsmittel. SAP stellt in der Funktionsgruppe SF4U noch mehr dieser Hilfsbausteine zur Verfügung.

Mit Aufruf eines Verwendungsnachweises für die einzelnen Bausteine können Sie ermitteln, wie die Funktionsbausteine in Ihrem System eingesetzt werden. Zudem sind die Funktionsbausteine in der Regel sehr gut dokumentiert.

**Anzeige von Icons**

Um unsere Suchhilfe noch anwenderfreundlicher zu machen, wollen wir die bereits abgeschlossenen Tickets mit einem grünen Icon markieren und die offenen mit einem roten. Wir nehmen dazu wieder einen SAP-Standardfunktionsbaustein zur Hilfe: `F4UT_ICONS_DISPLAY`.

**Referenzbaustein kopieren**

Als Referenzbaustein für Suchhilfe-Exits dient der Funktionsbaustein `F4IF_SHLP_EXIT_EXAMPLE`. Ihn zu kopieren ist die einfachste Variante, um die notwendigen Schnittstellenparameter im eigenen Funktionsbaustein zu definieren. Verwenden Sie den Namen `Z_BOOK_TICKET_SHLP_EXIT` für Ihren Funktionsbaustein, und weisen Sie ihn einer eigenen Funktionsgruppe zu. Existiert noch keine eigene Funktionsgruppe in Ihrem System, müssen Sie diese anlegen (siehe Anhang A.6, »Funktionsgruppe anlegen«). Denken Sie daran, nach dem Kopieren des Referenzbausteins die Beschreibung und die Dokumentation anzupassen. Weitere Informationen zum Anlegen eines Funktionsbausteins finden Sie in Anhang A.7, »Funktionsbaustein anlegen«.

**Zusätzliches Feld anlegen**

Aktivieren Sie den eigenen Baustein am besten sofort, und tragen Sie ihn in das Feld SUCHHILFE-EXIT in der Suchhilfe ein (siehe Abbildung 4.15). Zur Darstellung des Icons benötigen wir ein zusätzliches Feld in der Suchhilfe, das Feld `ICON`. Da es ein Feld ist, das Sie nur in der Suchhilfe definieren, müssen Sie ein Datenelement angeben: `ICON_TEXT`.

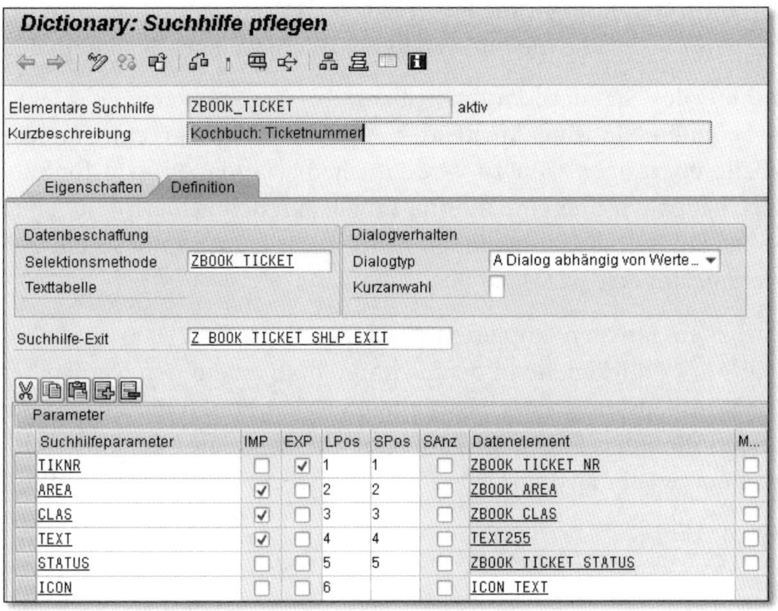


**Abbildung 4.15** Suchhilfenpflege mit einem zusätzlichen Feld für die Icons

Suchhilfe-Ereignisse

Beim Aufruf einer Suchhilfe werden verschiedene Ereignisse durchlaufen, die jeweils in dem Suchhilfe-Exit abgefragt werden können. Die zwei wichtigsten Ereignisse sind SELECT und DISPLAY. In unserem Beispiel möchten wir beim Ereignis DISPLAY eingreifen und die Darstellung verändern.

[+]

**Prüfung im Debugger**

Wenn Sie sich das erste Mal mit der Programmierung eines Suchhilfe-Exits beschäftigen, setzen Sie sich Haltepunkte im Funktionsbaustein, um herauszufinden, wann welche Ereignisse aufgerufen werden.

Ergebnismenge bearbeiten

Die Bearbeitung der Ergebnismenge ist recht aufwendig, da die Ergebnismenge in einer unstrukturierten internen Tabelle gespeichert wird. Zudem kann die Reihenfolge der Felder in der Suchhilfe geändert werden, oder es können Felder hinzugefügt oder gelöscht werden. Aus diesem Grund sollten Sie die Ergebnismenge im Suchhilfe-Exit nicht in eine fest definierte interne Tabelle kopieren. Verwenden Sie stattdessen die Funktionsbausteine, mit deren Hilfe die Daten spaltenweise in die interne Tabelle übertragen werden.

Um ein Icon setzen zu können, müssen wir zuerst die unstrukturierte Ergebnismenge in eine strukturierte Tabelle überführen. Danach prüfen wir anhand der Feldwerte, welches Icon zu setzen ist. Für jeden Eintrag in der Ergebnismenge erzeugen wir einen Eintrag in einer internen Tabelle, die die Informationen zum jeweiligen Icon enthält.

Einträge in interne Tabelle übertragen

Mithilfe des Standard-Funktionsbausteins F4UT_PARAMETER_VALUE_GET können Sie eine Spalte der Ergebnismenge in eine interne Tabelle übertragen. Um zu verdeutlichen, wie das Prinzip funktioniert, bauen wir hier eine interne Tabelle mit den Feldern TIKNR und STATUS auf; wirklich verwenden werden wir jedoch in unserem Beispiel nur das Feld STATUS.

Bearbeiten Sie den kopierten Funktionsbaustein Z_BOOK_TICKET_SHLP_EXIT. Klicken Sie in der Suchhilfe doppelt auf den Namen des Funktionsbausteins, oder bearbeiten Sie den Funktionsbaustein im Function Builder. Fügen Sie zu Beginn die benötigten Datendefinitionen ein, wie in Listing 4.3 gezeigt.

```
TYPES: BEGIN OF ty_data,
         tiknr  TYPE zbook_ticket_nr,
         status TYPE zbook_status,
       END OF ty_data.
```

```
DATA lt_data          TYPE STANDARD TABLE OF ty_data.
FIELD-SYMBOLS <data> TYPE ty_data.
DATA lt_icon          TYPE STANDARD TABLE OF ddshicon.
FIELD-SYMBOLS <icon> TYPE ddshicon.
```

**Listing 4.3** Datendefinitionen für den Funktionsbaustein Z_BOOK_TICKET_SHLP_EXIT

**Daten spaltenweise übernehmen**

Nach der Abfrage `IF callcontrol-step = 'DISP'` im Funktionsbaustein fügen Sie das Coding aus Listing 4.4 bis Listing 4.6 hinzu. Die einzelnen Abschnitte erklären wir kurz: Zuerst müssen Sie die Daten aus der Ergebnistabelle spaltenweise in unsere interne Tabelle übernehmen, wie in Listing 4.4 gezeigt.

```
CALL FUNCTION 'F4UT_PARAMETER_VALUE_GET'
  EXPORTING
    parameter   = 'STATUS'
    fieldname   = 'STATUS'
  TABLES
    shlp_tab    = shlp_tab
    record_tab  = record_tab
    results_tab = lt_data
  CHANGING
    shlp        = shlp
    callcontrol = callcontrol
  EXCEPTIONS
    OTHERS      = 2.
IF sy-subrc = 0.
  CALL FUNCTION 'F4UT_PARAMETER_VALUE_GET'
    EXPORTING
      parameter   = 'TIKNR'
      fieldname   = 'TIKNR'
    TABLES
      shlp_tab    = shlp_tab
      record_tab  = record_tab
      results_tab = lt_data
    CHANGING
      shlp        = shlp
      callcontrol = callcontrol
    EXCEPTIONS
      OTHERS      = 2.
```

**Listing 4.4** Daten aus Ergebnistabelle in interne Tabelle übertragen

**Statusinformationen hinterlegen**

Nachdem Sie so die interne Tabelle aufgebaut haben, prüfen Sie für jeden Eintrag, welchen Status das Ticket hat. Für jeden Eintrag aus der internen Tabelle erzeugen Sie daraufhin einen Eintrag mit den Informationen für das Icon (Listing 4.5).

```
IF sy-subrc = 0.
  LOOP AT lt_data ASSIGNING <data>.
    APPEND INITIAL LINE TO lt_icon ASSIGNING <icon>.
    CASE <data>-status.
      WHEN 'OPEN'.
        <icon>-name      = 'ICON_LED_RED'.
        <icon>-text      = 'Offen'.
        <icon>-quickinfo = 'Ticketstatus: offen'.
      WHEN 'CLSD'.
        <icon>-name      = 'ICON_LED_GREEN'.
        <icon>-text      = 'Abgeschlossen'.
        <icon>-quickinfo = 'Ticket wurde geschlossen'.
      WHEN 'HOLD'.
        <icon>-name      = 'ICON_LED_INACTIVE'.
        <icon>-text      = 'Zurückgestellt'.
        <icon>-quickinfo = 'Ticket wurde zurückgestellt'.
      WHEN OTHERS.
        <icon>-name      = 'ICON_SPACE'.
    ENDCASE.
  ENDLOOP.
```

**Listing 4.5** Statusinformationen prüfen und hinterlegen

**Icons übergeben**

Zu guter Letzt werden die ermittelten Icons mithilfe des Funktionsbausteins F4UT_ICONS_DISPLAY an die Ergebnismenge übergeben (siehe Listing 4.6). Im Übergabeparameter PARAMETER wird der Name des Suchhilfeparameters definiert, in dem das Icon angezeigt werden soll.

```
CALL FUNCTION 'F4UT_ICONS_DISPLAY'
  EXPORTING
    parameter   = 'ICON'
  TABLES
    shlp_tab    = shlp_tab
    record_tab  = record_tab
    icon_tab    = lt_icon
  CHANGING
    shlp        = shlp
    callcontrol = callcontrol
  EXCEPTIONS
    OTHERS      = 2.
```

**Listing 4.6** Passendes Icon an Ergebnismenge übergeben

**Sortierung der Ergebnismenge**

Um schließlich noch die Implementierung der Ergebnismengensortierung zu demonstrieren, rufen wir den Hilfsbaustein F4UT_PARAMETER_SORT, den wir zuvor bereits als direkten Suchhilfe-Exit verwendet haben, hier erneut auf (siehe Listing 4.7). Die Ergebnismenge wird nun nach dem Feld TEXT sortiert.

```
      CALL FUNCTION 'F4UT_PARAMETER_SORT'
        EXPORTING
          parameter_sort   = 'TEXT'
          leading_columns  = '0'
          descending       = ' '
        TABLES
          shlp_tab         = shlp_tab
          record_tab       = record_tab
        CHANGING
          shlp             = shlp
          callcontrol      = callcontrol.
    ENDIF.
  ENDIF.
```

**Listing 4.7** Ergebnismenge sortieren

**Erweiterte Suchhilfe**

Das Ergebnis unserer überarbeiteten Suchhilfe mit der zusätzlichen Spalte für die Status-Icons sehen Sie in Abbildung 4.16.

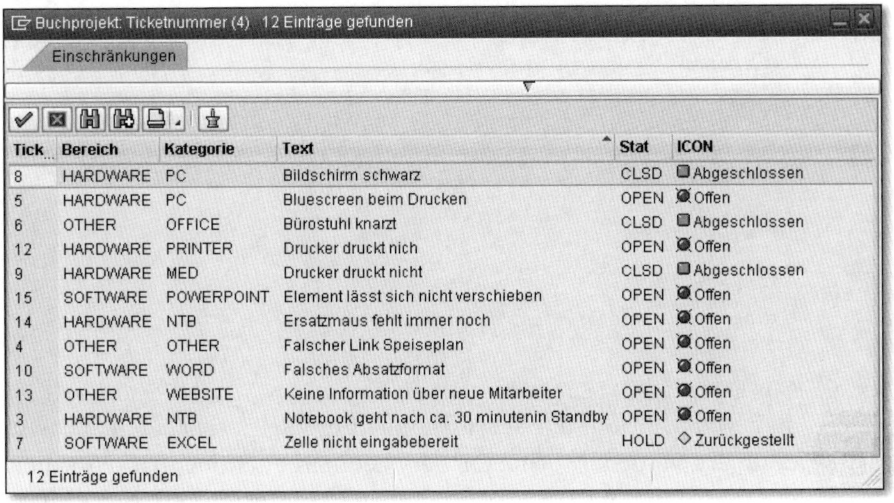


| Tick... | Bereich | Kategorie | Text | Stat | ICON |
|---|---|---|---|---|---|
| 8 | HARDWARE | PC | Bildschirm schwarz | CLSD | Abgeschlossen |
| 5 | HARDWARE | PC | Bluescreen beim Drucken | OPEN | Offen |
| 6 | OTHER | OFFICE | Bürostuhl knarzt | CLSD | Abgeschlossen |
| 12 | HARDWARE | PRINTER | Drucker druckt nich | OPEN | Offen |
| 9 | HARDWARE | MED | Drucker druckt nicht | CLSD | Abgeschlossen |
| 15 | SOFTWARE | POWERPOINT | Element lässt sich nicht verschieben | OPEN | Offen |
| 14 | HARDWARE | NTB | Ersatzmaus fehlt immer noch | OPEN | Offen |
| 4 | OTHER | OTHER | Falscher Link Speiseplan | OPEN | Offen |
| 10 | SOFTWARE | WORD | Falsches Absatzformat | OPEN | Offen |
| 13 | OTHER | WEBSITE | Keine Information über neue Mitarbeiter | OPEN | Offen |
| 3 | HARDWARE | NTB | Notebook geht nach ca. 30 minutenin Standby | OPEN | Offen |
| 7 | SOFTWARE | EXCEL | Zelle nicht eingabebereit | HOLD | Zurückgestellt |



**Abbildung 4.16** Die geänderte Suchhilfe mit Icons

### 4.2.5 Datensätze aus der Ergebnismenge löschen

Anzeige abgeschlossener Tickets

Mit der in Listing 4.8 gezeigten Logik können Sie Datensätze aus der Ergebnismenge der Suchhilfe entfernen. Sie könnten z.B. prüfen, ob jemand die Berechtigung hat, einen Datensatz anzuzeigen, und falls nicht, den Datensatz aus der Trefferliste entfernen. Das Beispiel-Coding in Listing 4.8 setzt keine Berechtigungsprüfung um, sondern löscht alle Datensätze aus der Anzeige, die den Status Abgeschlossen haben.

```
LOOP AT lt_data ASSIGNING <data>.
  IF <data>-status = 'CLSD'.
    DELETE record_tab INDEX sy-tabix.
    CONTINUE.
  ENDIF.
ENDLOOP.
```

**Listing 4.8** Datensätze mit Status »Abgeschlossen« nicht anzeigen

Selektion beeinflussen

Geschickter wäre es natürlich, abgeschlossene Tickets gar nicht erst zu selektieren. Dies setzen wir im Folgenden um. Setzen Sie dazu das Coding aus Listing 4.9 an den Anfang der Verarbeitungslogik der Suchhilfe.

```
DATA: ls_shlp      LIKE LINE OF shlp-selopt.
IF callcontrol-step = 'PRESEL1'.
  CLEAR ls_shlp.
  ls_shlp-shlpname  = shlp-shlpname.
  ls_shlp-shlpfield = 'STATUS'.
  ls_shlp-sign      = 'E'.    "Exclude value
  ls_shlp-option    = 'EQ'.   "Equal
  ls_shlp-low       = 'CLSD'. "Status "Closed"
  APPEND ls_shlp TO shlp-selopt.
  EXIT.
ENDIF.
```

**Listing 4.9** Vorbelegung der Selektion

Das Ereignis PRESEL1 wird ganz zu Beginn der Suchhilfeverarbeitung aufgerufen. In diesem Schritt können die Selektionsparameter vordefiniert werden. Möchte der Servicemitarbeiter doch Tickets sehen, die den Status Abgeschlossen haben, kann er die Anzeige einfach ändern, indem er die gesetzte Einschränkung im F4-Dialog anpasst (siehe Abbildung 4.17). Das Feld Status ist eingabebereit und kann geändert werden.

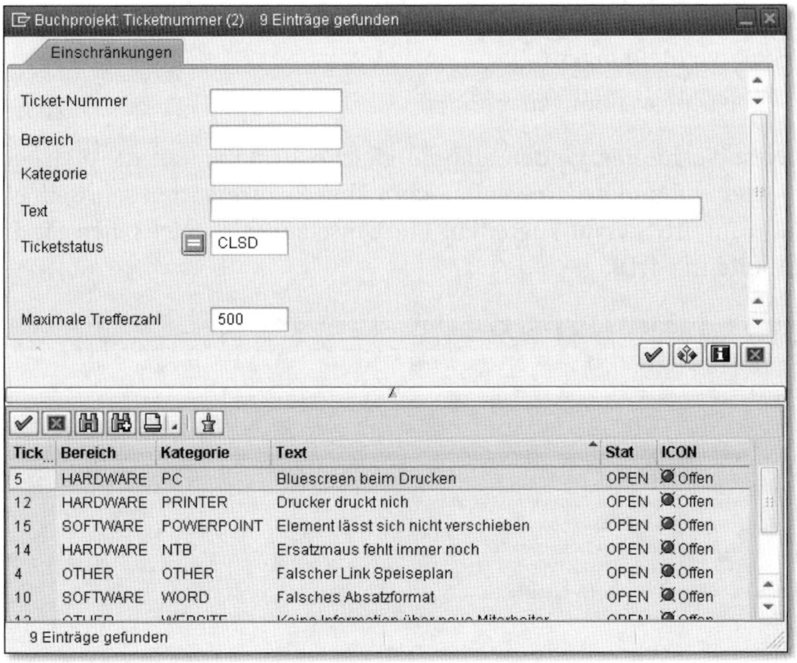

**Abbildung 4.17** Die aktivierte Einschränkung für das Feld STATUS

### 4.2.6 Sammelsuchhilfe verwenden

Verschiedene Sichten

Sammelsuchhilfen vereinen mehrere elementare Suchhilfen in einem Dialog. Für komplexe Objekte (z.B. Materialnummern, Kunden, Verträge etc.) ist es sinnvoll, mehrere Suchhilfen zu verwenden, damit der Anwender nach verschiedenen Kriterien suchen kann, also verschiedene »Sichten« auf das Objekt hat. Interessante Perspektiven wären für einen Anwender unserer Ticketanwendung sicherlich:

- überfällige Tickets
- zuletzt erstellte Tickets
- eigene Tickets
- offene Tickets mit der höchsten Priorität

Gliederungsfunktion

Die enthaltenen elementaren Suchhilfen können jedoch auch zur *Gliederung* verwendet werden, um dem Anwender die Suche zu erleichtern. Für das Ticket-Tool wäre es z.B. sinnvoll, dem Anwender für verschiedene häufig genutzte Status jeweils eine Suchhilfe zur Verfügung zu stellen:

- offene Meldungen
- aktive Meldungen
- geparkte Meldungen

Diese Suchhilfen weisen alle die gleiche Struktur und die gleichen Felder auf, und der Anwender kann über Registerkarten sehr schnell und intuitiv darauf zugreifen. Ein Umsetzungsbeispiel sehen Sie in Abbildung 4.18.

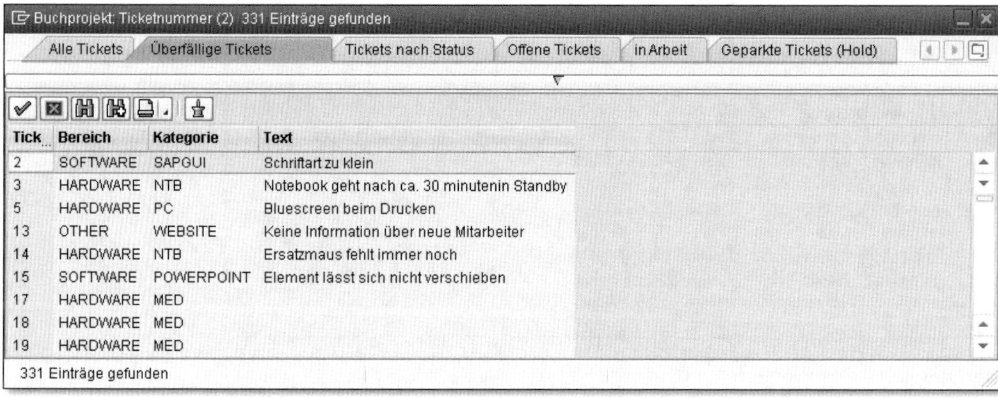


**Abbildung 4.18** Sammelsuchhilfe für Tickets

**Sammelsuchhilfe erstellen**

Die Sammelsuchhilfe ist schnell erstellt: Legen Sie die Suchhilfe `ZBOOK_TICKET_COLL` im ABAP Dictionary an. Wählen Sie die Art SAMMELSUCHHILFE aus (siehe Abbildung 4.19).

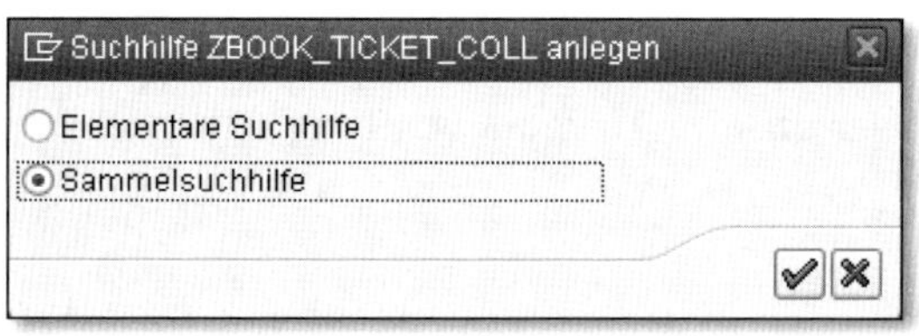


**Abbildung 4.19** Sammelsuchhilfe anlegen

**Definition der Parameter**

Vergeben Sie eine Beschreibung für die Sammelsuchhilfe. Die Parameter müssen Sie bei Sammelsuchhilfen manuell definieren. Die Parameterwerte werden bei Aufruf vom Dynpro ausgelesen (Import-Parameter) und an die elementaren Suchhilfen weitergegeben. Definieren Sie die Suchhilfeparameter, wie in Abbildung 4.20 dargestellt.

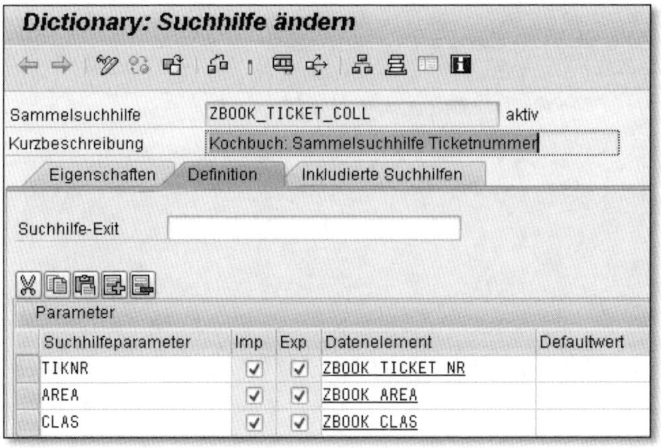


**Abbildung 4.20** Suchhilfeparameter

**Elementare Suchhilfen einbinden**

Als Letztes müssen Sie auf der Registerkarte INKLUDIERTE SUCHHILFEN die elementaren Suchhilfen definieren, die in der Sammelsuchhilfe verwendet werden sollen. In Abbildung 4.21 sehen Sie die eingebundenen Suchhilfen. Fügen Sie die von Ihnen bereits angelegten Suchhilfen ein.

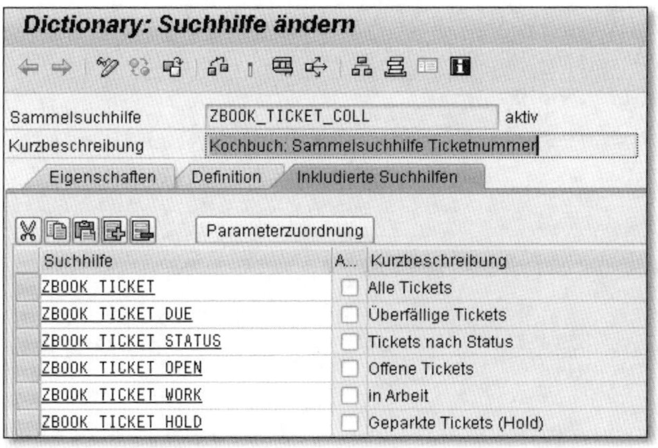


**Abbildung 4.21** Inkludierte elementare Suchhilfen

**Parameterzuordnung festlegen**

Damit die Parameter auch an die elementaren Suchhilfen durchgereicht werden, müssen Sie die Parameterzuordnung festlegen: Positionieren Sie den Cursor auf eine Suchhilfe, und klicken Sie auf die Schaltfläche PARAMETERZUORDNUNG. Übernehmen Sie den Systemvorschlag. Das Ergebnis sollte so aussehen wie in Abbildung 4.22.

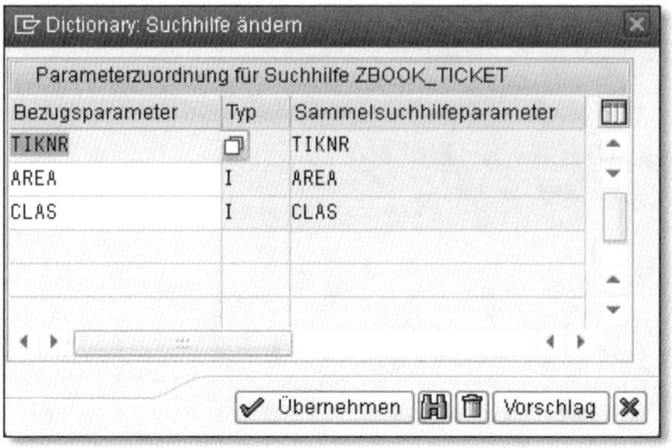


Abbildung 4.22 Parameterzuordnung

**Datenelement zuordnen**

Nachdem Sie die Suchhilfe aktiviert haben, kann sie verwendet werden. Am besten ordnen Sie die Suchhilfe direkt dem Datenelement `ZBOOK_TICKET_NR` zu. So steht die Suchhilfe in jeder Struktur zur Verfügung, in der dieses Datenelement verwendet wird. Ändern Sie dazu im ABAP Dictionary das Datenelement `ZBOOK_TICKET_NR`, und tragen Sie die Sammelsuchhilfe auf der Registerkarte Zusatzeigenschaften ein. Der in der Suchhilfe verwendete Parameter für die Ticketnummer heißt `TIKNR` (siehe Abbildung 4.23).

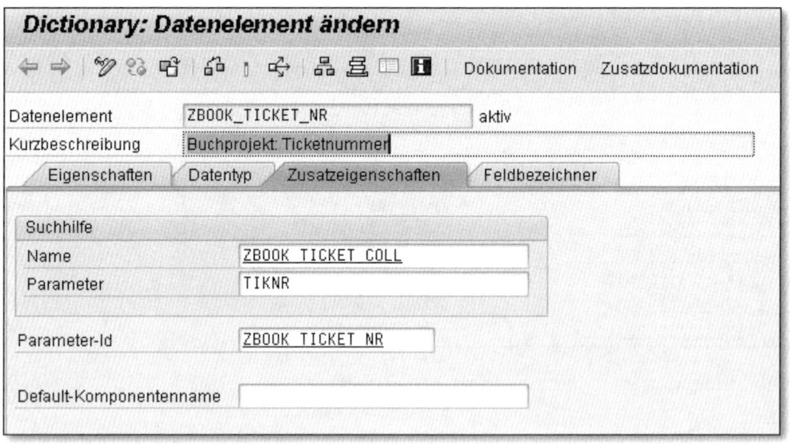


Abbildung 4.23 Zuordnung der Suchhilfe zum Datenelement

Aktivieren Sie die Änderungen. Mit dem folgenden Programm können Sie das Ergebnis anzeigen:

```
PARAMETERS p_ticket TYPE zbook_ticket_nr.
```

Variable Suchhilfen

Suchhilfen sind wirklich »nicht ganz ohne«. Wir hoffen jedoch, dass wir Ihnen mit den in diesem Abschnitt ausgewählten Beispielen viele Anregungen zu ihrer Verwendung geben konnten und Sie vielleicht sogar Lust bekommen haben, Ihre eigene Suchhilfe zu programmieren. Achten Sie bei der Programmierung darauf, dass die Suchhilfe variabel ist und die folgenden Kriterien erfüllt:

- Der Anwender kann die Suchhilfe aufrufen, und durch die Übernahme aus dem Dynpro können bereits Werte eingeschränkt sein.
- Der Anwender kann nachträglich Werte einschränken.
- Die Suchhilfe kann in eine Sammelsuchhilfe eingebunden werden, aus der Werte übergeben werden.

## 4.3 Modulpool anlegen

Modulpool und Report

Es gibt zwei Arten von SAP-Programmen: *Reports* und *Modulpools*. In einem *Report* wird üblicherweise ein Selektionsbild verwendet, das mittels `PARAMETER`- und `SELECT`-Optionen zur Datenselektion aufgebaut wird. Die Verarbeitung des Programms erfolgt durch festgelegte Ereignisse, wie z.B. `START-OF-SELECTION` und `AT SELECTION-SCREEN`. Ein Report kann direkt ausgeführt werden und folgt – der ursprünglichen Funktion nach – dem folgenden Ablaufschema:

- Ausfüllen der Selektionsparameter
- Selektion der Daten
- Anzeige der Daten (als Liste oder ALV Grid)
- gegebenenfalls Absprung in eine andere Transaktion

Modulpool: Dynpros

In einem Modulpool werden frei definierbare Dynpros mit je eigener Ablauflogik verwendet. Die Dynpros dienen in erster Linie der Datenerfassung und Anzeige, nicht aber der Selektion von Daten. Ein Modulpool kann nicht direkt gestartet werden, sondern es muss eine Transaktion angelegt werden, in der ein Dynpro festgelegt wird, mit dem wiederum der Modulpool aufgerufen wird.

Report-Standardfunktionen

Bei einem Report bekommt man als Programmierer vieles »geschenkt«, muss allerdings mit der eingeschränkten Ablaufsteuerung vorlieb nehmen, die jedoch für viele Anwendungen bereits ausreicht. Folgende Funktionen sind in einem Report bereits vorhanden und müssen nicht explizit beachtet oder erstellt werden:

- **GUI-Status:**
  Der GUI-Status (auch PF-Status) ist bereits mit den Funktionen Ausführen, Zurück, Beenden, Abbrechen und Drucken vorbelegt. Der Status muss nicht definiert werden, und die Funktionen müssen nicht abgefragt werden.
- **GUI-Titel:**
  Der GUI-Titel wird aus der Beschreibung des Programms übernommen.
- **Speichern von Varianten:**
  Jede Selektion kann als *Variante* gespeichert werden, eine Funktion, die in einem Modulpool umfangreich nachprogrammiert werden muss.

Programmart auswählen

Für eine umfangreiche Anwendung mit Erweiterungsmöglichkeiten ist es sinnvoll, sich zu Beginn für einen Modulpool zu entscheiden. In einigen Fällen ist es auch zweckdienlich, die beiden Programmtypen *Report* und *Modulpool* zu kombinieren. Allerdings sollten dann immer noch beide Programmtypen für sich gekapselt sein: Der Report ist für die Datenselektion zuständig und der Modulpool für die Darstellung.

Modulpool anlegen

Den Modulpool legen Sie in Transaktion SE80 an. Der Name eines Modulpools beginnt historisch bedingt in der Regel mit `SAPMZ` (Kundennamensraum Z) oder `/XYZ/SAPM` (Kundennamensraum /XYZ/), dies ist allerdings nicht zwingend. Wählen Sie bei der Anlage eines Programms die Option Mit TOP-Include aus, wird das Programm vom Typ Modulpool angelegt (siehe auch Anhang A.4, »Programm anlegen«). Wählen Sie die Option nicht aus, wird der Programmtyp Ausführbares Programm vorgegeben, den Sie jedoch noch ändern können. Legen Sie für unsere Beispielanwendung den Modulpool `SAPMZBOOK_TICKET` an (siehe Abbildung 4.24).

**Abbildung 4.24** Anlage des Modulpools

[«]

**TOP-Include**

In den TOP-Include gehören alle global definierten Datendefinitionen. Sobald Sie einen Doppelklick auf eine unbekannte Variable in einem Programm-Coding ausführen und die Frage SOLL DAS OBJEKT ANGELEGT WERDEN? mit JA beantworten, wird daher vorgeschlagen, die Variable im TOP-Include zu definieren.

Aktivieren Sie das Rahmenprogramm `SAPMZBOOK_TICKET` und das TOP-Include `MZBOOK_TICKETTOP`. Sie haben nun den Rahmen des Programms geschaffen, den wir in den folgenden Abschnitten mit Leben füllen werden.

## 4.4 Dictionary-Struktur für die Dynpros erstellen

Arbeitsbereiche eines Dynpros

Für die Verwendung von (Eingabe-)Feldern in Dynpros ist es nach wie vor sinnvoll, eine `TABLES`-Anweisung zu implementieren, obwohl diese Anweisung für alle anderen Zwecke (außer bei der Verwendung in Dynpros und bei logischen Datenbanken) als obsolet gekennzeichnet ist. Über diese Anweisung definieren Sie globale Arbeitsbereiche, die es ermöglichen, wichtige Feldattribute auf dem Dynpro *automatisiert* zur Verfügung zu stellen:

- Feldbezeichner
- Datentyp
- [F1]-Hilfe
- [F4]-Wertehilfe
- Fremdschlüsselprüfung

Zweiten Arbeitsbereich definieren

Inzwischen obsolet ist jedoch die `TABLES*`-Anweisung. Mit dieser Anweisung wird ein zweiter Arbeitsbereich – meistens zu Vergleichszwecken – deklariert. Dieser zweite Arbeitsbereich sollte heute per `DATA`-Anweisung definiert werden:

```
TABLES ztabelle.
DATA gs_ztabelle TYPE ztabelle.
```

Eigene Dictionary-Struktur

Sinnvoll ist es außerdem, für Ihre Applikation eine *eigene* Dictionary-Struktur zu definieren, die die zu behandelnde Dictionary-Tabelle sowie zusätzliche Felder enthält. Dadurch ist möglich, durch einen einfachen Vergleich herauszufinden, ob sich Felder geändert haben.

Zudem reicht so *eine* CLEAR-Anweisung auf die Struktur, um *alle* Felder zu löschen.

Der Datentransport zwischen Programm und Dynpro findet aufgrund der Namensgleichheit der verwendeten Variablen im Programm und im Dynpro statt. Das bedeutet, dass die global definierten Variablen eines Programms in jedem Dynpro dieses Programms eingesetzt werden können. Für die Verwendung von Dictionary-Tabellen und -Strukturen ist die TABLES-Anweisung für das entsprechende Objekt notwendig. Für Felder, die nur der Ausgabe dienen, z.B. um die Beschreibung zu einem Feldwert anzuzeigen, reicht es, eine globale Variable zu definieren. Für alle anderen Feldarten sollte möglichst immer die Dictionary-Struktur auf dem Dynpro verwendet werden.

**Dictionary-Struktur anlegen**

Diese Struktur werden wir nun anlegen. Wechseln Sie dazu in Transaktion SE11, und legen Sie die Struktur ZBOOK_TICKET_DYNPRO an. In dieser Struktur benötigen wir zuerst die komplette Tabelle, in der die Ticketdaten gespeichert werden: ZBOOK_TICKET. Zusätzlich werden wir noch die Tabellen für die Definition der Bereiche ZBOOK_AREA und der Kategorien ZBOOK_CLAS in die Struktur aufnehmen. Diese Tabellen binden wir als *benannte Includes* ein. Auf diese besondere Art des Includes gehen wir in Abschnitt 4.5.3, »Inkludierung unter Verwendung eines Gruppennamens«, genauer ein. Die Komponenten der Dictionary-Struktur sehen Sie in Abbildung 4.25.

**Abbildung 4.25** Definition der Dictionary-Struktur für Dynpros

Wir verwenden bei unserer Strukturdefinition gleich zwei Besonderheiten:

- die Einbindung der Tabellen mit implizitem Suffix: .INCLU-XYZ
- die Benennung der inkludierten Tabellen im Feld Gruppe

Warum wir uns für diese Vorgehensweise entscheiden, erfahren Sie im folgenden Abschnitt.

## 4.5 Optionen zur Einbindung von Datenstrukturen

Warum machen wir es so kompliziert, anstatt einfach einen INCLUDE zu verwenden? Um die Frage zu klären, wollen wir Ihnen hier die Möglichkeiten vorstellen, mit denen eine Struktur eingebunden werden kann. Wenn Sie möchten, können Sie die folgenden Schritte ebenfalls in Ihrem System nachvollziehen, sie sind aber für die Kernanwendung unseres Ticketsystems nicht relevant.

Um die Einbindungsarten zu veranschaulichen, haben wir die Struktur ZBOOK_STATUS mit den in Abbildung 4.26 gezeigten Komponenten angelegt.

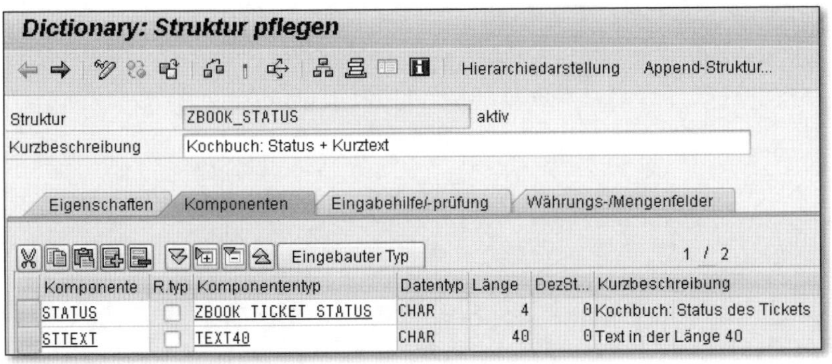


**Abbildung 4.26** Struktur ZBOOK_STATUS

**Struktur zur Statusanzeige**

Diese Struktur werden wir auf verschiedenen Wegen in die jeweils neu anzulegenden Strukturen ZBOOK_STATUS_DEMO* einbinden. Als Ergebnis möchten wir eine Struktur erhalten, in der wir drei Status und deren Kurzbeschreibungen darstellen können. Dies können wir gebrauchen, um z.B. die drei letzten Status eines Tickets auf dem Dynpro anzuzeigen oder um die drei möglichen Status in einer ALV-Grid-Liste anzeigen zu können, die der Anwender auswählen kann.

**Testprogramm**

Das Testprogramm in Listing 4.10 können Sie für die weiteren Demonstrationen in diesem Exkurs verwenden. Passen Sie es jeweils so an, dass die entsprechende Struktur verwendet wird. Das Programm ermittelt entweder den Feldkatalog für die Struktur oder versucht die Darstellung mittels `SALV`, also des ALV-Grid-Modells. Welche dieser beiden Aktionen ausgeführt werden soll, können Sie auf dem Startbild auswählen.

Tauschen Sie in Listing 4.10 jeweils den Namen der Struktur aus, um die Ergebnisse vergleichen zu können. Der Rest des Programms bleibt für alle Einbindungsarten gleich.

[+]

**Vergleich im Debugger**

Schauen Sie sich die Strukturen auch im Debugger an. Hier lässt sich sehr schön nachvollziehen, wie die Strukturen aufgebaut sind.

```
DATA gt_fcat          TYPE lvc_t_fcat.
FIELD-SYMBOLS <fcat> TYPE lvc_s_fcat.
DATA gr_grid  TYPE REF TO cl_salv_table.
DATA gv_name  TYPE c LENGTH 30 VALUE 'ZBOOK_STATUS_DEMO1'.
DATA gt_demo  TYPE STANDARD TABLE OF zbook_status_demo1.
FIELD-SYMBOLS <demo> TYPE
                    zbook_status_demo1.
PARAMETERS p_fcat TYPE c RADIOBUTTON GROUP type.
PARAMETERS p_salv TYPE c RADIOBUTTON GROUP type.
START-OF-SELECTION.
  APPEND INITIAL LINE TO gt_demo ASSIGNING <demo>.
  <demo>-stat01-status = 'OPEN'.
  <demo>-stat01-sttext = 'Eröffnet'.
  CASE 'X'.
    WHEN p_fcat.
      CALL FUNCTION 'LVC_FIELDCATALOG_MERGE'
        EXPORTING
          i_structure_name       = gv_name
        CHANGING
          ct_fieldcat            = gt_fcat
        EXCEPTIONS
          OTHERS                 = 3.
      LOOP AT gt_fcat ASSIGNING <fcat>.
        WRITE: / <fcat>-col_pos, <fcat>-fieldname.
      ENDLOOP.
    WHEN p_salv.
      TRY.
          cl_salv_table=>factory(
            IMPORTING
```

```
            r_salv_table = gr_grid
          CHANGING
            t_table      = gt_demo ).
        CATCH cx_salv_msg.
      ENDTRY.
      gr_grid->display( ).
  ENDCASE.
```

**Listing 4.10** Testprogramm für die verschiedenen Definitionsarten

### 4.5.1 TYPE-Referenzierung

Wir beginnen mit der Darstellung der einfachsten Einbindungsart einer Datenstruktur, der Referenzierung auf die Struktur mittels TYPE. Diese Referenzierung erfolgt implizit durch die Verwendung einer Struktur oder eines Datenelements in der Spalte KOMPONENTENTYP.

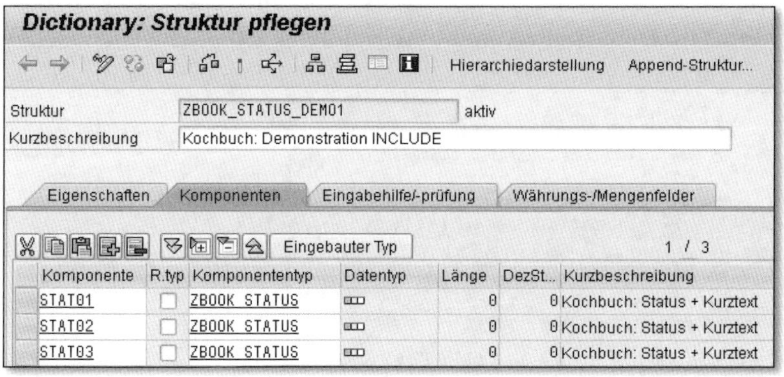


**Abbildung 4.27** Referenzierung mittels TYPE

**Struktur ZBOOK_STATUS_DEMO1**

In Abbildung 4.27 sehen Sie eine Struktur ZBOOK_STATUS_DEMO1, in die wir dreimal die Struktur ZBOOK_STATUS eingebunden haben. Mit diesem Konstrukt können Sie jedes Feld der Struktur ZBOOK_STATUS_DEMO1 durch die Struktur ZBOOK_STATUS ansprechen. Jedes Feld ist eindeutig durch den verwendeten Komponentennamen. Damit haben wir für jeden der drei Status eine eigene Struktur, die wir auch im Programm direkt ansprechen können:

```
DATA gs_demo TYPE zbook_status_demo1.
gs_demo-stat01-status = 'OPEN'.
gs_demo-stat01-sttext = 'Eröffnet'.
```

**Anzeige als Dynpro**

In ein Dynpro lässt sich die Struktur ZBOOK_STATUS_DEMO1, wie in Abbildung 4.28 gezeigt, einbinden.

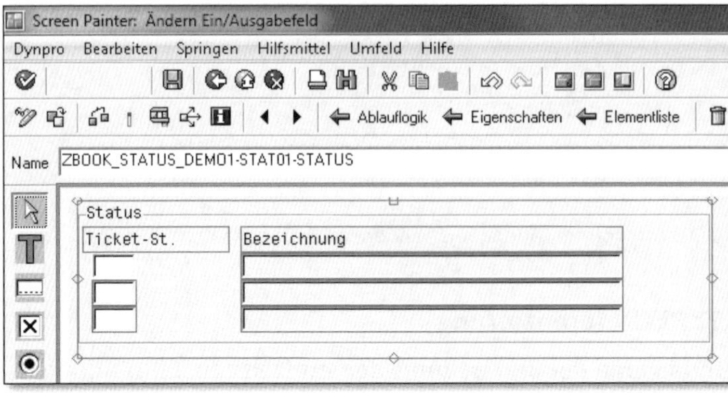


Abbildung 4.28 Einbindung der Struktur in ein Dynpro

Anzeige als ALV Grid

Wenn wir die Struktur jedoch als ALV Grid anzeigen möchten, überrascht das Ergebnis: Der Feldkatalog enthält nur zwei Felder. Rufen Sie für diesen Test unser Testprogramm auf, und schauen Sie sich das Ergebnis im Debugger an (siehe Abbildung 4.29).

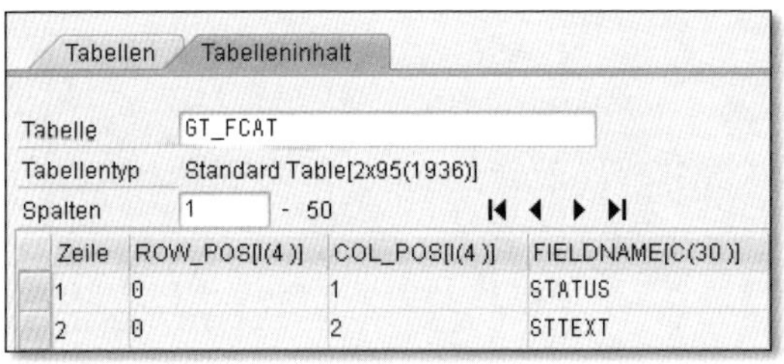


Abbildung 4.29 Der Feldkatalog enthält lediglich zwei Felder.

Abbildung 4.30 Keine korrekte Darstellung bei Verwendung des SALV Models

Auch das SALV Model (Klasse CL_SALV_TABLE) kann die TYPE-Referenzierung nicht korrekt darstellen. Die Prüfung mithilfe des Testprogramms ergibt die Darstellung in Abbildung 4.30. Hier werden zwar drei Status übertragen, der SALV kann die einzelnen Feldnamen jedoch nicht ermitteln. Deswegen enthält die dargestellte Tabelle keine Spaltenüberschriften, und auch die Felder innerhalb der Struktur werden nicht dargestellt.

**SOS beim ALV Grid** [+]

Zur Fehlererkennung innerhalb eines ALV Grids gibt es die »SOS-Funktion«, also einen *Konsistenzcheck*. Klicken Sie bei gedrückter [⇧]-Taste mit der rechten Maustaste doppelt auf einen freien Bereich im ALV Grid, erhalten Sie Informationen zu Feldkatalog, Layout, Sortierung, Filter, Varianten, Feldgruppen und zur Ausgabetabelle.

Beispiele zur Anwendung des ALV Grids finden Sie in Kapitel 13, »ALV-Grid erstellen«.

**Konsistenzcheck**

Führen wir den Konsistenzcheck in unserem Beispiel durch, erhalten wir eine ganze Reihe von Meldungen, die uns über einen fehlerhaften Aufruf informieren (siehe Abbildung 4.31).

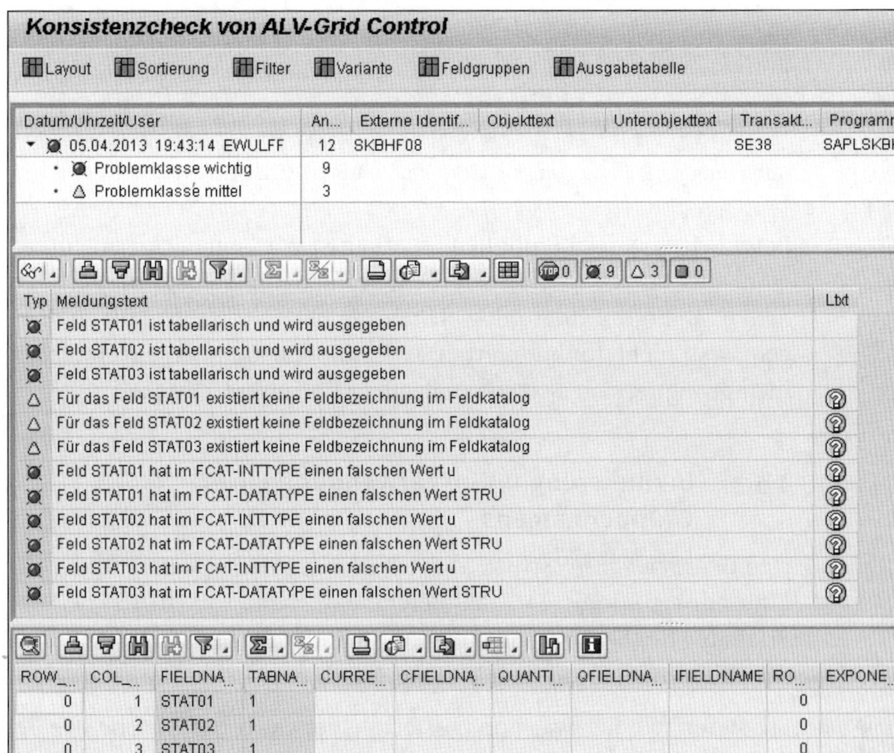


**Abbildung 4.31** Fehlerliste nach Aufruf der »SOS-Funktion«

Soll die Struktur als ALV-Grid-Liste dargestellt werden, eignet sich die Struktureinbindung per TYPE-Referenzierung also nicht. Schauen wir uns die nächste Variante an:

### 4.5.2 INCLUDE-Befehl

Exakte Feldübernahme

Mit der Struktureinbindung über einen INCLUDE-Befehl kommen wir für unser Beispiel nicht weit, denn der Befehl bewirkt lediglich, dass die Felder der Struktur exakt übernommen werden (siehe Abbildung 4.32). Damit haben wir keine Möglichkeit, die Struktur ZBOOK_STATUS mehrfach einzubinden.

**Abbildung 4.32** Einbindung einer Struktur mittels INCLUDE

Beim Erfassen der Komponenten erhalten wir keine Fehlermeldung, wohl aber bei der Aktivierung. Der Grund dafür ist, dass wir versucht haben, mehrere Felder mit gleichem Namen in eine Struktur zu bringen, was nicht funktioniert. Das Einbinden über einen einfachen Include eignet sich also ebenfalls nicht für unsere Zwecke.

### 4.5.3 Inkludierung unter Verwendung eines Gruppennamens

Den *Gruppennamen* (Spalte GRUPPE) können Sie bei Verwendung der Einbindung mittels INCLUDE-Befehl eingeben, sobald Sie bei der Erfassung des Feldes einmal die [↵]-Taste gedrückt haben (vorher ist das Feld nicht eingabebereit, siehe Abbildung 4.33).

Gruppenname für Include

Probieren wir aus, was nun passiert: leider exakt das Gleiche wie bei der Verwendung des INCLUDE-Befehls ohne Gruppennamen. Wir können nach wie vor das Include nur einmal verwenden. Durch die Verwendung von *benannten Includes*, also durch die Vergabe eines

Gruppennamens für das Include, können Sie die Felder der Struktur sowohl direkt über den Feldnamen ansprechen als auch über den Gruppennamen. In unserem Beispiel sieht das so aus:

```
DATA gs_demo TYPE zbook_status_demo2.
gs_demo-s01-status = 'OPEN'.      " Verwendung der Gruppe
gs_demo-sttext     = 'Eröffnet'. " Direkter Feldbezug
```

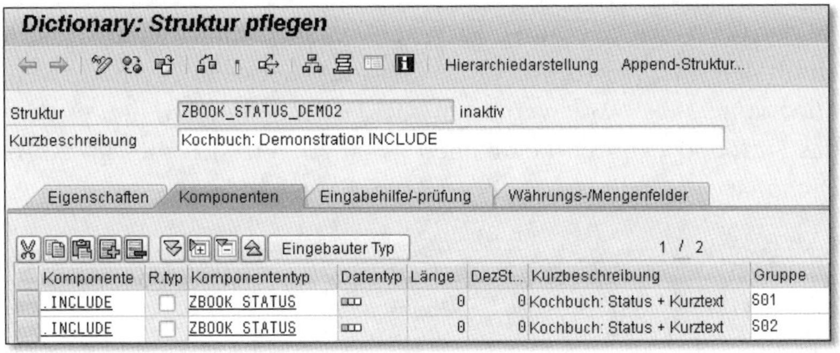


**Abbildung 4.33** Verwendung von Gruppennamen

**ALV Grid mit zusätzlichen Feldern**

Diese Funktion ist in der Praxis häufig relevant. Wenn Sie eine Datenbanktabelle in einem ALV Grid ausgeben und zudem zusätzliche Felder anzeigen möchten, die nicht in der Tabelle vorhanden sind, oder eine zweite Tabelle einbinden möchten, können Sie die Datenbanktabelle inkludieren und einen Gruppennamen vergeben. Sie können die zusätzlichen Felder hinzufügen oder eine zweite Tabelle inkludieren und dieser ebenfalls einen Gruppennamen zuweisen. Alle Felder sind nun direkt ansprechbar, was bedeutet, dass sie durch den ALV Grid korrekt dargestellt werden können. Darüber hinaus haben Sie Zugriff auf die Gruppe und können daher einen `SELECT` auf diese Gruppe durchführen:

```
SELECT * FROM dbtabelle INTO struktur-gruppenname...
```

**Struktur-zu-Struktur-Zuweisung**

Ebenso können Sie eine direkte Struktur-zu-Struktur-Zuweisung vornehmen, was etwa so aussehen würde:

```
SELECT * FROM dbtabelle INTO TABLE gt_data...
READ TABLE gt_data INTO struktur-gruppenname...
```

Die Verwendung eines Gruppennamens selbst ist allerdings bisher noch kein großer Vorteil, denn ebenso könnten Sie das Kommando `SELECT * INTO CORRESPONDING FIELDS` oder `MOVE-CORRESPONDING` für die Wertzuweisung verwenden.

### 4.5.4 Umbenannte Includes

.INCLU-*

Wie wir festgestellt haben, können Sie dieselbe Struktur nicht mehrmals inkludieren, da dann die Feldnamen ebenfalls mehrfach vorhanden wären. Einen Ausweg bietet die *Redefinition*, also die Umbenennung der Felder bei der Inkludierung. Von der [F1]-Hilfe zum Feld KOMPONENTE im ABAP Dictionary werden Sie nur darauf hingewiesen, dass Sie mittels .INCLUDE eine Struktur oder eine Tabelle einbinden können. Sie können aber noch mehr, nämlich eine Struktur einbinden und gleichzeitig die Felder umbenennen. Durch Verwendung von .INCLU-S01 werden die Felder eingebunden, und es wird das Suffix S01 an den Feldnamen gehängt. Wie sich dies im ABAP Dictionary darstellt, sehen Sie in Abbildung 4.34.

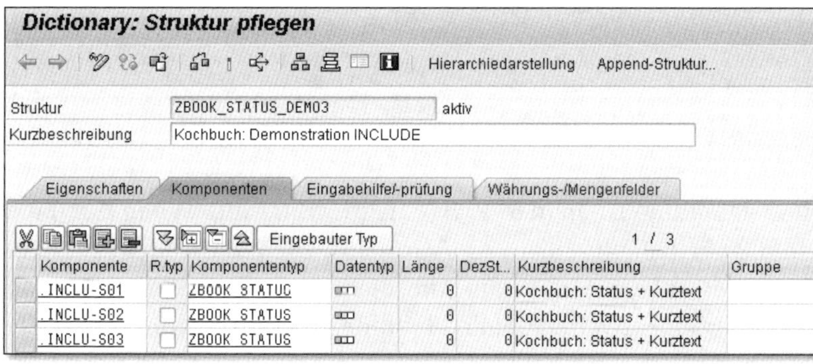


**Abbildung 4.34** Verwendung der Feld-Redefinition

Datensätze gleicher Struktur anzeigen

Diese Funktion wird dann interessant, wenn Sie zwei verschiedene Datensätze anzeigen möchten, deren Daten jedoch die gleiche Struktur haben. Anwendungsfälle wären z.B. eine Vorher-nachher-Darstellung oder der Vergleich verschiedener Zeiträume oder Organisationsbereiche.

[zB]

**Auftrag-Beleg-Vergleich als ALV-Grid-Liste**

Verlassen wir kurz das Ticketsystem und führen wir ein Beispiel aus dem Vertrieb an: Sie möchten Aufträge einzeln mit dem jeweiligen Referenzbeleg vergleichen und diesen Vergleich dem Anwender als ALV-Grid-Liste zur Verfügung stellen. Der Referenzbeleg kann ein Angebot sein, zu dem ein neuer Auftrag angelegt wurde, oder ein weiterer Auftrag. Der Referenzbeleg wird also in einen neuen Beleg kopiert und dort gespeichert. Sie benötigen dafür die Struktur VBAK einmal auf der *linken* Bildschirmseite und einmal auf der *rechten*. Mithilfe des umbenannten Includes können Sie die Felder einbinden (siehe Abbildung 4.35).

Damit haben Sie zweimal die gleiche Struktur eingebunden. Die Felder, die auf der linken Bildschirmseite dargestellt werden sollen, enden mit -LFT, die auf der rechten Seite mit -RGT. Aus dem Feld VBELN wird also z.B. VBELNLFT auf der linken Seite und VBELNRGT auf der rechten Seite.

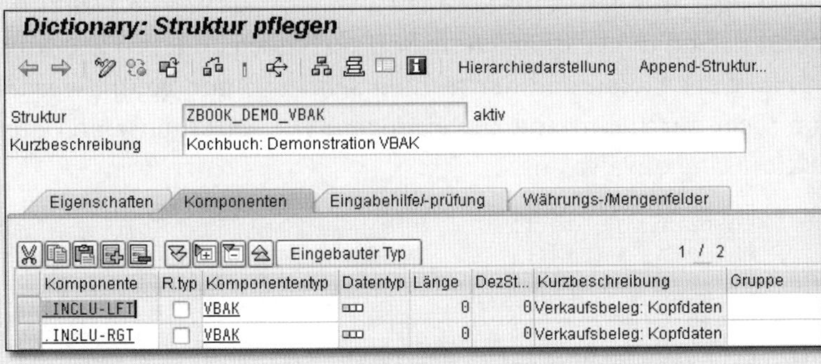


**Abbildung 4.35** Verwendung von Suffixen für die Feldnamen beim Include

Include im Include

Wenn Sie die Methode der Umbenennung verwenden, achten Sie darauf, dass die inkludierten Komponenten selbst *keine* Includes enthalten! In diesem Fall funktioniert das Umbenennen nicht, und Sie erhalten die Fehlermeldung, dass keine gleichen Feldnamen verwendet werden dürfen.

[+]

**Feldkatalog nachbearbeiten**

Gerade bei der Verwendung gleicher Strukturen ist es für den Anwender schwer, den Feldkatalog zu gestalten, denn die Beschreibung der Felder bleibt auch nach der Zuweisung des Suffixes gleich. Für den Anwender sind jedoch nur die Feldbeschreibungen sichtbar, nicht aber die Feldnamen! Sie sollten den Feldkatalog daher nachbearbeiten, um die Felder – wie in unserem Links-rechts-Beispiel – zu kennzeichnen. Sie könnten z.B. allen Bezeichnern der auf der linken Bildschirmseite anzuzeigenden Felder ein (L) voranstellen oder ein *Links* anhängen. So wird für den Anwender deutlich, dass es sich um unterschiedliche Felder handelt. Da aufgrund der unterschiedlichen Länge der Feldnamen die Abfrage nach z.B. den letzten drei Zeichen eines Feldes umständlich ist, empfehlen wir die Verwendung eines Sonderzeichens am Beginn des Präfixes. So könnten Sie den Feldnamen der linken Seite das Präfix $LI voranstellen und denen der rechten Seite das Präfix $RE. Die Abfrage ist so wesentlich leichter:

```
IF feldkatalog-feldname CS "$LI"... "CONTAINS STRING
```

Mit den umbenannten Includes haben wir nun eine Möglichkeit gefunden, wie wir identische Strukturen oder auch Strukturen, die gleiche Feldnamen enthalten, so einbinden können, dass sie problemlos in einem ALV Grid verwendet werden können.

Wenn Sie aufmerksam waren, wird Ihnen allerdings im Beispiel zum Auftrag-Beleg-Vergleich ein großer Nachteil dieser Methode gleich ins Auge gesprungen sein: Sie haben nun zwei gleiche Strukturen inkludiert, und die Feldnamen heißen auch noch anders – wie sollen die Felder der linken und der rechten Seite also nun gefüllt werden, wenn nicht durch einzelne Zuweisungen? Die sehr mühsame Datenselektion sähe etwa so aus:

```
SELECT feld1 AS feld1$li
       feld2 AS feld2$li
       ...
  FROM dbtabelle
  INTO CORRESPONDING FIELDS OF ...
```

So ein Coding wollen wir möglichst vermeiden, da es die folgenden Eigenschaften aufweist:

- sehr wartungsintensiv
- nicht wiederverwendbar
- extrem unübersichtlich
- schlecht erweiterbar

Das Gleiche gilt für die Datenzuweisung über einen `MOVE`-Befehl:

```
MOVE dbtabelle-feld1 TO alv_grid_struktur-feld1$re.
MOVE dbtabelle-feld2 TO alv_grid_struktur-feld2$re.
```

Dynamischer Programmieransatz

Sie können diese Aufgabe mit dynamischer Programmierung lösen, indem Sie die Felder der Quelltabelle einlesen, diese einem Feldsymbol zuweisen und dann an den aktuellen Feldnamen ein $LI anhängen. Dieses Feld der Zielstruktur müssen Sie ebenfalls einem Feldsymbol zuweisen und anschießend die Wertzuweisung vornehmen. Dieses Vorgehen ist ebenfalls sehr umständlich, trotzdem möchten wir Ihnen das dafür notwendige Coding nicht vorenthalten. Das in Listing 4.11 umgesetzte Beispiel geht davon aus, dass in der Struktur `GS_VBAK` die Daten eines Belegs vorhanden sind. Es werden dann nach der beschriebenen Methode die Felder der Struktur einem Feldsymbol und dieses dem Zielfeld zugewiesen. Das Coding zeigt exemplarisch die Zuweisung für die linken Felder.

```
FIELD-SYMBOLS <quelle>    TYPE ANY.
FIELD-SYMBOLS <links>     TYPE ANY.
```

```
DATA gv_links              TYPE string.
DATA gr_strdef             TYPE REF TO cl_abap_structdescr.
FIELD-SYMBOLS <component> TYPE abap_compdescr.
gr_strdef ?= cl_abap_typedescr=>describe_by_name( 'VBAK' ).
LOOP AT gr_strdef->components ASSIGNING <component>.
  ASSIGN COMPONENT <component>-name
      OF STRUCTURE gs_vbak TO <quelle>.
  IF sy-subrc = 0.
    CONCATENATE <component>-name '$LI' INTO gv_links.
    ASSIGN COMPONENT gv_links
        OF STRUCTURE gs_demo TO <links>.
    IF sy-subrc = 0.  <links> = <quelle>. ENDIF.
  ENDIF.
ENDLOOP.
```

**Listing 4.11** Dynamische Zuweisung der Felder aus der Struktur GS_VBAK

### 4.5.5 Umbenannte Includes unter Verwendung eines Gruppennamens

Inkludierte Strukturen benennen

Eleganter ist es, die Datenselektion umzusetzen, wenn wir die per Suffix inkludierten Strukturen noch *benennen*, ihnen also einen Gruppennamen geben (siehe Abbildung 4.36). Mit der Wahl dieser Option haben wir die folgenden Vorteile auf unserer Seite:

- Die Struktur kann sauber in einem ALV Grid angezeigt werden.
- Wir haben direkten Zugriff auf die eingebundenen Strukturen.
- Wir haben direkten Zugriff auf einzelne Felder.
- Durch Verwendung eines Sonderzeichens im Suffix kann der Feldkatalog einfach angepasst werden.

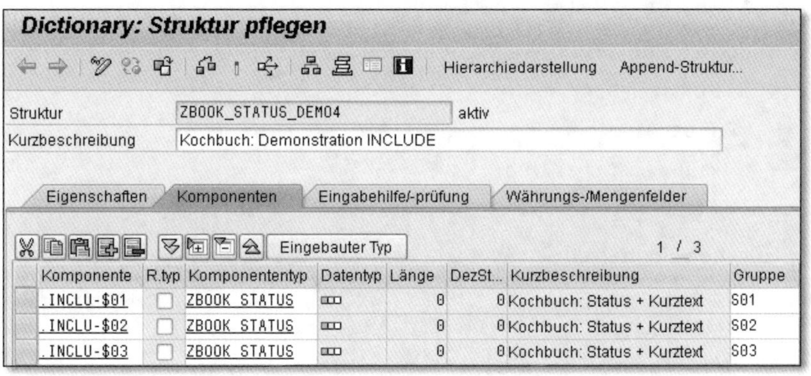


**Abbildung 4.36** Benannte Includes mit Suffix

Diese Kombination aus Suffix-Verwendung und Benennung ermöglicht es uns, einerseits eindeutige Feldnamen zu vergeben und andererseits die inkludierte Teilstruktur als Einheit anzusprechen. Die Feldnamen sind in der Gruppe allerdings wieder *normal*, also ohne Suffix, verfügbar! Listing 4.12 soll die Möglichkeiten dieses Vorgehens verdeutlichen:

```
DATA gs_demo TYPE zbook_status_demo4.
CLEAR gs_demo-s01.              " Zugriff auf die Gruppe
gs_demo-s01-status = 'OPEN'.    " Zugriff auf ein Gruppenfeld
gs_demo-sttext$01  = 'Eröffnet'. " Direkter Feldbezug
```

**Listing 4.12** Zugriff auf Felder mit benannten Includes und Suffix

**Struktur mit benannten Includes und Suffix**

Wird eine Struktur mit benannten Includes und Suffix auf einem Dynpro verwendet, kann nur der Feldname mit dem zugewiesenen Suffix genutzt werden. Der Strukturname `ZBOOK_STATUS_DEMO4-S01-STATUS` wird nicht erkannt. Stattdessen muss `ZBOOK_STATUS_DEMO4-STATUS$01` verwendet werden.

**[+]**

**Verwendung von Sonderzeichen in Feldnamen**

Bei der Verwendung von Feldnamen im ABAP Dictionary sind Sonderzeichen erlaubt. Einige sind unkritisch, da sie auch bei der normalen Datendefinition verwendet werden dürfen. Andere wiederum sind äußerst kritisch und werden Ihnen Ärger bereiten:

- . (Punkt)
- () (Klammer auf und Klammer zu)
- : (Doppelpunkt)
- <> (Größer- und Kleiner-Zeichen)
- * (Sternchen)

Unkritisch sind aus unserer Sicht die folgenden Sonderzeichen:

- $ (Dollarzeichen)
- % (Prozentzeichen)
- & (kaufmännisches Und)
- ~ (Tilde)

Folgende Sonderzeichen werden von der Syntaxprüfung als unzulässig erkannt:

- + (Pluszeichen)
- ' (Hochkomma)

- – (Minuszeichen)
- = (Gleichzeichen)
-   (Leerzeichen)
- ^ (Zirkumflex)

Verzichten Sie möglichst auf die kritischen Sonderzeichen, da absehbar ist, dass dies von SAP über kurz oder lang behoben wird.

## 4.6 Dynpros anlegen

Den Begriff *Dynpro* haben wir schon mehrfach verwendet. In diesem Abschnitt werden wir nun ein Dynpro anlegen:

1. Wechseln Sie in die ABAP Workbench (Transaktion SE80), und rufen Sie das Programm `SAPMZBOOK_TICKET` auf, das wir in Abschnitt 4.3, »Modulpool anlegen«, angelegt haben.
2. Führen Sie einen Rechtsklick auf den Objektnamen `SAPMZBOOK_TICKET` aus, und wählen Sie im Menü den Eintrag Anlegen • Dynpro.
3. Wählen Sie die Nummer 100 für das Haupt-Dynpro.
4. Klicken Sie auf das grüne Häkchen, um die Anlage zu bestätigen (siehe Abbildung 4.37).

**Abbildung 4.37** Dynpro 100 anlegen

5. Sie befinden sich nun in den Eigenschaften des Dynpros (siehe Abbildung 4.38). Vergeben Sie eine Kurzbeschreibung.
6. Wechseln Sie zur Registerkarte Elementliste (siehe Abbildung 4.39). Auf dieser Registerkarte sind alle auf dem Dynpro definierten Elemente aufgeführt. Ein Element ist immer vorhanden: das Feld für den OK-Code (Variable für den Funktionscode der auszuführenden Funktion). Geben Sie hier den Namen »GV_OKCODE« ein.

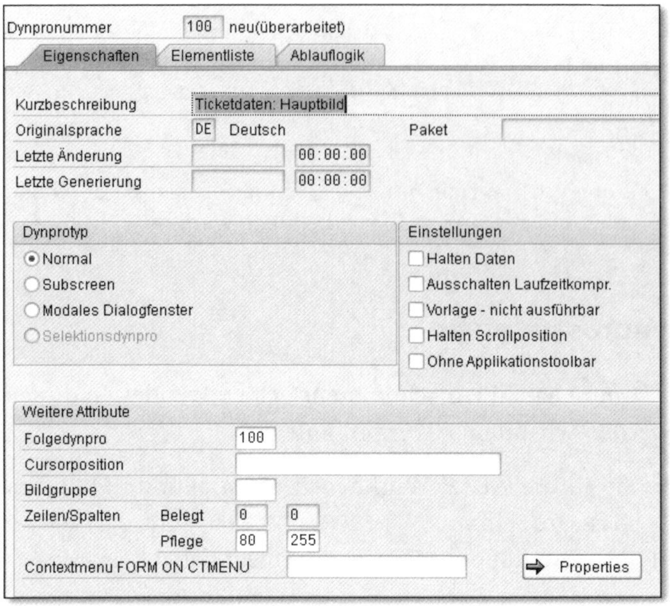


Abbildung 4.38 Eigenschaften des Haupt-Dynpros

Abbildung 4.39 Einfügen des OK-Codes in die Elementliste

Variable anlegen

Da die Variable GV_OKCODE noch nicht vorhanden ist, muss diese angelegt werden. Tun Sie dies durch einen Doppelklick auf den Variablennamen. Legen Sie die Variable im TOP-Include an. Der Variablen GV_OKCODE wird bei Programmausführung der Funktionscode der gewählten Funktion zugewiesen. Diese Funktion wird im Process After Input (PAI) ausgewertet.

[»]

**Variable SY-UCOMM**

Die systeminterne Variable SY-UCOMM enthält immer auch den ausgewählten Funktionscode eines Programms. Um jedoch die Funktionscodes auf verschiedenen Dynpros unterscheiden zu können, sollte für jedes Dynpro eine eigene Variable verwendet werden. Auf diese Weise können Sie für den Funktionscode eines Pop-up-Fensters eine andere Variable verwenden als für die Haupt-Dynpros.

Ablauflogik

Wechseln Sie auf die Registerkarte Ablauflogik. Hier werden die Module definiert, die im Process Before Output (PBO) und im PAI durchlaufen werden sollen. Durch die nun folgenden Schritte fühlen Sie sich vielleicht an den Film *Und täglich grüßt das Murmeltier* erinnert:

PBO-Modul anlegen

Entfernen Sie die Kommentarsternchen vor den Anweisungen der Module im PBO und PAI. Legen Sie dann zunächst das Modul PBO an:

1. Klicken Sie doppelt auf das PBO-Modul, und bestätigen Sie die Abfrage »Objekt anlegen?«.
2. Wählen Sie den Anlageort aus, und bestätigen Sie die folgende Information.
3. Sichern Sie das Dynpro.
4. Bestätigen Sie die Abfrage des Transportauftrags.
5. Entkommentieren Sie die Anweisung `SET PF-STATUS`.
6. Klicken Sie doppelt auf den GUI-Status 0100, bestätigen Sie die Abfrage »Anlegen?«, und sichern Sie das Programm.
7. Definieren und sichern Sie den Status 0100.
8. Bestätigen Sie die Abfrage des Transportauftrags, und kehren Sie zurück zum Dynpro.
9. Entkommentieren Sie die Anweisung `SET TITLEBAR` .
10. Klicken Sie doppelt auf Titel 0100.
11. Bestätigen Sie die Abfrage »Anlegen?«, und sichern Sie das Programm.
12. Benennen und sichern Sie den Titel.

PAI-Modul anlegen

Kehren Sie dann zurück zum Dynpro, um anschließend das PAI-Modul anzulegen:

1. Klicken Sie doppelt auf das PAI-Modul.
2. Bestätigen Sie die Abfrage »Anlegen?«, und wählen Sie den Anlageort.
3. Bestätigen Sie die darauffolgende Information ebenso wie die Abfrage nach dem Transportauftrag.
4. Implementieren Sie eine `CASE`-Abfrage für den Funktionscode, um die Routinen für die vom Anwender ausgelöste Funktion auszuführen.
5. Sichern Sie das Programm.

Kehren Sie danach zurück zum Dynpro, und aktivieren Sie alle Objekte. Zwei Details haben wir Ihnen in dieser Aufzählung vorenthalten:

- die Definition des GUI-Status
- den Programmcode der Module

GUI-Status definieren

Beides holen wir nun nach. Die Einzelheiten der Definition des GUI-Status können Sie Abbildung 4.40 entnehmen.

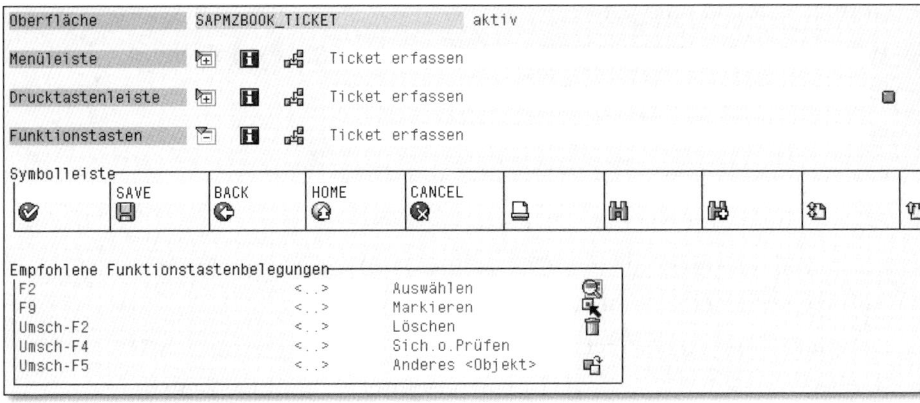


**Abbildung 4.40** GUI-Status 100

Funktionseigenschaften definieren

Achten Sie im GUI-Status bei der Definition der Funktionseigenschaften darauf, dass Sie die Funktionen `HOME` und `CANCEL` als EXITKOMMANDO definieren (siehe Abbildung 4.41).

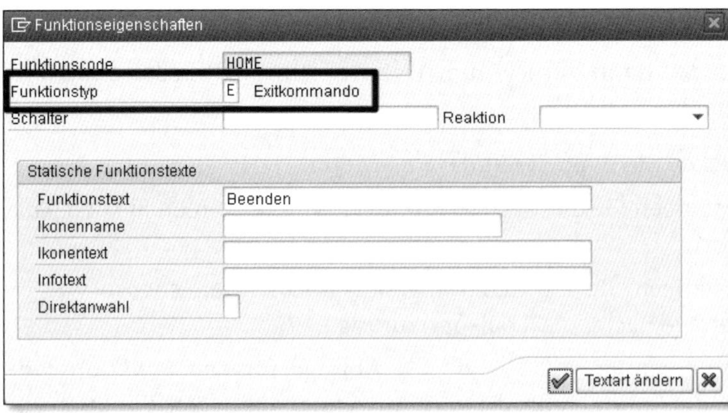


**Abbildung 4.41** Definition eines Funktionscodes als Exitkommando

Funktionen vom Funktionstyp EXITKOMMANDO werden im PAI gesondert behandelt:

```
MODULE user_command_0100 AT EXIT-COMMAND.
```

Funktionen dieses Typs können trotz fehlerhafter Eingaben auf dem Dynpro ausgeführt werden (Muss-Felder, Fremdschlüsselprüfung). Die vollständige Ablauflogik des Dynpros 100 sehen Sie in Listing 4.13.

```
PROCESS BEFORE OUTPUT.
  MODULE status_0100.
PROCESS AFTER INPUT.
  MODULE user_command_0100.
  MODULE user_command_0100 AT EXIT-COMMAND.
```

**Listing 4.13** Die Ablauflogik des Dynpros 100

Der Quellcode des PBO-Moduls sieht aus wie in Listing 4.14. Wenn Sie sich im Dynpro in der Ablauflogik befinden, klicken Sie doppelt auf den Modulnamen `STATUS_0100`. Sie gelangen dann in den Editor, wo Sie den Quelltext eingeben können.

```
MODULE status_0100 OUTPUT.
  SET PF-STATUS '0100'.
  SET TITLEBAR '0100'.
  CLEAR gv_okcode.
ENDMODULE.
```

**Listing 4.14** Programmcode des PBO-Moduls

Den Quellcode des PAI-Moduls sehen Sie in Listing 4.15. Dieses legen Sie am besten durch einen Doppelklick auf den Modulnamen `USER_COMMAND_0100` an.

```
MODULE user_command_0100 INPUT.
  CASE gv_okcode.
    WHEN 'BACK' OR 'HOME' OR 'CANCEL'.
      SET SCREEN 0. LEAVE SCREEN.
    WHEN 'SAVE'.
      PERFORM save.
  ENDCASE.
ENDMODULE.
```

**Listing 4.15** Programmcode des PAI-Moduls

[+]

**Unterroutinen**

Gliedern Sie Module bei umfangreicherem Coding auf jeden Fall in Unterroutinen. Es lässt sich so leichter erkennen, wo Änderungen durchgeführt werden müssen und welche Funktionen zusammengehören. Der wichtigste Grund jedoch ist: Sobald Sie eine lokale Variable in einem Modul definieren müssen, ist dies eine *globale* Variable! Auch das Coding für die Exit-Behandlung, die in unserem Fall lediglich aus zwei Befehlen besteht, gehört besser in eine eigene Unterroutine. Schnell landen hier alle möglichen Abfragen und Prüfungen.

Layout

Als Nächstes können Sie das Layout des Dynpros gestalten. Klicken Sie dazu auf die Drucktaste Layout, um den grafischen *Screen Painter* zu starten. Das Layout des Dynpros sehen Sie inAbbildung 4.42.

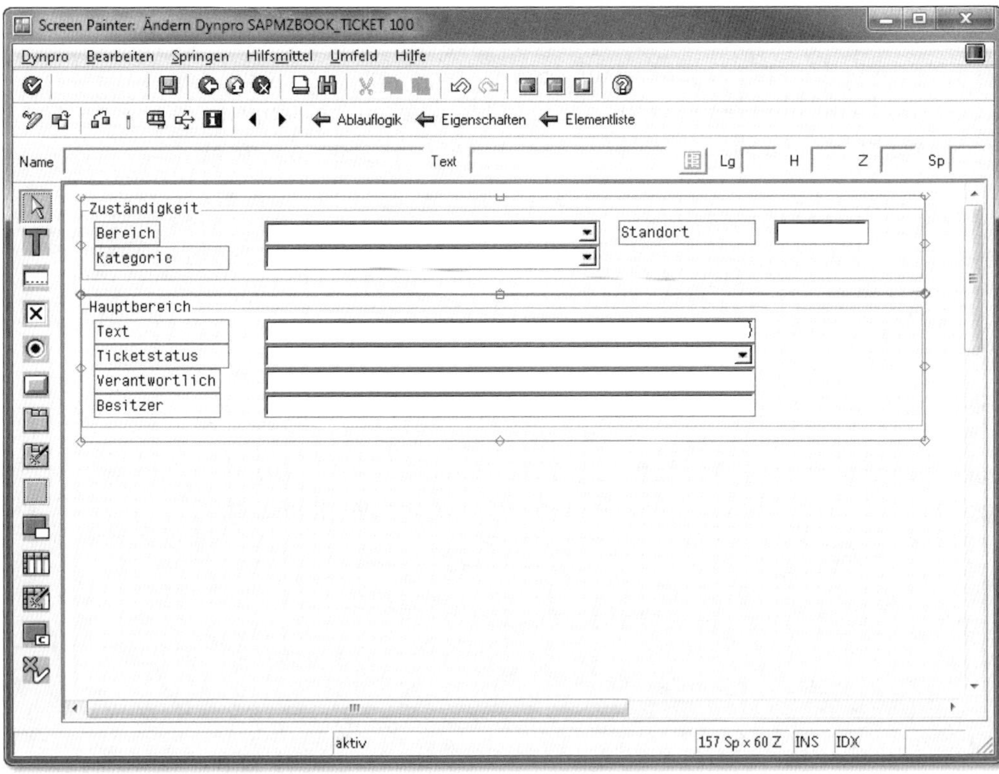


**Abbildung 4.42** Dynpro 100 – das vorläufige Layout

Felder einfügen

Die Felder des Dynpros können Sie am einfachsten über die Schaltfläche (Dict-/Programmfelder-Fenster) bzw. die [F6]-Taste einfügen. Es öffnet sich das in Abbildung 4.43 dargestellte Fenster.

Geben Sie in das Feld Tabellen-/Feldname den Namen des Dictionary-Objekts ein – in unserem Fall »ZBOOK_TICKET_DYNPRO« –, und klicken Sie auf die Schaltfläche Holen aus Dict. Die Felder der Struktur oder Tabelle werden daraufhin eingeblendet. Bereits auf dem Dynpro verwendete Felder sind mit einem Schlosssymbol gekennzeichnet.

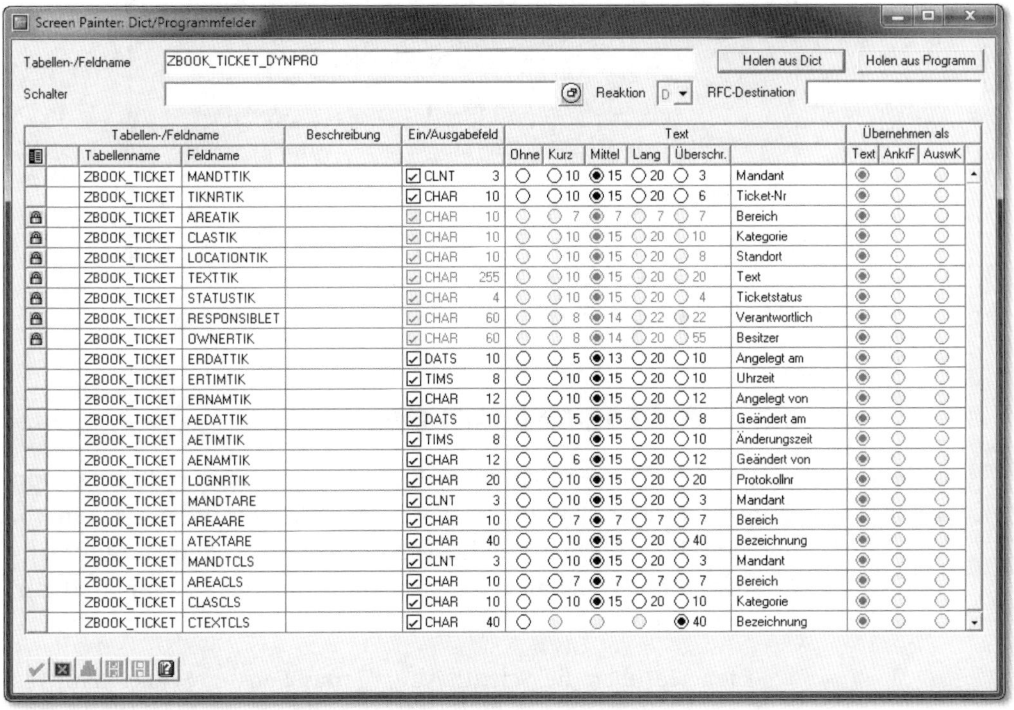


**Abbildung 4.43** Das Fenster »Dict-/Programmfelder«

**Felder platzieren**

Markieren Sie die zu übernehmenden Felder, und klicken Sie auf das grüne Häkchen. Sie können die Felder nun auf dem Dynpro platzieren. Fügen Sie dazu einen Rahmen um die Feldgruppen Zuständigkeit und Hauptbereich ein (siehe Abbildung 4.42), die auf dem Dynpro wie in Abbildung 4.44 angeordnet sein sollen. Klicken Sie dazu in der Dynpro-Werkzeugleiste auf der linken Seite auf das Icon ▢ (Rahmen) und anschließend auf die Position im Dynpro, an der der Rahmen beginnen soll. Ziehen Sie den Cursor mit gedrückter linker Maustaste bis zu der Position, an der der Rahmen enden soll, und lassen Sie die Maustaste los.

Dynpro testen

Nun können Sie das Aussehen des Dynpros testen. Klicken Sie dazu auf die Schaltfläche , oder drücken Sie die Taste F8. Bestätigen Sie im folgenden Pop-up-Fenster die Angaben zur Dynpro-Größe. Die Testanzeige des Dynpros sehen Sie in Abbildung 4.44.

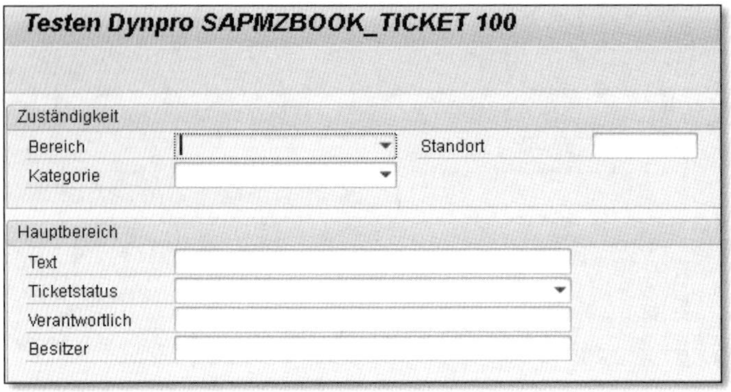


**Abbildung 4.44** Dynpro-Anzeige im Testmodus

## 4.7 Abhängige Listboxen

Abhängigkeit definieren

Im Bereich Zuständigkeit im Haupt-Dynpro unserer Ticketanwendung haben wir zwei Listboxen, wobei die Werte der zweiten von den Einträgen der ersten abhängen. Leider gibt es keinen Automatismus, der diese Abhängigkeit erkennt und entsprechend umsetzt, dies müssen Sie manuell erledigen:

1. Rufen Sie über die Schaltfläche  das Fenster Screen Painter: Attribute auf. Klicken Sie in das zu ändernde Feld, und weisen Sie im Attribute-Fenster den Listboxen im Feld FktCode einen Funktionscode zu (siehe Abbildung 4.45). Die Listbox für das Feld `ZBOOK_TICKET_DYNPRO-AREATIK` erhält den Funktionscode `AREA`, die Listbox für das Feld `ZBOOK_TICKET_DYNPRO-CLASSTIK` erhält den Funktionscode `CLASS`.
2. Entfernen Sie in den Attributen der abhängigen Listbox das Kennzeichen Fremdschlüsselprüfung. In Abbildung 4.45 ist das Kennzeichen Fremdschlüsselprüfung für das Feld `AREA` aktiv. Für das abhängige Feld `CLAS` darf es nicht markiert sein.
3. Im PAI-Modul `USER_COMMAND` füllen Sie über den Funktionsbaustein `VRM_SET_VALUES` die abhängige Listbox mit Werten (siehe Listing 4.16).

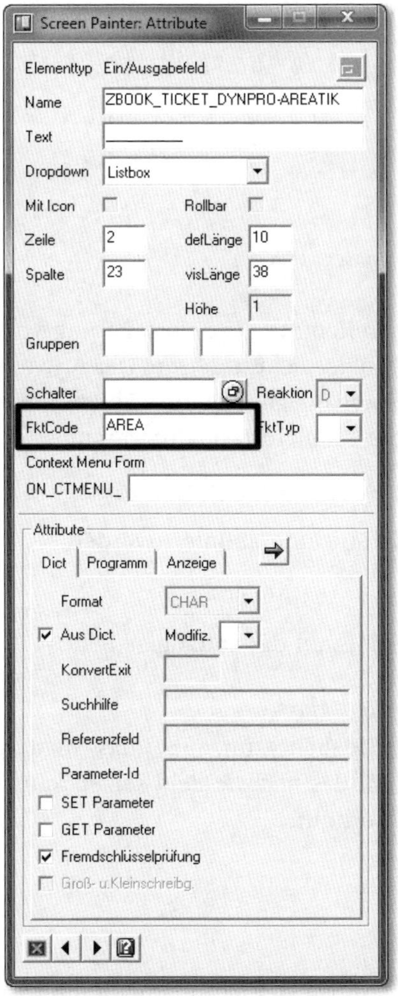


**Abbildung 4.45** Funktionscode bei Listbox

```
TYPE-POOLS vrm.
DATA lt_values TYPE vrm_values.
CASE gv_okcode.
  ...
  WHEN 'AREA'.
    CLEAR zbook_ticket_dynpro-ticket-clas.
    SELECT clas  AS key
           ctext AS text
      FROM zbook_clast
      INTO TABLE lt_values
     WHERE area = zbook_ticket_dynpro-areatik
       AND spras = sy-langu.
```

```
    CALL FUNCTION 'VRM_SET_VALUES'
      EXPORTING
        id              = 'ZBOOK_TICKET_DYNPRO-CLASTIK'
        values          = lt_values
      EXCEPTIONS
        id_illegal_name = 1
        OTHERS          = 2.
ENDCASE.
```

**Listing 4.16** Behandlung des Listbox-Funktionscodes AREA

4. Mit der folgenden Einstellung bereiten Sie die Feldsteuerung vor, um den Eingabefokus auf das abhängige Feld zu setzen. Der Anwender kann per Tastatur sofort das abhängige Feld auswählen, ohne dass er das Feld anklicken oder die Tabulatortaste drücken muss:

   ```
   gv_cursor_fieldname = 'ZBOOK_TICKET_DYNPRO-CLASTIK'.
   ```

5. Die globale Variable muss im TOP-Include definiert werden:

   ```
   DATA gv_cursor_fieldname TYPE C LENGTH 80.
   ```

6. Im PBO-Modul setzen Sie den Fokus auf das abhängige Feld:

   ```
   SET CURSOR FIELD gv_cursor_fieldname.
   ```

Beim Funktionscode `CLASS` müssen Sie nichts tun, außer dass man in diesem Fall den Fokus wiederum auf das nächste Feld setzen kann, was die Anwendungsfreundlichkeit erhöht.

## 4.8 Transaktion anlegen

**Transaktionscode vergeben**

Das Anlegen der Transaktion zum Aufruf der Ticketanwendung ist tatsächlich der einfachste Schritt: Rufen Sie Transaktion SE93 auf, und vergeben Sie den Transaktionscode ZTIK1 zum Anlegen eines Tickets. Geben Sie den Transaktionstext »Ticket bearbeiten« in das Feld KURZTEXT ein. Wählen Sie das STARTOBJEKT (Transaktionsart) PROGRAMM UND DYNPRO (DIALOGTRANSAKTION), und bestätigen Sie die Änderungen. Tragen Sie im Feld PROGRAMM den Namen des Modulpools »SAPMZBOOK_TICKET« ein und bei DYNPRONUMMER die Nummer des Haupt-Dynpros »0100«. Sichern Sie die Änderungen ein weiteres Mal.

Sie können die Transaktion ZTIK1 nun aufrufen und bereits Daten eingeben (siehe Abbildung 4.46).

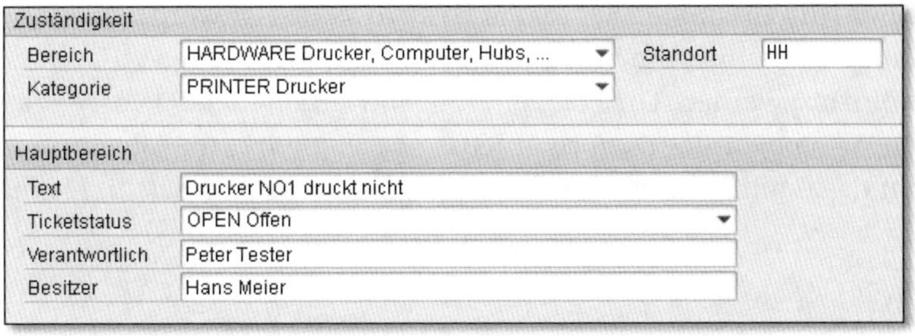


**Abbildung 4.46** Der Hauptbildschirm mit Testdaten

**Weitere Transaktionen** [«]

Wir erstellen in diesem Buch lediglich die Transaktion zum Anlegen eines Tickets. Für eine vollständige Anwendung wären in jedem Fall noch die Transaktionen ZTIK2 (Ändern) und ZTIK3 (Anzeigen) sinnvoll. Hierfür ist ein vorgeschaltetes Dynpro notwendig, in das der Anwender die zu ändernde oder anzuzeigende Ticketnummer eingegeben kann. Daraufhin müssen die Daten zum Ticket gelesen werden. Die weitere Verarbeitung erfolgt wie beim Anlegen eines Tickets.

## 4.9 Felder ein- und ausblenden

Die Möglichkeit, Dynpro-Felder ein- und auszublenden, wird in beinahe jeder Anwendung benötigt, in der Daten eingegeben werden sollen. In der gleichen Transaktion werden in der Regel die Daten nämlich auch angezeigt. Das Programm fragt bei Aufruf der Transaktion den Transaktionscode ab. Handelt es sich um den Transaktionscode zur Anzeige von Daten, werden alle eingabebereiten Felder auf nicht eingabebereit gesetzt.

### 4.9.1 Feldeigenschaften ändern

Zur Änderung der Feldeigenschaften muss die Systemtabelle `SCREEN` mit der Anweisung `LOOP` durchlaufen werden. Dabei ist keine `WHERE`-Bedingung zulässig. Die Steuerung der Feldeigenschaften erfolgt über den Namen des Dynpro-Feldes oder über eines der vier *Modifikationsgruppenfelder* `GROUP1` bis `GROUP4`. Die Modifikationsgruppe legen Sie in den Eigenschaften eines Dynpro-Elements fest. Durch die Abfrage der dreistelligen Gruppennamen können ganze Gruppen von Feldern einfach geändert werden. Sinnvoll ist es z. B., alle Schaltflächen, die zusammen auf einem Dynpro angezeigt werden, als eine Gruppe zu kennzeichnen. So können diese Schaltflächen zusammen modifiziert werden. Die Feldänderungen werden im PBO vorgenommen, also bevor das Dynpro erneut angezeigt wird. Im Allgemeinen sieht das Coding für eine Feldänderung in etwa so aus wie in Listing 4.17.

```
LOOP AT SCREEN.
  CASE screen-name.
    WHEN 'TABELLE-FELD1'.
      screen-input = '0'.
      MODIFY SCREEN.
    WHEN 'TABELLE-FELD2'
      screen-active = '0'.
      MODIFY SCREEN.
  ENDCASE.
ENDLOOP.
```

**Listing 4.17** Eine typische Änderung der Feldeigenschaften

Wir möchten Ihnen hier eine kleine Funktion vorstellen, mit der Sie Feldänderungen vereinfachen können. Wir schreiben dazu eine Klasse mit statischen Methoden, denen wir jeweils nur den Feldnamen bzw. den Namen der Modifikationsgruppe übergeben:

```
zcl_book_screen=>set_field_inactive( 'TABELLE-FELD1' ).
zcl_book_screen=>set_group1_no_input( 'A01' ).
```

Die gesamte Verarbeitung dauert dadurch zwar minimal länger, jedoch überwiegt der Vorteil unseres Erachtens deutlich: Die Feldsteuerung wird viel übersichtlicher.

**Feldsteuerung**

Für die Feldsteuerung haben wir im Grunde zwei Möglichkeiten:

- Jeder Methodenaufruf ändert sofort per `LOOP AT SCREEN` die Eigenschaften des gewünschten Feldes. Der Nachteil dabei ist, dass für jedes Feld ein `LOOP` über alle Felder durchgeführt werden muss. Dieser Nachteil wäre allerdings zu verschmerzen, da die Feldänderungen sehr schnell abgearbeitet werden und nicht mit einem normalen `LOOP` über eine interne Tabelle zu vergleichen sind.
- Jeder Methodenaufruf schreibt die zu ändernden Eigenschaften eines Feldes in eine interne Tabelle. Am Ende werden diese Eigenschaften dann per `LOOP AT SCREEN` einmal angewandt. Der Nachteil dieser Vorgehensweise ist, dass das Lesen der internen Tabelle ebenfalls Zeit kostet.

Da ein Dynpro in der Regel nicht so viele Felder enthält, die geändert werden müssten, und die Feldänderungen vom SAP-System extrem schnell umgesetzt werden, kann die leicht höhere Laufzeit der zweiten Variante bei der Entscheidung vernachlässigt werden. Die zu ändernden Felder werden dabei verwaltet und einmal *aktiviert*, was sauberer programmiert ist, als für jedes Feld den gesamten Feldbestand zu durchlaufen.

**Feldfunktionen**

Wir werden in unserer Klasse vier Methoden implementieren:

- `INIT`, um vor jedem Aufruf die interne Tabelle zu löschen
- `ACTIVATE`, um die Feldeigenschaften per `LOOP AT SCREEN` anzuwenden
- `SET_FIELD_INACTIVE`, um ein Feld auszublenden
- `SET_FIELD_NO_INPUT`, um ein Feld auf nicht eingabebereit zu setzen

Es können noch mehr Feldeigenschaften beeinflusst werden, wie z.B. `INTENSIFIED` oder `LENGTH`, die jedoch eher selten zum Einsatz kommen. Bei Bedarf kann die Klasse entsprechend erweitert werden. Darüber hinaus gibt es die Methoden `SET_ACTIVE` (Sichtbarkeit) und `SET_INPUT` (Eingabebereitschaft). Beide zu implementieren ist jedoch unnötig, wenn im Dynpro alle zu steuernden Felder direkt auf EINGABEBEREIT gesetzt werden und SICHTBAR sind. Die Feldänderungen sind nicht dauerhaft, sondern müssen vor jedem Aufruf – also immer, nachdem der Anwender eine Funktionstaste gedrückt hat – erneut durchgeführt werden, daher ist es ausreichend, die Feldfunktionen FELD INAKTIV SETZEN und FELD NICHT EINGABEBEREIT SETZEN zu verwenden. Die Implementierung erfolgt jeweils im PBO-Modul eines Dynpros. Auf diese Weise können die Feldeigenschaften automatisch nach jedem Tastendruck des Anwenders neu gesetzt werden.

**Klasse anlegen**

Legen Sie die Klasse `ZCL_BOOK_SCREEN` in Transaktion SE24 an (siehe auch Anhang A.8 »Klasse und Methoden anlegen«). Legen Sie anschließend einen lokalen Datentyp an, den wir für die interne Tabelle benötigen. Navigieren Sie im Menü über SPRINGEN • KLASSENLOKALE TYPEN • LOKALE KLASSENDEFINITIONEN/-TYPEN in das entsprechende Include, und implementieren Sie das Coding aus Listing 4.18.

```
TYPES: BEGIN OF ty_field,
         name      TYPE c LENGTH 100,
         active    TYPE screen-active,
         input     TYPE screen-input,
```

```
      END OF ty_field.
TYPES ty_field_tab TYPE SORTED TABLE OF ty_field
                   WITH UNIQUE KEY name.
```

**Listing 4.18** Datendefinition der Klasse ZCL_BOOK_SCREEN

**Tabelle als Attribut definieren**

Damit können Sie nun die interne Tabelle GT_FIELDS als Attribut definieren. In dieser Tabelle speichern wir die zu ändernden Felder mit den zu ändernden Eigenschaften (siehe Abbildung 4.47).

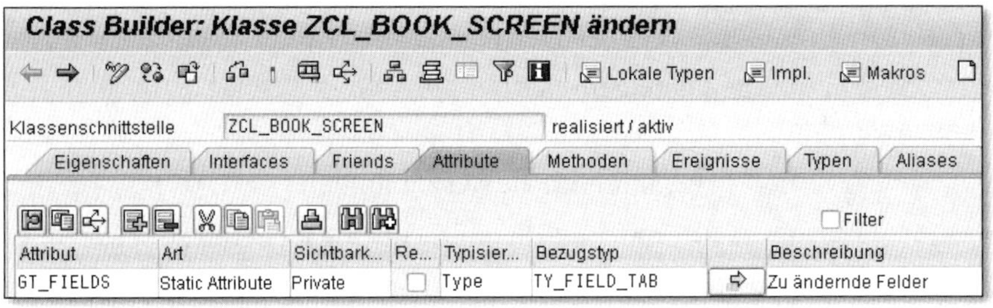


**Abbildung 4.47** Das Attribut GT_FIELDS

**Methode INIT**

Die Methoden INIT und ACTIVATE haben keine Parameter. Implementieren Sie das Coding für die Methode INIT:

```
METHOD init.
  CLEAR gt_fields.
ENDMETHOD.
```

**Methode ACTIVATE**

Implementieren Sie das Coding aus Listing 4.19 für die Methode ACTIVATE. Mit dieser Methode werden die zuvor gesetzten Feldeigenschaften in der Tabelle SCREEN umgesetzt.

```
METHOD activate.
  FIELD-SYMBOLS <field> LIKE LINE OF gt_fields.
  LOOP AT SCREEN.
*== Setzen der Feldeigenschaften
    READ TABLE gt_fields ASSIGNING <field>
        WITH TABLE KEY name = screen-name.
    IF sy-subrc = 0.
      IF <field>-active IS NOT INITIAL.
        screen-active = <field>-active.
      ENDIF.
      IF <field>-input IS NOT INITIAL.
        screen-input = <field>-input.
      ENDIF.
      MODIFY SCREEN.
    ENDIF.
```

```
  ENDLOOP.
ENDMETHOD.
```

**Listing 4.19** Implementierung der Methode INIT

Methode SET_FIELD_INACTIVE

Die Methoden SET_FIELD_INACTIVE und SET_FIELD_NO_INPUT haben jeweils den Import-Parameter NAME vom Typ CLIKE und ähneln sich sehr; es wird jeweils nur eine andere Eigenschaft in der Tabelle gespeichert. Listing 4.20 zeigt das Coding für das Deaktivieren der Eigenschaft ACTIVE:

```
METHOD set_field_inactive.
  FIELD-SYMBOLS <field> like LINE OF gt_fields.
  DATA field            like LINE OF gt_fields.
  READ TABLE gt_fields ASSIGNING <field>
        WITH TABLE KEY name = fieldname.
  IF sy-subrc > 0.
    field-name   = fieldname.
    field-active = '0'.
    INSERT field INTO TABLE gt_fields.
  ELSE.
    <field>-active = '0'.
  ENDIF.
ENDMETHOD.
```

**Listing 4.20** Implementierung der Methode SET_FIELD_INACTIVE

Methode SET_FIELD_NO_INPUT

Mit dem Coding aus Listing 4.21 implementieren Sie die Methode zum Deaktivieren der Eingabebereitschaft.

```
METHOD set_field_no_input.
  FIELD-SYMBOLS <field> LIKE LINE OF gt_fields.
  DATA field            LIKE LINE OF gt_fields.
  READ TABLE gt_fields ASSIGNING <field>
        WITH TABLE KEY name = fieldname.
  IF sy-subrc > 0.
    field-name  = fieldname.
    field-input = '0'.
    INSERT field INTO TABLE gt_fields.
  ELSE.
    <field>-input = '0'.
  ENDIF.
ENDMETHOD.
```

**Listing 4.21** Implementierung der Methode SET_FIELD_NO_INPUT

Klasse aktivieren

Aktivieren Sie anschließend die Klasse ZCL_BOOK_SCREEN mit den implementierten Methoden (siehe Abbildung 4.48).

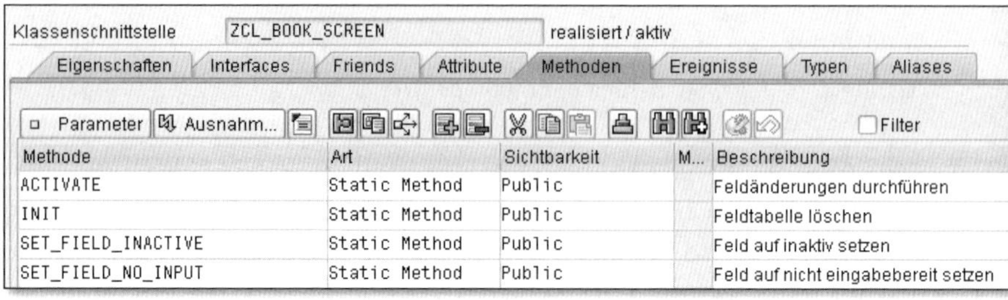


**Abbildung 4.48** Die Klasse ZCL_BOOK_SCREEN mit ihren Methoden

**Klasse in Dynpro verwenden**

Wir können die Klasse nun in unserem Dynpro einsetzen. Wechseln Sie dazu in die ABAP Workbench, und rufen Sie das Hauptprogramm `SAPMZBOOK_TICKET` auf. Springen Sie in den Quelltext des PBO-Moduls `STATUS_0100`. Bauen Sie die Änderungen aus Listing 4.22 ein.

```
zcl_book_screen=>init( ).
zcl_book_screen=>set_field_no_input(
        'ZBOOK_TICKET_DYNPRO-STATUSTIK' ).
zcl_book_screen=>set_field_inactive(
        'ZBOOK_TICKET_DYNPRO-LOCATIONTIK' ).
zcl_book_screen=>activate( ).
```

**Listing 4.22** Feldsteuerung im PBO-Modul des Dynpros

Das Feld `STATUS` ist nun nicht mehr eingabebereit, und das Feld `LOCATION` wurde ausgeblendet (Abbildung 4.49).

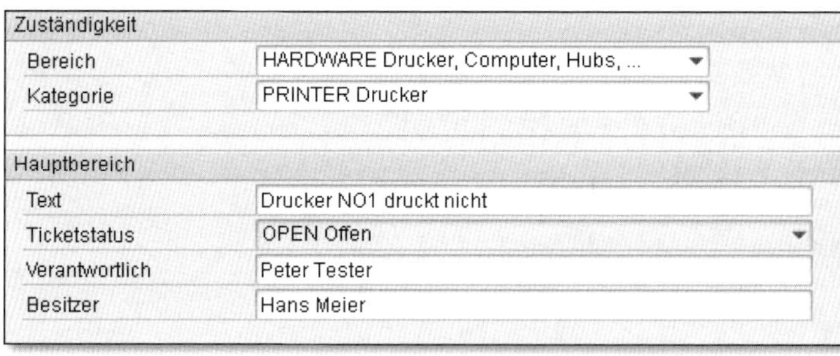


**Abbildung 4.49** Der Hauptbildschirm mit geänderten Feldeigenschaften

[+]

**Funktionalität erweitern**

Wenn Sie die hier vorgestellte Hilfsklasse in der Praxis nutzen möchten, sollten Sie zusätzliche Methoden implementieren, die die Feldsteuerung für die Modifikationsgruppen eins bis vier ermöglichen. So können Sie schnell die Eigenschaften ganzer Feldgruppen ändern.

### 4.9.2 Laufzeitkomprimierung

**Automatische Anzeigeoptimierung**

Die Dynpros werden vor der Anzeige für die Darstellung optimiert. Dazu werden Zeilen, die ausgeblendete Felder enthalten, entfernt, und darunterliegende Felder rutschen eine Zeile nach oben. Die Felddarstellung wird also »zur Laufzeit komprimiert«. Die Laufzeitkomprimierung funktioniert in der Regel recht zuverlässig. Es gibt allerdings Situationen, in denen man sich eine andere Darstellung wünscht. Sobald Rahmen im Spiel sind, werden diese bei einer Komprimierung nicht nach oben geschoben, obwohl vielleicht Platz wäre. Dies demonstrieren wir Ihnen anhand eines Beispiels. Auf dem Dynpro in Abbildung 4.50 sehen Sie sechs Blöcke mit gleichen Feldern.

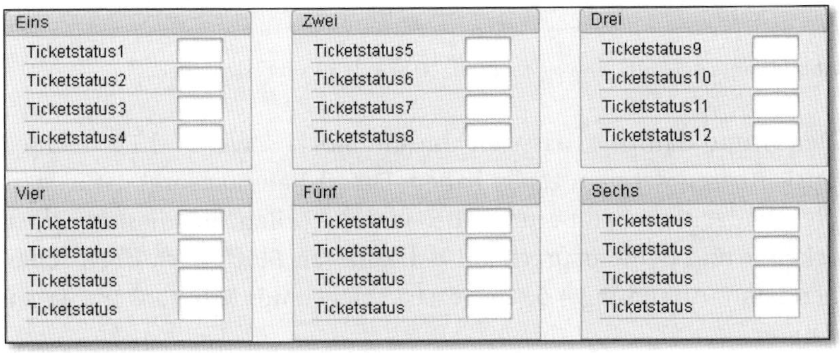


**Abbildung 4.50** Dynpro mit sechs Feldblöcken

**Ausblendung von Feldern**

In Abbildung 4.51 haben wir den Block Eins ausgeblendet. In diesem Fall hat die Laufzeitkomprimierung den Block Vier nicht nach oben geschoben, denn in den Zeilen über Block Vier stehen noch andere Felder: Block Zwei und Block Drei.

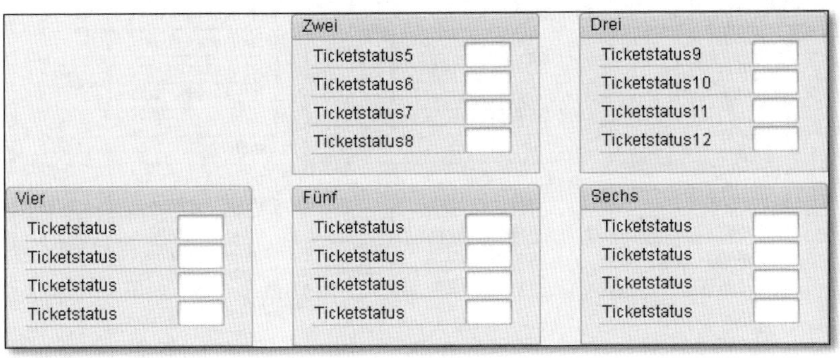


**Abbildung 4.51** Noch fünf Blöcke; Block »Eins« fehlt

Nun blenden wir anstelle von Block EINS Block ZWEI aus. Es sollte nun in der ersten Reihe über Block FÜNF ein Freiraum vorhanden sein, in diesem Fall ist das Ergebnis jedoch anders, als erwartet. Block FÜNF ist nach oben gerutscht.

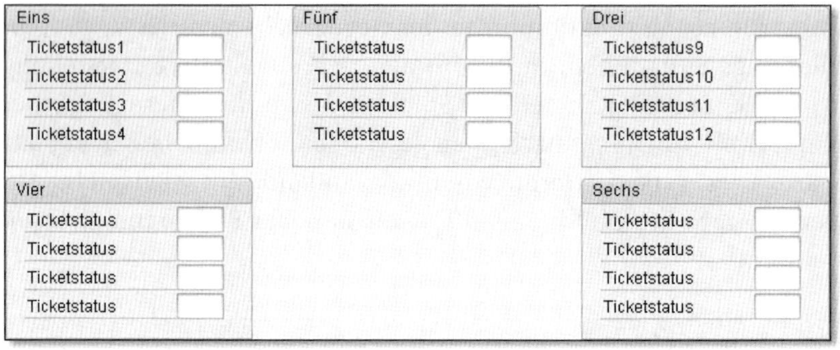


**Abbildung 4.52** Block »Zwei« fehlt, Block »Fünf« rutscht nach oben.

Unsichtbaren Rahmen anlegen

Der Grund dafür ist, dass wir um die Blöcke ZWEI und FÜNF einen unsichtbaren Rahmen gelegt haben. Dieser Rahmen sorgt dafür, dass die Laufzeitkomprimierung die leeren Zeilen in diesem Block erkennt und dementsprechend den unteren Block nach oben schieben kann. Abbildung 4.53 zeigt das Anlegen des Rahmens im Screen Painter.

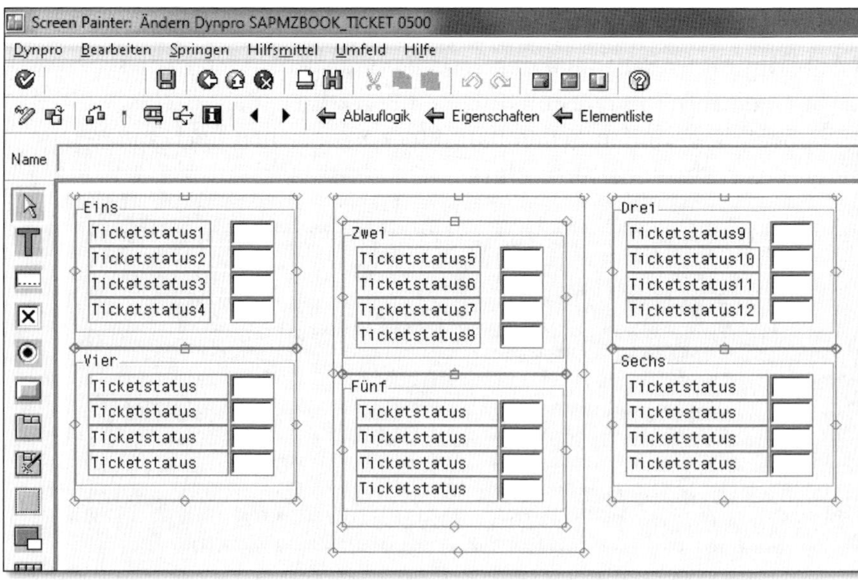


**Abbildung 4.53** Im Screen Painter ist der unsichtbare Rahmen zu sehen.

Um den Rahmen unsichtbar zu machen, müssen Sie die Attributsicht für den Rahmen aufrufen () und das Attribut UNSICHTBAR auf der Registerkarte ANZEIGE setzen.

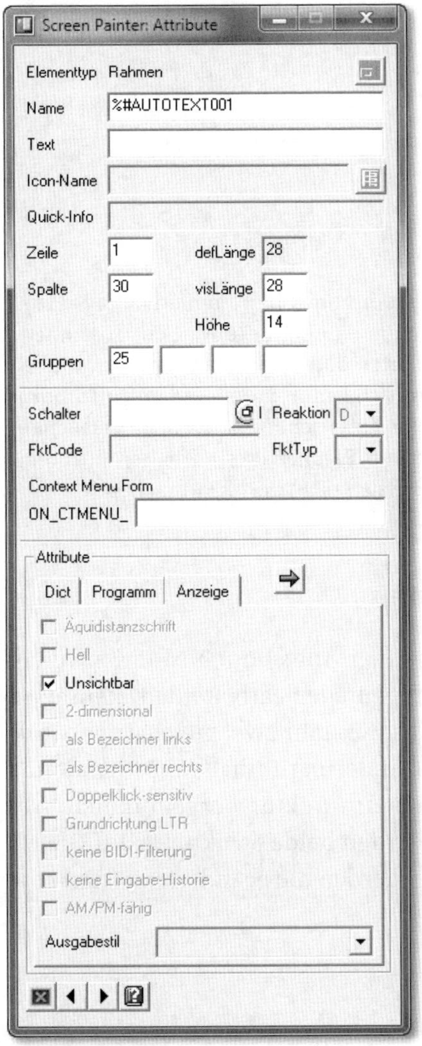


**Abbildung 4.54** Das Attribut »Unsichtbar« für den Rahmen

**Kleinere Darstellungsmängel akzeptieren** [+]

Das Verhalten der Laufzeitkomprimierung ist leider schlecht vorhersagbar. Im Beispiel aus Abbildung 4.55 haben wir die Blöcke EINS und DREI ausgeblendet, und das Ergebnis sieht nicht so aus, wie man es erwarten sollte.

**Abbildung 4.55** Tücken der Laufzeitkomprimierung

Solche Ungereimtheiten gehören leider zum Programmiereralltag dazu. Verschwenden Sie nicht zu viel Energie darauf, diese Macken auszumerzen! Gerade, wenn die Feldeigenschaften durch Customizing sehr variabel beeinflusst werden können, lohnt es sich kaum, Stunden damit zuzubringen, der Laufzeitkomprimierung »eins auswischen« zu wollen. Versuchen Sie, durch das Setzen von unsichtbaren Rahmen das Verhalten in Ihrem Sinne zu beeinflussen, aber lassen Sie sich nicht verrückt machen.

## 4.10 Änderungen erkennen

Automatischer Änderungsabgleich

Eine der wichtigsten Funktionen einer Anwendung ist das zuverlässige Erkennen von Änderungen des gerade bearbeiteten Datensatzes. Das Verfahren dabei ist sehr einfach: Es gibt zwei gleichartige Strukturen, die beide die Daten vor der Änderung enthalten. Die Änderungen werden lediglich in der zweiten Struktur vorgenommen. Vor dem Verlassen der Transaktion werden beide Strukturen auf Gleichheit geprüft, und bei Änderungen werden die geänderten Daten gesichert:

```
IF dynpro_struktur <> gs_dynpro_struktur_original.
  PERFORM DATEN_SICHERN.
ENDIF.
```

Änderungen abfragen

Dieses Vorgehen reicht bei einfachen Anwendungen. Unsere Ticketanwendung ist jedoch komplexer, denn wir verwenden viele eigenständige Module. Daher müssen wir darauf achten, dass die einzelnen Module ebenfalls ihre Änderungen mitteilen bzw. dass die Änderungen abgefragt werden können, sofern das notwendig ist.

**Komplexe Datenobjekte**

Das oben beschriebene einfache Verfahren funktioniert im Prinzip auch mit komplexen Datenobjekten, wenn tiefe Strukturen verwendet werden. Im Gegensatz zu einer *flachen Struktur* können komplexe Datenstrukturen – oder auch *tiefe Strukturen* – auch Tabellen oder Objektreferenzen enthalten. Für Dynpros sollten Sie die Strukturen im ABAP Dictionary definieren. Beachten Sie jedoch, dass komplexe Datenstrukturen auf einem Dynpro nicht dargestellt werden können, sondern immer nur Teile davon. Listing 4.23 zeigt Ihnen beispielhaft eine programmlokale Typdefinition der tiefen Struktur TY_HEAD.

```
TYPES: BEGIN OF ty_item,
         pos      TYPE n LENGTH 4,
         object   TYPE c LENGTH 10,
         quantity TYPE p,
       END OF ty_item.
TYPES: BEGIN OF ty_head,
         doc  TYPE c LENGTH 5,
         date TYPE d,
         name TYPE syuname,
         item_table TYPE STANDARD TABLE OF ty_item
                         WITH DEFAULT KEY,
       END OF ty_head.
```

**Listing 4.23** Beispieldefinition einer tiefen Struktur

Mit dieser Datenstruktur können wir in einem Programm mehrere Belege (z.B. Bestellungen, Lieferungen etc.) und deren Positionen verwalten. Mit der Anweisung TYPES haben wir jedoch erst die Typen definiert, noch nicht die Variablen selbst.

In die Typstruktur TY_HEAD haben wir die interne Tabelle ITEM_TABLE eingebunden. Wie bei einer Tabelle üblich, kann diese mehrere Datenzeilen enthalten. Zuerst benötigen wir die Datenstruktur, die die Kopfdaten aufnehmen kann:

```
DATA gs_document  TYPE ty_head.
```

Wir möchten die Kopfdaten in einer Tabelle verwalten. Wir definieren daher noch eine interne Tabelle GT_DOCUMENTS:

```
DATA gt_documents TYPE STANDARD TABLE OF ty_head.
```

**Positionsdaten anfügen**

Um die Positionsdaten an die interne Tabelle anfügen zu können, definieren wir noch eine flache Struktur für eine Positionszeile:

```
DATA gs_item TYPE ty_item.
```

Datenselektion

Wir haben nun alle Typen und Variablen definiert. Der Vollständigkeit halber zeigen wir Ihnen in Listing 4.24 das Füllen der Tabelle mit Daten.

```
gs_document-doc  = '12345'.
gs_document-date = sy-datum.
gs_document-name = sy-uname.
gs_item-pos      = 10.
gs_item-object   = 'ABC'.
gs_item-quantity = 100.
APPEND gs_item TO gs_document-item_table.
gs_item-pos      = 20.
gs_item-object   = 'DEF'.
gs_item-quantity = 200.
APPEND gs_item TO gs_document-item_table.
APPEND gs_document TO gt_documents.
```

**Listing 4.24** Tabelle GT_DOCUMENTS mit Daten füllen

Daten auslesen

Am einfachsten lässt sich die Struktur im Debugger nachvollziehen. Das Füllen der Daten ist eine Sache, das Auslesen wieder eine andere, die wir Ihnen in Listing 4.25 zeigen. Wir greifen per `READ TABLE` direkt auf den Kopfdatensatz zu und geben dann die Positionsdaten in einem `LOOP` aus. Weil der Zugriff dadurch schneller ist und auch direkt Tabellenänderungen erlaubt, verwenden wir bei beiden Zugriffen den Zusatz `ASSIGNING`.

```
FIELD-SYMBOLS <document> TYPE ty_head.
FIELD-SYMBOLS <item>     TYPE ty_item.
READ TABLE gt_documents ASSIGNING <document>
      WITH TABLE KEY doc = '12345'.
IF sy-subrc = 0.
  LOOP AT <document>-item_table ASSIGNING <item>.
    WRITE: / <item>-pos, <item>-object, <item>-quantity.
  ENDLOOP.
ENDIF.
```

**Listing 4.25** Daten aus Tabellen auslesen

[+]

**Zugriff per ASSIGNING**

Die Bearbeitung von internen Tabellen geht mit dem `ASSIGNING`-Zusatz deutlich schneller als bei der Zuweisung mit `INTO`. Bei folgendem Kommando wird der Datensatz in den Arbeitsbereich kopiert:

```
READ TABLE itab INTO arbeitsbereich.
```

> Das dauert länger als der direkte Zugriff mit `ASSIGNING`:
>
> ```
> READ TABLE itab ASSIGNING <feldsymbol>.
> ```
>
> Dabei wird ein Zeiger auf die entsprechende Tabellenzeile gesetzt, auf den Sie mit dem zugewiesenen Feldsymbol zugreifen können. Das Feldsymbol kann direkt geändert werden, d.h., es ist kein `MODIFY` auf die Tabelle notwendig. Dies spart ebenfalls Zeit und ist zudem sehr bequem.

**Vor- und Nachteile der tiefen Struktur**

Bei der Wahl einer tiefen Struktur können Sie alle Daten Ihrer Anwendung in einer einzelnen Struktur verwalten. Dies hat zwei Vorteile:

- Datenänderungen aller verwendeten Objekte – auch interner Tabellen – können mit einem Vergleich erkannt werden.
- Eine `CLEAR`-Anweisung auf die Struktur und die Anwendung ist initialisiert!

Die tiefe Struktur hat die folgenden Nachteile:

- Der Zugriff auf Inhalte tiefer Strukturen ist komplizierter als der Zugriff auf eine einzelne Tabelle.
- Ist die tiefe Struktur sehr komplex und verschachtelt, dann ist eine Wartung aller Voraussicht nach schwieriger und eine Programmänderung aufwendiger.

## 4.11 Daten sichern

Nachdem das Programm erkannt hat, dass Daten geändert wurden, müssen diese natürlich gesichert werden. Zum einen müssen die Daten gesichert werden, die in der Anwendung *direkt* bearbeitet werden. Da wir eigenständige Module verwenden, müssen zusätzlich die Daten dieser Module berücksichtigt werden. Dazu betrachten wir im Folgenden die Module.

**Moduleinbindung**

Bei der Einbindung der Module haben wir zwei Möglichkeiten:

- In dem Modul werden die Daten komplett *eigenständig verwaltet*, d.h., die Applikation hat keinen Zugriff auf die Daten, und das Modul sichert die Daten auf Anforderung der Applikation. Dieses Verfahren wenden wir z.B. in Kapitel 6, »Mit dem TextEdit Control arbeiten«, und in Kapitel 7, »Mit dem Applikationslog arbeiten«, an.

- In dem Modul werden die Daten der Applikation nur *dargestellt*. Die Daten werden an das Modul übergeben, aufbereitet und dargestellt. Geänderte Daten werden an die Anwendung übergeben oder können von der Applikation abgerufen werden. In Kapitel 5, »Komponenten wiederverwenden«, nutzen wird diese Möglichkeit.

Verbuchungsbaustein

Für die Sicherung der Daten werden wir einen Funktionsbaustein erstellen. Durch die Verwendung eines Funktionsbausteins haben wir die Möglichkeit, die Sicherung auch als *Verbuchung* vorzunehmen. Ein Verbuchungsbaustein hat den Vorteil, dass der für die Anwendung verwendete Dialogprozess für andere Dialoganwendungen frei wird, da die Sicherung von einem Verbuchungsprozess durchgeführt wird.

Nummernkreisobjekt

Vor der Sicherung eines neuen Tickets muss eine Nummer für das aktuelle Ticket ermittelt werden. Für die Nummernvergabe verwenden wir *Nummernkreise*. Die Nummernkreise werden in *Nummernkreisobjekten* verwaltet. Zu jedem Nummernkreisobjekt können mehrere *Nummernkreisintervalle* erstellt werden. Mehrere Intervalle sind dann nützlich, wenn für unterschiedliche Bereiche oder Organisationseinheiten verschiedene Nummern verwendet werden sollen.

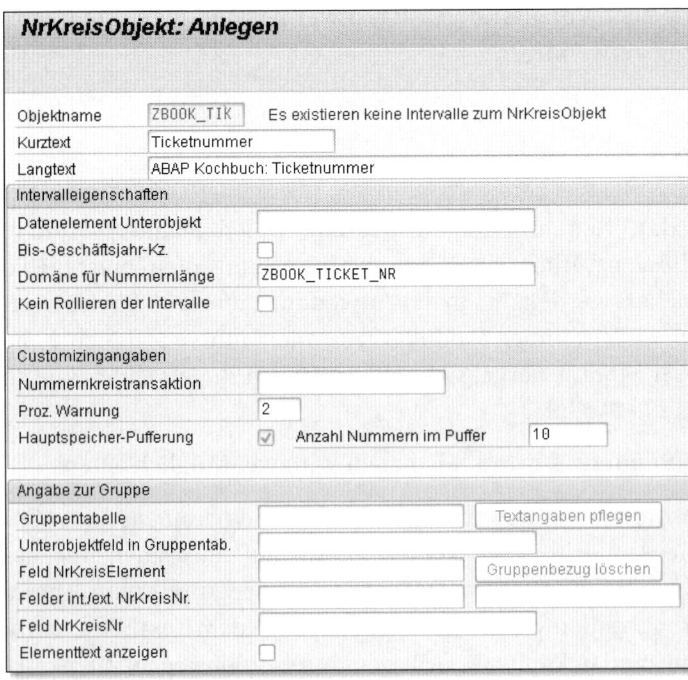


**Abbildung 4.56** Nummernkreisobjekt erstellen

**Nummernkreisobjekt erstellen**

Nummernkreise werden mithilfe der Transaktion SNRO erstellt und bearbeitet. Rufen Sie die Transaktion auf, und geben Sie für das neue Nummernkreisobjekt den Namen »ZBOOK_TIK« im Feld OBJEKTNAME ein. Klicken Sie auf die Schaltfläche ANLEGEN , und füllen Sie die weiteren Felder, wie in Abbildung 4.56 dargestellt. Sichern Sie das Nummernkreisobjekt. Sie erhalten eine Warnmeldung, dass Nummernverluste möglich sind, da Sie die voreingestellte Pufferung übernehmen.

Da für die Tickets keine lückenlose Nummernvergabe erforderlich ist, können wir das Risiko eingehen, dass bei einem Absturz des SAP-Systems die bereits in den Speicher geladenen Nummern (Pufferung) verloren sind. Sollten Sie auf eine lückenlose Belegnummernvergabe angewiesen sein, müssen Sie die Pufferung deaktivieren.

**Nummernkreisintervalle definieren**

Klicken Sie nun auf die Schaltfläche NUMMERNKREISE, um die Nummernkreisintervalle zu definieren:

1. Klicken Sie auf die Schaltfläche INTERVALLE ÄNDERN.
2. Fügen Sie mit der Drucktaste INTERVALL EINFÜGEN ein neues Nummernkreisintervall mit der Nummer 01 hinzu (siehe Abbildung 4.57).

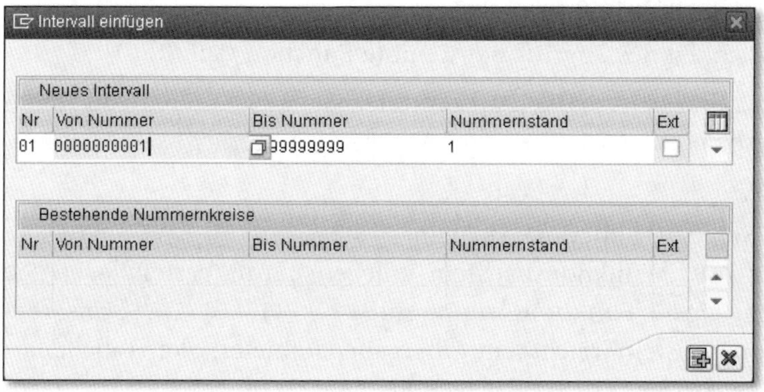


**Abbildung 4.57** Neues Nummernkreisintervall anlegen

**Externes Nummernkreisintervall**

Sie haben nun ein *internes* Nummernkreisintervall hinzugefügt. Falls für die Anwendung eine externe Nummernvergabe vorgesehen ist, müssen Sie ein neues Intervall einfügen und das Kennzeichen EXT für *externe Nummernvergabe* setzen. Mithilfe des Funktionsbausteins `NUMBER_CHECK` können Sie die Gültigkeit einer externen Nummer überprüfen.

Klicken Sie auf die Schaltfläche INTERVALL HINZUFÜGEN, und sichern Sie das Intervall. Sie erhalten eine Meldung, dass die Intervalle nicht automatisch an das Transportsystem angeschlossen sind, Sie müssen sie daher manuell transportieren. Das Nummernkreisobjekt selbst wird automatisch transportiert.

Das Nummernkreisobjekt ZBOOK_TIK ist nun einsatzbereit. Vor dem Sichern eines Tickets ermitteln wir mit dem Funktionsbaustein NUMBER_GET_NEXT die nächste Ticketnummer.

**Funktionsbaustein zur Datensicherung**

Zuerst benötigen wir jedoch einen eigenen Funktionsbaustein, um die Daten zu sichern. Ein separater Funktionsbaustein hat den Vorteil, dass die Daten nicht nur aus der Anwendung heraus gesichert werden können, sondern Tickets auch aus anderen Prozessen heraus kontrolliert erzeugt oder geändert werden können. So könnten Tickets per Remote Function Call (RFC) aus einem anderen System oder aus einer Windows-Anwendung heraus angelegt werden, oder es kann der E-Mail-Eingang des SAP-Systems überwacht werden, um eingehende E-Mails an *ticket@firma.de* in ein Ticket umzuwandeln.

Es gibt noch weitere Argumente für die Auslagerung der Speicherung in einen separaten Funktionsbaustein:

- Möglichkeit der Verbuchung
- Möglichkeit des Zugriffs per Remote Function Call (RFC)
- einfache Erweiterbarkeit an zentraler Stelle (Schreiben von Änderungsbelegen, Aktivieren von Änderungszeigern, zusätzliche Prüfungen)

**Eigenen Funktionsbaustein anlegen**

Legen Sie den Funktionsbaustein Z_BOOK_TICKET_SAVE an (siehe Anhang A.8, »Funktionsbaustein anlegen«). Am besten legen Sie auch eine eigene Funktionsgruppe an: ZBOOK_TICKET_SAVE. Unserem Funktionsbaustein reicht ein Übergabeparameter: der Tabellenarbeitsbereich ZBOOK_TICKET. Legen Sie den Parameter IS_TICKET auf der Registerkarte IMPORT an (siehe Abbildung 4.58).

Um den Aufrufer über die Nummer des erstellten Tickets informieren zu können, legen Sie den Parameter EV_TICKET_NR an (siehe Abbildung 4.59).

Abbildung 4.58 Festlegen des Import-Parameters IS_TICKET

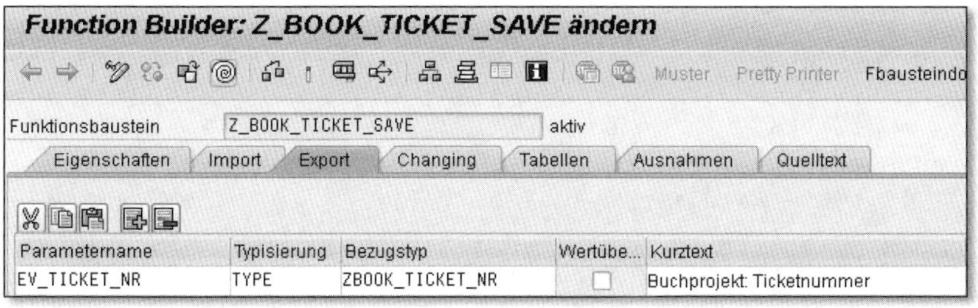


Abbildung 4.59 Festlegen des Export-Parameters

**Neue Ticketnummer zuweisen**

Beim Sichern eines Tickets sollen ein paar Daten automatisch gefüllt werden. Dass ein neues Ticket angelegt wurde, erkennen wir daran, dass die Ticketnummer nicht gefüllt ist. Mit dem Funktionsbaustein `NUMBER_GET_NEXT` weisen wir eine neue Ticketnummer zu. Gleichzeitig werden auch die relevanten Verwaltungsfelder für die Ticketanlage gefüllt: Erfasser, Erfassungsdatum und Uhrzeit. Der Datensatz wird mit dem Befehl `INSERT` eingefügt, und die Meldung »Das Ticket <Ticketnummer> wurde erstellt« wird ausgegeben.

**Ticket ändern**

Wird in der Struktur eine Ticketnummer übergeben, können wir davon ausgehen, dass das Ticket bereits vorhanden ist. Es werden dann nur die Verwaltungsfelder für eine Änderung gefüllt, und die Daten werden mit dem Befehl `UPDATE` aktualisiert. Außerdem wird die Meldung »Das Ticket & wurde gesichert« ausgegeben. Das Verhalten bei Ticketanlage und -änderung steuern wir mit dem eigenen Funktionsbaustein `Z_BOOK_TICKET_SAVE`, der in Listing 4.26 beschrieben ist.

```
FUNCTION z_book_ticket_save.
*"----------------------------------------------------------
*"*"Lokale Schnittstelle:
*"  IMPORTING
```

```
*"      REFERENCE(IS_TICKET) TYPE  ZBOOK_TICKET
*"   EXPORTING
*"      REFERENCE(EV_TICKET_NR) TYPE  ZBOOK_TICKET_NR
*"----------------------------------------------------------------
  DATA ls_ticket TYPE zbook_ticket.
  ls_ticket = is_ticket.

  IF ls_ticket-tiknr IS INITIAL.
*== Nächste freie Ticketnummer ermitteln
    CALL FUNCTION 'NUMBER_GET_NEXT'
      EXPORTING
        nr_range_nr = '01'
        object      = 'ZBOOK_TIK'
      IMPORTING
        number      = ls_ticket-tiknr
      EXCEPTIONS
        OTHERS      = 8.
*== Setzen der Verwaltungsdaten
    ls_ticket-ernam = sy-uname.
    ls_ticket-erdat = sy-datum.
    ls_ticket-ertim = sy-uzeit.
*== Neues Ticket einfügen
    INSERT zbook_ticket FROM ls_ticket.
    MESSAGE s003 WITH ls_ticket-tiknr.
  ELSE.
*== Änderungsinfo setzen
    ls_ticket-aenam = sy-uname.
    ls_ticket-aedat = sy-datum.
    ls_ticket-aetim = sy-uzeit.
*== vorhandenes Ticket ändern
    UPDATE zbook_ticket FROM ls_ticket.
    MESSAGE s004 WITH ls_ticket-tiknr.
  ENDIF.
  ev_ticket_nr = ls_ticket-tiknr.
ENDFUNCTION.
```

**Listing 4.26** Implementierung des Funktionsbausteins Z_BOOK_TICKET_SAVE

Wahl des Funktionsbausteintyps

Der eben erstellte Funktionsbaustein Z_BOOK_TICKET_SAVE ist ein »normaler« Funktionsbaustein. Darüber hinaus gibt es die folgenden Sonderformen:

- **Remotefähige Funktionsbausteine**
  Remotefähige Bausteine bzw. RFC-Bausteine sind hilfreich, um Funktionen über Systemgrenzen hinweg aufzurufen. Ein von Programmierern viel genutzter RFC-Baustein ist RFC_READ_TABLE, mit dem Tabellen aus entfernten SAP-Systemen gelesen werden können.

- **Verbuchungsbausteine**
  Bei der Sicherung von umfangreichen Datenmengen oder wenn viele Berechnungen beim Sichern durchgeführt werden müssen, werden häufig Verbuchungsbausteine verwendet. Diese Funktionsbausteine werden mit dem Zusatz `IN UPDATE TASK` aufgerufen. Die Verarbeitung der Daten wird an einen speziellen Verbuchungsprozess übergeben, und der Anwender muss nicht warten, bis alle Daten gesichert wurden.

Sowohl remotefähige Bausteine als auch Verbuchungsbausteine dürfen keine Referenzparameter enthalten, denn in beiden Fällen geht die Verbindung zum aktuellen Prozess verloren. Die Werte müssen daher in die Arbeitsumgebung des Funktionsbausteins kopiert werden.

**Funktionsbausteine remotefähig machen** [+]

Einen kundeneigenen Funktionsbaustein als remotefähig zu kennzeichnen ist eine Leichtigkeit. Was aber ist zu tun, wenn man einen SAP-Standardfunktionsbaustein als RFC-Variante benötigt? Ganz einfach: Kapseln Sie den SAP-Baustein in einem eigenen Funktionsbaustein:

1. Kopieren Sie den gewünschten Baustein als mit `Z_` beginnenden, aber ansonsten namensgleichen Funktionsbaustein in einer eigenen Funktionsgruppe.
2. Setzen Sie alle Parameter auf `Wertübergabe`.
3. Setzen Sie das Kennzeichen `Remote fähiger Baustein` auf der Registerkarte `Eigenschaften`.
4. Löschen Sie den gesamten Quelltext des Funktionsbausteins, sodass nur noch `FUNCTION name` und `ENDFUNCTION` im Quelltext stehen.
5. Fügen Sie über die Schaltfläche `Muster` den Aufruf des SAP-Bausteins ein. Alle Parameter müssen ausprogrammiert sein, es dürfen also keine auskommentierten Zeilen vorhanden sein, außerdem muss der Name der Parameter gleich sein.
6. Sie müssen noch die Fehlerbehandlung nachprogrammieren und einen vorhandenen `RAISE` erneut für den eigenen Funktionsbaustein auslösen.

Ein Beispiel für die Kapselung des Standardbausteins `MARA_READ` sehen Sie in Abbildung 4.60. Falls der Funktionsbaustein *nicht typisierte Parameter* verwenden sollte, müssen Sie die Typisierung nachholen und den korrekten Typ angeben.

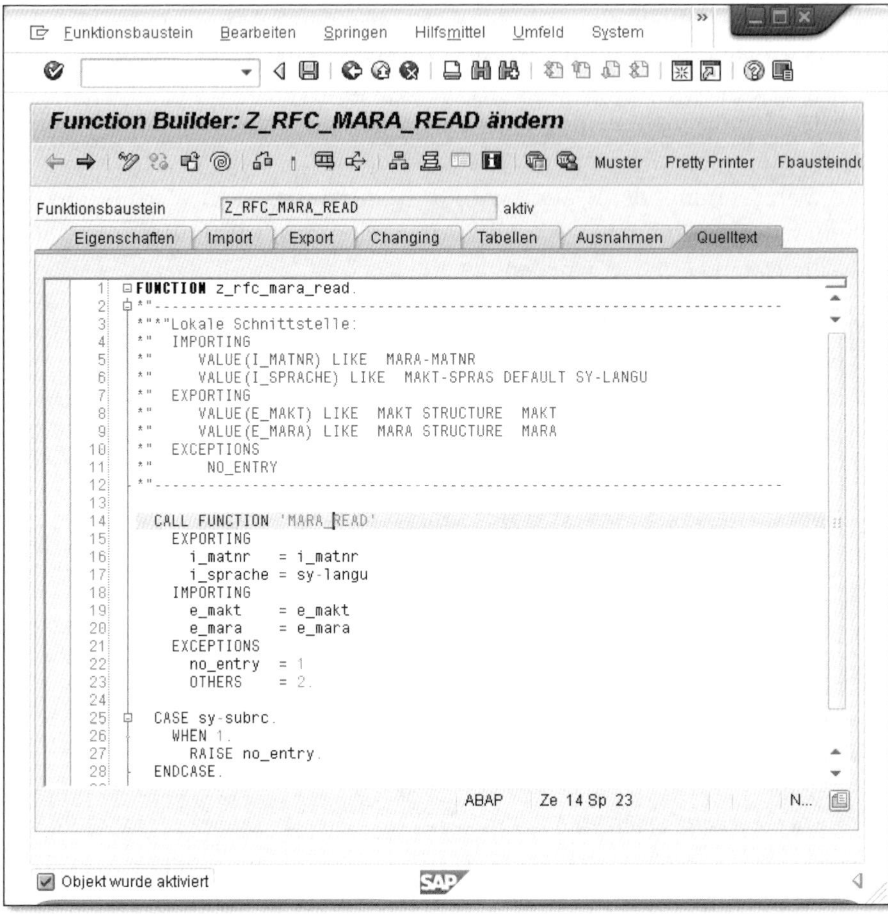


**Abbildung 4.60** Der gekapselte Standardbaustein MARA_READ

**Verbuchungsbausteine**

Aus unserer Sicht sind Verbuchungsbausteine wenig relevant für die Programmierung eigener kleiner Anwendungen. Die Verwendung eines Verbuchungsbausteins könnte interessant werden, wenn sehr große Datenmengen gespeichert werden müssen oder das Speichern sehr aufwendig ist, weil Daten nachgelesen oder aufwendig analysiert werden müssen. Der Vorteil in diesem Fall ist, dass sich ein anderer Systemprozess als der Dialogprozess – der Verbucher – mit der Sicherung der Daten beschäftigt. Dies passiert im Hintergrund, und der Anwender kann sofort weiterarbeiten, d.h., er muss nicht warten, bis die Verbuchung abgeschlossen ist. In unserer Beispielanwendung würde das Sichern über einen Verbuchungsbaustein aufwendig werden, da wir ein paar Module einbauen werden, die ihre

Daten eigenständig verwalten und sichern. Wir müssten in den einzelnen Modulen daher zusätzlich sicherstellen, dass die Daten *verbucht* werden.

**Funktionsbaustein Z_BOOK_TICKET_SAVE**

Unser eigener Funktionsbaustein Z_BOOK_TICKET_SAVE (siehe Listing 4.26) soll nun zum Einsatz kommen. Im GUI-Status haben Sie bereits den Funktionscode SAVE definiert (siehe Abschnitt 4.6, »Dynpros anlegen«). Diesen müssen Sie nun im PAI-Modul abfragen (siehe Listing 4.27) und die Routine SAVE ausführen (siehe Listing 4.28).

```
FORM user_command .
  CASE gv_okcode.
    ...
    WHEN 'SAVE'.
      PERFORM save.
  ENDCASE.
ENDFORM.
```

**Listing 4.27** Routine USER_COMMAND

```
FORM save .
  IF zbook_ticket_dynpro = gs_ticket_dynpro_original.
    MESSAGE s010. "Keine Daten geändert
    LEAVE TO TRANSACTION sy-tcode.
  ENDIF.
  CALL FUNCTION 'Z_BOOK_TICKET_SAVE'
    EXPORTING
      is_ticket    = zbook_ticket_dynpro-ticket
    IMPORTING
      ev_ticket_nr = zbook_ticket_dynpro-ticket-tiknr.
    LEAVE PROGRAMM sy-tcode.
ENDFORM.
```

**Listing 4.28** Routine SAVE

## 4.12 TextEdit Control für die Texteingabe implementieren

**Anforderungen**

Für die Beschreibung der Fehlersituation in einem Ticket ist es sinnvoll, viel Text eingeben zu können. Dazu bietet SAP das *TextEdit Control* an (Klasse CL_GUI_TEXTEDIT). Das TextEdit Control soll in unserer Anwendung bei Aufruf der Transaktion immer leer sein. Wird der eingegebene Text gespeichert, wird dieser Text an ein Modul übergeben, das den Text zusammen mit Verwaltungsinformationen an bereits zuvor eingegebenen Text zum selben Ticket anhängt. Mit dieser Methode stellen wir sicher, dass bereits Geschriebenes nicht nachträglich verändert werden kann. Der Anwender hat also immer nur die Möglichkeit, einen neuen Text hinzuzufügen.

Wir werden noch viel über Modularisierung schreiben und darüber, wie wichtig es ist, dass einzelne Module wiederverwendbar sind. Dieses TextEdit Control werden wir allerdings »einfach so« auf dem Dynpro platzieren und im Modulpool ausprogrammieren, da beim Sichern lediglich der Text ausgelesen werden muss. Bei der Anzeige eines Tickets muss das Control auf nicht eingabebereit gesetzt oder ausgeblendet werden. Für diese einfachen Funktionen lohnt es sich nicht, ein eigenständiges, wiederverwendbares Texteingabemodul zu programmieren.

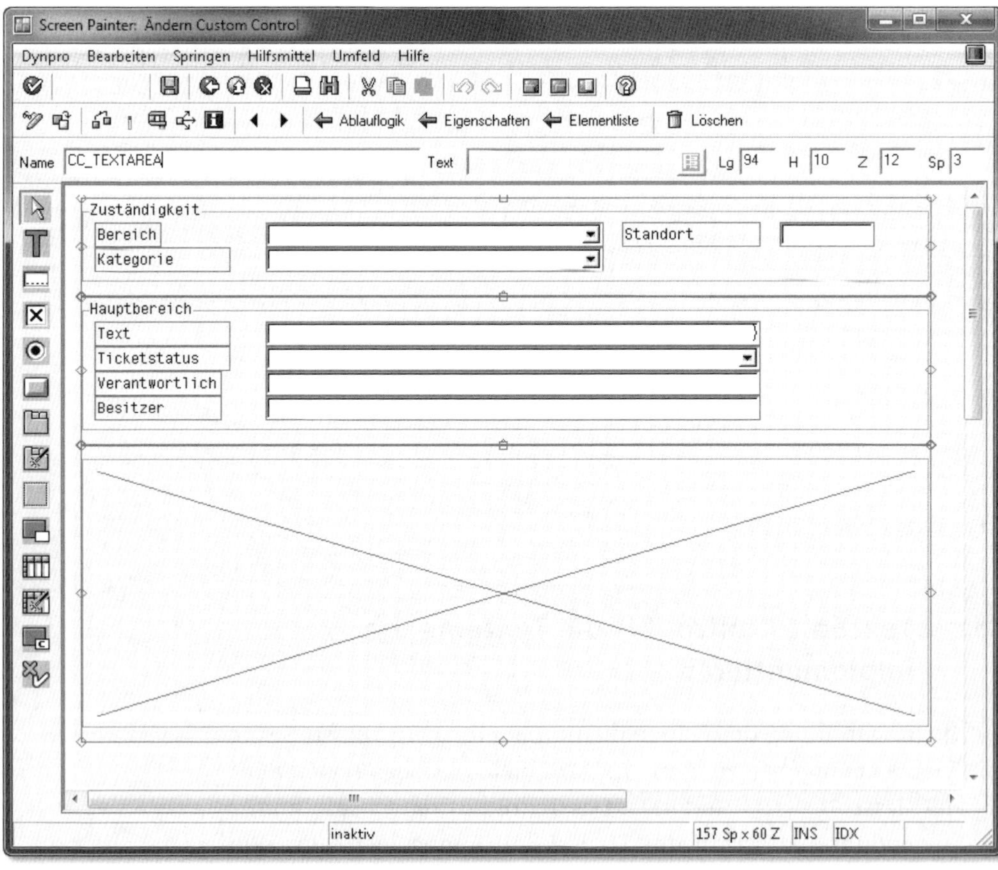


**Abbildung 4.61** Das Haupt-Dynpro mit einem Bereich für das TextEdit Control

**Custom Control anlegen**

Jedes Control benötigt einen *Container*. Im Screen Painter erfolgt dies über die Schaltfläche CUSTOM CONTROL. Legen Sie mit Klick auf CUSTOM CONTROL einen *Custom Container* mit Namen `CC_TEXTAREA` auf dem Dynpro an (siehe Abbildung 4.61). Hinweise zur Anlage eines Containers finden Sie in Anhang A.5.1, »Custom-Control-Bereich erstellen«.

**TextEdit Control einbinden**

Sichern Sie das Dynpro, und springen Sie zurück zur Ablauflogik. Klicken Sie doppelt auf das Modul `STATUS_0100`, und erstellen Sie die Unterroutine `INIT_TEXTAREA`. Um das TextEdit Control einbinden zu können, benötigen Sie eine Referenz für das TextEdit Control und eine für den Container (gehört ins TOP-Include!):

```
DATA gt_textarea     TYPE REF TO cl_gui_custom_container.
DATA gr_text_ticket TYPE REF TO cl_gui_textedit.
```

Sie müssen nun einmal den Container erzeugen, an den das Control gebunden werden soll (Custom Container):

```
IF gr_textarea IS INITIAL.
  CREATE OBJECT gr_textarea
    EXPORTING
      container_name = 'CC_TEXTAREA'.
```

Anschließend müssen Sie das TextEdit Control instanziieren, wobei Sie den zu verwendenden Container angeben (Parameter `PARENT`):

```
  CREATE OBJECT gr_text_ticket
    EXPORTING
      parent = gr_textarea.
```

Zum Abschluss nehmen Sie noch die folgenden Einstellungen an dem Control vor:

- Eingabebereitschaft:
  `gr_text_ticket->set_readonly_mode( 0 ).`
- Statusleiste ausblenden:
  `gr_text_ticket->set_statusbar_mode( 0 ).`
- Toolbar ausblenden:
  `gr_text_ticket->set_toolbar_mode( 0 ).`

Schließlich beenden Sie die `IF`-Anweisung mit `ENDIF`.

Damit ist die Transaktion fertiggestellt. Rufen Sie den Transaktionscode ZTIK1 auf, um die Anwendung in Abbildung 4.62 zu sehen. Der

Standort wird nicht angezeigt, da wir ihn in der Feldsteuerung ausgeblendet hatten.

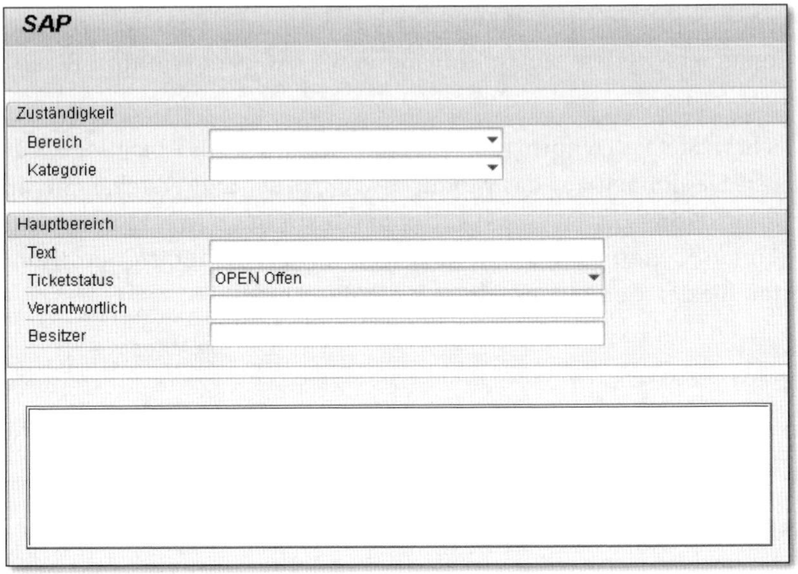


**Abbildung 4.62** Das fertige Dynpro

[!]

**Mehrfach-Instanziierung**

Sie sollten immer abfragen, ob das zu erzeugende Control noch nicht instanziiert wurde (`...IS INITIAL`) oder ob es bereits erzeugt wurde (`...IS BOUND`). Sie können problemlos ein Control mehrmals instanziieren, ohne dass ein syntaktischer Fehler entsteht. Allerdings werden Sie sich wundern, warum das Control nicht korrekt angezeigt wird. Dieser Fehler passiert häufig, wenn die Controls innerhalb einer Transaktion nicht korrekt wieder abgebaut werden und danach bei einer erneuten Initialisierung nochmals erzeugt werden.

Änderungen sichern

Beim Sichern der Anwendungsänderungen müssen wir auch die Texteingaben im Control berücksichtigen. Die sicherste Methode, um herauszubekommen, ob der Text geändert wurde, ist die Verwendung der Methode `GET_TEXTSTREAM` in Verbindung mit dem Parameter `IS_MODIFIED` (siehe Listing 4.29). Durch ein einfaches Lesen des Textes wissen Sie nicht, ob dieser nicht bereits zu Beginn der Transaktion gelesen und dem TextEdit Control übergeben wurde.

```
DATA lv_text          TYPE string.
DATA lv_text_modified TYPE i.
CALL METHOD gr_text_ticket->get_textstream
  IMPORTING
    text        = lv_text
    is_modified = lv_text_modified.
*== Erst beim Flush wird der Text tatsächlich übertragen!
cl_gui_cfw=>flush( ).
IF lv_text_modified = 0.
  "Text wurde nicht geändert
ENDIF.
```

**Listing 4.29** Abfrage auf Textänderungen

Diese Logik müssen Sie schließlich noch in der Routine SAVE ergänzen:

```
IF lv_text_modified IS INITIAL AND
   zbook_ticket_dynpro = gs_ticket_dynpro_original.
  LEAVE PROGRAM.
ENDIF.
```

*Das SAP-System und die verwendeten Prozesse werden immer komplexer. Bei der Programmierung wird es daher immer wichtiger, auf die Wiederverwendbarkeit einzelner Programmteile zu achten.*

# 5 Komponenten wiederverwenden

Das Thema *Wiederverwendbarkeit* ist wahrscheinlich so alt wie die Programmierung selbst. Eng damit verbunden ist die *Modularisierung*, da Wiederverwendbarkeit ohne Modularisierung kaum denkbar ist. Programmelemente können jedoch gut modularisiert sein, ohne dass sie wiederverwendbar wären.

Oftmals ist es mit nur geringem Aufwand möglich, Komponenten so zu modularisieren, dass sie auch in anderen Kontexten einfach einsetzbar sind. Leider wird darauf nur selten geachtet, denn im Vordergrund von Entwicklungsprojekten steht der eine definierte Anwendungsfall, für den die Programmierung vorgesehen ist. Es lässt sich zwar häufig auch im Nachhinein das bisher erstellte Coding so ändern, dass es woanders einsetzbar ist, allerdings sieht man sich dann häufig mit Problemen konfrontiert, die man lieber umgehen möchte:

- Wird die bisherige Funktionalität geändert – und das ist bei einer Umstellung der Programmierung in der Regel der Fall – muss diese erneut getestet werden.
- Die Anforderung für die neue Verwendung hat leicht geänderte Ausgangsparameter, was eine Änderung der vorhandenen Programmierung bedingt.
- Man muss sich mit dem »alten« Programmcode auseinandersetzen. Das ist umso mühsamer, wenn sie von jemand anderem programmiert wurde oder wenn die Programmierung bereits länger zurückliegt.

Im Vorfeld ist es oftmals schwer, die Wiederverwendung vorherzusehen, da selten einzuschätzen ist, in welchem anderen Kontext oder an wie vielen anderen Stellen sie vielleicht einmal gebraucht werden könnte. Einen großen Vorteil haben Sie, wenn von vornherein feststeht, dass die Programmierung an mehreren Stellen verwendet werden soll. Es gibt jedoch Techniken, bei denen man nicht groß über die Notwendigkeit der späteren Wiederverwendung nachdenken muss, denn mithilfe dieser Techniken lassen sich Programmelemente nahezu beliebig einsetzen. Diese Techniken sind:

- Verwendung von Klassen und Subscreens für Dynpro-Elemente
- Verwendung von Klassen und Custom-Controls für Dynpro-Elemente
- Vererbung von Klassen
- Verwendung von Funktionsbausteinen und Methoden

In diesem Kapitel möchten wir Ihnen anhand einiger Beispiele Techniken zeigen, die Sie immer anwenden können, um die Wiederverwendbarkeit Ihrer Programmteile zu gewährleisten und die Verwendung zu erleichtern. Eine Garantie, dass auf Wiederverwendbarkeit getrimmte Module exakt so auch in anderen Programmen eingesetzt werden können, gibt es nicht, aber die Verwendung wird zumindest deutlich einfacher.

Wiederauffindbarkeit

Ein wichtiger Punkt bei der Wiederverwendbarkeit von Programmelementen ist die *Wiederauffindbarkeit*! Wiederverwendbare Bildschirmelemente, die mithilfe von Subscreens oder Custom Controls eingebunden wurden, lassen sich wahrscheinlich leicht identifizieren. Die Aufgabe lautet dann häufig: »So, wie es in dieser Transaktion umgesetzt ist, muss das auch in die andere Transaktion!« Schwieriger wird es, wenn die Wiederverwendung eher allgemeinen Charakter hat. Dann müssen Sie erstens wissen, dass es bestimmte passende wiederverwendbare Objekte im System gibt, und Sie müssen auch erkennen, dass diese Objekte genau das machen, was gefordert ist, oder zumindest einfach an die neue Anforderung angepasst werden können.

Vorteile wiederverwendbarer Objekte

Dass wiederverwendbare Objekte Vorteile haben, ist nicht schwer zu verstehen. Welche Vorteile sind das aber genau? Und: Sind diese Vorteile eher theoretischer Natur, oder gibt es praxisrelevante Vorzüge? Aus unserer Erfahrung können wir ganz klar sagen: Die Vorteile haben sehr schnell große praktische Auswirkungen. Nachteile sind jedoch auch vorhanden, die wir natürlich nicht verschweigen wollen. In Tabelle 5.1 haben wir die Vor- und Nachteile gegenübergestellt.

| Aspekt | Vorteil | Nachteil |
|---|---|---|
| Wartung | schneller Verwendungsnachweis möglich | Es *müssen* alle Verwender beachtet werden. |
| Aufwand | Entwicklungskosten und -zeit werden eingespart, sobald das Objekt ein zweites Mal verwendet wird. | einmal geringer Mehraufwand; erhöhter »Designbedarf« |
| Expertenwissen an einer Stelle | Bei komplizierten Objekten wird es einen Experten (oder ein Team) geben, der (oder das) alle Schwierigkeiten kennt. | Man ist darauf angewiesen, dass der Experte für ein Objekt alles richtig macht. Gegebenenfalls muss hier ein Austausch mit anderen Experten vor Ort erfolgen. |
| Fehlerbehebung | Fehlerbeseitigung einmal an zentraler Stelle | Bei einer »Verschlimmbesserung« sind alle Programme betroffen, die dieses Objekt verwenden. |
| Evolution | Gekapselte Komponenten können im Kern komplett umgeschrieben, erweitert und modernisiert werden, ohne dass die Anwendung selbst angepasst werden muss. | Ändert sich die Oberfläche, müssen die Dokumentationen für alle Verwender angepasst werden. |

**Tabelle 5.1** Vorteile und Auswirkungen wiederverwendbarer Objekte

## 5.1 Wiederverwendbares Wissen sammeln

Die ersten Tipps, die wir Ihnen zu wiederverwendbaren Elementen geben können, haben nichts mit Programmierung zu tun, sondern sind organisatorischer Natur.

**Erster Tipp: Reden Sie miteinander** [+]

Dieser Tipp ist so banal wie wichtig. Unter »miteinander reden« verstehen wir dabei nicht den kurzen Klönschnack während der Kaffeepause, sondern organisierte regelmäßige Meetings, bei denen wiederverwendbare Programmelemente vorgestellt und gegebenenfalls diskutiert werden.

Dazu benötigen Sie jemanden, der sich um die Organisation kümmert und sich mit den Elementen in Ihrem System auskennt. Wichtig dabei ist, dass Programmierungen aus verschiedenen Bereichen vorgestellt werden. Sie werden sich wundern, wie häufig Sie in der ersten Zeit hören werden: »Genau das brauchen wir auch für unseren Bereich!« oder »So etwas Ähnliches haben wir auch gerade programmiert. Hätten wir das gewusst ...«.

Es ist dabei nicht nötig, dass sich jeder Mitarbeiter alles merken muss. Es ist auch nicht wichtig, jedes Detail der vorgestellten Programmierung zu kennen. Wenn Ihnen ein vergleichbares Problem über den Weg läuft, werden Sie sich erinnern, und wenn die Erinnerung nur ein »da war doch was ...« ist. Auch wenn Sie die Erinnerung vielleicht nicht direkt zuordnen können, werden Sie sich aber mit Sicherheit entweder daran erinnern, *wer* etwas erzählt hat oder in *welchem Bereich oder Modul* die Vergleichsprogrammierung realisiert wurde. Sie können sich dann mit anderen Kollegen darüber unterhalten und ziemlich sicher die Lösung finden!

Kommunikation mit Kollegen

Für die regelmäßige Kommunikation mit Kollegen reicht ein Meeting-Raum mit Beamer. Für den nächsten Tipp lohnt es sich dagegen, sich eingehender mit den technischen Möglichkeiten zu beschäftigen.

[+]

**Zweiter Tipp: Erstellen Sie eine Reuse-Datenbank**

*Reuse* ist der englische Begriff für Wiederverwendbarkeit. Die wichtigsten wiederverwendbaren Objekte sollten Sie an zentraler Stelle dokumentieren. Die technische Realisierung kann und sollte sich dabei an Ihrer bisherigen Infrastruktur orientieren. Wenn Sie bereits ein Wiki einsetzen, verwenden Sie ein Wiki. Arbeiten Sie gerne mit Gruppenlaufwerken, erstellen Sie dort ein Verzeichnis, in dem Sie die Dokumentation ablegen. Achten Sie darauf, dass alle Objekte einheitlich dokumentiert werden. Ideal ist die Bereitstellung expliziter Beispielprogramme, in denen die Verwendung nachvollzogen werden kann. Wenn Sie Ihre Demoprogramme einheitlich benennen und speichern, haben Sie schon eine Reuse-Datenbank erstellt!

Zentraler Ansprechpartner

Unabdingbar ist in unseren Augen in jedem Fall ein zentraler Ansprechpartner, sozusagen ein *Wiederverwendbarkeitsbeauftragter*. Dabei handelt es sich um eine Person, die alle wiederverwendbaren Programmierungen im Blick hat und im Idealfall auch Hilfestellung beim Einbau der Objekte geben kann. Diese Person sollte auch regelmäßig darauf drängen, dass die bereits verwendeten Objekte dokumentiert und kommuniziert werden.

Vielleicht denken Sie gerade: »Das lohnt sich doch nur bei großen Firmen!« Wir sind der Meinung: Es lohnt sich gerade in kleineren

Unternehmen, denn diese können es sich nicht leisten, dass Programmierungen doppelt erstellt werden. In großen Firmen wird die organisierte Wiederverwertung von Programmbestandteilen vielleicht nur eine Arbeitserleichterung ergeben, bei kleinen Firmen dürfte der Einsparungseffekt enorm sein.

## 5.2 Ableiten oder parametrisieren?

Ableitung/ Vererbung

Um Funktionen in verschiedenen Kontexten möglichst flexibel zu halten, bieten sich die beiden Optionen *Ableitung* bzw. *Vererbung* und *Parametrisierung* an. Bei der ersten Option programmiert man eine Basisklasse, die bereits möglichst variabel aufgebaut und in kleine Module aufgeteilt ist. Soll die Klasse in einem anderen Zusammenhang leicht verändert eingesetzt werden, können einzelne Methoden *redefiniert* werden.

Parametrisierung

Bei der Parametrisierung lässt man viele Aufrufoptionen zu, die in der Klasse jeweils unterschiedlich behandelt werden. Hier kann man folgende beiden Varianten unterscheiden:

- Es wird ein Parameter verwendet, der verschiedene Ausprägungen hat, z.B. A, B und C. Aus einer Customizing-Tabelle können dann Einstellungen zu diesem Parameterwert ermittelt werden.
- Neue Felder werden direkt in die Übergabe eingebunden. Der Verwender muss dann wissen, ob und welcher Parameter benötigt wird.

Vor- und Nachteile

Beide Varianten – Vererbung und Parametrisierung – haben Vor- und Nachteile, die in Tabelle 5.2 und Tabelle 5.3 gegenübergestellt sind.

| Vorteile | Nachteile |
|---|---|
| deutliche Trennung der Funktionalität | Es ist nicht leicht, im Voraus festzulegen, welche Funktionalität in eigene Methoden ausgelagert wird. |
| moderne Programmierung aufgrund der Objektorientierung | In der objektorientierten Programmierung weniger erfahrene Kollegen tun sich eventuell schwer, die Programmierung zu verstehen und zu warten. |
| umfangreiche Möglichkeiten durch die Verwendung von Entwurfsmustern | Die Verwendung von Entwurfsmustern setzt sehr gute Programmierkenntnisse voraus. |

**Tabelle 5.2** Vor- und Nachteile der Vererbung

| Vorteile | Nachteile |
|---|---|
| Gut dokumentiert ist der Funktionsumfang einer Klasse oder Funktionsgruppe leicht nachvollziehbar. | Viele Prüfungen der Parameter sind notwendig, falls Parameter nur in bestimmten Kombinationen zulässig sind. |
| leicht erweiterbar, sofern die Parametrisierung über Customizing-Tabellen erfolgt | Eventuell ist schwer erkennbar, wozu welche Parameter notwendig sind. |
| Bei Verwendung einer Struktur als Übergabeparameter ist eine leichte Erweiterung möglich, ohne die Verwender anpassen zu müssen. | Bei einer Erweiterung besteht immer die Gefahr, dass die vorhandene Funktionalität verändert wird. |

**Tabelle 5.3** Vor- und Nachteile der Parametriesierung

In der Praxis wird sicherlich ein gesunder Mix aus Parametrisierung und Vererbung gute Dienste leisten, was natürlich umso schwieriger wird, je komplexer die Klassen sind. Wir wollen Ihnen in diesem Kapitel zeigen, wie Sie die beiden Methoden clever miteinander kombinieren können. Zu diesem Zweck erstellen wir eine Klasse, die an unterschiedlichen Stellen wiederverwendet werden kann.

## 5.3 Enjoy Control kapseln

In diesem Abschnitt erstellen wir eine Klasse, die einen Button auf dem Bildschirm darstellt. Allerdings wollen wir keinen Standard-Button verwenden, sondern einen eigenen erstellen. Dieser soll die Aufmerksamkeit des Benutzers stärker auf sich lenken als die Standard-Buttons.

### 5.3.1 Eigenen Button erstellen

Eigene Buttons: Anwendungsfälle

In der Regel ist es ein großer Vorteil, dass die Oberfläche des SAP-Systems einheitlich aussieht und nicht jeder Entwickler seine eigenen Farb- und Formvariationen verwenden kann. In einigen Fällen kann es jedoch sinnvoll sein, Buttons zu haben, die aus dem Einheitslayout hervorstechen. Auch größere Buttons als der Standard können in einigen Fällen sinnvoll sein, z.B. wenn eine SAP-Transaktion auf einem Touchscreen bedient werden soll und der Anwender womöglich noch Handschuhe trägt, wie z.B. ein Gabelstaplerfahrer im Lager.

HTML im SAP-System

Zu diesem Zweck erstellen wir einen Button auf Basis von HTML. Damit sind wir frei, was Schriftart, Farben und Formen angeht, und haben genug Möglichkeiten, um zu parametrisieren! Damit Sie einen Eindruck davon bekommen, wie die Buttons aussehen könnten, gibt Ihnen Abbildung 5.1 einen kleinen Vorgeschmack.

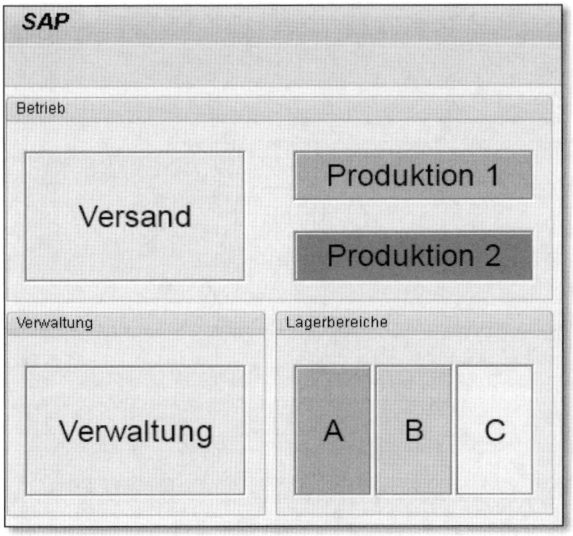


**Abbildung 5.1** HTML-Buttons auf einem SAP-Dynpro

Custom Control

Die Buttons werden durch Custom Controls realisiert, in denen HTML-Code angezeigt wird. Mithilfe dieser Technik und mit etwas HTML-Kenntnissen können Sie sicherlich noch viele andere »Spielereien« umsetzen.

Button einbinden

Die Einbindung dieser Buttons in das Dialogprogramm ist einfach:

1. Deklarieren Sie eine Variable mit Referenz zur HTML-Button-Klasse `ZCL_BOOK_HTML_BUTTON`, die wir im folgenden Abschnitt anlegen:

   ```
   DATA gr_button1 TYPE REF TO zcl_book_html_button.
   ```

2. Definieren Sie auf dem Dynpro einen Custom Control (siehe Abbildung 5.2).

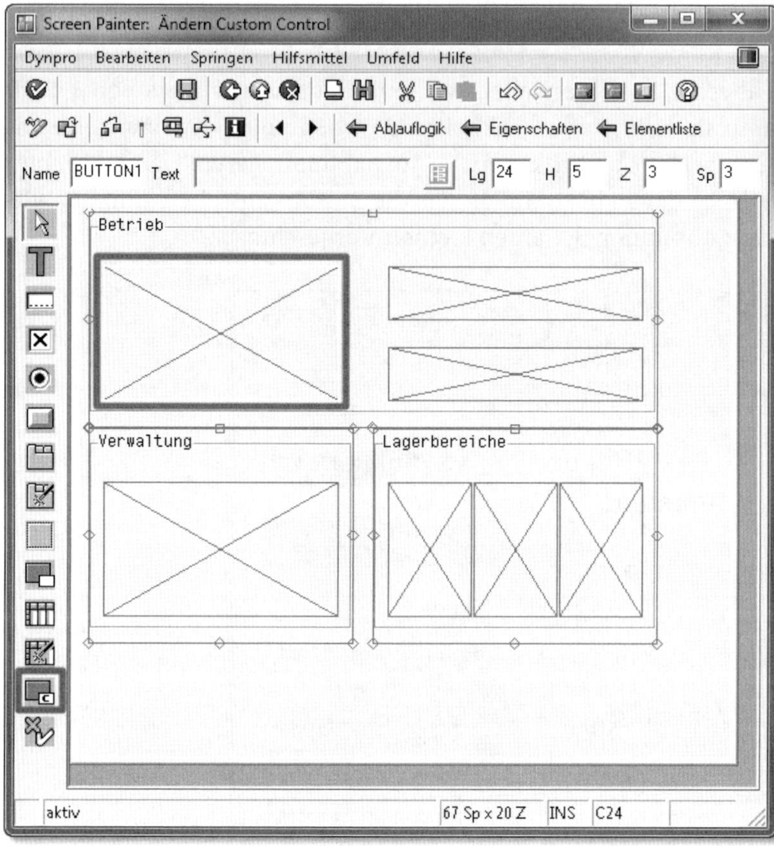


**Abbildung 5.2** Beispielprogramm mit Custom Controls

3. Im PBO-Modul (Process Before Output) müssen Sie mit dem Coding aus Listing 5.1 nur dafür sorgen, dass das Control einmal instanziiert wird.

```
IF gr_button1 IS INITIAL.
  CREATE OBJECT gr_button1
    EXPORTING
      iv_cc_name = 'BUTTON1'
      iv_text    = 'Versand'
      iv_color   = '#ff0'
      iv_ok_code = 'VERSAND'.
ENDIF.
```

**Listing 5.1** Instanziierung des Custom Controls

Alle anderen Schritte werden in der HTML-Button-Klasse erledigt.

### 5.3.2 Basisklasse erstellen

Die Basisklasse für den HTML-Button wird aus zwei Methoden bestehen:

- dem Konstruktor
- der Behandler-Methode, um das Ereignis »Klick auf das Control« an die Anwendung weiterzuleiten

Konstruktor

Der Konstruktor (Methode CONSTRUCTOR) hat nur Importing-Parameter. Um die Verwendung so variabel und einfach wie möglich zu halten, können bei der Instanziierung entweder der Name des Custom Controls auf dem Dynpro oder ein bereits vorhandener Container übergeben werden (siehe Abbildung 5.3).

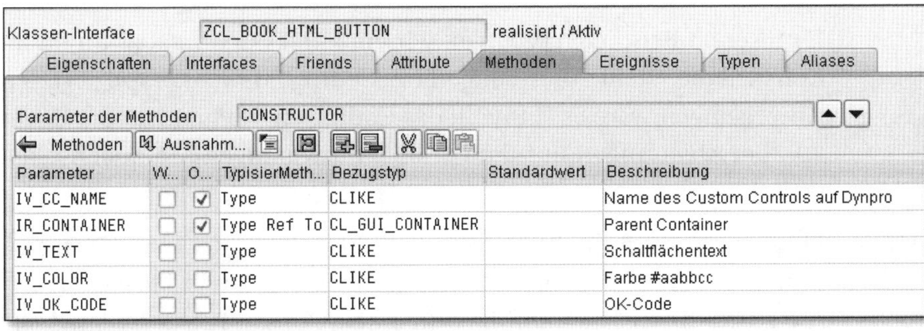


**Abbildung 5.3** Parameter der Methode CONSTRUCTOR

[+]

**Nutzen Sie das Downcasting!**

In der objektorientierten Programmierung können Sie Basisklassen als Referenzen angeben. Das definiert die Verwendung ausreichend, lässt aber Spielraum bei der Nutzung. In diesem Beispiel haben wir die Klasse CL_GUI_CONTAINER als universelle Objektreferenz gewählt. Das lässt dem Aufrufer die Möglichkeit, einen eigenen Custom Container CL_GUI_CUSTOM_CONTAINER oder einen Docking-Container CL_GUI_DOCKING_CONTAINER zu benutzen.

Parametrisierung

Die weiteren drei Parameter (siehe Abbildung 5.3) beschreiben den anzuzeigenden Text auf dem Button, die Farbe sowie den auszulösenden Funktionscode.

Einheitliches Layout

Damit haben wir den Button bereits umfangreich parametrisiert: Farbe, Text und OK-Code. Um sicherzustellen, dass in Programmen möglichst die gleichen Farben und Bezeichnungen für gleiche Funktionen verwendet werden, haben wir diese Möglichkeiten:

- Wir erstellen eine Klasse, der ein »Button-Typ« mitgegeben wird. Die Klasse liest dann aus einer Customizing-Tabelle die entsprechenden Werte für diesen Typ aus und instanziiert die HTML-Button-Klasse mit den passenden Werten. Der Vorteil dabei ist, dass sich neue Typen einfach per Tabelleneintrag festlegen oder ändern lassen, der Nachteil, dass ein Verwendungsnachweis über bestimmte Typen nicht möglich ist.
- Wir leiten für jeden Button-Typ eine neue Klasse ab, die die HTML-Button-Klasse jeweils mit festen Farbwerten und Bezeichnern instanziiert. Der Vorteil dieser Vorgehensweise ist, dass sofort ersichtlich ist, welchen Zweck die Klasse hat. Soll jedoch ein Typ geändert oder hinzugefügt werden, sind Programmierungen notwendig.

In unserem Beispiel verwenden wir ein kurzes Coding, das direkt im Konstruktor steht. Bei längerem Coding bzw. komplizierteren Anweisungen wäre es sinnvoll, das Coding zu modularisieren, damit z.B. bei Ableitungen nur die wirklich notwendigen Methoden redefiniert werden.

**Basisklasse erstellen**

Erstellen Sie nun die Basisklasse `ZCL_BOOK_HTML_BUTTON` in Transaktion SE24. Tragen Sie den Namen der Klasse ein, und klicken Sie auf ANLEGEN. Im sich daraufhin öffnenden Pop-up-Fenster achten Sie darauf, das Kennzeichen FINAL zu entfernen, da wir die Klasse ja später vererben möchten. Klicken Sie auf SICHERN, um die Klasse anzulegen (siehe Abbildung 5.4).

**Abbildung 5.4** Erstellen der HTML-Button-Klasse

Konstruktor-Methode anlegen

Klicken Sie auf den Button KONSTRUKTOR (oder die Taste F5), um die Konstruktor-Methode anzulegen. Wechseln Sie mit einem Klick auf den Button PARAMETER auf die Parametersicht der Methode. Tragen Sie nun hier die in Abbildung 5.3 dargestellten Methodenparameter ein.

Datendeklaration

Das Coding zur Methode CONSTRUCTOR erklären wir Ihnen schrittweise. Zuerst benötigen wir die Datendeklaration aus Listing 5.2.

```
DATA lt_events        TYPE cntl_simple_events.
DATA ls_event         LIKE LINE OF lt_events.
DATA lt_html          TYPE STANDARD TABLE OF text1000
                           WITH NON-UNIQUE DEFAULT KEY.
DATA lv_html          LIKE LINE OF lt_html.
DATA lv_url           TYPE text1000.
DATA lv_color         TYPE string.
DATA lr_container     TYPE REF TO cl_gui_container.
DATA lr_html          TYPE REF TO cl_gui_html_viewer.
```

**Listing 5.2** Datendeklaration der Methode CONSTRUCTOR

Instanziierung des Containers prüfen

Nun prüfen wir, ob der Name eines Custom Controls übergeben wurde oder ein bereits instanziierter Container (siehe Listing 5.3). Wurde der Name eines Custom Controls übergeben, instanziieren wir einen Container vom Typ CL_GUI_CUSTOM_CONTAINER. Andernfalls übernehmen wir die übergebene Containerreferenz.

```
IF iv_cc_name <> space AND ir_container IS INITIAL.
*== create custom container
  CREATE OBJECT lr_container
    TYPE
      cl_gui_custom_container
    EXPORTING
      container_name = iv_cc_name.
ELSE.
*== use given container
  lr_container = ir_container.
ENDIF.
```

**Listing 5.3** Prüfung, ob instanziierter Container übergeben wurde

Wir erzeugen das HTML-Objekt, das den Button anzeigen soll:

```
CREATE OBJECT lr_html EXPORTING parent = lr_container.
```

Ereignisbehandler registrieren

In Listing 5.4 registrieren wir nun den Ereignisbehandler für den Klick auf den Button.

```
CALL METHOD lr_html->get_registered_events
  IMPORTING
    events     = lt_events.
ls_event-eventid    = cl_gui_html_viewer=>m_id_sapevent.
ls_event-appl_event = ' '.
READ TABLE lt_events TRANSPORTING NO FIELDS
      WITH KEY eventid = ls_event-eventid.
IF sy-subrc <> 0.
  APPEND ls_event TO lt_events.
  lr_html->set_registered_events( lt_events ).
ENDIF.
SET HANDLER handle_sapevent FOR lr_html.
```

**Listing 5.4** Ereignisbehandler für das Ereignis »Klick auf Button«

[+]

**Prüfen Sie, welche Ereignisse registriert sind**

Jedes Control hat bereits Ereignisse, die standardmäßig registriert sind, was jedoch von Control zu Control unterschiedlich ist. Um sicherzugehen, dass die Ereignisse auch wirklich vom Control verarbeitet werden können, sollten Sie zuerst mit der Methode GET_REGISTERED_EVENTS alle registrierten Ereignisse ermitteln und ggf. das gewünschte Ereignis setzen, sofern es noch nicht registriert war.

Coding für HTML-Button

Anschließend fügen Sie den HTML-Code zur Darstellung des Buttons zusammen und ergänzen die übergebenen Parameter wie in Listing 5.5.

```
CONCATENATE
  '<html><head><title>BUTTON</title>'
  '<style type="text/css">'
  'body {overflow:hidden; margin:0; }'
  'input.bgcolor { background-color:'
  lv_color
  '; width: 100%; height: 100%; font-size:large; }'
  '</style></head><body>'
  '<input class="bgcolor" type="button" value="'
  iv_text     '" onclick="location.href=''SAPEVENT:'
  iv_ok_code  '''"></body></html>'
  INTO lv_html.
APPEND lv_html TO lt_html.
```

**Listing 5.5** HTML-Code zum Anlegen des Buttons

Sie haben nun einen lauffähigen HTML-Code erstellt, der bewirkt, dass ein Button über die gesamte Breite und die komplette Höhe des Browserfensters angezeigt wird. Unser Control bindet den HTML-Browser ein, und wir rufen diesen HTML-Quelltext auf. Der Button wird also immer in der Größe des Controls dargestellt. Die Farbe, der

Text und der Funktionscode wurden aus den übergebenen Parametern eingebaut.

**HTML-Code übergeben**

Den HTML-Code übergeben Sie an die HTML-Objektreferenz und lassen sich die erzeugte Seite auch gleich anzeigen (Listing 5.6).

```
CALL METHOD lr_html->load_data
  IMPORTING assigned_url = lv_url
  CHANGING  data_table   = lt_html.
lr_html->show_url( lv_url ).
```

**Listing 5.6** HTLM-Code übergeben und Seite anzeigen lassen

**Ereignisbehandler SET HANDLER**

In Listing 5.4 wird das Ereignis mit SET HANDLER aktiviert. Diesen Ereignisbehandler müssen wir noch in der Methode HANDLE_SAPEVENT definieren. Legen Sie diese Instanzmethode mit der Sichtbarkeit PROTECTED an, denn sie soll nicht von außen angesprochen werden können. Klicken Sie auf den Button (DETAILSICHT), und definieren Sie die Methode als Ereignisbehandler für die Klasse CL_GUI_HTML_VIEWER und das Ereignis SAPEVENT (siehe Abbildung 5.5).

**Abbildung 5.5** Die Ereignisbehandlermethode für das Ereignis SAPEVENT

**Ereignisparameter übernehmen**

Klicken Sie auf PARAMETER, um in die Parametersicht zu der Methode zu gelangen. Hier klicken Sie auf den Button (EREIGNISPARAMETER ÜBERNEHMEN). Das System trägt dann alle Parameter des Ereignisses automatisch für die Methode ein. Wir benötigen hier nicht alle Parameter, bei nachfolgenden Entwicklungsprojekten kann es jedoch sein, dass diese benötigt werden.

**Ereignisbehandler-Methode implementieren**

Klicken Sie auf das Quellcodesymbol (), um in den Editor für diese Methode zu gelangen. Das Coding für die Ereignisbehandler-Methode ist kurz. Wir leiten den in der Methode `CONSTRUCTOR` übergebenen Funktionscode einfach als Funktionscode an die Anwendung weiter (siehe Listing 5.7).

```
DATA ucomm TYPE syucomm.
ucomm = action. "Typgerechte Variable für Methodenaufruf
cl_gui_cfw=>set_new_ok_code( ucomm ).
```

**Listing 5.7** Implementierung der Methode übernehmen

Sichern Sie die Methode, und aktivieren Sie die gesamte Klasse mit der Tastenkombination [Strg] + [F3].

### 5.3.3 Komponente einbinden

Die in Abschnitt 5.3.2, »Basisklasse erstellen«, angelegte HTML-Button-Klasse binden wir nun in ein Programm ein. Das Beispielprogramm mit dem neuen Button wird aussehen wie in Abbildung 5.6.

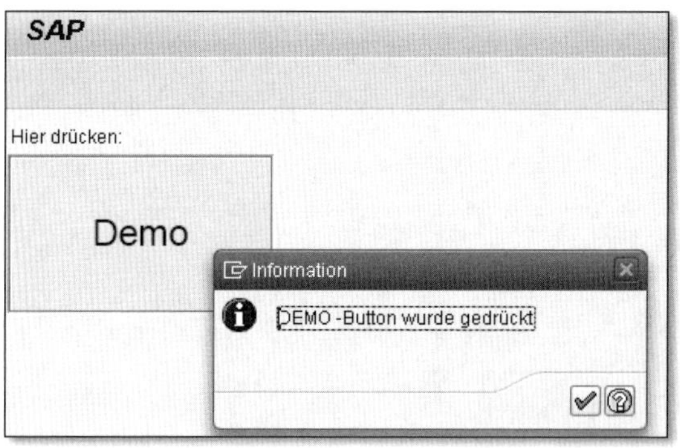


**Abbildung 5.6** Demoprogramm für die HTML-Button-Klasse

Starten Sie dazu Transaktion SE38, und tragen Sie in das Feld PROGRAMM den Programmnamen `ZBOOK_DEMO_HTML_BUTTON` ein. Drücken Sie die Taste [F5] oder die Drucktaste ANLEGEN. Fahren Sie mit der Programmanlage fort, wie in Anhang A.4, »Programm anlegen«, beschrieben, und verwenden Sie den Code aus Listing 5.8.

```
REPORT zbook_demo_html_button.
DATA gr_button TYPE REF TO zcl_book_html_button.
START-OF-SELECTION.
  CALL SCREEN 100.
```

**Listing 5.8** Report zur Anzeige des HTML-Buttons

Dynpro anlegen

Um das Dynpro anzulegen, sichern Sie das Programm. Klicken Sie doppelt auf die `100` nach `CALL SCREEN`. Bestätigen Sie die Frage DYNPRO 100 EXISTIERT NICHT. SOLL DAS OBJEKT ANGELEGT WERDEN? mit JA. Sie müssen nun eine Kurzbeschreibung des Dynpros eingeben, z. B. »Demo«. Klicken Sie auf den Button LAYOUT, um den Screen Painter zu starten.

Im Screen Painter sehen Sie ein leeres Dynpro. Klicken Sie links in der Werkzeugleiste auf den Button (CUSTOM CONTROL). Daraufhin zeigt der Screen Painter einen Anfasser an, über den Sie den Bereich des Custom Controls auf dem Dynpro festlegen können. Ziehen Sie so den Button auf die von Ihnen gewünschte Größe. Nennen Sie den erstellten Bereich `BUTTON`.

Ablauflogik anpassen

Wechseln Sie mit einem Klick auf den grünen Pfeil () zurück in die Eigenschaften des Dynpros. Wechseln Sie auf die Registerkarte ABLAUFLOGIK, entfernen Sie im angezeigten Coding die Sternchen vor den Befehlen `MODULE`, und sichern Sie die Änderungen. Klicken Sie auf den grünen Pfeil, um zurück in den Programmeditor zu gelangen.

Hier fügen Sie die beiden Module `STATUS_0100` und `USER_COMMAND_100` am Ende des Quelltextes ein (siehe Listing 5.9).

```
MODULE status_0100 OUTPUT.
  SET PF-STATUS 'STLI' OF PROGRAM 'SAPMSSY0'.
  IF gr_button IS INITIAL.
    CREATE OBJECT gr_button
      EXPORTING
        iv_cc_name = 'BUTTON'
        iv_text    = 'Demo'
        iv_color   = '#ff0' "Gelb
        iv_ok_code = 'DEMO'.
  ENDIF.
ENDMODULE.                 " STATUS_0100  OUTPUT
MODULE user_command_0100 INPUT.
  CASE sy-ucomm.
    WHEN 'BACK' OR '%EX' OR 'RW'.
      SET SCREEN 0.
      LEAVE SCREEN.
    WHEN 'DEMO'.
      MESSAGE i000(oo)
```

```
        WITH sy-ucomm 'Button wurde gedrückt'.
  ENDCASE.
ENDMODULE.                    " USER_COMMAND_0100  INPUT
```

**Listing 5.9** Modul STATUS_0100 und USER_COMMAND_100 einfügen

Objekte aktivieren

Drücken Sie [Strg] + [F3], um Programm und Dynpro zu aktivieren. Erscheint das Fenster INAKTIVE OBJEKTE, drücken Sie [F9], um alle Objekte zum Aktivieren zu markieren, oder markieren Sie die zu aktivierenden Objekte manuell (siehe Abbildung 5.7).

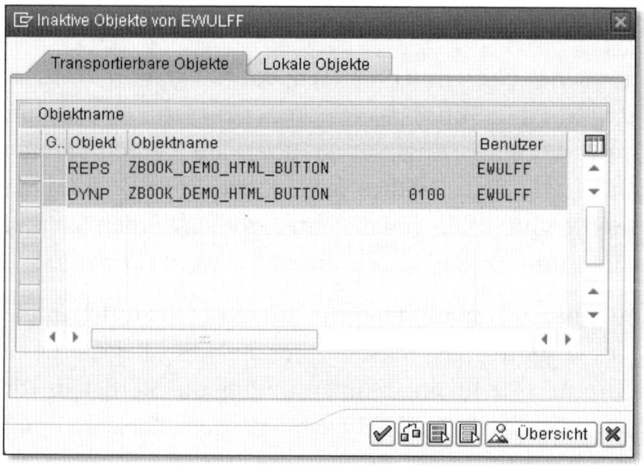


**Abbildung 5.7** Objekte aktivieren

Das Programm ist nun lauffähig, und Sie können es mit der Funktionstaste [F8] ausführen. Sofern Sie alles richtig gemacht haben, wird ein großer gelber HTML-Button angezeigt (Abbildung 5.6).

### 5.3.4 Enjoy-Komponenten spezialisieren

Spezialisierung

In diesem Abschnitt stellen wir Ihnen eine Möglichkeit vor, um einerseits häufig verwendete Funktionen leichter einzubinden und andererseits zu verhindern, dass gleiche Funktionen in unterschiedlichen Layouts, also z.B. Buttons, mal grün, mal gelb und mal violett programmiert werden. Wir *spezialisieren* dazu das Objekt HTML-Button und kapseln es in einer statischen Klasse. Wir geben die wichtigsten Parameter *Text* und *Farbe* vor, führen also eine Spezialisierung durch.

Klasse ZCL_BOOK_HTML_BUTTON_INFO

Legen Sie dazu in Transaktion SE24 die Klasse `ZCL_BOOK_HTML_BUTTON_INFO` an. Markieren Sie die Klasse als STATISCH und PUBLIC. Die Klasse enthält nur eine Methode `DISPLAY`. Diese Methode hat drei Parameter CC_NAME, CONTAINER und FUNCTION. CC_NAME und FUNCTION sind optional und werden mit Werten vorbelegt (siehe Abbildung 5.8).

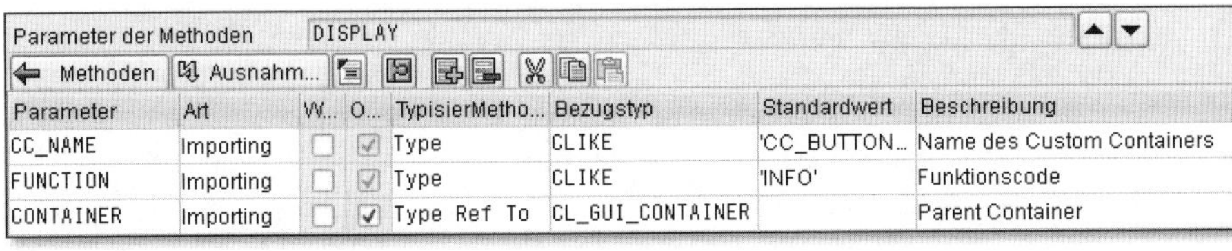


**Abbildung 5.8** Parameter der Methode DISPLAY

Der Button soll jedoch nicht nur in einem Custom Control, sondern auch in einem Container dargestellt werden können. Aus diesem Grund definieren wir zusätzlich den Parameter CONTAINER. Möchten andere Programmierer, die später mit der Klasse arbeiten, den Button in einem Custom Container einbinden, sollen sie einen eigenen Namen für den Custom-Control-Bereich angeben dürfen. Sie sollen ebenfalls einen eigenen Funktionscode vorgeben können, falls der Vorgabewert im Programm bereits verwendet wird. Wir benötigen nun noch eine statische, private und globale Objektreferenz für die HTML-Button-Klasse. Diese definieren Sie in den Attributen der Klasse, wie in Abbildung 5.9 zu sehen ist.

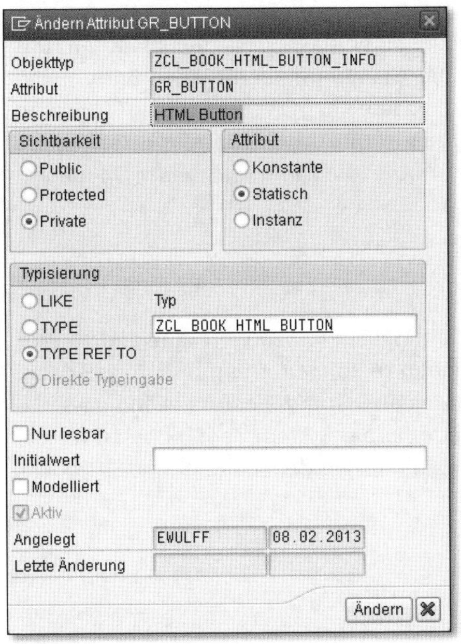


**Abbildung 5.9** Die Objektreferenz für den Button

Implementieren Sie die Methode DISPLAY (siehe Listing 5.10). Sie enthält den speziellen Code für die Anzeige des Info-Buttons.

```
METHOD display.
  CHECK gr_button IS INITIAL.
    CREATE OBJECT gr_button
      EXPORTING
        iv_cc_name    = cc_name
        ir_container = container
        iv_text       = 'INFO'
        iv_color      = 'mediumblue'
        iv_ok_code    = FUNCTION.
ENDMETHOD.
```

**Listing 5.10** Implementierung der Methode DISPLAY

Schließlich müssen Sie die folgenden beiden Schritte durchführen, um den spezialisierten Info-Button im Programm anzuzeigen:

1. Legen Sie im Dynpro einen Custom-Control-Bereich mit dem Namen CC_INFO an.
2. Rufen Sie im Process Before Output die Methode DISPLAY der Klasse ZCL_BOOK_HTML_BUTTON_INFO auf.

[+]

**Bündeln Sie Standardschaltflächen in einer Klasse**

In diesem Beispiel haben wir eine vollständige Klasse für einen einzigen Info-Button angelegt. Wenn jedoch weitere Standard-HTML-Buttons definiert werden, sollten diese alle in einer Klasse gesammelt werden. Das Vorgehen ist dabei stets das gleiche: Sie benötigen für jeden Button eine globale Objektreferenz auf die Klasse ZCL_BOOK_HTML_BUTTON und jeweils eine Methode für die Anzeige. Mit etwas Fantasie erzeugen Sie nach diesem Verfahren Funktionsaufrufe, die kaum mehr einer Dokumentation bedürfen:

```
ZCL_HTML_BUTTON_STANDARD=>DISPLAY_INFO( ).
ZCL_STD_BUTTON=>SAVE( ).
```

Sie haben es mit dieser Methode ermöglicht, eine relativ aufwendige Programmierung ganz einfach verwenden zu können. Der große Vorteil dabei ist, dass – sollte sich aus irgendeinem Grund herausstellen, dass die HTML-Variante fehlerhaft arbeitet oder das System zu stark belastet – sie an *zentraler Stelle* optimiert und geändert werden kann.

## 5.4 Subscreen kapseln

Sie haben in den vorangegangenen Abschnitten gesehen, wie Enjoy-Komponenten sinnvoll gekapselt werden können. Ein ähnliches Vorgehen ist auch mithilfe von *Subscreens* möglich. Subscreens sind Dynpros, die in andere Dynpros eingebunden werden können. Sowohl die Definition selbst als auch die notwendigen Feldsteuerungen (`LOOP AT SCREEN`) und Prüfroutinen können dabei in einem ganz anderen Programm oder einer Funktionsgruppe liegen.

### 5.4.1 Standortanzeige kapseln

Zur Demonstration der Verwendung von Subscreens werden wir die Darstellung und Eingabe des Standorts aus dem Ticketdialog in einer Funktionsgruppe kapseln. Die Standortauswahl wird aussehen wie in Abbildung 5.10.

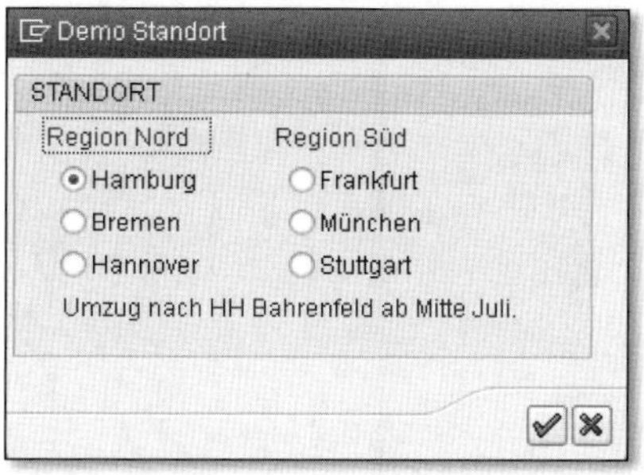


**Abbildung 5.10** Kapselung der Standortauswahl in einem Subscreen

Zur Kapselung mithilfe eines Funktionsbausteins sind im Wesentlichen folgende Schritte notwendig:

1. Erstellung der Funktionsgruppe mit Funktionsbaustein
2. Erstellung des Subscreens
3. Feldsteuerung
4. Feldprüfungen
5. Datenübergabe

Die Datenübergabe ist dabei der Prozess, der sich bei Subscreens am schlechtesten kapseln lässt. Der Grund dafür ist, dass die Datenübergabe zwischen Programm und Dynpro über Namensgleichheit funktioniert. Das bedeutet, dass im Programm ein Feld *global* definiert und sowohl im Dynpro als auch in der Programmlogik geändert wird. Da wir jedoch alle Komponenten kapseln wollen, müssen wir den Datentransport zum und vom Subscreen per Funktionsbaustein separat programmieren. Bei der Verwendung eines Controls müssten wir dies jedoch ebenso tun, daher stellt dieser Schritt keinen zusätzlichen Arbeitsaufwand dar.

**Funktionsgruppe anlegen**

Beginnen wir also damit, in der ABAP Workbench eine Funktionsgruppe anzulegen (siehe auch Anhang A.6, »Funktionsgruppe anlegen«):

1. Rufen Sie Transaktion SE80 auf, und stellen Sie sicher, dass der Repository Browser ausgewählt ist.
2. Wählen Sie dann in der Auswahlliste den Objekttyp Funktionsgruppe aus.
3. Tragen Sie den Namen »ZBOOK_LOCATION« in das zugehörige Namensfeld ein (siehe Abbildung 5.11).

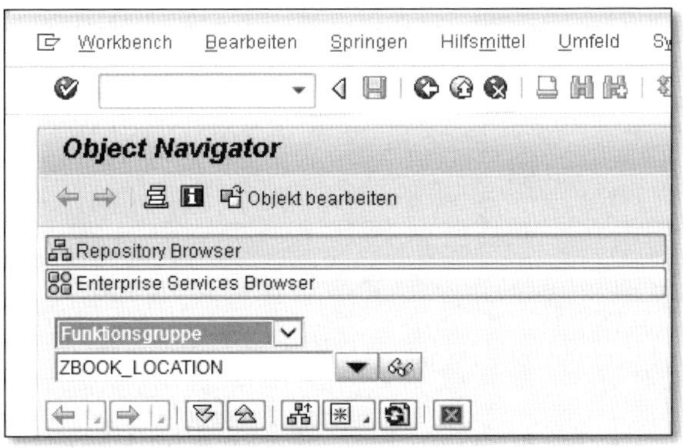


**Abbildung 5.11** Funktionsgruppe im Object Navigator anlegen

4. Drücken Sie die Taste [↵], und bestätigen Sie damit, dass Sie die Funktionsgruppe erstellen möchten.
5. Folgen Sie den Anweisungen zur Paketzuordnung und der Aufnahme in einen Transportauftrag.

**Funktionsbaustein anlegen**

Sie haben nun eine leere Funktionsgruppe generiert. In dieser Funktionsgruppe legen Sie nun einen Funktionsbaustein an:

1. Klicken Sie dazu mit der rechten Maustaste auf `ZBOOK_LOCATION` in der Baumdarstellung.

2. Ihnen wird ein Kontextmenü angezeigt, in dem Sie den Eintrag ANLEGEN • FUNKTIONSBAUSTEIN auswählen, die Funktionsgruppe wird vorgegeben.
3. Tragen Sie den Namen des Funktionsbausteins »Z_BOOK_LOCATION_SHOW« in das Feld NAME ein.
4. Außerdem tragen Sie eine Beschreibung im Feld KURZTEXT ein.

Diesen Funktionsbaustein werden wir als Testumgebung für unseren Standorte-Subscreen verwenden. Diesem Baustein wollen wir ein Standortkürzel übergeben; der Anwender soll den Standort ändern können, und der Subscreen soll anschließend den geänderten Standort an das aufrufende Programm zurückliefern. Die Standorte werden auf dem Subscreen mithilfe von Auswahlbuttons dargestellt. Sie müssen dafür den Parameter LOCATION auf der Registerkarte CHANGING mit den Werten aus Abbildung 5.12 definieren.

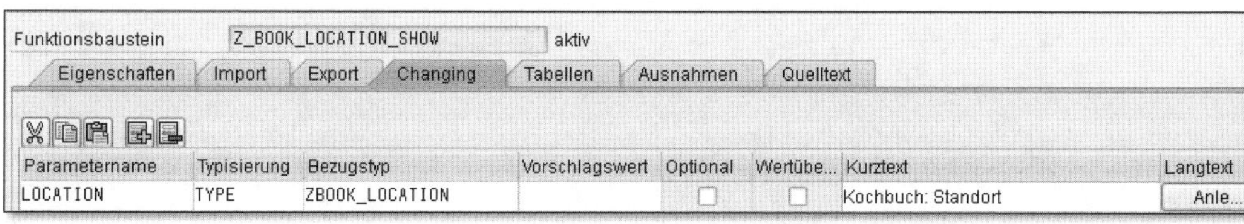


**Abbildung 5.12** Parameter LOCATION

**Auswahlbuttons definieren**

Klicken Sie auf die Registerkarte QUELLTEXT, und erfassen Sie die folgende Coding-Zeile:

```
PERFORM location2radio USING location.
```

Mit diesem Aufruf weisen Sie den Standortauswahl-Buttons anhand des übergebenen Parameters LOCATION den aktuellen Standort zu.

**Unterroutine definieren**

Als Nächstes muss noch die Unterroutine für den Subscreen definiert werden. Klicken Sie doppelt auf den Namen location2radio, und bestätigen Sie, dass Sie das Objekt anlegen möchten. Es wird dann automatisch ein neues Include vorgeschlagen, in das Sie die Unterroutine platzieren können. Bestätigen Sie die Auswahl mit der [↵]-Taste, und erfassen Sie das Coding aus Listing 5.11.

```
FORM location2radio USING location TYPE zbook_location.
  CLEAR gs_location.
  CASE location.
    WHEN 'HH'.   gs_location-hh  = 'X'. "Hamburg
```

```
    WHEN 'HB'.  gs_location-hb  = 'X'. "Bremen
    WHEN 'H'.   gs_location-h   = 'X'. "Hannover
    WHEN 'FFM'. gs_location-ffm = 'X'. "Frankfurt/Main
    WHEN 'M'.   gs_location-m   = 'X'. "München
    WHEN 'S'.   gs_location-s   = 'X'. "Stuttgart
  ENDCASE.
ENDFORM.                      " LOCATION2RADIO
```

**Listing 5.11** Unterroutine zur Standortanzeige definieren

Globale Struktur definieren

Die globale Struktur `GS_LOCATION` enthält je ein einstelliges Feld für jeden Standort. Definieren Sie die globale Struktur, indem Sie doppelt auf ihren Namen `GS_LOCATION` klicken. Bestätigen Sie, dass Sie das Feld anlegen möchten, übernehmen Sie die voreingestellten Werte, und definieren Sie die Struktur wie in Listing 5.12.

```
DATA: BEGIN OF gs_location,
        hh  TYPE c LENGTH 1,
        hb  TYPE c LENGTH 1,
        h   TYPE c LENGTH 1,
        ffm TYPE c LENGTH 1,
        m   TYPE c LENGTH 1,
        s   TYPE c LENGTH 1,
      END OF gs_location.
```

**Listing 5.12** Struktur GS_LOCATION definieren

[»]

**Strukturdefinition im ABAP Dictionary**

Natürlich könnten Sie die Struktur auch im ABAP Dictionary definieren und auf diese verweisen. Sobald die auswählbaren Optionen eines Feldes für den Anwender erklärungsbedürftig sind und damit eine Hilfe für jedes Feld sinnvoll ist, bietet es sich an, die Struktur im ABAP Dictionary mit entsprechenden Datenelementen zu erstellen. In unserem Fall ist das jedoch nicht notwendig.

Dynpro 100 anlegen

Springen Sie nun mit der Taste [F3] zurück in die Unterroutine und von der Unterroutine mit [F3] zurück in den Funktionsbaustein. Tragen Sie folgende Coding-Zeile unter dem Aufruf der Unterroutine ein:

```
CALL SCREEN 100 STARTING AT 3 3.
```

Mit dieser Anweisung rufen Sie das Dynpro 100 als modales Dialogfenster auf. Legen Sie das Dynpro 100 mit einem Doppelklick auf `100` im Quellcode an. Verfahren Sie dabei, wie in Anhang A.5, »Dynpros anlegen und erweitern«, beschrieben. Im grafischen Layout Editor wählen Sie in der Werkzeugleiste das Werkzeug SUBSCREEN aus. Ziehen Sie einen ausreichend großen Bereich für den Subscreen auf das Dynpro, und nennen Sie dem Bereich SUBSCREEN_LOCATION. Aktivieren Sie die Änderungen, und kehren Sie mit dem grünen Pfeil zurück in die Ablauflogik des Dynpros. Hier können Sie nun die Anzeige des Subscreens mit dem Coding aus Listing 5.13 implementieren.

```
PROCESS BEFORE OUTPUT.
  MODULE status_0100.
  CALL SUBSCREEN subscreen_location
       INCLUDING sy-repid '0200'.
*
PROCESS AFTER INPUT.
  CALL SUBSCREEN subscreen_location.
  MODULE user_command_0100.
```

**Listing 5.13** Anzeige des Subscreens definieren

**Module anlegen**

Die Module STATUS_0100 und USER_COMMAND_0100 müssen Sie ebenfalls durch einen Doppelklick auf das jeweilige Modul im Quellcode anlegen (siehe Listing 5.14):

```
MODULE status_0100 OUTPUT.
  SET PF-STATUS 'POPUP'.
  SET TITLEBAR 'T100'.
  CLEAR gv_okcode.
ENDMODULE.
```

**Listing 5.14** Modul STATUS_0100 aktivieren

**GUI-Status POPUP**

Im GUI-Status sind die möglichen Funktionen eines Programms enthalten. Den GUI-Status POPUP erstellen Sie mit den beiden Funktionen OKAY (Funktionstaste [↵]) und ABBR (Funktionstaste [F12]). Den Titel T100 erstellen Sie ebenfalls per Doppelklick. Er enthält die Bezeichnung, die im Fensterrahmen des Pop-ups angezeigt wird.

Nach Aufruf des Dynpros muss die vom Anwender getroffene Standortauswahl (z.B. »Frankfurt«) wieder in das in der Struktur GS_LOCATION gespeicherte Kürzel (z.B. »FFM«) zurückinterpretiert werden:

```
  IF gv_okcode = 'OKAY'.
    PERFORM radio2location CHANGING location.
  ENDIF.
```

Den Funktionsbaustein im Function Builder sehen Sie in Abbildung 5.13.

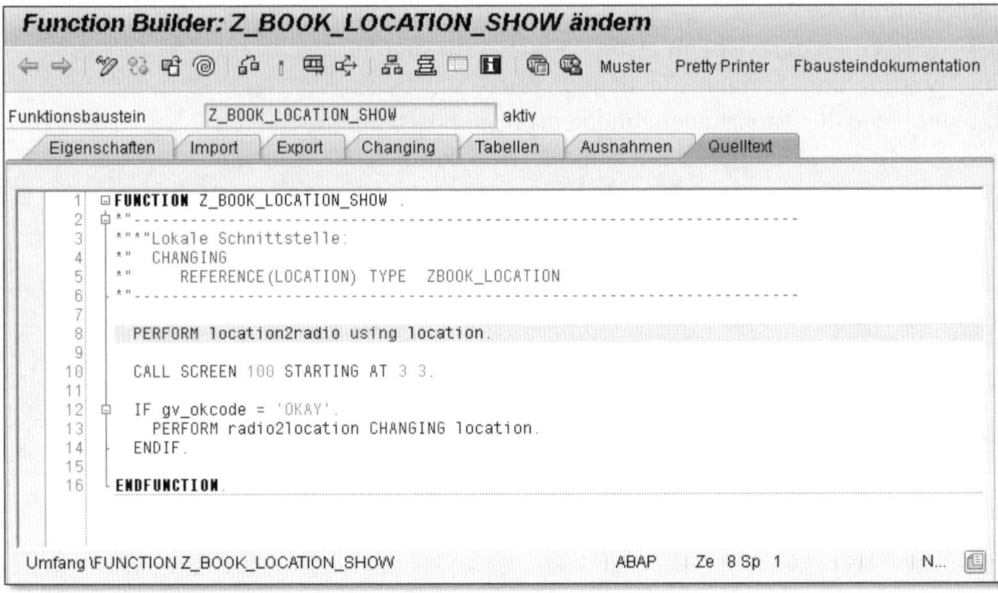


**Abbildung 5.13** Funktionsbaustein Z_BOOK_LOCATION_SHOW

### 5.4.2 Subscreen anlegen

*Auswahlbutton gruppieren*

Wir haben bereits auf den Subscreen 0200 verwiesen, den wir nun anlegen. Legen Sie für jedes Feld aus der Struktur `GS_LOCATION` – also für jeden Standort – einen Auswahlbutton auf dem Dynpro an. Gruppieren Sie die Auswahlbuttons im Anschluss, indem Sie alle Auswahlbuttonfelder markieren und Bearbeiten • Gruppierung • Auswahlknopfgruppe • Definieren wählen. Achten Sie darauf, dass Sie keine anderen Felder mit markieren, da die Gruppierung sonst nicht funktioniert.

*Hinweis zu Auswahlfeldern ausgeben*

Zu einigen Standorten soll noch ein Hinweis auf dem Subscreen ausgegeben werden. Um diese Information ausgeben zu können, benötigen Sie ebenfalls ein Feld. Nennen Sie dieses Feld `GV_MESSAGE`, und legen Sie es im Dynpro 0200 an. Da es als reines Ausgabefeld dienen soll, markieren Sie in den Attributen zum Feld auf der Registerkarte Programm die Option Nur Ausgabefeld. Wenn Sie auf der Registerkarte Anzeige noch die Option Hell auswählen, wird der Text zusätzlich hervorgehoben. Weitere Farbelemente sind auf Dynpros leider nicht möglich.

*Dynpro-Ablauflogik*

Die Ablauflogik des Dynpros sieht folgendermaßen aus:

```
PROCESS BEFORE OUTPUT.
PROCESS AFTER INPUT.
  FIELD gv_message MODULE check_location.
```

Im PAI-Modul CHECK_LOCATION rufen Sie nun mit dem Coding aus Listing 5.15 die gleichnamige Unterroutine auf, in der die standortabhängige Meldung erzeugt wird.

```
FORM check_location .
  CASE 'X'.
    WHEN gs_location-s.
      MESSAGE i000(oo)
         WITH 'Achtung: Inventur vom 03.08. - 13.08.!'
         INTO gv_message.
    WHEN gs_location-hh.
      MESSAGE i000(oo)
         WITH 'Umzug nach HH Bahrenfeld ab Mitte Juli.'
         INTO gv_message.
    WHEN gs_location-m.
      MESSAGE i000(oo)
         WITH 'Geplante Eröffnung verschoben auf den 02.09.'
         INTO gv_message.
    WHEN OTHERS.
      CLEAR gv_message.
  ENDCASE.
ENDFORM.
```

**Listing 5.15** Standortabhängige Meldung in Unterroutine CHECK-LOCATION

Diese Routine müssen Sie auch noch in die Unterroutine location2radio einbauen, damit die Meldung korrekt erzeugt wird.

### 5.4.3 Funktionsbaustein testen

Nun können Sie den Funktionsbaustein Z_BOOK_LOCATION_SHOW testen. Drücken Sie im Function Builder die [F8]-Taste, um in die Testumgebung zu gelangen. In der Testumgebung wird der Import-Parameter LOCATION angezeigt, den Sie mit einem gültigen Wert für STANDORT vorbelegen können. Da es sich in diesem Fall nur um ein Beispiel handelt, haben wir auf die Implementierung einer Fehlerbehandlung bei einem nicht unterstützten Eingabewert verzichtet. Drücken Sie erneut die [F8]-Taste, um das Pop-up-Fenster mit den Standorten anzuzeigen. Das Ergebnis sollte so aussehen wie in Abbildung 5.10. Wenn Sie einen anderen Standort auswählen, und die [↵]-Taste drücken, wird das Kürzel des ausgewählten Standorts übernommen.

[»]

**Wertehilfe**

Mit der Programmierung des Testbausteins haben Sie ganz nebenbei eine [F4]-Wertehilfe für das Feld STANDORT programmiert. Diesen Baustein können Sie nun anstelle der normalen [F4]-Wertehilfe verwenden. Er sieht deutlich schicker aus als die normale Wertehilfe, in der lediglich die Kürzel (z.B. »FFM«) und die Bezeichnung (z.B. »Frankfurt«) in einer Liste angezeigt werden. Die Verwendung des Funktionsbausteins als [F4]-Wertehilfe im Ereignis *Process on Value-Request* (POV) zeigen wir Ihnen in Listing 5.16.

```
REPORT ZBOOK_TEST_LOCATION
PARAMETERS p_loc TYPE zbook_location.
AT SELECTION-SCREEN ON VALUE-REQUEST FOR p_loc.
  CALL FUNCTION 'Z_BOOK_LOCATION_SHOW'
    CHANGING
      location = p_loc.
```

**Listing 5.16** F4-Wertehilfe für das Feld »Standort«

### 5.4.4 Subscreen in Programm einbauen

Variable SY-REPID ersetzen

Den Subscreen 0200 haben wir bereits in den Test-Funktionsbaustein eingebaut. Dabei haben wir in Listing 5.13 die Variable SY-REPID verwendet, die im Falle eines externes Aufrufs durch den Namen der Funktionsgruppe ersetzt werden muss. Das Rahmenprogramm einer Funktionsgruppe heißt immer SAPL, gefolgt vom Namen der Funktionsgruppe. Wir haben die Gruppe ZBOOK_LOCATION genannt, das Rahmenprogramm heißt demzufolge SAPLZBOOK_LOCATION. Der Aufruf des Subscreens 0200 in einem anderen Dynpro erfolgt wie in Listing 5.17.

```
PROCESS BEFORE OUTPUT.
  MODULE status_0100.
  CALL SUBSCREEN subscreen_location
       INCLUDING 'SAPLZBOOK_LOCATION' '0200'.
PROCESS AFTER INPUT.
  CALL SUBSCREEN subscreen_location.
  MODULE user_command_0100.
```

**Listing 5.17** Externer Aufruf des Subscreens 0200

Aufruf des Subscreens

Der Datentransport zwischen der Funktionsgruppe und dem aufrufendem Programm muss gesondert erfolgen, denn das Programm kennt die Daten in der Funktionsgruppe nicht. Das Setzen der Daten erfolgt durch den Funktionsbaustein ZBOOK_LOCATION_SET_DATA, der in der Funktionsgruppe angelegt werden muss (siehe Listing 5.18).

```
FUNCTION Z_BOOK_LOCATION_SET_DATA.
*"----------------------------------------------------------------
*"*"Lokale Schnittstelle:
*"  IMPORTING
*"     REFERENCE(LOCATION) TYPE  ZBOOK_LOCATION
*"----------------------------------------------------------------
  PERFORM location2radio using location.
ENDFUNCTION.
```

**Listing 5.18** Funktionsbaustein Z_BOOK_LOCATION_SET_DATA

Der Aufruf des Subscreens kann erfolgen, sobald die Daten für den Standort feststehen, d.h., nachdem das Programm die Daten initialisiert hat oder nachdem die Daten gelesen wurden. Idealerweise erfolgt der Aufruf des Subscreens, bevor das Dynpro aufgerufen wird. Erfolgte der Aufruf im PBO des Dynpros, würde der Funktionsbaustein bei jedem Klick auf eine Taste durchlaufen, was unnötig Rechenzeit benötigt.

**Daten aktualisieren**

Bevor die Daten der Sitzung gesichert werden, muss der aktuelle Zustand der Daten im Subscreen gelesen werden. Auch dazu verwenden wir einen Funktionsbaustein, und zwar Z_BOOK_LOCATION_GET_DATA, der ebenfalls in der Funktionsgruppe des Subscreens liegen muss (siehe Listing 5.19).

```
FUNCTION z_book_location_get_data.
*"----------------------------------------------------------------
*"*"Lokale Schnittstelle:
*"  EXPORTING
*"     REFERENCE(LOCATION) TYPE  ZBOOK_LOCATION
*"----------------------------------------------------------------
  PERFORM radio2location changing location.
ENDFUNCTION.
```

**Listing 5.19** Funktionsbaustein Z_BOOK_LOCATION_GET_DATA

Die hier gezeigte Methode hat den Nachteil, dass der Subscreen STANDORTE nur einmal im Programm eingebunden werden kann, da in der Funktionsgruppe immer die gleichen Daten für die Auswahlfelder verwendet werden. Wollten Sie den Subscreen zur Standortauswahl zweimal einbinden, würde das nicht funktionieren. In einer Anwendung, in der Sie z.B. die Felder AKTUELLER STANDORT und ZIEL-STANDORT auf dem Dynpro verwenden wollten, könnten Sie den Subscreen STANDORTAUSWAHL nur für eins der beiden Felder verwenden. Sie könnten für das zweite Feld jedoch den Funktionsbaustein Z_BOOK_LOCATION_SHOW nutzen.

## 5.5 Enjoy Control »andocken«

In den vorangegangenen Abschnitten haben Sie erfahren, wie Sie innerhalb eines Programms gekapselte Funktionen verwenden können. Häufig sollen jedoch Komponenten an vorhandene Programme »angedockt« werden. Das wird sehr häufig in User-Exits oder Erweiterungen von SAP-Standardprogrammen umgesetzt. Die Komponenten werden also nicht *innerhalb* des Programms eingebunden und verwaltet, sondern lediglich an geeigneter Stelle *einmal aufgerufen*.

[zB]

**Autoradio und Dachgepäckträger**

Wahrscheinlich fragen Sie sich jetzt, wo da der Unterschied liegt. Lassen Sie es uns mit einem Beispiel erklären: In einem Auto haben Sie ebenfalls viele *Komponenten* oder auch *Module*. Ein Autoradio wäre ein Modul, das *innerhalb* des Autos installiert werden muss. *Innerhalb* heißt in diesem Fall nicht im Innenraum des Autos, sondern eher *in das Auto integriert*, d.h., es muss eine Schutzverkleidung abgenommen werden, Stecker müssen angeschlossen werden, der GPS-Empfänger für die Navigationsfunktion muss verlegt und angeschlossen werden – Arbeiten, die das Autoradio sehr stark mit dem Auto selbst verbinden. Den Prozess des »Andockens« könnte man vielleicht am besten mit einem Dachgepäckträger vergleichen. Dieser muss natürlich auch am Auto befestigt werden, aber diese Fixierung ist lange nicht so starr und nicht so aufwendig. Mithilfe des Dachgepäckträgers können verschiedene Gegenstände »angedockt« werden: Fahrradträger, eine Dachbox oder auch eine Werbetafel. Diese *Module* können Sie problemlos auch an anderen Dachgepäckträgern von anderen Autos anbringen.

Ähnlich wie mit dem Autoradio im Auto verhält es sich mit den bisher vorgestellten Komponenten: Sie müssen alle relativ aufwendig im Programm integriert werden und sind *starr* im Programm eingebunden. Mit dem nächsten Beispielprogramm möchten wir Ihnen eine Lösung vorstellen, die problemlos an vorhandene Programme angekoppelt werden kann. Dazu verwenden wir die Klasse `CL_GUI_DOCKING_CONTAINER`. In diesem *Docking-Container* soll die Dokumentation eines Programms angezeigt werden. Der Aufruf lässt sich schnell und unkompliziert so in Reports einbinden, dass die Dokumentation sofort beim Aufruf des Programms angezeigt wird.

## 5.6 Verwaltung von Reuse-Funktionen

**Dokumentationsoptionen**

Die Kenntnis der Reuse-Objekte ist ein wichtiger Bestandteil zur Umsetzung des Konzepts der Wiederverwendbarkeit. Es gibt viele Möglichkeiten, Reuse-Funktionen zu sammeln und zu verwalten. Einige möchten wir Ihnen hier vorstellen:

- Pakete (Entwicklungsklassen)
- Funktionsgruppen
- Klassen
- Reuse-Library pflegen (Transaktion SLIB)
- Reuse-Library anzeigen (Transaktion SE83)
- Gruppenlaufwerke
- ergänzende Drittanbieter-Software (Jive SBS, Microsoft SharePoint, Wiki etc.)

Dokumentationen, die sich innerhalb des SAP-Systems befinden, sollten aus unserer Sicht bevorzugt werden, denn im SAP-System selbst ist es am einfachsten, die Dokumentation aktuell zu halten. Es spricht nichts dagegen, diese zusätzlich außerhalb des Systems zu dokumentieren und zu verwalten. Im Gegenteil, die Suchfunktionen in einem Intranet z.B. bieten wertvolle Informationen sowie leichte Handhabbarkeit. Sinnvolle Bündelungen und aussagekräftige Bezeichnungen sind das A und O bei der Dokumentation im SAP-System. In der Regel wird im SAP-System anhand von Verwendungsnachweisen, vorhandenen Programmen und anderweitigen Suchen geprüft, ob bestimmte Programmierungen bereits im System vorhanden sind.

**Probleme bei der Namensgebung**

Funktionen, die in mehreren Programmierungen und in verschiedenen Bereichen verwendet werden können, werfen bei der Dokumentation meistens die Frage auf, welchem Bereich die Funktion zugeordnet werden soll. Eine Zuordnung kann auf verschiedene Arten erfolgen:

- über den Funktionsnamen
- über das Paket (Entwicklungsklasse)
- über die Klasse oder die Funktionsgruppe

Soll z.B. die Funktion »Materialnummer prüfen« in eine Klasse aufgenommen werden, die einem *Vertriebspaket* zugeordnet ist, obwohl es doch eine Funktion aus dem Bereich *Materialwirtschaft* ist? Soll dafür eine eigene Klasse angelegt werden? Sollte man die Funktion `CHECK_MATERIAL` oder `MATERIAL_CHECK` nennen? Oder sollen deutsche Objektbezeichnungen wie `PRUEFEN_MATERIALNUMMER` oder `MATNR_PRUEFUNG` verwendet werden?

Kapselung

Unser Tipp lautet: Machen Sie sich darüber nicht zu viele Gedanken! Wichtig ist, dass die Funktion da ist und gekapselt wurde. Wenn es eine kleine Funktion ist, die Sie für Ihre aktuelle Programmierung benötigen, packen Sie diese Funktion in eine bereits vorhandene Klasse. Ist absehbar, dass vielleicht noch mehrere Funktionen hinzukommen, verwenden Sie eine neue Klasse.

[zB]

**Konflikte bei der Namensgebung**

Bei der Namensgebung sind nach einiger Zeit Konflikte kaum zu vermeiden. Schreiben Sie z.B. ein Programm, in dem viele Objekte initialisiert oder erzeugt werden müssen, werden Sie sie vielleicht folgendermaßen benennen:

```
INIT_TABLES
INIT_CONTROL
INIT_DISPLAY
```

Bei der weiteren Entwicklung kann sich jedoch herausstellen, dass es zu einem Objekt mehrere Routinen gibt. In diesem Fall werden Sie vielleicht den Objektnamen an den Anfang setzen:

```
TEXT_READ
TEXT_SAVE
```

Ob Sie die Initialisierungsroutine nun `TEXT_INIT` nennen, damit die Zugehörigkeit zum Objekt »Text« deutlich wird, oder `INIT_TEXT`, damit Sie alle Initialisierungsroutinen im Blick haben, bleibt letztlich Ihnen überlassen.

*Durch die Kapselung von Funktionen (»Separation of Concerns«) werden diese wiederverwendbar. Dieses Prinzip setzen wir in diesem Kapitel mit einem TextEdit-Control und GUI-Containern um.*

# 6 Mit dem TextEdit Control arbeiten

Das TextEdit Control (Klasse `CL_GUI_TEXTEDIT`) ermöglicht die Anzeige bzw. das Editieren von Langtexten innerhalb einer Programmoberfläche. In diesem Kapitel werden wir dieses Control zur Anzeige der Tickethistorie in unserer Beispiel-Ticketanwendung verwenden. In der Tickethistorie werden alle Änderungen am Ticket zusammen mit einem Zeitstempel und dem Bearbeiter in Textform gespeichert. Sie ist in einer eigenständigen Datenbanktabelle abgelegt. Um die Anzeige der Historie losgelöst vom Kontext zu realisieren, verwenden wir drei Stilmittel:

- Das *Model* ist eine einfache Klasse, die die Datenhaltung realisiert.
- Der *Controller* realisiert den externen Zugriff und regelt die Kommunikation mit dem View.
- Der *View* ist in unserem Beispiel das TextEdit Control.

Wir werden also das sogenannte *Model-View-Controller-Prinzip* einsetzen. Dieses Design Pattern (siehe auch Abschnitt 1.1, »Entwurfsmuster«) wird unter anderem auch in Web-Dynpro-Anwendungen verwendet, hier allerdings nur in vereinfachter Form angewandt.

Dabei kommen folgende Techniken zum Einsatz:

- **Singleton-Pattern**
  Der Controller soll genau einmal existieren, da zu einem Zeitpunkt genau eine Historie angezeigt wird.
- **Factory-Pattern**
  Das Model stellt sicher, dass zu jeder Historie genau eine Instanz des Models existiert.

- **Ereignisse**
  Das Model löst ein Ereignis aus, wenn der Historientext geändert wird. Der Controller reagiert auf dieses Ereignis und aktualisiert im Bedarfsfall die Anzeige bzw. den View. Da der Auslöser des Ereignisses die Verbraucher, d.h. die Klassen, die auf das Ereignis reagieren, nicht kennt, wird von einer losen Bindung (*Loose Binding*) gesprochen.

Resultat der in diesem Kapitel durchgeführten Programmierungen wird eine Sammlung von Klassen sein, die eine konsistente Anzeige der Tickethistorie gewährleistet – unabhängig vom aufrufenden Programm.

## 6.1 Datenhaltung und Model

Die Tickethistorie wird in einer eigenen Tabelle abgelegt. In diesem Abschnitt werden wir diese Tabelle sowie die zugehörige Zugriffsklasse, das Model, anlegen.

### 6.1.1 Dictionary-Objekte anlegen

Datenelement

Die Tickethistorie wird als einfaches `STRING`-Feld abgebildet. Felder vom Typ `STRING` sind zeichenartig und in ihrer Länge nicht beschränkt. Um eine solche Entscheidung im Bedarfsfall zu einem späteren Zeitpunkt einfach und konsistent revidieren zu können, legen wir ein entsprechendes Datenelement an. Die Anlage eines Datenelements ist in Anhang A.9, »Datenelement anlegen«, beschrieben. Verwenden Sie die folgenden Werte:

- Name des Datenelements: `ZBOOK_TICKET_HISTORY`
- Datentyp • Eingebauter Typ: `STRING`
- Feldbezeichner: Historie

Datenbanktabelle

Legen Sie die Tickethistorie in der Datenbanktabelle `ZBOOK_HISTORY`, die lediglich drei Felder beinhaltet, ab. Die Anlage einer Datenbanktabelle ist in Anhang A.11, »Tabelle anlegen«, beschrieben. Tragen Sie auf der Registerkarte Auslieferung und Pflege folgende Werte ein:

- Name der Tabelle: `ZBOOK_HISTORY`
- Auslieferungsklasse: A

Springen Sie dann auf die Registerkarte Felder, und pflegen Sie die Werte aus Tabelle 6.1 ein.

| Feldname | Key | Datenelement |
|---|---|---|
| MANDT | X | MANDT |
| TIKNR | X | ZBOOK_TICKET_NR |
| HISTORY | | ZBOOK_TICKET_HISTORY |

**Tabelle 6.1** Felder der Datenbanktabelle ZBOOK_HISTORY

[«]

**Strings in Datenbanktabellen**

Bei der Verwendung des Datentyps STRING in einem Datenelement wird die Warnung »Länge ist unbeschränkt« angezeigt. Lassen Sie sich davon nicht irritieren; fassen Sie diesen Hinweis stattdessen als Beweis dafür auf, dass Sie alles richtig gemacht haben. Der Grund für diese Warnung besteht in der Verwendung in einer Datenbanktabelle, wie in diesem Beispiel gezeigt: Felder dieses Typs können beliebig groß werden, sodass eine Vorhersage der Größe der Tabelle in der Datenbank erschwert wird.

Felder vom Typ STRING sind ab SAP NetWeaver 2004 verfügbar. In früheren Releases haben Sie zwei Möglichkeiten:

- Sie typisieren das Datenelement ZBOOK_TICKET_HISTORY auf ein entsprechend großes CHAR-Feld, in dem Sie Groß- und Kleinschreibung zulassen, und nehmen die entsprechenden Nachteile in Kauf (beschränkte Feldlänge und gegebenenfalls vergeudeter Speicherplatz).
- Sie wählen ein komplett anderes Konzept und legen den Langtext in den Tabellen STXH und STXL ab. (Dieses Vorgehen wird in diesem Buch nicht behandelt.) Nähere Informationen dazu finden Sie in der SAP-Hilfe unter *http://help.sap.com/saphelp_nw73ehp1/helpdata/de/4e/1c2a130b4d1a26e10000000a42189e/frameset.htm*

Die Ablage des Langtextes als String ist aber die beste Wahl für unsere Zielsetzung.

In den TECHNISCHE EINSTELLUNGEN zur Tabelle tragen Sie die DATENART »APPL0« (Stammdaten, transparente Tabellen) und die GRÖSSENKATEGORIE »0« ein. Aktivieren Sie anschließend die Tabelle.

### 6.1.2 Model-Klasse anlegen

In diesem Abschnitt legen wir die Model-Klasse an, die sich um den Zugriff auf den Langtext der Meldung kümmern wird.

#### Private Instanziierung und Factory-Methode

Die Model-Klasse kontrolliert die Erzeugung ihrer Instanzen, um Datenkonsistenz zu gewährleisten. Daher können Instanzen der

Klasse nur in der Klasse selbst angelegt werden, und diese werden in einer internen Tabelle gespeichert. Fordert der Benutzer der Klasse eine Instanz an, werden bereits vorhandene Instanzen aus der internen Tabelle gelesen. Von außen können die Instanzen über eine sogenannte *Factory-Methode* erzeugt bzw. abgerufen werden.

[»]

**Speicherverbrauch**

Eine Instanz einer Klasse bleibt im Hauptspeicher, bis die letzte auf sie zeigende Referenz gelöscht wird. Danach kann auf die Instanz nicht mehr zugegriffen werden, sodass der *Garbage Collector* den Speicher freigeben kann.

Bei Verwendung einer Instanzentabelle bleiben alle einmal angeforderten Instanzen bis zum Ende des internen Modus im Speicher, da in der Instanzentabelle immer eine Referenz auf jede Instanz existiert und der Garbage Collector die Instanz daher nicht abräumt. Werden sehr viele Instanzen bearbeitet, führt das zu einem erhöhten Speicherverbrauch.

Instanziierung reglementieren

Um die Instanziierung der Model-Klasse einzustellen, gehen Sie wie folgt vor:

1. Starten Sie den Class Builder (Transaktion SE24).
2. Geben Sie im Feld OBJEKTTYP den Namen der anzulegenden Klasse (hier `ZCL_BOOK_TICKET_HIST_MODEL`) ein, und klicken Sie auf ANLEGEN, bzw. drücken Sie [F5] (siehe Abbildung 6.1).

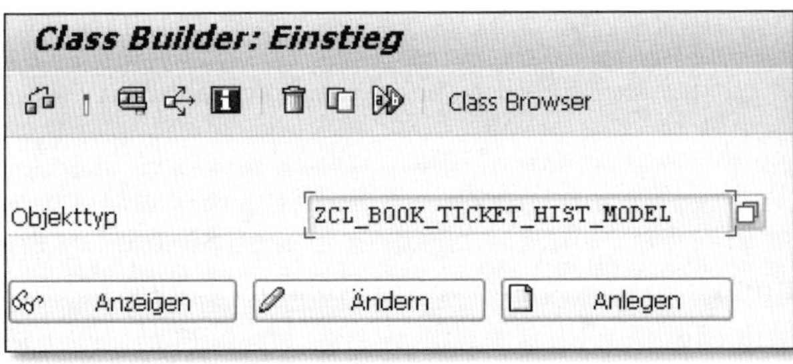


Abbildung 6.1 Model-Klasse anlegen

3. In dem sich öffnenden Pop-up-Fenster wählen Sie aus der Auswahlliste INST.-ERZEUGUNG den Wert 0 PRIVATE aus (siehe Abbildung 6.2). Dadurch wird nur die Klasse selbst in der Lage sein, Instanzen von sich zu erzeugen.
4. Geben Sie anschließend im Feld BESCHREIBUNG eine Kurzbeschreibung ein. Für die anderen Werte können Sie die jeweiligen Voreinstellungen übernehmen. Klicken Sie auf SICHERN.

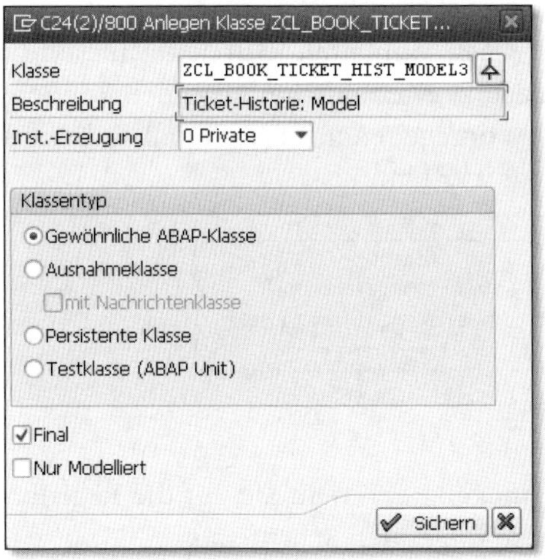


**Abbildung 6.2** Eigenschaften der Model-Klasse festlegen

5. Die neu angelegte Klasse wird nun im Class Builder angezeigt. Klicken Sie auf LOKALE TYPEN (Strg + F5). Legen Sie dort einen Strukturtyp sowie einen Tabellentyp an, wie in Listing 6.1 gezeigt. Der Tabellentyp wird später zur Typisierung eines statischen Attributs benötigt, in dem die bereits erzeugten Instanzen der Klasse gespeichert werden.

```
TYPES
  : BEGIN OF gys_inst,
      tiknr   TYPE        zbook_ticket_nr,
      r_inst  TYPE REF TO zcl_book_ticket_hist_model,
    END OF gys_inst,
    gyt_inst  TYPE HASHED TABLE OF gys_inst
              WITH UNIQUE KEY tiknr.
```

**Listing 6.1** Typdefinitionen der Model-Klasse

Sichern Sie anschließend, und gehen Sie mit F3 zurück zum Class Builder.

6. Wechseln Sie auf die Registerkarte ATTRIBUTE, und legen Sie dort drei Attribute an (siehe Abbildung 6.3).
   - Das Attribut `GV_TIKNR` enthält die Ticketnummer und dient zur Identifikation der Instanzen der Klasse.
   - Im Attribut `GV_HISTORY` wird zur Laufzeit die gesamte Historie zum Ticket gespeichert.

- Das Attribut GT_INST wird zur Laufzeit Referenzen auf alle existierenden Instanzen der Klasse enthalten. Durch Nachlesen in dieser Tabelle wird die Factory-Methode herausfinden können, ob eine Instanz zu einer vorgegebenen Ticketnummer bereits existiert oder neu angelegt werden muss.

| Attribut | Art | Sichtbark... | R... | Typi... | Bezugstyp |
|---|---|---|---|---|---|
| GV_TIKNR | Instance Attribute | Private | ☐ | Type | ZBOOK_TICKET_NR |
| GV_HISTORY | Instance Attribute | Public | ☐ | Type | ZBOOK_TICKET_HISTORY |
| GT_INST | Static Attribute | Private | ☐ | Type | GYT_INST |

**Abbildung 6.3** Attribute der Model-Klasse

**Konstruktor anlegen**

Um nun den Konstruktor anzulegen, wechseln Sie auf die Registerkarte METHODEN und führen die folgenden Schritte aus:

1. Klicken Sie auf KONSTRUKTOR (Taste [F5]). Es wird automatisch die Methode CONSTRUCTOR als Instanzmethode mit der Sichtbarkeit PUBLIC angelegt. Stellen Sie den Cursor auf diese Methode, und klicken Sie auf PARAMETER. Legen Sie den Parameter IV_TIKNR an. Als Bezugstyp geben Sie »ZBOOK_TICKET_NR« ein.
2. Klicken Sie auf METHODEN und anschließend doppelt auf die Methode CONSTRUCTOR, und tragen Sie die Methodenimplementierung aus Listing 6.2 ein.

```
METHOD constructor.
  me->gv_tiknr = iv_tiknr.

  SELECT SINGLE history
    FROM zbook_history
    INTO me->gv_history
   WHERE tiknr = me->gv_tiknr.
ENDMETHOD.
```

**Listing 6.2** Coding des Model-Klassenkonstruktors

3. Sichern Sie, und gehen Sie mit der Taste [F3] zurück in die Methodenübersicht.

**Factory-Methode anlegen**

Hier legen Sie die Factory-Methode GET_INSTANCE als öffentliche statische Methode an:

1. Klicken Sie auf die Spalte PARAMETER, und legen Sie die beiden Parameter aus Abbildung 6.4 als Signatur an.

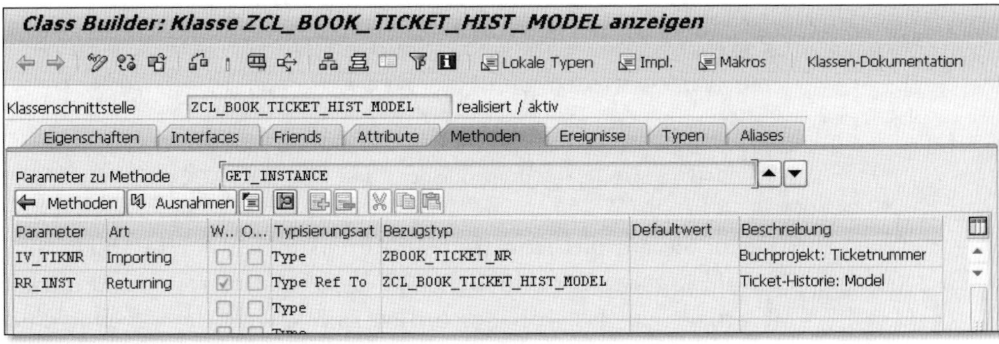


**Abbildung 6.4** Parameter der Methode GET_INSTANCE

2. Implementieren Sie die Methode gemäß Listing 6.3.

```
METHOD get_instance.
  DATA ls_inst   TYPE gys_inst.

  " Prüfen, ob bereits eine Instanz zum Ticket
  " existiert
  READ TABLE gt_inst INTO ls_inst
    WITH TABLE KEY
      tiknr = iv_tiknr.
  IF sy-subrc <> 0.
    " Nein: Instanz anlegen ...
    ls_inst-tiknr = iv_tiknr.
    CREATE OBJECT ls_inst-r_inst
      EXPORTING
        iv_tiknr = iv_tiknr.
    " ... und in die Instanztabelle eintragen.
    INSERT ls_inst INTO TABLE gt_inst.
  ENDIF.
  rr_inst = ls_inst-r_inst.
ENDMETHOD.
```

**Listing 6.3** Coding der Methode GET_INSTANCE der Model-Klasse

3. Gehen Sie zurück in die Übersicht der Klasse, und drücken Sie [F8], um die Klasse zu testen. Im Vergleich zur Testumgebung anderer Klassen werden Sie feststellen, dass der normalerweise vorhandene Button INSTANZ (siehe Abbildung 6.5 unten) zur Instanziierung der Klasse nun ausgeblendet ist (siehe Abbildung 6.5 oben), da die Instanzerzeugung auf PRIVATE gesetzt wurde.

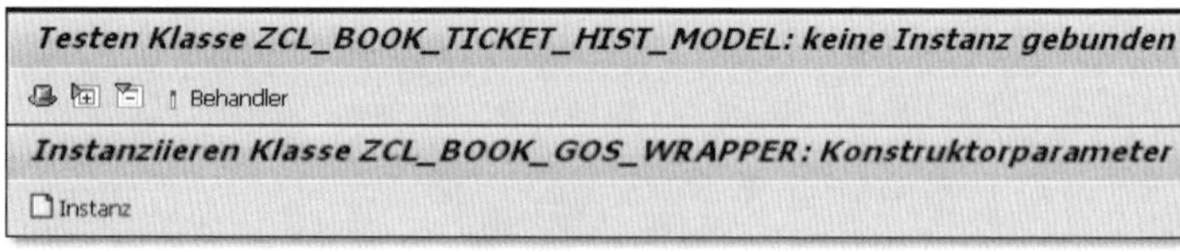


Abbildung 6.5 Private Instanziierung der Klasse ZCL_BOOK_TICKET_HIST_MODEL

Klicken Sie auf das Icon (Ausführen) neben der Methode GET_INSTANCE, geben Sie eine beliebige Ticketnummer ein, und klicken Sie erneut auf das Icon . Im ERGEBNIS-Zweig des Ergebnis-Bildschirms sehen Sie den Inhalt des Parameters RR_INST: eine Instanz der Klasse ZCL_BOOK_TICKET_HIST_MODEL. Klicken Sie auf diese Instanz, um sie sich anzeigen zu lassen. Es werden Ihnen die öffentlichen Member (d.h. Attribute und Methoden) der Instanz angezeigt.

### Historie ändern und Änderungen publizieren

Der Model-Klasse fügen wir nun eine neue Methode zu, mit der die Historie um einen neuen Eintrag ergänzt werden kann. Diese Methode löst gleichzeitig ein Ereignis aus, mit dem sich andere Klassen für die Benachrichtigung über Änderungen an der Historie registrieren können. Genau das wird der Controller tun, den wir in Abschnitt 6.2, »Controller anlegen«, behandeln.

Ereignis anlegen

Zunächst müssen Sie das Ereignis anlegen:

1. Gehen Sie im Class Builder in die Übersicht zur Klasse ZCL_BOOK_TICKET_HISTORY_MODEL.
2. Wechseln Sie zur Registerkarte EREIGNISSE.
3. Legen Sie ein öffentliches Instanzereignis HISTORY_CHANGED mit den Parametern aus Abbildung 6.6 an.

Abbildung 6.6 Ereignis der Model-Klasse

4. Wechseln Sie zur Registerkarte METHODEN, und legen Sie die öffentliche Instanzmethode ADD_HISTORY an. Diese Methode hat zwei Parameter (siehe Abbildung 6.7).

**Abbildung 6.7** Parameter der Methode ADD_HISTORY

5. Implementieren Sie die Methode gemäß Listing 6.4.

```
METHOD add_history.
  DATA ld_date         TYPE char10.
  DATA ld_time         TYPE char8.

  IF NOT gv_history IS INITIAL.
    " Zeilenumbruch
    CONCATENATE gv_history cl_abap_char_utilities=>cr_lf
      INTO gv_history.
  ENDIF.

  " Historie um neuen Eintrag ergänzen
  CONCATENATE gv_history cl_abap_char_utilities=>cr_lf
    INTO gv_history.
  GET TIME.
  WRITE sy-datum TO ld_date.
  WRITE sy-uzeit TO ld_time.
  CONCATENATE gv_history 'Ticket geändert durch' sy-uname
              'am' ld_date
              'um' ld_time
              cl_abap_char_utilities=>cr_lf iv_history
    INTO gv_history
    SEPARATED BY space.
  rv_history = me->get_history( ).

  " Event auslösen
  RAISE EVENT history_changed.
ENDMETHOD.
```

**Listing 6.4** Implementierung der Methode ADD_HISTORY

Die Historie wird in Listing 6.4 zunächst mit einem »Änderungsstempel«, anschließend durch die eigentliche Änderung aktualisiert. Der Rückgabeparameter erhält seinen Wert durch den Aufruf der Methode GET_HISTORY, auf die wir im folgenden Abschnitt noch weiter eingehen. Wenn Sie die Klasse im augenblicklichen Zustand testen wollen, kommentieren Sie die Zeile aus, und ersetzen Sie sie durch eine einfache Zuweisung. Abschließend wird das Event HISTORY_CHANGED ausgelöst.

[+]

**String-Templates ab SAP NetWeaver 7.03/7.3 einsetzen**

Die Ergänzung der Historie durch den Änderungsstempel erfolgt in unserem Beispiel durch die Verwendung zweier Hilfsvariablen für die Konvertierung von Datum und Uhrzeit. Mit den ab SAP NetWeaver 7.03/7.3 verfügbaren String-Templates lässt sich die Konvertierung deutlich eleganter lösen (siehe Listing 6.5).

```
METHOD add_history.
  IF NOT gv_history IS INITIAL.
    " Zeilenumbruch
    gv_history = |{ gv_history }| &&
                 |{ cl_abap_char_utilities=>cr_lf }|.
  ENDIF.

  " Historie um neuen Eintrag ergänzen
  GET TIME.
  gv_history =
    |{ gv_history }{ cl_abap_char_utilities=>cr_lf } &&
    |Ticket geändert durch { sy-uname } | &&
    |am { sy-datum date = user } |        &&
    |um { sy-uzeit time = user } |        &&
    |{ cl_abap_char_utilities=>cr_lf }|.
  rv_history = me->get_history( ).

  " Event auslösen
  RAISE EVENT history_changed.
ENDMETHOD.
```

**Listing 6.5** Datums- und Uhrzeitenkonvertierung mit String-Templates

### Vervollständigung der Klasse

Akzessormethode

Nun müssen Sie noch eine Akzessormethode für die Historie implementieren:

1. Legen Sie die öffentliche Instanzmethode GET_HISTORY an. Die Methode hat einen Parameter (siehe Abbildung 6.8).

**Abbildung 6.8** Parameter der Methode GET_HISTORY

2. Implementieren Sie die Methode gemäß Listing 6.6.

```
METHOD get_history.
  rv_history = me->gv_history.
ENDMETHOD.
```

**Listing 6.6** Implementierung der Methode GET_HISTORY

**Historie sichern**

Um die Tickethistorie zu sichern, legen Sie die öffentliche Instanzmethode SAVE an. Die Methode hat keine Parameter. Die Implementierung sehen Sie in Listing 6.7.

```
METHOD save.
  DATA ls_history  TYPE zbook_history.

  ls_history-tiknr = me->gv_tiknr.
  ls_history-history = me->gv_history.
  MODIFY zbook_history FROM ls_history.
ENDMETHOD.
```

**Listing 6.7** Implementierung der Methode SAVE

**Alle Historien sichern**

Schließlich legen Sie die öffentliche statische Methode SAVE_ALL an (siehe Listing 6.8). Auch diese Methode hat keine Parameter.

```
METHOD save_all.
  DATA ls_inst   TYPE gys_inst.

  LOOP AT gt_inst INTO ls_inst.
    ls_inst-r_inst->save( ).
  ENDLOOP.
ENDMETHOD.
```

**Listing 6.8** Implementierung der Methode SAVE_ALL

Die Klasse ZCL_BOOK_TICKET_HISTORY_MODEL ist nun fertig modelliert und implementiert. In Abbildung 6.9 erhalten Sie noch einmal einen Überblick über alle Methoden der Model-Klasse. Sie können die Klasse nun über die Testfunktion des Class Builders testen.

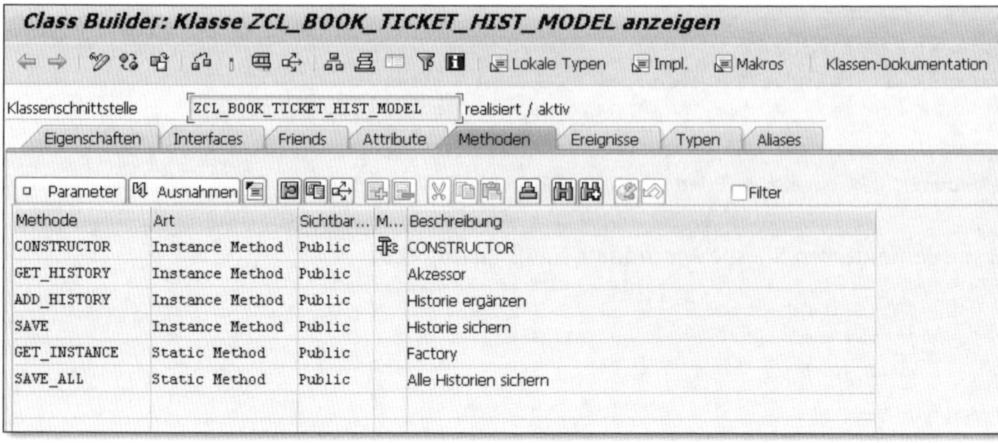


**Abbildung 6.9** Die Methoden der Model-Klasse

## 6.2 Controller anlegen

Unser Controller stellt sicher, dass genau eine Historie in einem beliebigen Frontend-Container angezeigt wird. Dieser Controller kann für diesen Zweck sowohl von einem Applikations-Controller als auch von einem kleinen Testprogramm genutzt werden.

Um die Einzigartigkeit der Historie zu gewährleisten, werden wir in diesem Abschnitt das Singleton-Pattern (auch *Highlander-Pattern* genannt) verwenden, das bewirkt, dass es genau eine Instanz des Controllers gibt.

### 6.2.1 Anlegen der Controller-Klasse

Singleton-Referenz

Zunächst müssen Sie die Controller-Klasse mit einer Singleton-Referenz anlegen.

1. Legen Sie die Klasse `ZCL_BOOK_TICKET_HIST_CNTL` im Class Builder an. Stellen Sie die Instanzerzeugung auf PRIVATE.
2. Legen Sie das Attribut `GR_SINGLETON` an (siehe Abbildung 6.10).

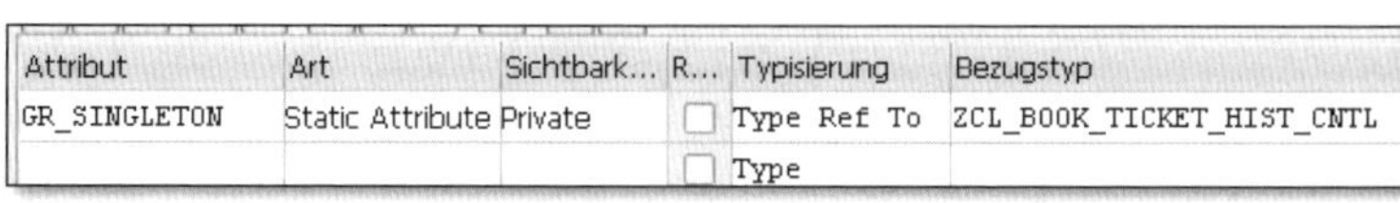


**Abbildung 6.10** Singleton-Attribut im Controller

3. Legen Sie nun, analog zur im Abschnitt »Private Instanziierung und Factory-Methode« beschriebenen Vorgehensweise, die Factory-Methode an. Es handelt sich in diesem Fall um eine öffentliche statische Methode namens GET_INSTANCE. Die Parameter der Methode entnehmen Sie Abbildung 6.11.

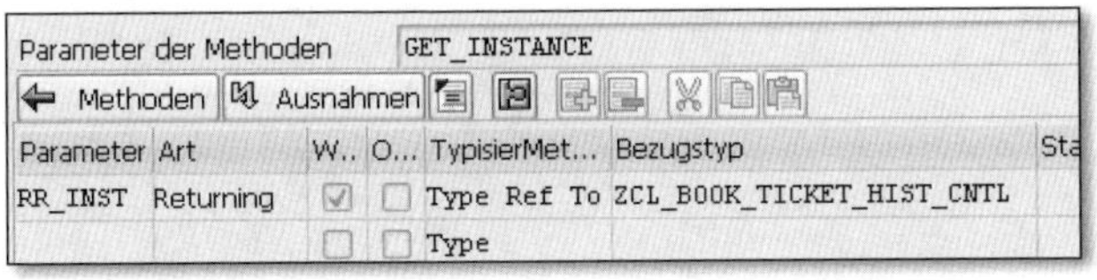


**Abbildung 6.11** Parameter der Methode GET_INSTANCE des Controllers

4. Implementieren Sie die Methode gemäß Listing 6.9.

```
METHOD get_instance.
  IF NOT gr_singleton IS BOUND.
    " Singleton erstellen
    CREATE OBJECT gr_singleton.
  ENDIF.
  rr_inst = gr_singleton.
ENDMETHOD.
```

**Listing 6.9** Implementierung der Methode GET_INSTANCE des Controllers

**Einzelinstanz**

Das hier angewandte Prinzip entspricht dem des Models, nur dass vom Controller lediglich eine einzige Instanz erstellt werden kann. Dementsprechend erübrigt sich die im Model vorhandene Instanzentabelle. Stattdessen genügt im Falle der Singleton-Referenz ein einfaches Attribut, in dem die Referenz auf die einzige Instanz der Klasse abgelegt wird. Diese Instanz wird beim erstmaligen Aufruf der Methode GET_INSTANCE erzeugt, bei jedem weiteren Aufruf wird lediglich die bereits erzeugte Referenz verwendet.

### 6.2.2 Weitere Attribute anlegen

Die Controller-Klasse benötigt neben der Singleton-Referenz noch einige weitere Attribute. Da wären zunächst das aktuell bearbeitete Model (GR_MODEL), außerdem der View (GR_VIEW) sowie eine Referenz auf den GUI-Container (GR_CONTAINER), in dem der View angezeigt werden soll. Der Anwender soll die Anzeige der Dokumentation aktivieren bzw. deaktivieren können, daher benötigt der Controller ein weiteres Attribut (VISIBLE), das die Sichtbarkeit von View und Container steuert. Legen Sie deshalb zusätzlich zum Attribut GR_SINGLETON vier weitere Attribute an, die in Abbildung 6.12 dargestellt sind.

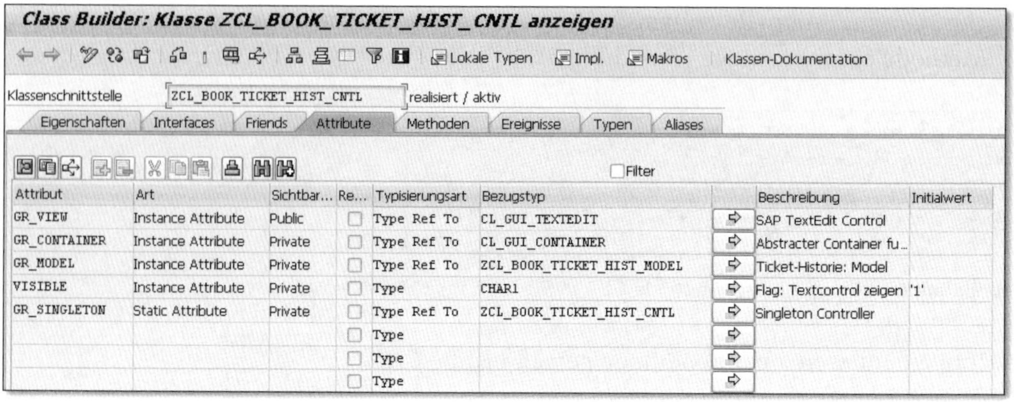


**Abbildung 6.12** Attribute der Controller-Klasse

### Model setzen

**Ticketnummer übergeben**

Das Model im Controller wird gesetzt, indem eine Ticketnummer von außen übergeben wird. Legen Sie dazu eine öffentliche Instanzmethode SET_TICKET_NUMBER an. Legen Sie den Parameter IV_TIKNR mit der ART »Importing« an. Als BEZUGSTYP geben Sie »ZBOOK_TICKET_NR« an und als TYPISIERUNGSART »Type«. Die Auswahlkästchen WERTÜBERGABE und OPTIONAL lassen Sie frei. Implementieren Sie die Methode gemäß Listing 6.10.

```
METHOD set_ticket_number.
  IF me->gr_model IS BOUND.
    " Event-Behandler deregistrieren
    SET HANDLER me->hndl_history_changed
        FOR me->gr_model ACTIVATION space.
  ENDIF.
  me->gr_model = zcl_book_ticket_hist_model=>get_instance(
                          iv_tiknr = iv_tiknr   ).
  " Reaktion auf Änderungen der Historie vorbereiten
  SET HANDLER me->hndl_history_changed FOR me->gr_model.
ENDMETHOD.
```

**Listing 6.10** Implementierung der Methode SET_TICKET_NUMBER

Sollte bereits ein Model vorhanden sein (d. h., die Referenz GR_MODEL ist an eine Instanz gebunden), wird der Ereignisbehandler durch den Zusatz ACTIVATION SPACE zunächst deregistriert. Anschließend wird die Referenz auf das neue Model über die Factory-Methode der Model-Klasse aufgerufen und der Ereignisbehandler für das neue Model registriert.

### Ereignisbehandler

Das Model informiert über das Ereignis HISTORY_CHANGED seine Anwender darüber, dass die Historie geändert wurde. Um die Anzeige im Bedarfsfall aktualisieren zu können, benötigt der Controller eine Methode, die auf das Ereignis reagiert.

**Methode HNDL_HISTORY_CHANGED**

Legen Sie daher eine private Instanzmethode HNDL_HISTORY_CHANGED an:

1. Die Methode benötigt keine Parameter. Markieren Sie die Methode, und klicken Sie auf den Button (Detailsicht). Aktivieren Sie die Checkbox EREIGNISBEHANDLER FÜR.
2. Tragen Sie anschließend in das Feld KLASSE/INTERF. die Klasse »ZCL_BOOK_TICKET_HIST_MODEL« und in das Feld EREIGNIS »HISTORY_CHANGED« ein (siehe Abbildung 6.13).

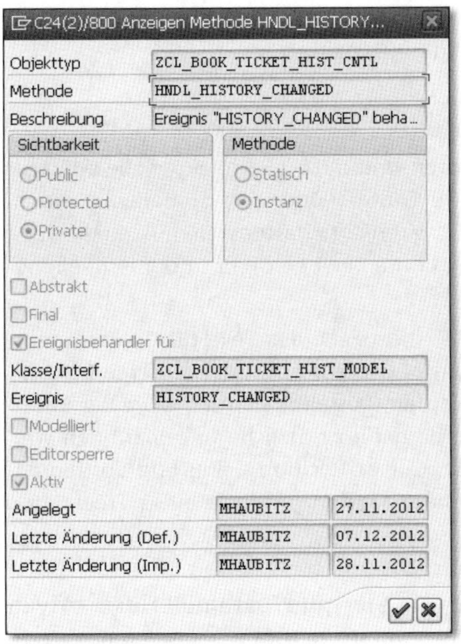


**Abbildung 6.13** Methode als Event Handler festlegen

3. Implementieren Sie die Methode gemäß Listing 6.11.

```
METHOD hndl_history_changed.
  IF me->gr_view IS BOUND.
    me->gr_view->delete_text( ).
    me->gr_view->set_textstream(
                        text = gr_model->gv_history ).
  ENDIF.
ENDMETHOD.
```

**Listing 6.11** Implementierung der Methode HNDL_HISTORY_CHANGED

Der Inhalt des Views (d.h. des TextEdit Controls) wird komplett gelöscht und durch die im Model hinterlegte Historie ersetzt. Dies kann nur passieren, wenn der View bereits gebunden ist, also auf eine Instanz zeigt.

### Historie anzeigen

Controls »umhängen«

Die Historie soll in der fertigen Applikation in unterschiedlichen, nach Möglichkeit frei wählbaren Containern angezeigt werden. Das »Umhängen« eines Controls in einen anderen Container wird nicht unterstützt, daher müssen Sie zwei private Methoden anlegen, die das TextEdit Control auf- bzw. abbauen. Diese werden dann von einer öffentlichen Steuermethode aufgerufen.

[!]

**Umhängen von Controls**

Immer wieder wird in Internetforen und auch in Projekten diese Frage gestellt: Wie kann ich ein Frontend Control von einem Container in einen anderen schieben? Die Antwort ist: gar nicht. Stattdessen müssen die vorhandenen Controls (inklusive des Containers) gelöscht und anschließend neu aufgebaut werden.

Das Auf- und Abbauen der Views ist im Falle des TextEdit Controls sehr einfach. Soll ein komplexeres Control wie ein ALV oder ein Tree Control auf ähnliche Art »umgehängt« werden, gestaltet sich der Vorgang unter Umständen deutlich schwieriger, da dann zusätzliche Informationen wie z.B. registrierte Ereignisbehandler, Cursor-Position, Filter und Sortierung (im Falle eines ALV Grids), geöffnete Knoten (im Falle eines Trees) etc. zwischengespeichert werden müssen.

View aufbauen

Um den View aufzubauen, legen Sie eine parameterlose private Instanzmethode `CREATE_VIEW` an, wie in Listing 6.12 gezeigt.

```
METHOD create_view.
  " Text-View erstellen
  CREATE OBJECT gr_view
```

```
      EXPORTING
        wordwrap_mode = cl_gui_textedit=>wordwrap_off
        parent        = me->gr_container.
  " Eingabefähigkeit deaktivieren
  CALL METHOD gr_view->set_readonly_mode
    EXPORTING
      readonly_mode = cl_gui_textedit=>true.
  IF gr_model IS BOUND.
    gr_view->set_textstream( text = gr_model->gv_history ).
  ENDIF.
ENDMETHOD.
```

**Listing 6.12** Coding der Methode CREATE_VIEW

Das TextEdit Control wird erstellt, die Eingabebereitschaft deaktiviert und mit der aktuell geladenen Historie gefüllt. Die Methode geht davon aus, dass der Container bereits existiert.

**View abbauen**

Um den View anschließend wieder abzubauen, legen Sie eine parameterlose private Instanzmethode `DESTROY_VIEW` an. Die Implementierung sehen Sie in Listing 6.13.

```
METHOD destroy_view.
  IF gr_view IS BOUND.
    gr_view->free( ).
  ENDIF.
ENDMETHOD.
```

**Listing 6.13** Implementierung der Methode DESTROY_VIEW

**[!]**

**Frontend Controls rückstandsfrei entsorgen**

Um Instanzen herkömmlicher Klassen abzubauen, reicht es aus, die letzte auf sie zeigende Referenz zu löschen. Dadurch wird der Garbage Collector veranlasst, den Speicher wieder freizugeben, den die Instanz belegt hat.

Bei Frontend Controls sieht die Sache etwas anders aus, da sie aus zwei Komponenten bestehen: einer Backend-Komponente im Applikationsserver sowie einer Frontend-Komponente im SAP GUI. Außerdem behält das Control Framework Referenzen auf seine Komponenten bei, sodass man unter Umständen gar nicht alle Referenzen löschen kann.

Die Methode `FREE` wird ausgehend von der Basisklasse aller Frontend Controls `CL_GUI_CONTROL` an alle Frontend-Control-Klassen vererbt und dient dazu, das jeweilige Control abzubauen. Sie löscht alle Referenzen im Backend und sorgt dafür, dass auch die Frontend-Komponenten abgebaut werden. Wird die Methode nicht eingesetzt, kann das zu irritierenden Effekten führen, z.B. erscheinen im Frontend Controls, die im Backend lange als gelöscht gelten.

**Steuermethode**

Die Steuermethode zeigt die aktuell geladene Historie in dem GUI-Container an, der ihr übergeben wurde. Implementieren Sie diese Methode wie folgt:

1. Legen Sie die öffentliche Instanzmethode SHOW_HISTORY an. Die Parametervergabe entnehmen Sie Abbildung 6.14.

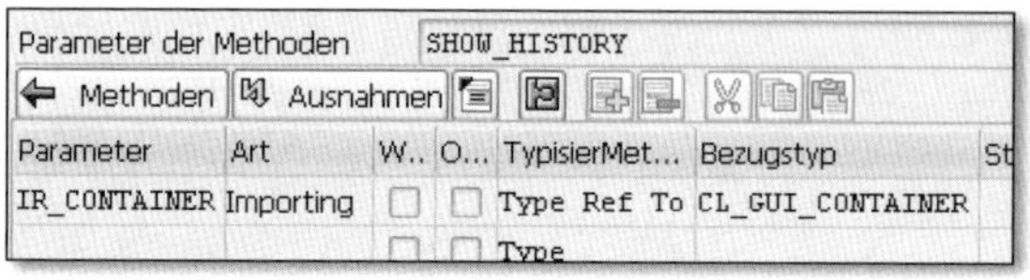


**Abbildung 6.14** Parameter der Methode SHOW_HISTORY

   Der BEZUGSTYP CL_GUI_CONTAINER ist die Basisklasse aller GUI-Container wie Docking-Container, Dialogbox oder Custom Container. Welcher dieser Container an die Methode übergeben wird, spielt daher keine Rolle; es erfolgt implizit ein *Narrowing Cast*, d.h. eine einschränkende Typumwandlung der Referenz. Innerhalb der Methode sind daher lediglich die Eigenschaften des Containers sichtbar, die bereits in der Basisklasse CL_GUI_CONTAINER vereinbart wurden, nicht jedoch spezielle Eigenschaften wie z.B. die Größe und Position einer Dialogbox oder die Breite eines Docking-Containers.

2. Die Implementierung der Steuermethode SHOW_HISTORY sollte wie in Listing 6.14 aussehen:

```
METHOD show_history.
  IF NOT ir_container IS BOUND.
    " Übergebener Container zeigt auf nichts
    RETURN.
  ENDIF.
  IF me->gr_container = ir_container.
    " Anzeige erfolgt bereits in diesem Container
    RETURN.
  ENDIF.
  me->gr_container = ir_container.
  destroy_view( ).
  create_view( ).
ENDMETHOD.
```

**Listing 6.14** Implementierung der Methode SHOW_HISTORY

Die Methode übernimmt die Containerreferenz in das entsprechende Instanzattribut und baut den View anschließend ab und wieder auf.

### Anzeige aus- und anschalten

Methode SWITCH_HISTORY

Das Aktivieren und Deaktivieren der Dokumentationsanzeige wird über die öffentliche Instanzmethode SWITCH_HISTORY gesteuert. Implementieren Sie diese, wie in Listing 6.15 dargestellt.

```
METHOD switch_history.
  CALL METHOD gr_view->get_visible
    IMPORTING visible = visible.
  " Der FLUSH der Automation Queue muss erfolgen, da der
  "   Wert von VISIBLE sonst nicht übertragen wird!
  cl_gui_cfw=>flush( ).
  IF visible = '1'.
    visible = '0'.
  ELSE.
    visible = '1'.
  ENDIF.
  gr_view->set_visible( visible ).
  gr_container->set_visible( visible ).
ENDMETHOD.
```

**Listing 6.15** Implementierung der Methode SWITCH_HISTORY

[«]

**Sichtbarkeit von Containern**

Nach Aufruf der Methode SET_VISIBLE wird der Container nur ausgeblendet, falls es sich um einen Docking-Container handelt. Alle anderen Container werden lediglich leer dargestellt.

Control Framework

Frontend Controls werden über das *Control Framework* gesteuert, das die Kommunikation zwischen der Anwendungslogik und den im Frontend sichtbaren Controls übernimmt. Methodenaufrufe von Controls werden in der *Automation Queue* zwischengespeichert, die automatisiert zu bestimmten Zeitpunkten abgearbeitet wird (*Flush*). Dieser Mechanismus dient dazu, die Anwendungsperformance zu erhöhen, da bei synchroner Verarbeitung der Kommunikationskanal zwischen Anwendung und Frontend sehr häufig geöffnet und geschlossen werden müsste. Diese Abstimmung ist häufig jedoch nicht nach jedem einzelnen Schritt notwendig, da meistens mehrere

Methoden unabhängig voneinander aufgerufen und verarbeitet werden und die Synchronisation mit dem Frontend erst am Ende der Verarbeitung stattfinden muss.

Auch der Aufruf der Methode GET_VISIBLE wird zunächst in der Automation Queue zwischengespeichert. Dies hat zur Folge, dass das Ergebnis, also der Wert des Attributs VISIBLE, nicht direkt zurückgeliefert wird, sondern erst nach der Abarbeitung der Automation Queue. Um diese auszulösen, wird die statische Methode FLUSH des Control Frameworks (Klasse CL_GUI_CFW) aufgerufen.

### 6.2.3 Weitere Methoden des Controllers

Der Controller verfügt über zwei weitere Methoden, SAVE und ADD_HISTORY, die lediglich die entsprechenden Methoden des Models aufrufen. Einen kompletten Überblick über alle Methoden des Controllers gibt Ihnen die Registerkarte METHODEN zur Controller-Klasse ZCL_BOOK_TICKET_HIT_CNTL (siehe Abbildung 6.15).

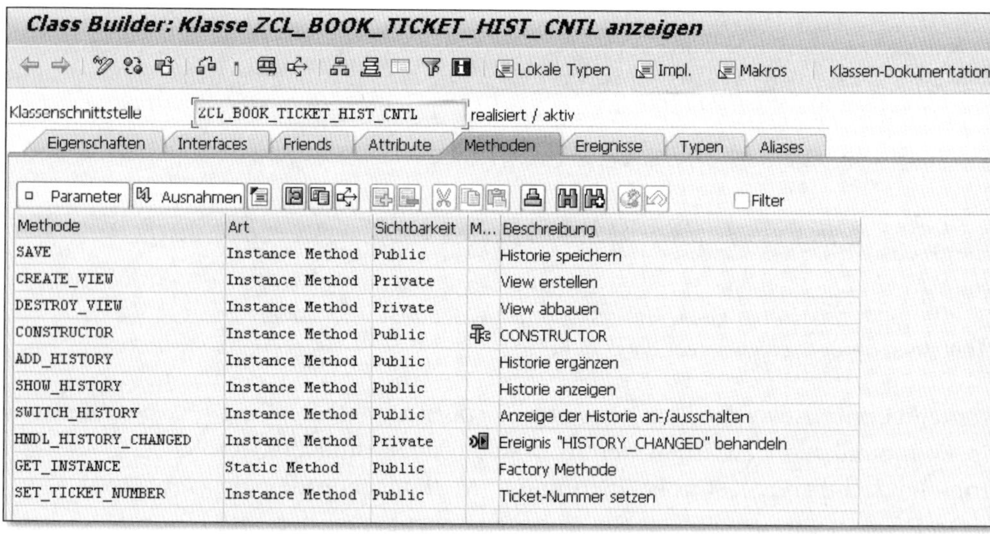


**Abbildung 6.15** Methoden der Controller-Klasse

## 6.3 Testprogramm entwickeln

Programmanforderungen

Zur Überprüfung des Zusammenspiels von Model und Controller kann ein kleines Testprogramm dienen. Das Programm nimmt eine Ticketnummer als Parameter entgegen und baut mehrere GUI-Container auf, in denen die Tickethistorie dargestellt wird. In einem weiteren Container findet ein editierbares TextEdit Control Platz, in dem Text eingegeben werden kann.

Die Container werden auf, neben und über einem Dynpro platziert, das zusätzlich mit mehreren Buttons ausgestattet wird, mit denen der Anwender den eingegebene Text in die Historie übernehmen und die Historienanzeige in die verschiedenen Container einhängen kann.

**Implementierungsschritte**

Gehen Sie wie folgt vor, um das Testprogramm zu erstellen:

1. Legen Sie einen neuen Report an (z.B. `ZBOOK_TEST_HIST`, siehe auch Anhang A.5, »Programm anlegen«).
2. Legen Sie einen Parameter und ein globales Feld an, die beide auf das Datenelement `ZBOOK_TICKET_NR` typisiert sind.
3. Legen Sie weitere globale Felder für die Container, das editierbare TextEdit Control `CL_GUI_TEXTEDIT` und Ihren Controller an (siehe Listing 6.16).

```
DATA gr_dock_top      TYPE REF TO cl_gui_docking_container.
DATA gr_text          TYPE REF TO cl_gui_textedit.
DATA gv_text          TYPE        zbook_ticket_history.

    " Container für die Historie
DATA gr_dock_right    TYPE REF TO cl_gui_docking_container.
DATA gr_dialogbox     TYPE REF TO cl_gui_dialogbox_container.
DATA gr_custom        TYPE REF TO cl_gui_custom_container.

    " Historie
DATA gr_hist_cntl     TYPE REF TO zcl_book_ticket_hist_cntl.
```

**Listing 6.16** Datendeklarationen im Testprogramm

4. Zum Zeitpunkt `START-OF-SELECTION` übergeben Sie den Parameter an das globale Feld und rufen das Dynpro `0100` auf.
5. Legen Sie einen Status zum Dynpro an. Aktivieren Sie den Zurück-Button als Exit-Funktion, und belegen Sie den Speichern-Button mit dem Funktionscode `SAVE`.
6. Erstellen Sie auf dem Dynpro `0100` fünf Buttons mit den Namen und Funktionscodes aus Tabelle 6.2.

| Name | Funktionscode |
|---|---|
| TO_DOCK | DOCK |
| TO_CUSTOM | CUSTOM |
| TO_DIALOG | DIALOG |
| ON_OFF | ON_OFF |
| TEXT2HIST | TEXT2HIST |

**Tabelle 6.2** Buttons auf Dynpro 100 des Testprogramms

7. Legen Sie außerdem einen Custom-Container-Bereich namens CUSTOM an.
8. Legen Sie ein PBO-Modul (Process Before Output) INIT_0100 an, in dem die Controls erstellt und der Controller initialisiert werden (siehe Listing 6.17).

```
IF NOT gr_dock_top IS BOUND.
  " Texteditor für hinzuzufügenden Text
  CREATE OBJECT gr_dock_top
    EXPORTING
      side  = cl_gui_docking_container=>dock_at_top
      ratio = 30.
  CREATE OBJECT gr_text
    EXPORTING
      wordwrap_mode = cl_gui_textedit=>wordwrap_off
      parent        = gr_dock_top.

  " Container für Historienanzeige instanziieren
  CREATE OBJECT gr_dock_right
    EXPORTING
      side  = cl_gui_docking_container=>dock_at_right
      ratio = 30.
  CREATE OBJECT gr_custom
    EXPORTING
      container_name = 'CUSTOM'.
  CREATE OBJECT gr_dialogbox
    EXPORTING
      width   = 600
      height  = 100
      top     = 50
      left    = 50
      caption = 'Ticket Historie'.

  " Historie einschalten
 gr_hist_cntl = zcl_book_ticket_hist_cntl=>get_instance( ).
  gr_hist_cntl->set_ticket_number( iv_tiknr = gv_ticket ).
```

```
  gr_hist_cntl->show_history( ir_container = gr_dock_right ).
ENDIF.
```

**Listing 6.17** Coding zum PBO-Modul des Dynpros 0100

9. Im Verarbeitungsblock PAI des Dynpros werten Sie den Funktionscode aus (siehe Listing 6.18).

```
CASE sy-ucomm.
  WHEN 'TEXT2HIST'.
    gr_text->get_textstream( IMPORTING text = gv_text ).
    cl_gui_cfw=>flush( ).
    gr_text->delete_text( ).
    gr_hist_cntl->add_history( iv_history = gv_text ).
  WHEN 'CUSTOM'.
    " Historie im Custom Container anzeigen
    gr_hist_cntl->show_history( gr_custom ).
  WHEN 'DIALOG'.
    " Historie in der Dialogbox anzeigen
    gr_hist_cntl->show_history( gr_dialogbox ).
  WHEN 'DOCK'.
    " Historie im Docking-Container anzeigen
    gr_hist_cntl->show_history( gr_dock_right ).
  WHEN 'ON_OFF'.
    " Historie an-/ausschalten
    gr_hist_cntl->switch_history( ).
  WHEN 'SAVE'.
    " Historie speichern
    gr_hist_cntl->save( ).
  WHEN OTHERS.
ENDCASE.
```

**Listing 6.18** Coding zum Zeitpunkt PAI des Dynpros 0100

10. Legen Sie mit dem gleichen Vorgehen ein PAI-Modul an, das bei einem Exit-Kommando durchlaufen wird, und füllen Sie es mit `LEAVE TO SCREEN 0`. Diese Anweisung beendet das Programm an dieser Stelle und führt den Benutzer zurück zum Einstiegsbild.
11. Aktivieren Sie Ihr Programm, und starten Sie einen Testlauf.

Sie können nun testen, ob das »Umhängen« der Tickethistorie in die Container einwandfrei funktioniert und was passiert, wenn Sie die Anzeige der einzelnen Container ausschalten. Abbildung 6.16 bis Abbildung 6.18 zeigen Ihnen, wie sich das Programm verhalten sollte. Wie Sie sehen, wird der gleiche Texteditor in verschiedenen Containern angezeigt.

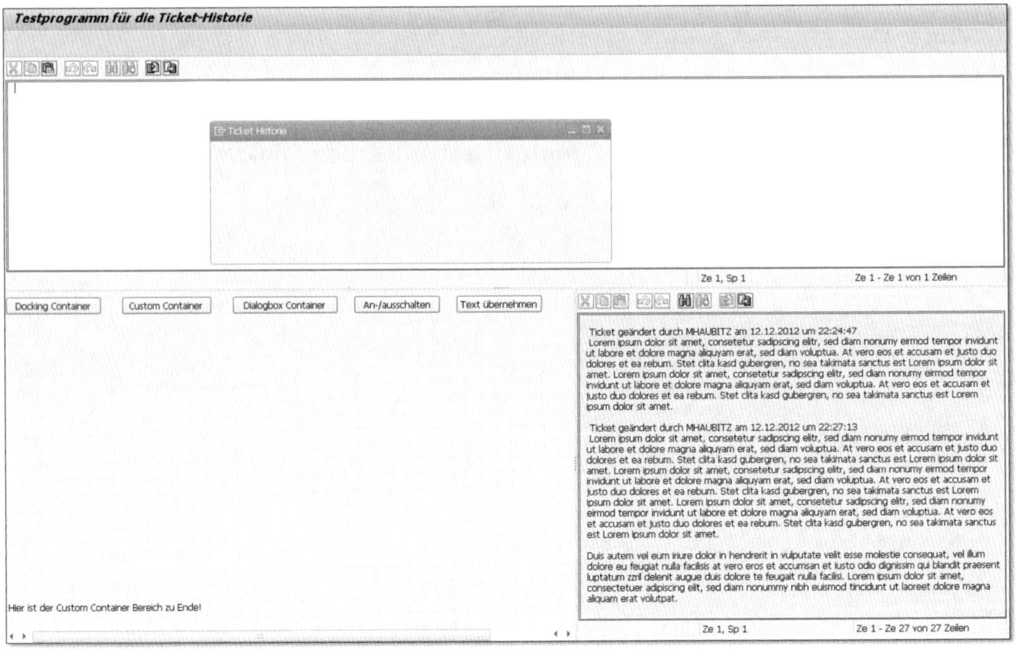


Abbildung 6.16 Anzeige der Historie im Docking-Container

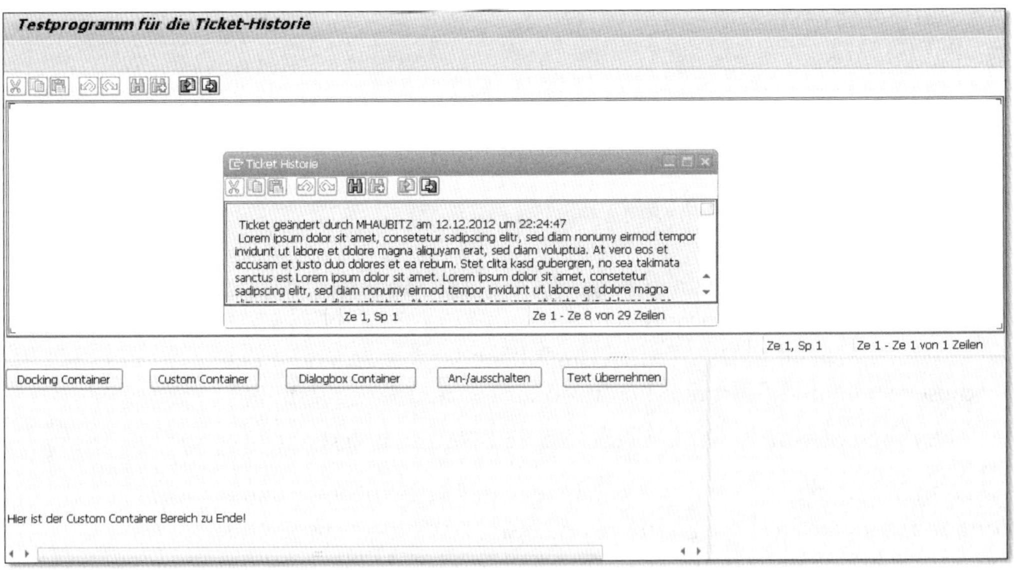


Abbildung 6.17 Anzeige der Historie in der Dialogbox

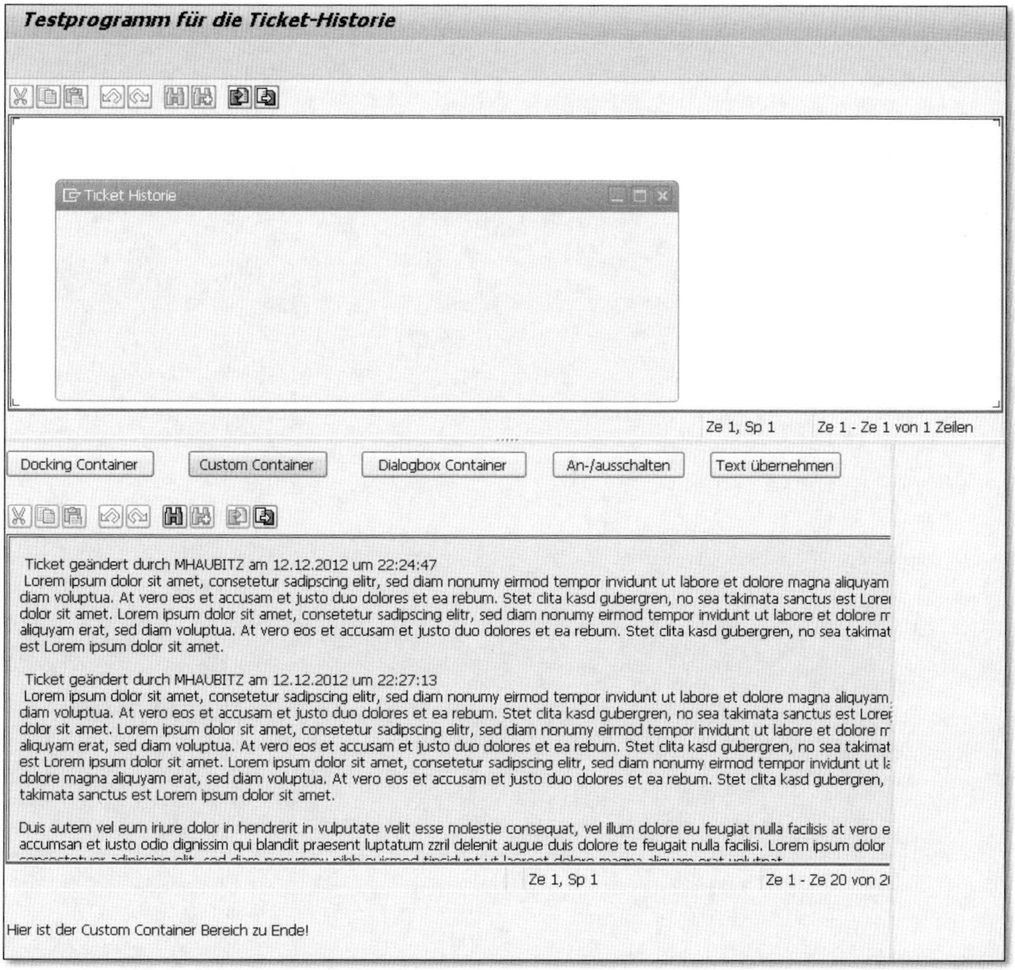


**Abbildung 6.18** Anzeige der Historie in einem Custom Container

ZTESTBR01_APPLICATION_LOG

*Protokolle und Meldungen strukturiert aufzubewahren ist eine Herausforderung. Wie Sie diese mit dem Applikationslog bewältigen können, zeigen wir Ihnen in diesem Kapitel.*

# 7 Mit dem Applikationslog arbeiten

Vielleicht kommen Ihnen eine oder mehrere der folgenden Situationen bekannt vor:

- Job-Protokolle werden nie kontrolliert. Wenn man ein Job-Protokoll doch einmal benötigt, ist es bereits gelöscht.
- Sollten die Job-Protokolle doch vorhanden sein, sind es so viele und so umfangreiche Protokolle, dass die Suche nach einer Information der Suche nach der viel zitierten Nadel im Heuhaufen gleichkommt.
- Ein Anwender bekommt im Zuge einer von ihm durchgeführten Aktion routinemäßig mehrere Meldungen und drückt diese ebenso routiniert mit einem beherzten Klick auf OK weg. Später stellt er fest, dass etwas Unvorhergesehenes passiert ist.

Diesen und diversen weiteren Situationen kann man durch die Nutzung des Applikationslogs entgegentreten. Das Applikationslog ist ein Framework, bestehend aus mehreren Tabellen, einem Application Programming Interface (API) in Form diverser Funktionsbausteine und einigen Transaktionen. Dieses Framework kann genutzt werden, um sowohl transiente (also nur im Hauptspeicher gehaltene) als auch persistente (in der Datenbank speicherbare) Protokolle anzulegen. Diese können einfach gehalten (reine Ablage von Meldungen), aber auch sehr komplex gestaltet sein (interaktives Protokoll).

## 7.1 Schnittstelle

**Schnittstellenbausteine**

Die API-Bausteine, mit denen wir in den folgenden Abschnitten arbeiten werden, finden Sie in folgenden Funktionsgruppen:

- `SBAL`
  Zugriffsbausteine für Meldungen und Protokollkopfdaten
- `SBAL_DB`
  Datenbankzugriffe (Protokolle speichern, lesen, löschen etc.)
- `SBAL_DISPLAY`
  Protokolle anzeigen

Darüber hinaus gibt es weitere Funktionsgruppen, deren Bausteine einen erweiterten Zugriff auf Applikationslogs ermöglichen. Für den alltäglichen Bedarf sollten die oben genannten Funktionsgruppen jedoch vorerst ausreichen. Für die Bedienung der API werden Datenelemente, Strukturen und Tabellentypen ausgeliefert. Diese sind an dem Präfix `BAL` bzw. `BAL_S` (Strukturen) und `BAL_T` (Tabellentypen) zu erkennen.

## 7.2 Begriffsklärung

Da die Begriffe rund um das Applikationslog teilweise sehr verwirrend sein können, wollen wir an dieser Stelle ein paar Klarheiten schaffen.

Objekt/ Unterobjekt

Anhand von *Objekten* und *Unterobjekten* werden Protokolle kategorisiert. Protokolle, die auf der Datenbank gespeichert werden sollen, müssen einem Objekt sowie einem Unterobjekt zugeordnet werden. Ein Protokoll ist genau einem Objekt und Unterobjekt zugeordnet; über diese Informationen ist das Protokoll in der Auswertungstransaktion SLG1 leicht aufzufinden. Objekte und Unterobjekte werden im Customizing (Transaktion SLG0; siehe unten) gepflegt.

Externe Identifikation

Die *externe Identifikation* ist ein 100-stelliges Textfeld, das mit beliebigen Werten gefüllt werden darf. In der Praxis hat es sich bewährt, dieses mit sprechenden Wertbezeichnungen zu belegen, um abgelegte Protokolle leichter finden zu können. Wenn ein Protokoll nicht auf der Datenbank abgelegt werden soll, ist die Angabe einer externen Identifikation bei der Anlage des Protokolls ausreichend.

Protokoll-Handle

Das *Protokoll-Handle* (Datenelement `BALLOGHNDL`) wird benötigt, um ein Protokoll innerhalb eines Programms zu manipulieren, also um Nachrichten hinzuzufügen, zu löschen etc. Es wird von dem jeweils verwendeten API-Baustein erstellt.

Die *Protokollnummer* (Datenelement BALOGNR) identifiziert das Protokoll auf der Datenbank. Sie wird dementsprechend auch benötigt, um ein bereits abgelegtes Protokoll erneut zu lesen.

**Protokollnummer**

Die *Problemklasse* (Datenelement BALPROBCL) dient der Klassifizierung der Wichtigkeit eines Protokolleintrags:

**Problemklasse**

- 1 sehr wichtig
- 2 wichtig
- 3 mittel
- 4 Zusatzinformationen (Default)

Die Problemklasse erhält ihre besondere Bedeutung bei den persistenten Protokollen, da im Einstiegsbild der Auswertungstransaktion bereits nach der Wichtigkeit des Protokolls eingeschränkt werden kann; diese wiederum ergibt sich aus der höchsten Problemklasse der im Protokoll erfassten Nachrichten.

## 7.3 Transiente Protokolle

Als erstes einfaches Beispiel werden wir ein Protokoll lediglich im Hauptspeicher halten. Die gezeigte Variante können Sie wählen, um einem Anwender das Ergebnis eines von ihm ausgelösten, komplexen automatisierten Vorgangs in ansprechender Form zu präsentieren.

**Protokoll im Hauptspeicher**

1. Legen Sie ein Testprogramm mit Transaktion SE38 bzw. SE80 an.
2. Fügen Sie die Datendeklarationen aus Listing 7.1 ein.

```
DATA gs_log            TYPE bal_s_log.
DATA gv_log_handle     TYPE balloghndl.
DATA gs_msg            TYPE bal_s_msg.
```

**Listing 7.1** Datendeklarationen im Testprogramm

3. Legen Sie mit dem Coding aus Listing 7.2 ein neues Applikationslog an.

```
gs_log-extnumber = 'AppLog-Test'.
CALL FUNCTION 'BAL_LOG_CREATE'
  EXPORTING
    i_s_log      = gs_log
```

```
  IMPORTING
    e_log_handle = gv_log_handle.
```

**Listing 7.2** Applikationslog anlegen

In den Kopfdaten wird lediglich die externe ID versorgt. Das vom Funktionsbaustein BAL_LOG_CREATE an das Programm zurückgelieferte Protokoll-Handle wird für die weitere Verarbeitung von Applikationsprotokollen im Hauptspeicher benötigt.

**Nachrichten hinzufügen**

4. Fügen Sie dem Protokoll eine T100-Nachricht hinzu (siehe Listing 7.3).

```
gs_msg-msgty      = 'S'.
gs_msg-msgid      = '00'.
gs_msg-msgno      = '002'.
gs_msg-probclass  = '3'.
CALL FUNCTION 'BAL_LOG_MSG_ADD'
  EXPORTING
    i_log_handle = gv_log_handle
    i_s_msg      = gs_msg.
```

**Listing 7.3** T100-Nachricht dem Applikationslog hinzufügen

Die Nachrichtenfelder der Struktur BAL_S_MSG entsprechen den Namen der Struktur SYST, sodass eine zuvor via MESSAGE ausgelöste Nachricht durch eine einfache MOVE-CORRESPONDING-Anweisung in die Struktur übernommen werden kann.

Dem Protokoll können jedoch nicht nur T100-Nachrichten hinzugefügt werden, sondern auch Freitextmeldungen. Dies zeigt Listing 7.4.

```
CALL FUNCTION 'BAL_LOG_MSG_ADD_FREE_TEXT'
  EXPORTING
    i_log_handle = gv_log_handle
    i_msgty      = 'S'
    i_text       = 'Frei hinzugefügter Text'.
```

**Listing 7.4** Freitextnachricht dem Applikationslog hinzufügen

5. Abschließend lassen Sie sich das Protokoll anzeigen:

```
CALL FUNCTION 'BAL_DSP_LOG_DISPLAY'.
```

6. Der DISPLAY-Baustein wird hier in der einfachsten Form aufgerufen. Über die Parametrisierung und Filterkriterien können Sie die Anzeige auf bestimmte Protokolle bzw. Meldungen einschränken

(z.B. bei Verwendung mehrerer Protokolle gleichzeitig), worauf wir in Abschnitt 7.7, »Protokollausgabe anpassen«, noch genauer eingehen. Lassen Sie das Testprogramm laufen. Die Anzeige sollte der in Abbildung 7.1 entsprechen. Im oberen Teil des Bildes sehen Sie die Protokollkopfdaten sowie eine Zusammenfassung auf Basis der Problemklassen. Der untere Teil zeigt die im Protokoll enthaltenen Nachrichten. Die erste protokollierte Nachricht hat einen Langtext, dies ist am Icon in der Spalte LTXT erkennbar. Der Langtext wird angezeigt, sobald Sie auf das Icon klicken.

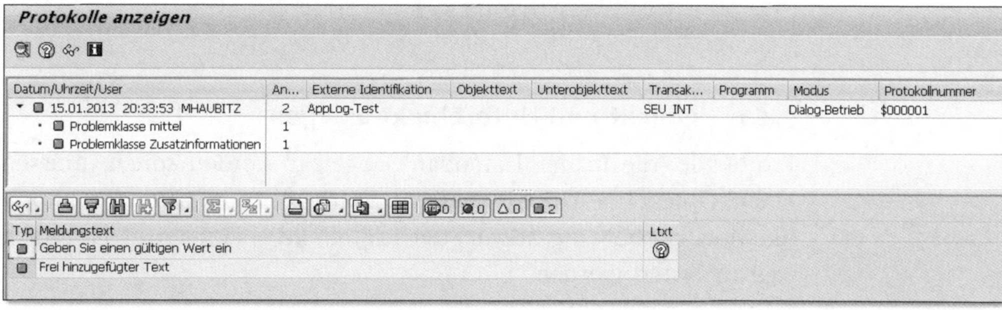


Abbildung 7.1 Protokollanzeige

## 7.4 Persistente Protokolle

**Protokoll für Tickets**

Wir werden für jedes Ticket, das in unserem Ticketsystem erfasst wird, ein Applikationsprotokoll anlegen. Ändert sich das Ticket (z.B. der Status), wird dies im zugehörigen Protokoll festgehalten. Da Nachrichten, die in ein Protokoll geschrieben werden, automatisch das aktuelle Datum und die Uhrzeit sowie den ausführenden Benutzer enthalten, erhalten wir ein aussagekräftiges Protokoll zum Ticket.

In diesem Abschnitt werden wir außerdem den Zugriff auf das Applikationslog in Klassen kapseln, die uns den Umgang mit dem Protokoll erleichtern.

[«]

**Wozu dient die Kapselung in Klassen?**

In der Praxis gehen die zu protokollierenden Nachrichten in unterschiedlichsten Formaten ein, z.B.:

- mittels `MESSAGE`-Anweisung erzeugte T100-Nachrichten
- Exception-Objekte (klassenbasierte Ausnahmen), die das Interface `IF_T100_MESSAGE` implementieren

- herkömmliche Exceptions, die mit einer T100-Nachricht ausgelöst werden
- Rückgaben von Business Application Programming Interfaces (BAPIs) in verschiedenen Formaten (BAPIRET1, BAPIRET2, BAPIRETURN etc.)

Um diese Meldungen in einem Applikationslog speichern zu können, müssen sie zunächst in das Format BAL_S_LOG konvertiert und dann dem Protokoll hinzugefügt werden. Diese Konvertierungen machen das Coding schnell unübersichtlich und damit schwer pflegbar. Die Idee ist daher, die Konvertierung in Methoden zu kapseln und den entstehenden Overhead dadurch auf ein Mindestmaß zu begrenzen. Mit den in der Folge vorgestellten Klassen ist es möglich, Konvertierung und Logging in nur zwei Codezeilen zu realisieren, ab SAP NetWeaver-Release 7.02 sogar in nur einer Zeile.

### 7.4.1 Objekt und Unterobjekt anlegen

Protokolle, die in der Datenbank abgelegt werden sollen, müssen einem Objekt und Unterobjekt zugeordnet werden. Über diese Kombination können die abgelegten Protokolle später leicht gefunden und analysiert werden.

Transaktion SLGO: Objektpflege

Sie sind dabei nicht auf die im Standardsystem ausgelieferten Objekte und Unterobjekte festgelegt, sondern können diese beliebig selbst anlegen:

1. Starten Sie Transaktion SLGO.
2. Sie werden darauf hingewiesen, dass die zu pflegende Tabelle mandantenunabhängig ist. Bestätigen Sie den Hinweis. Sie befinden sich nun im Startbild der Objektpflege (siehe Abbildung 7.2).

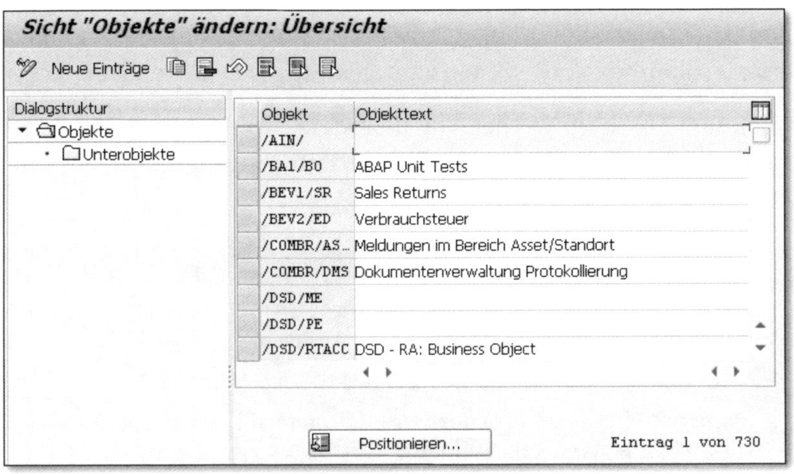


Abbildung 7.2 Transaktion SLGO – Einstiegsbild

3. Stellen Sie sicher, dass im Navigationsbaum auf der linken Seite der Eintrag OBJEKTE markiert ist.
4. Klicken Sie auf NEUE EINTRÄGE, und Sie gelangen zur Anlage neuer Applikationslog-Objekte.
5. Legen Sie das OBJEKT `ZBOOK` mit dem OBJEKTTEXT »Protokolle zum Buch« an (siehe Abbildung 7.3).

**Abbildung 7.3** Objekt hinzufügen

6. Drücken Sie [↵], und gehen Sie mit [F3] zurück in die Übersicht. Positionieren Sie den Cursor auf dem neu hinzugefügten Objekt, und markieren Sie den Eintrag. Doppelklicken Sie dann auf UNTEROBJEKTE auf der linken Seite.
7. Klicken Sie hier wieder auf NEUE EINTRÄGE, und legen Sie das UNTEROBJEKT `ZTICKET` mit dem UNTEROBJEKTTEXT »Protokolle des Ticketsystems« an.
8. Bestätigen Sie mit [↵], und gehen Sie mit [F3] zurück zur Übersicht.
9. Speichern Sie Ihre Eingaben (Sie benötigen einen transportierbaren Workbench-Auftrag), und verlassen Sie die Transaktion.

**Verbindung zum Ticket herstellen**

Die Ticketnummer wird immer als externe Identifikation zum Protokoll genutzt. Damit ist das Protokoll zum Ticket eindeutig identifizierbar, und es besteht keine Notwendigkeit, die Datenbanktabelle um ein weiteres Feld (nämlich die Protokollnummer) zu erweitern, um eine Verbindung zum Ticket herzustellen.

### 7.4.2 Zugriffsklassen anlegen

Der Zugriff auf das Anwendungsprotokoll wird über zwei Klassen hergestellt – Nachrichten- und Protokollklasse –, die zum einen den Zugriff auf das Protokoll steuern und es andererseits erlauben, Meldungen einfach hinzuzufügen.

#### Nachrichtenklasse

Nachrichteninstanzen

Jede Instanz der Nachrichtenklasse entspricht einer Nachricht. Sie dient dazu, die auflaufenden Nachrichten zu »normalisieren«, sodass sie in einem Programm wie dem Ticketsystem einfacher gesammelt werden können. Diese Klasse implementieren Sie wie folgt:

1. Starten Sie Transaktion SE24.
2. Geben Sie im Feld Objekttyp »ZCL_BOOK_TICKET_LOG_MSG« ein, und drücken Sie [F5].
3. Füllen Sie den Dialog Anlegen Klasse mit den Werten aus Abbildung 7.4, und drücken Sie [↵]. Beachten Sie, dass die Instanzerzeugung auf 0 Private gestellt ist. Dadurch ist es nur der Klasse selbst möglich, Instanzen von sich zu erzeugen.

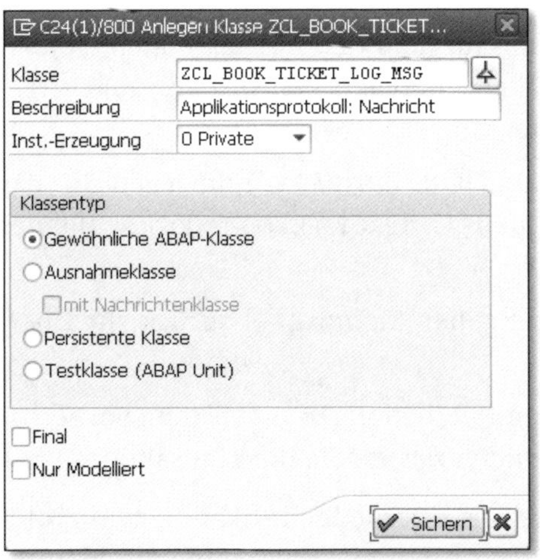


**Abbildung 7.4** Eigenschaften der Nachrichtenklasse

4. Legen Sie das Attribut `GS_MSG` mit den Feldwerten aus Abbildung 7.5 an. In diesem Attribut werden die Nachrichtendaten gespeichert.

| Attribut | Art | Sichtbar... | Re... | Typisier... | Bezugstyp | | Beschreibung | Initialwert |
|---|---|---|---|---|---|---|---|---|
| GS_MSG | Instance Attribute | Private | ☐ | Type | BAL_S_MSG | ⇨ | Anwendungs-Log: Daten einer Meldung | |
| | | | ☐ | Type | | ⇨ | | |
| | | | ☐ | Type | | ⇨ | | |

**Abbildung 7.5** Attribute der Nachrichtenklasse

5. Legen Sie die Konstruktormethode `CONSTRUCTOR` an. Übergeben Sie dieser einen Import-Parameter `IV_TIKNR`, wie in Abbildung 7.6 dargestellt.

Parameter zu Methode CONSTRUCTOR

⇦ Methoden | Ausnahmen

| Parameter | W.. | O... | Typisier... | Bezugstyp | Defaultwert | Beschreibung |
|---|---|---|---|---|---|---|
| IS_MSG | ☐ | ☐ | Type | BAL_S_MSG | | Anwendungs-Log: Daten einer Meldung |
| | ☐ | ☐ | Type | | | |

**Abbildung 7.6** Parameter des Konstruktors

6. Implementieren Sie den Konstruktor mit dem Coding aus Listing 7.5.

```
METHOD constructor.
  me->gs_msg = is_msg.
  get_probclass( ).
ENDMETHOD.
```

**Listing 7.5** Coding des Konstruktors der Nachrichtenklasse

Die übergebene Meldung wird damit in das dafür vorgesehene Instanzattribut übernommen, anschließend wird die Problemklasse per Aufruf einer Methode ermittelt, die wir im nächsten Schritt anlegen.

7. Legen Sie die private Instanzmethode `GET_PROBCLASS` an, die keine Parameter benötigt. Implementieren Sie die Methode wie in Listing 7.6.

```
METHOD get_probclass.
  CASE me->gs_msg-msgty.
    WHEN 'S'.
      me->gs_msg-probclass = '4'. " Zusatzinfo
    WHEN 'I'.
      me->gs_msg-probclass = '3'. " Mittel
    WHEN 'W'.
      me->gs_msg-probclass = '2'. " Wichtig
    WHEN 'E' OR 'A' OR 'X'.
```

```
    me->gs_msg-probclass = '1'. " Sehr wichtig
  ENDCASE.
ENDMETHOD.
```

**Listing 7.6** Implementierung der Methode GET_PROBCLASS

Die Problemklasse der Nachricht wird abhängig vom Nachrichtentyp gesetzt, wobei Fehler- und Abbruchnachrichten als sehr wichtige Nachrichten behandelt werden; andere Nachrichten haben hingegen geringere Priorität.

**Zugriffsmethoden definieren**

Um Instanzen der Klasse außerhalb der Klasse nutzen zu können, benötigen wir Zugriffsmethoden. Wir werden nun zwei statische Methoden erzeugen, die zu unterschiedlichen Arten von zu sammelnden Nachrichten jeweils eine Instanz erzeugen und an den Aufrufer zurückliefern. Die erste Methode wird dazu eine zuvor über einen MESSAGE-Befehl erzeugte Nachricht aus den Feldern von SYST bzw. SY lesen:

1. Legen Sie die öffentliche statische Methode CREATE_SYMSG an. Die Parametrisierung entnehmen Sie Abbildung 7.7.

**Abbildung 7.7** Parameter CREATE_SYMSG

2. Implementieren Sie die Methode, wie in Listing 7.7 gezeigt.

```
METHOD create_symsg.
  DATA ls_msg  TYPE bal_s_msg.

  MOVE-CORRESPONDING sy TO ls_msg.
  CREATE OBJECT rr_msg
    EXPORTING is_msg = ls_msg.
ENDMETHOD.
```

**Listing 7.7** Coding der Methode CREATE_SYMSG

Die zuvor über den MESSAGE-Befehl erzeugte Nachricht wird aus den Feldern der Struktur SY in die Nachrichtenstruktur übertragen. Mit der Nachrichtenstruktur erzeugen Sie dann die Instanz und geben diese an den Aufrufer zurück.

**Methode CREATE_BAPIRET2**

Die zweite Zugriffsmethode nimmt das Ergebnis eines BAPI-Aufrufs entgegen und erzeugt dazu eine Instanz. BAPIs geben ihr Ergebnis häufig als Struktur des Typs BAPIRET2 zurück, den wir für unser Beispiel verwenden.

1. Legen Sie die öffentliche statische Methode CREATE_BAPIRET2 an. Die Parametrisierung entnehmen Sie Abbildung 7.8.

Parameter zu Methode CREATE_BAPIRET2

| Parameter | Art | W.. | O... | Typisierung... | Bezugstyp | Defa... | Beschreibung |
|---|---|---|---|---|---|---|---|
| IS_MSG | Importing | ☐ | ☐ | Type | BAPIRET2 | | Returnparameter |
| RR_MSG | Returning | ☑ | ☐ | Type Ref To | ZCL_BOOK_TICKET_LOG_MSG | | Applikationsprotokoll: Nachricht |

**Abbildung 7.8** Parameter CREATE_BAPIRET2

2. Implementieren Sie die Methode mit dem Coding aus Listing 7.8.

```
METHOD create_bapiret2.
  DATA ls_msg  TYPE bal_s_msg.
  ls_msg-msgty = is_msg-type.
  ls_msg-msgid = is_msg-id.
  ls_msg-msgno = is_msg-number.
  ls_msg-msgv1 = is_msg-message_v1.
  ls_msg-msgv2 = is_msg-message_v2.
  ls_msg-msgv3 = is_msg-message_v3.
  ls_msg-msgv4 = is_msg-message_v4.
  CREATE OBJECT rr_msg
    EXPORTING
      is_msg = ls_msg.
ENDMETHOD.
```

**Listing 7.8** Implementierung der Methode CREATE_BAPIRET2

Die Nachrichtendaten werden aus der BAPIRET2-Struktur in die Applikationslog-Struktur übernommen, die Instanz wird erzeugt und an den Aufrufer zurückgegeben.

**Auslesen der Nachricht**

Abschließend benötigen wir eine Methode zum Auslesen der Nachricht. Legen Sie die öffentliche Instanzmethode GET_MSG an. Die Parameter entnehmen Sie Abbildung 7.9, die Implementierung Listing 7.9.

Parameter zu Methode GET_MSG

| Parameter | Art | W.. | O... | Typisierung... | Bezugstyp | Defaultwert | Beschreibung |
|---|---|---|---|---|---|---|---|
| RS_MSG | Returning | ☑ | ☐ | Type | BAL_S_MSG | | Anwendungs-Log: Daten einer Meldung |

**Abbildung 7.9** Parameter GET_MSG

```
METHOD get_msg.
  rs_msg = me->gs_msg.
ENDMETHOD.
```

**Listing 7.9** Implementierung der Methode GET_MSG

Sie haben nun eine Klasse angelegt, deren Instanzen jeweils eine Nachricht speichern. Die Instanzerzeugung erfolgt über zwei Zugriffsmethoden, die die Nachricht aus unterschiedlichen Quellen lesen.

### Protokollklasse

Klasse anlegen

Die Protokollklasse bildet das Applikationsprotokoll ab. Sie müssen dazu eine Instanz zu jedem Ticket erzeugen, was wiederum nur aus der Klasse selbst möglich ist.

1. Starten Sie Transaktion SE24. Geben Sie im Feld OBJEKTTYP »ZCL_BOOK_TICKET_LOG« ein, und drücken Sie [F5].
2. Sie gelangen in den Dialog ANLEGEN KLASSE, in dem Sie die Einstellungen aus Abbildung 7.10 vornehmen und mit [↵] bestätigen. Achten Sie auch hier darauf, dass die Instanzerzeugung auf 0 PRIVATE gestellt ist. Auf diese Weise ist es nur der Klasse selber möglich, Instanzen von sich zu erzeugen.

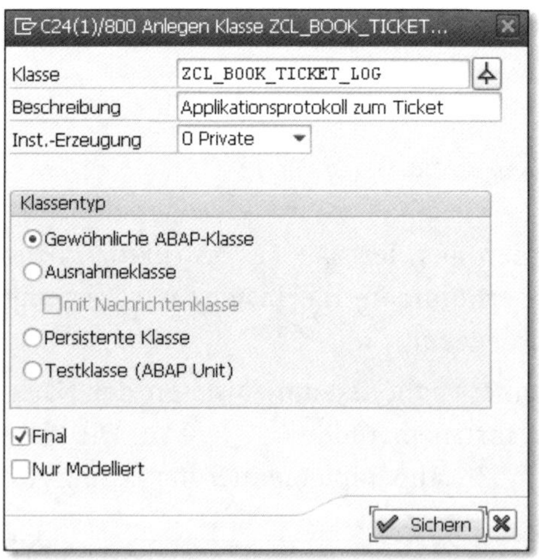


**Abbildung 7.10** Eigenschaften der Protokollklasse

3. Klicken Sie auf LOKALE TYPEN, bzw. drücken Sie [Strg] + [F5], um die Tabellentypen der Protokollklasse lokal zu definieren. Fügen Sie das Coding aus Listing 7.10 ein:

```
TYPES
  : BEGIN OF gys_inst,
      tiknr   TYPE         zbook_ticket_nr,
      o_inst  TYPE REF TO zcl_book_ticket_log,
    END OF gys_inst,
    gyt_inst  TYPE HASHED TABLE OF gys_inst
              WITH UNIQUE KEY tiknr.
```

**Listing 7.10** Lokale Typdefinitionen der Protokollklasse

Sie legen damit einen Tabellentyp an, auf den im nächsten Schritt ein statisches Attribut als Instanzenpuffer typisiert wird.

4. Legen Sie die Attribute der Klasse gemäß Abbildung 7.11 an:
   - `TIKNR`
     Dieses Attribut enthält die Nummer des Tickets, zu dem das Protokoll angelegt wurde.
   - `LOGNR`
     Dies ist die Nummer, unter der das Protokoll auf der Datenbank abgespeichert wurde.
   - `LOG_HANDLE`
     Mit diesem Handle können die API-Bausteine auf das Protokoll zugreifen.
   - `T_INST`
     Tabelle der bereits erzeugten Protokollinstanzen. Die Factory-Methode wird diese Tabelle nutzen, um festzustellen, ob bereits eine Instanz zu einem gegebenen Ticket vorhanden ist, und diese zurückgeben bzw. eine neue Instanz anlegen und in dieser Tabelle eintragen.
   - `CONTROL_HANDLE`
     Die Ausgabe der Nachrichten wird in diesem Beispiel über einen neuen Funktionsbaustein gesteuert, der eine Ausgabe in einem beliebigen GUI-Container gestattet. Um diese Ausgabe zu steuern, benötigen wir dieses weitere Handle.
   - `R_CONTAINER`
     Dieses Attribut ist die Referenz auf den GUI-Container, in dem die Ausgabe erfolgen soll.

| Attribut | Art | Sicht... | Re... | Typisierung... | Bezugstyp | | Beschreibung | Initialwert |
|---|---|---|---|---|---|---|---|---|
| TIKNR | Instance Attribute | Private | ☐ | Type | ZBOOK_TICKET_NR | ⇨ | Buchprojekt: Ticketnum... | |
| LOGNR | Instance Attribute | Private | ☐ | Type | BALOGNR | ⇨ | Anwendungs-Log: Proto... | |
| LOG_HANDLE | Instance Attribute | Private | ☐ | Type | BALLOGHNDL | ⇨ | Anwendungs-Log: Handl... | |
| T_INST | Static Attribute | Private | ☐ | Type | GYT_INST | ⇨ | Instanzen | |
| CONTROL_HANDLE | Static Attribute | Private | ☐ | Type | BALCNTHNDL | ⇨ | Anwendungs-Log: Handl... | |
| R_CONTAINER | Static Attribute | Private | ☐ | Type Ref To | CL_GUI_CONTAINER | ⇨ | Abstracter Container fue... | |

**Abbildung 7.11** Attribute der Protokollklasse

5. Legen Sie einen Konstruktor an, und parametrisieren Sie diesen wie in Abbildung 7.12.

Parameter zu Methode: CONSTRUCTOR

Methoden | Ausnahmen

| Parameter | W.. | O... | Typisier... | Bezugstyp | Defaultwert | Beschreibung |
|---|---|---|---|---|---|---|
| IV_TIKNR | ☐ | ☐ | Type | ZBOOK_TICKET_NR | | Buchprojekt: Ticketnummer |

**Abbildung 7.12** Parameter des Konstruktors

6. Implementieren Sie den Konstruktor, wie in Listing 7.11 gezeigt.

```
METHOD constructor.
  DATA lt_lognumber  TYPE bal_t_logn.
  DATA lt_log_handle TYPE bal_t_logh.

  DATA ls_lfil       TYPE bal_s_lfil.
  DATA ls_extn       TYPE bal_s_extn.
  DATA ls_obj        TYPE bal_s_obj.
  DATA ls_sub        TYPE bal_s_sub.
  DATA lt_logheader  TYPE balhdr_t.
  DATA ls_logheader  TYPE balhdr.

  DATA ls_log        TYPE bal_s_log.
  me->tiknr = iv_tiknr.

  ls_log-object     = 'ZBOOK'.
  ls_log-subobject  = 'ZTICKET'.
  ls_log-extnumber  = me->tiknr.
  ls_extn-sign      = ls_obj-sign
                    = ls_sub-sign   = 'I'.
  ls_extn-option    = ls_obj-option
                    = ls_sub-option = 'EQ'.
  ls_extn-low       = ls_log-extnumber.
  ls_obj-low        = ls_log-object.
  ls_sub-low        = ls_log-subobject.
  APPEND
```

```
    : ls_extn TO ls_lfil-extnumber
    , ls_obj  TO ls_lfil-object
    , ls_sub  TO ls_lfil-subobject
    .
  CALL FUNCTION 'BAL_DB_SEARCH'
    EXPORTING
      i_s_log_filter = ls_lfil
    IMPORTING
      e_t_log_header = lt_logheader.

  IF NOT lt_logheader IS INITIAL.
    READ TABLE lt_logheader INTO ls_logheader
      INDEX 1.
    APPEND ls_logheader-lognumber TO lt_lognumber.
    CALL FUNCTION 'BAL_DB_LOAD'
      EXPORTING
        i_t_lognumber  = lt_lognumber
      IMPORTING
        e_t_log_handle = lt_log_handle.
    READ TABLE lt_log_handle INTO me->log_handle INDEX 1.
  ELSE.
    CALL FUNCTION 'BAL_LOG_CREATE'
      EXPORTING
        i_s_log      = ls_log
      IMPORTING
        e_log_handle = me->log_handle.
  ENDIF.

  SELECT SINGLE status
    FROM  zbook_ticket
    INTO  me->status
    WHERE tiknr = me->tiknr.
ENDMETHOD.
```

**Listing 7.11** Implementierung des Konstruktors der Protokollklasse

Um das Protokoll zum Ticket zu finden, wird der Funktionsbaustein BAL_DB_SEARCH benutzt. (Nähere Informationen zur Verwendung dieses Bausteins finden Sie im Abschnitt »Protokolle suchen«.) Wurde bereits ein Protokoll zum Ticket erzeugt (d.h., der Baustein liefert ein Protokoll zurück), kann dieses direkt mit dem API-Baustein BAL_DB_LOAD geöffnet werden. Ansonsten wird das Protokoll mit dem API-Baustein BAL_LOG_CREATE neu erzeugt. Diesen Baustein kennen Sie bereits aus dem ersten einfachen Beispiel. An dieser Stelle wird dem Baustein jedoch nicht nur eine externe Identifikation, sondern zusätzlich das in Abschnitt 7.4.1, »Objekt und Unterobjekt anlegen«, angelegte Objekt und Unterobjekt übergeben. Dies bewirkt, dass das Protokoll in der Datenbank abgelegt werden kann.

Das vom jeweiligen Baustein zurückgelieferte Protokoll-Handle wird in beiden Fällen in das Instanzattribut LOG_HANDLE übernommen. Als Resultat befinden sich alle für den Zugriff auf das Protokoll benötigten Daten in den Attributen der Instanz.

**Methode GET_INSTANCE**

Legen Sie anschließend die öffentliche statische Methode GET_INSTANCE an. Diese wird als *Factory-Methode* der Klasse dienen und damit in der Lage sein, Instanzen der Klasse anzulegen und an den Aufrufer zu liefern. Parametrisieren Sie die Methode gemäß Abbildung 7.13.

| Parameter | Art | W.. | O... | Typisierungsart | Bezugstyp | Def... | Beschreibung |
|---|---|---|---|---|---|---|---|
| IV_TIKNR | Importing | ☐ | ☐ | Type | ZBOOK_TICKET_NR | | Buchprojekt: Ticketnummer |
| RO_LOG | Returning | ☑ | ☐ | Type Ref To | ZCL_BOOK_TICKET_LOG | | Applikationsprotokoll zum Ticket |
| | | ☐ | ☐ | Type | | | |

**Abbildung 7.13** Parameter der Methode GET_INSTANCE

Implementieren Sie die Methode GET_INSTANCE, wie in Listing 7.12 gezeigt.

```
METHOD get_instance.
  DATA ls_inst   TYPE gys_inst.

  READ TABLE t_inst INTO ls_inst
    WITH TABLE KEY
      tiknr = iv_tiknr.
  IF sy-subrc <> 0.
    CREATE OBJECT ls_inst-o_inst
      EXPORTING
        iv_tiknr = iv_tiknr.
    ls_inst-tiknr = iv_tiknr.
    INSERT ls_inst INTO TABLE t_inst.
  ENDIF.
  ro_log = ls_inst-o_inst.
ENDMETHOD.
```

**Listing 7.12** Implementierung der Methode GET_INSTANCE der Protokollklasse

Die Methode versucht die benötigte Instanz zunächst in der Instanzentabelle zu finden. War die Suche nicht erfolgreich, wird die Instanz angelegt und in der Instanzentabelle eingetragen. Die Referenz auf die gewünschte Instanz wird dann an den Aufrufer zurückgegeben.

**Methode ADD_MSG anlegen**

Legen Sie außerdem die öffentliche Instanzmethode ADD_MSG an. Diese Methode wird eine Nachricht entgegennehmen und dem Protokoll hinzufügen. Parametrisieren Sie die Methode gemäß Abbildung 7.14.

**Abbildung 7.14** Parameter ADD_MSG

Implementieren Sie die Methode, wie in Listing 7.13 gezeigt.

```
METHOD add_msg.
  DATA ls_msg  TYPE bal_s_msg.

  ls_msg = ir_msg->get_msg( ).
  CALL FUNCTION 'BAL_LOG_MSG_ADD'
    EXPORTING
      i_log_handle = me->log_handle
      i_s_msg      = ls_msg.
ENDMETHOD.
```

**Listing 7.13** Implementierung der Methode ADD_MSG

Die Methode liest die Nachricht aus der übergebenen Nachrichteninstanz und fügt sie mit dem API-Baustein BAL_LOG_MSG_ADD dem Protokoll hinzu.

**Methode SAVE anlegen**

Legen Sie die öffentliche Instanzmethode SAVE an, die es ermöglichen wird, das Protokoll zu speichern. Die Methode benötigt keine Parameter. Implementieren Sie die Methode gemäß Listing 7.14.

```
METHOD save.
  DATA lt_log_handle   TYPE bal_t_logh.
  DATA lt_log_nrs      TYPE bal_t_lgnm.
  DATA ls_log_nrs      TYPE bal_s_lgnm.

  APPEND me->log_handle TO lt_log_handle.
  CALL FUNCTION 'BAL_DB_SAVE'
    EXPORTING
      i_t_log_handle   = lt_log_handle
    IMPORTING
```

```
      e_new_lognumbers = lt_log_nrs.
    IF me->lognr IS INITIAL.
      READ TABLE lt_log_nrs INTO ls_log_nrs
        INDEX 1.
      me->lognr = ls_log_nrs-lognumber.
    ENDIF.
  ENDMETHOD.
```

**Listing 7.14** Implementierung der Methode SAVE

An dieser Stelle wird der API-Baustein BAL_DB_SAVE verwendet. Dieser nimmt eine Tabelle mit Protokoll-Handles entgegen und speichert die zugehörigen Protokolle in der Datenbank. Wurde das Protokoll neu erzeugt, wird die neu vergebene Protokollnummer in dem entsprechenden Instanzattribut und in der Tickettabelle abgelegt.

Methode SET_CONTAINER

Legen Sie als Nächstes die öffentliche statische Methode SET_CONTAINER an. Über diese Methode wird der GUI-Container gesetzt, in dem die Ausgabe erfolgen soll. Parametrisieren Sie die Methode gemäß Abbildung 7.15.

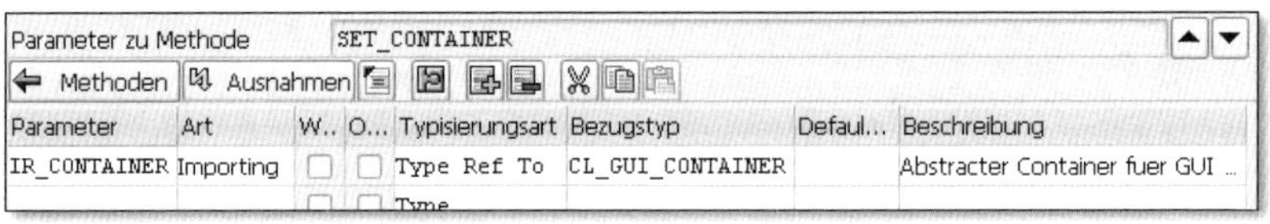


**Abbildung 7.15** Parameter SET_CONTAINER

Implementieren Sie die Methode, wie in Listing 7.15 gezeigt.

```
METHOD set_container.
  r_container = ir_container.
ENDMETHOD.
```

**Listing 7.15** Implementierung der Methode SET_CONTAINER

Methode DISPLAY

Legen Sie die öffentliche Instanzmethode DISPLAY an, die keine Parameter benötigt. Bei Aufruf der Methode wird das Protokoll in dem zuvor mittels SET_CONTAINER gesetzten GUI-Container angezeigt. Listing 7.16 zeigt die Implementierung der Methode.

```
METHOD display.
  DATA lt_log_handle   TYPE bal_t_logh.

  APPEND me->log_handle TO lt_log_handle.
  IF control_handle IS INITIAL.
```

```
    CALL FUNCTION 'BAL_CNTL_CREATE'
      EXPORTING
        i_container      = me->r_container
        i_t_log_handle   = lt_log_handle
      IMPORTING
        e_control_handle = control_handle.
  ELSE.
    CALL FUNCTION 'BAL_CNTL_REFRESH'
      EXPORTING
        i_control_handle = control_handle
        i_t_log_handle   = lt_log_handle.
  ENDIF.
ENDMETHOD.
```

**Listing 7.16** Implementierung der Methode DISPLAY

**Aufruf der Methode**

Für die erste Ausgabe (CONTROL_HANDLE ist noch nicht gesetzt) wird hier der Funktionsbaustein BAL_CNTL_CREATE verwendet, dem der zuvor mittels SET_CONTAINER übergebene GUI-Container sowie das Nachrichten-Handle übergeben werden. Der Baustein gibt das Control-Handle zurück, das im entsprechenden statischen Attribut gespeichert wird.

Bei jedem weiteren Aufruf der Methode (CONTROL_HANDLE ist gesetzt) wird die Ausgabe mit dem Baustein BAL_CNTL_REFRESH mit den Nachrichten der jeweiligen Instanz aufgefrischt.

**Ausführung der Zugriffsklassen**

Der Quellcode-Ausschnitt in Listing 7.17 demonstriert die Ausführung der Nachrichten und der Kontrollklasse.

```
DATA gr_log    TYPE REF TO zcl_book_ticket_log.
DATA gr_msg    TYPE REF TO zcl_book_ticket_log_msg.
DATA gv_status TYPE        zbook_ticket_status.
DATA gv_msg    TYPE        string.
DATA gr_cont   TYPE REF TO cl_gui_custom_container.

PARAMETERS:
    p_tiknr   TYPE zbook_ticket_nr      OBLIGATORY,
    p_status  TYPE zbook_ticket_status  OBLIGATORY.
[...]
gr_log = zcl_book_ticket_log=>get_instance(
                                    iv_tiknr = p_tiknr).
MESSAGE i000 WITH p_tiknr gv_status p_status
    INTO gv_msg.
gr_msg = zcl_book_ticket_log_msg=>create_symsg( ).
gr_log->add_msg( ir_msg = gr_msg).
gr_log->save( ).
COMMIT WORK.
```

```
gr_log->set_container( gr_cont ).
gr_log->display().
```

**Listing 7.17** Einsatz der Applikationslog-Klassen

[»]

**Command Chaining ab SAP NetWeaver 7.02**

In Listing 7.17 wird zunächst eine Instanz der Nachrichtenklasse erzeugt und die Referenz in einem zweiten Schritt an das Protokoll übergeben. Mit dem ab SAP NetWeaver-Release 7.02 verfügbaren *Command Chaining* (Verkettung von Programmierbefehlen) kann auf die Referenzvariable GR_MSG verzichtet werden.

Das ursprüngliche Coding lautet:

```
gr_msg = zcl_book_ticket_log_msg=>create_symsg( ).
gr_log->add_msg( ir_msg = gr_msg).
```

Das Coding mit Nutzung des Command Chainings lautet:

```
gr_log->add_msg( ir_msg =
           zcl_book_ticket_log_msg=>create_symsg( ) ).
```

Intern wird hier zunächst die Methode CREATE_SY_MSG aufgerufen und das Ergebnis (also eine Instanz der Klasse ZCL_BOOK_TICKET_LOG_MSG) dann direkt als Aktualparameter der Methode ADD_MSG verwendet.

Protokollklasse in weiteren Projekten

Die hier vorgestellten Klassen können Sie mit einigen Veränderungen leicht in Ihre eigenen Projekte übernehmen. Die Protokollklasse ist auf das Beispiel »Ticketsystem« zugeschnitten, lässt sich jedoch leicht verallgemeinern:

- Streichen Sie das Attribut TIKNR.
- Ändern Sie die Definition von GYT_INST insofern ab, dass Sie anstelle der Ticketnummer ein Protokoll-Handle als Schlüssel nehmen. Spendieren Sie der Tabelle ein weiteres Feld PROTOKOLLNUMMER.
- Legen Sie eine statische öffentliche Methode CREATE an, die ein Objekt und ein Unterobjekt (beide optional) sowie eine externe Identifikation als Parameter erhält. Diese Methode dient zum Anlegen neuer Protokolle mithilfe des Funktionsbausteins BAL_LOG_CREATE und ist neben GET_INSTANCE eine zweite Factory-Methode. Neue Instanzen müssen in die Instanzentabelle geschrieben werden.
- Die Methode GET_INSTANCE erhält anstelle der Ticketnummer zwei optionale Parameter für das Protokoll-Handle und die Proto-

kollnummer. Bei Angabe einer Protokollnummer wird das Protokoll mit dem Funktionsbaustein `BAL_DB_LOAD` von der Datenbank gelesen.

- Der Konstruktor ist parameterlos und benötigt kein Coding.
- Ändern Sie die Ausgabemethode nach Ihren Vorlieben.

Sie erhalten so ein universell einsetzbares Tool, das Sie obendrein durch Vererbung bei Bedarf noch spezialisieren können (entfernen Sie dazu das Kennzeichen FINAL in den Klasseneigenschaften).

## 7.5 Protokolle mit Callbacks

**Rücksprungdaten ergänzen**

Sowohl Protokolle als auch einzelne Nachrichten lassen sich mit *Callbacks* ausstatten. Dadurch wird es ermöglicht, aus der Protokollanzeige eine weitere Verarbeitung anzustoßen, z.B. die Anzeige eines Belegs, zu dem Protokolldaten existieren. Dabei wird das jeweilige Objekt (Protokoll oder Nachricht) mit Rücksprungdaten angereichert:

- Parameter, die das protokollierte Objekt identifizieren
- eine Routine, die als Callback angesprungen werden soll

Die Angabe der Parameter erfolgt in Form von beliebig vielen Paaren aus Parametername und Parameterwert. Der Wert ist typisiert auf das Datenelement `TEXT75` (DATENTYP: `CHAR`, LÄNGE: 75 Zeichen, Kleinschreibung erlaubt). Das bedeutet, dass Sie bei der Ablage von numerischen Parameterwerten gegebenenfalls auf korrekte Konvertierung achten müssen. Die Angabe von Objektreferenzen o.Ä. ist nicht möglich.

Zusätzlich zu den durch das Programm definierten Parametern wird ein weiterer Parameter `%LOGNUMBER` an die Callback-Routine übergeben. Dieser enthält in der Spalte `VALUE` die Protokollnummer.

Nachrichten bzw. Protokolle mit Callback bekommen bei der Ausgabe einen Button, mit dem der Callback ausgelöst wird, d.h., die Rücksprungroutine wird mit den gespeicherten Parametern ausgeführt. Die Rücksprungdaten werden in der Nachrichten- bzw. Protokollstruktur abgelegt und mit dieser zusammen gespeichert. Die Angabe eines Callbacks ist daher sowohl bei transienten als auch bei persistenten Protokollen möglich.

**Rücksprungroutinen**

Mögliche Rücksprungroutinen sind Funktionsbausteine sowie Unterprogramme (FORM-Routinen). Methoden von objektorientierten Klassen werden bislang nicht unterstützt.

[»]

**Auswirkungen des Callbacks auf die hier beschriebenen Klassen**

Vielleicht haben Sie sich bis zu diesem Zeitpunkt gefragt, warum Nachricht und Protokoll in zwei separaten Klassen implementiert wurden, anstatt einfach die in der Nachrichtenklasse implementierten Methoden wie ADD_SYMSG und ADD_BAPIRET2 in der Protokollklasse zu implementieren. Durch die Trennung ist es jedoch möglich, die Nachricht zu bearbeiten, bevor sie dem Protokoll hinzugefügt wird – z. B. durch das Hinzufügen eines Callbacks.

Im Folgenden werden wir nun zeigen, wie eine Nachricht mit einem Callback angereichert werden kann und wie ein Funktionsbaustein aussehen muss, der als Callback aufgerufen wird.

**Nachrichtenklasse erweitern**

Zunächst werden wir dazu die Nachrichtenklasse erweitern.

1. Editieren Sie die in Abschnitt 7.4.2, »Zugriffsklassen anlegen«, angelegte Klasse ZCL_BOOK_TICKET_LOG_MSG im Class Builder.
2. Legen Sie die öffentliche Instanzmethode ADD_CALLBACK mit den Parametern aus Abbildung 7.16 an. Mit dieser Methode wird die Rücksprungroutine zur Nachricht festgelegt.

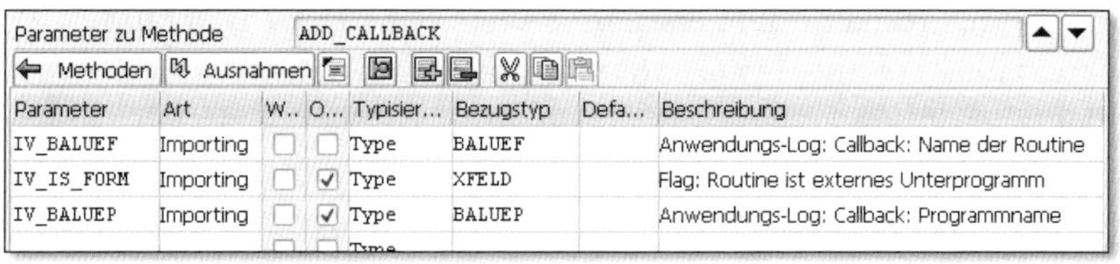


**Abbildung 7.16** Parameter ADD_CALLBACK

3. Implementieren Sie die Methode ADD_CALLBACK, wie in Listing 7.18 gezeigt.

```
METHOD add_callback.
  me->gs_msg-params-callback-userexitf = iv_baluef.
  IF iv_is_form IS INITIAL.
    me->gs_msg-params-callback-userexitt = 'F'.
  ELSE.
    me->gs_msg-params-callback-userexitp = iv_baluep.
  ENDIF.
ENDMETHOD.
```

**Listing 7.18** Coding der Methode ADD_CALLBACK

Der Parameter IV_BALUEF enthält den Namen der aufzurufenden Routine. Ist der Parameter IV_IS_FORM leer, handelt es sich bei der Routine um einen Funktionsbaustein, in diesem Fall wird der Rücksprungtyp auf F gesetzt. Andernfalls muss eine Angabe des Rahmenprogramms zum Unterprogramm im Parameter IV_BALUEP erfolgen, der Rücksprungtyp bleibt dann leer.

4. Legen Sie die öffentliche Instanzmethode ADD_PARAM mit den Parametern aus Abbildung 7.17 an. Mit dieser Methode wird je Aufruf ein Parameter zum Callback hinzugefügt.

   Die generische Typisierung des Parameters IV_PARVALUE auf den Bezugstyp C ermöglicht die Übergabe beliebiger zeichenartiger Datenobjekte. Dies ist in der Praxis für die meisten Anwendungsfälle ausreichend variabel.

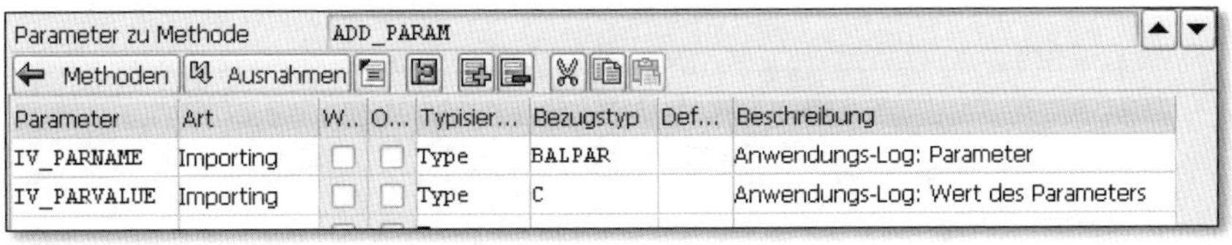


**Abbildung 7.17** Parameter ADD_PARAM

5. Implementieren Sie die Methode wie in Listing 7.19.

```
METHOD add_param.
  DATA
    : ls_par  TYPE bal_s_par
    .
  ls_par-parname  = iv_parname.
  ls_par-parvalue = iv_parvalue.
  APPEND ls_par TO me->gs_msg-params-t_par.
ENDMETHOD.
```

**Listing 7.19** Implementierung der Methode ADD_PARAM

**Callback-Funktionsbaustein**

Nun benötigen wir noch einen Funktionsbaustein, der als Callback aufgerufen wird.

1. Starten Sie Transaktion SE37. Geben Sie im Feld FUNKTIONSBAUSTEIN »Z_BOOK_APPLOG_CB_TICKET_CHANGE« ein, und klicken Sie auf ANLEGEN, bzw. drücken Sie [F5]. Füllen Sie die weiteren Felder aus, wie in Abbildung 7.18 dargestellt. Klicken Sie auf SICHERN, bzw. drücken Sie die [↵]-Taste.

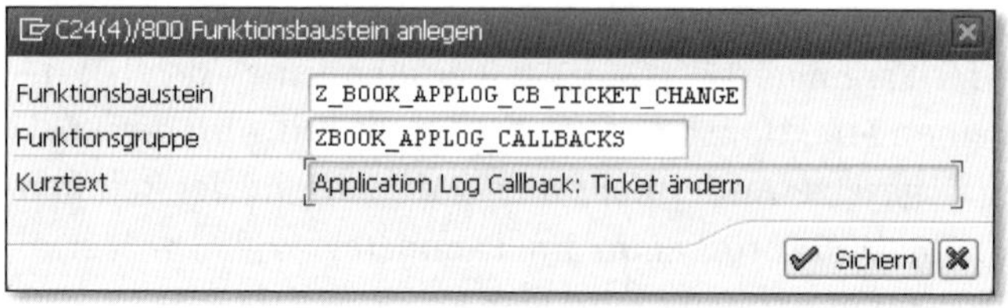


**Abbildung 7.18** Callback-Funktionsbaustein anlegen

2. Wechseln Sie auf die Registerkarte TABELLEN, und legen Sie dort den Parameter I_T_PARAMS gemäß Abbildung 7.19 an. Achten Sie auf die korrekte Schreibweise des Parameters. Bestätigen Sie den angezeigten Hinweis, dass TABLES-Parameter von Funktionsbausteinen obsolet sind. Bei der Auslösung des Callbacks aus der Anzeige des Applikationsprotokolls werden die in der Meldung hinterlegten Parameter an I_T_PARAMS übergeben.

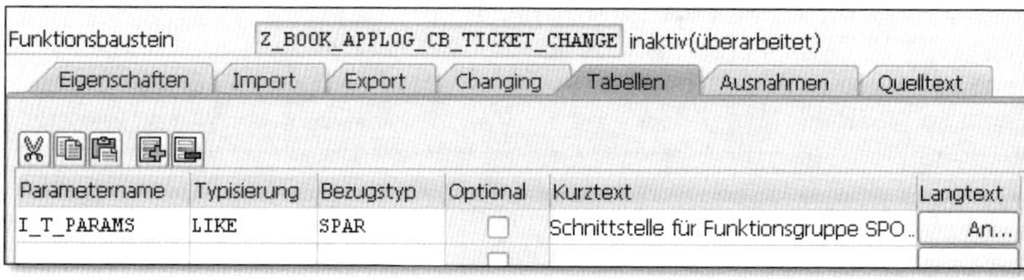


**Abbildung 7.19** Parameter Callback-Funktionsbaustein

3. Wechseln Sie auf die Registerkarte QUELLTEXT, und geben Sie das Coding aus Listing 7.20 ein.

```
DATA lv_tiknr  TYPE zbook_ticket_nr.
DATA ls_par    TYPE spar.

READ TABLE i_t_params
  INTO ls_par
  WITH KEY param = 'TICKET_NR'.
IF sy-subrc = 0.
  lv_tiknr = ls_par-value.
  SET PARAMETER ID 'ZBOOK_TICKET_NR' FIELD lv_tiknr.
  CALL TRANSACTION 'ZTIK02'.
ENDIF.
```

**Listing 7.20** Coding des Callback-Funktionsbausteins

Damit wird versucht, den Parameter TICKET_NR in der Parametertabelle zu finden. Ist dies erfolgreich, enthält das Feld VALUE in der gleichen Zeile der Tabelle die Ticketnummer. Diese wird in den entsprechenden *SPA/GPA-Parameter* geschrieben und die Transaktion zum Ändern eines Tickets aufgerufen.

4. Aktivieren Sie den Funktionsbaustein.

Der Quellcode-Ausschnitt in Listing 7.21 demonstriert die Verwendung des Callback-Funktionsbausteins.

```
DATA gr_log    TYPE REF TO zcl_book_ticket_log.
DATA gr_msg    TYPE REF TO zcl_book_ticket_log_msg.
DATA gv_msg    TYPE        string.

  MESSAGE i000(zbook_mh) WITH gv_tiknr old new
      INTO gv_msg.
  gr_msg = zcl_book_ticket_log_msg=>create_symsg( ).
  gr_msg->add_param(
      iv_parname  = 'TICKET_NR'
      iv_parvalue = p_tiknr ).
  gr_msg->add_callback(
    iv_baluef   = 'Z_BOOK_APPLOG_CB_TICKET_CHANGE' ).
  gr_log = zcl_book_ticket_log=>get_instance(
                                  iv_tiknr = p_tiknr).
  gr_log->add_msg( ir_msg = gr_msg ).
  gr_log->display( ).
```

**Listing 7.21** Quellcode mit Verwendung von Callbacks

In Listing 7.21 wird zunächst eine Nachrichteninstanz erzeugt. Dieser wird der Parameter `TICKET_NR` hinzugefügt, wobei der Wert auf die Nummer des gerade bearbeiteten Tickets gesetzt wird. Als Callback-Routine dient der hier angelegte Funktionsbaustein. Die Nachricht wird dem Ticketprotokoll hinzugefügt, dieses wird anschließend angezeigt.

Eine beispielhafte Ausgabe des Protokolls sehen Sie in Abbildung 7.20. Wenn Sie diese mit Abbildung 7.1 vergleichen, bemerken Sie, dass eine zusätzliche Spalte DETAIL angezeigt wird, in der ein Icon dargestellt wird. Die Callback-Routine (in diesem Fall der Funktionsbaustein `Z_BOOK_APPLOG_CB_TICKET_CHANGE`) wird beim Anklicken dieses Icons aufgerufen.

**Abbildung 7.20** Ausgabe einer Nachricht mit Callback-Möglichkeit

## 7.6 Nachrichten mit Kontext

Im Kontext einer Nachricht können zusätzliche Informationen zur Nachricht abgelegt werden. Mit einem Kontext ist es möglich, Belegnummern oder sonstige das Umfeld der Nachricht betreffende Zusatzdaten zusammen mit der Nachricht zu speichern und später zur Anzeige zu bringen.

In diesem Abschnitt werden wir jeder Nachricht den aktuellen Ticketstatus und den aktuellen Benutzernamen hinzufügen.

[»]

**Verwendung des Kontextes**

In Abschnitt 7.7, »Protokollausgabe anpassen«, werden wir den hier erzeugten Kontext verwenden, um die Darstellung des Applikationslogs zu verändern.

Dictionary-Struktur

Zunächst müssen Sie eine Dictionary-Struktur anlegen. Diese sorgt dafür, dass die Daten des Kontextes korrekt aufbereitet werden.

1. Legen Sie die Struktur `ZBOOK_S_BAL` an. Fügen Sie die beiden Felder `STATUS` und `USER` wie in Abbildung 7.21 ein.

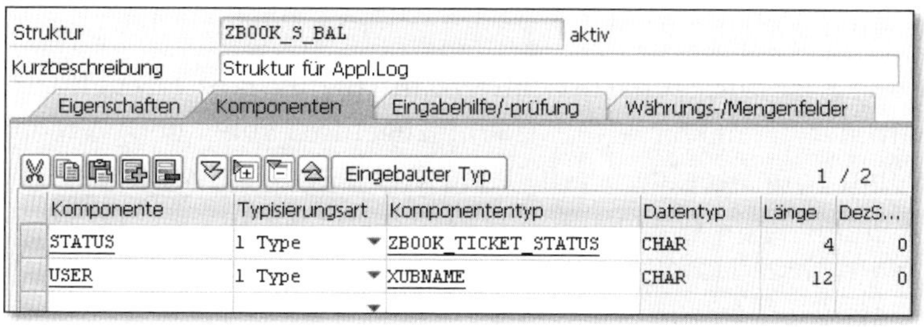


**Abbildung 7.21** Felder der Struktur ZBOOK_S_BAL

2. Sichern Sie die Struktur, und aktivieren Sie sie.

Kontext befüllen

Die Befüllung des Kontextes nehmen wir direkt in der Methode `ADD_MSG` der Protokollklasse `ZCL_BOOK_TICKET_LOG` vor, da wir jede protokollierte Nachricht um den Kontext ergänzen wollen. Ersetzen Sie dazu das Coding der Methode durch den Inhalt von Listing 7.22.

```
METHOD add_msg.
  DATA
    : ls_msg     TYPE bal_s_msg
    , ls_context TYPE zbook_s_bal.
    .
```

```
  ls_msg = ir_msg->get_msg( ).

  ls_context-status      = status.
  ls_context-user        = sy-uname.
  ls_msg-context-tabname = 'ZBOOK_S_BAL'.
  ls_msg-context-value   = ls_context.

  CALL FUNCTION 'BAL_LOG_MSG_ADD'
    EXPORTING
      i_log_handle = me->log_handle
      i_s_msg      = ls_msg.
ENDMETHOD.
```

**Listing 7.22** Neues Coding der Methode ADD_MSG

Die Nachrichtenstruktur BAL_S_MSG besitzt ein Feld CONTEXT, das auf die Struktur BAL_S_CONT typisiert ist. Diese Struktur besteht aus den Feldern TABNAME und VALUE. TABNAME wird dabei intern verwendet, um den Inhalt von VALUE zu interpretieren.

In unserem Fall wird der Kontext LS_CONTEXT auf die Struktur ZBOOK_S_BAL typisiert, die wir in Schritt 1 angelegt haben. Die Struktur wird befüllt und dann in das Feld VALUE des Kontextes übertragen. In das Feld TABNAME des Kontextes wird der Name der Dictionary-Struktur eingetragen, also ZBOOK_S_BAL.

## 7.7 Protokollausgabe anpassen

Die Standardausgabe von Applikationslogs haben Sie bereits in Abbildung 7.1 kennengelernt. Wir wollen diese Ausgabe nun so anpassen, dass wir die Darstellungsweise in Abbildung 7.22 erhalten:

- Der Baum (oberer Teil der Ausgabe) soll auf der obersten Ebene nach Datum sortiert sein, darunter nach Uhrzeit. Außerdem soll auf der zweiten Ebene der jeweilige Ticketstatus ausgegeben werden.
- In der Tabelle der Nachrichten (unterer Teil der Ausgabe) sollen das Datum und die Uhrzeit der Meldung sowie der Benutzername und der Meldungstext ausgegeben werden.

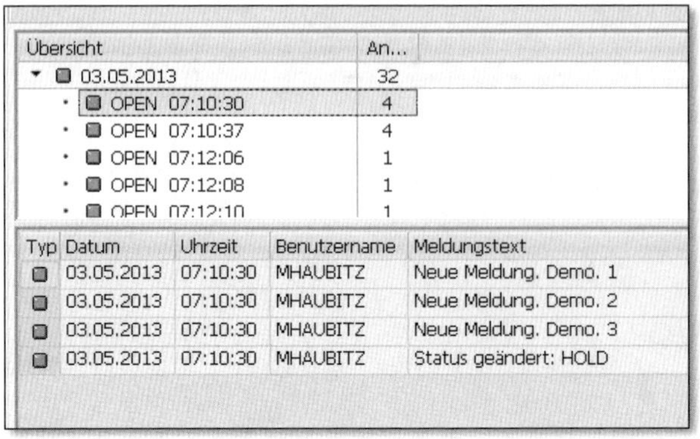


**Abbildung 7.22** Angepasste Ausgabe des Protokolls

[»]

**Verbindung zum Kontext**

Beachten Sie, dass der Ticketstatus und der Benutzername aus dem in Abschnitt 7.6, »Nachrichten mit Kontext«, erzeugten Kontext in die Anzeige übernommen werden.

Anpassungen in Methode DISPLAY

Die notwendigen Anpassungen nehmen wir in der Methode `DISPLAY` der Nachrichtenklasse `ZCL_BOOK_TICKET_LOG` vor. Ersetzen Sie das Coding der Methode durch das aus Listing 7.23.

```
METHOD display.
  DATA
    : lt_log_handle    TYPE bal_t_logh
    , ls_profile       TYPE bal_s_prof
    , ls_fcat          TYPE bal_s_fcat.
  APPEND me->log_handle TO lt_log_handle.

  CALL FUNCTION 'BAL_DSP_PROFILE_POPUP_GET'
    IMPORTING
      e_s_display_profile = ls_profile.

  ls_profile-no_toolbar = 'X'.
  ls_profile-tree_ontop = 'X'.
  ls_profile-tree_size  = '10'.

  " Erste Baumebene
  ls_fcat-ref_table = 'BAL_S_SHOW'.
  ls_fcat-ref_field = 'MSG_DATE'.
  APPEND ls_fcat TO ls_profile-lev1_fcat.

  " Zweite Baumebene
  ls_fcat-ref_table = 'ZBOOK_S_BAL'.
  ls_fcat-ref_field = 'STATUS'.
```

```
  APPEND ls_fcat TO ls_profile-lev2_fcat.
  ls_fcat-ref_table = 'BAL_S_SHOW'.
  ls_fcat-ref_field = 'MSG_TIME'.
  APPEND ls_fcat TO ls_profile-lev2_fcat.

  " Nachrichten
  ls_fcat-ref_table = 'BAL_S_SHOW'.
  ls_fcat-ref_field = 'MSG_DATE'.
  APPEND ls_fcat TO ls_profile-mess_fcat.
  ls_fcat-ref_field = 'MSG_TIME'.
  APPEND ls_fcat TO ls_profile-mess_fcat.

  ls_fcat-ref_table = 'ZBOOK_S_BAL'.
  ls_fcat-ref_field = 'USER'.
  APPEND ls_fcat TO ls_profile-mess_fcat.

  IF control_handle IS INITIAL.
    CALL FUNCTION 'BAL_CNTL_CREATE'
      EXPORTING
        i_container         = me->r_container
        i_s_display_profile = ls_profile
        i_t_log_handle      = lt_log_handle
      IMPORTING
        e_control_handle    = control_handle.
  ELSE.
    CALL FUNCTION 'BAL_CNTL_REFRESH'
      EXPORTING
        i_control_handle = control_handle
        i_t_log_handle   = lt_log_handle.
  ENDIF.
ENDMETHOD.
```

**Listing 7.23** Neues Coding der Methode DISPLAY

Anzeigensteuerung

Die Steuerung der Anzeige erfolgt über ein Anzeigeprofil vom Typ BAL_S_PROF, das wir dem Ausgabebaustein übergeben. Als Basis verwenden wir ein Standardprofil, das wir zunächst per API-Baustein BAL_DSP_PROFILE_POPUP_GET auslesen und anschließend an unsere Anforderungen anpassen.

[+]

**Vordefinierte Anzeigeprofile**

Im Beispiel verwenden wir das vordefinierte Profil für die Anzeige in Pop-up-Fenstern als Vorlage. Es werden diverse weitere vordefinierte Anzeigeprofile ausgeliefert. Diese können Sie über Funktionsbausteine (BAL_DSP_PROFILE_<profil>_GET) abrufen und in Ihren Programmen nutzen.

Parametereinstellungen

Stellen Sie in Listing 7.23 zunächst die generellen Parameter ein.

- Deaktivieren Sie die Toolbar (NO_TOOLBAR).
- Stellen Sie den Baum oberhalb der Nachrichten dar (TREE_ONTOP)
- Stellen Sie die Größe des Baums auf zehn Zeilen (inklusive Überschrift) ein (TREE_SIZE).

Anpassungen in Feldkatalogen

Die Anpassungen an Baum und Nachrichtentabelle erfolgen über Feldkataloge vom Typ BAL_T_FCAT. Die Struktur BAL_S_PROF verfügt über neun Felder zum Anpassen der Baumebenen (LEV1_FCAT bis LEV9_FCAT) sowie das Feld MESS_FCAT zur Anpassung der Feldliste in der Nachrichtenanzeige:

- **Erste Baumebene**
  In der ersten Baumebene wird das Nachrichtendatum MSG_DATE angezeigt. Dieses wird aus der Anzeigestruktur BAL_S_SHOW übernommen.
- **Zweite Baumebene**
  Für die zweite Ebene wird das Feld STATUS der Struktur ZBOOK_S_BAL übernommen. Das zweite Feld MSG_TIME kommt aus der allgemeinen Anzeigestruktur BAL_S_SHOW.
- **Nachrichtenanzeige**
  Datum und Uhrzeit der Nachricht werden aus den Feldern MSG_DATE und MSG_TIME der Ausgabestruktur übernommen. Der Benutzername USER hingegen wird aus der Struktur ZBOOK_S_BAL, also dem Nachrichtenkontext, übernommen. Der Nachrichtentext wird automatisch hinzugefügt.

Ausgabeprofil übergeben

Das fertige Ausgabeprofil wird dem Baustein BAL_CNTL_CREATE übergeben. Beim Auffrischen der Anzeige mittels BAL_CNTL_REFRESH ist die Angabe des Profils nicht mehr möglich und auch nicht notwendig.

[»]

**Weitere Möglichkeiten des Anzeigeprofils**

An dieser Stelle möchten wir Sie auf weitere Felder der Struktur BAL_S_PROF hinweisen, mit denen Sie die Anzeige Ihren Anforderungen entsprechend anpassen können:

- TITLE
  Austausch der Standardüberschrift
- START_COL/START_ROW/END_COL/END_ROW
  Die Anzeige erfolgt in einem Pop-up anstelle eines Fullscreens.

- `EXT_PUSH1 bis EXT_PUSH4`
  Fügt Buttons hinzu, über die zusätzliche Funktionen ausgeführt werden können.
- `CLBK*`
  Diese Felder dienen zur Definition eigener Rücksprungroutinen (z.B. für die Buttons).

## 7.8 Erweiterte Möglichkeiten des Applikationslogs

An dieser Stelle möchten wir Sie auf weitere Features des Applikationslogs bzw. der Schnittstelle aufmerksam machen, die Protokollsuche und -archivierung. Diese Informationen sollen Ihnen helfen, Ansatzpunkte für Ihre eigenen Projekte zu finden.

### Protokolle suchen

Funktionsbaustein BAL_DB_SEARCH

Hin und wieder kann es innerhalb eines Programms notwendig werden, gespeicherte Protokolle zu suchen. Dazu steht der Funktionsbaustein `BAL_DB_SEARCH` zur Verfügung.

Der Baustein nimmt eine Struktur vom Typ `BAL_S_LFIL` entgegen, in der die Suchparameter in Form von Range-Tabellen übergeben werden. Ist mehr als eine der Range-Tabellen gefüllt, werden die Kriterien einer logischen Und-Verknüpfung unterzogen.

Die Rückgabe des Bausteins besteht aus einer Tabelle von Protokollkopfdaten, der die Protokollnummern entnommen werden können. In dem Beispiel aus Listing 7.24 werden alle Protokolle des Objekts `ZBOOK` gesucht, die zwischen dem 1.1.2013 und dem 20.1.2013 durch Transaktion ZTIK02 erzeugt wurden:

```
DATA ls_lfil      TYPE         bal_s_lfil.
DATA ls_object    LIKE LINE OF ls_lfil-object.
DATA ls_altcode   LIKE LINE OF ls_lfil-altcode.
DATA ls_aldate    LIKE LINE OF ls_lfil-aldate.
DATA lt_balhdr    TYPE         balhdr_t.

START-OF-SELECTION.
  ls_object-sign    = 'I'.
  ls_object-option  = 'EQ'.
  ls_object-low     = 'ZBOOK'.
  APPEND ls_object TO ls_lfil-object.
```

```
ls_altcode-sign   = 'I'.
ls_altcode-option = 'EQ'.
ls_altcode-low    = 'ZTIK02'.
APPEND ls_altcode TO ls_lfil-altcode.
ls_aldate-sign    = 'I'.
ls_aldate-option  = 'BT'.
ls_aldate-low     = '20130101'.
ls_aldate-high    = '20130120'.
APPEND ls_aldate to ls_lfil-aldate.

CALL FUNCTION 'BAL_DB_SEARCH'
  EXPORTING
    i_s_log_filter = ls_lfil
  IMPORTING
    e_t_log_header = lt_balhdr.
```

**Listing 7.24** Protokolle suchen

### Archivierung von Protokollen

Archivierungsobjekt BC_SBAL

Veraltete Protokolle werden mit dem Archivierungsobjekt BC_SBAL archiviert. Archivierte Protokolle können immer noch in Transaktion SLG1 gesucht und angezeigt werden. Dazu müssen Sie die Option AUS DEM ARCHIV KOMPLETT AUFBEREITEN aktivieren.

Für Ihre eigenen Programme stehen die Funktionsbausteine BAL_ARCHIVE_SEARCH und BAL_ARCHIVE_LOAD zum Suchen und Laden von archivierten Protokollen zur Verfügung.

### Beispielprogramme

SAP liefert im Standard diverse Beispielprogramme zu den Applikationsprotokollen aus. Sie finden diese über Transaktion SE38, wenn Sie im Feld PROGRAMM »SBAL_DEMO*« eingeben und die Wertehilfe (F4) aktivieren.

*Änderungsbelege helfen Ihnen, Änderungen an Tabelleninhalten nachzuvollziehen. In diesem Kapitel zeigen wir Ihnen, wie Sie diese Funktion für eigene Programme nutzen können.*

# 8 Änderungsbelege verwenden

Änderungsbelege sind wahrscheinlich jedem schon einmal untergekommen, der sich mit einem SAP-System auseinandergesetzt hat. Für alle wichtigen Stammdaten und Belege protokolliert das System Änderungen in Änderungsbelegen, die dann in der jeweiligen Anzeige- bzw. Änderungstransaktion eingesehen werden können.

Änderungsbelege werden in den Tabellen `CDHDR` (Kopfdaten) und `CDPOS` (Detaildaten zur Änderung) abgelegt. Um Änderungsbelege für eigene Datenbanktabellen zu nutzen, sind nur wenige Schritte notwendig:

- Markieren der jeweiligen Datenelemente als änderungsbelegrelevant
- Anlegen eines Änderungsbelegobjekts
- Generierung der zugehörigen Entwicklungsobjekte
- Aufruf des generierten Protokollierungsbausteins bei Änderungen

Änderungsbelege werden demnach vom System nicht automatisch erzeugt, sondern die Verantwortung dafür liegt beim Entwickler. Das heißt, es werden auch keine Änderungsbelege erzeugt, wenn Änderungen direkt in die Tabelle geschrieben werden.

In diesem Kapitel werden wir Ihnen die Verwendung von Änderungsbelegen in eigenen Programmen demonstrieren. Dafür werden wir als Beispiel Änderungen der Felder STATUS und VERANTWORTLICH in unserer Tickettabelle mit Änderungsbelegen protokollieren.

## 8.1 Datenelemente als änderungsrelevant markieren

**Zusatzeigenschaften einstellen**

Bevor Sie Änderungen protokollieren können, müssen Sie in einem ersten Schritt die Datenelemente, zu denen Änderungen erfasst werden sollen, kennzeichnen:

1. Starten Sie Transaktion SE11. Markieren Sie den Radiobutton DATENTYP, und geben Sie im dazugehörigen Eingabefeld das Datenelement »ZBOOK_TICKET_STATUS« ein. Klicken Sie auf den Button ÄNDERN, bzw. drücken Sie die Taste [F6].
2. Wechseln Sie auf die Registerkarte ZUSATZEIGENSCHAFTEN.
3. Markieren Sie die Checkbox ÄNDERUNGSBELEG (siehe Abbildung 8.1).

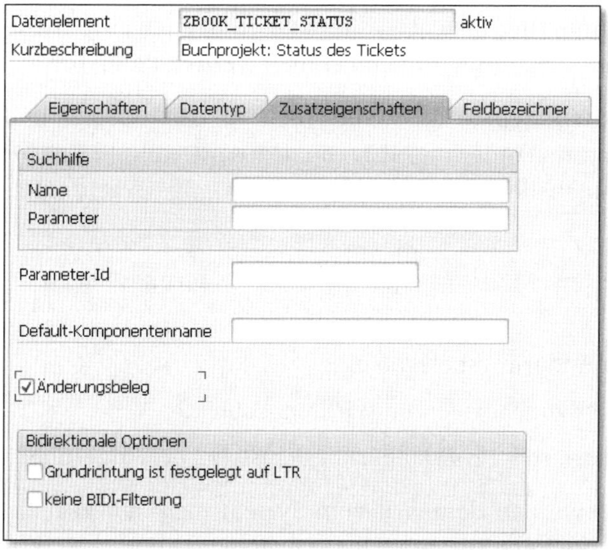


**Abbildung 8.1** Datenelement als »änderungsbelegrelevant« einstellen

4. Sichern Sie das Datenelement, und aktivieren Sie es mit [Strg] + [F3].
5. Gehen Sie mit [F3] in das Startbild der Transaktion SE11 zurück, und wiederholen Sie die Schritte 1 bis 3 mit dem Datenelement `ZBOOK_PERSON_REPSONSIBLE`.

## 8.2 Änderungsbelegobjekt anlegen

**Änderungsbelegobjekt für Tabelle ZBOOK_TICKET**

In diesem Abschnitt legen wir das Änderungsbelegobjekt für die Tabelle `ZBOOK_TICKET` an, da es ohne Änderungsbelegobjekt nicht möglich ist, Änderungsbelege zu erzeugen. Im Änderungsbelegobjekt sind die Tabellen zusammengefasst, für die Änderungsbelege erzeugt werden sollen. Zudem stellt das Änderungsbelegobjekt die Möglichkeit bereit, Repository-Objekte zu generieren, die wir zur Erzeugung der Änderungsbelege verwenden können (siehe Abschnitt 8.3, »Generierung des Verbuchers«).

1. Starten Sie Transaktion SCDO (Anzeige der Änderungsbelegobjekte). Ihnen werden die im System bereits bekannten Änderungsbelegobjekte angezeigt.
2. Klicken Sie auf den Button zum Anlegen eines neuen Objekts ( ), bzw. drücken Sie die Taste [F5]. Es öffnet sich ein Pop-up-Fenster zur Eingabe des Namens des neuen Objekts. Tragen Sie den Namen »ZBOOK_TICKET« im Feld ÄNDERUNGSBELEGOBJEKT OHNE NAMENSRAUMVORSATZ ein (siehe Abbildung 8.2).

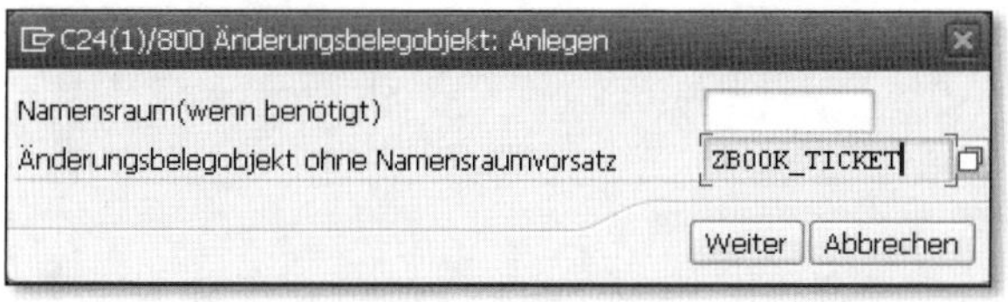


**Abbildung 8.2** Änderungsbelegobjekt anlegen

[«]

**Namensraum**

Im Feld NAMENSRAUM müssen Sie nur etwas eingeben, wenn Sie in einem bei SAP registrierten Namensraum (`/<namensraum>/`) arbeiten.

3. Klicken Sie auf den Button WEITER, bzw. drücken Sie die Taste [↵].
4. Bestätigen Sie die folgende Sicherheitsabfrage (siehe Abbildung 8.3) mit JA. Diese Abfrage erscheint immer, wenn Sie ein Änderungsbelegobjekt ohne expliziten Namensraum anlegen, auch wenn der von Ihnen angegebene Name mit Z bzw. Y beginnt.

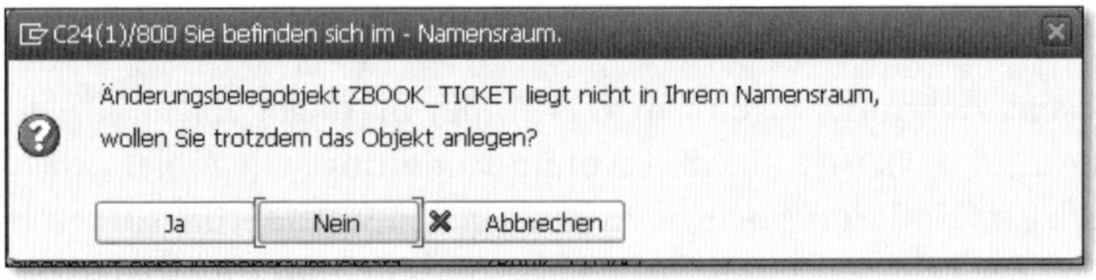


**Abbildung 8.3** Namensraumabfrage

5. Geben Sie im folgenden Pop-up-Fenster eine Bezeichnung für Ihr Änderungsbelegobjekt ein. Die Werte für die Tabelle im unteren Teil des Fensters füllen Sie wie in Abbildung 8.4.

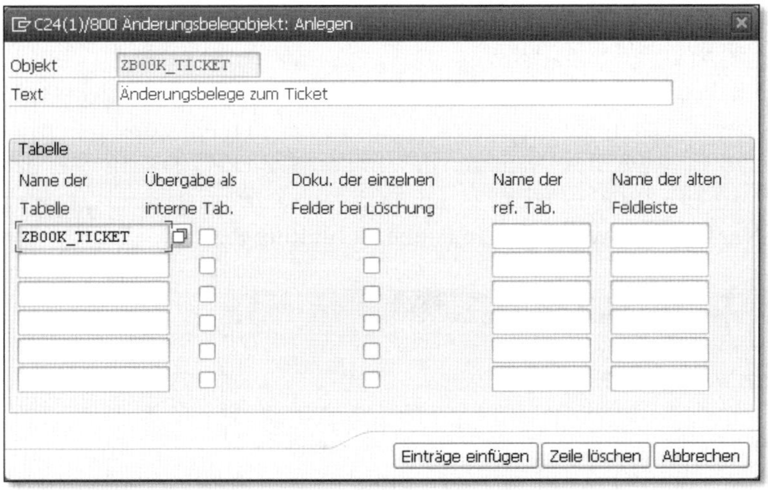


**Abbildung 8.4** Tabelle zum Änderungsbelegobjekt pflegen

[»]

**Eingabefelder bei der Anlage eines Änderungsobjekts**

Die folgenden Felder stehen beim Anlegen eines Änderungsobjekts zur Verfügung (siehe Abbildung 8.4):

- Name der Tabelle
  In diesem Feld wird der Name der Datenbanktabelle eingegeben, für die Änderungsbelege erzeugt werden sollen, in unserem Beispiel ZBOOK_TICKET.
- Übergabe als interne Tab.
  Der generierte Baustein zum Schreiben der Änderungsbelege nimmt den alten und den neuen Zustand eines oder mehrerer Datensätze entgegen.

Dieses Kennzeichen legt fest, ob der generierte Baustein zwei Tabellen (also mehrere Einträge) oder zwei Feldleisten (also genau einen Eintrag) als Eingabeparameter erwartet.

Da in unserem Beispiel nur ein Datensatz übergeben wird, kann dieses Feld leer bleiben.

- DOKU. DER EINZELNEN FELDER BEI LÖSCHUNG
  Legt fest, dass bei Löschung eines Datensatzes alle Feldwerte in den Änderungsbeleg übernommen werden.
  In unserem Beispiel verzichten wir auf diese Dokumentation.
- NAME DER REF. TAB.
  Legt eine Referenztabelle für Währungs- und Einheitenfelder fest.
- NAME DER ALTEN FELDLEISTE

6. Schließen Sie Ihre Eingaben mit dem Button EINTRÄGE EINFÜGEN ab.
7. Sichern Sie Ihr Änderungsbelegobjekt [Strg] + [S].

Das Änderungsbelegobjekt ist nun angelegt und kann verwendet werden.

## 8.3 Generierung des Verbuchers

**Objekte generieren**

Damit Sie die Funktionsweise der Änderungsbelege kennenlernen können, werden wir zunächst einige Objekte generieren lassen. Die Bedeutung dieser Objekte und ihre Funktion und Wirkungsweise werden Sie im nächsten Abschnitt kennenlernen.

1. Öffnen Sie das Änderungsbelegobjekt in Transaktion SCDO.
2. Wählen Sie im Menü HILFSMITTEL • VERBUCHER GENERIEREN.
3. Bestätigen Sie die Sicherheitsabfrage, ob das Objekt generiert werden soll, obwohl das Änderungsbelegobjekt ZBOOK_TICKET nicht in Ihrem Namensraum liegt, mit JA.
4. Pflegen Sie die Eingabeparameter im Pop-up-Fenster VERBUCHER GENERIEREN mit den Eingaben aus Abbildung 8.5, und klicken Sie auf den Button GENERIEREN, bzw. drücken Sie [↵]. Sollte die Funktionsgruppe bisher nicht existieren, werden Sie gefragt, ob diese angelegt werden soll.

**Abbildung 8.5** Verbucher generieren

5. Daraufhin wird eine Übersicht der zu generierenden Objekte angezeigt (siehe Abbildung 8.6).

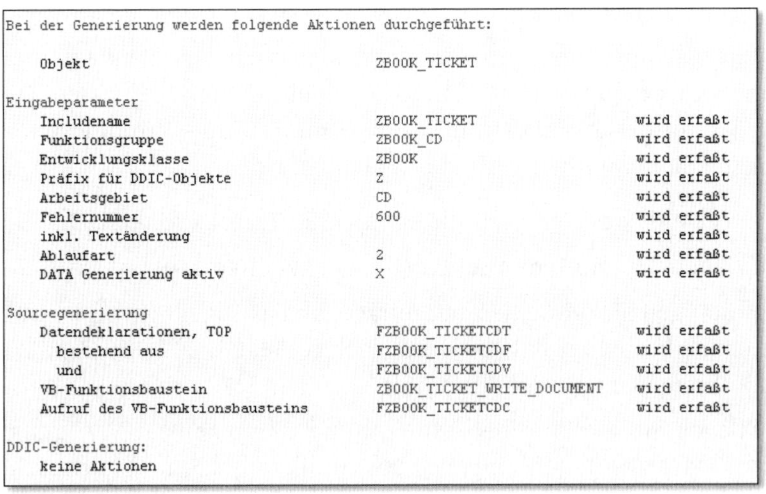

```
Bei der Generierung werden folgende Aktionen durchgeführt:

    Objekt                                  ZBOOK_TICKET

Eingabeparameter
    Includename                             ZBOOK_TICKET                wird erfaßt
    Funktionsgruppe                         ZBOOK_CD                    wird erfaßt
    Entwicklungsklasse                      ZBOOK                       wird erfaßt
    Präfix für DDIC-Objekte                 Z                           wird erfaßt
    Arbeitsgebiet                           CD                          wird erfaßt
    Fehlernummer                            600                         wird erfaßt
    inkl. Textänderung                                                  wird erfaßt
    Ablaufart                               2                           wird erfaßt
    DATA Generierung aktiv                  X                           wird erfaßt

Sourcegenerierung
    Datendeklarationen, TOP                 FZBOOK_TICKETCDT            wird erfaßt
      bestehend aus                         FZBOOK_TICKETCDF            wird erfaßt
      und                                   FZBOOK_TICKETCDV            wird erfaßt
    VB-Funktionsbaustein                    ZBOOK_TICKET_WRITE_DOCUMENT wird erfaßt
    Aufruf des VB-Funktionsbausteins        FZBOOK_TICKETCDC            wird erfaßt

DDIC-Generierung:
    keine Aktionen
```

**Abbildung 8.6** Übersicht der generierten Objekte

6. Klicken Sie auf den Button GENERIEREN, bzw. drücken Sie [Strg] + [S], um die Generierung zu starten. Es wird erneut das Protokoll angezeigt, das Sie in Abbildung 8.6 sehen.

Es wurden vier Includes sowie ein Verbuchungsfunktionsbaustein generiert. Diese können Sie nun direkt in eigenen Programmen verwenden, um Änderungsbelege zu erzeugen.

## 8.4 Analyse der generierten Objekte

In diesem Abschnitt werden wir die zuvor generierten Objekte etwas genauer betrachten und Ihnen dadurch einen Einblick vermitteln, wie die Erzeugung von Änderungsbelegen funktioniert.

### Include FZBOOK_TICKETCDT

**Top-Include zur Einbindung**

Das (Top-)Include `FZBOOK_TICKETCDT` bindet die Includes `FZBOOK_TICKETCDF` und `FZBOOK_TICKETCDV` ein, auf die wir in den folgenden Abschnitten noch eingehen.

### Include FZBOOK_TICKETCDF

**Aufruf des Verbuchungsbausteins**

Im Include `FZBOOK_TICKETCDF` werden die folgenden Felder deklariert, die für den Aufruf des generierten Verbuchungsbausteins `ZBOOK_TICKET_WRITE_DOCUMENT` verwendet werden. Bei diesem Include handelt sich daher um den allgemeinen Teil der Datendeklarationen:

- `OBJECTID`
  Das Feld `OBJECTID` enthält den Schlüsselbegriff des Datensatzes, zu dem der Änderungsbeleg geschrieben wird. In unserem Fall ist dies die Ticketnummer.
- `TCODE`
  Dieses Feld enthält den Transaktionscode, mit dem Änderungen durchgeführt werden.
- `UTIME/UDATE/USERNAME`
  Die drei Felder enthalten Datum und Uhrzeit der Änderung sowie den Benutzernamen, unter dem die Änderung durchgeführt wurde.
- `PLANNED_CHANGE_NUMBER`
  Die Plannummer, unter der die Änderung durchgeführt wird, kann optional eingetragen werden.

- CDOC_PLANNED_OR_REAL
  Dabei handelt es sich um das Kennzeichen, ob eine bereits realisierte (R) oder geplante (P) Änderung durchgeführt wurde. Wird das Kennzeichen leer (space) übergeben, was die Default-Einstellung ist, wird abhängig von der in PLANNED_CHANGE_NUMBER übergebenen Plannummer der Änderungstyp abgeleitet.

  Verwenden Sie diese beiden Parameter, wenn Sie Objekte mit Änderungsnummer bearbeiten. Standardmäßig ist dies z.B. bei Materialien oder Stücklisten der Fall.
- CDOC_UPD_OBJECT
  Dieses Feld enthält eines der folgenden globalen Update-Kennzeichen:
  - I – Datensatz wurde eingefügt (Insert)
  - J – Datensatz wurde eingefügt, Feldwerte sollen im Änderungsbeleg erscheinen
  - U – Datensatz wurde geändert (Update)
  - D – Datensatz wurde gelöscht (Delete)
  - E – Datensatz wurde gelöscht, Feldwerte sollen im Änderungsbeleg erscheinen
- CDOC_NO_CHANGE_POINTERS
  Hier wird ein Kennzeichen gesetzt, dass keine Änderungszeiger geschrieben werden sollen. *Änderungszeiger* merken Belege für eine Weitergabe via Application Link Enabling (ALE) vor. Sie werden z.B. für die Schnittstellen zu SAP NetWeaver BW oder SAP APO verwendet.

### Include FZBOOK_TICKETCDV

Objektspezifische Datendeklaration

Das Include FZBOOK_TICKET_CDV enthält die objektspezifischen Datendeklarationen, d.h. den alten und den neuen Stand des Datensatzes sowie ein Update-Kennzeichen für die jeweilige Tabelle (hier: ZBOOK_TICKET). Es gibt mehrere Update-Kennzeichen: ein globales sowie je ein weiteres pro Tabelle. Dies ist notwendig, da in einem Änderungsbelegobjekt mehrere Tabellen beteiligt sein können und sich die Updatekennzeichen je nach Anwendungsfall unterscheiden können.

**Update-Kennzeichen** [zB]

Ein bereits existierender Änderungsbeleg besteht aus einem Belegkopf und mehreren Positionen. Werden nun am Belegkopf ein Datum geändert, die Position 0030 hinzugefügt und die Position 0020 gelöscht, resultieren daraus folgende Updatekennzeichen:

- globales Kennzeichen: U (Beleg geändert)
- Kennzeichen der Kopftabelle: U (Kopf geändert)
- Kennzeichen Position 0030: I (Position eingefügt)
- Kennzeichen Position 0020: D (Position gelöscht)

### Include FZBOOK_TICKETCDC

Aufruf des Verbuchungsbausteins

Inhalt des Includes FZBOOK_TICKETCDC ist ein Unterprogramm CD_CALL_ZBOOK_TICKET. Dieses ruft den ebenfalls generierten Funktionsbaustein ZBOOK_TICKET_WRITE_DOCUMENT zur Erzeugung der Änderungsbelege auf. Für den Aufruf werden die in den anderen Includes deklarierten Datenobjekte verwendet.

Bei dem Funktionsbaustein handelt es sich um einen Verbuchungsbaustein. Dementsprechend erfolgt der Aufruf IN UPDATE TASK, er wird also erst aktiv, wenn ein Datenbank-Commit (COMMIT WORK [AND WAIT].) erfolgt.

### Funktionsbaustein ZBOOK_TICKET_WRITE_DOCUMENT

Verbuchungsbaustein

Der Funktionsbaustein ZBOOK_TICKET_WRITE_DOCUMENT wurde gemäß unseren Eingaben (siehe Abbildung 8.5) angelegt. Er hat lediglich Import-Parameter und löst im Fehlerfall T100-Nachrichten vom Typ A aus, die zum Abbruch der Verbuchung führen.

Belegbausteine

Im Quellcode des Verbuchungsbausteins werden die Import-Parameter an die folgenden Bausteine weitergereicht, die das Schreiben des Änderungsbelegs übernehmen:

- CHANGEDOCUMENT_OPEN
  Dieser Baustein eröffnet einen neuen Änderungsbeleg. Die Parameter müssen wie folgt belegt werden:
  - OBJECTCLASS: Name des Änderungsbelegobjekts
  - OBJECTID: Schlüssel des geänderten Objekts (hier also die Ticketnummer)

- CHANGEDOCUMENT_SINGLE_CASE
  Der Baustein CHANGEDOCUMENT_SINGLE_CASE schreibt einen einzelnen Eintrag in den Änderungsbeleg. Die Parameter müssen wie folgt belegt werden:
  - TABLENAME: Name der geänderten Tabelle
  - WORKAREA_OLD: Stand des Datensatzes vor der Änderung
  - WORKAREA_NEW: Stand des Datensatzes nach der Änderung
  - CHANGE_INDICATOR: Änderungskennzeichen für die Tabelle
- CHANGEDOCUMENT_CLOSE
  Der Baustein CHANGEDOCUMENT_CLOSE schließt und speichert den Änderungsbeleg. Die Parameter müssen wie folgt belegt werden:
  - OBJECTCLASS: Änderungsbelegobjekt
  - OBJECTID: Schlüssel des geänderten Objekts
  - DATE_OF_CHANGE: Datum der Änderung
  - TIME_OF_CHANGE: Uhrzeit der Änderung
  - TCODE: Transaktionscode
  - USERNAME: Benutzername des Änderers
  - OBJECT_CHANGE_INDICATOR: globales Änderungskennzeichen

Weitere Belegbausteine

Die verwendeten Belegbausteine besitzen neben den hier genannten noch weitere Parameter, die an dieser Stelle jedoch nicht aufgeführt werden, da sie für das Beispiel keine Relevanz haben.

[»]

**Baustein für mehrzeilige Tabellenänderung**

Um eine mehrzeilige Tabellenänderung in einem Änderungsbeleg zu erfassen, wird der Belegbaustein CHANGEDOCUMENT_MULTIPLE_CASE verwendet. Ein mehrfacher Aufruf dieses Bausteins bzw. des oben beschriebenen Bausteins CHANGEDOCUMENT_SINGLE_CASE zwischen den OPEN- und CLOSE-Bausteinen ist notwendig, wenn im Zuge einer Änderung eines Belegs mehrere Tabellen geändert werden (siehe Beispielkasten im Abschnitt »Include FZBOOK_TICKETCDV«).

## 8.5 Testprogramm

Report ZBOOK_TEST_CHANGEDOCU

Um die generierten Objekte zu testen und die Wirkungsweise besser zu veranschaulichen, schreiben wir nun ein Testprogramm, das diese Objekte verwendet. Legen Sie dazu den Report ZBOOK_TEST_CHANGEDOCU an, und fügen Sie das Coding aus Listing 8.1 ein.

```
INCLUDE fzbook_ticketcdt.
INCLUDE fzbook_ticketcdc.
PARAMETERS p_tiknr   TYPE zbook_ticket_nr.
PARAMETERS p_stat    TYPE zbook_ticket_status.
PARAMETERS p_resp    TYPE zbook_person_repsonsible.
PARAMETERS p_disp    TYPE xfeld.

START-OF-SELECTION.
  objectid        = p_tiknr.
  tcode           = 'ZTIK'.
  utime           = sy-uzeit.
  udate           = sy-datum.
  username        = sy-uname.
  SELECT SINGLE *
    FROM  zbook_ticket
    INTO  os_zbook_ticket
    WHERE tiknr = p_tiknr.
  CASE sy-subrc.
    WHEN 0.
      cdoc_upd_object   = 'U'.
      upd_zbook_ticket  = 'U'.
    WHEN OTHERS.
      cdoc_upd_object   = 'I'.
      upd_zbook_ticket  = 'I'.
  ENDCASE.
  MOVE-CORRESPONDING os_zbook_ticket TO ns_zbook_ticket.
  ns_zbook_ticket-tiknr       = p_tiknr.
  ns_zbook_ticket-status      = p_stat.
  ns_zbook_ticket-responsible = p_resp.
  PERFORM cd_call_zbook_ticket.
  COMMIT WORK.
```

**Listing 8.1** Testprogramm, Teil 1: Änderungsbelege schreiben

**Implementierung**

Sie binden in Listing 8.1 zunächst die zuvor generierten Includes zum Änderungsbelegobjekt ein. Anschließend weisen Sie dem Report folgende Eingabeparameter zu:

- P_TIKNR: Nummer des (virtuell) geänderten Tickets
- P_STAT: neuer Status des Tickets
- P_RESP: neuer Verantwortlicher
- P_DISP: Kennzeichen: Änderungsbelege anzeigen

Die in den Includes deklarierten Felder füllen Sie mit Werten und verwenden dabei die Ticketnummer als Objekt-ID.

Werte vor Änderung

Über eine Datenbankabfrage lesen Sie die alten Werte zu einem Ticket aus der Tickettabelle. Anhand des Rückgabewertes der Selektion wird das Update-Kennzeichen belegt: Wurde das Ticket bereits gefunden, handelt es sich um eine Änderung (U), wurde es nicht gefunden, handelt es sich um ein neues Ticket (I).

Der neue Stand des Tickets wird aus dem alten (sofern vorhanden) übernommen. Status und Verantwortlicher werden aus den Eingabeparametern übernommen.

Belegbaustein aufrufen

Anschließend rufen Sie den Baustein zum Schreiben des Änderungsbelegs auf (hier indirekt über den Aufruf von `CD_CALL_ZBOOK_TICKET`). Da der Baustein `IN UPDATE TASK` aufgerufen wird, ist es nötig, einen `COMMIT` zu setzen. Beachten Sie, dass Wertänderungen nur für die Felder erfasst werden, bei denen im Datenelement das Kennzeichen Änderungsbeleg aktiviert ist (siehe auch Abbildung 8.1).

Anzeige von Änderungsbelegen

Die Anzeige der zum Ticket bereits geschriebenen Änderungsbelege wird auf Anforderung aufgerufen. Ergänzen Sie den Report um das Coding aus Listing 8.2.

```
  IF p_disp = 'X'.
    PERFORM display.
  ENDIF.
FORM display .
  DATA lv_objectid TYPE          cdhdr-objectid.
  DATA lt_editpos  TYPE TABLE OF cdred.
  DATA lv_appid    TYPE          repid.

  lv_objectid = p_tiknr.
  CALL FUNCTION 'CHANGEDOCUMENT_READ'
    EXPORTING
      objectclass = 'ZBOOK_TICKET'
      objectid    = lv_objectid
    TABLES
      editpos     = lt_editpos.
  lv_appid = sy-repid.
  CALL FUNCTION 'CHANGEDOCUMENT_DISPLAY'
    EXPORTING
      i_applicationid = lv_appid
    TABLES
      i_cdred         = lt_editpos.
ENDFORM.
```

**Listing 8.2** Testprogramm, Teil 2: Änderungsbelege anzeigen

Bereits auf der Datenbank vorhandene Änderungsbelege können programmgesteuert gelesen und angezeigt werden. Zu diesem Zweck werden API-Bausteine (Application Programming Interface) ausgeliefert, von denen wir an dieser Stelle die beiden im Testprogramm verwendeten vorstellen. Um die Änderungsbelege anzuzeigen, sind zwei Schritte notwendig:

API-Bausteine

- Belege lesen und aufbereiten (API-Baustein `CHANGEDOCUMENT_READ`)
- gelesene Belege anzeigen (API-Baustein `CHANGEDOCUMENT_DISPLAY`)

Lesebaustein CHANGEDOCUMENT_READ

Der Lesebaustein `CHANGEDOCUMENT_READ` benötigt als minimale Angabe das Änderungsbelegobjekt im Parameter `OBJECTCLASS`. Da in unserem Beispiel die Änderungsbelege zu einem Ticket angezeigt werden sollen, wird zusätzlich die Ticketnummer in `OBJECTID` übergeben. Es ist darüber hinaus möglich, weitere Einschränkungen zu machen, z.B. nur Änderungen zu einer bestimmten Tabelle (inklusive Schlüsselfeld) oder in einem bestimmten Zeitfenster zu lesen. Außerdem ist der Zugriff auf archivierte Änderungsbelege möglich. Bei Rückgabe des Bausteins werden die gefundenen Änderungen in den Parameter `EDITPOS` geschrieben.

Anzeigebaustein CHANGEDOCUMENT_DISPLAY

Die aufbereiteten Änderungen können direkt an den Anzeigebaustein übergeben werden. Auch hier wird der Baustein mit minimaler Parameterausprägung aufgerufen. Die Darstellung des Änderungsbelegs erfolgt in einer ALV-Grid-Liste, die über ihre Anzeigevarianten leicht einstellbar ist.

## 8.6 Tipps zur Arbeit mit Änderungsbelegen

In diesem Abschnitt möchten wir Ihnen einige Hinweise und Anregungen für weitere Möglichkeiten zum Umgang mit Änderungsbelegen geben, die für Ihre eigenen Entwicklungsprojekte hilfreich sein können.

### 8.6.1 Komplexe Änderungsbelegobjekte

In unserem Beispiel haben wir dem Änderungsbelegobjekt lediglich eine Tabelle zugeordnet. In realen Entwicklungsprojekten besteht ein (Anwendungs-)Objekt aber möglicherweise aus Einträgen in mehreren Tabellen (siehe auch Beispielkasten »Update-Kennzeichen« in Abschnitt 8.4, »Analyse der generierten Objekte«). Wir möchten an dieser Stelle noch einmal anhand des Beispiels Verkaufsbelege (SD-Aufträge, SD-Fakturen etc.) auf dieses Thema eingehen.

**Verkaufsbelegänderungen**

Änderungen an Verkaufsbelegen werden mit dem Änderungsbelegobjekt VERKBELEG nachverfolgt. Die Struktur dieses Objekts können Sie Abbildung 8.7 entnehmen.

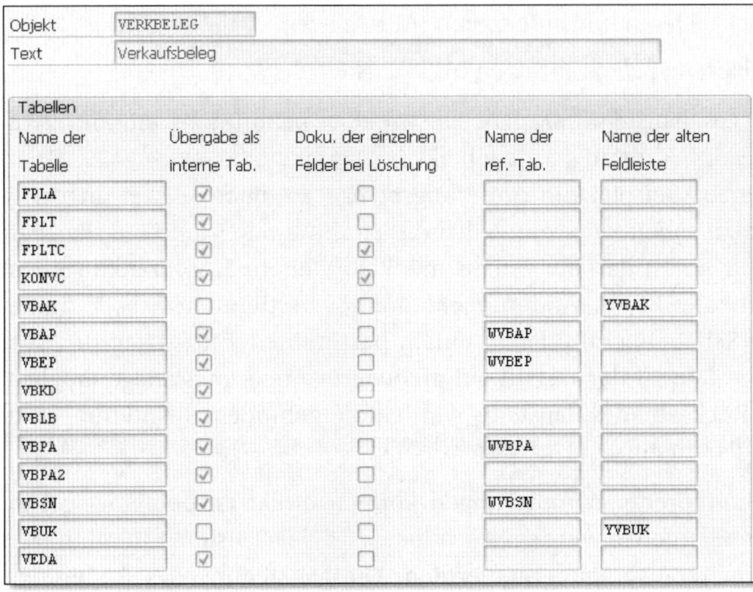

Objekt: VERKBELEG
Text: Verkaufsbeleg

Tabellen

| Name der Tabelle | Übergabe als interne Tab. | Doku. der einzelnen Felder bei Löschung | Name der ref. Tab. | Name der alten Feldleiste |
|---|---|---|---|---|
| FPLA | ☑ | ☐ | | |
| FPLT | ☑ | ☐ | | |
| FPLTC | ☑ | ☑ | | |
| KONVC | ☑ | ☑ | | |
| VBAK | ☐ | ☐ | | YVBAK |
| VBAP | ☑ | ☐ | UVBAP | |
| VBEP | ☑ | ☐ | UVBEP | |
| VBKD | ☑ | ☐ | | |
| VBLB | ☑ | ☐ | | |
| VBPA | ☑ | ☐ | UVBPA | |
| VBPA2 | ☑ | ☐ | | |
| VBSN | ☑ | ☐ | UVBSN | |
| VBUK | ☐ | ☐ | | YVBUK |
| VEDA | ☑ | ☐ | | |

**Abbildung 8.7** Änderungsbelegobjekt VERKBELEG

Die Kopfdaten der genannten Belegarten liegen in den Tabellen VBAK und VBUK, das Ankreuzfeld ÜBERGABE ALS INTERNE TABELLE ist daher bei diesen Tabellen nicht aktiviert. In allen anderen dem Änderungsbelegobjekt VERKBELEG zugeordneten Tabellen können zu jedem Beleg mehrere Einträge existieren, die Übergabe an das Änderungsbelegobjekt erfolgt daher als interne Tabelle.

### 8.6.2 Aufbereitung, Anzeige und Archivierung

**Eigene Anzeigeroutine**

Im Beispiel (Testprogramm, FORM DISPLAY) wurden die aufbereiteten Änderungsbelege lediglich an einen Standardbaustein (CHANGEDOCUMENT_DISPLAY) übergeben. Es ist jedoch auch möglich, eine eigene Anzeigeroutine zu schreiben, die die Darstellung übernimmt. Möglich wäre z.B. eine Anzeige als Baum oder in einer einfachen Reportliste.

Direktes Auslesen

Darüber hinaus ist es möglich, Änderungsbelege direkt aus den Änderungsbelegtabellen CDHDR und CDPOS zu lesen. Dabei müssen Sie jedoch beachten, dass es sich bei der Tabelle CDPOS um eine Cluster-Tabelle handelt, sodass Abfragen auf Nicht-Schlüsselfelder entsprechend lange dauern.

[«]

**Generische Anzeige**

SAP stellt zwei Standardreports zur Verfügung, mit denen die Anzeige von Änderungsbelegen zu beliebigen Objekten möglich ist: RSSCD100 für direkt geänderte Objekte und RSSCD500 für Objekte, die mit Plannummer geändert werden.

Archivierung

Änderungsbelege zu Standardobjekten werden im Normalfall zusammen mit dem Objekt selbst archiviert. Sollte es notwendig werden, Änderungsbelege separat zu archivieren, steht dafür das Archivierungsobjekt CHANGEDOCU zur Verfügung.

*Tree Controls werden zur hierarchischen Darstellung von Daten genutzt. In diesem Kapitel lernen Sie, welcher Tree zu welcher Anforderung passt. Außerdem machen wir Sie auf »Fallen« aufmerksam.*

# 9 Mit Tree Controls arbeiten

In diesem Kapitel möchten wir Ihnen einen Überblick über die Möglichkeiten der hierarchischen Darstellung von Daten mithilfe von Tree Controls geben, damit Sie stets die richtige Technik für Ihre Anforderungen verwenden können. Wir stellen Ihnen zuerst die verschiedenen Möglichkeiten der Baumdarstellung und die verfügbaren Tree-Typen vor, zeigen Ihnen dann, welche Funktionen welcher Tree bietet, und erläutern Ihnen eine Vorgehensweise zur Wahl des richtigen Tree Controls. Auch hier ziehen wir eine Beispielanwendung aus unserem Ticketsystem heran, um die Arbeit mit den Tree Controls zu veranschaulichen.

## 9.1 Tree-Typen

**Vorausschauend entwickeln**

Für die Planung Ihrer Entwicklung ist es wichtig, die verschiedenen Tree-Typen zu kennen, um entscheiden zu können, welcher Tree für Ihre Anforderungen der richtige ist. Es ist wichtig, immer vorausschauend zu entwickeln, damit Ihre Entwicklungen nicht schon an ihre technischen Grenzen stoßen, wenn sich eine Kleinigkeit in den Anforderungen ändert. Zu diesem Zweck zeigen wir Ihnen die Unterschiede und Möglichkeiten der verschiedenen Tree-Typen und unterstützen Sie so bei der Wahl des richtigen Trees für Ihre Anwendung.

### 9.1.1 Historische Entwicklung der Baumdarstellung

**Vier Tree-Typen**

In Tabelle 9.1 unterscheiden wir drei allgemeine Tree-Typen und einen Sonderfall.

| Tree-Typ | Kurzbeschreibung |
|---|---|
| Simple Tree | einfache hierarchische Anzeige mit einem Textelement pro Hierarchieebene |
| List Tree | Anzeige mehrerer Informationen je Hierarchieebene (ungeordnete Darstellung) |
| Column Tree | Anzeige mehrerer Informationen je Hierarchieebene (spaltenweise geordnet) |
| ALV Tree | hierarchische ALV-Grid-Darstellung |

**Tabelle 9.1** Tree-Typen

**Prozeduraler Ansatz**

Diese Tree Controls haben sich immer weiterentwickelt. Ihre Entwicklung begann mit der Konzeption als Funktionsbausteine für die prozedurale Programmierung. Heute wird ein objektorientierter Ansatz verfolgt. Beim prozeduralen Ansatz wurden die Tree Controls in der Funktionsgruppe `CNT4` abgebildet. Dieser Ansatz fand Verwendung ab SAP R/3-Release 4.5B (siehe Tabelle 9.2). In nachfolgenden Releases wurden der SAP Tree (in SAP R/3 4.6A) und das SAP Tree Model (in SAP R/3 4.6C) eingeführt, die jeweils alle vier Tree-Typen zur Verfügung stellen (siehe Tabelle 9.3 und Tabelle 9.4). SAP Tree und SAP Tree Model werden nicht mehr mit Funktionsbausteinen, sondern über Klassen verwendet.

| Tree-Funktionsgruppe | SAP-Demoprogramm |
|---|---|
| `CNT4` | `SAPTREX1` (Column Tree) |
| `CNT4` | `SAPTREX2` (List Tree) |
| `CNT4` | `SAPTREX3` (Simple Tree) |

**Tabelle 9.2** Tree-Typen im prozeduralen Programmieransatz (obsolet)

| Tree-Klassen | SAP-Demoprogramme |
|---|---|
| `CL_GUI_SIMPLE_TREE` | `SAPSIMPLE_TREE_CONTROL_DEMO` (Simple Tree) |
| `CL_GUI_LIST_TREE` | `SAPTLIST_TREE_CONTROL_DEMO` (List Tree) |
| `CL_GUI_COLUMN_TREE` | `SAPCOLUMN_TREE_CONTROL_DEMO` (Column Tree) |
| `CL_GUI_ALV_TREE` | `BCALV_TREE_DEMO` (ALV Tree) |

**Tabelle 9.3** Programmieransatz des SAP Tree Controls

| Tree-Klassen | SAP-Demoprogramme |
|---|---|
| CL_SIMPLE_TREE_MODEL | SAPSIMPLE_TREE_MODEL_DEMO (Simple Tree) |
| CL_LIST_TREE_MODEL | SAPTLIST_TREE_MODEL_DEMO (List Tree) |
| CL_COLUMN_TREE_MODEL | SAPCOLUMN_TREE_MODEL_DEMO (Column Tree) |
| CL_SALV_TREE | SALV_DEMO_TREE_* (ALV Tree) |

**Tabelle 9.4** Programmieransatz des SAP Tree Model

Die Funktionsbausteine in Funktionsgruppe CNT4 sind mittlerweile obsolet und sollten nicht mehr verwendet werden. Wir haben sie hier lediglich der Vollständigkeit halber aufgeführt, werden im weiteren Verlauf dieses Kapitels jedoch nicht genauer darauf eingehen.

SAP Tree und SAP Tree Model

Heute haben Sie die Wahl zwischen dem *SAP Tree* und dem *SAP Tree Model*. Die Unterschiede zwischen diesen beiden Tree-Typen sind in Abbildung 9.1 grafisch dargestellt.

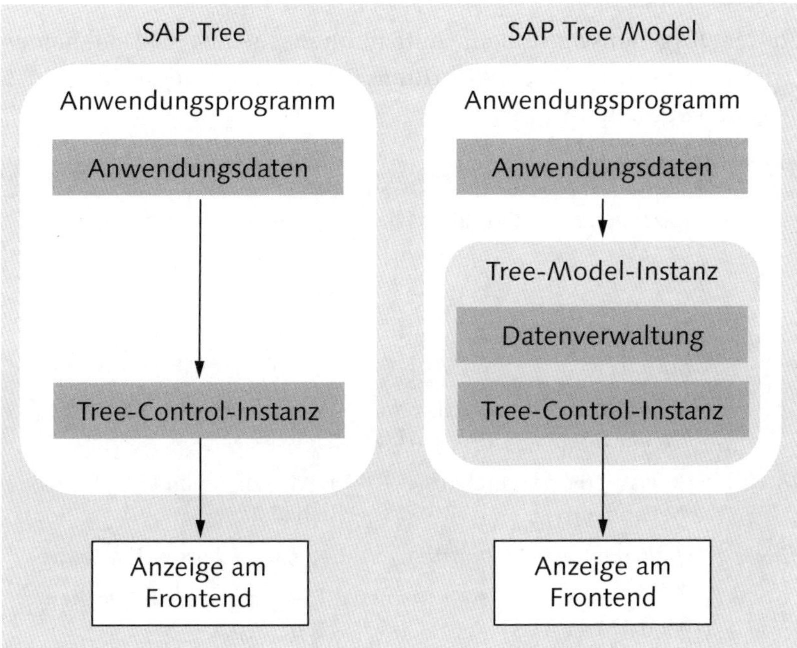


**Abbildung 9.1** Vergleich SAP Tree und SAP Tree Model (nach: SAP Help Portal)

Im Gegensatz zum SAP Tree Model ist der SAP Tree lediglich für die Anzeige der Daten im Frontend zuständig. Um die Datenhaltung im

Backend müssen Sie sich bei Verwendung des SAP Trees daher selbst kümmern. Wenn Sie einen Knoten aus der Anzeigestruktur löschen, müssen Sie die zugehörigen Daten auch im Backend-Programm aus Ihren Tabellen löschen.

Das SAP Tree Model hingegen verwaltet über die Tree-Model-Instanz auch die Daten. Bei Verwendung des SAP Tree Models werden daher beim Löschen eines Knotens in der Anzeigestruktur die zugrunde liegenden Daten ebenfalls gelöscht.

SAP-Tree- und Tree-Model-Klassen

Anhand der technischen Bezeichnungen können Sie die SAP-Tree-Klassen einfach von den SAP-Tree-Model-Klassen unterscheiden:

- *SAP-Tree-Klassen* sind immer anhand der folgenden Namensbestandteile zu erkennen und können auch so in Transaktion SE24 gesucht werden: `CL_GUI_<Typisierung>_TREE`
- *SAP-Tree-Model-Klassen* sind immer anhand der folgenden Namensbestandteile zu erkennen: `CL_<Typisierung>_TREE_MODEL`

Unterschiede im Aufbau

In der Vorgehensweise beim Aufbau unterscheiden sich die beiden Tree-Typen nur in einigen Schritten. Die Schritte sind in Tabelle 9.5 gegenübergestellt.

| Schritt | CL_GUI_*TREE | CL_*TREE_MODEL |
|---|---|---|
| 1 | Erzeugen eines Containers | Erzeugen eines Containers |
| 1a | | Erzeugen der Tree-Model-Instanz |
| 2 | Erzeugen der Tree-Control-Instanz | Erzeugen der Tree-Control-Instanz des SAP Tree Models |
| 3 | Registrieren von zusätzlichen Ereignissen | Registrieren von zusätzlichen Ereignissen |
| 4 | Registrieren von Ereignisbehandlern | Registrieren von Ereignisbehandlern |
| 5 | Aufbauen der Knoten/Items | Aufbauen der Knoten/Items |
| 6 | Übergeben der Knoten/Items an den Tree | Übergeben der Knoten/Items an den Tree |

**Tabelle 9.5** Vorgehensweise beim Aufbau eines Tree Controls

Vorteile des SAP Tree Models

Wie Sie sehen, sind die durchzuführenden Schritte bei beiden Varianten nahezu identisch. Die eigentlichen Unterschiede liegen im

Funktionsumfang und dem Handling. Das SAP Tree Model bietet gegenüber dem SAP Tree einige Vorteile:

- Es ermöglicht eine *Vorabprüfung auf Dubletten* der Knotenschlüssel, um Shortdumps zu verhindern.
- Es bietet eine *Suchfunktion*, die über Methoden, wie z.B. FIND_ALL, der jeweiligen SAP-Tree-Model-Klasse implementiert ist. Eine Suchfunktion ist mit dem SAP Tree nur mit zusätzlichen Aufwand zu realisieren, da dazu die Suche in der programmeigenen Datenhaltung implementiert und eine Zuordnung der jeweiligen Knotenschlüssel zu den Daten gewährleistet werden muss.
- Es stellt eine Methode zur Verfügung, die den kompletten Tree in *Tabellenform* an das Programm zurückliefert.
- Es ermöglicht den *Ausdruck* der Daten.
- Es sorgt für eine automatische *Flush-Abwicklung*, wodurch der Entwickler nicht selbst die Methode FLUSH der Klasse CL_GUI_FLUSH aufrufen muss.

**Entscheidungsgrundlage**

Bei der Wahl des richtigen Tree Controls sollten Sie außerdem die folgenden Kriterien berücksichtigen, auf die wir in den folgenden Abschnitten eingehen:

- technische Voraussetzungen
- Darstellungsumfang
- Funktionsumfang
- persönliche Vorlieben

### Technische Voraussetzungen

**Release- und GUI-Version**

Zunächst sollten Sie berücksichtigen, dass generell Einschränkungen je nach Releasestand Ihres SAP-Systems vorliegen. Konsultieren Sie dazu regelmäßig die Onlinehilfe zu den jeweiligen Control-Versionen, da diese aktuelle Informationen enthält.

Darüber hinaus bestehen funktionale Einschränkungen bei Verwendung des SAP GUI for HTML. Zum Beispiel ist hier kein Drag & Drop möglich. Zudem sind die Farben und Formatierungen im SAP List Tree und SAP List Tree Model auf HTML-Oberflächen nicht verwendbar.

### Darstellungsumfang

Simple Tree

Bei der Wahl des Tree Controls sollten Sie sich überlegen, welche Daten Sie sich wo und wie auf dem Bildschirm anzeigen lassen möchten. Reicht eine einfache Baumstruktur mit einem Element pro Knoten für Ihre Zwecke aus, verwenden Sie den Simple Tree (siehe Abbildung 9.2).

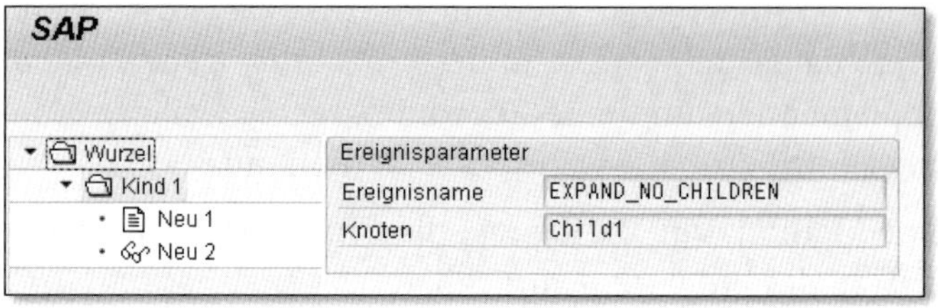


**Abbildung 9.2** Beispiel eines Simple Trees

List Tree

Möchten Sie sich pro Knoten mehrere Informationen anzeigen lassen, haben Sie die Wahl zwischen dem List Tree und dem Column Tree. Mit dem List Tree können Sie mehrere Elemente, sogenannte *Items*, pro Knoten anzeigen. Diese Items werden ohne Spaltenüberschriften angezeigt. Sie sollten den List Tree außerdem verwenden, wenn Sie sich verschiedenartige Informationen unter den Knoten anzeigen lassen möchten. Ein Beispiel für einen List Tree ist in Abbildung 9.3 dargestellt.

**Abbildung 9.3** Beispiel eines List Trees

Column Tree

Den Column Tree hingegen verwenden Sie, wenn Sie die Items in festen Spalten mit Spaltenüberschriften anzeigen lassen möchten. Auf diese Weise können die Daten hierarchisch und tabellarisch angezeigt werden. Den Column Tree sollten Sie nutzen, wenn Sie sich eine kleine Anzahl an Spalten innerhalb der Hierarchie tabellarisch anzeigen lassen möchten (siehe Abbildung 9.4).

Abbildung 9.4 Beispiel eines Column Trees

Der Column Tree bildet die technische Grundlage für die ALV Tree Controls. Die ALV Tree Controls dienen ebenfalls zur hierarchischen und tabellarischen Anzeige von Daten. Dabei wurde allerdings das Handling der Spalteninformationen vereinfacht, das hier dem des ALV Grid Controls ähnelt (siehe auch Kapitel 13, »ALV Grid erstellen«). Einen ALV Tree verwenden Sie, wenn Sie sich für jeden Knoten eine große Anzahl von Spalten anzeigen lassen möchten. Ein Beispiel sehen Sie in Abbildung 9.5.

**ALV Tree Control**

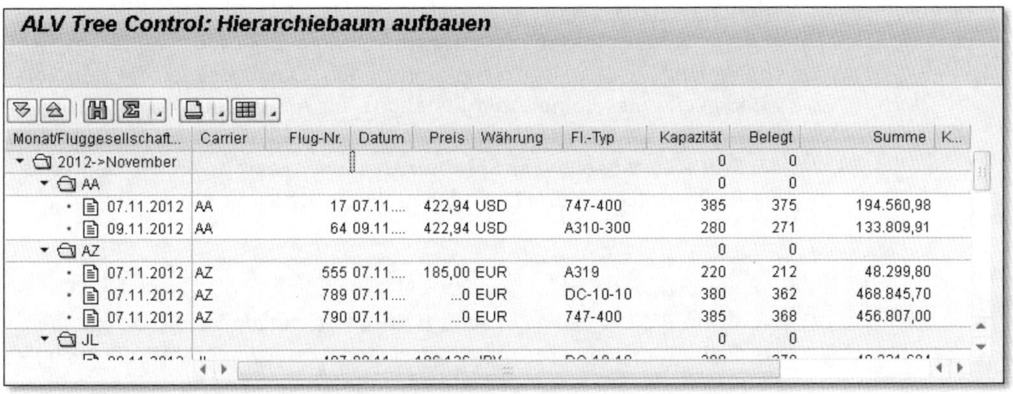


Abbildung 9.5 Beispiel eines ALV Tree Controls

## Funktionsumfang

Ein weiteres Kriterium, das Sie bei der Wahl des Tree-Typs berücksichtigen sollten, ist der Funktionsumfang des jeweiligen Controls. Hier müssen Sie unterscheiden zwischen SAP Tree und SAP Tree Model. Das SAP Tree Model bietet Ihnen z.B. ein automatisches Flush-Handling. Außerdem müssen Sie klären, ob eine Suchfunktion innerhalb des Baums benötigt wird oder die Daten in Baumdarstellung gedruckt werden sollen. Beides würde deutlich für die Verwen-

**Anforderungen klären**

dung des SAP Tree Models sprechen, da es diese Funktionen standardmäßig bereitstellt. Eine Ausnahme stellt die Klasse `CL_GUI_ALV_TREE` innerhalb des SAP Trees dar. Hier sind ebenso wie beim SAP Tree Model schon eine Such- und eine Druckfunktion vorhanden.

Persönliche Vorlieben

Letzten Endes ist es auch eine Sache der eigenen Vorlieben, welches Tree Control Sie verwenden. Sie geben den Ausschlag, wenn die Darstellung, die Funktion und die technischen Voraussetzungen keine Einschränkungen vorgeben. Generell sollten Sie bei jeder Entwicklung zukunftsorientiert arbeiten und berücksichtigen, dass die Anwendung gegebenenfalls weiterentwickelt werden muss. Auch wenn die Anforderungen an eine Entwicklung anfangs gering erscheinen, kommt es in den meisten Fällen dazu, dass Sie oder andere Entwickler die Anwendung später erweitern müssen. Im folgenden Abschnitt geben wir Ihnen Hilfestellung bei der Wahl des Tree-Typs.

[+]

**Vorausschauend entwickeln**

Beinhaltet Ihre derzeitige Aufgabenstellung nur, ein Knotenelement anzuzeigen, wäre es möglich, den Simple Tree zu verwenden. Da wir häufig erlebt haben, dass Anwender nach kurzer Zeit den Wunsch nach der Integration weiterer Informationen in die Knoten äußerten, empfehlen wir, von Anfang an den List Tree zu verwenden. Damit beugen Sie der Notwendigkeit eines kompletten Redesigns der Anwendung vor und sorgen für eine leichte Erweiterbarkeit. Verwenden Sie außerdem »vorbeugend« das SAP Tree Model, wenn Sie absehen können, dass es sinnvoll sein wird, die Baumanzeige zu drucken oder zu durchsuchen.

[+]

**Probieren Sie etwas Neues!**

Wenn ein Projekt mal nicht so zeitkritisch ist, nutzen Sie die Gelegenheit, um sich mit neueren Techniken auseinanderzusetzen, anstatt die Technik zu nutzen, die Sie schon seit Jahren routiniert verwenden.

### 9.1.2 Hilfestellung bei der Wahl und der Implementierung der Tree-Typen

Transaktion DWDM

Eine gute Unterstützung bei der Auswahl des passenden Tree Controls bietet die SAP-Standardtransaktion DWDM, die für alle SAP Tree Controls Testprogramme zur Verfügung stellt.

Funktionsübersicht

Um Sie bei der Wahl des passenden Tree Controls zu unterstützen, haben wir für Sie in Tabelle 9.6 eine Zusammenfassung ihrer jeweiligen Funktionen erstellt. In dieser Tabelle finden Sie mögliche

Anforderungen an ein Tree Control und können erkennen, welcher Tree-Typ diese Anforderungen erfüllt. Das SAP Tree Model kann alle Anforderungen abdecken, die die SAP Tree Controls erfüllen, und zusätzlich die von dem Block SAP TREE MODEL abgedeckten Funktionen.

| Funktion | Simple Tree | List Tree | Column Tree | ALV Tree |
|---|---|---|---|---|
| Ordner-/Blattsymbol je Knoten | ja | ja | ja | ja |
| ein Text pro Knoten | ja | ja | ja | ja |
| mehrere Texte pro Knoten | – | ja | ja | – |
| Text in Spalten | – | ja | ja | ja |
| Spalten je Ebene variabel | – | ja | ja | – |
| Überschrift | – | ja | ja | ja |
| Icon | ja | ja | ja | ja |
| Ankreuzfelder | – | ja | ja | ja |
| Button | – | ja | ja | ja |
| Styles | ja | ja | ja | ja |
| Link | ja | ja | ja | ja |
| druckbar | ja im SAP Tree Model<br>nein im SAP Tree | | | ja |
| Suchfunktion | | | | ja |
| automatische Prüfung auf Knotenschlüssel | | | | ja |
| automatisches Flush-Handling | | | | – |

**Tabelle 9.6** Funktionsumfang der verfügbaren Tree Controls

## 9.2 Einheitliches Interface anlegen

Wir empfehlen Ihnen, für die Nutzung von Controls eine eigene Klasse als Verschalung im Repository anzulegen. Eine Anleitung zum Anlegen einer Klasse finden Sie in Anhang A.8, »Klasse und Methoden anlegen«.

**Download des Interfaces** [«]

Sie können die hier programmierten Interfaces im Download-Bereich zum Buch auf *www.sap-press.de* herunterladen.

Vermeidung globaler Datenhaltung

Mit der Anlage eigener Klassen bewirken Sie, dass die Daten gekapselt für Ihre Anwendung zur Verfügung stehen. Das Interface, das wir in diesem Abschnitt anlegen werden, stellt die im Umgang mit Trees benötigten Methoden zur Ereignisbehandlung zur Verfügung. Sie müssen die von Ihnen benötigten Methoden lediglich per Doppelklick implementieren. Die Nutzung eines solchen Interfaces erspart Ihnen im Laufe der Zeit eine Menge Arbeit.

Ereignisbehandlung

Wenn Sie mit Tree Controls arbeiten, werden Sie in den meisten Fällen nicht um eine Ereignisbehandlung (*Event Handling*) herumkommen. Ein Ereignis kann im Zusammenhang mit Tree Controls z.B. der Doppelklick auf ein Element sein, bei dem Sie einen Absprung in eine andere Transaktion implementieren wollen, oder das Expandieren eines Knotens, für den dem Frontend noch keine »Kindknoten« übergeben wurden.

Um die Ereignisbehandlung zu nutzen, müssen Sie die folgenden Schritte durchführen:

1. Anlegen einer Klasse zur Ereignisbehandlung (dies erfolgt lokal im Programm oder in einer globalen Klasse, die Sie im ABAP Repository anlegen)
2. Deklarieren der Methoden für jedes Ereignis, das Sie behandeln möchten
3. Definieren der Methode als Handler für das jeweilige Ereignis der Tree-Klasse
4. Bestimmen der Parameter, die das Ereignis übergibt
5. Prüfen, welche der Parameter obsolet sind (dies ist besonders relevant für das Interface, das wir in Kapitel 13, »ALV Grid erstellen«, beschreiben)
6. Ereignisbehandler-Methode für das Control registrieren

Arbeitsschritte vereinfachen

Diese Schritte immer wieder durchzuführen bedeutet Fleißarbeit für Sie. Interessant wäre daher eine Möglichkeit, diese immer wiederkehrenden Arbeiten zu erleichtern und zu verkürzen. Dazu möchten wir Ihnen eine Lösung vorstellen:

1. Nutzen Sie eine eigene Klasse als Verschalung des Controls (Das Vorgehen erklären wir anhand unseres Ticketsystem-Beispiels

in Abschnitt 9.3.3 »Klasse für den Teambaum erstellen«). Diese Klasse können Sie direkt für die Ereignisbehandlung verwenden und ersparen es sich damit, eine separate Ereignisbehandler-Klasse anzulegen.

2. Erstellen Sie einmalig ein Interface, und sparen Sie sich die Schritte 2 bis 5. Wie das geht, erfahren Sie im Folgenden. Sie müssen dann nur noch die Methode implementieren und registrieren.

**Ereignisse im Detail**

Bevor Sie Ihr eigenes Interface anlegen, schauen Sie sich die Ereignisse der Klassen des SAP Trees in Abbildung 9.6 und des SAP Tree Models in Abbildung 9.7 einmal genauer an.

| CL_GUI_SIMPLE_TREE | CL_GUI_LIST_TREE | CL_GUI_COLUMN_TREE |
|---|---|---|
| Ereignis | Ereignis | Ereignis |
| <IF_CONTROL_COMPOSITE_SUPPORT> | <IF_CONTROL_COMPOSITE_SUPPORT> | <IF_CONTROL_COMPOSITE_SUPPORT> |
| PROPERTY_CHANGED | PROPERTY_CHANGED | PROPERTY_CHANGED |
| <CL_GUI_CONTROL> | <CL_GUI_CONTROL> | <CL_GUI_CONTROL> |
| RIGHT_CLICK | RIGHT_CLICK | RIGHT_CLICK |
| LEFT_CLICK_DESIGN | LEFT_CLICK_DESIGN | LEFT_CLICK_DESIGN |
| MOVE_CONTROL | MOVE_CONTROL | MOVE_CONTROL |
| SIZE_CONTROL | SIZE_CONTROL | SIZE_CONTROL |
| LEFT_CLICK_RUN | LEFT_CLICK_RUN | LEFT_CLICK_RUN |
| <CL_TREE_CONTROL_BASE> | <CL_TREE_CONTROL_BASE> | <CL_TREE_CONTROL_BASE> |
| DEFAULT_CONTEXT_MENU_REQUEST | DEFAULT_CONTEXT_MENU_REQUEST | DEFAULT_CONTEXT_MENU_REQUEST |
| DEFAULT_CONTEXT_MENU_SELECT | DEFAULT_CONTEXT_MENU_SELECT | DEFAULT_CONTEXT_MENU_SELECT |
| EXPAND_NO_CHILDREN | EXPAND_NO_CHILDREN | EXPAND_NO_CHILDREN |
| NODE_CONTEXT_MENU_REQUEST | NODE_CONTEXT_MENU_REQUEST | NODE_CONTEXT_MENU_REQUEST |
| NODE_CONTEXT_MENU_SELECT | NODE_CONTEXT_MENU_SELECT | NODE_CONTEXT_MENU_SELECT |
| NODE_DOUBLE_CLICK | NODE_DOUBLE_CLICK | NODE_DOUBLE_CLICK |
| NODE_KEYPRESS | NODE_KEYPRESS | NODE_KEYPRESS |
| ON_DROP | ON_DROP | ON_DROP |
| ON_DROP_GET_FLAVOR | ON_DROP_GET_FLAVOR | ON_DROP_GET_FLAVOR |
| SELECTION_CHANGED | SELECTION_CHANGED | SELECTION_CHANGED |
| ON_DRAG | <CL_ITEM_TREE_CONTROL> | <CL_ITEM_TREE_CONTROL> |
| ON_DRAG_MULTIPLE | BUTTON_CLICK | BUTTON_CLICK |
| ON_DROP_COMPLETE | CHECKBOX_CHANGE | CHECKBOX_CHANGE |
| ON_DROP_COMPLETE_MULTIPLE | HEADER_CLICK | HEADER_CLICK |
| | HEADER_CONTEXT_MENU_REQUEST | HEADER_CONTEXT_MENU_REQUEST |
| | HEADER_CONTEXT_MENU_SELECT | HEADER_CONTEXT_MENU_SELECT |
| | ITEM_CONTEXT_MENU_REQUEST | ITEM_CONTEXT_MENU_REQUEST |
| | ITEM_CONTEXT_MENU_SELECT | ITEM_CONTEXT_MENU_SELECT |
| | ITEM_DOUBLE_CLICK | ITEM_DOUBLE_CLICK |
| | ITEM_KEYPRESS | ITEM_KEYPRESS |
| | LINK_CLICK | LINK_CLICK |
| | ON_DRAG | ON_DRAG |
| | ON_DRAG_MULTIPLE | ON_DRAG_MULTIPLE |
| | ON_DROP_COMPLETE | ON_DROP_COMPLETE |
| | ON_DROP_COMPLETE_MULTIPLE | ON_DROP_COMPLETE_MULTIPLE |

**Abbildung 9.6** Ereignisse der SAP Tree Controls

| CL_SIMPLE_TREE_MODEL | CL_LIST_TREE_MODEL | CL_COLUMN_TREE_MODEL |
|---|---|---|
| Ereignis | Ereignis | Ereignis |
| <CL_TREE_MODEL> | <CL_TREE_MODEL> | <CL_TREE_MODEL> |
| DEFAULT_CONTEXT_MENU_REQUEST | DEFAULT_CONTEXT_MENU_REQUEST | DEFAULT_CONTEXT_MENU_REQUEST |
| DEFAULT_CONTEXT_MENU_SELECT | DEFAULT_CONTEXT_MENU_SELECT | DEFAULT_CONTEXT_MENU_SELECT |
| DROP | DROP | DROP |
| DROP_GET_FLAVOR | DROP_GET_FLAVOR | DROP_GET_FLAVOR |
| EXPAND_NO_CHILDREN | EXPAND_NO_CHILDREN | EXPAND_NO_CHILDREN |
| NODE_CONTEXT_MENU_REQUEST | NODE_CONTEXT_MENU_REQUEST | NODE_CONTEXT_MENU_REQUEST |
| NODE_CONTEXT_MENU_SELECT | NODE_CONTEXT_MENU_SELECT | NODE_CONTEXT_MENU_SELECT |
| NODE_DOUBLE_CLICK | NODE_DOUBLE_CLICK | NODE_DOUBLE_CLICK |
| NODE_KEYPRESS | NODE_KEYPRESS | NODE_KEYPRESS |
| SELECTION_CHANGED | SELECTION_CHANGED | SELECTION_CHANGED |
| DRAG | <CL_ITEM_TREE_MODEL> | <CL_ITEM_TREE_MODEL> |
| DRAG_MULTIPLE | ITEM_DOUBLE_CLICK | ITEM_DOUBLE_CLICK |
| DROP_COMPLETE | BUTTON_CLICK | BUTTON_CLICK |
| DROP_COMPLETE_MULTIPLE | LINK_CLICK | LINK_CLICK |
| | CHECKBOX_CHANGE | CHECKBOX_CHANGE |
| | ITEM_KEYPRESS | ITEM_KEYPRESS |
| | HEADER_CLICK | HEADER_CLICK |
| | ITEM_CONTEXT_MENU_REQUEST | ITEM_CONTEXT_MENU_REQUEST |
| | ITEM_CONTEXT_MENU_SELECT | ITEM_CONTEXT_MENU_SELECT |
| | HEADER_CONTEXT_MENU_REQUEST | HEADER_CONTEXT_MENU_REQUEST |
| | HEADER_CONTEXT_MENU_SELECT | HEADER_CONTEXT_MENU_SELECT |
| | DRAG | DRAG |
| | DRAG_MULTIPLE | DRAG_MULTIPLE |
| | DROP_COMPLETE | DROP_COMPLETE |
| | DROP_COMPLETE_MULTIPLE | DROP_COMPLETE_MULTIPLE |

**Abbildung 9.7** Ereignisse der SAP Tree Model Controls

Vergleichen Sie die Ereignisse der jeweiligen Klassen, sehen Sie, dass die Klassen der List und Column Tree Controls alle Ereignisse des Simple Tree Controls beinhalten. Außerdem ist zu erkennen, dass List und Column Tree die gleichen Ereignisse nutzen.

Daher können wir hier einheitliche Interfaces erstellen, die für alle Ereignisbehandler-Methoden eine einfache Implementierung ermöglichen. Im Folgenden beschreiben wir die Anlage der Interfaces für das SAP Tree Model. Die Vorgehensweise für den SAP Tree ist die gleiche.

Ereignisse vererben

Zuerst erstellen Sie ein Interface, das die Ereignisse aller drei Tree-Ausprägungen beinhaltet. Dies ist möglich, da die drei Tree-Typen-Klassen die Ereignisse von der übergeordneten SAP-Tree-Model-Klasse `CL_TREE_MODEL` erben. *Vererbung* ist ein Begriff aus der objektorientierten Programmierung und besagt, dass eine Klasse von einer Oberklasse alles übernimmt, was in der Oberklasse als PUBLIC oder

PROTECTED definiert ist. In der abgeleiteten Klasse können Sie neue Methoden erstellen oder vorhandene Methoden redefinieren.

1. Legen Sie zuerst ein Interface mit dem Namen `ZIF_HNDL_TREE_MODEL` im Class Builder (Transaktion SE24) an. Anhand des Präfixes `ZIF` erkennt das System, dass es sich um ein Interface handelt, und legt anstelle einer Klasse ein Interface an.
2. Legen Sie nun für jedes Ereignis der Klasse `CL_TREE_MODEL` eine Methode an, deren Name wie folgt aufgebaut ist: `HANDLE_<Eventname>`. Achten Sie darauf, dass der Methodenname maximal 30 Zeichen lang sein darf. In einigen Fällen müssen Sie den Methodennamen so kürzen, dass weiterhin erkennbar ist, welches Ereignis damit behandelt werden soll. Es erleichtert die Wartbarkeit der Programme, wenn Sie direkt erkennen können, für welches Ereignis die Methode genutzt wird.
3. Legen Sie die Methode `HANDLE_DEF_CONTEXT_MENU_REQ` an, wie in Abbildung 9.8 gezeigt.

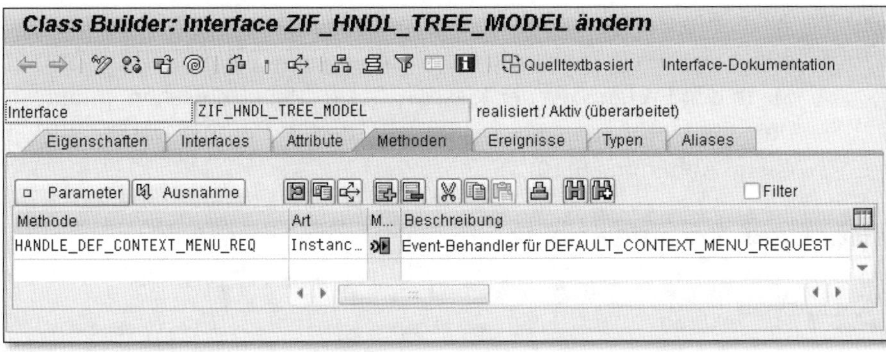


**Abbildung 9.8** Anlegen der Methode für die Ereignisbehandlung

4. Definieren Sie nun die Methode als Ereignisbehandler. Dazu wählen Sie den Button (Detailsicht).
   - Markieren Sie, wie in Abbildung 9.9 gezeigt, das Kennzeichen EREIGNISBEHANDLER FÜR.
   - Tragen Sie als KLASSE/INTERF. die Klasse »CL_TREE_MODEL« ein.
   - Tragen Sie als EREIGNIS den Ereignisnamen, in unserem Beispiel »DEFAULT_CONTEXT_MENU_REQUEST«, ein.

Abbildung 9.9 Definieren der Methode als Ereignisbehandler

**Parameter einsehen** Jetzt müssen Sie herausfinden, welche Parameter zu dem Ereignis `DEFAULT_CONTEXT_MENU_REQUEST` übergeben werden. Dies können Sie in den Ereignissen der Klasse `CL_TREE_MODEL` einsehen, indem Sie dort die Methode markieren und auf den Button PARAMETER klicken (siehe Abbildung 9.10).

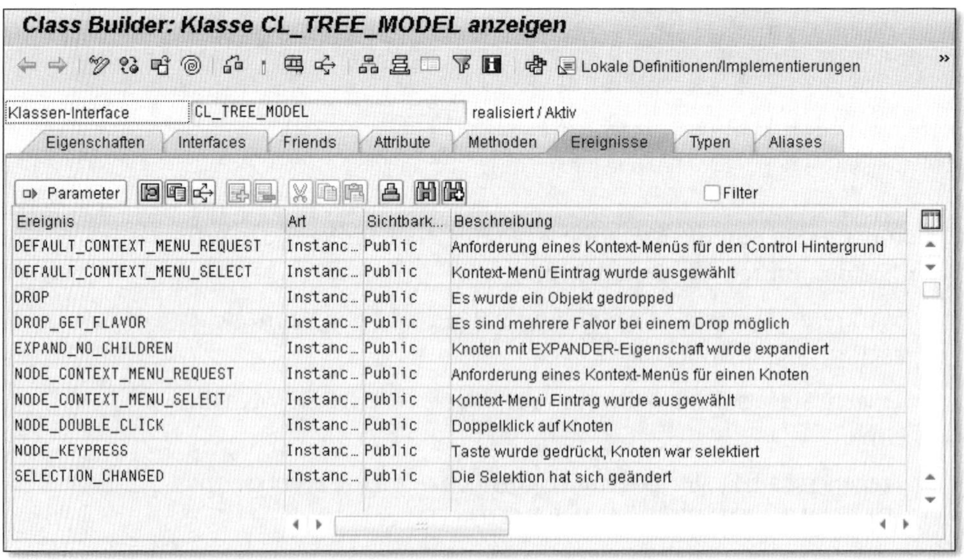


Abbildung 9.10 Ereignisse der Klasse CL_TREE_MODEL

Das Ereignis DEFAULT_CONTEXT_MENU_REQUEST übergibt den Parameter MENU. Kopieren Sie den Parameter, und fügen Sie ihn als Parameter in der Methode HANDLE_DEF_CONTEXT_MENU_REQ ein. Bestätigen Sie die Änderung mit [↵]. Wie Sie in Abbildung 9.11 sehen, wurde der Bezugstyp automatisch ermittelt und gesetzt.

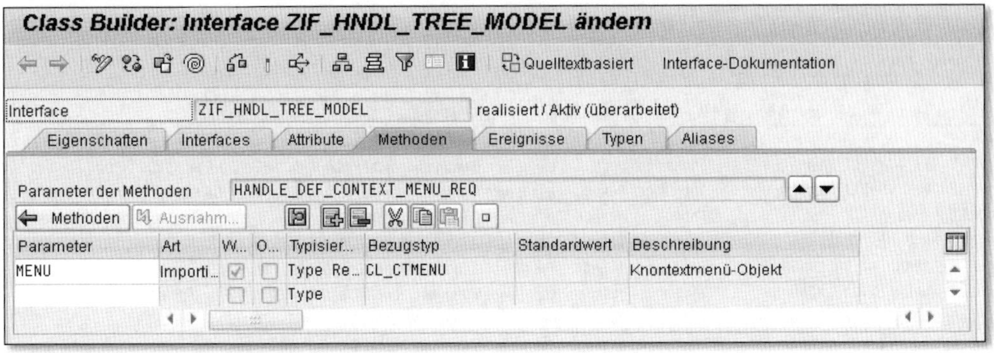


**Abbildung 9.11** Parameterdefinition der Methode

**Parameter SENDER**

Fügen Sie nun den Parameter SENDER hinzu, der bei jedem Ereignis optional verwendet werden kann. Bestätigen Sie die Eingabe mit [↵]. Wie Sie in Abbildung 9.12 sehen, wurde die Beschreibung hinzugefügt, aber keine Typisierung angegeben.

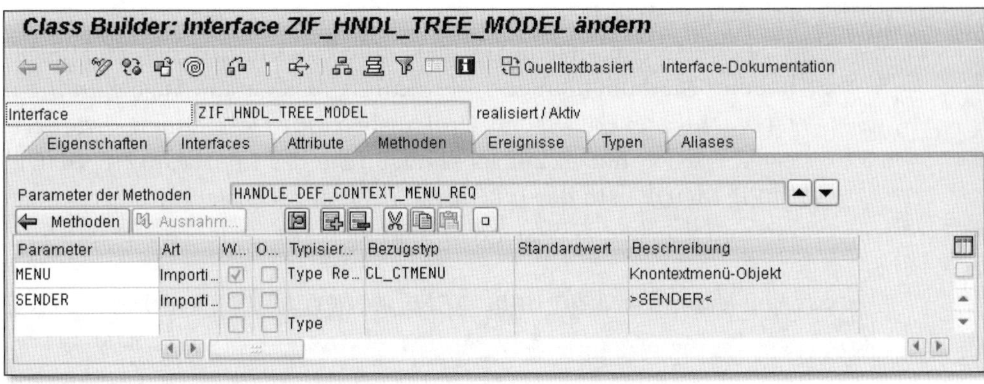


**Abbildung 9.12** Ereignisparameter SENDER

Der Parameter SENDER wird genutzt, um eine Ereignisbehandler-Methode für mehrere Controls zu verwenden. Er enthält das Objekt des Controls, aus dem das Ereignis aufgerufen wurde. Die übergebene Instanz kann z.B. eine Referenz auf ein Tree Control R_TREE sein.

**Methoden für alle Ereignisse anlegen**

Das Vorgehen zur Anlage der Methoden wiederholen Sie für alle Ereignisse der Klasse `CL_TREE_MODEL`. Am Ende sollte das Ergebnis wie in Abbildung 9.13 aussehen.

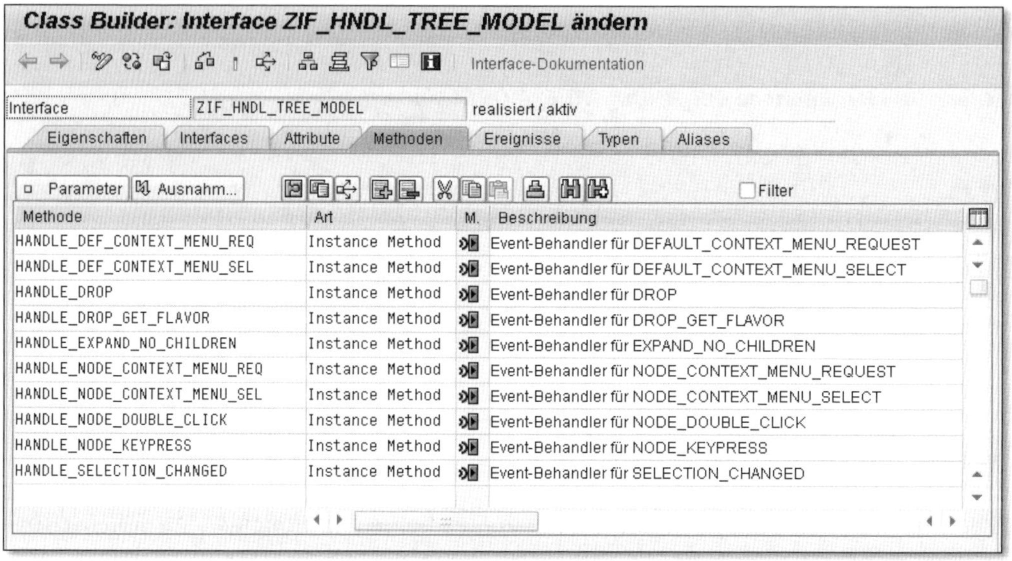


**Abbildung 9.13** Methoden des Interfaces ZIF_HNDL_TREE_MODEL

**Spezielles Interface anlegen**

Um ein nutzbares Interface für die Klasse `CL_SIMPLE_TREE_MODEL` zu erhalten, müssen Sie nun noch das Interface `ZIF_HNDL_TREE_MODEL_SIMPLE` erstellen, in dem Sie die Simple-Tree-spezifischen Ereignisbehandler-Methoden anlegen. Es umfasst das gerade angelegte Interface und steuert eigene Ereignisbehandler-Methoden, wie z.B. `HANDLE_DRAG`, hinzu. Zunächst tragen Sie das Interface »ZIF_HNDL_TREE_MODEL« in der INCLUDES-Spalte der Registerkarte INTERFACES ein und drücken [↵] (siehe Abbildung 9.14).

**Abbildung 9.14** ZIF_HNDL_TREE_MODEL_SIMPLE umfasst ZIF_HNDL_TREE_MODEL.

Das führt dazu, dass die Ereignisbehandler-Methoden auch in diesem Interface verfügbar sind. Nun müssen Sie noch Methoden für die Ereignisse der Klasse `CL_SIMPLE_TREE_MODEL` nach der zuvor beschriebenen Vorgehensweise anlegen. Das Ergebnis sollte so aussehen wie in Abbildung 9.15.

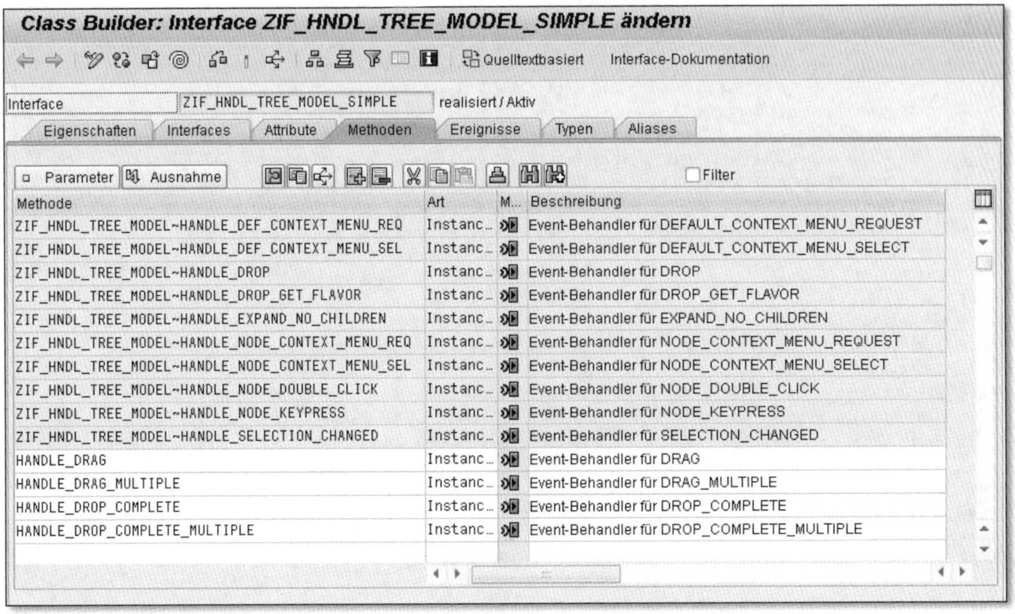


**Abbildung 9.15** Methoden des Interfaces ZIF_HNDL_TREE_MODEL_SIMPLE

**Interface ZIF_HNDL_TREE_MODEL_LIST_COL**

Als Letztes müssen Sie das Interface `ZIF_HNDL_TREE_MODEL_LIST_COL` für die Klassen `CL_LIST_TREE_MODEL` und `CL_COLUMN_TREE_MODEL` anlegen. Dieses Interface umfasst wiederum das Interface `ZIF_HNDL_TREE_MODEL`. Zusätzlich müssen Sie noch die Ereignisbehandler-Methoden für die Ereignisse der Klasse `CL_ITEM_TREE_MODEL` nach der gleichen Vorgehensweise anlegen, wie zuvor beschrieben, wodurch Sie schließlich das Ergebnis in Abbildung 9.16 erhalten.

Nachdem Sie alle Interfaces und deren Methoden definiert haben, stehen diese für die Verwendung in den SAP-Tree-Model-Klassen zur Verfügung. Die Verwendung erläutern wir in Abschnitt 9.3.3, »Klasse für den Teambaum erstellen«.

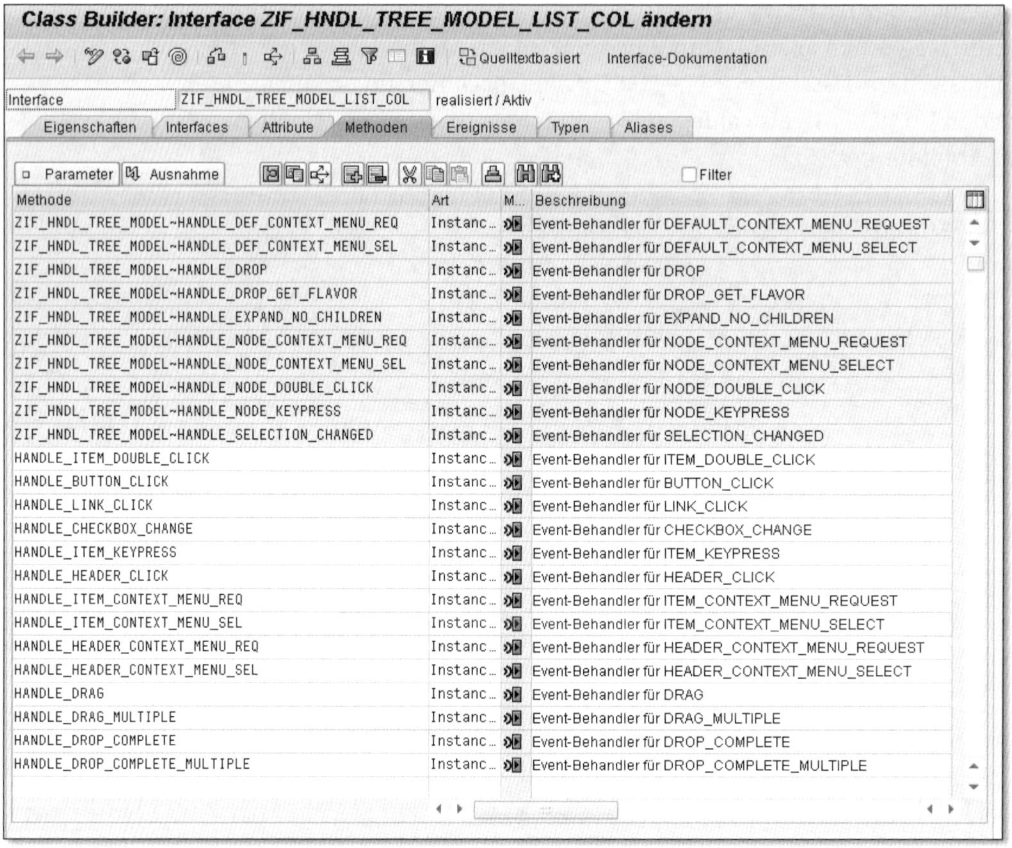


**Abbildung 9.16** Interface ZIF_HNDL_TREE_MODEL_LIST_COL

## 9.3 Baumdarstellung erzeugen

In diesem Abschnitt werden wir anhand des praktischen Beispiels unseres Ticketsystems erläutern, wie wir bei der Wahl des richtigen Tree-Controls vorgehen, ein gekapseltes Modul für unsere Anforderung entwickeln und die Baumdarstellung erzeugen.

### 9.3.1 Anforderungen

Mitarbeiterstruktur

Mit unserem Ticketsystem arbeiten IT-Mitarbeiter, die sich um die Bearbeitung der Tickets kümmern. Diese Mitarbeiter gehören zu verschiedenen Teams, haben verschiedene Aufgabenbereiche und Vorgesetzte. Zudem ist es möglich, dass einzelne Mitarbeiter aktuell

Urlaub haben und für die Ticketbearbeitung gerade nicht zur Verfügung stehen.

Um das Team für das Ticketsystem abzubilden, bietet sich eine hierarchische Darstellung an, die die Themenbereiche und die dafür verantwortlichen Vorgesetzten zeigt. Diese Darstellung soll mit einem Tree Control umgesetzt werden, das die verschiedenen Bereiche beinhaltet, darunter den Teamleiter in einer eigenen Hierarchiestufe und die den Teams zugeordneten Mitarbeiter unter einem weiteren Knoten angibt.

Urlaubsübersicht

Falls ein Mitarbeiter aktuell Urlaub hat, sollen Beginn- und Ende-Datum in roter Schrift neben dem Namen angezeigt werden. Dazu werden wir einen festen Urlaubszeitraum hinterlegen – dies ist ein Beispiel für die Möglichkeit der Anzeige mehrerer Informationen in einem Knoten.

Darstellungsweise

Alle Informationen sollen frei aufgeführt werden und nicht in Spalten geordnet sein. Die Ebenen des Teambaums sollen mit Icons versehen werden, die die Stufen leichter überschaubar machen. Das Team wird über eine kundeneigene Tabelle abgebildet. Die Darstellung des Teams soll so weit gekapselt werden, dass die Informationen an mehreren Stellen des Ticketsystems wiederverwendbar sind.

Zukünftige Anforderungen einbeziehen

Es ist möglich, dass zu einem späteren Zeitpunkt die Anforderung hinzukommt, nach einem Mitarbeiter suchen zu können. Da der Teambaum auch in verschiedenen Anwendungen verwendet werden kann, sollte es möglich sein, einen Ausdruck zu erzeugen.

### 9.3.2 Passendes Tree Control für die Ticketanwendung wählen

Die Wahl des richtigen Tree Controls und der richtigen Vorgehensweise können wir vereinfachen, indem wir unsere Anforderungen in kleine Teilbereiche zerlegen und visualisieren. Bei komplexeren Anforderungen ist es in den meisten Fällen sinnvoll, einen skizzierten Prototyp der Anwendung zu erstellen und diesen vor Beginn der Entwicklungen vom Anforderer abnehmen zu lassen.

Datenmodell

Als ersten Schritt entscheiden wir, welches Datenmodell unserer Teamübersicht zugrunde liegen soll. Dies vereinfacht das weitere Vorgehen, da alle notwendigen Informationen visualisiert werden und wir Beispieldaten aufbauen können. Der Vorteil dabei ist, dass wir nicht abstrakt planen müssen, sondern auf ein handfestes Modell schauen und mit dessen Hilfe abwägen können, wie wir bei der Umsetzung vorgehen. Für unser Beispiel haben wir dazu eine neue Tabelle `Z_BOOK_TEAM` (siehe Abbildung 9.17) und einen Tabellen-Pflege-View (siehe auch Kapitel 2, »Mit Tabellenpflegedialogen arbeiten«) erstellt, in dem die Daten des Teams gepflegt werden können.

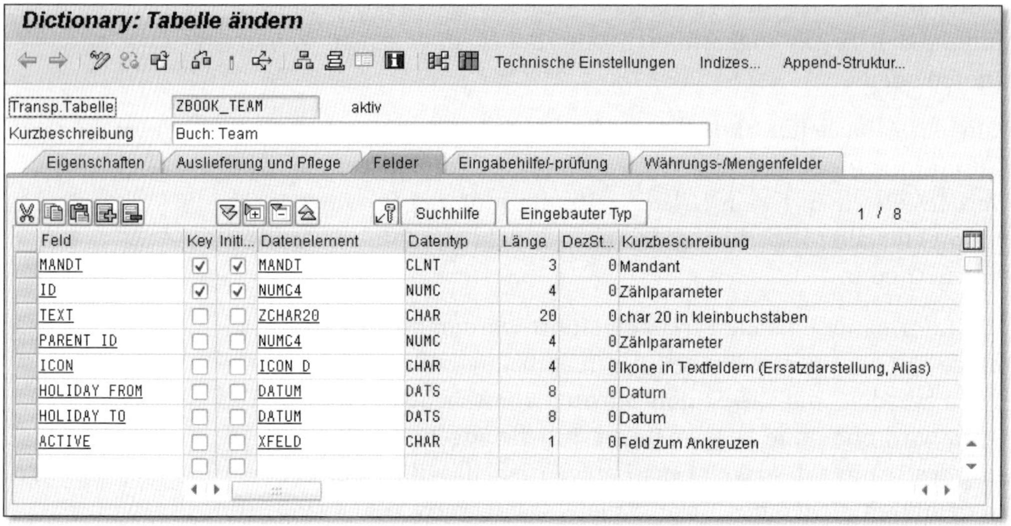


**Abbildung 9.17** Tabellendefinition ZBOOK_TEAM

**Knotenidentifikation und Textfeld**

Als Felder brauchen wir als Erstes eine eindeutige Identifikation unseres späteren Knotens (ID), typisiert als Datenelement `NUMC4`, sowie einen Knotentext (TEXT). Das Feld TEXT definieren Sie als Datentyp `CHAR` in Kleinbuchstaben, da dieses Feld später unter anderem den Vor- und Nachnamen des Teammitarbeiters beinhalten soll. Ohne diese Typisierung würde der eingegebene Name in Großbuchstaben auf der Datenbank abgelegt.

**Vaterknoten**

Darüber hinaus benötigen wir eine PARENT_ID, die den übergeordneten Knoten beinhaltet. Dies ist notwendig, um die Zuordnung jedes untergeordneten Knotens zu genau einem übergeordneten Knoten sicherzustellen. Es können beliebig viele Knoten-IDs einem Parent-Knoten zugeordnet sein.

**Icon**

Um das geforderte Icon außerhalb des Programms pflegbar zu machen, fügen Sie ein Feld ICON vom Typ `ICON_D` hinzu. Die Wahl dieses Datenelements hat den Vorteil, dass nach der Pflege die Icons in der Tabellenanzeige (Transaktion SE16) sichtbar sind.

Darüber hinaus benötigen wir die Felder HOLIDAY_FROM und HOLIDAY_TO vom Typ DATUM, um den Urlaub des Mitarbeiters darstellen zu können. Das Feld ACTIVE fügen Sie als Ankreuzfeld hinzu, damit ein Mitarbeiter bei längerem Ausfall einfach auszublenden ist, ohne komplett gelöscht werden zu müssen.

Daten einlesen

Nachdem Sie diese Tabelle angelegt haben, füllen Sie sie mit den Teamdaten (siehe Anhang A.11, »Tabelle anlegen«). Die Tabellendarstellung unseres Teams sieht aus wie in Abbildung 9.18.

Data Browser: Tabelle ZBOOK_TEAM 12 Treffer

| MANDT | ID | TEXT | PARENT_ID | ICON | HOLIDAY_FROM | HOLIDAY_TO | ACTIVE |
|---|---|---|---|---|---|---|---|
| 100 | 1 | Ticket Team | | | | | X |
| 100 | 2 | Team Enno | 1 | | | | X |
| 100 | 3 | Teamleiter | 2 | | | | X |
| 100 | 4 | Enno Wulff | 3 | | | | X |
| 100 | 5 | Tina Ticket | 2 | | | | X |
| 100 | 6 | Vera Verantwortlich | 2 | | | | X |
| 100 | 7 | Team Maic | 1 | | | | X |
| 100 | 8 | Teamleiter | 7 | | | | X |
| 100 | 9 | Maic Haubitz | 8 | | | | X |
| 100 | 10 | Peter Tester | 7 | | | | X |
| 100 | 11 | Emil Ehrlich | 7 | | 26.11.2012 | 30.11.2012 | X |
| 100 | 12 | Nils Netzwerker | 7 | | | | X |

**Abbildung 9.18** Tabelleninhalt ZBOOK_TEAM

Nachdem Sie die Daten in einer Tabelle veranschaulicht haben, wählen Sie das geeignete Tree Control mithilfe der Funktionsübersicht aus Tabelle 9.6. Da wir mehrere Textelemente je Knoten sowie Icons abbilden, den Urlaubshinweis flexibel einbinden und eine Such- und Druckfunktion ermöglichen möchten, wählen wir den List Tree des SAP Tree Models, der in der Klasse CL_LIST_TREE_MODEL implementiert ist.

Eigenständige Klasse je Control

Da wir den Teambaum für mehrere Unternehmen verwenden möchten, bietet es sich an, pro darzustellendem Baum eine eigene Klasse als Verschalung zu erstellen. Das hat den großen Vorteil, dass in einer großen Anwendung wie dem Ticketsystem einzelne Aufgaben und Controls, wie hier der Teambaum, an verschiedene Entwickler abgegeben werden können. Zudem kann mit einer definierten Schnittstellenbeschreibung die Entwicklung sehr einfach für verschiedene Anforderungen wiederverwendet werden.

### 9.3.3 Klasse für den Teambaum erstellen

In diesem Abschnitt erstellen wir eine globale Klasse im ABAP Repository. Diese Klasse soll für die Datenbeschaffung, die Anzeige und das Handling des Teambaums zuständig und wiederverwendbar konzipiert sein. Eine eigene Klasse für diese Anwendung hat den Vorteil, dass die Anwendungsdaten ausschließlich in dieser Klasse lokal verwaltet werden.

**Klasse ZCL_BOOK_TEAM**

Für unseren Teambaum legen Sie mit Transaktion SE24 eine Klasse `ZCL_BOOK_TEAM` an und setzen die Instanzerzeugung auf 0 PRIVATE (siehe Abbildung 9.19). Das Kennzeichen FINAL setzen Sie nicht, da wir erlauben möchten, dass weitere Klassen von dieser Klasse ableiten und Methoden redefinieren können.

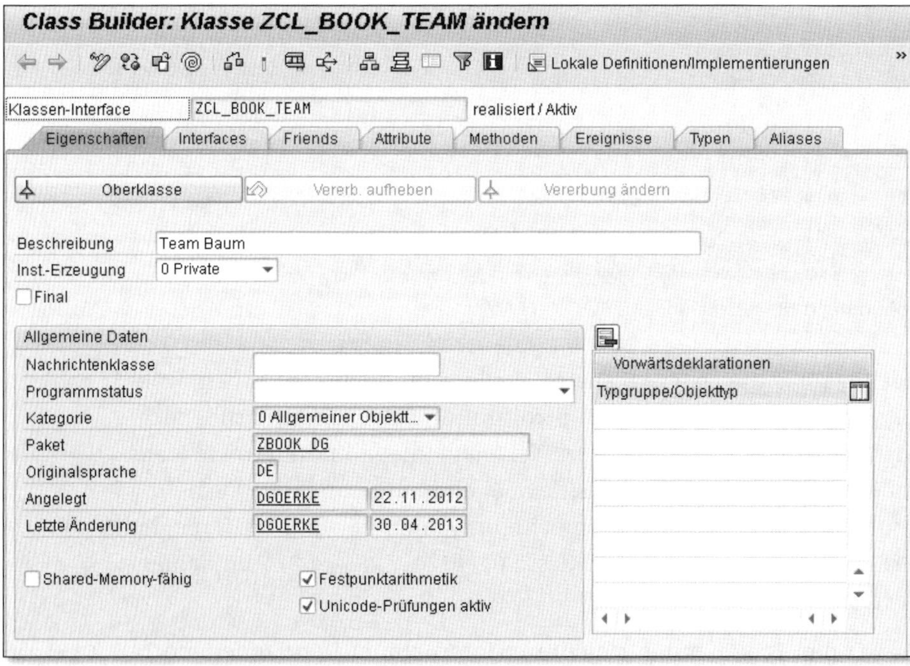


**Abbildung 9.19** Klasse ZCL_BOOK_TEAM

**Instanz erzeugen**

Zur Instanzerzeugung nutzen wir ein leicht abgewandeltes Singleton-Pattern. Diese Umsetzung wählen wir, da in unserem Teambaum immer dieselben Teaminformationen angezeigt werden sollen, egal, von wo und wie oft diese Funktion aufgerufen wird. Da wir nicht mehrfach das gleiche Objekt erzeugen möchten, stellen wir sicher, dass unsere Klasse nur einmal instanziiert wird und stets das bereits erzeugte Objekt zurückgibt. Die Abwandlung des Patterns besteht darin, dass wir zwar die Referenz der Klasse zurückgeben, aber dem Aufrufer kein Handling der Anwendung erlauben. Dies hat erstens den Vorteil, dass der Aufrufer sich um nichts kümmern muss und die Funktion und die Daten gekapselt in der Teamklasse bleiben, und andererseits, dass der Aufrufer sehr wenig Aufwand hat, um den Teambaum in seine Anwendung zu integrieren. Der Aufrufer hat damit nur die Optionen, sich den Teambaum anzeigen zu lassen oder nicht. Wenn zukünftig eine gewisse Steuerbarkeit von außen erwünscht ist, könnten Sie steuernde Parameter bei der Instanzerzeugung übergeben oder dem Aufrufer PUBLIC-Methoden zur Verfügung stellen.

Wie Sie diese Aufgabe umsetzen, beschreiben wir in den folgenden Schritten genauer. Im Ergebnis wird unsere Klasse nur aus ein paar Methoden bestehen, wie Sie in Abbildung 9.20 sehen können.

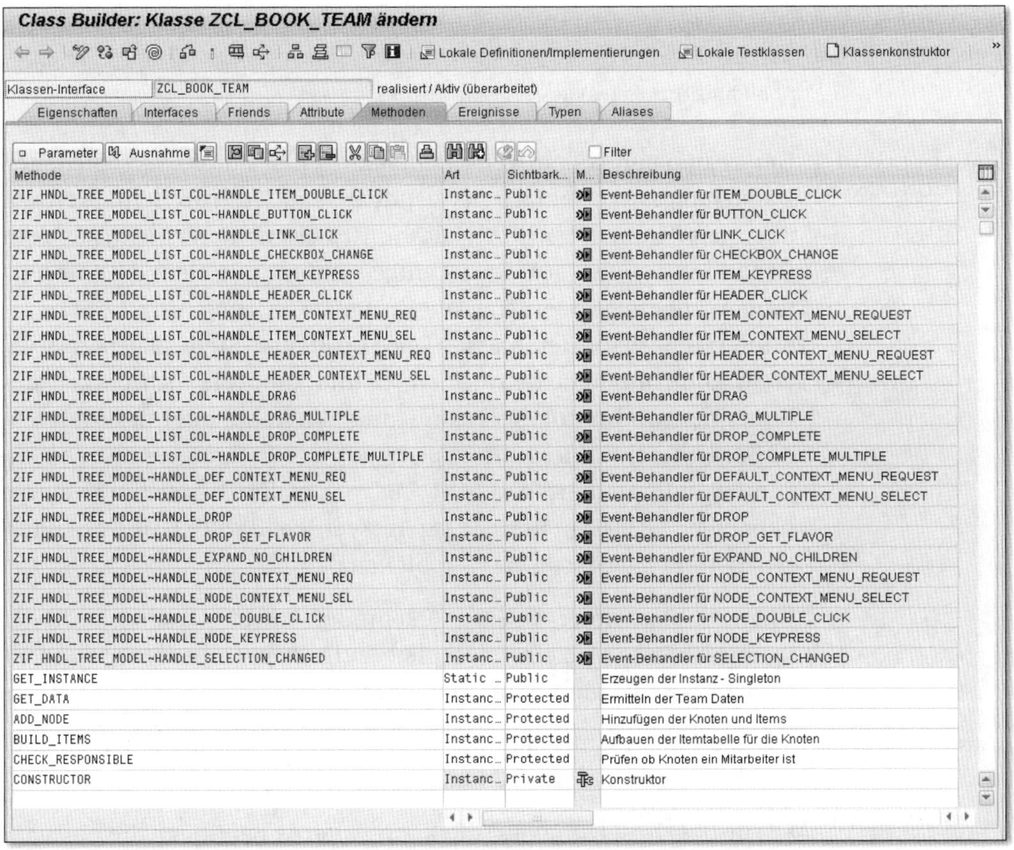


| Methode | Art | Sichtbark... | M... | Beschreibung |
|---|---|---|---|---|
| ZIF_HNDL_TREE_MODEL_LIST_COL~HANDLE_ITEM_DOUBLE_CLICK | Instanc... | Public | | Event-Behandler für ITEM_DOUBLE_CLICK |
| ZIF_HNDL_TREE_MODEL_LIST_COL~HANDLE_BUTTON_CLICK | Instanc... | Public | | Event-Behandler für BUTTON_CLICK |
| ZIF_HNDL_TREE_MODEL_LIST_COL~HANDLE_LINK_CLICK | Instanc... | Public | | Event-Behandler für LINK_CLICK |
| ZIF_HNDL_TREE_MODEL_LIST_COL~HANDLE_CHECKBOX_CHANGE | Instanc... | Public | | Event-Behandler für CHECKBOX_CHANGE |
| ZIF_HNDL_TREE_MODEL_LIST_COL~HANDLE_ITEM_KEYPRESS | Instanc... | Public | | Event-Behandler für ITEM_KEYPRESS |
| ZIF_HNDL_TREE_MODEL_LIST_COL~HANDLE_HEADER_CLICK | Instanc... | Public | | Event-Behandler für HEADER_CLICK |
| ZIF_HNDL_TREE_MODEL_LIST_COL~HANDLE_ITEM_CONTEXT_MENU_REQ | Instanc... | Public | | Event-Behandler für ITEM_CONTEXT_MENU_REQUEST |
| ZIF_HNDL_TREE_MODEL_LIST_COL~HANDLE_ITEM_CONTEXT_MENU_SEL | Instanc... | Public | | Event-Behandler für ITEM_CONTEXT_MENU_SELECT |
| ZIF_HNDL_TREE_MODEL_LIST_COL~HANDLE_HEADER_CONTEXT_MENU_REQ | Instanc... | Public | | Event-Behandler für HEADER_CONTEXT_MENU_REQUEST |
| ZIF_HNDL_TREE_MODEL_LIST_COL~HANDLE_HEADER_CONTEXT_MENU_SEL | Instanc... | Public | | Event-Behandler für HEADER_CONTEXT_MENU_SELECT |
| ZIF_HNDL_TREE_MODEL_LIST_COL~HANDLE_DRAG | Instanc... | Public | | Event-Behandler für DRAG |
| ZIF_HNDL_TREE_MODEL_LIST_COL~HANDLE_DRAG_MULTIPLE | Instanc... | Public | | Event-Behandler für DRAG_MULTIPLE |
| ZIF_HNDL_TREE_MODEL_LIST_COL~HANDLE_DROP_COMPLETE | Instanc... | Public | | Event-Behandler für DROP_COMPLETE |
| ZIF_HNDL_TREE_MODEL_LIST_COL~HANDLE_DROP_COMPLETE_MULTIPLE | Instanc... | Public | | Event-Behandler für DROP_COMPLETE_MULTIPLE |
| ZIF_HNDL_TREE_MODEL~HANDLE_DEF_CONTEXT_MENU_REQ | Instanc... | Public | | Event-Behandler für DEFAULT_CONTEXT_MENU_REQUEST |
| ZIF_HNDL_TREE_MODEL~HANDLE_DEF_CONTEXT_MENU_SEL | Instanc... | Public | | Event-Behandler für DEFAULT_CONTEXT_MENU_SELECT |
| ZIF_HNDL_TREE_MODEL~HANDLE_DROP | Instanc... | Public | | Event-Behandler für DROP |
| ZIF_HNDL_TREE_MODEL~HANDLE_DROP_GET_FLAVOR | Instanc... | Public | | Event-Behandler für DROP_GET_FLAVOR |
| ZIF_HNDL_TREE_MODEL~HANDLE_EXPAND_NO_CHILDREN | Instanc... | Public | | Event-Behandler für EXPAND_NO_CHILDREN |
| ZIF_HNDL_TREE_MODEL~HANDLE_NODE_CONTEXT_MENU_REQ | Instanc... | Public | | Event-Behandler für NODE_CONTEXT_MENU_REQUEST |
| ZIF_HNDL_TREE_MODEL~HANDLE_NODE_CONTEXT_MENU_SEL | Instanc... | Public | | Event-Behandler für NODE_CONTEXT_MENU_SELECT |
| ZIF_HNDL_TREE_MODEL~HANDLE_NODE_DOUBLE_CLICK | Instanc... | Public | | Event-Behandler für NODE_DOUBLE_CLICK |
| ZIF_HNDL_TREE_MODEL~HANDLE_NODE_KEYPRESS | Instanc... | Public | | Event-Behandler für NODE_KEYPRESS |
| ZIF_HNDL_TREE_MODEL~HANDLE_SELECTION_CHANGED | Instanc... | Public | | Event-Behandler für SELECTION_CHANGED |
| GET_INSTANCE | Static ... | Public | | Erzeugen der Instanz - Singleton |
| GET_DATA | Instanc... | Protected | | Ermitteln der Team Daten |
| ADD_NODE | Instanc... | Protected | | Hinzufügen der Knoten und Items |
| BUILD_ITEMS | Instanc... | Protected | | Aufbauen der Itemtabelle für die Knoten |
| CHECK_RESPONSIBLE | Instanc... | Protected | | Prüfen ob Knoten ein Mitarbeiter ist |
| CONSTRUCTOR | Instanc... | Private | | Konstruktor |

Abbildung 9.20 Methoden der Klasse ZCL_BOOK_TEAM

Zur Implementierung der Methoden gehen Sie wie folgt vor:

**Anlegen des Konstruktors**

Im ersten Schritt legen Sie den Konstruktor über den Button KONSTRUKTOR an. Setzen Sie die Sichtbarkeit des Konstruktors auf PRIVATE. Verwenden Sie die Parameter aus Abbildung 9.21.

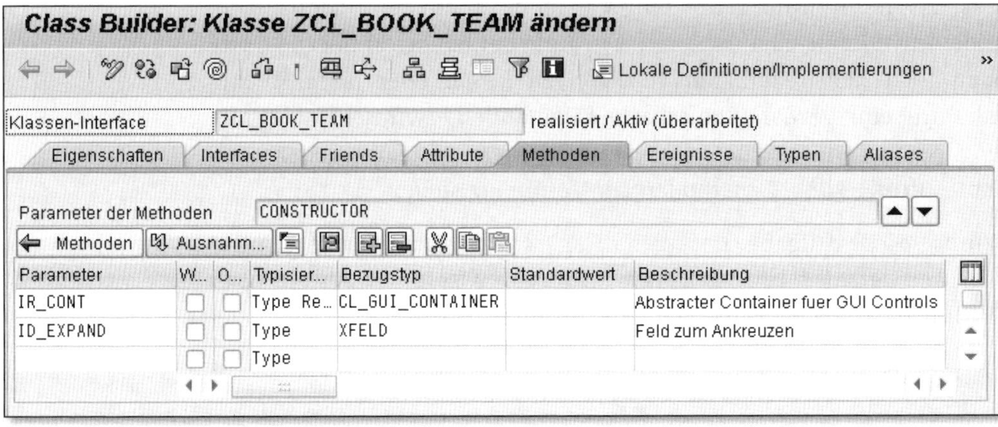


Abbildung 9.21 Parameter des Konstruktors

**Container CL_GUI_ CONTAINER**

Der Teambaum soll an verschiedenen Stellen und in verschiedenen Darstellungsarten einfach verwendbar sein. Deshalb definieren wir über den Parameter IR_CONT, dass unser Teambaum eine Instanz des Containers CL_GUI_CONTAINER entgegennimmt, in dem die Informationen angezeigt werden. Die Instanzerzeugung des Containers erfolgt außerhalb der Klasse. Die aufrufende Stelle hat damit die volle Kontrolle über den Container und kann die Sichtbarkeit des Containers und somit des Teambaums aktivieren oder deaktivieren. Außerdem kann durch die Typisierung des Parameters auf den allgemeinen Containertyp CL_GUI_CONTAINER der Teambaum in einem beliebigen GUI-Container angezeigt werden, da alle GUI-Containertypen von CL_GUI_CONTAINER ableiten.

Über den Parameter ID_EXPAND kann der Aufrufer festlegen, ob der Baum bei der Anzeige komplett aufgeklappt werden soll oder anfangs komprimiert dargestellt wird.

**Attribute anlegen**

Für die Implementierung der im Folgenden beschriebenen Methoden benötigen Sie die in Abbildung 9.22 aufgeführten Attribute.

- Für die Umsetzung des Singleton-Patterns benötigen Sie ein statisches Attribut R_INSTANCE.

- Um die Teamdaten innerhalb der Klasse nutzbar zu machen, legen Sie eine Tabelle T_DATA an.
- Für unsere List-Tree-Model-Instanz legen Sie das Attribut R_TREE an.
- Darüber hinaus verwenden wir eine Tabelle T_RESPONSIBLES mit dem Bezugstyp TREEMNOTAB. Diese Tabelle soll es uns später vereinfachen, herauszufinden, welcher Knoten ein Mitarbeiter ist.

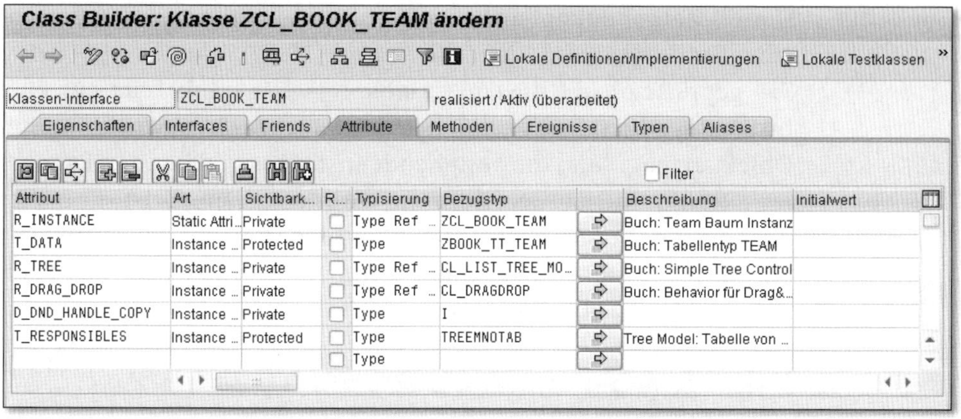


**Abbildung 9.22** Attribute der Klasse ZCL_BOOK_TEAM

**Methode GET_INSTANCE anlegen**

Um die Instanziierung der Klasse von außen zu ermöglichen, legen Sie die Methode GET_INSTANCE als statische Methode an. Die Parameter der Methode entsprechen denen des Konstruktors und geben zusätzlich über einen *Returning-Parameter* die Instanz auf das eigene Objekt an die aufrufende Stelle zurück. Die Parameter sehen Sie in Abbildung 9.23.

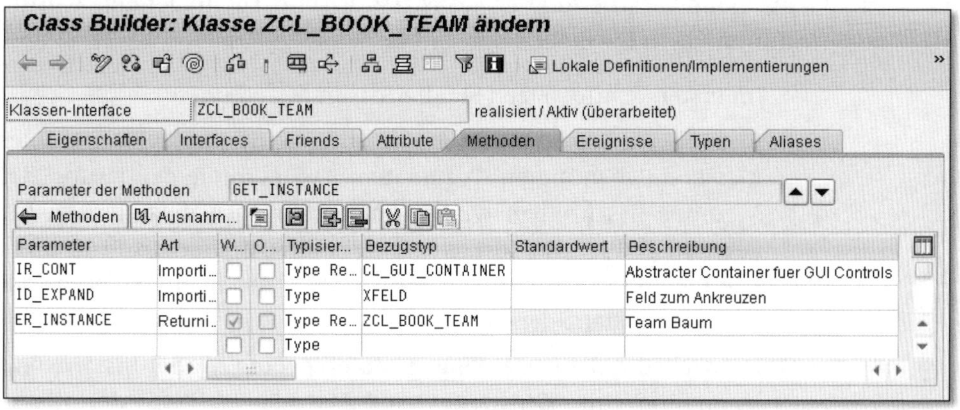


**Abbildung 9.23** Parameter der Methode GET_INSTANCE

Die Parameterart RETURNING des Parameters ER_INSTANCE ermöglicht die Nutzung der Methode als *funktionale Methode*. Eine funktionale Methode erlaubt es, den Methodenaufruf in einer Anweisung zu verketten. Damit können Sie die Methode hier innerhalb einer Variablenzuweisung, z. B. <MeineReferenzvariable> = <Methodenaufruf>, verwenden. Der Inhalt des Returning-Parameters wird der Variablen nach Durchlaufen der Methode zugewiesen.

**Methode GET_INSTANCE implementieren**

Diese Methodenimplementierung ermöglicht die Instanzerzeugung für diese Klasse. Über die Abfrage IS INITIAL wird in Listing 9.1 geprüft, ob die Instanzvariable R_INSTANCE bereits auf eine Instanz der Klasse zeigt. Ist dies der Fall, wurde zuvor schon ein Objekt erzeugt, und die bestehende Instanz wird über den Parameter ER_INSTANCE an den Aufrufer zurückgegeben. Existiert bisher noch keine Instanz, wird sie über den Befehl CREATE OBJECT erzeugt, in R_INSTANCE abgelegt und dem Aufrufer über den Parameter ER_INSTANCE übergeben.

```
METHOD get_instance.
  IF r_instance IS INITIAL.
    CREATE OBJECT r_instance
      EXPORTING
        ir_cont   = ir_cont
        id_expand = id_expand.
  ENDIF.
  er_instance = r_instance.
ENDMETHOD.
```

**Listing 9.1** Instanzerzeugung nach dem Singleton-Pattern

**Konstruktor implementieren**

Da wir in unserer Klasse mit dem Singleton-Pattern arbeiten, findet die Hauptverarbeitung im Konstruktor statt. Die folgenden Schritte führen Sie in Listing 9.2 aus:

1. Im ersten Schritt setzen Sie die Attribute der Klasse.
2. Im nächsten Schritt ermitteln Sie über die Methode GET_DATA der Klasse die benötigten Teamdaten. Diese Implementierung der Methode beschreiben wir im Folgenden noch detaillierter. Wir verwenden hier die Kurzschreibweise des Methodenaufrufs ohne den Befehl CALL METHOD. ME enthält dabei die eigene Referenz der aktuellen Instanz der Klasse.
3. Im nächsten Schritt erzeugen Sie eine Tree-Model-Instanz und legen über die Konstante NODE_SEL_MODE_SINGLE der Klasse

CL_LIST_TREE_MODEL fest, dass jeder Knoten und jedes Item selektiert werden dürfen und dass nicht jeder Knoten (d.h. jede Zeile) einen beschreibenden Kopfeintrag enthalten soll. Zusätzlich setzen Sie den Parameter ITEM_SELECTION auf 'X'.

**Parameter »ITEM_SELECTION«** [«]

Das Setzen des Parameters ITEM_SELECTION ist wichtig, um das Ereignis HANDLE_ITEM_DOUBLE_CLICK später registrieren und verwenden zu können.

4. Nachdem Sie die Tree-Model-Instanz erzeugt haben, erstellen Sie über die Methode CREATE_TREE_CONTROL der Tree-*Model*-Instanz die Tree-*Control*-Instanz und übergeben dort die Containerinstanz, in der der Teambaum später angezeigt werden soll.
5. Da wir bei Doppelklick auf einen Mitarbeiter den Mitarbeiternamen für andere Anwendungen zur Verfügung stellen wollen, müssen Sie das Ereignis ITEM_DOUBLE_CLICK registrieren. Dazu verwenden Sie eine Konstante EVENTID_ITEM_DOUBLE_CLICK, mit der Sie das Programm lesbar gestalten. In Listing 9.2 haben wir die Konstante EVENTID_ITEM_DOUBLE_CLICK mit unserer Tree-Instanz R_TREE verwendet. Dies haben wir so implementiert, um Ihnen zu zeigen, dass Sie über eine Instanz einer Klasse auch auf die Konstanten zugreifen können. Darüber hinaus wird der Quellcode so lesbarer gestaltet.
6. Das Ereignis muss über eine lokale Tabelle LT_EVENTS an die Methode SET_REGISTERED_EVENTS übergeben werden, damit das Ereignis ausgelöst wird.

**Application Events** [«]

Der Zusatz appl_event sorgt dafür, dass nach dem Auslösen und Verarbeiten des Ereignisses der PAI und der PBO des zugehörigen Dynpros durchlaufen werden. Das ist wichtig, wenn Sie Informationen aus einem Custom Control in Dynpro-Felder übernehmen möchten. Werden diese Verarbeitungsblöcke nicht durchlaufen, werden Änderungen an Dynpro-Feldern nicht angezeigt.

7. Nun kommen Sie zum Aufbau des Tree Controls und lesen zunächst den Wurzelknoten aus der Teamtabelle. Der Wurzelknoten ist daran erkennbar, dass er keinen übergeordneten Knoten (PARENT_ID) besitzt.

8. Diese Daten übergeben Sie der Methode ADD_NODE unserer Klasse, die sich intern um den Aufbau des Baums kümmert. Diese Implementierung dieser Methode ist der aufwendigste Teil der Umsetzung der eingangs aufgeführten Anforderungen und wird daher später genauer beschrieben.
9. Abschließend sorgen Sie über die Methode EXPAND_ROOT_NODES dafür, dass abhängig vom übergebenen Parameter D_EXPAND alle Knoten expandiert werden, sobald der Baum angezeigt wird. Dies erreichen Sie über den Parameter EXPAND_SUBTREE der Methode.

```
METHOD constructor.
  DATA: ls_data      TYPE zbook_team,
        lt_events    TYPE cntl_simple_events,
        ls_events    LIKE LINE OF lt_events,
        lc_initial   TYPE i.
  me->get_data( ).
  CREATE OBJECT me->r_tree
    EXPORTING
      node_selection_mode =
        cl_list_tree_model=>node_sel_mode_single
      item_selection      = 'X'
      with_headers        = ' '.
  me->r_tree->create_tree_control( EXPORTING parent
                          = ir_cont ).
  ls_events-eventid = me->r_tree->eventid_item_double_click.
  ls_events-appl_event = 'X'.
  APPEND ls_events TO lt_events.
  me->r_tree->set_registered_events( EXPORTING events
                          = lt_events ).
  SET HANDLER
    me->zif_hndl_tree_model_list_col~handle_item_double_click
      FOR me->r_tree.
  READ TABLE me->t_data INTO ls_data WITH KEY parent_id
                          = lc_initial.
  me->add_node( ls_data ).
  me->r_tree->expand_root_nodes( expand_subtree = id_expand ).
ENDMETHOD.
```

**Listing 9.2** Konstruktor der Klasse ZCL_BOOK_TEAM

Methode GET_DATA

Für die Ermittlung der Teamdaten legen Sie die Methode GET_DATA als Instanzmethode mit der Sichtbarkeit PROTECTED ohne Parameter an (siehe Listing 9.3). Diese Methode dient zur Kapselung der Funktionalität und erzielt damit eine bessere Lesbarkeit des Konstruktors.

Sie ermitteln darin alle aktiven Teamdaten aus der Tabelle ZBOOK_TEAM und überstellen diese in die Tabelle T_DATA.

```
METHOD get_data.
  SELECT *
    FROM zbook_team
    INTO CORRESPONDING FIELDS OF TABLE t_data
    WHERE active = 'X'.
ENDMETHOD.
```

**Listing 9.3** Implementierung der Methode GET_DATA

**Methode ADD_NODE anlegen**

Um die Teamdaten für den Tree Control aufzubereiten, müssen die Daten in Form von Knoten und Items angelegt werden. Diese Aufgabe soll die Methode ADD_NODE übernehmen. Dazu legen Sie die Methode als Instanzmethode mit der Sichtbarkeit PROTECTED an und verwenden dabei die Parameter aus Abbildung 9.24. An diese Methode wird immer eine Zeile der Teamdaten übergeben.

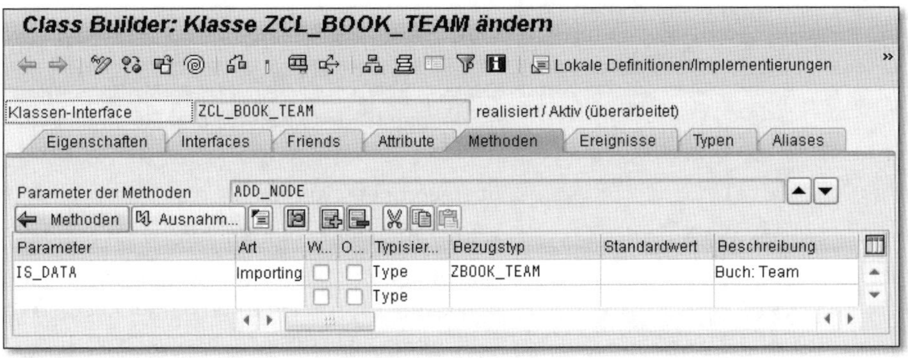


**Abbildung 9.24** Parameter der Methode ADD_NODE

**Methode ADD_NODE implementieren**

Listing 9.4 zeigt die Implementierung der Methode ADD_NODE. Verfahren Sie dabei in den folgenden Schritten:

1. Zuerst setzen Sie den aktuellen Knotenschlüssel mit dem übergebenen Schlüssel LS_DATA-ID und das jeweilige Icon aus der Struktur LS_DATA-ICON.
2. Danach prüfen Sie, ob der aktuelle Knoten einen übergeordneten Knoten (IS_DATA-PARENT_ID) besitzt. Wenn ja, übergeben Sie die PARENT_ID in die lokale Variable LV_PARENT.
3. Im nächsten Schritt erstellen Sie mit der Methode BUILD_ITEMS, deren Implementierung wir später im Detail beschreiben, die

Tabelle LT_ITEMS. Diese Items-Tabelle wird später alle Daten beinhalten, die auf einer Ebene nebeneinander angezeigt werden.

4. Nun prüfen Sie mit dem Befehl READ TABLE, ob der aktuelle Knoten als übergeordneter Knoten eines anderen eingetragen ist. Hier verwenden wir den Zusatz TRANSPORTING NO FIELDS, da wir nur prüfen möchten, ob ein Eintrag vorhanden ist, und umgehen damit den Datentransport in einen Arbeitsbereich durch die ABAP-Laufzeitumgebung. Befindet sich der Knoten auf letzter Ebene, handelt es sich in unserem Fall um einen Mitarbeiter. Merken Sie sich den aktuellen Knoten in der Teammitgliedertabelle T_RESPONSIBLES, damit das Programm bei einem Doppelklick auf einen Knoten prüfen kann, ob es sich um einen Mitarbeiter handelt. Es sollen nur Mitarbeiterinformationen über ein Ereignis zur Verfügung gestellt werden.
5. Jetzt hängen Sie den aktuellen Knoten und dessen Items über die Methode ADD_NODE an den Baum an. Dort übergeben Sie die Parameter aus Tabelle 9.7.

| Parametername | Bedeutung |
|---|---|
| NODE_KEY | eindeutige ID des Knotens, den Sie anhängen wollen |
| RELATIVE_NODE_KEY | übergeordneter Knoten |
| RELATION_SHIP | Art der Beziehung zum Knoten |
| ISFOLDER | Gibt an, ob der Knoten weiter expandiert werden kann, d.h., ob ein Unterknoten folgt. Das Feld lassen Sie in unserem Beispiel leer. |
| ITEM_TABLE | die Texte (Namen, Urlaub), die in der Reihenfolge in der Tabelle LT_ITEMS stehen, in der diese in der Baumdarstellung angezeigt werden sollen |
| IMAGE | Icon, das vor dem Knoten angezeigt werden soll, wenn der Knoten nicht expandiert ist |
| EXPANDED_IMAGE | Icon, das nach dem Expandieren des Knotens angezeigt werden soll |

**Tabelle 9.7** Parameter der Tabelle ADD_NODE

6. Im letzten Schritt prüfen Sie in einer LOOP ... WHERE-Schleife, ob es Knoten gibt, denen der aktuelle Knoten übergeordnet ist.

Für jeden Knoten, der in einem anderen Knoten als übergeordneter Knoten definiert ist, rufen Sie die Methode ADD_NODE, in der Sie sich gerade befinden, erneut auf.

**Rekursivität**

```
METHOD add_node.
  DATA: ls_data       LIKE LINE OF t_data,
        lv_node_key  TYPE         tm_nodekey,
        lv_parent    TYPE         tm_nodekey,
        lv_folder    TYPE         xfeld,
      lt_items     TYPE        treemlitab,        lv_image
TYPE         tv_image.
  lv_node_key = is_data-id.
  lv_image    = is_data-icon.
  IF is_data-parent_id IS NOT INITIAL.
    lv_parent = is_data-parent_id.
  ENDIF.
  lt_items = me->build_items( is_data = is_data ).
 READ TABLE t_data
     TRANSPORTING NO FIELDS
            WITH KEY parent_id = is_data-id.

  IF sy-subrc <> 0.
    APPEND lv_node_key TO t_responsibles.
  ENDIF.

  CALL METHOD me->r_tree->add_node
    EXPORTING
      node_key          = lv_node_key
      relative_node_key = lv_parent
      relationship      = me->r_tree->relat_last_child
      isfolder          = lv_folder "immer leer
      item_table        = lt_items
      image             = lv_image
      expanded_image    = lv_image.

  LOOP AT t_data INTO ls_data WHERE parent_id = is_data-id.
    me->add_node( ls_data ).
  ENDLOOP.
ENDMETHOD.
```

**Listing 9.4** Hinzufügen der Knoten und Items

[«]

**Hinweise zur beschriebenen Vorgehensweise**

Die hier beschriebene Aufgabenstellung kann sowohl *iterativ* als auch *rekursiv* gelöst werden. Der iterative Ansatz verwendet das Konstrukt der Schleifen, wobei eine Anweisungsfolge entsprechend oft durchlaufen wird. In der rekursiven Variante ruft eine Funktion, die eine Anweisungsfolge enthält, sich selbst entsprechend oft auf.

Rekursivität bietet sich z.B. besonders an, wenn hierarchische Daten aufgelöst werden sollen und nicht bekannt ist, wie tief die verschiedenen Hierarchien geschachtelt sind bzw. wie viele Elemente die jeweilige Hierarchieebene besitzt.

[!]

**Achtung bei rekursiven Ansätzen**

Jeder Aufruf einer Methode, eines Funktionsbausteins oder einer `Form`-Routine bewirkt, dass die Aufrufinformationen und die aktuellen Daten der jeweiligen Aufrufstellen des Programms auf dem sogenannten *Stack* abgelegt werden. Der Stack wird technisch über den Arbeitsspeicher realisiert. Deshalb kann die Verwendung des rekursiven Ansatzes sehr schnell eine große Auslastung des Arbeitsspeichers verursachen.

Eine weitere Falle kann sein, dass durch Rekursion leicht eine Endlosschleife entstehen kann. Deshalb sollten Sie immer darauf achten, eine geeignete Exit-Steuerung zu implementieren, die Endlosschleifen verhindert. In unserer Anwendung haben wir aufgrund der Übersichtlichkeit auf Fehlerbehandlung und die Exit-Steuerung verzichtet. Wir haben das Datenmodell der Mitarbeiter so aufgebaut, dass keine Endlosschleifen entstehen.

Eine Möglichkeit zur Exit-Steuerung in diesem Fall wäre, die Tiefe der rekursiven Aufrufe zu zählen. Ist eine gewisse Tiefe erreicht, brechen Sie die Rekursion ab. Der Teambaum besitzt vier Ebenen, d.h., bei einer »Auftiefe« von 5 liegt ein Fehler vor, und die Rekursion bricht ab. Geben Sie eine entsprechende Meldung aus, um auf den Fehler aufmerksam zu machen.

Vollständige Expandierung

Generell kann der Aufbau eines Trees auf zwei Arten erfolgen. Für unserem Teambaum übergeben Sie alle Knoten, die Sie darstellen möchten, an das Tree Control und expandieren dieses komplett. Der Inhalt des Baums ändert sich somit nicht mehr, sondern lediglich seine Darstellung (Knoten werden auf- bzw. zugeklappt angezeigt). Dies ist bei kleineren und nicht so tief geschachtelten Baumstrukturen wie in unserem Beispiel möglich.

On-Demand-Ansatz

Wenn Sie aber eine sehr große Datenmenge in einem Baum darstellen wollen und mit tief geschachtelten Hierarchieebenen arbeiten, sollten Sie den *On-Demand-Ansatz* verwenden. On-Demand bedeutet hier, dass Sie vorerst nur die sichtbaren, oberen Knoten einfügen bzw. anzeigen und den Baum noch nicht voll expandieren. Auf diese Weise wird zuerst nur eine kleinere Anzahl Knoten an das Frontend übergeben. Die Unterknoten werden in diesem Fall erst dann angehängt, wenn der Anwender einen Knoten expandiert. Durch das

Expandieren wird in jeder Tree-Control-Klasse das Ereignis EXPAND_NO_CHILDREN ausgelöst und die ID des expandierten Knotens übergeben. Hier können Sie einfach eine Ereignisbehandler-Methode definieren, die unter den gerade expandierten Knoten über die Methode ADD_NODE eine weitere Ebene anfügt.

**Doppelte Datenhaltung**

Alle Daten werden sowohl im Backend als auch im Frontend gehalten. Dies bedeutet, dass die Daten auch mindestens einmal zum Frontend übertragen werden müssen, was entsprechend viel Laufzeit kostet. Sind die zu übertragenden Datenmengen zu groß, kann das Frontend Control extrem langsam werden oder sogar abstürzen. Zu beobachten ist dieser Effekt z.B. im Tabellen-Browser (Transaktion SE16), wenn dieser auf die Anzeige ALV GRID eingestellt ist. Wird hier eine große Anzahl Datensätze geladen, kann es zu Schwierigkeiten mit der Performance (z.B. beim Blättern) kommen, insbesondere, wenn Filter und Sortierungen angewandt wurden.

Die Realisierung über den On-Demand-Ansatz ist mit jeder Ausprägung des SAP Trees und SAP Tree Models möglich.

**Methode BUILD_ITEMS anlegen**

Um die Item-Tabelle für die Texte (Namen und Urlaub) in unserem Teambaum aufzubauen, definieren Sie eine Methode BUILD_ITEMS als Instanzmethode mit der Sichtbarkeit PROTECTED. Verwenden Sie dabei die Parameter aus Abbildung 9.25.

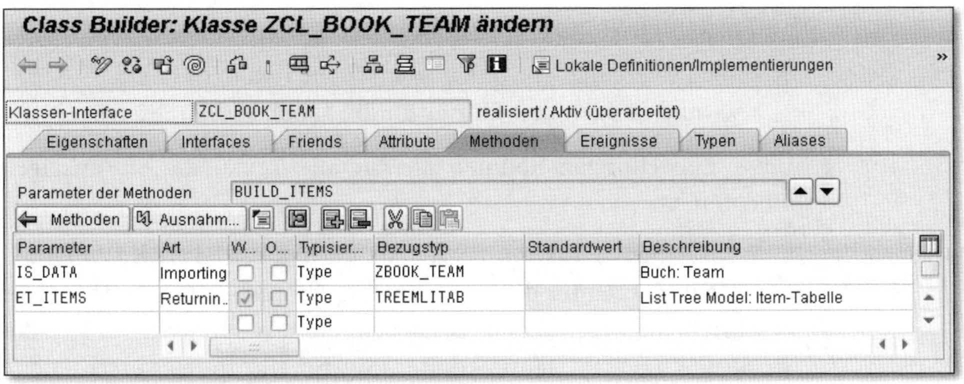


**Abbildung 9.25** Parameter der Methode BUILD_ITEMS

In diese Methode werden die aktuellen Bauminformationen importiert, und die Tabelle der Items wird über einen Returning-Parameter zurückgegeben.

**Methode BUILD_ITEMS implementieren**

Im nächsten Schritt implementieren Sie die Methode BUILD_ITEMS, wie in Listing 9.5 gezeigt:

1. Für jeden Mitarbeiternamen, der in einem Knoten angezeigt werden soll, muss eine Zeile mit einer eindeutigen ID LS_ITEM-ITEM_NAME erzeugt werden.
2. Darüber hinaus besitzt ein Item Merkmale (wie die Klasse LS_ITEM-CLASS), die beschreiben, ob es sich dabei um einen einfachen Text, einen Button, eine Checkbox oder einen Link handelt. Für unser Beispiel verwenden Sie einen Text. Verwenden Sie eine Konstante ITEM_CLASS_TEXT der Klasse CL_ITEM_TREE_MODEL, die Sie unter den Attributen ITEM_CLASS_* finden.
3. Außerdem können Sie über die Komponente ALIGNMENT der Struktur LS_ITEM festlegen, ob der Inhalt des Items linksbündig, rechtsbündig, zentriert oder nicht ausgerichtet wird. Verwenden Sie an dieser Stelle das Auto-Alignment, das in der Klasse CL_ITEM_TREE_MODEL durch die Konstanten ALIGN* zur Verfügung gestellt wird. Das Auto-Alignment sorgt dafür, dass der Feldeintrag nicht ausgerichtet wird, die Anzeigebreite aber der Länge der Ausgabe angepasst wird.
4. Außerdem besteht die Möglichkeit, verschiedene Font-Arten zu definieren. Sie verwenden den proportionalen Font. Die Font-Arten sind ebenfalls in der Klasse CL_ITEM_TREE_MODEL unter den Konstanten ITEM_FONT* zu finden.
5. Zuletzt übergeben Sie den gewünschten Text in das Feld LS_ITEM-TEXT und hängen den Eintrag an die Tabelle ET_ITEMS an.

Diese Einstellungen nehmen Sie für alle Texte, die Sie anzeigen möchten, vor.

**Urlaubshinweis hervorheben**

Eine zusätzliche Funktion nutzen Sie für den Fall, dass ein Mitarbeiter Urlaub hat. Unter dieser Bedingung übergeben Sie zu den zuvor beschriebenen Elementen zusätzlich die Komponente STYLE der Struktur LS_ITEM. Damit können Sie für die Items verschiedene Styles verwenden. In unserem Fall färben Sie die Urlaubsanzeige mithilfe der Konstanten STYLE_INTENSIFD_CRITICAL rot ein. Die verschiedenen Styles sind ebenfalls in der Klasse CL_ITEM_TREE_MODEL unter den Attributen STYLE_* zu finden.

**Item-ID** [!]

Beim Aufbau der eindeutigen Item-Identifikation können sich leicht Fehler einschleichen. Wenn Sie keine fortlaufenden Nummern verwenden, kann es vorkommen, dass Sie eine ID doppelt vergeben. Das führt zu einem Shortdump bei der Ausführung. Dem können Sie vorbeugen, indem Sie, wie in unserem Beispiel, eine Hilfsvariable als fortlaufenden Zähler nutzen, den Sie vor der Benutzung einmal erhöhen (+1), oder eine Methode erstellen, die einen fortlaufenden Zähler zurückgibt.

```
METHOD build_items.
  DATA: ls_item TYPE treemlitem,
        lv_cnt  TYPE n.
  CLEAR ls_item.
  ADD 1 TO lv_cnt.
  ls_item-item_name = lv_cnt.
  ls_item-class     = r_tree->item_class_text.
  ls_item-alignment = r_tree->align_auto.
  ls_item-font      = r_tree->item_font_prop.
  ls_item-text      = is_data-text.
  APPEND ls_item TO et_items.
  IF  is_data-holiday_from IS NOT INITIAL
  AND is_data-holiday_to   IS NOT INITIAL.
    CLEAR ls_item.
    ADD 1 TO lv_cnt.
    ls_item-item_name = lv_cnt.
    ls_item-class     = r_tree->item_class_text.
    ls_item-alignment = r_tree->align_auto.
    ls_item-font      = r_tree->item_font_prop.
    ls_item-style     = r_tree-> style_intensifd_critical.
    CALL FUNCTION 'CONVERT_DATE_TO_EXTERNAL'
      EXPORTING
        date_internal = is_data-holiday_from
      IMPORTING
        date_external = ls_item-text.
    APPEND ls_item TO et_items.

    CLEAR ls_item.
    ADD 1 TO lv_cnt.
    ls_item-item_name = lv_cnt.
    ls_item-class     = r_tree->item_class_text.
    ls_item-alignment = r_tree->align_auto.
    ls_item-font      = r_tree->item_font_prop.
    ls_item-text      = ' - '.
    APPEND ls_item TO et_items.

    CLEAR ls_item.
    ADD 1 TO lv_cnt.
```

```
      ls_item-item_name = lv_cnt.
      ls_item-class     = r_tree->item_class_text.
      ls_item-alignment = r_tree->align_auto.
      ls_item-font      = r_tree->item_font_prop.
      ls_item-style     = r_tree-> style_intensifd_critical.
      CALL FUNCTION 'CONVERT_DATE_TO_EXTERNAL'
        EXPORTING
          date_internal = is_data-holiday_to
        IMPORTING
          date_external = ls_item-text.
      APPEND ls_item TO et_items.
    ENDIF.
ENDMETHOD.
```

**Listing 9.5** Aufbauen der Items

**Methode HANDLE_ITEM_DOUBLE_CLICK**

Als Nächstes erstellen Sie die Methode HANDLE_ITEM_DOUBLE_CLICK per Doppelklick auf den Methodennamen und implementieren diese wie in Listing 9.6. Die Methode bewirkt, dass über einen Doppelklick auf einen Mitarbeiter der Mitarbeitername über ein Ereignis bereitgestellt wird. Der Aufrufer des Teambaums kann sich damit in jeder beliebigen Anwendung für das Ereignis ZRESP_CLICK registrieren und den Mitarbeiternamen entgegennehmen und verarbeiten. Die Sichtbarkeit und die Art der Methode werden über das Interface vorgegeben. Über die Methode CHECK_RESPONSIBLE prüfen Sie, ob es sich bei einem Knoten, auf den doppelt geklickt wird, um einen Mitarbeiter handelt. Die Methode nutzen Sie als funktionale Methode und verwenden sie in einer IF-Abfrage. Handelt es sich um einen Mitarbeiterknoten, ermitteln Sie über die Methode NODE_GET_ITEMS die Item-Tabelle. Aus der Item-Tabelle lesen Sie den ersten Eintrag, der den Mitarbeiternamen enthält. Am Ende lösen Sie das Ereignis ZRESP_CLICK der eigenen Klasse ZCL_BOOK_TEAM aus und übergeben den Mitarbeiternamen. Der Name befindet sich in der Komponente TEXT der Struktur LS_ITEMS.

```
METHOD zif_hndl_tree_model_list_col~handle_item_double_
click.
  DATA: lt_items TYPE         treemlitab,
        ls_items LIKE LINE OF lt_items.

  IF me->check_responsible( node_key ) = 'X'.
    CALL METHOD r_tree->node_get_items
      EXPORTING
        node_key    = node_key
      IMPORTING
```

```
        item_table = lt_items.
  READ TABLE lt_items INTO ls_items INDEX 1.
  RAISE EVENT zresp_click
      EXPORTING
        responsible = ls_items-text.
  ENDIF.
ENDMETHOD.
```

**Listing 9.6** Implementierung der Methode HANDLE_ITEM_DOUBLE_CLICK

Legen Sie anschließend die Methode CHECK_RESPONSIBLE als Instanzmethode mit der Sichtbarkeit PROTECTED an, und definieren Sie die Parameter wie in Abbildung 9.26.

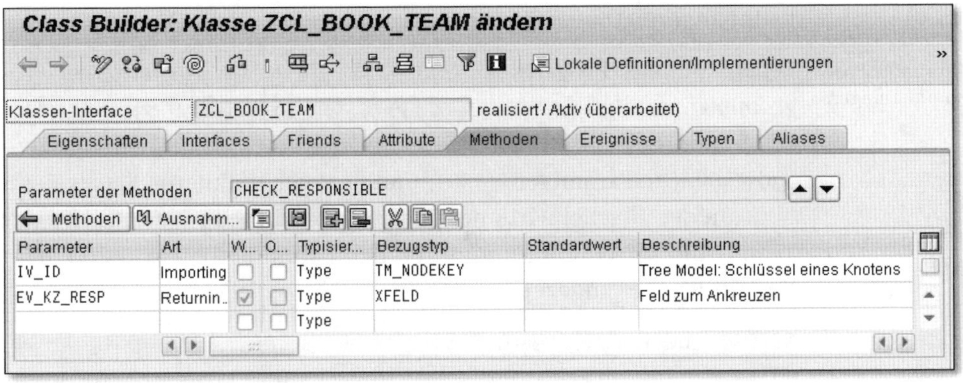


**Abbildung 9.26** Parameter der Methode CHECK_RESPONSIBLE

**Methode CHECK_RESPONSIBLE**

Implementieren Sie die Methode CHECK_RESPONSIBLE, wie in Listing 9.7 gezeigt. Prüfen Sie in der Tabelle T_RESPONSIBLES, ob der übergebene Knoten IV_ID vorhanden ist. Ist der Knoten in der Tabelle enthalten, handelt es sich um einen Mitarbeiter, und der Returning-Parameter EV_KZ_RESP wird auf 'X' gesetzt. Andernfalls wird der Parameter geleert.

[«]

**Pseudokomponente TABLE_LINE**

Da die Tabelle T_RESPONSIBLE nur aus einer Komponente besteht, können Sie diese nicht über einen Komponentennamen ansprechen. Dafür verwenden Sie die Pseudokomponente TABLE_LINE.

```
METHOD check_responsible.
  READ TABLE t_responsibles
      TRANSPORTING NO FIELDS
              WITH KEY table_line = iv_id.
```

```
  IF sy-subrc = 0.
    ev_kz_resp = 'X'.
  ELSE.
    CLEAR ev_kz_resp.
  ENDIF.
ENDMETHOD.
```

**Listing 9.7** Implementierung der Methode CHECK_RESPONSIBLE

## 9.4 Tree Control testen

Um die bisherigen Entwicklungen zu testen, benötigen Sie ein kleines Testprogramm, das ein Dynpro bereitstellt, auf dem der Teambaum angezeigt werden soll.

Ausführbares Programm anlegen

Legen Sie das Programm ZBOOK_TEST_TEAM als *ausführbares Programm* an, und implementieren Sie es, wie in Listing 9.8 gezeigt. Das Programm besteht aus zwei Selektionsparametern und einem Dynpro 0100. Die Parameter P_FULL und P_POPUP definieren Sie als Radiobutton der gleichen Gruppe. Durch den Parameter P_FULL wird der Teambaum im Vollbild und durch den Parameter P_POPUP in einem Pop-up-Fenster angezeigt.

```
REPORT zbook_test_team.
DATA: gr_custom_cont TYPE REF TO
      cl_gui_custom_container,
      gr_team_tree   TYPE REF TO zcl_book_team,
      ok_code        TYPE sy-ucomm.
PARAMETERS p_full  RADIOBUTTON GROUP type DEFAULT 'X'.
PARAMETERS p_popup RADIOBUTTON GROUP type.

START-OF-SELECTION.
  IF p_full IS INITIAL.
    CALL SCREEN 0100 STARTING AT  1 2 ENDING AT 50 12.
  ELSE.
    CALL SCREEN 0100.
  ENDIF.
```

**Listing 9.8** Hauptprogramm implementieren

Dynpro 100 anlegen

Legen Sie das Dynpro per Doppelklick auf 0100 im Quellcode an. Auf der Registerkarte EIGENSCHAFTEN belassen Sie die Einstellung des Attributs FOLGEDYNPRO auf »100« (siehe Abbildung 9.27). Dadurch sorgen Sie dafür, dass die Anzeigesicht nicht verlassen wird.

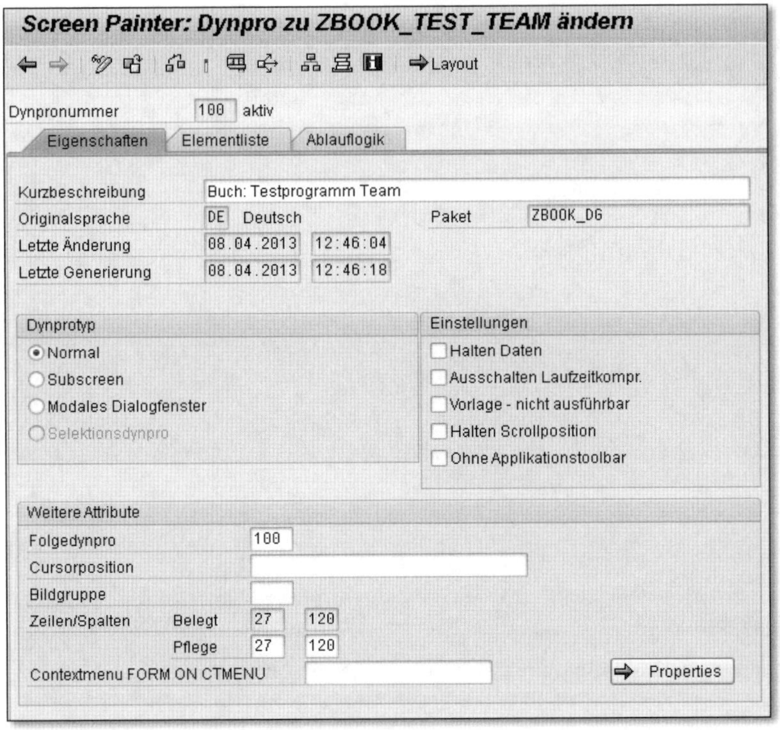


**Abbildung 9.27** Dynpro-Eigenschaften

Auf der Registerkarte ELEMENTLISTE tragen Sie für den Typ des Dynproelements `OK` den Variablennamen »OK_CODE« ein.

**Ablauflogik definieren**

Als Nächstes müssen Sie die Ablauflogik definieren. Auf diesem Dynpro definieren Sie dazu die PBO-Module `STATUS_0100` und `OUTPUT`. Außerdem erstellen Sie das PAI-Modul `USER_COMMAND_0100`. Die Ablauflogik des Dynpros sehen Sie in Listing 9.9.

```
PROCESS BEFORE OUTPUT.
  MODULE status_0100.
  MODULE output.

PROCESS AFTER INPUT.
  MODULE user_command_0100.
```

**Listing 9.9** Ablauflogik des Dynpros

**Layout definieren**

Um das Layout des Testprogramms zu definieren, legen Sie im Screen Painter ein *Custom Control* auf dem Dynpro an. Verwenden Sie dazu den Namen `CCONT` (siehe Abbildung 9.28).

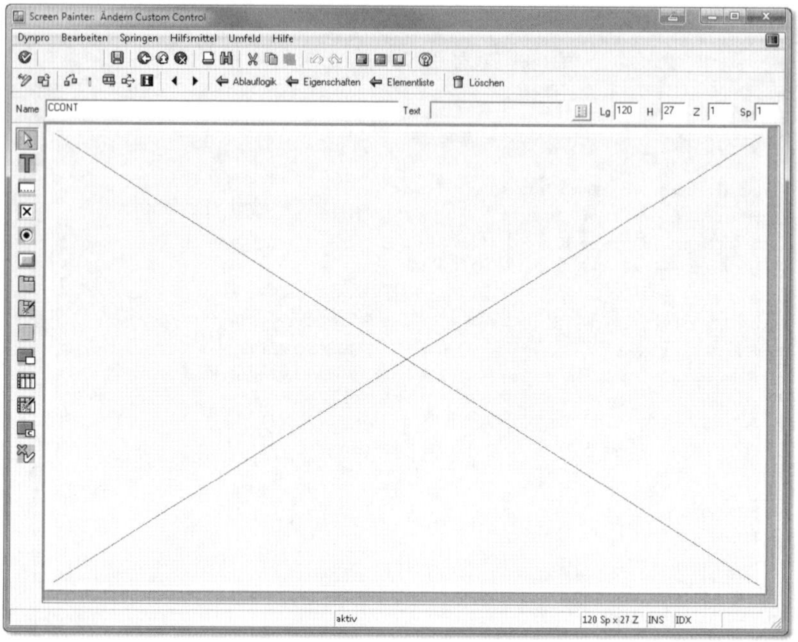

Abbildung 9.28 Control zum Dynpro 100 im Screen Painter anlegen

PBO-Modul STATUS_0100

Im PBO-Modul STATUS_0100 definieren Sie den GUI-Status der Anzeigevarianten, wie in Listing 9.10 gezeigt. Über den Befehl SET PF-STATUS binden Sie den GUI-Status STATUS ein, wenn der Teambaum im Vollbildmodus angezeigt werden soll. Legen Sie den Status mit dem Statustyp *Dialogstatus* an. Setzen Sie den GUI-Status STATUS_POPUP, um einen eigenen GUI-Status für ein Pop-up-Fenster zu definieren, und verwenden hier den Statustyp *Dialogfenster*.

```
MODULE status_0100 OUTPUT.
  IF p_full IS INITIAL.
    SET PF-STATUS 'STATUS'.
  ELSE.
    SET PF-STATUS 'STATUS_POPUP'.
  ENDIF.
ENDMODULE.
```

Listing 9.10 Module für den Status

STATUS

Für den GUI-Status STATUS definieren Sie nur den Funktionscode BACK (siehe Abbildung 9.29), über den Sie das Testprogramm verlassen können.

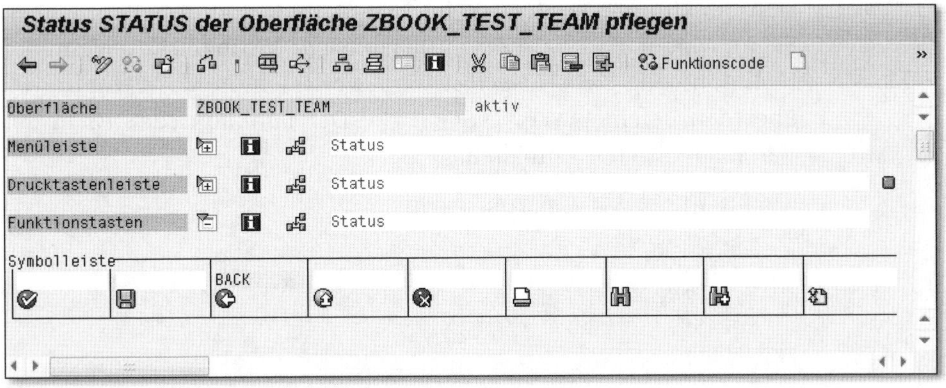


Abbildung 9.29 Oberflächenstatus STATUS

STATUS_POPUP

Für den GUI-Status STATUS_POPUP verwenden Sie ebenfalls nur den Funktionscode BACK.

Modul OUTPUT anlegen

Als Nächstes legen Sie das Modul OUTPUT an, um die Anzeige des Teambaums zu implementieren. In Listing 9.11 erzeugen Sie über den Befehl CREATE OBJECT eine Instanz eines Custom Containers. Übergeben Sie den Namen CCONT des Custom Containers bei der Instanzerzeugung. Nutzen Sie die Methode GET_INSTANCE der Klasse ZCL_BOOK_TEAM, um den Teambaum anzuzeigen. Der Methode übergeben Sie die Instanz des Custom Containers und den Parameter ID_EXPAND. Der Parameter ID_EXPAND bewirkt, dass der Teambaum expandiert angezeigt wird. Durch die Verschalung des Tree Controls in der Klasse ZCL_BOOK_TEAM kümmert sich die Klasse selbstständig um die Datenbeschaffung und die Anzeige. Die aufrufende Stelle, hier das Programm ZBOOK_TEST_TEAM, muss sich damit um nichts kümmern.

```
MODULE output OUTPUT.
  IF gr_custom_cont IS NOT BOUND.
    CREATE OBJECT gr_custom_cont
      EXPORTING
        container_name = 'CCONT'.
  ENDIF.

  gr_team_tree = zcl_book_team=>get_instance(
                        ir_cont   = gr_custom_cont
                        id_expand = 'X' ).
ENDMODULE.
```

Listing 9.11 Modul für die Ausgabe des Teambaums

Modul USER_COMMAND_0100

Den Funktionscode, den Sie im GUI-Status definiert haben, fangen Sie im Modul USER_COMMAND_0100 ab (siehe Listing 9.12). Wenn der Funktionscode BACK ausgelöst wird, verlassen Sie das Dynpro 100 über den Befehl LEAVE TO SCREEN 0. Der Funktionscode ist in der Variablen OK_CODE enthalten.

```
MODULE user_command_0100 INPUT.
  CASE ok_code.
    WHEN 'BACK'.
      LEAVE TO SCREEN 0.
  ENDCASE.
ENDMODULE.
```

**Listing 9.12** Behandeln des OK-Codes

Ausgabe des Teambaums

Schließlich führen Sie das Programm aus und wählen z.B. den Vollbildmodus, um sich den Teambaum anzeigen zu lassen. Das Ergebnis sehen Sie in Abbildung 9.30.

**Abbildung 9.30** Ausgabe des Teambaums

Damit haben Sie alle Anforderungen an die Teamstrukturdarstellung erfolgreich umgesetzt.

*Dynamische Dokumente sind ein auf HTML basierendes Framework der SAP. Mit deren Hilfe lassen sich Texte, Listen, Bilder oder Eingabeformulare ohne HTML-Kenntnisse erstellen.*

# 10 Dynamische Dokumente verwenden

In einem SAP-System führen viele Wege nach Rom. Zur unstrukturierten Darstellung und Eingabe von Daten werden normalerweise Dynpros oder Listen verwendet. Dynpros und Listen können jedoch nur eingeschränkt genutzt werden, denn beide können nicht in Container eingebettet werden. Zudem ist es nur möglich, *ein* Dynpro oder *eine* Liste zur gleichen Zeit anzuzeigen. Mit den *Dynamic Documents*, die wir Ihnen in diesem Kapitel vorstellen möchten, stellt SAP Ihnen eine flexible Art der Darstellung und Dateneingabe zur Verfügung. Sie können HTML-Dokumente ohne HTML-Kenntnisse erzeugen und diese in einen Container einbinden. Diese Dokumente haben – SAP-typisch – ein einheitliches Format, sodass man sich als Programmierer voll und ganz auf die Realisierung konzentrieren und das Design (fast) vernachlässigen kann. In Abbildung 10.1 sehen Sie, wie ein dynamisches Dokument aussehen kann.

**Darstellbare Objekte**

Mit den dynamischen Dokumenten haben Sie die Möglichkeit, die folgenden Objekte darzustellen:

- Text (Fließtext und Überschriften in der SAP-typischen Farbgestaltung)
- Links (intern im Dokument und extern zum ABAP-Programm)
- Tabellen
- Eingabefelder
- Drop-down-Listboxen
- Schaltflächen
- Icons
- Bilder

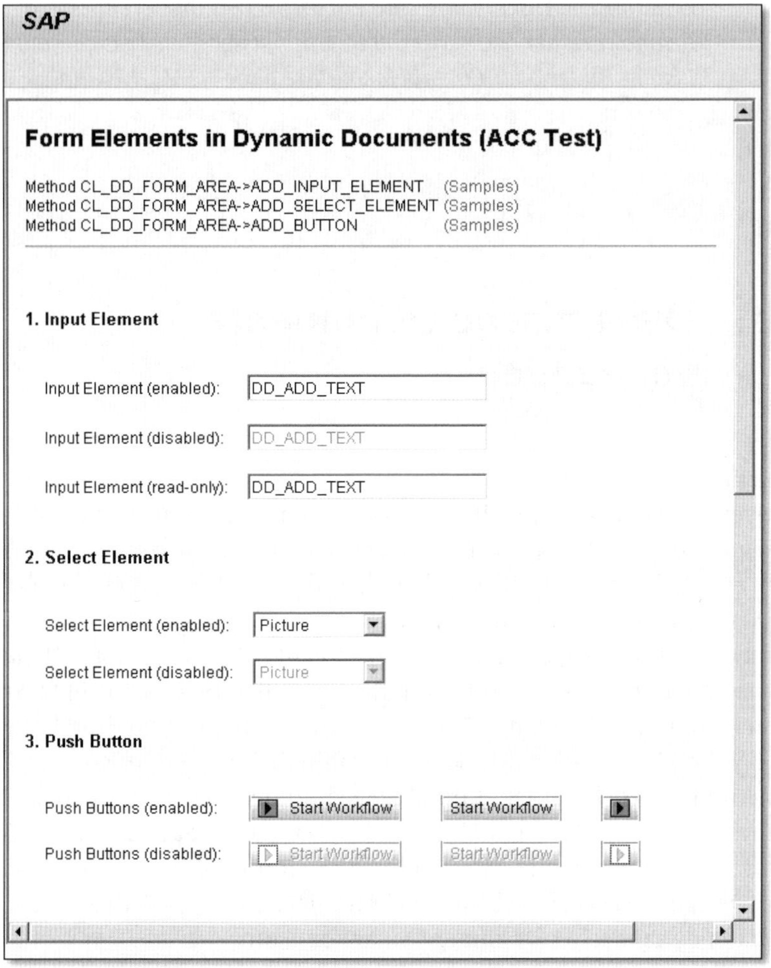


**Abbildung 10.1** Beispiel eines dynamischen Dokuments

[»]

**Dynamische Dokumente drucken**

Ein Vorteil der dynamischen Dokumente ist, dass sie einfach über das Kontextmenü (rechte Maustaste) vom Anwender ausgedruckt werden können. Neben der Möglichkeit zur freien Gestaltung bietet ein dynamisches Dokument also gegenüber einem Dynpro noch den Vorteil, dass der Anwender es ohne Probleme als HTML-Seite ausdrucken kann.

Statusübersicht: Anforderungen

In diesem Kapitel werden wir eine Statusübersicht zu den Tickets unseres Ticketsystems mit den Elementen der dynamischen Dokumente erstellen. Wir werden diese Funktion in eine lokale Klasse in einem Report kapseln. In einem Docking-Container sollen die möglichen Status angezeigt werden (siehe Abbildung 10.2). Um die Klasse universal einbinden zu können, wandeln wir die *lokale* anschließend in eine *globale* Klasse um, sodass diese im Class Builder bearbeitet werden kann.

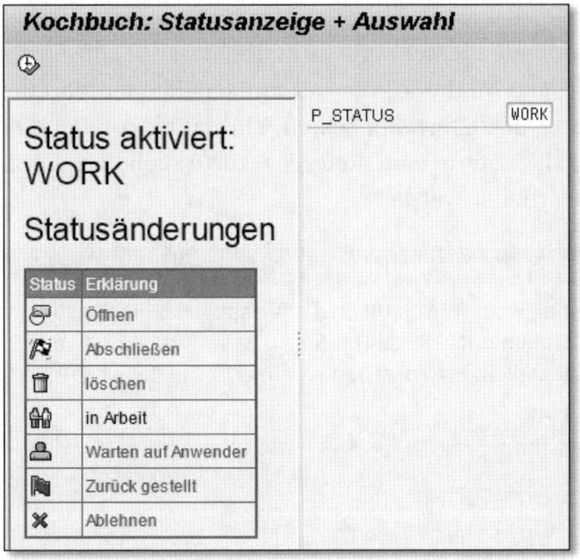


**Abbildung 10.2** Die fertige Statusanzeige mit dynamischem Dokument

[«]

**Beispielprogramme**

SAP bietet für alle verfügbaren Elemente der dynamischen Dokumente kurze Beispielprogramme an. Diese sind sehr hilfreich, um sich eine Übersicht über die Funktion zu verschaffen und die Verwendung nachvollziehen zu können. Die Demoprogramme, die mit dem Präfix `DD_` beginnen, befinden sich alle in dem Paket `SDYNAMICDOCUMENTS`.

Klasse CL_DD_DOCUMENT

Die Grundlagen für die Arbeit mit dynamischen Dokumenten bildet die Klasse `CL_DD_DOCUMENT`. Diesem Basisdokument können *einfache* (Text, Links, Icons und Bilder) oder *komplexe Anzeigeelemente* (Tabellen oder Formulare) hinzugefügt werden. Sind komplette Anzeigeelemente vorhanden, muss das Dokument vor der Ausgabe noch zusammengefügt werden (Methode `MERGE_DOCUMENT` der Klasse `CL_DD_DOCUMENT`). Die Ausgabe des Dokuments erfolgt durch die Methode `DISPLAY_DOCUMENT`. Dabei wird das HTML Control verwendet: `CL_GUI_HTML_VIEWER`.

[»]

**Dynamische Dokumente verschicken**

Da bei den dynamischen Dokumenten HTML-Quelltext erzeugt wird, können Sie diesen auch weiterverwenden und z.B. per E-Mail verschicken. Der HTML-Quelltext befindet sich in dem öffentlichen Attribut HTML_TABLE der Klasse CL_DD_DOCUMENT.

CL_DD_DOCUMENT

Für jedes zu verwendende Element gibt es in der Klasse CL_DD_DOCUMENT eine passende ADD-Methode, die bei einigen Elementen eine Referenz der Klasse zurückliefert. Bei Texten, Links und Icons ist dies jedoch nicht der Fall. Sofern eine Referenz zurückgeliefert wird, kann diese weiterbearbeitet werden.

[+]

**Erzeugen eines dynamischen Dokuments**

Das Beispiel aus Listing 10.1 verdeutlicht das Vorgehen beim Erzeugen eines dynamischen Dokuments. Beachten Sie, dass es syntaktisch nicht korrekt ist, sondern lediglich das Vorgehen vereinfacht darstellen soll.

```
DATA r_doc   TYPE REF TO cl_dd_document.
DATA r_table TYPE REF TO cl_dd_table_element.
DATA r_col1  TYPE REF TO cl_dd_area.
DATA r_col2  TYPE REF TO cl_dd_area.
CREATE OBJECT r_doc.
r_doc->add_text( 'Beispieltext' ).
r_doc->new_line( 2 ).
r_doc->add_table IMPORTING r_table.
  r_table->add_column IMPORTING r_col1.
    r_col1->add_text( 'Zelle1' ).
  r_table->add_colum IMPORTING r_col2.
    r_col2->add_icon( 'ICON_OKAY' ).
r_doc->merge_document.
r_doc->display_document.
```

**Listing 10.1** Vereinfachtes Modell der Klasse CL_DD_DOCUMENT

## 10.1 Statusanzeige aufbauen

Methoden der lokalen Klasse

Die lokale Klasse LCL_STATUS unseres Beispielreports zur Statusanzeige wird die folgenden öffentlichen Methoden enthalten:

- CONSTRUCTOR
  Wir erzeugen hier das dynamische Dokument (Methode CREATE_DYNDOC) und zeigen es mithilfe der Methode DISPLAY_DOCUMENT der Klasse CL_DD_DOCUMENT an. Der Methode muss entweder der Name eines Custom-Control-Bereichs oder ein Container übergeben werden.

- SET_STATUS
  Mit dieser Methode ist es möglich, den Status zu ändern. Das Dokument wird neu aufgebaut. Der neue Status ist nicht mehr auswählbar (wie der Status IN ARBEIT in Abbildung 10.2). Das neu aufgebaute Dokument wird angezeigt.

Die folgenden geschützten Methoden werden wir benötigen:

- REFRESH
  Hier rufen wir die Methode DISPLAY_DOCUMENT der Klasse CL_DD_DOCUMENT auf, um die Anzeige zu aktualisieren.
- CREATE_DYNDOC
  Dies ist der Hauptteil des Programms, denn hier wird das dynamische Dokument aufgebaut.
- ADD_STATUS2TABLE
  Wir verwenden für die Darstellung der Status-Icons eine Tabelle. Um den Aufbau zu erleichtern, rufen wir für jede Statuszeile diese Methode auf.
- HANDLE_LINKS
  Jedem Status wird ein Link zugewiesen, den der Anwender anklicken kann. Die Methode HANDLE_LINKS markiert den angeklickten Status als aktuellen Status und löst das Ereignis STATUS_CHANGED aus, auf das die Applikation reagieren kann.

**Programm ZBOOK_STATUS_HTML**

Listing 10.2 enthält den vollständigen Quellcode des Reports ZBOOK_STATUS_HTML; er erzeugt lediglich zwei Statuszeilen. Weitere Zeilen können Sie bei Bedarf einfach im Coding hinzufügen: Rufen Sie die Methode ADD_STATUS2TABLE mit den entsprechenden Parametern auf. Legen Sie im ABAP Editor den Report ZBOOK_STATUS_HTML an. Verwenden Sie denselben Quelltext wie in Listing 10.2.

```
REPORT zbook_status_html.
CLASS lcl_status DEFINITION.
  PUBLIC SECTION.
    METHODS constructor
      IMPORTING cc_name   TYPE clike OPTIONAL
                container TYPE REF TO cl_gui_container
                          OPTIONAL
                status    TYPE zbook_ticket_status OPTIONAL.
    METHODS set_status
      IMPORTING status    TYPE clike.
    EVENTS status_changed
      EXPORTING value(status) TYPE zbook_ticket_status.
```

```
    PROTECTED SECTION.
      DATA gv_current_status  TYPE zbook_ticket_status.
      DATA gr_doc             TYPE REF TO cl_dd_document.
      METHODS refresh.
      METHODS add_status2table
        IMPORTING icon TYPE icon_name
                  text TYPE clike
                  code TYPE clike
                  col1 TYPE REF TO cl_dd_area
                  col2 TYPE REF TO cl_dd_area.
      METHODS create_dyndoc.
      METHODS handle_links
        FOR EVENT clicked OF cl_dd_link_element
        IMPORTING sender.
ENDCLASS.
CLASS lcl_status IMPLEMENTATION.
  METHOD constructor.
    DATA lr_container        TYPE REF TO cl_gui_container.
    DATA lv_cc_name          TYPE sdydo_value.
    IF cc_name <> space.
      lv_cc_name = cc_name. "Use name of custom control
    ELSE.
      lr_container = container. " use given container
    ENDIF.
    IF status IS INITIAL.
      gv_current_status = 'OPEN'.
    ELSE.
      gv_current_status = status.
    ENDIF.
*== Erzeugen des dynamischen Dokuments
    create_dyndoc( ).
*== Anzeige des dynamischen Dokuments
    gr_doc->display_document( container = lv_cc_name
                              parent    = lr_container ).
  ENDMETHOD.                    "constructor
  METHOD set_status.
    gv_current_status = status.
*== Erzeugen des dynamischen Dokuments
    create_dyndoc( ).
*== Anzeige des Dokuments aktualisieren
    refresh( ).
  ENDMETHOD.                    "set_status
  METHOD refresh.
*== Erneuter Aufruf der Methode DISPLAY_DOCUMENT
    gr_doc->display_document( reuse_control = 'X' ).
  ENDMETHOD.                    "refresh
  METHOD add_status2table.
    DATA link TYPE REF TO cl_dd_link_element.
```

```
*== Icon zur Spalte COL1 hinzufügen
    CALL METHOD col1->add_icon
      EXPORTING sap_icon         = icon
                alternative_text = text.
    IF gv_current_status = code.
*== Statustext als einfachen Text einfügen
      col2->add_text( text = text ).
    ELSE.
*== Statustext als Link einfügen
      CALL METHOD col2->add_link
        EXPORTING text = text
                  name = code
        IMPORTING link = link.
      SET HANDLER handle_links FOR link.
    ENDIF.
  ENDMETHOD.                          "ADD_STATUS2TABLE
  METHOD create_dyndoc.
    DATA text         TYPE        sdydo_text_element.
    DATA link         TYPE REF TO cl_dd_link_element.
    DATA lr_table     TYPE REF TO cl_dd_table_element.
    DATA lr_column_1 TYPE REF TO cl_dd_area.
    DATA lr_column_2 TYPE REF TO cl_dd_area.
    IF gr_doc IS INITIAL.
*== Dynamisches Dokument erzeugen
      CREATE OBJECT gr_doc.
    ELSE.
*== vorhandenes dynamisches Dokument initialisieren
      gr_doc->initialize_document( ).
    ENDIF.
*== Kopftext hinzufügen
    CALL METHOD gr_doc->add_text
      EXPORTING text      = 'Status aktiviert:'
                sap_style = 'heading'.
    text = gv_current_status.
    CALL METHOD gr_doc->add_text
      EXPORTING text      = text
                sap_style = 'heading'.
    gr_doc->new_line( repeat = 1 ).
    text = 'Statusänderungen'.
    CALL METHOD gr_doc->add_text "Set Heading
      EXPORTING text      = text
                sap_style = 'heading'.
    gr_doc->new_line( ).
*== Tabelle hinzufügen
    CALL METHOD gr_doc->add_table
      EXPORTING
        with_heading    = 'X'
        no_of_columns   = 2
```

```
          width           = '100%'
          with_a11y_marks = 'X'
          a11y_label      = 'Statustabelle'
        IMPORTING
          table           = lr_table.
*== Spalte 1 und Spalte 2 hinzufügen
    CALL METHOD lr_table->add_column "Column 1
      EXPORTING heading = 'Status'
      IMPORTING column  = lr_column_1.
    CALL METHOD lr_table->add_column "Column 2
      EXPORTING heading = 'Erklärung'
      IMPORTING column  = lr_column_2.
*== 1. Status hinzufügen
    add_status2table( icon = 'ICON_STATUS_OPEN'
                      text = 'Öffnen'
                      code = 'OPEN'
                      col1 = lr_column_1
                      col2 = lr_column_2 ).
    lr_table->new_row( ).
*== 2. Status hinzufügen
    add_status2table( icon = 'ICON_COMPLETE'
                      text = 'Abschließen'
                      code = 'CLSD'
                      col1 = lr_column_1
                      col2 = lr_column_2 ).
*== Bei Bedarf hier weitere Status hinzufügen ...
*== Mit MERGE_DOCUMENT werden die einzelnen Teile zusammen-
*== gefügt (Text, Tabelle, ...)
    gr_doc->merge_document( ).
  ENDMETHOD.                      "CREATE_DYNDOC
  METHOD handle_links.
*== Neuen Status setzen
    set_status( sender->name ). "Set new status
*== Ereignis STATUS_CHANGED auslösen
    RAISE EVENT status_changed
          EXPORTING status = gv_current_status.
  ENDMETHOD.                      "HANDLE_SUBMIT_LINKS
ENDCLASS.                      "lcl_status IMPLEMENTATION
```

**Listing 10.2** Report ZBOOK_STATUS_HTML

## 10.2 Klasse für die Ereignisbehandlung erstellen

Um die Statusanzeige in der Praxis verwenden zu können, benötigen wir noch eine weitere lokale Klasse, die das Ereignis STATUS_CHANGED verarbeiten kann. Wir verwenden eine einfache Klasse LCL_HANDLER, die nicht vollständig den Prinzipien der objektorientierten Programmierung entspricht, da sie den global gültigen Selektionsparameter P_STATUS enthält:

```
PARAMETERS p_status TYPE zbook_ticket_status DEFAULT 'OPEN'.
```

Klasse LCL_HANDLER

In Kapitel 13, »ALV Grid erstellen«, zeigen wir Ihnen, wie Sie die SELECT-OPTIONS an eine Klasse zur weiteren Verarbeitung übergeben können. Für das Beispiel in diesem Kapitel ist dieser Aufwand nicht nötig. Die in Listing 10.3 implementierte Klasse LCL_HANDLER dient ausschließlich dazu, das Ereignis STATUS_CHANGED abzufangen und den Parameter P_STATUS mit dem übergebenen Status zu füllen.

```
CLASS lcl_handler DEFINITION.
  PUBLIC SECTION.
    METHODS status_clicked
        FOR EVENT status_changed OF lcl_status
        IMPORTING status.
ENDCLASS.                    "lcl_handler DEFINITION
CLASS lcl_handler IMPLEMENTATION.
  METHOD status_clicked.
    p_status = status.
  ENDMETHOD.                    "status_clicked
ENDCLASS.                    "lcl_handler IMPLEMENTATION
```

**Listing 10.3** Implementierung der Klasse LCL_HANDLER

Ereignisse in den lokalen Klassen

Das eigentliche Programm ZBOOK_STATUS_HTML erzeugt einen Docking-Container neben dem Selektionsbild, instanziiert die beiden lokalen Klassen LCL_HANDLER und LCL_STATUS und registriert das Ereignis STATUS_CLICKED der lokalen Ereignisbehandlerklasse. Wir haben die Methode in der Behandlerklasse STATUS_CLICKED genannt, um deutlich zu machen, dass es sich um ein anderes Ereignis handelt als das Ereignis STATUS_CHANGED in der lokalen Klasse zur Darstellung des Status. Durch das Ereignis AT SELECTION-SCREEN ist es darüber hinaus möglich, den Status aus dem Report heraus zu ändern.

```
INITIALIZATION.
  DATA lr_dock TYPE REF TO cl_gui_docking_container.
  DATA lr_handler TYPE REF TO lcl_handler.
  DATA lr_status  TYPE REF TO lcl_status.
  CREATE OBJECT lr_dock
    EXPORTING
      side                  = lr_dock->dock_at_left
      extension             = 250
      no_autodef_progid_dynnr = 'X'.
  CREATE OBJECT lr_handler.
  CREATE OBJECT lr_status
```

```
    EXPORTING status    = p_status
              container = lr_dock.
  SET HANDLER lr_handler->status_clicked FOR lr_status.
AT SELECTION-SCREEN.
  lr_status->set_status( p_status ).
```

**Listing 10.4** Einbinden der Statusanzeige zum Zeitpunkt INITIALIZATION

## 10.3 Programmlokale Klassen importieren

Import im Class Builder

Das in den vorangegangenen Abschnitten entwickelte Modul lässt sich so noch nicht in anderen Programmen wiederverwenden, da die Klasse nur lokal im Programm vorhanden ist. Im Class Builder finden Sie die Funktion PROGRAMMLOKALE KLASSEN IMPORTIEREN, die wir nun für unseren Report verwenden werden, um die lokal programmierte Klasse in eine globale Klasse umzuwandeln:

1. Rufen Sie dazu den Class Builder (Transaktion SE24) auf.
2. Wählen Sie im Menü den Eintrag OBJEKTTYP • IMPORTIEREN • PROGRAMMLOKALE KLASSEN. Es öffnet sich ein Pop-up-Fenster.
3. Geben Sie in das Feld PROGRAMMNAME den Namen des Programms ein, das Sie eben angelegt haben (ZBOOK_STATUS_HTML), und drücken Sie die [↵]-Taste.
4. Nun werden beide lokalen Klassen aufgelistet (siehe Abbildung 10.3). In der Spalte GLOBALER NAME wird ein Name für die globale Klasse vorgeschlagen. Ändern Sie den Namen der Klasse LCL_STATUS ab in ZCL_BOOK_STATUS_DOCUMENT.
5. Markieren Sie die Zeile LCL_STATUS, und klicken Sie auf die Schaltfläche IMPORTIEREN ([F5]).

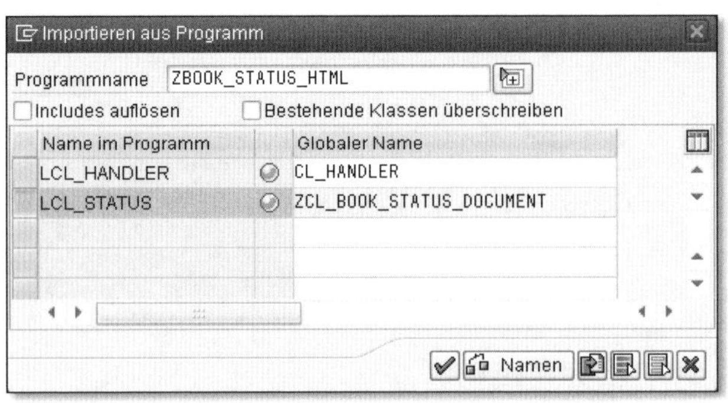


**Abbildung 10.3** Programmlokale Klassen importieren

**Objekte importieren**

Das System meldet sich mit »Import erfolgreich beendet« auf dem Einstiegsbild des Class Builders zurück. Die Klasse wurde angelegt, sie ist jedoch noch nicht aktiv. Geben Sie den Namen der Klasse `ZCL_BOOK_STATUS_DOCUMENT` in das Feld OBJEKTTYP ein, und aktivieren Sie die Klasse. Es öffnet sich das Fenster INAKTIVE OBJEKTE VON USERNAME, das alle Objekte anzeigt, die soeben durch den Import angelegt wurden. Alle inaktiven Objekte sind markiert. Bestätigen Sie die Aktivierung mit der [↵]-Taste (siehe Abbildung 10.4).

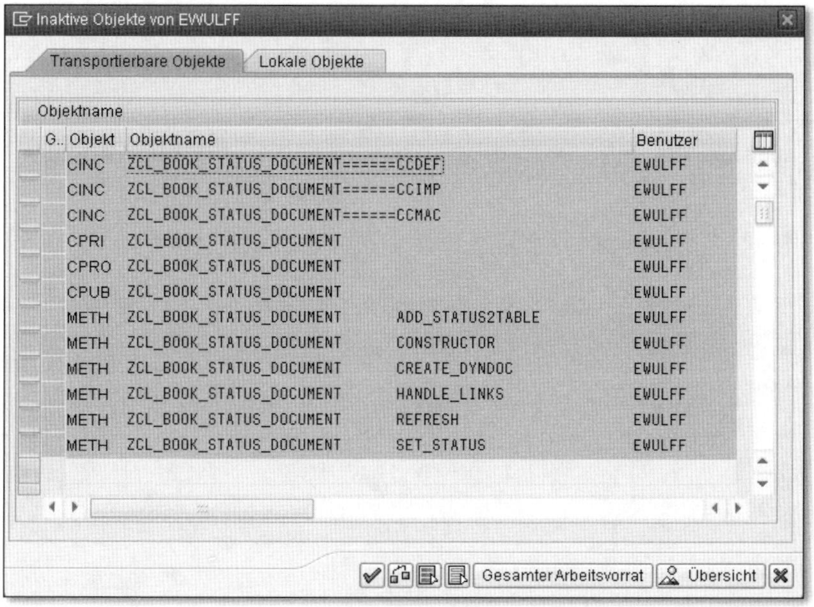


**Abbildung 10.4** Alle erzeugten Objekte des Klassenimports

**Ergebnis**

Die Klasse `ZCL_BOOK_STATUS_DOCUMENT` ist nun global einsetzbar (Abbildung 10.5). Wir werden sie in Kapitel 11, »Controls in Dialog einbauen«, in den in Kapitel 4, »Dialog erstellen«, entwickelten Ticketdialog einbauen.

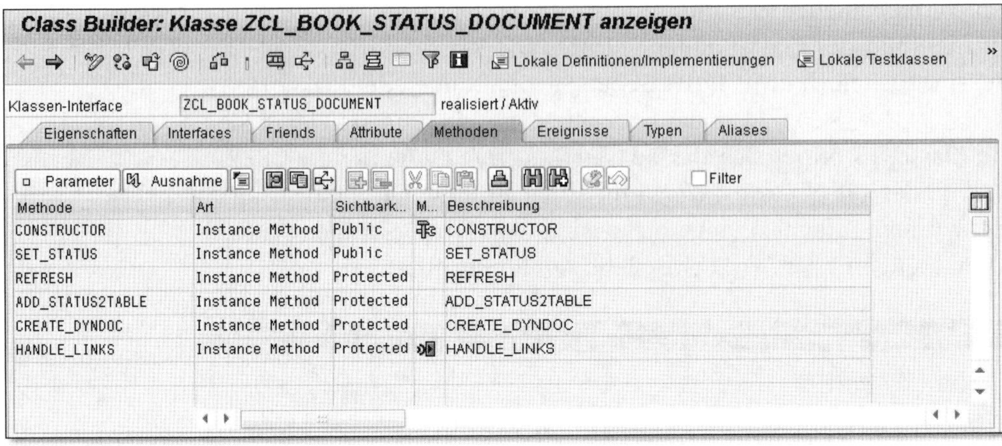


**Abbildung 10.5** Die umgewandelte Klasse ZCL_BOOK_STATUS_DOCUMENT

*Jetzt wird's bunt! Die HTML-Buttons und die Standortdarstellung bringen Farbe in den Ticketdialog.*

# 11 Controls in Dialog einbauen

In diesem Kapitel werden wir zwei in Kapitel 5, »Komponenten wiederverwenden«, erstellte Module in den Ticketdialog einbinden:

- das Standortanzeige-Modul (Subscreen)
- die HTML-Buttons (Enjoy Control)

Sie haben bereits in Kapitel 5 einen HTML-Button in ein Dynpro eingebaut. Wir erklären Ihnen hier, wie Sie dieses Enjoy Control sowie eine abgewandelte Form des Controls in den Ticketdialog einbauen. Den HTML-Button haben wir dazu extra so konzipiert, dass im Ticketdialog selbst keine objektorientierte Programmierung notwendig ist. Der Button erzeugt kein Ereignis, das abgefangen werden müsste, sondern einen Funktionscode, auf den im PAI-Modul der Anwendung reagiert werden kann. Es handelt sich hier also um klassische Dynpro-Programmierung.

Die Standortanzeige im Subscreen hatten wir in Kapitel 5 noch nicht in einem Dialogprogramm verwendet. Dies erfolgt in diesem Kapitel. Der Einbau ist auch hier einfach:

- Subscreen-Bereich auf dem Dynpro definieren
- Subscreen in die Ablauflogik des Dynpros einbinden
- im PBO-Modul: Aufruf des Funktionsbausteins zum Übertragen der Anwendungsdaten an die Funktionsgruppe
- im PAI-Modul: Aufruf des Funktionsbausteins zur Übertragung des aktuellen Wertes an die Applikation

## 11.1 HTML-Buttons einbauen

**Drei HTML-Buttons**

Das Control der HTML-Buttons werden wir in Custom Containern in unserem Ticketdialog einblenden. Diese Art des Einbaus haben Sie bereits in Kapitel 5 kennengelernt. Wir werden drei HTML-Buttons in das Ticketdialog-Dynpro einbinden:

- eine Schaltfläche ABSCHLIESSEN, über die der Anwender den Status des Tickets auf ABGESCHLOSSEN (CLSD) setzt und speichert
- eine Schaltfläche ABLEHNEN, über die der Status des Tickets auf ABGELEHNT (DECL) gesetzt und gespeichert wird
- eine Schaltfläche SICHERN, über die der Anwender das Ticket speichert

Programm SAPMZBOOK_TICKET erweitern

Um den Ticketdialog zu erweitern, rufen Sie die ABAP Workbench mit Transaktion SE80 auf und bearbeiten das Programm SAPMZBOOK_TICKET. Sie werden die benötigten Elemente nach und nach per Vorwärtsnavigation erstellen, d.h. jeweils durch einen Doppelklick auf ein noch nicht vorhandenes Element. Führen Sie dann die notwendigen Schritte zur Anlage des Elements aus: speichern, Transportauftrag wählen etc. (siehe Anhang A.2, »Transportaufträge«).

Custom Container definieren

Zuerst müssen Sie die Custom Container für die Buttons im Dynpro mithilfe des Screen Painters definieren (siehe Abbildung 11.1).

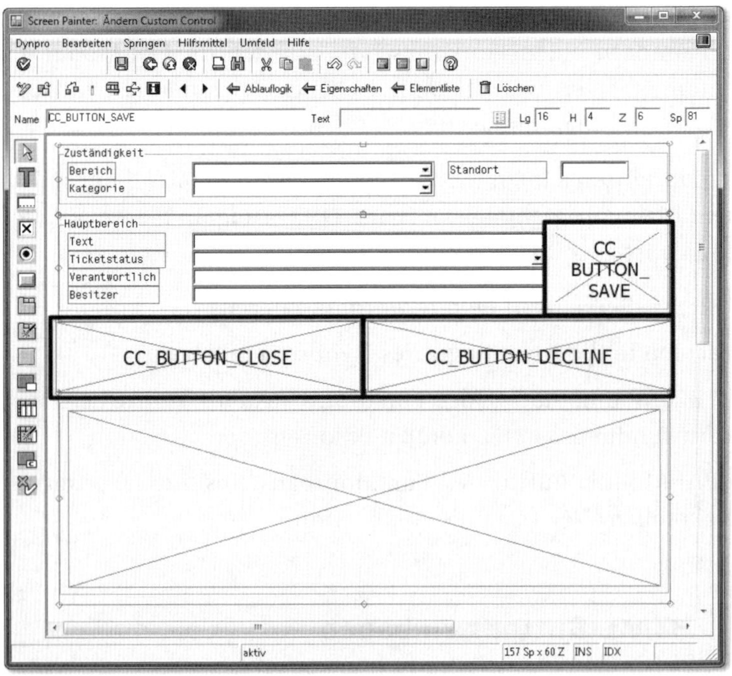


Abbildung 11.1 Position der drei HTML-Buttons auf dem Dynpro über Custom Container definieren

**HTML-Button-Klasse**

Diese Custom Container müssen Sie nun mit Inhalt füllen. Damit wir alle Buttons zusammen kapseln können, erstellen wir eine zusätzliche HTML-Button-Klasse. Die Klasse soll statische Methoden besitzen, um den Aufruf einfach zu halten. Zudem sollen alle Parameter vorgegeben sein:

- Name des Custom Containers
- Beschriftung der Schaltfläche
- Farbe
- Funktionscode

Wechseln Sie in Transaktion SE24 oder SE80, und legen Sie die Klasse `ZCL_BOOK_HTML_BUTTON_TICKET` an (siehe Abbildung 11.2).

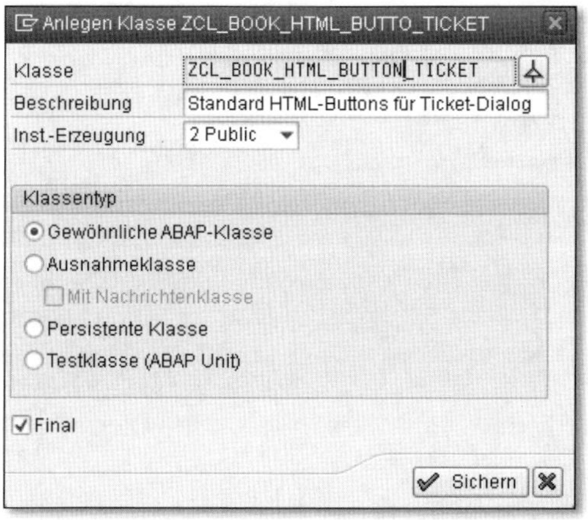


**Abbildung 11.2** Klasse zur Kapselung der HTML-Buttons anlegen

**Methoden definieren**

Definieren Sie die drei öffentlichen Methoden `SAVE`, `DECLINE` und `CLOSE`. Diese rufen die geschützte Methode `BUILD_BUTTON` auf (siehe Abbildung 11.3).

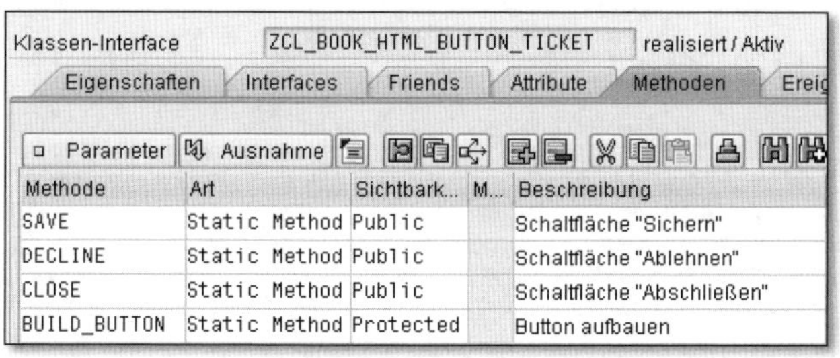


**Abbildung 11.3** Methoden der Klasse ZCL_BOOK_HTML_BUTTON_TICKET

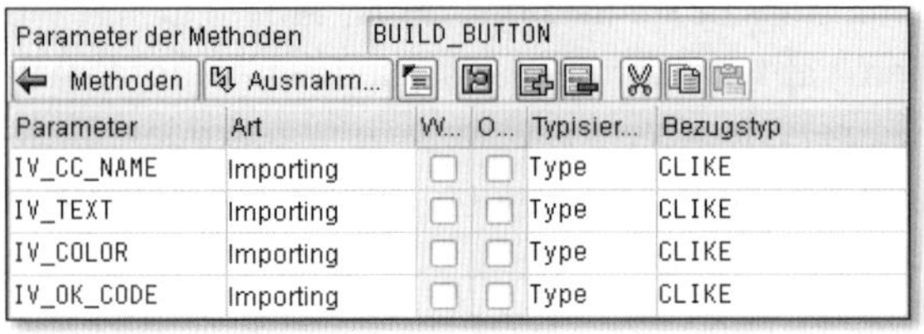

Parameter der Methoden BUILD_BUTTON

| Parameter | Art | W... | O... | Typisier... | Bezugstyp |
|---|---|---|---|---|---|
| IV_CC_NAME | Importing | ☐ | ☐ | Type | CLIKE |
| IV_TEXT | Importing | ☐ | ☐ | Type | CLIKE |
| IV_COLOR | Importing | ☐ | ☐ | Type | CLIKE |
| IV_OK_CODE | Importing | ☐ | ☐ | Type | CLIKE |

**Abbildung 11.4** Parameter der Methode BUILD_BUTTON

Die drei statischen Methoden rufen die Methode BUILD_BUTTON jeweils mit fest definierten Parametern auf. Die Parameter der Methode BUILD_BUTTON sehen Sie in Abbildung 11.4 und ihre Implementierung in Listing 11.5. Die Implementierung der drei öffentlichen Methoden sehen Sie in Listing 11.1 bis Listing 11.3.

```
METHOD save.
  CALL METHOD build_button
    EXPORTING
      iv_cc_name = 'CC_BUTTON_SAVE'
      iv_text    = 'Sichern'
      iv_color   = '#ff0'
      iv_ok_code = 'SAVE'.
ENDMETHOD.
```

**Listing 11.1** Methode SAVE

```
METHOD DECLINE.
  CALL METHOD build_button
    EXPORTING
      iv_cc_name = 'CC_BUTTON_DECLINE'
      iv_text    = 'Ablehnen'
      iv_color   = '#f00'
      iv_ok_code = 'DECLINE'.
ENDMETHOD.
```

**Listing 11.2** Methode DECLINE

```
METHOD close.
  CALL METHOD build_button
    EXPORTING
      iv_cc_name = 'CC_BUTTON_CLOSE'
      iv_text    = 'Abschließen'
      iv_color   = '#0d1'
      iv_ok_code = 'CLOSE'.
ENDMETHOD.
```

**Listing 11.3** Methode CLOSE

```
METHOD build_button.
  DATA lr_button TYPE REF TO zcl_book_html_button.
  CREATE OBJECT lr_button
    EXPORTING
      iv_cc_name = iv_cc_name
      iv_text    = iv_text
      iv_color   = iv_color
      iv_ok_code = iv_ok_code.
ENDMETHOD.
```

**Listing 11.4** Methode BUILD_BUTTON

Mit diesen Vorbereitungen ist der Einbau der HTML-Buttons sehr übersichtlich, außerdem macht sich dieses Vorgehen bezahlt, sobald einer der Buttons in einer anderen Transaktion verwendet werden soll.

Unterroutine INIT_HTML_BUTTONS

Fügen Sie den Befehl PERFORM INIT_HTML_BUTTONS im PBO-Modul STATUS_0100 des Dynpros ein. Hier werden wir alle drei Schaltflächen erzeugt. Legen Sie die Unterroutine mit einem Doppelklick auf ihren Namen INIT_HTML_BUTTONS an (Listing 11.5).

```
FORM init_html_buttons.
  STATICS created.
  CHECK created IS INITIAL.
  zcl_book_html_button_ticket=>save( ).
  zcl_book_html_button_ticket=>decline( ).
  zcl_book_html_button_ticket=>close( ).
  created = 'X'.
ENDFORM.
```

**Listing 11.5** Unterroutine INIT_HTML_BUTTONS

**Vorsicht bei der Verwendung statischer Variablen** [!]

Wir verwenden in der Unterroutine INIT_HTML_BUTTONS eine statische Variable (CREATED), um zu verhindern, dass die Buttons bei jedem PBO-Durchlauf neu erzeugt werden. Für viele schnelle Lösungen funktionieren statische Variablen sehr gut. Allerdings versagt das Prinzip der statischen Variablen häufig, sobald diese von außen geändert werden sollen oder müssen.

Abbildung 11.5 zeigt den Ticketdialog mit den neu eingefügten Buttons. Wir müssen nun auf die Funktionscodes der HTML-Buttons reagieren.

Die Funktionscodes werden in der Unterroutine USER_COMMAND abgefragt und bearbeitet (siehe Listing 11.6). Die CASE-Anweisung besteht bereits (siehe auch Abschnitt 4.6, »Dynpros anlegen«), wir führen sie mit auf, um Ihnen die Orientierung zu erleichtern. Fügen Sie lediglich die fehlenden WHEN-Abfragen hinzu.

```
  CASE gv_okcode.
      ...
    WHEN 'SAVE'.
      PERFORM save.
    WHEN 'DECLINE'.
      zbook_ticket_dynpro-ticket-status = 'DECL'.
      PERFORM save.
    WHEN 'CLOSE'.
      zbook_ticket_dynpro-ticket-status = 'CLSD'.
      PERFORM save.
ENDCASE.
```

**Listing 11.6** Funktionscodes der HTML-Buttons in der Unterroutine USER_COMMAND

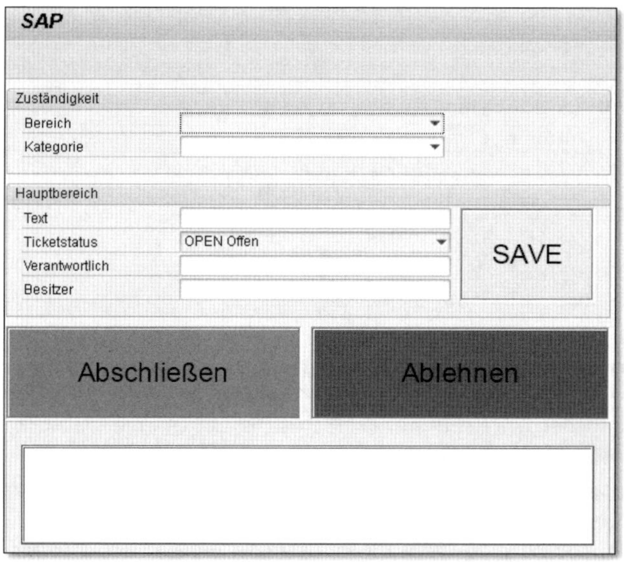


**Abbildung 11.5** Der Ticketdialog mit HTML-Schaltflächen

## 11.2 Standorte-Subscreen einbauen

Nun werden wir das Modul zur Standortanzeige in den Ticketdialog einbauen. Legen Sie dazu auf dem Dynpro 100 einen Subscreen-

Bereich unterhalb des Hauptbereichs an, und nennen Sie den Bereich SUBSCREEN_LOCATION (siehe Abbildung 11.6). Der Subscreen-Bereich muss zur Anzeige der Standorte mindestens eine Höhe von sechs Zeilen haben, wenn Sie einen Rahmen darum anlegen möchten, zwei Zeilen mehr.

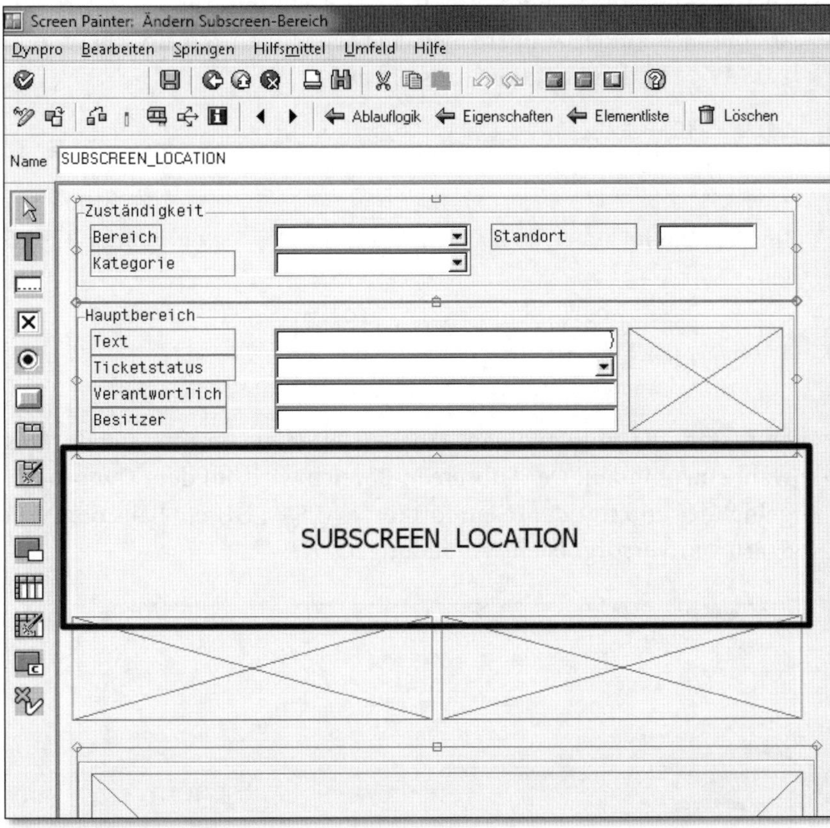


**Abbildung 11.6** Einfügen des Subscreens

**Subscreen im Dynpro aufrufen**

Rufen Sie den Subscreen 200 nun im PBO des Dynpros 100 auf (siehe Listing 11.7).

```
PROCESS BEFORE OUTPUT.
  MODULE status_0100.
  CALL SUBSCREEN subscreen_location
       INCLUDING 'SAPLZBOOK_LOCATION' '0200'.
```

**Listing 11.7** Subscreen im PBO des Dynpros aufrufen

Im PAI des Dynpros muss der Subscreen ebenfalls aufgerufen werden:

```
PROCESS AFTER INPUT.
  MODULE user_command_0100 AT EXIT-COMMAND.
  CALL SUBSCREEN subscreen_location.
```

Damit ist es aber noch nicht getan, denn der Standort des Tickets muss an den Subscreen – der sich in der Funktionsgruppe SAPLZBOOK_LOCATION befindet – übergeben werden. Rufen Sie im PBO-Modul STATUS_0100 den Funktionsbaustein auf:

```
CALL FUNCTION 'Z_BOOK_LOCATION_SET_DATA'
  EXPORTING
    location = zbook_ticket_dynpro-ticket-location.
```

Im PAI-Modul USER_COMMAND müssen Sie die Daten wieder »abholen«:

```
CALL FUNCTION 'Z_BOOK_LOCATION_GET_DATA'
  IMPORTING
    location = zbook_ticket_dynpro-ticket-location.
```

Nun sind alle notwendigen Arbeiten erledigt, um die Standortauswahl einzubinden. Der Subscreen-Bereich wird auf dem Dynpro eingeblendet und mit dem Standortkürzel (FFM, HH etc.) aus dem Feld STANDORT versorgt (siehe Abbildung 11.7).

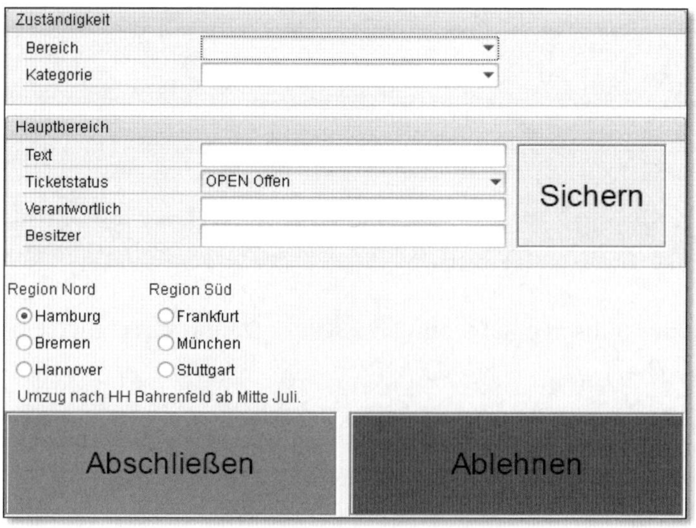


**Abbildung 11.7** Der Ticketdialog mit den ersten beiden integrierten Modulen

*In diesem Kapitel zeigen wir Ihnen, wie Sie Module unter Verwendung eines Frameworks in eine Dialoganwendung einbauen. Sie werden sehen, wie einfach die Integration neuer Module in vorhandene Programme auf diese Weise ist.*

# 12 Frameworks verwenden

Ein Framework ist ein Gerüst für die Programmierung. Frameworks können vielfältig und umfangreich sein. Das Schöne an ihnen ist, dass der Anwender eines Frameworks von der dahinterliegenden Komplexität meistens nichts mitbekommt. Darüber hinaus sind Frameworks interessant, weil sie in der Regel sehr universell sind, d.h., wenn man einmal ein Framework definiert hat, kann es vielfach weiterverwendet werden. Dies hat ein Framework mit Modulen gemeinsam, es ist jedoch in der Regel für die Verwaltung von Modulen zuständig. Ein gut durchdachtes Gerüst mit hilfreichen Elementen wird eine benutzerfreundliche Anwendung gewährleisten.

Folgende Module haben wir in den vorangegangenen Kapiteln bereits erstellt:

- HTML-Button-Control (`ZCL_BOOK_HTML_BUTTON`, siehe Abschnitt 5.3.1, »Eigenen Button erstellen«)
- Standortauswahl (`Z_BOOK_LOCATION_SHOW`, siehe Abschnitt 5.4, »Subscreen kapseln«)
- Dokumentationsanzeige (`ZCL_BOOK_DOCU`, siehe Abschnitt 2.4.5, »Zeitpunkt 19: nach Initialisieren globaler Variablen«)
- Meldungstexthistorie (`ZCL_BOOK_TICKET_HIST_MODEL`, siehe Kapitel 6, »Mit dem TextEdit Control arbeiten«)
- Applikationslog (`ZCL_BOOK_TICKET_LOG`, siehe Kapitel 7, »Mit dem Applikationslog arbeiten«)
- Teamübersicht (`ZCL_BOOK_TEAM`, siehe Kapitel 9, »Mit Tree Controls arbeiten«)
- Statusauswahl (`ZCL_BOOK_STATUS_DOCUMENT`, siehe Abschnitt 10.3, »Programmlokale Klassen importieren«)

Gerüsttypen

Um diese Module in unsere Ticketanwendung einzubauen, benötigen wir nun ein passendes Gerüst. Da wir zwei Module bereits in Kapitel 11, »Controls in Dialog einbauen«, direkt in das Dynpro integriert haben, gibt es noch fünf Enjoy Controls, die wir in der Ticketdialoganwendung präsentieren möchten. Mit zwei Docking-Containern kommen wir dabei nicht weit, mehr als zwei Docking-Container sind jedoch bereits sehr unübersichtlich. Eine Möglichkeit der Einbindung stellt der Einsatz eines *Splitters* dar, der einen Container in unterschiedliche Bereiche, d.h. Untercontainer, aufteilt, das ist jedoch aufwendig zu implementieren. In diesem Kapitel möchten wir Ihnen drei Frameworks vorstellen:

- ein SAP-eigenes »Schubladen-Framework«
- ein selbst erstelltes Splitter-Framework
- eine lokale Klasse zur Ereignisbehandlung

Die ersten beiden Frameworks dienen der Verwaltung der Container. Die Ereignisbehandlung ist notwendig, um die Ereignisse der eingesetzten Controls verarbeiten zu können.

## 12.1 Klasse zur Ereignisbehandlung

Eine Klasse für die Ereignisbehandlung von Controls wird immer dann notwendig, wenn die in der Applikation verwendeten Module Ereignisse auslösen. Dies passiert z.B. bei einem Doppelklick auf eine Zelle einer ALV-Grid-Liste oder bei einem Klick auf eine Schaltfläche. Module, die auf diese Ereignisse reagieren sollen, müssen sich bei dem Modul, das die Ereignisse auslöst, als *Anwender* registrieren. Dies geschieht mithilfe des Befehls `SET HANDLER`. Es folgen die Methode und das Control, das das Ereignis auslöst:

```
SET HANDLER gr_application->on_click FOR gr_alv_grid.
```

In der oben stehenden Anweisung besitzt die Objektinstanz `GR_APPLICATION` eine Ereignisbehandler-Methode namens `ON_CLICK`. Diese Methode ist für ein bestimmtes Ereignis der Klasse `CL_GUI_ALV_GRID` definiert.

Es gibt zwei verschiedene Möglichkeiten, wie die Ereignisse im Programm bearbeitet werden können:

- Ereignisbehandlung mit einer statischen Klasse
- Ereignisbehandlung über eine Objektreferenz

Statische Ereignisbehandler-Klasse

In einer einfachen Dialoganwendung reicht es in der Regel, die Ereignisbehandlung mit einer statischen Klasse zu realisieren. Wenn eine statische Methode zur Ereignisbehandlung für zwei verschiedene Controls verwendet wird, kann optional immer über den implizit vorhandenen Parameter SENDER geprüft werden, welches Objekt das Ereignis ausgelöst hat. Listing 12.1 zeigt die Definition von ALV-Grid-Referenzen und den Definitionsteil der statischen Ereignisbehandler-Klasse.

```
DATA gr_grid1 TYPE REF TO cl_gui_alv_grid.
DATA gr_grid2 TYPE REF TO cl_gui_alv_grid.
CLASS lcl_demo_appl DEFINITION.
  PUBLIC SECTION.
  CLASS-METHODS on_click FOR EVENT hotspot_click
                         OF cl_gui_alv_grid
                         IMPORTING e_row_id sender.
ENDCLASS.
```

**Listing 12.1** Definitionsbereich der statischen Ereignisbehandler-Klasse

Die Registrierung erfolgt für jedes Objekt, dessen Ereignisse bearbeitet werden sollen:

```
SET HANDLER lcl_demo_appl=>on_click FOR gr_grid1.
SET HANDLER lcl_demo_appl=>on_click FOR gr_grid2.
```

Ereignisabsender ermitteln

In der Ereignisbehandler-Methode kann mit dem Coding aus Listing 12.2 der Absender des Ereignisses abgefragt werden.

```
CLASS lcl_demo_appl IMPLEMENTATION.
  METHOD on_click.
    CASE sender.
      WHEN gr_grid1.
        ...
      WHEN gr_grid2.
        ...
    ENDCASE.
  ENDMETHOD.
ENDCLASS.
```

**Listing 12.2** Ereignisabsender in Ereignisbehandler-Methode ermitteln

Da der Ereignisabsender durch die Definition der Methode (in diesem Beispiel: on_click) bekannt ist, stehen über den Parameter SENDER alle Methoden der referenzierten Klasse in der Ereignisbehandler-Klasse zur Verfügung. Nachdem eventuelle Änderungen am Objekt vorgenommen wurden, kann z.B. im Falle der referenzierten

Klasse CL_GUI_ALV_GRID eine Aktualisierung des ALV Grid Controls über den Parameter SENDER erfolgen:

```
SENDER->REFRESH_TABLE_DISPLAY( ).
```

Klasse LCL_APPL

Eine Ereignisbehandlung kann alternativ über Instanzen der Klasse LCL_APPL erfolgen. In diesem Fall müssen Sie die Anweisung für die statische Methode CLASS-METHOD in METHOD ändern (siehe Listing 12.1).

```
CREATE OBJECT gr_demo_appl1.
CREATE OBJECT gr_demo_appl2.
SET HANDLER gr_demo_appl1=>on_click FOR gr_grid1.
SET HANDLER gr_demo_appl2=>on_click FOR gr_grid2.
```

**Listing 12.3** Erzeugung und Registrierung von Objektinstanzen für die Ereignisbehandlung

Wir verwenden im Folgenden eine lokale statische Klasse für die Ereignisbehandlung des Frameworks und der verwendeten Controls.

## 12.2 Schubladen verwenden

Wir möchten Ihnen zuerst das *Schubladen-Control* (Drawer Control) vorstellen, dessen Klasse CL_GUI_CONTAINER_BAR heißt. Dieses Control ist auch als *vertikales Tabstrip* bekannt, und Module mit vergleichbarer Funktionalität werden häufig als *Akkordeon* bezeichnet. Im Folgenden verwenden wir den Begriff Schubladen-Control.

Funktionsweise

Die Funktionsweise des Controls ist einfach erklärt: In dem Control befinden sich bis zu acht Drucktasten. Zu jeder dieser Drucktasten gehört ein Container, der eingeblendet wird, sobald der Anwender auf die zugehörige Drucktaste klickt, d.h., die »Schublade« wird geöffnet, und zuvor geöffnete Schubladen werden gleichzeitig geschlossen, sodass zu einem Zeitpunkt immer nur ein Container angezeigt wird. In Abbildung 12.1 wurde z.B. die Schaltfläche ERSTER TEXTVIEWER ('SCHUBLADE' 3) angeklickt und das gleichnamige Control dadurch unter der Schaltfläche eingeblendet.

Dieses Schubladen-Control werden wir im Folgenden in den Ticketdialog einbauen. Der Anwender kann auf diese Weise immer die Anzeige auswählen, auf die er gerade zugreifen möchte.

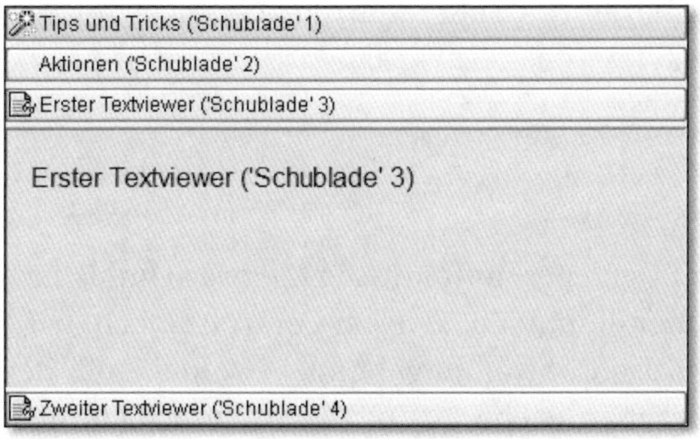


**Abbildung 12.1** Beispielreport RSBPT_CONTAINER_BAR_3

**Schubladen-Control in Anwendungsdialog**

Wir werden dazu zunächst auf der rechten Seite des Haupt-Dynpros einen Docking-Container anlegen, in den wir das Schubladen-Control einbinden:

1. Wählen Sie im Programm `SAPMZBOOK_TICKET` den Ordner PBO-MODULE aus.
2. Klicken Sie doppelt auf das Modul `STATUS_0100`. In diesem Modul soll der Aufruf zur Erzeugung des Schubladen-Controls erfolgen.
3. Fügen Sie den Aufruf für dieses Unterprogramm in den vorhandenen Quelltext ein:

   ```
   PERFORM init_control_framework_right.
   ```

4. Legen Sie das Unterprogramm an, indem Sie doppelt auf den Namen der Unterroutine `INIT_CONTROL_FRAMEWORK_RIGHT` klicken.
5. Nun benötigen Sie einen Docking-Container. Da das PBO-Modul jedes Mal nach dem Klick auf eine Funktionstaste vor Darstellung des Dynpros aufgerufen wird, fragen wir in Listing 12.4 ab, ob der Docking-Container bereits erzeugt wurde.

```
CHECK gr_docker_right IS INITIAL.
CREATE OBJECT gr_docker_right
  EXPORTING
    side      = cl_gui_docking_container=>dock_at_right
    extension = 250
    name      = 'DockerRight'.
```

**Listing 12.4** Prüfen, ob Docking-Container bereits im Dynpro erzeugt wurde

6. Die Referenz auf den Docking-Container legen Sie per Vorwärtsnavigation im TOP-Include an.

7. An dieser Stelle definieren Sie außerdem die Referenz für das Schubladen-Control CL_GUI_CONTAINER_BAR:

```
DATA gr_docker_right TYPE REF TO
                       cl_gui_docking_container.
DATA gr_drawer       TYPE REF TO cl_gui_container_bar.
```

8. Der Container ist damit erzeugt, nun müssen Sie das Schubladen-Control in den Container einbinden. Wie bei Controls üblich, wird der Container, in den das Control eingebunden werden soll, der CREATE-Methode übergeben (siehe Listing 12.5). Zusätzlich müssen wir noch die »Schubladen«, definieren, die wir anzeigen möchten. Auf jeder dieser Schaltflächen sollen ein Icon und ein Text angezeigt werden.

```
DATA ls_caption    TYPE sbptcaptn.
DATA lt_captions   TYPE sbptcaptns.
*== Hinzufügen der Schublade "Dokumentation"
ls_caption-caption = 'Dokumentation'.
ls_caption-icon    = icon_personal_help.
APPEND ls_caption TO lt_captions.
*== Hinzufügen der Schublade "Meldungen"
ls_caption-caption = 'Meldungen'.
ls_caption-icon    = icon_information.
APPEND ls_caption TO lt_captions.
*== Hinzufügen der Schublade "Statusübersicht"
ls_caption-caption = 'Status'.
ls_caption-icon    = icon_status_overview.
APPEND ls_caption TO lt_captions.
CREATE OBJECT gr_drawer
  EXPORTING parent   = gr_docker_right
            captions = lt_captions
  EXCEPTIONS max_number_of_cells_exceeded = 1
             OTHERS                       = 2.
```

**Listing 12.5** Container übergeben und »Schubladen« definieren

**Einbindung der Enjoy Control Container**

Das Programm ist nun bereits lauffähig, allerdings sind die Schubladen noch ohne Inhalt, d.h., die beim Klick auf die Schubladen anzuzeigenden Controls sind noch nicht verknüpft. Wird ein Splitter-Container verwendet, bei dem ebenfalls zunächst mehrere leere Container erzeugt werden, muss die Anwendung die Inhalte der eingebundenen Container von der Instanz des Splitter-Controls abfragen. Das Schubladen-Control verwendet eine andere Technik: Die angeklickte Schublade erzeugt das Ereignis CLICKED und übergibt in diesem Ereignis den Container. Wir benötigen daher eine lokale

Klasse für die Ereignisbehandlung, bevor wir das Schubladen-Control verwenden können.

Ereignis CLICKED registrieren

Das CLICKED-Ereignis registrieren wir bereits jetzt, obwohl die lokale Ereignisbehandler-Klasse noch gar nicht existiert; wir werden sie im Anschluss erstellen.

```
SET HANDLER lcl_application=>drawer_clicked FOR gr_drawer.
```

Die Schublade, die bei Aufruf des Dialogs aktiv sein soll, setzen wir manuell im Programm:

```
gr_drawer->set_active( 1 ).
```

Um bei der Erstellung der lokalen Ereignisbehandler-Klasse mit der Vorwärtsnavigation arbeiten zu können, schreiben Sie folgende Zeile in den Quelltext des TOP-Includes:

```
CLASS lcl_application DEFINITION DEFERRED.
```

Ereignisbehandler-Klasse LCL_APPLICATION

Nach einem Doppelklick auf den Klassennamen LCL_APPLICATION werden Sie gefragt, ob Sie die Klasse anlegen möchten und in welchem Include.

Wir bilden die Ereignisbehandlung mit statischen Methoden (CLASS-METHODS) ab (siehe Listing 12.6). Der Vorteil dabei ist, dass wir keine separate Objektreferenzvariable auf die Ereignisbehandler-Klasse benötigen und diese daher auch nicht instanziieren müssen.

```
CLASS lcl_application DEFINITION.
  PUBLIC SECTION.
    CLASS-METHODS: drawer_clicked FOR EVENT clicked
                       OF cl_gui_container_bar
                       IMPORTING id container.
ENDCLASS.              "lcl_application
```

**Listing 12.6** CLASS-METHODS der Klasse LCL_APPLICATION implementieren

Innerhalb dieser Klasse müssen wir, je nachdem, welche Schublade vom Anwender angeklickt wurde, das entsprechende Control einbinden. Für das Schubladen-Control auf der rechten Seite werden wir folgende drei Controls verwenden:

- Schublade 1: die Dokumentation des Programms
- Schublade 2: das Applikationslog
- Schublade 3: die Statusauswahl

**Objektreferenzvariable**

Um die Controls verwenden zu können, müssen Sie zuvor die Objektreferenzvariable im TOP-Include des Dynpros definieren (siehe Listing 12.7). Nur für die Anzeige der Programmdokumentation (Schublade 1) ist keine Objektreferenzvariable nötig.

```
DATA gr_log           TYPE REF TO zcl_book_ticket_log.
DATA gr_status_cntl   TYPE REF TO zcl_book_status_document.
CLASS lcl_application IMPLEMENTATION.
  METHOD drawer_clicked.
    CASE id.
      WHEN 1.
*== Schublade 1: Programmdokumentation
        CALL METHOD zcl_book_docu=>display
          EXPORTING
            id        = 'RE'
            object    = sy-cprog
            container = container.
      WHEN 2.
*== Schublade 2: Applikationslog
        gr_log = zcl_book_ticket_log=>get_instance(
                   zbook_ticket_dynpro-ticket-tiknr ).
        gr_log->set_container( container ).
        gr_log->display( ).
      WHEN 3.
*== Schublade 3: Statusübersicht
        IF gr_status_document IS INITIAL.
          CREATE OBJECT gr_status_cntl
            EXPORTING
              container = container
              status    = zbook_ticket_dynpro-ticket-status.
          SET HANDLER lcl_application=>status_clicked
                  FOR gr_status_document.
        ELSE.
          gr_status_document->set_status(
                  zbook_ticket_dynpro-ticket-status ).
        ENDIF.
    ENDCASE.
  ENDMETHOD.                    "drawer_clicked
  METHOD status_clicked.
    zbook_ticket_dynpro-ticket-status = status.
  ENDMETHOD.                    "status_clicked
ENDCLASS.                    "lcl_application IMPLEMENTATION
```

**Listing 12.7** Objektreferenzvariable definieren

**Besonderheit in Statusanzeige**

Eine kleine Erweiterung haben wir bei der Erzeugung des Statusanzeige-Controls in den Quelltext in Listing 12.7 »hineingemogelt«:

```
SET HANDLER lcl_application=>status_clicked
        FOR gr_status_document.
```

Die Statusanzeige erzeugt das Ereignis STATUS_CHANGED, sobald der Anwender einen Status anklickt (siehe Kapitel 10, »Dynamische Dokumente verwenden«). Dieses Ereignis haben wir mit SET HANDLER registriert. Nun müssen wir noch die Methode STATUS_CLICKED in die lokale Klasse LCL_APPLICATION einbauen. Im DEFINITION-Teil der Klasse wird die Methode definiert:

```
CLASS-METHODS status_clicked FOR EVENT status_changed
                             OF zcl_book_status_document
                             IMPORTING status.
```

In der Implementierungssektion der Klasse muss ebenfalls auf die Methode verwiesen werden. Hier setzen wir den in der Anwendung ausgewählten Status:

```
METHOD status_clicked.
  zbook_ticket_dynpro-ticket-status = status.
ENDMETHOD.
```

**Fehlermeldung: Include verschieben**

Es kann sein, dass Sie bei der Aktivierung des Programms die folgende Fehlermeldung erhalten: »Der Zugriff auf Komponenten der mit ›CLASS LCL_APPLICATION DEFINITION DEFERRED‹ eingeführten Klasse ist erst nach der Definition (CLASS LCL_APPLICATION DEFINITION) möglich«. Ist dies der Fall, gehen Sie in das Rahmenprogramm SAPMZBOOK_TICKET, wo alle verwendeten Includes eingebunden sind. Verschieben Sie das Include, in dem Sie die Klasse LCL_APPLICATION definiert haben, unter die Anweisung INCLUDE mzbook_tickettop (siehe Abbildung 12.2).

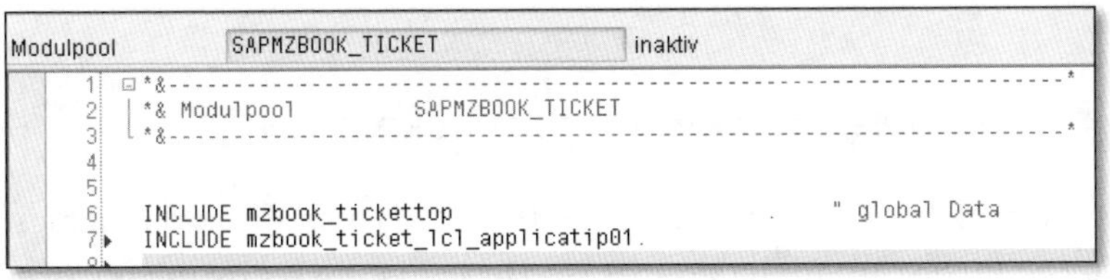


**Abbildung 12.2** Verschieben eines Includes

Unser Ticketdialog zeigt nun auf der rechten Seite des Haupt-Dynpros einen Docking-Container, in dem das Schubladen-Control angezeigt wird. In Abbildung 12.3 ist die dritte Schublade, die Statusanzeige, geöffnet. Über dieses Schubladen-Control werden bereits drei der in den vorangegangenen Kapiteln erstellten Enjoy Controls angezeigt.

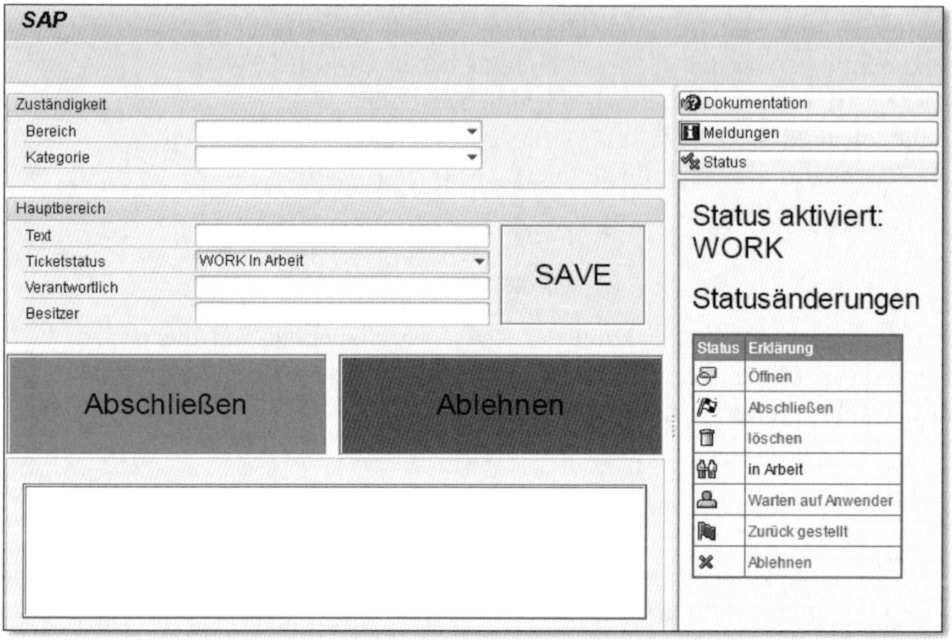


**Abbildung 12.3** Der Ticketdialog mit Schaltflächen und Container

An dieser Lösung könnte vielleicht jemand bemängeln, dass immer nur ein Control zur gleichen Zeit angezeigt werden kann. Aus diesem Grund – und um Ihnen zu demonstrieren, wie einfach sich ganze Frameworks programmieren lassen – stellen wir Ihnen im nächsten Abschnitt ein eigenes Framework mit einem Splitter-Container vor.

## 12.3 Eigenes Framework entwickeln

Das Interessante am Schubladen-Control ist, dass es aus vorhandenen Enjoy Controls zusammengesetzt ist. Diese Eigenschaft wollen wir in diesem Abschnitt nutzen, um ein ähnliches Control zu entwickeln. Dieses Beispiel kann Ihnen als Anregung dienen, ein wenig mit Containern und vorhandenen Elementen zu experimentieren. In diesem Abschnitt stellen wir Ihnen exklusiv das Kochbuch-Framework vor.

Anforderungen

Die richtige Größe für ein Control zu finden ist manchmal Millimeterarbeit. Je nach verwendeter Bildschirmauflösung, eingestellter

Schriftgröße, SAP-GUI-Version oder Größe der Windows-Taskleiste können Dynpro-Elemente und eingebundene Controls unterschiedlich viel Platz beanspruchen. Es ist also wichtig, dass die Größe der einzelnen Elemente möglichst anpassbar ist. Auf der linken Seite des Ticketdialogs werden wir daher ein flexibles Framework einbauen, in dem ähnlich wie im Schubladen-Control mehrere Controls angezeigt werden können. Während beim Schubladen-Control immer nur eine Schublade geöffnet sein kann, bietet unser Framework die Darstellung aller Controls gleichzeitig an. Dies ließe sich auch mit einem normalen Splitter-Container erreichen, dessen Funktionalität haben wir in unserem Framework jedoch erweitert: Über jedem Container werden drei Drucktasten, die Icons enthalten, in Form einer Toolbar angezeigt (siehe Abbildung 12.4):

- Control ausblenden
- Control maximieren
- Ausgangszustand wiederherstellen

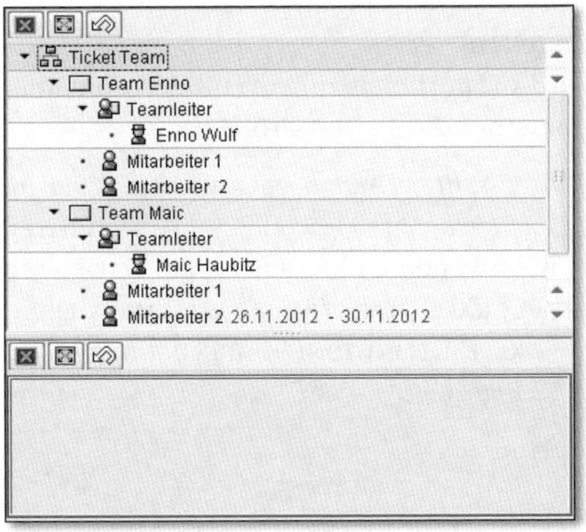


**Abbildung 12.4** Eigenes Framework mit zwei Containern

**Globale Klasse anlegen**

Erstellen Sie das Framework als globale Klasse im Class Builder (Transaktion SE24), damit Sie es auch in weiteren Programmen verwenden können. Das Framework ist so aufgebaut, dass die Container in vertikaler Reihung angezeigt werden, mit einer kleinen Änderung kann das Framework jedoch auch zu einer horizontalen Darstellung animiert werden.

Technische Umsetzung der Toolbar

Die CONSTRUCTOR-Methode erzeugt mit einem Splitter-Control so viele Container, wie von Ihnen angegeben, in unserem Beispiel zwei für die beiden noch nicht eingebauten Module. Jeder dieser Container wird wiederum über das Splitter Control in zwei Container aufgeteilt. In dem oberen dieser beiden Container wird die Toolbar mit den drei Funktionen angezeigt, der untere Container wird dem eigentlichen Control zur Verfügung gestellt.

Das Anwendungsprogramm muss die erzeugten Container nacheinander mit der Methode GET_CONTAINER vom Framework holen. Klickt der Anwender auf eine Schaltfläche in der Toolbar, werden in der Methode BUTTON_CLICK die Containergrößen über die folgenden drei Funktionen neu berechnet:

- **Funktion »Minimieren«**
  Der Container wird auf die Größe 0 gesetzt.
- **Funktion »Maximieren«**
  Der Container wird auf die Größe 100 % gesetzt, und alle anderen Container werden auf die Größe 0 gesetzt.
- **Funktion »Wiederherstellen«**
  Die Containergröße wird proportional zur Anzahl der Container gesetzt, sodass jeder Container die gleiche Größe hat.

Framework-Klasse mit lokalen Typen

Wir haben unser Framework *Splitter Admin* getauft. Legen Sie im Class Builder die Klasse ZCL_BOOK_SPLITTER_ADMIN an. Definieren Sie anschließend die intern verwendeten lokalen Typen. Navigieren Sie im Menü zu SPRINGEN • LOKALE DEFINITIONEN/IMPLEMENTIERUNGEN • KLASSENRELEVANTE LOKALE DEFINITIONEN, und definieren Sie die Typen, wie in Listing 12.8 gezeigt.

```
TYPES: BEGIN OF ty_container,
          main TYPE REF TO cl_gui_container,
          tool TYPE REF TO cl_gui_container,
          cust TYPE REF TO cl_gui_container,
          tbar TYPE REF TO cl_gui_toolbar,
       END OF ty_container.
TYPES ty_container_table TYPE STANDARD TABLE OF ty_container
                                  WITH DEFAULT KEY.
```

Listing 12.8 Lokale Typen definieren

Methoden und Attribute definieren

Implementieren Sie dann die Methoden aus Abbildung 12.5 und die Attribute aus Abbildung 12.6.

| Methode | Art | Sichtbark... | M... | Beschreibung |
|---|---|---|---|---|
| CONSTRUCTOR | Instance Method | Public | | CONSTRUCTOR |
| GET_CONTAINER | Instance Method | Public | | Container liefern |
| BUILD_TOOLBAR | Instance Method | Protected | | Toolbar: Funktionen definieren |
| BUTTON_CLICK | Instance Method | Protected | | Event Button_Click |
| SET_TOOLBAR | Instance Method | Protected | | Toolbar: Splitter Container erzeugen |

**Abbildung 12.5** Methoden der Klasse ZCL_BOOK_SPLITTER_ADMIN

| Attribut | Art | Sichtbark... | R... | Typisierung | Bezugstyp | | Beschreibung |
|---|---|---|---|---|---|---|---|
| GT_TOOLBARS | Instance Attribute | Protected | ☐ | Type | SBPTTOOLBARS | ⇨ | Toolbars |
| GR_SPLITTER | Instance Attribute | Protected | ☐ | Type Ref To | CL_GUI_SPLITTER_CONTAINER | ⇨ | Splitter |
| GT_CONTAINER | Instance Attribute | Protected | ☐ | Type | TY_CONTAINER_TABLE | ⇨ | Containertabelle (intern) |

**Abbildung 12.6** Attribute der Klasse ZCL_BOOK_SPLITTER_ADMIN

**CONSTRUCTOR-Methode**

Die Methode CONSTRUCTOR definieren Sie mit den Parametern aus Abbildung 12.7. Den Quellcode zur Implementierung finden Sie in Listing 12.9.

Parameter der Methoden: CONSTRUCTOR

Methoden | Ausnahm...

| Parameter | W... | O... | TypisierMeth... | Bezugstyp | Standardwert | Beschreibung |
|---|---|---|---|---|---|---|
| IV_NO_OF_CONTAINER | ☐ | ☑ | Type | I | 2 | Anzahl Container |
| IR_PARENT | ☐ | ☐ | Type Ref To | CL_GUI_CONTAINER | | Container fuer GUI Controls |

**Abbildung 12.7** Signatur der Methode CONSTRUCTOR

```
METHOD constructor.
  FIELD-SYMBOLS <container> TYPE ty_container.
  DATA lv_number            TYPE i.
*== Splitter mit gewünschter Anzahl von Containern erstellen
  CREATE OBJECT gr_splitter
    EXPORTING parent  = ir_parent
              rows    = iv_no_of_container
              columns = 1
              name    = 'Splitter'.
  gr_splitter->set_row_mode( gr_splitter->mode_relative ).
*== Verwaltung der Splitter-Container
  DO iv_no_of_container TIMES.
    lv_number = sy-index.
    APPEND INITIAL LINE TO gt_container
           ASSIGNING <container>.
*== Referenz des Splitter-Containers holen
    <container>-main = gr_splitter->get_container(
                         row     = lv_number
                         column  = 1 ).
```

```
*== Toolbar für diesen Container setzen
    set_toolbar( changing container = <container> ).
  ENDDO.
ENDMETHOD.
```

**Listing 12.9** Implementierung der Methode CONSTRUCTOR

Methode GET_CONTAINER

Die zweite Methode GET_CONTAINER definieren Sie mit den Parametern aus Abbildung 12.8. Den Quellcode zur Implementierung der Methode übernehmen Sie aus Listing 12.10.

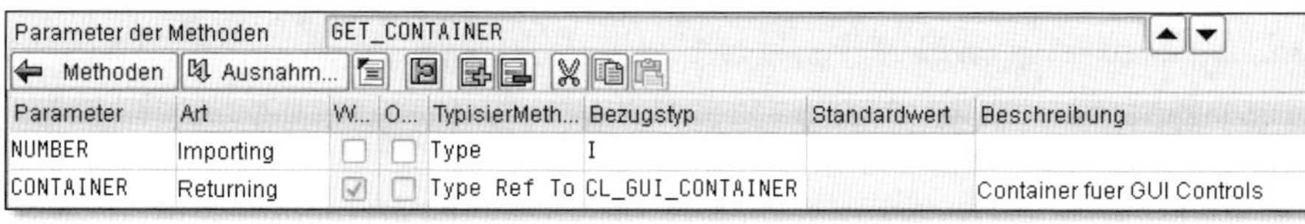


**Abbildung 12.8** Signatur der Methode GET_CONTAINER

```
METHOD get_container.
  FIELD-SYMBOLS <container> TYPE ty_container.
  READ TABLE gt_container ASSIGNING <container>
       INDEX number.
  container = <container>-cust.
ENDMETHOD.
```

**Listing 12.10** Implementierung der Methode GET_CONTAINER

Methode BUILD_TOOLBAR

Darüber hinaus benötigen Sie die Methode BUILD_TOOLBAR, die die Toolbar mit den drei Buttons MINIMIEREN, MAXIMIEREN und WIEDERHERSTELLEN aufbaut. Sie enthält den Parameter CONTAINER (siehe Abbildung 12.9), in dem wiederum der Container, der die Toolbar enthalten soll, übergeben wird. Der Aufruf erfolgt in der Methode SET_TOOLBAR. Implementieren Sie die Methode, wie in Listing 12.11 gezeigt.

**Abbildung 12.9** Signatur der Methode BUILD_TOOLBAR

```
METHOD build_toolbar.
  DATA lr_toolbar TYPE REF TO cl_gui_toolbar.
  DATA lt_event   TYPE cntl_simple_events.
  DATA ls_event   TYPE cntl_simple_event.
```

```
  CREATE OBJECT lr_toolbar
    EXPORTING
      parent       = container-tool
      display_mode = cl_gui_toolbar=>m_mode_horizontal
      name         = 'Toolbar'.
  CALL METHOD lr_toolbar->add_button
    EXPORTING
      fcode       = 'CLOSE'
      icon        = icon_close
      is_disabled = space
      butn_type   = cntb_btype_button
      text        = space
      quickinfo   = 'Close frame'
      is_checked  = space.
  CALL METHOD lr_toolbar->add_button
    EXPORTING
      fcode       = 'MAXIMIZE'
      icon        = icon_view_maximize
      is_disabled = space
      butn_type   = cntb_btype_button
      text        = space
      quickinfo   = 'Maximize frame'
      is_checked  = space.
  CALL METHOD lr_toolbar->add_button
    EXPORTING
      fcode       = 'RESET'
      icon        = icon_system_undo
      is_disabled = space
      butn_type   = cntb_btype_button
      text        = space
      quickinfo   = 'Reset all frames'
      is_checked  = space.
  ls_event-eventid = cl_gui_toolbar=>m_id_function_selected.
  APPEND ls_event TO lt_event.
  lr_toolbar->set_registered_events( lt_event ).
  SET HANDLER button_click FOR lr_toolbar.
  container-tbar = lr_toolbar.
ENDMETHOD.
```

**Listing 12.11** Implementierung der Methode BUILD_TOOLBAR

**Ereignisbehandler-Methode BUTTON_CLICK**

Damit das Klicken auf ein Icon in der Toolbar verarbeitet werden kann, benötigen wir die Ereignisbehandler-Methode BUTTON_CLICK:

1. Tragen Sie den Namen, die ART und die SICHTBARKEIT der Methode im Class Builder ein, und markieren Sie die Methode.
2. Klicken Sie dann auf das Symbol für die Detailsicht (siehe Abbildung 12.10).

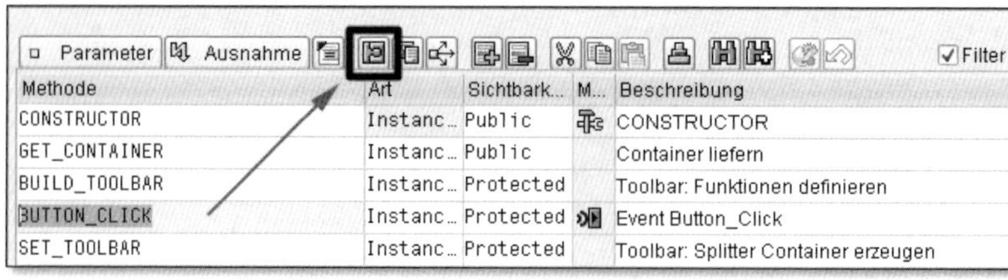


Abbildung 12.10 Anlegen der Methode BUTTON_CLICK

3. Markieren Sie im daraufhin angezeigten Fenster die Option EREIGNISBEHANDLER FÜR.
4. Tragen Sie in den Feldern KLASSE/INTERF. die Klasse »CL_GUI_TOOLBAR« und in das Feld EREIGNIS »FUNCTION_SELECTED« ein (siehe Abbildung 12.11).

Abbildung 12.11 Detailsicht der Methode BUTTON_CLICK

5. Bestätigen Sie die Änderungen, und wechseln Sie von der Methodenübersicht über die Schaltfläche PARAMETER zur Parametersicht.
6. Klicken Sie auf die Schaltfläche (▫) EREIGNISPARAMETER ÜBERNEHMEN, um die Parameter der Ereignismethode zu übernehmen (siehe Abbildung 12.12).

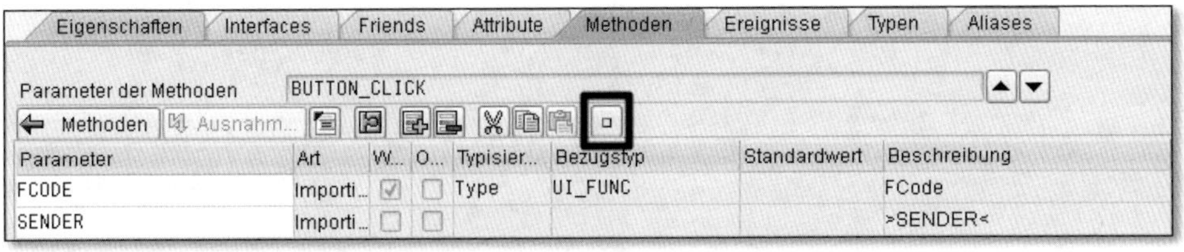


**Abbildung 12.12** Übernahme der Ereignisparameter

Implementieren Sie die Methode BUTTON_CLICK, indem Sie das Coding aus Listing 12.12 übernehmen.

```
METHOD button_click.
  DATA lv_size                     TYPE i.
  DATA lv_number                   TYPE i.
  DATA lv_count                    TYPE i.
  FIELD-SYMBOLS <container_sender> TYPE ty_container.
  FIELD-SYMBOLS <container_others> TYPE ty_container.
  READ TABLE gt_container ASSIGNING <container_sender>
        WITH KEY tbar = sender.
  CHECK sy-subrc = 0.
  lv_number = sy-tabix.
*== Ermitteln der Größe des Containers, dessen Button
*== angeklickt wurde
  gr_splitter->get_row_height( EXPORTING id = lv_number
                               IMPORTING result = lv_size ).
  cl_gui_cfw=>flush( ).
  CASE fcode.
    WHEN 'CLOSE'.
*== Funktion "Schließen" oder auch "Minimieren".
*== Prüfen, ob mindestens ein weiterer Container außer
*== dem aktuellen angezeigt wird
      LOOP AT gt_container ASSIGNING <container_others>.
        CHECK lv_number <> sy-tabix.
        gr_splitter->get_row_height( EXPORTING id = sy-tabix
                     IMPORTING result = lv_size ).
        cl_gui_cfw=>flush( ).
        IF lv_size > 0. EXIT. ENDIF.
      ENDLOOP.
      IF lv_size > 0.
*== Mindestens ein weiterer Container wird angezeigt.
*== In dem Fall kann der aktuelle Container verkleinert
*== werden.
        gr_splitter->set_row_height(
             EXPORTING id = lv_number height = 0 ).
      ENDIF.

    WHEN 'MAXIMIZE'.
```

```
*== aktuellen Container maximieren
      LOOP AT gt_container ASSIGNING <container_others>.
        IF lv_number = sy-tabix.
*== Größe des aktuellen Containers auf 100 % setzen.
          gr_splitter->set_row_height(
             EXPORTING id = sy-tabix height = 100 ).
        ELSE.
*== alle anderen Container auf Größe 0 setzen.
          gr_splitter->set_row_height(
             EXPORTING id = sy-tabix height = 0 ).
        ENDIF.
      ENDLOOP.
*== Die Funktionen "Minimieren" und "Maximieren" sind
*== für einen maximierten Container nicht sinnvoll,
*== deswegen setzen wir diese Funktionen auf "inaktiv".
      <container_Sender>-tbar->set_button_state(
             enabled = space fcode   = 'CLOSE' ).
      <container_Sender>-tbar->set_button_state(
             enabled = space fcode   = 'MAXIMIZE' ).

    WHEN 'RESET'.
*== Funktion "Wiederherstellen":
*== Alle Container auf die gleiche Größe setzen
      lv_count = LINES( gt_container ).
      LOOP AT gt_container ASSIGNING <container_others>.
        lv_number = sy-tabix.
        lv_size = 100 / lv_count.
        gr_splitter->set_row_height(
           EXPORTING id = lv_number height = lv_size ).
      ENDLOOP.
*== Die Funktionen der Buttons wiederherstellen
      <container_Sender>-tbar->set_button_state(
             enabled = 'X' fcode   = 'CLOSE' ).
      <container_Sender>-tbar->set_button_state(
             enabled = 'X' fcode   = 'MAXIMIZE' ).
  ENDCASE.
ENDMETHOD.
```

**Listing 12.12** Implementierung der Methode BUTTON_CLICK

Methode SET_TOOLBAR

Schließlich benötigen wir noch die Methode SET_TOOLBAR. Diese Methode erzeugt einen Splitter innerhalb der übergebenen Containerreferenz. Die Höhe des oberen Containers wird so groß definiert, dass die Funktionen, die in der Methode BUILD_TOOLBAR erzeugt werden, genau hineinpassen. Im unteren Container wird dann das eigentliche Control eingebunden. Die Signatur der Methode SET_TOOLBAR sehen Sie in Abbildung 12.13. Implementieren Sie die Methode mit dem Coding aus Listing 12.13.

**Abbildung 12.13** Signatur der Methode SET_TOOLBAR

```
METHOD set_toolbar.
  DATA lr_splitter TYPE REF TO cl_gui_splitter_container.
  DATA lr_toolbar  TYPE REF TO cl_gui_toolbar.
*== Splitter erzeugen
  CREATE OBJECT lr_splitter
    EXPORTING
      parent  = container-main
      rows    = 2
      columns = 1
      name    = 'ToolbarSplitter'.
*== Der Trenner innerhalb des Splitters wird so definiert,
*== dass er in der Größe nicht geändert werden kann.
  CALL METHOD lr_splitter->set_row_sash
    EXPORTING
      id    = 1
      type  = cl_gui_splitter_container=>type_movable
      value = cl_gui_splitter_container=>false.
*== Die Größenangaben innerhalb des Splitters sollen
*== in Pixeln angegeben werden können.
  lr_splitter->set_row_mode(
        cl_gui_splitter_container=>mode_absolute ).
*== 20 Pixel reichen genau aus, um die Toolbar anzuzeigen.
  lr_splitter->set_row_height( id = 1 height = 20 ).
  lr_splitter->set_border( cl_gui_cfw=>false ).
*== Für die Verwaltungstabelle den Container der Toolbar
*== und des eigentlichen Containers merken
  container-tool = lr_splitter->get_container(
                       row = 1 column  = 1 ).
  container-cust = lr_splitter->get_container(
                       row = 2 column  = 1 ).
*== nun die Toolbar im oberen Container erstellen
  build_toolbar( CHANGING container = container ).
ENDMETHOD.
```

**Listing 12.13** Implementierung der Methode SET_TOOLBAR

## 12.4 Framework verwenden

Nun kommt der spannende Teil, der Einbau des Frameworks in den Ticketdialog. Die Controls sollen diesmal auf der linken Seite des

Dynpros angezeigt werden. Wir wollen die beiden folgenden Module einbauen:

- das Tree Control zur Teamübersicht
- die Anzeige der Meldungstexthistorie

Referenzvariable für Framework

Definieren Sie zuerst die Referenzvariable für das Framework im TOP-Include des Haupt-Dynpros der Ticketanwendung. Zusätzlich benötigen wir Referenzvariablen für die beiden Controls, die Container des Frameworks und des Docking-Containers. Für die Controls »Teamanzeige« und »Meldungshistorie« benötigen wir jeweils einen eigenen Container. Verwenden Sie das Coding aus Listing 12.14.

```
DATA gr_splitadmin_left TYPE REF TO zcl_book_splitter_admin.
DATA gr_container01  TYPE REF TO cl_gui_container.
DATA gr_container02  TYPE REF TO cl_gui_container.
DATA gr_docker_left  TYPE REF TO cl_gui_docking_container.
DATA gr_hist_cntl    TYPE REF TO zcl_book_ticket_hist_cntl.
DATA gr_team_tree    TYPE REF TO zcl_book_team.
```

**Listing 12.14** Referenzvariablen definieren

Unterroutine INIT_CONTROL_FRAMEWORK_LEFT

In Abschnitt 12.2, »Schubladen verwenden«, haben wir die Unterroutine INIT_CONTROL_FRAMEWORK_RIGHT zum Anfügen des Schubladen-Controls implementiert. Erstellen Sie auf die gleiche Weise die Unterroutine INIT_CONTROL_FRAMEWORK_LEFT, und rufen Sie diese ebenfalls im PBO-Modul STATUS_0100 der Dynpro-Ablauflogik auf (siehe Listing 12.15).

```
FORM INIT_CONTROL_FRAMEWORK_LEFT.
  CHECK gr_docker_left IS INITIAL.
*== Erzeugen des Docking-Containers
  CREATE OBJECT gr_docker_left
      exporting
        side      = cl_gui_docking_container=>dock_at_left
        extension = 250
        name      = 'DockerLeft'.
*== Erzeugen des Frameworks
  CREATE OBJECT gr_splitadmin_left
    EXPORTING
      iv_no_of_container = 2
      ir_parent          = gr_docker_left.
*== Ermitteln des ersten Containers
  gr_container01 = gr_splitadmin_left->get_container( 1 ).
*== Ermitteln des zweiten Containers
  gr_container02 = gr_splitadmin_left->get_container( 2 ).
*== Einbinden der Teamanzeige in den ersten Container
  gr_team_tree = zcl_book_team=>get_instance(
```

```
        ir_cont    = gr_container01
        id_expand = 'X' ).
  SET HANDLER lcl_application=>on_responsible_click
          FOR gr_team_tree.
*== Einbinden der Meldungshistorie in den zweiten Container
  gr_hist_cntl = zcl_book_ticket_hist_cntl=>get_instance( ).
  gr_hist_cntl->set_ticket_number(
          iv_tiknr = zbook_ticket_dynpro-ticket-tiknr ).
  gr_hist_cntl->show_history(
          ir_container = gr_container02 ).
ENDFORM.
```

**Listing 12.15** Unterroutine INIT_CONTROL_FRAMEWORK_LEFT

Der Ticketdialog sollte nun aussehen wie in Abbildung 12.14. Die Meldungshistorie – das untere Control auf der linken Seite – sieht leer aus, da wir in dem eingebundenen TextEdit Control die Schaltflächen oben sowie die Statuszeile unten ausgeblendet haben. Zum Ticket existiert noch keine Historie, daher ist das Control noch leer.

Wir müssen nun noch sicherstellen, dass die Ereignisse, die in den eingebundenen Controls ausgelöst werden, vom Ticketdialog verarbeitet werden. Das zu behandelnde Ereignis ist in diesem Fall die Auswahl eines Mitarbeiters per Doppelklick im Teamanzeige-Control. Die bereits verwendete Ereignisbehandler-Klasse LCL_APPLICATION wird um diese Funktion erweitert.

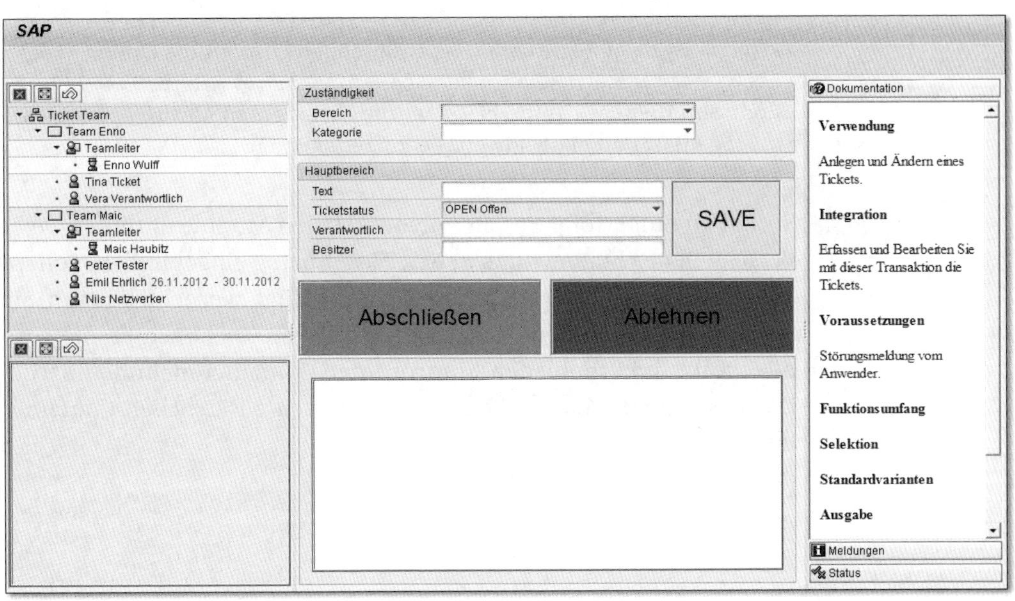


**Abbildung 12.14** Der Ticketdialog mit eingebundenem Framework

**Ereignisbehandlung** Das Teamanzeige-Control unterstützt Doppelklicks auf einen Mitarbeiter. Es löst dabei das Ereignis ZRESP_CLICK aus. Der Name des Mitarbeiters wird im Parameter RESPONSIBLE übergeben. In Listing 12.15 haben wir die Registrierung des Ereignisbehandlers bereits vorgenommen:

```
SET HANDLER lcl_application=>on_responsible_click
        FOR gr_team_tree.
```

Die Behandlermethode müssen wir nun noch in die lokale Klasse LCL_APPLICATION einfügen. Die Bekanntmachung der Methode erfolgt in der DEFINITION-Section:

```
CLASS-METHODS on_responsible_click
    FOR EVENT zresp_click OF zcl_book_team
    IMPORTING responsible.
```

In der IMPLEMENTATION-Section steuern wir, was passieren soll, nachdem der Anwender doppelt auf ein Teammitglied geklickt hat: Der Name des Verantwortlichen wird in das Dynpro-Feld VERANTWORTLICH übernommen:

```
METHOD on_responsible_click.
  zbook_ticket_dynpro-ticket-responsible = responsible.
METHOD.                    "on_responsible_click
```

[!]

**Application Events**

Damit der angeklickte Wert in das Dynpro-Feld übernommen werden kann, muss beim Registrieren des auslösenden Controls die Option APPL_EVENT = 'X' gesetzt sein (siehe auch Listing 9.2, in Kapitel 9, »Mit Tree Controls arbeiten«). Andernfalls wir die Verarbeitung des Dynpros nicht durchgeführt und der Feldwert nicht übernommen.

Sie haben nun erfolgreich alle zuvor erstellen Module mithilfe zweier verschiedener Frameworks in den Ticketdialog eingebunden. Soll im Ticketdialog ein weiteres Modul hinzugefügt werden, können Sie dies einfach tun, indem Sie entweder links im Kochbuch-Framework oder rechts im Schubladen-Control einen Container mehr definieren. Das zusätzliche Modul können Sie in diesen zusätzlichen Container integrieren.

*Der SAP List Viewer ist ein komplexes Werkzeug, das zahlreiche Darstellungsvarianten für Daten bereitstellt. In diesem Kapitel lernen Sie einige davon kennen.*

# 13 ALV Grid erstellen

In diesem Kapitel möchten wir Ihnen einen kurzen Überblick über eines der komplexesten Tools zur Darstellung Ihrer Daten geben. Der SAP List Viewer ist ein Hilfsmittel, mit dem Sie Ihre Daten einfacher und einheitlich im Vergleich zur klassischen Listenverarbeitung darstellen können. In diesem Kapitel stellen wir Ihnen die Darstellungsarten vor, die der SAP List Viewer (früher ABAP List Viewer, ALV), zur Verfügung stellt, und möchten Ihnen damit auch helfen, aus der Vielzahl an Möglichkeiten die richtige für Ihre eigenen Anforderungen zu finden. Anschließend zeigen wir Ihnen die Implementierung eines ALV Grid Controls anhand unserer Ticketanwendung.

## 13.1 Funktionen des SAP List Viewers

Für Ihre Anwendungen stehen Ihnen im SAP List Viewer verschiedene Darstellungmöglichkeiten, je nach Komplexität der Anwendung, zur Verfügung, die wir in diesem Abschnitt zusammenfassen.

**Grundfunktionen**

Jede der Darstellungsoptionen des SAP List Viewers bietet die gleichen Grundfunktionen:

- Sortieren
- Filtern
- Aggregieren von Daten (z.B. Summenbildung, Durchschnittsberechnung)
- Einrichten und Ändern von Layouts (benutzerspezifisch wie benutzerübergreifend)

Sie können den Anwendern Ihres Programms außerdem die Markierung von Zeilen, Zellen und Spalten ermöglichen. In jeder dieser Ausprägungen können Sie eigene Funktionen wie die Behandlung eines Doppelklicks oder die Verwendung von Hotspots implementieren.

### 13.1.1 Darstellungsarten

Im SAP List Viewer stehen Ihnen drei Darstellungsarten zur Verfügung, die wir in den folgenden Abschnitten kurz vorstellen.

#### Einfache und zweidimensionale Tabellen

Tabellarische Darstellung

Die erste Variante dient zur Darstellung von Daten in tabellarischer Form. Sie können damit leicht eine Datenausgabe über mehrere Zeilen und Spalten realisieren, ohne sich um die Ausrichtung kümmern zu müssen. Neue Spalten lassen sich im Nachhinein ohne großen Aufwand hinzufügen, ohne dass Sie sich, wie bei der klassischen Listverarbeitung, um die Positionierung der Daten kümmern müssen.

Unterschieden wird hier zwischen der Darstellung als einfache *ALV-Liste* und als *ALV Grid*:

- **ALV-Liste**
  Eine ALV-Liste ähnelt stark der klassischen Listenverarbeitung (siehe Abbildung 13.1). Sie verwenden sie, um ohne großen Aufwand eine tabellarische Anzeige zu realisieren, oder für Ausgaben in der Hintergrundverarbeitung. Über eine ALV-Liste können keine Änderbarkeit oder Drag-&-Drop-Funktionen implementiert werden.

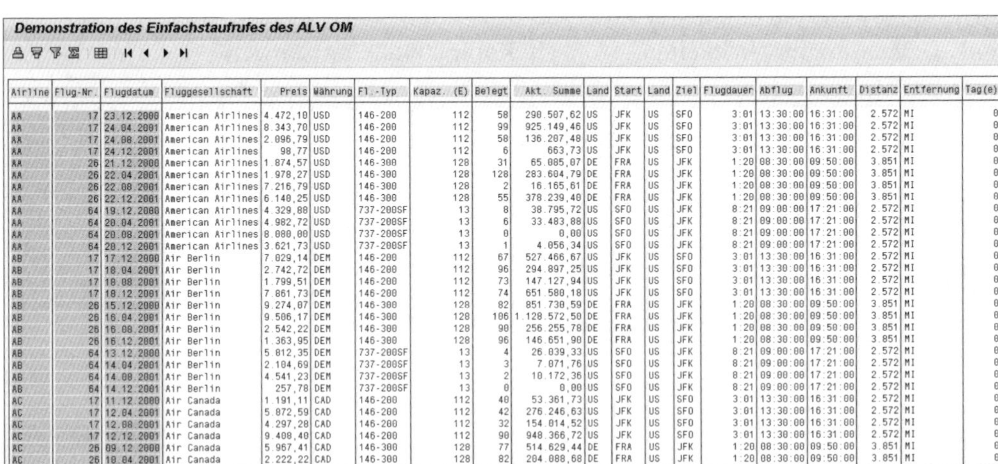

Demonstration des Einfachstaufrufes des ALV OM

| Airline | Flug-Nr. | Flugdatum | Fluggesellschaft | Preis | Währung | Fl.-Typ | Kapaz. (E) | Belegt | Akt. Summe | Land | Start | Land | Ziel | Flugdauer | Abflug | Ankunft | Distanz | Entfernung | Tag(e) |
|---|---|---|---|---|---|---|---|---|---|---|---|---|---|---|---|---|---|---|---|
| AA | 17 | 23.12.2000 | American Airlines | 4.472,10 | USD | 146-200 | 112 | 58 | 290.507,62 | US | JFK | US | SFO | 3:01 | 13:30:00 | 16:31:00 | 2.572 | MI | 0 |
| AA | 17 | 24.04.2001 | American Airlines | 8.343,70 | USD | 146-200 | 112 | 99 | 925.149,46 | US | JFK | US | SFO | 3:01 | 13:30:00 | 16:31:00 | 2.572 | MI | 0 |
| AA | 17 | 24.08.2001 | American Airlines | 2.096,79 | USD | 146-200 | 112 | 58 | 136.207,48 | US | JFK | US | SFO | 3:01 | 13:30:00 | 16:31:00 | 2.572 | MI | 0 |
| AA | 17 | 24.12.2001 | American Airlines | 98,77 | USD | 146-200 | 112 | 6 | 663,73 | US | JFK | US | SFO | 3:01 | 13:30:00 | 16:31:00 | 2.572 | MI | 0 |
| AA | 26 | 21.12.2000 | American Airlines | 1.874,57 | USD | 146-300 | 128 | 31 | 65.085,07 | DE | FRA | US | JFK | 1:20 | 08:30:00 | 09:50:00 | 3.851 | MI | 0 |
| AA | 26 | 22.04.2001 | American Airlines | 1.978,27 | USD | 146-300 | 128 | 128 | 283.604,79 | DE | FRA | US | JFK | 1:20 | 08:30:00 | 09:50:00 | 3.851 | MI | 0 |
| AA | 26 | 22.08.2001 | American Airlines | 7.216,79 | USD | 146-300 | 128 | 2 | 16.165,61 | DE | FRA | US | JFK | 1:20 | 08:30:00 | 09:50:00 | 3.851 | MI | 0 |
| AA | 26 | 22.12.2001 | American Airlines | 6.140,25 | USD | 146-300 | 128 | 55 | 378.239,40 | DE | FRA | US | JFK | 1:20 | 08:30:00 | 09:50:00 | 3.851 | MI | 0 |
| AA | 64 | 19.12.2000 | American Airlines | 4.329,88 | USD | 737-200SF | 13 | 8 | 38.795,72 | US | SFO | US | JFK | 8:21 | 09:00:00 | 17:21:00 | 2.572 | MI | 0 |
| AA | 64 | 20.04.2001 | American Airlines | 4.982,72 | USD | 737-200SF | 13 | 6 | 33.483,88 | US | SFO | US | JFK | 8:21 | 09:00:00 | 17:21:00 | 2.572 | MI | 0 |
| AA | 64 | 20.08.2001 | American Airlines | 8.080,00 | USD | 737-200SF | 13 | 0 | 0,00 | US | SFO | US | JFK | 8:21 | 09:00:00 | 17:21:00 | 2.572 | MI | 0 |
| AA | 64 | 20.12.2001 | American Airlines | 3.621,73 | USD | 737-200SF | 13 | 1 | 4.056,34 | US | SFO | US | JFK | 8:21 | 09:00:00 | 17:21:00 | 2.572 | MI | 0 |
| AB | 17 | 17.12.2000 | Air Berlin | 7.029,14 | DEM | 146-200 | 112 | 67 | 527.466,67 | US | JFK | US | SFO | 3:01 | 13:30:00 | 16:31:00 | 2.572 | MI | 0 |
| AB | 17 | 18.04.2001 | Air Berlin | 2.742,72 | DEM | 146-200 | 112 | 96 | 294.897,25 | US | JFK | US | SFO | 3:01 | 13:30:00 | 16:31:00 | 2.572 | MI | 0 |
| AB | 17 | 18.08.2001 | Air Berlin | 1.799,51 | DEM | 146-200 | 112 | 73 | 147.127,94 | US | JFK | US | SFO | 3:01 | 13:30:00 | 16:31:00 | 2.572 | MI | 0 |
| AB | 17 | 18.12.2001 | Air Berlin | 7.861,73 | DEM | 146-200 | 112 | 74 | 651.580,18 | US | JFK | US | SFO | 3:01 | 13:30:00 | 16:31:00 | 2.572 | MI | 0 |
| AB | 26 | 15.12.2000 | Air Berlin | 9.274,07 | DEM | 146-300 | 128 | 82 | 851.730,59 | DE | FRA | US | JFK | 1:20 | 08:30:00 | 09:50:00 | 3.851 | MI | 0 |
| AB | 26 | 16.04.2001 | Air Berlin | 9.506,17 | DEM | 146-300 | 128 | 106 | 1.128.572,50 | DE | FRA | US | JFK | 1:20 | 08:30:00 | 09:50:00 | 3.851 | MI | 0 |
| AB | 26 | 16.08.2001 | Air Berlin | 2.542,22 | DEM | 146-300 | 128 | 90 | 256.255,78 | DE | FRA | US | JFK | 1:20 | 08:30:00 | 09:50:00 | 3.851 | MI | 0 |
| AB | 26 | 16.12.2001 | Air Berlin | 1.363,95 | DEM | 146-300 | 128 | 96 | 146.651,90 | DE | FRA | US | JFK | 1:20 | 08:30:00 | 09:50:00 | 3.851 | MI | 0 |
| AB | 64 | 13.12.2000 | Air Berlin | 5.812,35 | DEM | 737-200SF | 13 | 4 | 26.039,33 | US | SFO | US | JFK | 8:21 | 09:00:00 | 17:21:00 | 2.572 | MI | 0 |
| AB | 64 | 14.04.2001 | Air Berlin | 2.104,69 | DEM | 737-200SF | 13 | 3 | 7.071,76 | US | SFO | US | JFK | 8:21 | 09:00:00 | 17:21:00 | 2.572 | MI | 0 |
| AB | 64 | 14.08.2001 | Air Berlin | 4.541,23 | DEM | 737-200SF | 13 | 2 | 10.172,36 | US | SFO | US | JFK | 8:21 | 09:00:00 | 17:21:00 | 2.572 | MI | 0 |
| AB | 64 | 14.12.2001 | Air Berlin | 257,78 | DEM | 737-200SF | 13 | 0 | 0,00 | US | SFO | US | JFK | 8:21 | 09:00:00 | 17:21:00 | 2.572 | MI | 0 |
| AC | 17 | 11.12.2000 | Air Canada | 1.191,11 | CAD | 146-200 | 112 | 40 | 53.361,73 | US | JFK | US | SFO | 3:01 | 13:30:00 | 16:31:00 | 2.572 | MI | 0 |
| AC | 17 | 12.04.2001 | Air Canada | 5.872,59 | CAD | 146-200 | 112 | 42 | 276.246,63 | US | JFK | US | SFO | 3:01 | 13:30:00 | 16:31:00 | 2.572 | MI | 0 |
| AC | 17 | 12.08.2001 | Air Canada | 4.297,28 | CAD | 146-200 | 112 | 32 | 154.014,52 | US | JFK | US | SFO | 3:01 | 13:30:00 | 16:31:00 | 2.572 | MI | 0 |
| AC | 17 | 12.12.2001 | Air Canada | 9.408,40 | CAD | 146-200 | 112 | 90 | 948.366,72 | US | JFK | US | SFO | 3:01 | 13:30:00 | 16:31:00 | 2.572 | MI | 0 |
| AC | 26 | 09.12.2000 | Air Canada | 5.967,41 | CAD | 146-300 | 128 | 77 | 514.629,44 | DE | FRA | US | JFK | 1:20 | 08:30:00 | 09:50:00 | 3.851 | MI | 0 |
| AC | 26 | 10.04.2001 | Air Canada | 2.222,22 | CAD | 146-300 | 128 | 82 | 204.088,68 | DE | FRA | US | JFK | 1:20 | 08:30:00 | 09:50:00 | 3.851 | MI | 0 |

**Abbildung 13.1** Beispiel – ALV-Liste

- **ALV Grid**
  Die ALV-Grid-Darstellung bietet Ihnen eine modernere, ansprechende Oberfläche für die tabellarische Datendarstellung (siehe Abbildung 13.2). Sie verwenden sie bei Anwendungen, bei denen eine Änderbarkeit von Zeilen und Feldern erwünscht ist, was über die ALV-Liste nicht realisiert werden kann.

**Demonstration des Einfachstaufrufes des ALV OM**

| Airline | Flug-Nr. | Abflugdatum | Fluggesellschaft | Preis | Währung | Flugzeugtyp | Kapaz. (E) | Belegt | Akt. Summe | Land | Start | Land | Ziel | Flugdauer | Abflugzeit | Ankunftszeit | Distanz | Entfernung | Tag(e) |
|---|---|---|---|---|---|---|---|---|---|---|---|---|---|---|---|---|---|---|---|
| AA | 17 | 23.12.2000 | American Airlines | 4.472,10 | USD | 146-200 | 112 | 58 | 290.507,62 | US | JFK | US | SFO | 3:01 | 13:30:00 | 16:31:00 | 2.572 | MI | 0 |
| AA | 17 | 24.04.2001 | American Airlines | 8.343,70 | USD | 146-200 | 112 | 99 | 925.149,46 | US | JFK | US | SFO | 3:01 | 13:30:00 | 16:31:00 | 2.572 | MI | 0 |
| AA | 17 | 24.08.2001 | American Airlines | 2.096,79 | USD | 146-200 | 112 | 58 | 136.207,48 | US | JFK | US | SFO | 3:01 | 13:30:00 | 16:31:00 | 2.572 | MI | 0 |
| AA | 17 | 24.12.2001 | American Airlines | 98,77 | USD | 146-200 | 112 | 6 | 663,73 | US | JFK | US | SFO | 3:01 | 13:30:00 | 16:31:00 | 2.572 | MI | 0 |
| AA | 26 | 21.12.2000 | American Airlines | 1.874,57 | USD | 146-300 | 128 | 31 | 65.085,07 | DE | FRA | US | JFK | 1:20 | 08:30:00 | 09:50:00 | 3.851 | MI | 0 |
| AA | 26 | 22.04.2001 | American Airlines | 1.978,27 | USD | 146-300 | 128 | 128 | 283.604,79 | DE | FRA | US | JFK | 1:20 | 08:30:00 | 09:50:00 | 3.851 | MI | 0 |
| AA | 26 | 22.08.2001 | American Airlines | 7.216,79 | USD | 146-300 | 128 | 2 | 16.165,61 | DE | FRA | US | JFK | 1:20 | 08:30:00 | 09:50:00 | 3.851 | MI | 0 |
| AA | 26 | 22.12.2001 | American Airlines | 6.140,25 | USD | 146-300 | 128 | 55 | 378.239,40 | DE | FRA | US | JFK | 1:20 | 08:30:00 | 09:50:00 | 3.851 | MI | 0 |
| AA | 64 | 19.12.2000 | American Airlines | 4.329,88 | USD | 737-200SF | 13 | 8 | 38.795,72 | US | SFO | US | JFK | 8:21 | 09:00:00 | 17:21:00 | 2.572 | MI | 0 |
| AA | 64 | 20.04.2001 | American Airlines | 4.982,72 | USD | 737-200SF | 13 | 6 | 33.483,88 | US | SFO | US | JFK | 8:21 | 09:00:00 | 17:21:00 | 2.572 | MI | 0 |
| AA | 64 | 20.08.2001 | American Airlines | 8.080,00 | USD | 737-200SF | 13 | 0 | 0,00 | US | SFO | US | JFK | 8:21 | 09:00:00 | 17:21:00 | 2.572 | MI | 0 |
| AA | 64 | 20.12.2001 | American Airlines | 3.621,73 | USD | 737-200SF | 13 | 1 | 4.056,34 | US | SFO | US | JFK | 8:21 | 09:00:00 | 17:21:00 | 2.572 | MI | 0 |
| AB | 17 | 17.12.2000 | Air Berlin | 7.029,14 | DEM | 146-200 | 112 | 67 | 527.466,67 | US | JFK | US | SFO | 3:01 | 13:30:00 | 16:31:00 | 2.572 | MI | 0 |
| AB | 17 | 18.04.2001 | Air Berlin | 2.742,72 | DEM | 146-200 | 112 | 96 | 294.897,25 | US | JFK | US | SFO | 3:01 | 13:30:00 | 16:31:00 | 2.572 | MI | 0 |
| AB | 17 | 18.08.2001 | Air Berlin | 1.799,51 | DEM | 146-200 | 112 | 73 | 147.127,94 | US | JFK | US | SFO | 3:01 | 13:30:00 | 16:31:00 | 2.572 | MI | 0 |
| AB | 17 | 18.12.2001 | Air Berlin | 7.861,73 | DEM | 146-200 | 112 | 74 | 651.580,18 | US | JFK | US | SFO | 3:01 | 13:30:00 | 16:31:00 | 2.572 | MI | 0 |
| AB | 26 | 15.12.2000 | Air Berlin | 9.274,07 | DEM | 146-300 | 128 | 82 | 851.730,59 | DE | FRA | US | JFK | 1:20 | 08:30:00 | 09:50:00 | 3.851 | MI | 0 |
| AB | 26 | 16.04.2001 | Air Berlin | 9.506,17 | DEM | 146-300 | 128 | 106 | 1.128.572,50 | DE | FRA | US | JFK | 1:20 | 08:30:00 | 09:50:00 | 3.851 | MI | 0 |
| AB | 26 | 16.08.2001 | Air Berlin | 2.542,22 | DEM | 146-300 | 128 | 90 | 256.255,78 | DE | FRA | US | JFK | 1:20 | 08:30:00 | 09:50:00 | 3.851 | MI | 0 |
| AB | 26 | 16.12.2001 | Air Berlin | 1.363,95 | DEM | 146-300 | 128 | 96 | 146.651,90 | DE | FRA | US | JFK | 1:20 | 08:30:00 | 09:50:00 | 3.851 | MI | 0 |
| AB | 64 | 13.12.2000 | Air Berlin | 5.812,35 | DEM | 737-200SF | 13 | 4 | 26.039,33 | US | SFO | US | JFK | 8:21 | 09:00:00 | 17:21:00 | 2.572 | MI | 0 |
| AB | 64 | 14.04.2001 | Air Berlin | 2.104,69 | DEM | 737-200SF | 13 | 3 | 7.071,76 | US | SFO | US | JFK | 8:21 | 09:00:00 | 17:21:00 | 2.572 | MI | 0 |
| AB | 64 | 14.08.2001 | Air Berlin | 4.541,23 | DEM | 737-200SF | 13 | 2 | 10.172,36 | US | SFO | US | JFK | 8:21 | 09:00:00 | 17:21:00 | 2.572 | MI | 0 |
| AB | 64 | 14.12.2001 | Air Berlin | 257,78 | DEM | 737-200SF | 13 | 0 | 0,00 | US | SFO | US | JFK | 8:21 | 09:00:00 | 17:21:00 | 2.572 | MI | 0 |
| AC | 17 | 11.12.2000 | Air Canada | 1.191,11 | CAD | 146-200 | 112 | 40 | 53.361,73 | US | JFK | US | SFO | 3:01 | 13:30:00 | 16:31:00 | 2.572 | MI | 0 |
| AC | 17 | 12.04.2001 | Air Canada | 5.872,59 | CAD | 146-200 | 112 | 42 | 276.246,63 | US | JFK | US | SFO | 3:01 | 13:30:00 | 16:31:00 | 2.572 | MI | 0 |
| AC | 17 | 12.08.2001 | Air Canada | 4.297,28 | CAD | 146-200 | 112 | 32 | 154.014,52 | US | JFK | US | SFO | 3:01 | 13:30:00 | 16:31:00 | 2.572 | MI | 0 |
| AC | 17 | 12.12.2001 | Air Canada | 9.408,40 | CAD | 146-200 | 112 | 90 | 948.366,72 | US | JFK | US | SFO | 3:01 | 13:30:00 | 16:31:00 | 2.572 | MI | 0 |
| AC | 26 | 09.12.2000 | Air Canada | 5.967,41 | CAD | 146-300 | 128 | 77 | 514.629,44 | DE | FRA | US | JFK | 1:20 | 08:30:00 | 09:50:00 | 3.851 | MI | 0 |
| AC | 26 | 10.04.2001 | Air Canada | 2.222,22 | CAD | 146-300 | 128 | 82 | 204.088,68 | DE | FRA | US | JFK | 1:20 | 08:30:00 | 09:50:00 | 3.851 | MI | 0 |

**Abbildung 13.2** Beispiel – ALV-Grid-Liste

### Hierarchisch-sequenzielle Listen

Einfache Liste mit zwei Ebenen

In hierarchisch-sequenziellen Listen können Sie Daten tabellarisch anzeigen und hierarchisch in genau *zwei Ebenen* untergliedern. Für die Ausgabe können Sie festlegen, ob beim Aufruf der Liste nur die erste Ebene angezeigt oder auch die zweite Ebene expandiert werden soll (siehe Abbildung 13.3).

Diese Darstellung wird wie die ALV-Liste über die klassische Listenverarbeitung realisiert. Die hierarchisch-sequenzielle Liste können Sie daher ebenso nur für die Darstellung von Informationen, nicht jedoch für den Einsatz änderbarer Felder oder Drag-&-Drop-Funktionen nutzen.

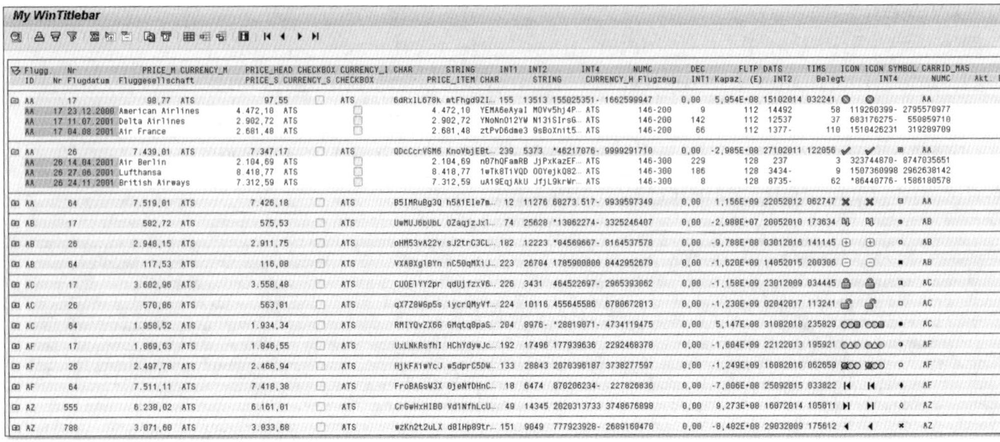


Abbildung 13.3 Expandierbare hierarchische Liste

### Baumstruktur

Die Baumdarstellung (ALV Tree) verwenden Sie, wenn Sie tabellarisch angelegte Daten auf mehr als zwei Hierarchieebenen anzeigen möchten (siehe Abbildung 13.4).

Abbildung 13.4 ALV-Tree – Beispiel

## 13.2 Grundlagen und Vorarbeiten zur Erstellung eines ALV Grid Controls

Anforderungen

Für unsere Ticketanwendung sollen Tickets in einer Übersicht tabellarisch dargestellt werden. Dabei sollen folgende Anforderungen gelten:

- Vom Anwender gesicherte Report-Varianten sollen automatisch geladen werden.
- Layoutvarianten der Ticketübersicht sollen über das Selektionsbild vorbelegt und übergeben werden.
- Es soll ein Absprung in Transaktion ZTIK2 zum Ändern unseres Ticketdialogs implementiert werden (siehe auch Abschnitt 4.8, »Transaktion anlegen«). Dazu wird ein Standard-ALV-Button DETAIL eingerichtet, der die Standard-Detail-Funktion des Controls komplett ersetzen soll.
- Über eine Checkbox sollen ein oder mehrere Tickets ausgewählt werden können.
- Über einen Button können Tickets gelöscht werden. Dabei soll der Anwender entscheiden können, ob die Tickets nur aus der Anzeige oder auch aus der Datenbank gelöscht werden.
- Zur Änderung des Ticketstatus soll eine Dropdown-Liste angezeigt werden, aus der der Status gewählt werden kann.
- Der Meldungstext soll über einen Button, der in der ALV-Zeile integriert ist, geändert werden können. Auf dem Button soll ein Icon abgebildet werden.

Da in unserer Anwendung einige Zeilen änderbar sein sollen, müssen Sie die Klasse `CL_GUI_ALV_GRID` verwenden. Im Folgenden werden wir Ihnen einige Besonderheiten bei der Verwendung des ALV Grid Controls vorstellen.

### 13.2.1 Layoutstruktur

Die Layoutstruktur `LVC_S_LAYO` steuert die grafischen Eigenschaften des ALV Grid Controls. Sie übergeben diese Struktur beim Aufruf der Methode `SET_TABLE_FOR_FIRST_DISPLAY`. Sie verwenden diese Struktur unter anderem für die folgenden Layoutfestlegungen:

- Spaltenoptimierung der ALV-Anzeige (Parameter `CWIDTH_OPT = 'X'`)
- Definieren eines ALV-Grid-Listen-Titels, der unterhalb der Werkzeugleiste angezeigt wird (`GRID_TITLE = <TITLE>`)
- Ausblenden der gesamten Toolbar (`NO_TOOLBAR = 'X'`)
- Art der Selektionsmöglichkeiten (`SEL_MODE = 'B'`). Die zur Verfügung stehenden Selektionsmöglichkeiten entnehmen Sie Tabelle 13.1.

- Übernehmen des Namens einer Tabelle zum Einfärben von Zellen (CTAB_FNAME = <TABLENAME>)
- Übernehmen des Namens einer Tabelle zum Einfärben von Zeilen (INFO_FNAME = <TABLENAME>)
- Verwendung einer gestreiften Darstellung. Jede Zeile wird abwechselnd automatisch eingefärbt (ZEBRA = 'X').
- Übernehmen des Namens einer Tabelle zur Verwendung von Styles (STYLEFNAME = <TABLENAME>)

| Wert | Modus | Mögliche Markierungen | Bemerkung |
|---|---|---|---|
| SPACE | Einfachselektion, Listbox | mehrere Spalten, mehrere Zeilen | Voreinstellung |
| 'A' | Spalten- und Zeilenselektion | mehrere Spalten, mehrere Zeilen | Die Zeilen markiert der Anwender über Drucktasten am linken Rand des ALV Grid Controls. |
| 'B' | Einfachselektion, Listbox | mehrere Spalten, mehrere Zeilen | |
| 'C' | Mehrfachselektion, Listbox | mehrere Spalten, mehrere Zeilen | |
| 'D' | Zellenselektion | mehrere Spalten, mehrere Zeilen | Die Zeilen markiert der Benutzer über Drucktasten am linken Rand des ALV Grid Controls. |

**Tabelle 13.1** Auszug aus der SAP-Onlinehilfe

[»]

**Spaltenoptimierung**

Zur Spaltenoptimierung finden Sie in der Layoutstruktur verwirrenderweise zwei Felder: COL_OPT und CWIDTH_OPT. Außerdem bietet auch der Feldkatalog ein Feld COL_OPT. Verwenden Sie nur das Feld CWIDTH_OPT der Layoutstruktur. Übergeben Sie dort ein 'X', werden die Spalten anhand der Länge der Spaltenüberschrift und des Spalteninhalts optimiert.

### 13.2.2 Layoutvarianten

In einer ALV-Grid-Darstellung hat der Anwender die Möglichkeit, das Layout der Anzeige manuell zu ändern. Dafür übergeben Sie die Struktur IS_VARIANT der Methode SET_TABLE_FOR_FIRST_DISPLAY.

Übergeben Sie diese nicht, kann der Benutzer zwar das Layout ändern, diese Änderungen aber nicht verwalten oder speichern. Um das Speichern und Verwalten der Layoutvarianten zu ermöglichen, müssen Sie mindestens den Reportnamen des Hauptprogramms im Feld IS_VARIANT-REPORT übergeben, zu dem die Layoutvarianten gespeichert werden können. Hier können Sie z.B. auch das Systemfeld SY-UNAME in das Feld IS_VARIANT-USERNAME übergeben, wenn Sie eine benutzerabhängige Layoutsteuerung erlauben möchten.

**Layout und Anzeigevariante** [«]

In der Anzeigevariante werden neben der Feldauswahl auch bestimmte Informationen der Layoutstruktur gespeichert, so z.B. die Spaltenoptimierung.

### 13.2.3 Feldkatalog

Das ALV Grid Control benötigt die Informationen des Feldkatalogs, um die Felder in der tabellarischen Form korrekt darzustellen. Der Feldkatalog ist eine interne Tabelle, die Informationen über die darzustellenden Felder enthält. Für jedes Feld, das ausgegeben werden soll, enthält der Feldkatalog eine Zeile mit unter anderem folgenden Spalten:

- Feldname (FIELDNAME)
- Länge (OUTPUTLEN)
- Typ (INTTYPE)
- Text (COLTEXT, SCRTEXT_L, SCRTEXT_M, SCRTEXT_S)
- Feld ist ein Icon und wird zentriert angezeigt (ICON)
- Feld ist eine Checkbox (CHECKBOX)
- Anzeige ohne führende Nullen (NO_ZERO)

**Feldkatalog erstellen**

Um einen Feldkatalog zu erstellen, haben Sie drei Möglichkeiten, die manuelle, automatische oder halb automatische Erstellung.

Um einen Feldkatalog manuell zu erstellen, können Sie Felder mit oder ohne Bezug auf ABAP-Dictionary-Elemente verwenden. Dieses Vorgehen bietet sich in den folgenden Fällen an:

- wenn eine Ausgabe mit wenig Spalten realisiert werden soll
- wenn eine dynamische Ausgabetabelle angezeigt werden soll

Dazu legen Sie eine interne Tabelle vom Typ LVC_T_FCAT an, die die in Tabelle 13.2 oder Tabelle 13.3 beschriebenen Felder enthält. Diese Tabelle übergeben Sie der Methode SET_TABLE_FOR_FIRST_DISPLAY.

Um Felder mit Dictionary-Bezug anzuzeigen, geben Sie mindestens die Felder aus Tabelle 13.2 an.

| Feld des Feldkatalogs | Beispiel | Beschreibung |
|---|---|---|
| FIELDNAME | MATNR | Feldname der Struktur oder Tabelle |
| REF_TABLE | MARA | Tabelle oder Struktur, in der das referenzierte Feld enthalten ist |

**Tabelle 13.2** Notwendige Felder für Feldkatalog mit Dictionary-Bezug

Möchten Sie sich Felder ohne Dictionary-Bezug anzeigen lassen, geben Sie mindestens die Felder aus Tabelle 13.3 an.

| Feld des Feldkatalogs | Beispiel | Beschreibung |
|---|---|---|
| FIELDNAME | PFAD | Feldname aus einer programm-lokalen internen Tabelle |
| INTTYPE | CHAR10 | ABAP-Datentyp des Feldes |
| OUTPUTLEN | 10 | Breite der Spalte |
| COLTEXT | Pfadname | Text der Spaltenüberschrift |
| SELTEXT | PFAD | Beschreibung der Spalte für die Layoutverwaltung |

**Tabelle 13.3** Notwendige Felder für Feldkatalog ohne Dictionary-Bezug

Automatischer Feldkatalog

Den automatischen Feldkatalog nutzen Sie, wenn Sie eine Ausgabestruktur oder Tabelle im ABAP Dictionary vorliegen haben und keine weiteren Anpassungen der Spalten vornehmen möchten. Dazu übergeben Sie der Methode SET_TABLE_FOR_FIRST_DISPLAY den jeweiligen Namen der Struktur/Tabelle über den Parameter I_STRUCTURE_NAME. Das ALV Control erzeugt intern automatisch einen Feldkatalog über die Dictionary-Informationen. Sie haben später trotzdem die Möglichkeit, über die Methode GET_FRONTEND_FIELDCATALOG den Feldkatalog auszulesen und mithilfe der Methode SET_FRONTEND_FIELDCATALOG eine Änderung des Feldkatalogs am Frontend zu veranlassen.

[«]

**Auffrischen der Frontend-Anzeige**

Nachdem Sie eine Änderung des Feldkatalogs über die Methode SET_FRONTEND_FIELDCATALOG vorgenommen haben, müssen Sie die Anzeige am Frontend über die Methode REFRESH_TABLE_DISPLAY aktualisieren. Sonst werden die Änderungen nicht angezeigt.

[!]

**I_STRUCTURE_NAME und Feldkatalog**

Verwenden Sie nicht den Parameter I_STRUCTURE_NAME der Methode SET_TABLE_FOR_FIRST_DISPLAY zusammen mit einem eigenen Feldkatalog. Dies führt zu einer Überlagerung der Ausgabestrukturen und zu Problemen bei der Anzeige.

Halb automatischer Feldkatalog

Möchten Sie eine interne Tabelle darstellen, die auf eine ABAP-Dictionary-Struktur typisiert ist, können Sie über den Funktionsbaustein LVC_FIELDCATALOG_MERGE einen Feldkatalog zu dieser Struktur generieren lassen. Bei der halb automatischen Erstellung können Sie den Feldkatalog anpassen, bevor dieser über die Methode SET_TABLE_FOR_FIRST_DISPLAY verwendet wird. Generell empfehlen wir, für jede ALV-Control-Ausgabe eine ABAP-Dictionary-Struktur anzulegen. Dann können Sie entscheiden, ob Sie Anpassungen der Ausgabefelder vornehmen möchten, und einen Feldkatalog über den Funktionsbaustein LVC_FIELDCATALOG_MERGE generieren lassen, oder Sie übergeben die jeweilige Struktur über den Parameter I_STRUCTURE_NAME. Die halb automatische Vorgehensweise hat den Vorteil, weniger fehleranfällig zu sein als das manuelle Anlegen des Feldkatalogs.

### 13.2.4 Styles

Layout für Zellen, Spalten und Zeilen

Über sogenannte *Styles* haben Sie im ALV Grid Control die Möglichkeit, Zelleninhalte auf Zellen-, Spalten- und Zeilenebene zu manipulieren. Beispiele dafür sind:

- Zellen einfärben
- Eingabebereitschaft auf Zellenebene steuern
- Schrift fett hervorheben
- Text unterstreichen
- Hotspot für bestimmte Felder setzen
- Symbole für Radiobutton anzeigen
- Buttons verwenden

Style-Tabelle verwenden

Um Styles auf Zellenebene zu nutzen, erweitern Sie die Ausgabestruktur um eine Komponente vom Typ `LVC_T_STYL`. Der Style-Tabelle übergeben Sie den Feldnamen (`FIELDNAME`) aus der Ausgabestruktur, zu der der Style angewandt werden soll, und den entsprechenden Style über die Komponente `STYLE`. Ein Beispiel können Sie Listing 13.1 entnehmen.

```
Data: ls_style            type LVS_S_STYL,
      ls_ausgabestruktur type <AUSGABESTRUKTUR>.
ls_style-FIELDNAME = <FIELDNAME>.
ls_style-STYLE     = MC_STYLE_HOTSPOT.
INSERT ls_style INTO ls_ausgabestruktur-<STYLETABLE>.
```

**Listing 13.1** Beispiel-Styles

Die Erweiterung der Struktur können Sie entweder lokal im Programm vornehmen oder in der globalen ABAP-Dictionary-Struktur. Der Name der Style-Tabelle muss der Layoutstruktur über das Feld `STYLEFNAME` übergeben werden. Die Übergabe im Feld `STYLEFNAME` sorgt dafür, dass das Feld nicht angezeigt, sondern als Style-Information vom ALV Grid Control verarbeitet wird. Technisch werden Styles bitweise interpretiert. Anhand der Bitfolge entscheidet das ALV Grid Control, auf welche Weise die Zelleninhalte angezeigt werden. Um die Verwendung der Styles zu vereinfachen, werden häufig Style-Konstanten verwendet, die in der Regel sprechende Namen besitzen. Einige Konstanten werden standardmäßig in der Klasse `CL_GUI_ALV_GRID` angeboten. Diese finden Sie, indem Sie unter Attribute nach `MC_STYLE*` suchen. Weitere Style-Konstanten finden Sie im Include `<CL_ALV_CONTROL>`, das Sie in Transaktion SE38 einsehen können. Die Verwendung beschreiben wir in der Beispielanwendung.

[zB]

**Kombination mehrerer Styles**

Wollen Sie z.B. eine Zelle rot einfärben und die Schrift fett darstellen, definieren Sie den Style wie folgt:

```
<STYLEFELD> = ALV_STYLE_FONT_BOLD
            + ALV_STYLE_COLOR_NEGATIVE.
```

### 13.2.5 Pufferkonzept

Zweistufige Pufferung

Das ALV Grid Control arbeitet mit einem zweistufigen Pufferungskonzept, das wir Ihnen hier kurz erläutern möchten:

- Puffer A speichert Feldkataloge, Sortierung, Filter und Varianten.
- Buffer B speichert Dictionary-Informationen zu den einzelnen Feldern des Feldkatalogs.

Zur Steuerung des Puffer-Verhaltens bietet das ALV Grid Control zwei direkte Steuerungsparameter:

Steuerungsparameter

- `I_BYPASSING_BUFFER` deaktiviert die Pufferung komplett.
- `I_BUFFER_ACTIVE` aktiviert Puffer A, wird dies nicht gesetzt, bleibt Puffer B trotzdem aktiv.

Eine weitere Möglichkeit, die Pufferung des ALV Grid Controls zu umgehen, ist es, den Benutzerparameter `ALVBUFFER` zu verwenden, der die Pufferung für einen bestimmten, über ein Datum festgelegten Zeitraum umgeht.

Puffer deaktivieren

Wir empfehlen Ihnen, während Ihrer Entwicklungen den Parameter `I_BYPASSING_BUFFER` oder den Benutzerparameter `ALVBUFFER` zu nutzen. Auf diese Weise werden z.B. alle Ihre Feldkataloganderungen auch angezeigt. Weitere Informationen zum ALV-Pufferkonzept finden Sie im SAP-Hinweis 339258.

[«]

**Parameter I_BYPASSING_BUFFER**

Den Parameter `I_BYPASSING_BUFFER` verwenden Sie immer, wenn Sie mit dynamischen Anzeigestrukturen arbeiten oder Datenelementbezeichnungen im Feldkatalog zur Laufzeit anpassen.

### 13.2.6 Änderbarkeit des ALV Grids

Änderbarkeitsvarianten

Um ein ALV Grid Control änderbar zu machen, müssen Sie stets die Klasse `CL_GUI_ALV_GRID` verwenden. Sie haben drei Einstellungsmöglichkeiten, um die Änderbarkeit zu steuern:

- **Komplettes ALV Grid Control änderbar**
  Eine komplette Änderbarkeit aller Felder erreichen Sie, indem Sie über die Layoutstruktur `LVC_S_LAYO` die Komponente `EDIT = 'X'` setzen.
- **Spaltenweise änderbar**
  Einzelne Spalten können Sie über den Feldkatalog änderbar machen. Hier setzen Sie für die jeweilige Spalte die Komponente `EDIT = 'X'`. Zusätzlich müssen Sie, nachdem Sie die Anzeigeinformationen über die Methode `SET_TABLE_FOR_FIRST_DISPLAY` an

das Frontend gesendet haben, die Methode SET_READY_FOR_INPUT aufrufen und den Parameterwert 1 übergeben. Dadurch wird das ALV Grid eingabebereit.

- **Einzelne Zellen änderbar**
  Um einzelne Zellen änderbar zu machen, verwenden Sie eine Style-Tabelle, die die Änderbarkeit der Felder je Ausgabezeile steuert. Die dazu zu verwendenden Style-Konstanten können Sie Tabelle 13.4 entnehmen.

| Style-Konstante der Klasse CL_GUI_ALV_GRID | Wirkung |
|---|---|
| MC_STYLE_ENABLED | änderbar |
| MC_STYLE_DISABLED | nicht änderbar |

**Tabelle 13.4** Style-Konstanten für Änderbarkeit auf Zellenebene

### 13.2.7 Globale Tabellen

Dem ALV Control wird zur Anzeige mindestens die Ausgabetabelle IT_OUTTAB übergeben. Zusätzlich haben Sie die Möglichkeit, einen Feldkatalog (IT_FIELDCATALOG), eine Tabelle zur Steuerung der Sortierung (IT_SORT) und eine Tabelle zur Steuerung der Filter (IT_FILTER) zu übergeben.

[!]

**Tabellen global definieren**

Diese Tabellen definieren Sie *immer* global im Programm oder der globalen Klasse, in der die ALV-Instanz verwaltet wird! Lokal definierte Tabellen in einer Anzeigemethode oder FORM-Routine werden nach dem erstmaligen Senden der Daten an das Frontend gelöscht, was zu Programmfehlern bei sämtlichen ALV-Control-Funktionen, wie z.B. dem Sortieren, führt.

### 13.2.8 Verwendung von Ereignissen

Schritte zur Ereignisbehandlung

Um die Ereignisbehandlung der Klasse CL_GUI_ALV_GRID zu nutzen, müssen Sie die folgenden Schritte durchführen. Schritt 1 ist dabei optional.

1. **Zusätzliches Registrieren von Ereignissen**
   Um Ereignisse der Klasse CL_GUI_ALV_GRID zu nutzen, müssen diese Ereignisse dem Control bekannt – d.h. registriert – sein. Die meisten Ereignisse werden bei der Instanzerzeugung der Klasse CL_GUI_ALV_GRID automatisch registriert und können einfach

abgefangen werden (siehe Schritt 2). Über die Methode GET_REGISTERED_EVENTS der Klasse CL_GUI_ALV_GRID können Sie die registrierten Ereignisse auslesen. Einige wenige Ereignisse müssen jedoch manuell registriert werden. Registrieren Sie diese Ereignisse nicht, werden sie nicht ausgelöst.

Da es oft Unklarheiten gibt, welche Ereignisse manuell registriert werden müssen, wollen wir Ihnen hier eine Hilfestellung geben. Die folgenden Ereignisse registrieren Sie manuell über spezielle Methoden der Klasse CL_GUI_ALV_GRID:

- *Reagieren auf Zell-, Spalten- und Zeilenmarkierung*
  Möchten Sie auf das Markieren von Zellen, Spalten oder Zeilen reagieren, verwenden Sie die Methode REGISTER_DELAYED_EVENT der Klasse CL_GUI_ALV_GRID. Deren Ereignisse (siehe Tabelle 13.5) werden ca. 1,5 Sekunden nach dem Markieren im Control ausgelöst. Auch hier können Sie Konstanten der Klasse verwenden, um die Parameterübergabe zu vereinfachen und lesbar zu gestalten.

| Ereignis | Konstante |
|---|---|
| DELAYED_CALLBACK | MC_EVT_DELAYED_MOVE_CURR_CEL |
| DELAYED_CHANGED_SEL_CALLBACK | MC_EVT_DELAYED_CHANGE_SELECT |

**Tabelle 13.5** Ereignisse DELAYED_CALLBACK

- *Reagieren auf Änderungen (änderbarer ALV)*
  Möchten Sie Prüfungen bei editierbarem ALV implementieren, müssen Sie dafür sorgen, dass die Ereignisse DATA_CHANGED und DATA_CHANGED_FINISHED ausgelöst werden. Dazu müssen Sie ein EDIT-Ereignis, d.h. einen Auslöser, über die Methode REGISTER_EDIT_EVENT registrieren. An dieser Stelle können Sie steuern, zu welchem Zeitpunkt der Änderung die Ereignisse ausgelöst werden sollen (siehe Tabelle 13.6).

| Zeitpunkt für Auslösung | Konstante |
|---|---|
| [↵] | MC_EVT_ENTER |
| Wechsel der Zelle | MC_EVT_MODIFIED |

**Tabelle 13.6** Ereignisse für CHANGED_DATA

- *Reagieren auf [F4]-Hilfe einer Zelle*
  Möchten Sie auf das Verwenden der [F4]-Hilfe reagieren, ver-

wenden Sie die Methode REGISTER_F4_FOR_FIELDS. Über den Parameter IT_F4 übergeben Sie die Felder, auf die Sie reagieren möchten.

2. **Definieren von Ereignisbehandler-Methoden**
   Um auf Ereignisse zu reagieren, müssen Sie Methoden als Ereignisbehandler anlegen. Dazu empfehlen wir Ihnen, einmalig ein Interface zu erstellen und dies bei Bedarf zu implementieren. Diesen Schritt setzen wir in Abschnitt 13.3.3, »Erstellen eines Interfaces für die Ereignisbehandlung«, um.
3. **Registrieren der Ereignisbehandler-Methoden**
   Um eine eigene Funktionalität bei Auslösung eines Ereignisses zu implementieren, müssen Methoden als Ereignisbehandler definiert und registriert werden. Das Registrieren der Ereignisbehandler-Methoden muss nach dem Erzeugen des ALV-Objekts erfolgen. Sie registrieren die Ereignisbehandler unmittelbar vor der Anzeige, *vor* Aufruf der Methode SET_TABLE_FOR_FIRST_DISPLAY. Das Registrieren erfolgt über den Befehl SET HANDLER <Methodenname> FOR <ALV-Objekt>.
4. **Implementieren der Ereignisbehandler-Methoden**
   Abschließend müssen Sie die Methoden nach Ihren Anforderungen implementieren.

[!]

**Methoden frühzeitig registrieren**

Registrieren Sie die Ereignisbehandler-Methoden immer *vor* dem Aufruf der Methode SET_TABLE_FOR_FIRST_DISPLAY. Für manche Ereignisse wie z. B. TOOLBAR ist das Registrieren danach zu spät.

## 13.3 Tabellarische Übersicht erstellen

Nachdem wir Sie mit den wichtigsten Grundlagen von ALV Grid Controls vertraut gemacht haben, wollen wir dieses Control nun verwenden, um eine Ticketübersicht für unsere Anwendung zu implementieren. Die Anforderungen an diese Übersicht haben wir in Abschnitt 13.2, »Grundlagen und Vorarbeiten zur Erstellung eines ALV Grid Controls«, beschrieben. Um die Ticketübersicht zu realisieren, erstellen wir in Abschnitt 13.3.2, »Erstellen eines Reports für die Ticketübersicht«, ein Rahmenprogramm mit Selektionsbild. Zur Verwendung des ALV Grids erstellen wir in Abschnitt 13.3.4, »Eigene Klasse als Verschalung des Controls erstellen«, eine globale Klasse als

Verschalung des ALV Grid Controls. Dazu müssen die Selektionsparameter des Rahmenprogramms an die Klasse übergeben werden, wofür wir Ihnen in Abschnitt 13.3.1 eine Lösung vorstellen.

### 13.3.1 Selektionsparameter an Klasse übergeben

Übergabeoptionen

Da Sie im Folgenden eine eigene Klasse als Verschalung des ALV Grid Controls erstellen und diese sich um die Datenbeschaffung kümmert, müssen Sie die Selektionsparameter des Rahmenprogramms an Ihre Klasse übergeben. Um Selektionsparameter eines prozeduralen Reports an eine globale Klasse zu übergeben, gibt es mehrere Möglichkeiten, die alle aufwendig sind. Sie können eine allgemein typisierte Tabelle als Parameter verwenden und dieser im Programm alle `SELECT-OPTIONS` anhängen. Um allerdings diese Optionen in einem `Select` zu verwenden, müssen Sie in der Klasse zuerst lokale Range-Tabellen definieren. Anschließend müssen Sie die Einträge der Parameter-Tabelle den einzelnen Range-Tabellen zuordnen, bevor Sie diese verwenden können.

Übergabestruktur

Wir möchten Ihnen in diesem Abschnitt jedoch eine Alternative vorstellen. Dabei definieren Sie eine globale ABAP-Dictionary-Struktur, die Sie im Programm füllen und als Parameter an die Klasse übergeben. Diese Struktur enthält je `SELECT-OPTION` eine Komponente, die wiederum den jeweiligen Range-Tabellentyp beinhaltet. Darüber hinaus enthält die Struktur je Parameter des Reports eine Komponente. Abbildung 13.5 veranschaulicht diese Struktur.

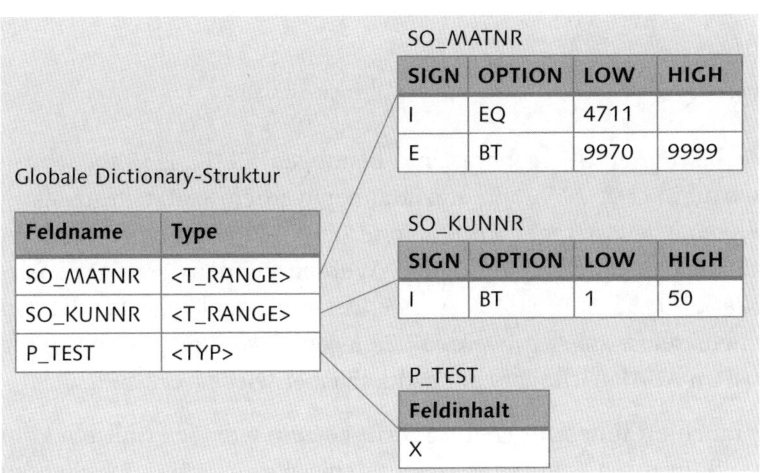


**Abbildung 13.5** Aufbau der Übergabestruktur

**Vorteile der Übergabestruktur**

Mit der Übergabestruktur haben Sie eine feste Schnittstelle der Klasse definiert. Benötigen Sie später einen weiteren Selektionsparameter, müssen Sie nur ein neues Feld in der Struktur hinzufügen und dieses füllen (siehe Abbildung 13.6).

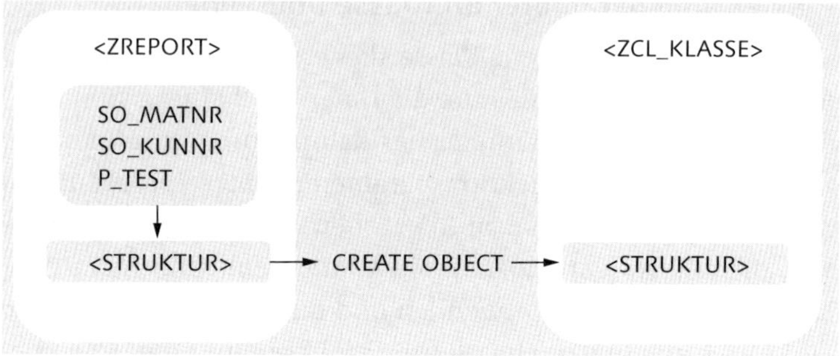


**Abbildung 13.6** Nutzung der Übergabestruktur

Ein weiterer Vorteil gegenüber der ersten Übergabevariante besteht darin, dass Sie die einzelnen Komponenten der Struktur in der Klasse mit einem `SELECT` ansprechen können und alle Selektionsparameter gebündelt in einer Struktur verwalten können, wie in Listing 13.2 zu sehen.

```
SELECT *
  FROM <tabelle>
  INTO CORRESPONDING FIELDS OF TABLE <lokale tabelle>
  WHERE matnr IN <struktur>-so_matnr
    AND kunnr IN <struktur>-so_kunnr.
IF sy-subrc = 0.
AND <struktur>-p_test IS INITIAL.
  ...
ENDIF.
```

**Listing 13.2** Selektion mit Parametern der Übergabestruktur

**Range-Tabellen**

Auch bei dieser Übergabevariante benötigen Sie Range-Tabellen, in denen die `SELECT-OPTIONS` aufgenommen werden. SAP stellt standardmäßig eine gewisse Zahl vordefinierter Range-Tabellentypen für Standarddatenelemente zur Verfügung. Werden kundeneigene Datenelemente für die `SELECT-OPTIONS` verwendet, muss der Range-Tabellentyp ebenfalls selbst angelegt werden. Sie legen diesen Range-Tabellentyp global im ABAP Dictionary an, dadurch ist er wiederverwendbar.

Wir möchten Ihnen im ersten Schritt zeigen, wie Sie ermitteln können, ob für Ihren benötigten Datentyp bereits ein Range-Tabellentyp existiert.

**Existierende Range-Tabellentypen ermitteln**

Dazu rufen Sie Transaktion SE16 auf und hier die Tabelle DD40L. In dieser Tabelle sind alle Tabellentypen des ABAP Dictionarys abgelegt, auch die Range-Tabellentypen. Über das Feld RANGE_CTYP können Sie prüfen, ob es zum gewünschten Datenelement bereits einen Range-Tabellentyp gibt. Dazu tragen Sie dort einfach den Namen des Datenelementes ein und führen die Selektion aus. Für unser Beispiel prüfen Sie, ob ein Range-Tabellentyp für das Datenelement MATNR (Material) existiert (siehe Abbildung 13.7). Da in der Ticketanwendung nur kundeneigene Datenelemente verwendet werden und es dazu keine SAP-Standard-Range-Tabellentypen geben kann, verwenden wir hier ein anderes kurzes Beispiel zur Verdeutlichung der Vorgehensweise. In Abbildung 13.8 sehen Sie, dass es für dieses Datenelement bereits einige Range-Tabellentypen gibt.

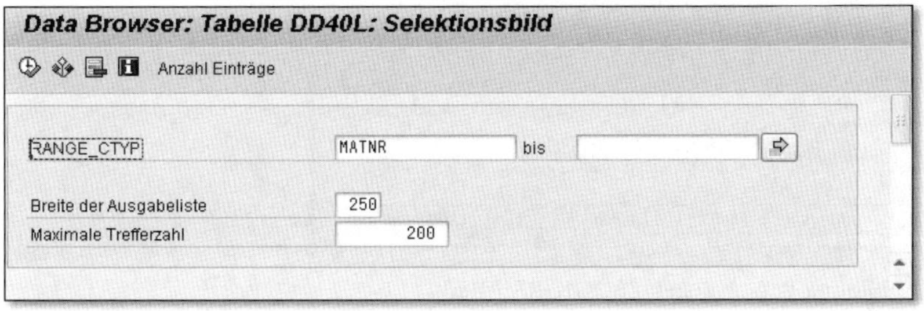


Abbildung 13.7 Parameter RANGE_CTYP über DD40L

**Data Browser: Tabelle DD40L 21 Treffer**

| TYPENAME | AS4LOCAL | ACTFLAG | ROWTYPE | RANGE_CTYP | DDTEXT |
|---|---|---|---|---|---|
| CFB_T_MATNR_RANGE | A | | CFB_S_MATNR_RANGE | MATNR | Rangetabelle zum Datenelement MATNR |
| CURTO_MATNR_RANGE_T | A | | CURTO_MATNR_RANGE | MATNR | Rangetabelle MATNR |
| FIP_T_BAL_MAT_ID_RANGE | A | | FIP_S_BAL_MAT_ID_RANGE | MATNR | |
| FIP_T_MATNR_RANGE | A | | FIP_S_MATNR_RANGE | MATNR | |
| FRE_RANGE_T_MATNR | A | | FRE_RANGE_S_MATNR | MATNR | |
| ISM_MATNR_RANGE_TAB | A | | ISM_MATNR_RANGE | MATNR | IS-M: Rangetabelle für Materialien |
| ISM_MEDPRODFAM_RANGE_TAB | A | | ISM_MEDPRODFAM_RANGE | MATNR | IS-M: Tabellentyp Range für Versandauftragsnummer |
| MDS_MATNR_RANGE_TAB | A | | MDS_MATNR_RANGE_TYPE | MATNR | Rangetabellentyp für Material |
| MD_RANGE_T_MATNR | A | | RANGE_S_MATNR | MATNR | Rangetabelle für Materialnummer |
| MMPUR_T_MATNR | A | | MMPUR_S_MATNR | MATNR | |
| MSR_T_INSP_MATNR_RANGE | A | | MSR_S_INSP_MATNR_RANGE | MATNR | |
| OIRE_MATNR_RANGE_TT | A | | ROIRE_MATNR_RANGE | MATNR | Tabellentyp für Material-Nummernkreise |
| RANGES_MATNR | A | | RANGE_MATNR | MATNR | Range für Material |
| RANGE_T_MATNR | A | | RANGE_S_MATNR | MATNR | Rangetabelle für Datenelement MATNR |
| RNRANGEMMATNR_T | A | | RNRANGEMMATNR | MATNR | IS-H MM: Range-Tabellentyp Materialnummer |
| ROIJ_MATNR_RTAB | A | | ROIJ_MATNR_RSTR | MATNR | Bereichstabelle, Selektion - MATNR |
| SMB_UIE_RANGES_MATNR | A | | SMB_UIE_RANGE_MATNR_LT | MATNR | |
| WPOCS_MATNR_RANGE_TAB | A | | WPOCS_MATNR_RANGE | MATNR | Rangetabelle für Material |
| WRF_PBAS_MATNR_RTTY | A | | WRF_PBAS_MATNR_RSTY | MATNR | Selektionsbildschirm Artikel |
| WRF_REF_MATNR_RTTY | A | | WRF_REF_MATNR_RSTY | MATNR | Range-Tabelle für MATNR |
| WTYSC_SERMAT_RANGE_TAB | A | | WTYSC_WWB_S_MATNR | MATNR | Wertebereichstabelle für SERMAT |

Abbildung 13.8 Range-Tabellentypen für MATNR

**Range-Tabellentyp erstellen**

Existiert bereits ein Range-Tabellentyp, können Sie diesen aus der Spalte TYPENAME entnehmen. Existieren mehrere Tabellentypen, wählen Sie die Variante mit einer allgemeinen Bezeichnung wie z.B. RANGE_T_MATNR. Range-Tabellen sind Standardtabellen, für deren Tabellentypen die Zugriffsart vorgegeben ist. Falls noch kein Range-Tabellentyp existiert, erstellen Sie diesen wie folgt:

1. Rufen Sie Transaktion SE11 auf (siehe Abbildung 13.9).

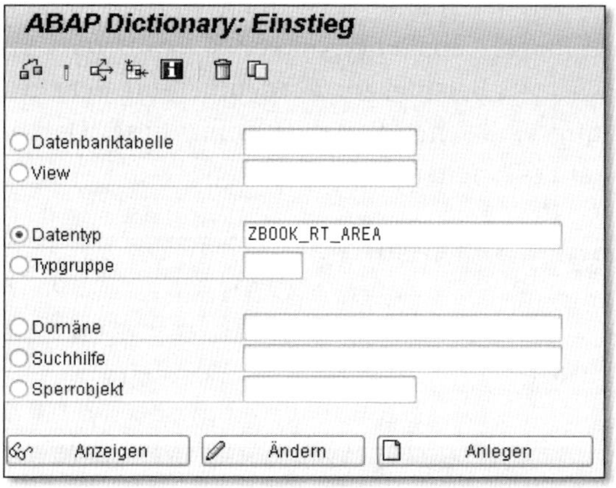


**Abbildung 13.9** Anlegen ZBOOK_RT_AREA

2. Tragen Sie ZBOOK_RT_AREA als Datentyp ein, und wählen Sie ANLEGEN.
3. Wählen Sie wie in Abbildung 13.10 den Typ TABELLENTYP.

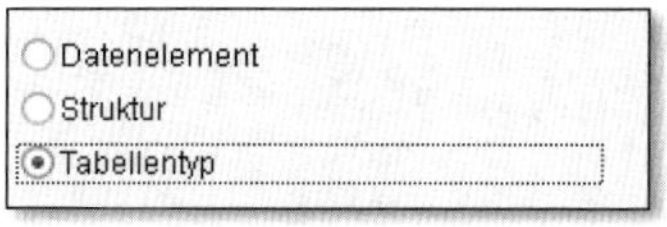


**Abbildung 13.10** Typisierung

4. Wählen Sie dann im Menü BEARBEITEN • ALS RANGES-TABELLENTYP DEFINIEREN.
5. Auf der Registerkarte ZEILENTYP fügen Sie, wie in Abbildung 13.11 gezeigt, das DATENELEMENT ZBOOK_AREA ein und tragen im Feld STRUKTURIERTER ZEILENTYP einen neuen Namen für Ihre Struktur ein: ZBOOK_RS_AREA. Die Struktur wird im Folgenden automatisch angelegt.

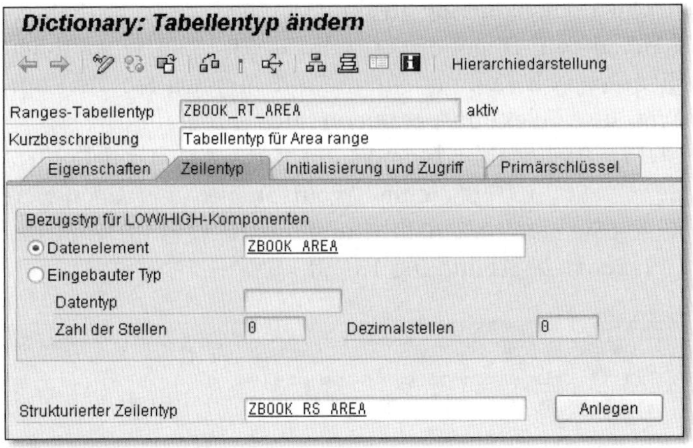


**Abbildung 13.11** Typisierung ZBOOK_RT_AREA

6. Speichern Sie den Tabellentyp. Aktivieren Sie ihn jedoch noch nicht!
7. Klicken Sie auf den Button ANLEGEN. Es wird automatisch eine Range-Struktur zu dem von Ihnen eingegebenen Datenelement mit den Komponenten `SIGN`, `OPTION`, `LOW` und `HIGH` angelegt (siehe Abbildung 13.12).
8. Tragen Sie dort eine Kurzbeschreibung ein.

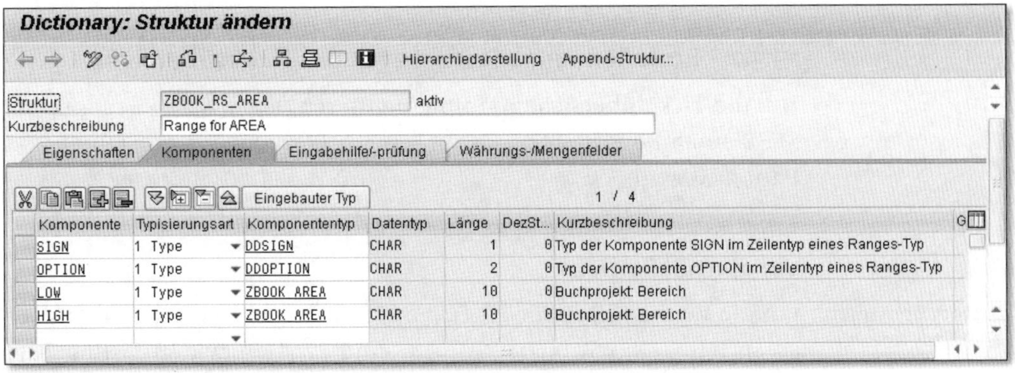


**Abbildung 13.12** Range-Struktur ZBOOK_RS_AREA

Sichern Sie die Struktur, und gehen Sie zurück. Aktivieren Sie die Änderungen. So gehen Sie mit allen `SELECT-OPTIONS` vor, die Sie der Klasse `ZCL_BOOK_TICKET_OVERVIEW` übergeben möchten.

**Struktur ZBOOK_TICKET_SO_RANGES**

Im nächsten Schritt legen Sie die Struktur ZBOOK_TICKET_SO_RANGES im ABAP Dictionary an. Tragen Sie dort die SELECT-OPTIONS mit den Range-Tabellentypen als Komponenten ein. Benennen Sie die Komponenten wie die Selektionsparameter des Programms ZBOOK_TICKET_OVERVIEW (siehe Abbildung 13.25). Dem ALV Grid Control soll neben den SELECT-OPTIONS eine Layoutvariante übergeben werden, daher fügen Sie eine zusätzliche Komponente VARIANT vom Typ DISVARIANT hinzu (siehe Abbildung 13.13).

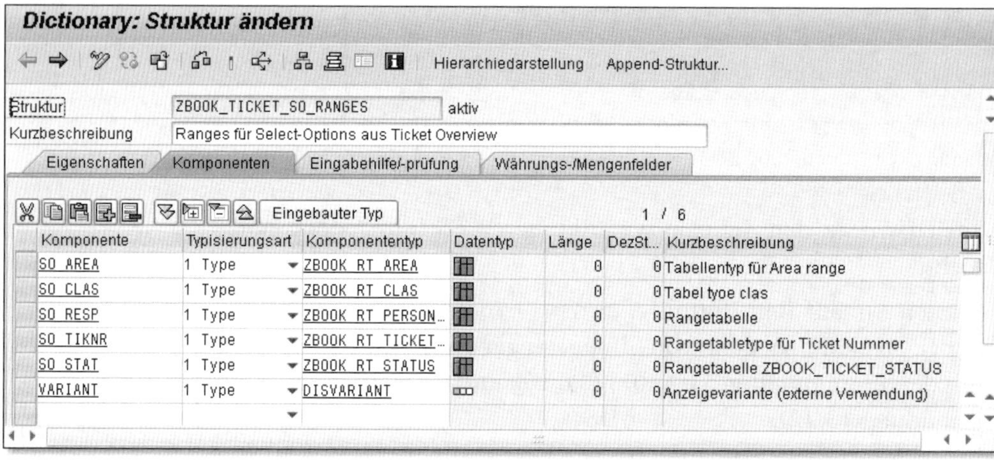


**Abbildung 13.13** Struktur ZBOOK_RS_AREA

### 13.3.2 Erstellen eines Reports für die Ticketübersicht

Um die Ticketübersicht zu implementieren, legen Sie in Transaktion SE38 einen Report ZBOOK_TICKET_OVERVIEW vom Typ Ausführbares Programm an.

#### Variablendefinition

**Custom Container zur Anzeige**

Für die Verwendung der SELECT-OPTIONS legen Sie die globalen Variablen GV_TIKNR, GV_AREA, GV_CLAS und GV_RESP wie in Listing 13.3 an. Für die Anzeige des ALV Grid Controls wählen wir einen Custom Container und definieren die Referenzvariable GR_CUSTOM_CONT. Definieren Sie außerdem eine Referenzvariable der Klasse ZCL_BOOK_TICKET_OVERVIEW, eine Struktur, um die Selektionsparameter aufzunehmen (siehe Abschnitt 13.3.1, »Selektionsparameter an Klasse übergeben«), sowie eine Variable zur Verarbeitung des OK-Codes bei der Dialogverarbeitung (siehe Listing 13.3).

```
DATA: gv_tiknr TYPE zbook_ticket_nr,
      gv_area  TYPE zbook_area,
      gv_clas  TYPE zbook_clas,
      gv_resp  TYPE zbook_person_repsonsible,
      gv_stat  type zbook_ticket_status.
DATA: gr_custom_cont TYPE REF TO cl_gui_custom_container,
      gr_book_ticket TYPE REF TO zcl_book_ticket_overview,
      gs_selection   TYPE        zbook_ticket_so_ranges,
      ok_code        TYPE        sy-ucomm.
```

**Listing 13.3** Variablendefinition

### Selektionsbild

Um die Selektionsparameter zu definieren, nutzen Sie den Befehl SELECT-OPTIONS. Dieser Befehl sorgt dafür, dass im Hintergrund automatisch ein Dynpro für das Selektionsbild generiert wird. Der Befehl SELECTION-SCREEN BEGIN OF BLOCK WITH FRAME sorgt dafür, dass die Selektionsparameter optisch in einem Rahmen zusammengefasst werden. Der Zusatz TITLE bewirkt, dass für diesen Block eine Überschrift angezeigt werden kann. Der Befehl SELECTION-SCREEN SKIP 1 sorgt dafür, dass eine Leerzeile zwischen den Selektionsparametern eingefügt wird. Dies lockert das Selektionsbild auf. Den Parameter P_VARI verwenden wir, um über das Selektionsbild später die Layoutvariante des ALV Grid Controls vorzubelegen.

```
SELECTION-SCREEN BEGIN OF BLOCK sel
WITH FRAME TITLE text-001.
  SELECT-OPTIONS: so_tiknr FOR gv_tiknr,
                  so_area  FOR gv_area,
                  so_clas  FOR gv_clas,
                  so_resp  FOR gv_resp,
                  so_stat  FOR gv_stat.
SELECTION-SCREEN END OF BLOCK sel.
SELECTION-SCREEN SKIP 1.
PARAMETERS: p_vari LIKE gs_selection-variant-variant.
```

**Listing 13.4** Selektionsbild erzeugen

**Bezeichner für Parameter**

Damit auf dem Selektionsbild ein passender sprechender Bezeichner der Parameter angezeigt wird, müssen Sie diesen definieren. Wählen Sie dazu Springen • Textelemente • Selektionstexte. Dort können Sie manuell Texte hinzufügen oder, wie in unserem Fall, das Häkchen bei Dictionary Referenz setzen (siehe Abbildung 13.14). Über dieses Kennzeichen werden die Selektionstexte aus den Datenelementen verwendet. Nutzen Sie keine Dictionary-Referenz, müssen Sie manuell einen Text eintragen.

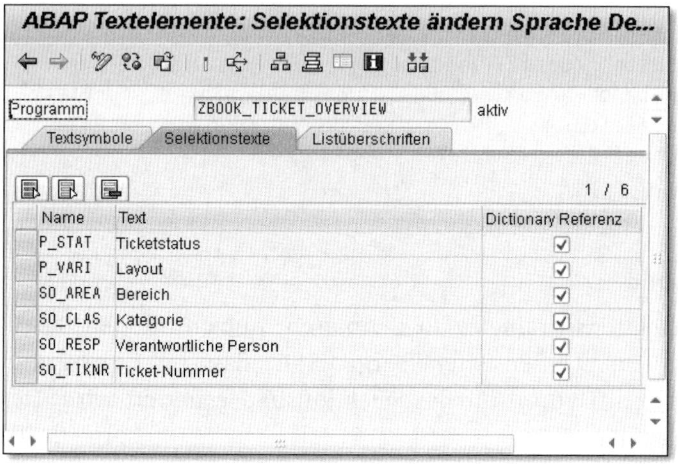


Abbildung 13.14 Selektionstexte

Selektionsbild implementieren

Das Ergebnis sollte aussehen wie in Abbildung 13.15 dargestellt.

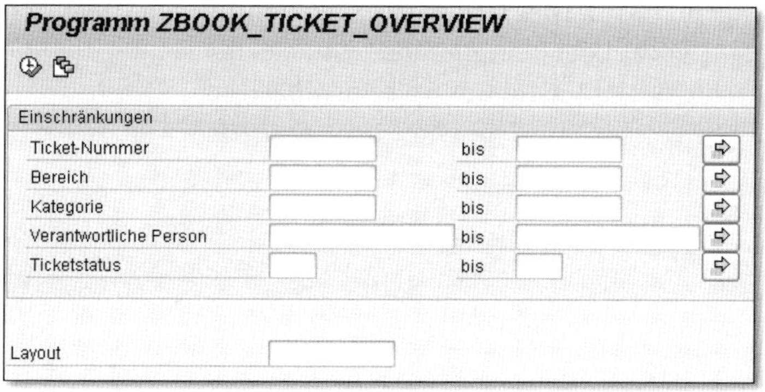


Abbildung 13.15 Selektionsbild

### Ereignisse des Rahmenprogramms

F4-Hilfe für den Parameter »Layout«

Um eine F4-Hilfe für den Parameter LAYOUT zu realisieren, verwenden Sie das Ereignis `AT SELECTION-SCREEN` mit dem Zusatz `ON VALUE-REQUEST FOR <PARAMETER>` wie in Listing 13.5.

```
AT SELECTION-SCREEN ON VALUE-REQUEST FOR p_vari.
  PERFORM value_request.
```

Listing 13.5 Ereignis AT SELECTION-SCREEN

Das Ereignis AT SELECTION-SCREEN wird ausgelöst, wenn der Anwender die [F4]-Hilfe für das Feld P_VARI anfordert. In der FORM-Routine VALUE_REQUEST (siehe Listing 13.6) wird über den Funktionsbaustein REUSE_ALV_VARIANT_F4 ein Pop-up-Fenster mit allen zu diesem Report existierenden ALV-Layouts geöffnet, in dem der Anwender die gewünschte Variante per Doppelklick auswählen kann. Übergeben Sie dem Baustein den aktuellen Reportnamen über die Struktur VARIANT, die Sie in der Selektionsstruktur in Abschnitt 13.3.1, »Selektionsparameter an Klasse übergeben«, eingebettet haben. Diese Struktur wurde einmalig zum Zeitpunkt INITIALIZATION des Programms gefüllt. Die ausgewählten Daten der Layoutvariante übernehmen Sie in dieselbe Struktur. Dadurch können die Daten später einfach in die Klasse übergeben werden. Als Letztes sorgen Sie dafür, dass der Variantenname VARIANT der Struktur VARIANT im Selektionsparameter P_VARI angezeigt wird.

```
FORM value_request.
  CALL FUNCTION 'REUSE_ALV_VARIANT_F4'
    EXPORTING
      is_variant = gs_selection-variant
      i_save     = 'A'
    IMPORTING
      es_variant = gs_selection-variant
    EXCEPTIONS
      not_found  = 2.
    p_vari = gs_selection-variant-variant.
  ENDIF.
ENDFORM.
```

**Listing 13.6** Routine VALUE_REQUEST

[«]

**Variante und Layout**

In diesem Zusammenhang werden die Begriffe Variante und Layout häufig verwechselt. Wenn der Begriff *Layout* verwendet wird, ist hier immer die Rede von einem ALV-Layout, auch wenn der Funktionsbaustein REUSE_ALV_VARIANT_F4 heißt. Wird der Begriff *Variante* verwendet, ist immer die Rede von Selektionsvarianten.

**Selektionsvariante automatisch laden**

Um eine Selektionsvariante des Programms automatisch vorzubelegen, implementieren Sie das Coding aus Listing 13.7 zum Zeitpunkt INITIALIZATION. Rufen Sie den Funktionsbaustein RS_SUPPORT_SELECTIONS unter Angabe des Reportnamens auf, und übergeben Sie die gewünschte Variante. In Listing 13.7 wird, sobald das Programm aufgerufen wird, die Selektionsvariante /STD des Programms verwendet, die Sie zuvor einmal manuell anlegen müssen. Um die notwendigen Informationen zur Verwendung von ALV-Layouts zu setzen, übergeben Sie einmal den Reportnamen und den aktuellen Benutzer an die Struktur VARIANT der Selektionsstruktur.

```
DATA gs_selection TYPE zbook_ticket_so_ranges.
INITIALIZATION.
  CALL FUNCTION 'RS_SUPPORT_SELECTIONS'
    EXPORTING
      report                = sy-repid
      variant               = '/STD'
    EXCEPTIONS
      variant_not_existent = 1
      variant_obsolete     = 2
      OTHERS               = 3.
  gs_selection-variant-report   = sy-repid.
  gs_selection-variant-username = sy-uname.
```

**Listing 13.7** Zeitpunkt INITIALIZATION

[+]

**Systemvariable SY-CPROG oder SY-REPID?**

Die Verwendung von Systemfeldern kann unerwünschte Reaktionen hervorrufen. Dies trifft in Releases vor AS ABAP 6.10 auch auf die Übergabe der Systemvariable SY-REPID an einen Funktionsbaustein zu: In SY-REPID steht das aktuell aktive Programm. In dem Funktionsbaustein wird die Systemvariable daher sofort bei Ausführung des Funktionsbausteins auf den Namen des Rahmenprogramms der Funktionsgruppe gesetzt. Bei der Übergabe der Systemvariablen an Methoden ist das nicht der Fall.

Im Gegensatz zu SY-REPID behält die Systemvariable SY-CPROG immer den Namen des zuerst gestarteten Programms. SY-CPROG kann also gefahrlos an Funktionsbausteine übergeben werden, wenn dem Baustein der Name des Aufrufers mitgeteilt werden muss.

Ab Release AS ABAP 6.10 hat sich dieses Verhalten geändert. Es wird nun nicht mehr der Name des Rahmenprogramms des Aufrufers gesetzt, sondern der des Rahmenprogramms der Prozedur. Ab Release 6.10 können Sie also die Systemvariable SY-REPID auch für Funktionsbausteine verwenden.

Zeitpunkt START-OF-SELECTION

Zum Zeitpunkt START-OF-SELECTION füllen Sie die globale Struktur GS_SELECTION mit den Selektionsparametern, um diese später an die Klasse zu übergeben, die wir in Abschnitt 13.3.4, »Eigene Klasse als Verschalung des Controls erstellen«, erstellen. Verwenden Sie Dynpro 100 für die Anzeige des ALV Grids.

[«]

**Übergeben der SELECT-OPTIONS an die Struktur**

Bedenken Sie, dass ein Selektionsparameter, den Sie mit `SELECT-OPTIONS` definiert haben, eine interne Range-Tabelle *mit Kopfzeile* ist. Da Tabellen mit Kopfzeilen obsolet sind, wurden die Range-Tabellen der Struktur `GS_SELECTION` als Standardtabelle ohne Kopfzeile definiert. Für die Verwendung des Befehls `SELECT-OPTIONS` benötigen Sie nur den Tabellenkörper. Um diesen *Body* an die Tabelle `SO_TIKNR` zu übergeben, verwenden Sie die eckigen Klammern `[]`. Auf diese Weise wird nur der Inhalt der Tabelle angesprochen und übertragen (siehe Listing 13.8).

```
gs_selection-so_tiknr = so_tiknr[].
gs_selection-so_area  = so_area[].
gs_selection-so_clas  = so_clas[].
gs_selection-so_resp  = so_resp[].
gs_selection-so_stat  = so_stat[].
CALL SCREEN 0100.
```

**Listing 13.8** START-OF-SELECTION

## Dynpro 100 anlegen

Legen Sie das Dynpro 100 per Doppelklick auf die Dynpro-Nummer an. Tragen Sie einen Namen im Feld KURZBESCHREIBUNG ein (siehe Abbildung 13.16).

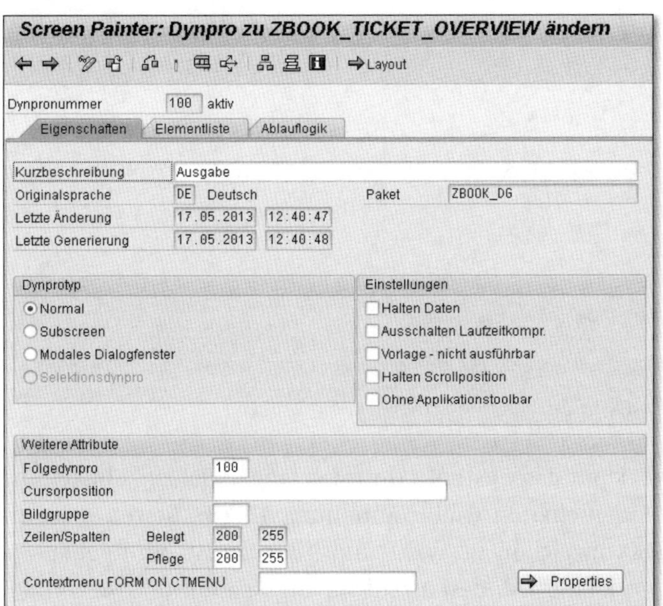


**Abbildung 13.16** Dynpro 100 anlegen

[»] **Anzeige größerer Controls**

Möchten Sie Controls wie z. B. das ALV Grid Control im Vollbild anzeigen, definieren Sie das Dynpro auf Maximalgröße: 200 Zeilen und 255 Spalten. Auf diese Weise stellen Sie sicher, dass das Control, abhängig von Auflösung und Monitorgröße des Benutzers, immer im vollen Anzeigeumfang dargestellt wird.

Dynpro-Layout

Über den Screen Painter definieren Sie einen Custom Container CCONT (siehe Abbildung 13.17). Da wir das ALV Grid Control im Vollbildmodus anzeigen möchten, ziehen Sie den Container über das gesamte Dynpro.

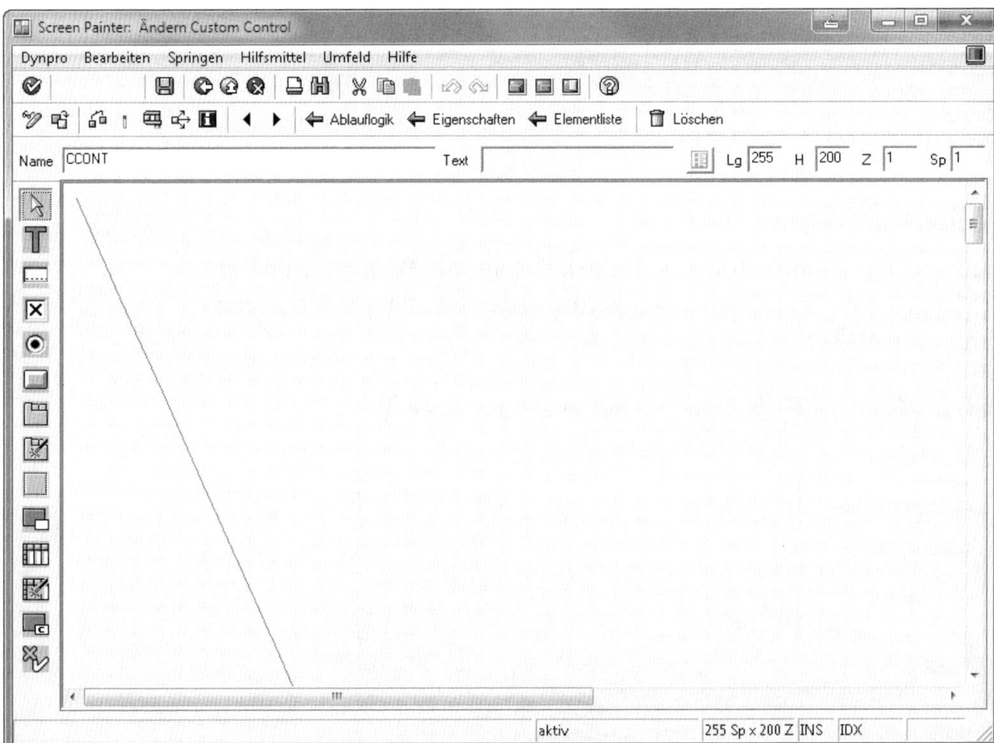


Abbildung 13.17 Dynpro-Layout im Screen Painter festlegen

Resizing

Per Doppelklick auf das Custom Control gelangen Sie zur Einstellung der Control-Eigenschaften (siehe Abbildung 13.18). Setzen Sie dort die RESIZING-Kennzeichen VERTIKAL und HORIZONTAL, und geben Sie eine möglichst kleine Mindestanzahl für die Spalten und Zeilen an.

Über die Angabe der Mindestanzahl an Spalten und Zeilen wird die Mindestgröße des Custom Controls festgelegt. Erst wenn der Anwender das Fenster auf diese Größe verkleinert, steuert das Custom Control, neben dem Scrollbalken des SAP GUIs, einen eigenen Scrollbalken hinzu. Durch das Resizing mit einer kleinen Zeilen- und Spaltenangabe erreichen Sie, dass der Anwender jeden Teil des Controls und des gesamten Dynpros über einen Scrollbalken erreichen kann.

Elementliste Dynpro 100

In der ELEMENTLISTE des Dynpros 100 tragen Sie den Variablennamen »OK_CODE« ein, dessen Variable Sie zuvor im Abschnitt »Variablendefinition« global im Programm definiert haben (siehe Abbildung 13.19). In dieser Variablen wird das Dynpro die entsprechenden Funktionscodes ablegen.

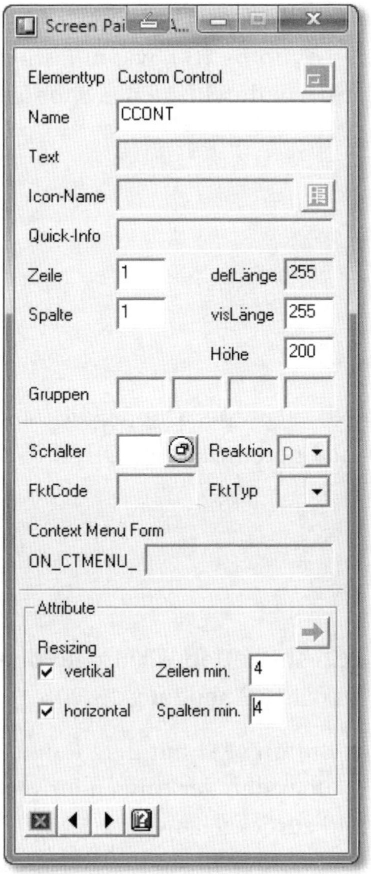


**Abbildung 13.18** Attribute des Custom Controls

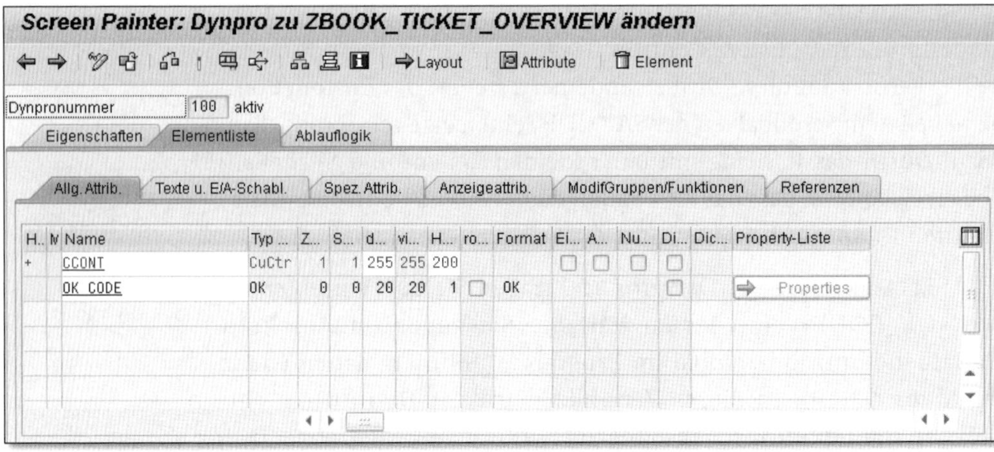


Abbildung 13.19 Elementliste des Dynpros 100

**Ablauflogik Dynpro 100**

Implementieren Sie die Ablauflogik des Dynpros 100, wie in Listing 13.9 gezeigt. Die Implementierung der darin durchlaufenen Module erfolgt im Anschluss.

```
PROCESS BEFORE OUTPUT.
  MODULE status_0100.
  MODULE output.
PROCESS AFTER INPUT.
  MODULE user_command_0100.
```

Listing 13.9 Ablauflogik des Dynpros 100

**Modul Status_0100**

Im PBO erstellen Sie das Modul STATUS_0100 per Doppelklick auf den Modulnamen. In Listing 13.10 definieren Sie den GUI-Status STATUS100:

```
SET PF-STATUS 'STATUS100'.
```

Listing 13.10 Modul STATUS_0100

Legen Sie den GUI-Status wiederum mit einem Doppelklick auf den Namen STATUS100 als Dialogstatus an (siehe Abbildung 13.20).

Definieren Sie nur den grünen Zurück-Button () mit dem Funktionscode BACK (siehe Abbildung 13.21), über den der Anwender von der Ticketübersicht in das Selektionsbild zurückgelangt.

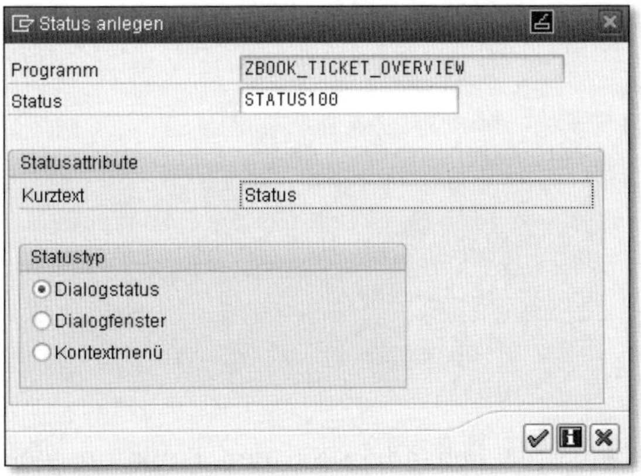


**Abbildung 13.20** Status anlegen

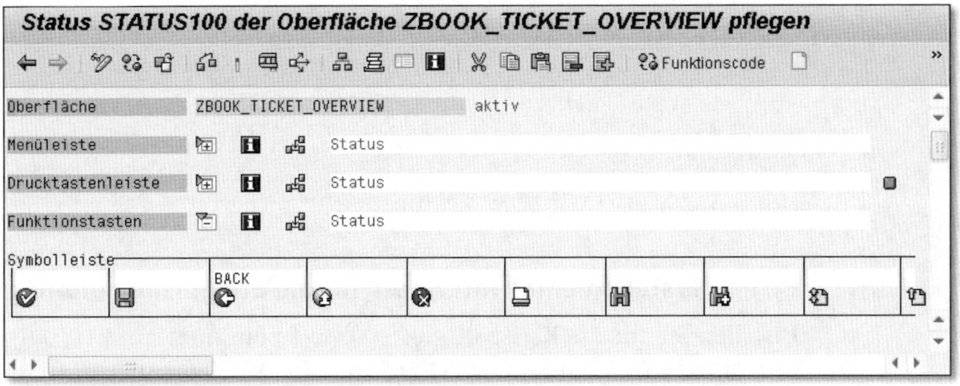


**Abbildung 13.21** GUI-Status zum Dynpro 100

Modul OUTPUT

Implementieren Sie das Modul `OUTPUT` zur Anzeige des ALV Grids wie in Listing 13.11. Prüfen Sie, ob bereits eine Instanz des Custom Containers `GR_CUSTOM_CONT` erzeugt wurde. Ist noch keine Instanz erzeugt, verwenden Sie den Befehl `CREATE OBJECT`, um ein Objekt des Custom Containers zu erzeugen. Verwenden Sie die Methode `GET_INSTANCE` der Klasse `ZCL_BOOK_TICKET_OVERVIEW`, um das ALV Grid Control anzuzeigen. Da die Klasse sich eigenständig um die Datenbeschaffung kümmert und über das Singleton-Pattern nur eine Anzeigeinstanz des ALVs erzeugt wird, müssen Sie sich beim Aufruf um nichts weiter kümmern. Sie übergeben nur den Custom Container `GR_CUSTOM_CONT` und die Selektions- und Steuerungsparameter über die Struktur `GS_SELECTION`.

```
MODULE output OUTPUT.
  IF gr_custom_cont IS NOT BOUND.
    CREATE OBJECT gr_custom_cont
      EXPORTING
        container_name = 'CCONT'.
  ENDIF.
  gr_book_ticket = zcl_book_ticket_overview=>get_instance(
       ir_cont      = gr_custom_cont
       is_selection = gs_selection ).
ENDMODULE.
```

**Listing 13.11** Modul OUTPUT

Modul USER_COMMAND_0100

Im Modul USER_COMMAND_0100 behandeln Sie den Funktionscode BACK (siehe Listing 13.12).

```
MODULE user_command_0100 INPUT.
  CASE ok_code.
    WHEN 'BACK'.
      SET SCREEN 0.
      LEAVE SCREEN.
  ENDCASE.
ENDMODULE.
```

**Listing 13.12** Modul USER_COMAND_0100

### 13.3.3 Erstellen eines Interfaces für die Ereignisbehandlung

Erstellen Sie für die Klasse CL_GUI_ALV_GRID ein Interface ZIF_GUI_ALV_GRID über Transaktion SE24, um die Implementierung von Ereignisbehandler-Methoden zu vereinfachen.

Ereignisbehandler-Methoden definieren

Definieren Sie, wie in Kapitel 9, »Mit Tree Controls arbeiten«, beschrieben, für jedes PUBLIC-Ereignis der Klasse CL_GUI_ALV_GRID eine Ereignisbehandler-Methode.

[»]

**Obsolete Parameter**

Beachten Sie, dass einige Parameter der Ereignisse obsolet geworden sind. In folgenden Ereignissen ist der Parameter E_ROW nach SAP ERP-Release 4.6C obsolet:

- DOUBLE_CLICK
- HOTSPOT_CLICK
- ONDRAG
- ONDROP
- ONDROPCOMPLETE
- ONDROPGETFLAVOR

### 13.3.4 Eigene Klasse als Verschalung des Controls erstellen

Klasse ZCL_BOOK_TICKET_OVERVIEW

Generell empfehlen wir, eine eigene Klasse als Verschalung für die Control-Klasse `CL_GUI_ALV_GRID` zu erstellen. In dieser Klasse kann wie in Abschnitt 9.2, »Einheitliches Interface anlegen«, beschrieben, ein einheitliches Interface für die Ereignisbehandlung verwendet werden. Dies erspart Ihnen im Laufe der Zeit eine Menge Arbeit, da Sie über das Interface die Ereignisbehandler-Methoden schnell und einfach per Doppelklick implementieren können.

1. Im ersten Schritt legen Sie die Klasse `ZCL_BOOK_TICKET_OVERVIEW` über Transaktion SE24 an (siehe Abbildung 13.22) und definieren die Instanziierung als PRIVATE, da wir hier ein leicht abgewandeltes Singleton-Pattern verwenden und die Instanziierung nur über eine statische Methode erlauben.
2. Markieren Sie die Klasse außerdem als FINAL. Da diese Klasse sehr spezifisch ist, soll davon nicht abgeleitet werden.
3. Fügen Sie im Bereich VORWÄRTSDEKLARATIONEN die Typgruppe `ICON` hinzu. Das ermöglicht es Ihnen, Icons über deren Namen anzusprechen.

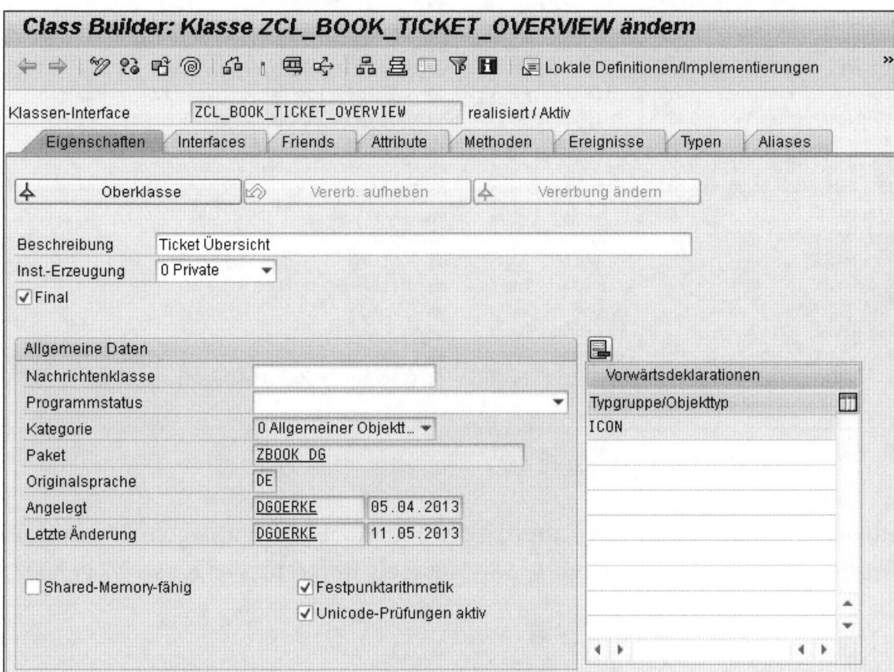


**Abbildung 13.22** Klasse ZCL_BOOK_TICKET_OVERVIEW

4. Auf der Registerkarte INTERFACES tragen Sie das in Abschnitt 13.3.3, »Erstellen eines Interfaces für die Ereignisbehandlung«, erstellte Interface »ZIF_GUI_ALV_GRID« ein.

Nun sind alle Ereignisbehandler-Methoden verfügbar und können bei Bedarf einfach per Doppelklick implementiert werden (siehe Abbildung 13.23).

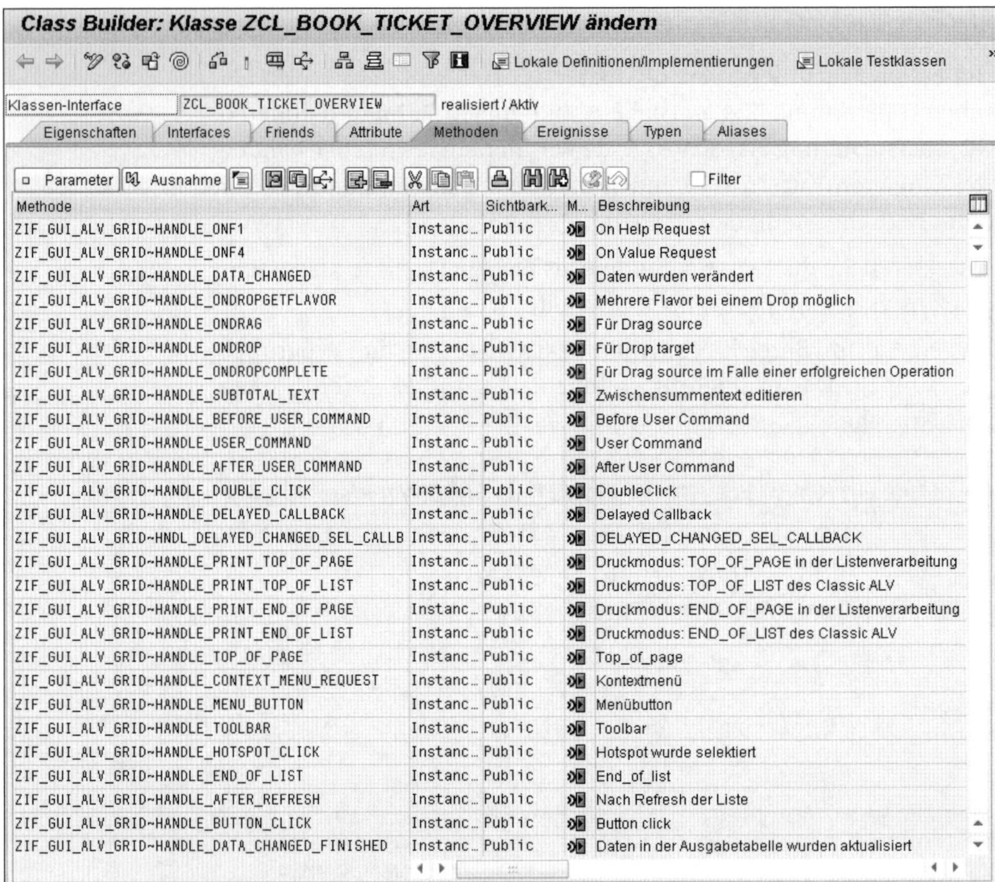


**Abbildung 13.23** Übersicht der Ereignisbehandler-Methoden

**Instanzattribut anlegen** Um das Singleton-Pattern verwenden zu können, legen Sie ein statisches Instanzattribut `R_INSTANCE` als Referenz der Klasse `ZCL_BOOK_`

TICKET_OVERVIEW an. Dieses Attribut beinhaltet die einzige Instanz dieser Klasse.

Die weiteren Attribute der Klasse ZCL_BOOK_TICKET_OVERVIEW legen Sie mit den Einstellungen aus Abbildung 13.24 an.

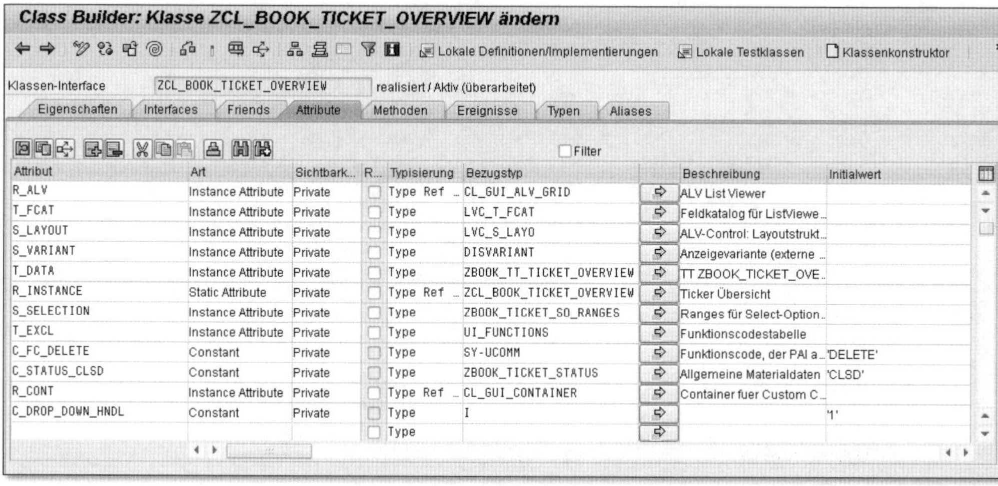

Abbildung 13.24 Attribute der Klasse ZCL_BOOK_TICKET_OVERVIEW

## 13.3.5 Dictionary-Struktur für die ALV-Anzeige anlegen

Zur Implementierung einer ALV-Ausgabe empfehlen wir Ihnen das Anlegen einer eigenen Ausgabestruktur im ABAP Dictionary. Auf diese Weise haben Sie später die Wahl, einen eigenen Feldkatalog über den Funktionsbaustein LVC_FIELDCATALOG_MERGE zu erstellen oder den Strukturnamen zu übergeben und einen automatischen Feldkatalog erzeugen zu lassen.

**Ausgabestruktur ZBOOK_TICKET_OVERVIEW**

Legen Sie in Transaktion SE11 eine neue Struktur ZBOOK_TICKET_OVERVIEW an. In diese Struktur übernehmen Sie alle Komponenten, die über das ALV Grid Control angezeigt werden sollen (siehe Abbildung 13.25). Neben den Ausgabefeldern fügen Sie eine Komponente T_STYLE vom Typ LVC_T_STYL hinzu. Diese Tabelle wird später für die Verwendung der Styles genutzt. Aktivieren Sie die Struktur, um sie verwenden zu können.

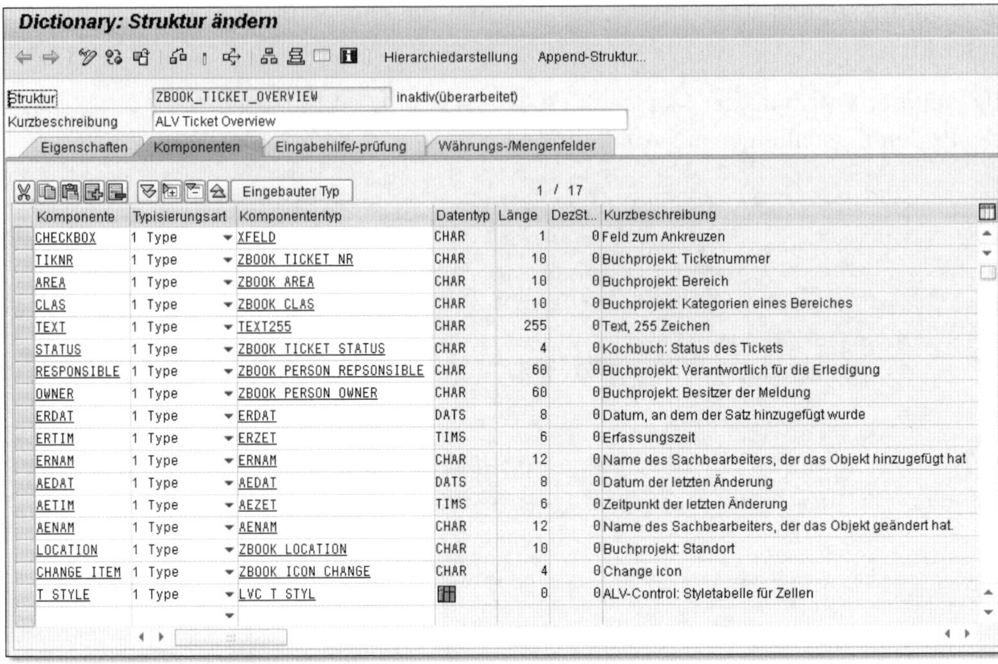


**Abbildung 13.25** Ausgabestruktur

### 13.3.6 Methoden anlegen und implementieren

Als Nächstes müssen Sie die Methoden der Klasse `ZCL_BOOK_TICKET_OVERVIEW` implementieren.

*Anlegen der Methode GET_INSTANCE*

Legen Sie zuerst die statische öffentliche Methode `GET_INSTANCE` an. Definieren Sie die Parameter wie in Abbildung 13.26 dargestellt.

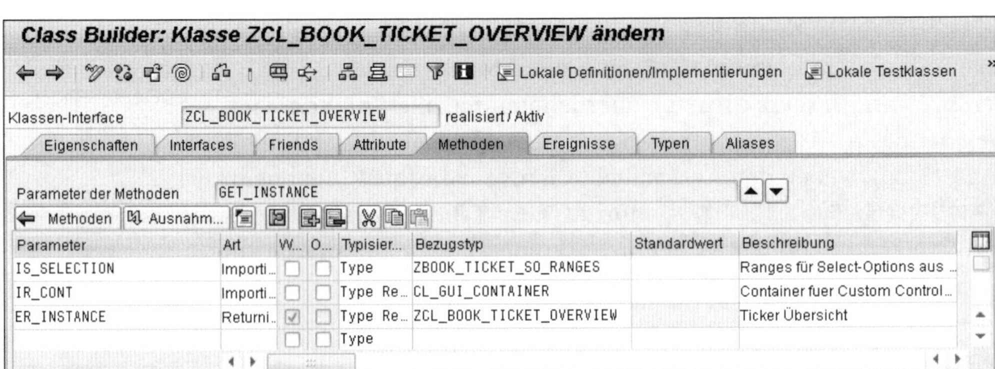


**Abbildung 13.26** Parameter der Methode GET_INSTANCE

Parameter

Der Parameter IS_SELECTION ist typisiert auf die in Abschnitt 13.3.1, »Selektionsparameter an Klasse übergeben«, erstellte Struktur ZBOOK_TICKET_SO_RANGES. Über diesen Parameter werden die Selektionsparameter an die Klasse übergeben. Der Parameter IR_CONT nimmt einen beliebigen Container vom Typ CL_GUI_CONTAINER entgegen, in dem die Ticketübersicht angezeigt werden soll. Damit ist es dem Aufrufer überlassen, ob die Liste in einem Docking-Container, einem Splitter- oder einem Custom Container angezeigt wird. Über den Parameter ER_INSTANCE gibt die Methode, wie im Singleton-Pattern vorgesehen, die Instanz der Klasse zurück.

Das Singleton-Pattern wandeln wir etwas ab, sodass die Methode GET_INSTANCE zwar die Instanz zurückgibt, der Aufrufer sich aber um nichts weiter kümmern muss. Die Klasse sorgt selbstständig für die Datenbeschaffung, Anzeige und Bereitstellung der Funktionen.

Implementieren der Methode GET_INSTANCE

Die Methode GET_INSTANCE in Listing 13.13 prüft, ob der Parameter R_INSTANCE bereits eine Instanz enthält. Existiert noch keine Instanz, wird eine erzeugt, und der Container und die Selektionsparameter werden an den Konstruktor übergeben. Existiert bereits eine Instanz, wird diese über den Parameter ER_INSTANCE zurückgegeben.

```
METHOD get_instance.
  IF r_instance IS NOT BOUND.
    CREATE OBJECT r_instance
      EXPORTING
        is_selection = is_selection
        ir_cont      = ir_cont.
  ENDIF.
  er_instance = r_instance.
  RETURN.
ENDMETHOD.
```

**Listing 13.13** Methode GET_INSTANCE

Konstruktor anlegen

Die Hauptverarbeitung der Anwendung erfolgt im Konstruktor. Legen Sie den Konstruktor über den Button KONSTRUKTOR an, und definieren Sie die gleichen Parameter wie für die Methode GET_INSTANCE. Im Konstruktor werden weitere Methoden aufgerufen, die wir im Folgenden beschreiben (siehe Listing 13.14).

```
METHOD constructor.
  s_selection = is_selection.
  r_cont      = ir_cont.
  me->build_display_options( ).
```

```
  me->get_data( ).
  me->add_info( ).
  me->setup_alv( ).
ENDMETHOD.
```

**Listing 13.14** Konstruktor der Klasse ZCL_BOOK_TICKET_OVERVIEW

Setzen der globalen Variablen

Im Konstruktor werden die importierten Selektionsparameter in eine globale Struktur S_SELECTION vom Typ ZBOOK_TICKET_SO_RANGES übertragen, sodass alle Methoden darauf zugreifen können. Der übergebene Container wird in einem Instanzattribut R_CONT gespeichert.

Methode BUILD_DISPLAY_OPTIONS

Als Nächstes müssen Sie die Methode BUILD_DISPLAY_OPTIONS implementieren. Diese Methode dient als Kapselung, um die Logik des Konstruktors übersichtlicher zu gestalten. Gehen Sie dazu wie folgt vor:

1. Legen Sie die Methode BUILD_DISPLAY_OPTIONS als private Instanzmethode ohne Parameter an.
2. Implementieren Sie die Methode mit dem Coding aus Listing 13.15. Im ersten Schritt wird der Feldkatalog über den Funktionsbaustein LVC_FIELDCATALOG_MERGE zur Dictionary-Struktur ZBOOK_TICKET_OVERVIEW erstellt.
3. Um eine Spalte als Checkbox zu definieren und diese änderbar zu machen, setzen Sie für die Komponente CHECKBOX die Felder des Feldkatalogs CHECKBOX und EDIT auf 'X'.
4. Da wir auf dem Button zum Ändern des Tickets ein Icon anzeigen wollen, setzen Sie im Feldkatalog das Kennzeichen ICON = X für die Komponente CHANGE_ITEM. Dies sorgt dafür, dass das Icon, das Sie später dort anzeigen, zentriert angezeigt wird.
5. Manche Felder wie Mengen-, Datums- oder Zeitfelder werden, wenn diese initial sind, mit Nullen als Feldwert angezeigt. Dies ist sehr unschön und macht die Ausgabe unübersichtlich. Deshalb sorgen Sie über den Parameter NO_ZERO = X dafür, dass das Feld ÄNDERUNGSZEIT DES TICKETS auch leer angezeigt wird, wenn das Ticket nicht geändert wurde. Dazu setzen Sie die Komponenten NO_ZERO = X für den Feldnamen AETIM.
6. Da das Feld STATUS als Dropdown-Box verwendbar sein soll, muss für dieses Feld ein Handle übergeben werden. Dieses Handle wird später für eine Zuordnung der Dropdown-Tabelle benötigt, die die

in der Statusauswahl angegebenen Werte enthalten soll. Dazu setzen Sie das Feld DRDN_HNDL = C_DROP_DOWN_HNDL. Hinter dieser Konstante verbirgt sich eine 1. Um dieses Feld als änderbar zu definieren, setzen Sie für dieses Feld zusätzlich die Komponente EDIT = 'X'.

7. Um eine Spaltenoptimierung einzusetzen, setzen Sie das Feld CWIDTH_OPT der Layoutstruktur S_LAYOUT auf 'X'. Dadurch wird die Größe der Spalten nach der Länge der Spaltenüberschrift und dem Spalteninhalt optimiert.
8. Übergeben Sie der Komponente STYLEFNAME der Layoutstruktur S_LAYOUT den Namen der Style-Tabelle T_STYLE, die wir in der Ausgabestruktur ZBOOK_TICKET_OVERVIEW in Abschnitt 13.3.5, »Dictionary-Struktur für die ALV-Anzeige anlegen«, angelegt haben.

**Funktionscodes ausblenden**

Bei einem änderbaren ALV Grid werden automatisch weitere Funktionen in der Toolbar zur Verfügung gestellt – z.B. Zeile löschen, Zeile kopieren etc. Diese Funktionen möchten wir in unserer Anwendung ausblenden und einen eigenen Button zum Löschen der Tickets bereitstellen. Um die Editierfunktionen auszublenden, fügen Sie den Funktionsgruppencode über die Konstante MC_FG_EDIT der Tabelle T_EXCL hinzu. Dadurch werden alle Funktionen wie Zeile löschen etc. in der Toolbar ausgeblendet.

```
METHOD build_display_options.
  FIELD-SYMBOLS: <ls_fcat> TYPE lvc_s_fcat.
  CALL FUNCTION 'LVC_FIELDCATALOG_MERGE'
    EXPORTING
      i_structure_name   = 'ZBOOK_TICKET_OVERVIEW'
      i_bypassing_buffer = 'X'
    CHANGING
      ct_fieldcat        = t_fcat.
  LOOP AT t_fcat ASSIGNING <ls_fcat>.
    CASE <ls_fcat>-fieldname.
      WHEN 'CHECKBOX'.
        <ls_fcat>-checkbox = 'X'.
        <ls_fcat>-edit     = 'X'.
      WHEN 'CHANGE_ITEM'.
        <ls_fcat>-icon = 'X'.
      WHEN 'AETIM'.
        <ls_fcat>-no_zero = 'X'.
      WHEN 'STATUS'.
        <ls_fcat>-drdn_hndl = c_drop_down_hndl.
        <ls_fcat>-edit      = 'X'.
    ENDCASE.
```

```
  ENDLOOP.
  s_layout-cwidth_opt = 'X'.
  s_layout-stylefname = 'T_STYLE'.
  APPEND cl_gui_alv_grid=>mc_fg_edit TO t_excl.
ENDMETHOD.
```

**Listing 13.15** Methode BUILD_DISPLAY_OPTIONS

Methode GET_DATA

Legen Sie als Nächstes die Methode GET_DATA als private Instanzmethode ohne Parameter an (siehe Listing 13.16). In dieser Methode erfolgt die Datenermittlung für die Ticketübersicht. Selektieren Sie alle Komponenten der Ticketdaten aus der Tabelle ZBOOK_TICKET in die interne Tabelle T_DATA. Verwenden Sie für die Einschränkung der SELECT-Anweisung direkt die SELECT-OPTIONS, die in der Struktur S_SELECTION zur Verfügung stehen.

```
METHOD GET_DATA.
    SELECT *
        FROM zbook_ticket
        INTO CORRESPONDING FIELDS OF TABLE t_data
        WHERE tiknr       IN s_selection-so_tiknr
          AND area        IN s_selection-so_area
          AND clas        IN s_selection-so_clas
          AND status      IN s_selection-so_stat
          AND responsible IN s_selection-so_resp.
ENDMETHOD.
```

**Listing 13.16** Methode GET_DATA

Methode ADD_INFO

Erstellen Sie als Nächstes die Methode ADD_INFO als private Instanzmethode ohne Parameter (siehe Listing 13.17). In dieser Methode sorgen Sie dafür, dass die Komponente CHANGE_ITEM der Ausgabestruktur ZBOOK_TICKET_OVERVIEW als Button mit einem Icon angezeigt wird. Die Darstellung des Feldes als Button realisieren Sie über die Style-Tabelle T_STYLE der jeweiligen Ausgabezeile der Struktur ZBOOK_TICKET_OVERVIEW. In unserem Beispiel sollen die Tickets änderbar sein, wenn diese noch nicht abgeschlossen wurden. Daher wird in Methode ADD_INFO je Eintrag der Ausgabetabelle geprüft, ob der Status des Tickets abgeschlossen ist (siehe Listing 13.17). Wenn der Status nicht abgeschlossen ist, wird in der Zeile ein Button angezeigt, über den das Ticket geändert werden kann. Um den Button einzubinden, fügen Sie der Style-Tabelle den Style CL_GUI_ALV_GRID=> MC_STYLE_BUTTON hinzu. Über LS_STYL-FIELDNAME übergeben Sie den Namen des Feldes, das später den Button darstellen soll. Außerdem füllen Sie das Feld CHANGE_ITEM mit dem Icon ICON_CHANGE, das über den Typ-Pool ICON deklariert wurde

Der Text des Tickets soll erst mit Klick auf diesen Button den Status »änderbar« erhalten. Um das Umschalten der Änderbarkeit später zu vereinfachen, fügen Sie der Style-Tabelle einen weiteren Eintrag für das Feld TEXT hinzu. Als Style übergeben Sie die Konstante MC_STYLE_DISABLED der Klasse CL_GUI_ALV_GRID. Über diese Konstante können Sie die Änderbarkeit auf Zellenebene definieren und belassen vorerst die Änderbarkeit des Feldes TEXT auf »nicht änderbar«. Später können Sie den Style bei Bedarf auf »änderbar« umsetzen.

```
METHOD add_info.
  DATA: ls_styl     TYPE lvc_s_styl.
  FIELD-SYMBOLS: <ls_data> LIKE LINE OF t_data.
  LOOP AT t_data ASSIGNING <ls_data>.
    IF <ls_data>-status <> c_status_clsd.
      ls_styl-fieldname = 'CHANGE_ITEM'.
      ls_styl-style     = cl_gui_alv_grid=>mc_style_button.

      INSERT ls_styl INTO TABLE <ls_data>-t_style.
      <ls_data>-change_item = icon_change.
    ENDIF.
    ls_styl-fieldname = 'TEXT'.
    ls_styl-style     = cl_gui_alv_grid=>mc_style_disabled.
    INSERT ls_styl INTO TABLE <ls_data>-t_style.
  ENDLOOP.
ENDMETHOD.
```

**Listing 13.17** Methode ADD_INFO

**Style-Tabellen**

[!]

Beachten Sie, dass die Style-Tabellen sortierte Tabellen mit eindeutigem Schlüssel FIELDNAME sind. Verwenden Sie daher immer den Befehl INSERT <Style> INTO TABLE anstelle von APPEND <Style> TO, da Letzterer aufgrund nicht eingehaltener Schlüsselkriterien zu einem Programmabbruch mit Kurzdump führen kann.

Methode SETUP_ALV

In nächsten Schritt legen Sie die Methode SETUP_ALV als private Instanzmethode ohne Parameter an. In dieser Methode implementieren Sie die Anzeige über das ALV Grid Control wie folgt (siehe Listing 13.18):

1. Im ersten Schritt erzeugen Sie über den Befehl CREATE OBJECT eine Instanz der Klasse CL_GUI_ALV_GRID, die für das Handling der Anzeige verwendet wird. Dort übergeben Sie den Container über den Parameter I_PARENT.
2. Im nächsten Schritt erstellen Sie eine Tabelle, die die Basis für die Dropdown-Liste des Statusfeldes bildet. Die Erstellung dieser Tabelle wird im Folgenden im Detail (Methode BUILD_DROPDOWN_TABLE) beschrieben.
3. Über die Methode REGISTER_EDIT_EVENT der Klasse CL_GUI_ALV_GRID registrieren Sie das Ereignis MC_EVT_MODIFIED der Klasse CL_GUI_ALV_GRID. Sie definieren, dass ein EDIT-Ereignis ausgelöst wird, sobald sich etwas ändert und der Benutzer die Zelle wechselt. Eine Übersicht der beiden Änderungsereignisse sehen Sie in Tabelle 13.7. Ohne das Registrieren eines EDIT-Ereignisses können die folgenden Ereignisse für die Änderbarkeit nicht genutzt werden:
   - HANDLE_BEFORE_USER_COMMAND
   - HANDLE_USER_COMMAND
   - HANDLE_AFTER_USER_COMMAND
   - DATA_CHANGED
   - DATA_CHANGED_FINISH

| Ereignis | Verhalten |
|---|---|
| MC_EVT_ENTER | Ereignisse wie DATA_CHANGED werden ausgelöst, wenn der Benutzer [↵] drückt. |
| MC_EVT_MODIFIED | Ereignisse wie DATA_CHANGED werden ausgelöst, sobald der Benutzer die Zelle des ALVs wechselt. |

**Tabelle 13.7** EDIT-Ereignisse

Danach registrieren Sie Ereignisbehandler-Methoden für die Ereignisse, auf die Sie reagieren möchten. Registrieren Sie die jeweiligen Methoden des Interfaces ZIF_GUI_ALV_GRID über den Befehl SET HANDLER für die ALV-Instanz:

- die Methode HANDLE_TOOLBAR, um den eigenen Button zum Löschen von Tickets zu implementieren
- die Methode HANDLE_BEFORE_USER_COMMAND, um anstelle der SAP-Standardfunktion DETAIL den Absprung in Transaktion ZTIK2 zu realisieren

- die Methode HANDLE_USER_COMMAND, um den Klick auf das Button-Menü, das Sie in der Methode HANDLE_TOOLBAR hinzufügen werden, zu behandeln
- die Methode HANDLE_BUTTON_CLICK, um auf das Anklicken des Buttons des Feldes CHANGE_ITEM zu reagieren

4. Im letzten Schritt übergeben Sie die Daten über die Methode SET_TABLE_FOR_FIRST_DISPLAY an das Frontend (siehe Listing 13.18). Dabei deaktivieren Sie die Pufferung über I_BYPASSING_BUFFER = 'X'. Außerdem übergeben Sie die Layoutvariante, die gegebenenfalls auf dem Selektionsbild des Reports ausgewählt wurde. Über den Parameter I_SAVE der Methode SET_TABLE_FOR_FIRST_DISPLAY erlauben Sie dem Anwender, eigene Layoutvarianten zu speichern. Die Tabelle T_EXCL enthält die Funktionen der Toolbar, die ausgeblendet werden sollen. Übergeben Sie der Methode SET_TABLE_FOR_FIRST_DISPLAY die Layoutstruktur S_LAYOUT. Außerdem übergeben Sie die Ausgabetabelle T_DATA, die die Ausgabedaten enthält, und den Feldkatalog T_FCAT, der Feldinformationen zur Tabelle T_DATA enthält.

```
METHOD setup_alv.
  CREATE OBJECT r_alv
    EXPORTING
      i_parent      = r_cont.
  me->build_dropdown_table( ).
  CALL METHOD r_alv->register_edit_event
    EXPORTING
      i_event_id = cl_gui_alv_grid=>mc_evt_modified.
  SET HANDLER me->zif_gui_alv_grid~handle_toolbar
      FOR r_alv.
  SET HANDLER me->zif_gui_alv_grid~handle_before_user_command
      FOR r_alv.
  SET HANDLER me->zif_gui_alv_grid~handle_user_command
      FOR r_alv.
  SET HANDLER me->zif_gui_alv_grid~handle_button_click
      FOR r_alv.
  CALL METHOD r_alv->set_table_for_first_display
    EXPORTING
      i_bypassing_buffer             = 'X'
      is_variant                     = s_selection-variant
      i_save                         = 'X'
      it_toolbar_excluding           = t_excl
      is_layout                      = s_layout
```

```
    CHANGING
      it_outtab                         = t_data
      it_fieldcatalog                   = t_fcat.
ENDMETHOD.
```

**Listing 13.18** Methode SETUP_ALV

**Methode BUILD_DROPDOWN_TABLE anlegen**

Um die Dropdown-Box für den Ticketstatus zu erstellen, legen Sie die Methode BUILD_DROPDOWN_TABLE als private Instanzmethode ohne Parameter an. Für den Status des Tickets wurde die Domäne ZBOOK_TICKET_STATUS in Abschnitt 4.1, »Datenbanktabelle erstellen«, angelegt. Zu dieser Domäne wurden Festwerte hinterlegt (siehe Abbildung 13.27).

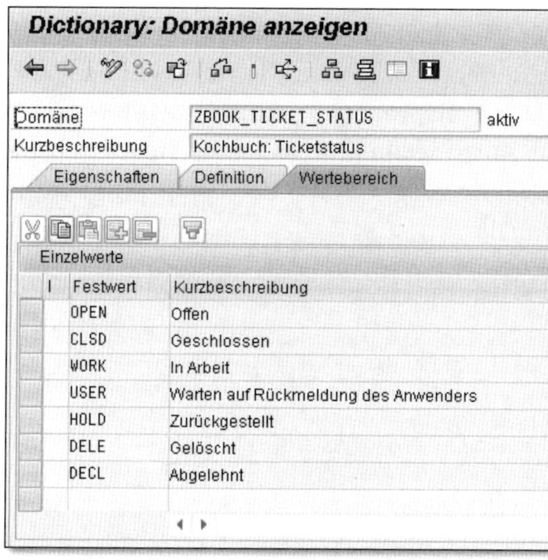


**Abbildung 13.27** Domäne ZBOOK_TICKET_STATUS

**Domäne ZBOOK_TICKET_STATUS**

Dazu lesen Sie die Einzelwerte wie OPEN, CLSD etc. über den Funktionsbaustein DD_DOMVALUES_GET aus (siehe Listing 13.19). Die Einzelwerte im Feld DOMVALUE_L fügen Sie der Tabelle LT_DROPDOWN hinzu. Dabei übergeben Sie das eindeutige identifizierende Handle C_DROP_DOWN_HNDL. In unserem Fall wollen Sie nur eine Dropdown-Liste verwenden und benötigen daher nur ein Handle. Möchten Sie mehrere Dropdown-Listen verwenden, nutzen Sie je Dropdown-Liste ein Handle, um jede Dropdown-Liste eindeutig zu identifizieren.

```
METHOD build_dropdown_table.
  DATA: lt_dropdown TYPE         lvc_t_drop,
        ls_dropdown LIKE LINE OF lt_dropdown,
```

```
        lt_dd07v     TYPE TABLE OF dd07v,
        ls_dd07v     LIKE LINE OF lt_dd07v.
  CALL FUNCTION 'DD_DOMVALUES_GET'
    EXPORTING
      domname    = 'ZBOOK_TICKET_STATUS'
    TABLES
      dd07v_tab = lt_dd07v.
  LOOP AT lt_dd07v INTO ls_dd07v.
    ls_dropdown-handle = c_drop_down_hndl.
    ls_dropdown-value  = ls_dd07v-domvalue_l.
    APPEND ls_dropdown TO lt_dropdown.
  ENDLOOP.
  CALL METHOD r_alv->set_drop_down_table
    EXPORTING
      it_drop_down = lt_dropdown.
ENDMETHOD.
```

**Listing 13.19** Methode BUILD_DROPDOWN_TABLE

**Methode DELETE_ROWS**

Um später Zeilen des ALV Grids und gegebenenfalls ein Ticket löschen zu können, legen Sie die Methode DELETE_ROWS als private Instanzmethode an. Die Parameter definieren Sie wie in Abbildung 13.28.

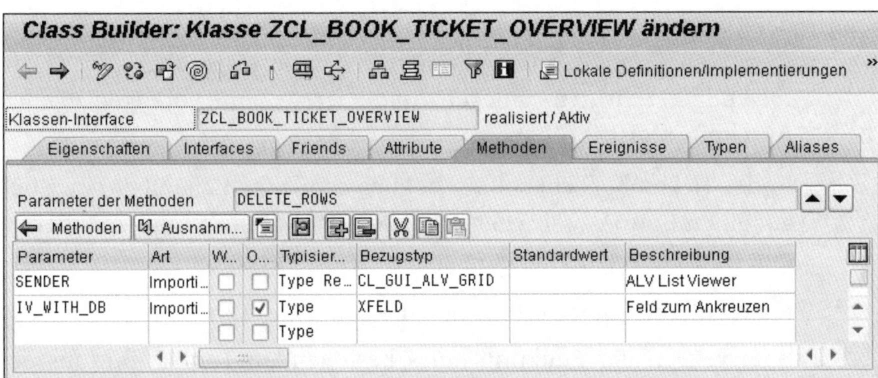


**Abbildung 13.28** Parameter der Methode DELETE_ROWS

Implementieren Sie die Methode wie in Listing 13.20:

1. Verarbeiten Sie alle Zeilen der Ausgabetabelle, in denen die CHECKBOX mit 'X' markiert ist.
2. Prüfen Sie über den Parameter IV_WITH_DB, ob das Ticket von der Datenbank gelöscht werden soll. Wenn ja, löschen Sie das Ticket aus der Tabelle ZBOOK_TICKET.

3. Danach löschen Sie den aktuellen Eintrag der Ausgabetabelle.
4. Schließlich aktualisieren Sie die Anzeige im Frontend über die Methode REFRESH_TABLE_DISPLAY der ALV-Instanz.

```
METHOD delete_rows.
  DATA: ls_data   LIKE LINE OF t_data,
        ld_tabix  TYPE         sy-tabix.
        lt_row_no TYPE lvc_t_roid.
  LOOP AT t_data INTO ls_data WHERE checkbox = 'X'.
    ld_tabix = sy-tabix.
    IF iv_with_db = 'X'.
      DELETE FROM zbook_ticket WHERE tiknr = ls_data-tiknr.
    ENDIF.
    DELETE t_data INDEX ld_tabix.
  ENDLOOP.
  sender->refresh_table_display( ).
ENDMETHOD.
```

**Listing 13.20** Methode DELETE_ROWS

### 13.3.7 Implementieren der Ereignisbehandler

Um die Zusatzfunktionen zu implementieren, bedienen Sie sich an der Ereignisverwaltung von ABAP Objects und behandeln die notwendigen Ereignisse über Ereignisbehandler-Methoden, die Sie in folgenden Schritten anlegen und bereits im vorangegangenen Abschnitt registriert haben.

**Button zum Löschen**

In der Ticketübersicht soll es möglich sein, eine Zeile über den Klick auf einen Button zu löschen. Um diese Funktion zu implementieren, gibt es drei Wege:

- Definieren eines Buttons im GUI-Status des Dynpros
- Erweitern der Funktion eines bestehenden Toolbar-Buttons des ALV Grid Controls
- Definieren eines eigenen Buttons in der Toolbar des ALV Grid Controls

Da wir bereits eine objektorientierte Verschalung des ALV Grid Controls angelegt haben, wählen wir die Realisierung über die Toolbar. Über diesen Weg kann die Ereignisbehandlung von ABAP Objects in der kapselnden Klasse verwendet werden. Nun bleibt die Entscheidung, einen eigenen Button anzulegen oder die Standardlöschfunktion zu erweitern. Das ALV Grid Control ist änderbar, damit sind erweiterte Funktionen zur Änderbarkeit in der Toolbar enthalten wie das Kopieren, Löschen und Anlegen von Zeilen. Da wir nur eine Funktion (Zeile löschen) anbieten möchten, müssten wir alle Funktionscodes der Änderungsfunktionen einzeln exkludieren. Verwenden wir jedoch einen eigenen Button, können wir alle Änderungsfunktionen über die Funktionsgruppierung MC_FG_EDIT ausblenden und haben weniger Aufwand. Deshalb entscheiden wir uns dafür, eine eigene Funktion anzulegen. Um die Toolbar um die neue Funktion zu erweitern, implementieren Sie die Methode ZIF_GUI_ALV_GRID~HANDLE_TOOLBAR (siehe Listing 13.21).

Methode HANDLE_TOOLBAR

Über das Ereignis TOOLBAR können Sie auf die Toolbar im Parameter E_OBJECT zugreifen. Über dieses Objekt haben Sie Zugriff auf die Tabelle MT_TOOLBAR, in der alle Buttons der Standardfunktionen enthalten sind. In unserem Fall fügen Sie eine neue Funktion in Form eines Button-Menüs in dieser Tabelle hinzu.

1. Im ersten Schritt definieren Sie einen Funktionscode DEL für den neuen Button über den Parameter FUNCTION der Struktur LS_TOOLBAR.
2. Um ein Button-Menü zu erstellen, müssen Sie einen eigenen Funktionscode DEL definieren (FUNCTION), einen Button-Typ angeben (BUTN_TYPE) und können ein Icon verwenden (ICON). Wählen Sie in unserem Fall den Button-Typ 1 für ein Button-Menü mit Default-Funktion. Eine Übersicht der Button-Typen können Sie Tabelle 13.8 entnehmen. Um auf dem Button ein passendes Icon anzuzeigen, erzeugen Sie über den Funktionsbaustein ICON_CREATE ein Icon mit einer Quickinfo, die angezeigt wird, wenn der Anwender mit der Maus auf das Icon zeigt.

| Wert für BUTN_TYPE | Ergebnis |
|---|---|
| 0 | Button (normal) |
| 1 | Menü + Default-Button |
| 2 | Menü |
| 3 | Separator |
| 4 | Radiobutton |
| 5 | Auswahlknopf (Checkbox) |
| 6 | Menüeintrag |

**Tabelle 13.8** Button-Typen

3. Um für die neue Funktion DEL ein Menü zu erzeugen, nutzen Sie die Klasse CL_CTMENU. Definieren Sie eine lokale Instanzvariable LR_MENU, die Sie als Referenz der Klasse CL_CTMENU typisieren. Erzeugen Sie mit dem Befehl CREATE OBJECT eine Instanz der Klasse CL_CTMENU ohne die Übergabe von Parametern.
4. In den nächsten Schritten verwenden Sie die Methode ADD_FUNCTION der Klasse CL_CTMENU, um die gewünschten Unterfunktionen des Button-Menüs zum Löschen ohne Datenbankupdate und Löschen mit Datenbankupdate hinzuzufügen. Vergeben Sie zur Unterscheidung die Funktionscodes DEL_WITHOUT_DB für das Löschen ohne Datenbankupdate und DEL_WITH_DB für das Löschen eines Tickets mit Datenbankupdate.
5. Um das Button-Menü an das Toolbar-Objekt anzuhängen, definieren Sie eine lokale Struktur LS_MENU mit dem Typ STB_BTNMNU. Dieser Struktur übergeben Sie im Feld CTMENU das lokale Button-Menü-Objekt LR_MENU. Über das Feld FUNCTION des Menüs definieren Sie, auf welche Funktion der Toolbar, in diesem Fall DEL, das Button-Menü reagieren soll.
6. Zu guter Letzt hängen Sie die Struktur LS_MENU der Tabelle MT_BTNMNU des Toolbar-Objekts E_OBJECT mittels eines APPEND an (siehe Listing 13.21).

```
METHOD zif_gui_alv_grid~handle_toolbar.
  DATA: ls_menu    TYPE stb_btnmnu,
        lr_menu    TYPE REF TO cl_ctmenu,
        ls_toolbar LIKE LINE OF e_object->mt_toolbar.
  ls_toolbar-function  = 'DEL'.
  ls_toolbar-butn_type = 1.
  CALL FUNCTION 'ICON_CREATE'
    EXPORTING
      name   = 'ICON_DELETE'
      info   = 'Ticket löschen'
    IMPORTING
      result = ls_toolbar-icon.
  APPEND ls_toolbar TO e_object->mt_toolbar.
  CREATE OBJECT lr_menu.
  CALL METHOD lr_menu->add_function
    EXPORTING
      fcode = 'DEL_WITHOUT_DB'
      text  = 'loeschen ohne db-update'.
  CALL METHOD lr_menu->add_function
    EXPORTING
      fcode = 'DEL_WITH_DB'
      text  = 'loeschen mit db-update'.
```

```
  ls_menu-ctmenu = lr_menu.
  ls_menu-function = 'DEL'.
  APPEND ls_menu TO e_object->mt_btnmnu.
ENDMETHOD.
```

**Listing 13.21** Methode HANDLE_TOOLBAR

**Methode HANDLE_BEFORE_USER_COMMAND**

Die SAP-Standardfunktion zum Aufruf der Detailanzeige des ALV Grid Controls soll in unserer Anwendung komplett ersetzt werden. Die Detail-Funktion zeigt im Standard die Werte einer Zeile des ALV Grid Controls in einem Pop-up-Fenster an. Stattdessen soll zu der markierten Zeile ein Absprung in Transaktion ZTIK2 realisiert werden. Um die Standardfunktion zu umgehen und eine eigene Funktion zu verwenden, behandeln Sie das Ereignis BEFORE_USER_COMMAND. Legen Sie die Methode HANDLE_BEFORE_USER_COMMAND per Doppelklick auf den Methodennamen an. Typisierung und Definition der Parameter erfolgen über das Interface ZIF_GUI_ALV_GRID automatisch. Implementieren Sie die Methode aus Listing 13.22 wie folgt:

1. Über den Parameter E_UCOMM des Ereignisses kann die ausgeführte Funktion geprüft werden. In diesem Fall prüfen Sie den Funktionscode über eine Konstante der Klasse CL_GUI_ALV_GRID.
2. Jedes Ereignis kann als zusätzlichen Parameter den SENDER entgegennehmen. SENDER ist eine Instanz des Controls, in dem das Ereignis ausgelöst wurde. In diesem Fall enthält SENDER die gleiche Instanz wie die Instanzvariable des ALV Grids ME->R_ALV. Um Ihnen diese Möglichkeit vorzustellen, verwenden Sie den SENDER für den Methodenaufruf CHECK_CHANGED_DATA der ALV-Instanz. Diese Methode sorgt dafür, dass die Ereignisse DATA_CHANGED und DATA_CHANGED_FINISH ausgelöst werden. Diese Methode sollten Sie bei änderbaren ALV Grids immer zu Beginn eigener Funktionen ausführen. Dadurch wird sichergestellt, dass eingegebene Daten immer an das Backend übertragen werden, bevor Ihre Funktion ausgeführt wird.
3. Danach rufen Sie die Methode SET_USER_COMMAND der ALV-Instanz auf und übergeben einen leeren Funktionscode. Damit sorgen Sie dafür, dass die Standardfunktion nicht ausgeführt wird.
4. Prüfen Sie innerhalb eines LOOP ... WHERE, ob über die Checkbox nur eine Zeile markiert wurde. Dazu verwenden Sie eine Zählervariable LV_CNT. Wird die Schleife mehr als einmal durchlaufen, wurden mehrere Zeilen markiert. Der Absprung kann zu genau einer Zeile erfolgen. Sind mehrere Einträge markiert, geben Sie über den Funktionsbaustein POPUP_TO_DISPLAY_TEXT einen ent-

sprechenden Hinweistext aus und beenden die Funktion. Sie benötigen für die Prüfung die zusätzliche Variable, da die Komponenten SY-INDEX und SY-TABIX bei einem LOOP ... WHERE den Index und Tabellenschlüssel der aktuellen Zeile beinhalten.

5. Zuletzt stellen Sie die aktuelle Ticketnummer TIKNR der Struktur LS_DATA über die Parameter-ID ZBOOK_TICKET_NR für den Absprung zur Verfügung. Die Struktur LS_DATA enthält dabei die Informationen der markierten Zeile. Sie realisieren den Absprung in Transaktion ZTIK2 über den Befehl CALL TRANSACTION.

   Der Zusatz SKIP FIRST SCREEN bewirkt, dass das erste Bild der Transaktion übersprungen wird. Dies ist natürlich nur sinnvoll, wenn Sie wie im Beispiel alle notwendigen Parameter bereits über SET PARAMETER ID gesetzt haben.

```
METHOD zif_gui_alv_grid~handle_before_user_command.
  DATA: ls_data  LIKE LINE OF me->t_data,
        lv_cnt   TYPE         sy-index.
  IF e_ucomm = me->r_alv->mc_fc_detail.
    sender->check_changed_data( ).
    CALL METHOD me->r_alv->set_user_command
      EXPORTING
        i_ucomm = space.
    LOOP AT t_data  INTO ls_data WHERE checkbox = 'X'.
      ADD 1 TO lv_cnt.
      IF lv_cnt > 1.
        CALL FUNCTION 'POPUP_TO_DISPLAY_TEXT'
        EXPORTING
          textline1 = 'Bitte nur eine Zeile markieren'.
        RETURN.
      ENDIF.
    ENDLOOP.
    SET PARAMETER ID 'ZBOOK_TICKET_NR'
          FIELD ls_data-tiknr.
    CALL TRANSACTION 'ZTIK2' AND SKIP FIRST SCREEN.
  ENDIF.
ENDMETHOD.
```

**Listing 13.22** Methode HANDLE_BEFORE_USER_COMMAND

[»]

**Öffentliche Konstanten auch über die Instanz verwendbar**

Öffentliche Konstanten einer Klasse können auch über die Instanz angesprochen werden. Die Konstante MC_EVT_ENTER der Klasse CL_GUI_ALV_GRID können Sie somit auf zwei Arten ansprechen:

- über den Klassennamen: CL_GUI_ALV_GRID=>MC_EVT_ENTER
- über die Instanz der Klasse: <ALV-INSTANZ>->MC_EVT_ENTER

Methode HANDLE_USER_COMMAND

Legen Sie die Methode HANDLE_USER_COMMAND mit einem Doppelklick auf den Methodennamen an. Die Implementierung sehen Sie in Listing 13.23. In dieser Methode behandeln Sie die Funktionscodes des Button-Menüs zum Löschen von Zeilen/Tickets. Rufen Sie zu Beginn die Methode CHECK_CHANGED_DATA der ALV-Instanz auf, um sicherzugehen, dass alle Änderungen an das Backend übertragen wurden. Fangen Sie die von Ihnen definierten Funktionscodes über den Parameter E_UCOMM ab. In beiden Fällen rufen Sie die Methode DELETE_ROWS auf, um die entsprechende Zeile aus der Anzeige zu löschen. Übergeben Sie den Ereignisparameter SENDER zur weiteren Bearbeitung an die Methode DELETE_ROWS. Wenn der Funktionscode DEL_WITH_DB verwendet wurde, übergeben Sie den Parameter IV_WITH_DB = ‚X'. In der Methode DELETE_ROWS wird dann das entsprechende Ticket von der Datenbank gelöscht. Wurde die Funktion DEL_WITHOUR_DB verwendet, übergeben Sie der Methode DELETE_ROWS wie zuvor den Ereignisparameter SENDER und lassen den PARAMETER IV_WITH_DB leer.

```
METHOD zif_gui_alv_grid~handle_user_command.
  sender->check_changed_data( ).
   CASE e_ucomm.
     WHEN 'DEL_WITH_DB'.
       me->delete_rows( sender     = sender
                        iv_with_db = 'X' ).
     WHEN 'DEL_WITHOUT_DB'.
       me->delete_rows( sender     = sender
                        iv_with_db = ' ' ).
   ENDCASE.
ENDMETHOD.
```

**Listing 13.23** Methode HANDLE_USER_COMMAND

Methode HANDLE_BUTTON_CLICK

Legen Sie die Methode HANDLE_BUTTON_CLICK über einen Doppelklick auf den Methodennamen an, und implementieren Sie sie wie folgt (siehe Listing 13.24):

1. Ermitteln Sie zuerst den Zeileninhalt aus der Ausgabetabelle, in der der Button angeklickt wurde. Die entsprechende Zeilennummer erhalten Sie über den Ereignisparameter ES_ROW_NO-ROWID.
2. Dann implementieren Sie das An- und Ausschalten der Änderbarkeit des Feldes TEXT über den Button des Feldes CHANGE_ITEM. Lesen Sie dazu aus der Style-Tabelle den Eintrag für den Feldnamen TEXT aus, den Sie zur Vereinfachung des Hin- und Herschaltens in der Methode GET_ADD_INFO angefügt haben.

3. Danach prüfen Sie den aktuellen Style des Feldes TEXT. Ist das Feld änderbar (Style MC_STYLE_ENABLED ist gesetzt), wird der Style für »nicht änderbar« über die Konstante MC_STYLE_DISABLED der Klasse CL_GUI_ALV_GRID gesetzt. Zusätzlich wird das Icon ICON_CHANGE auf dem Button angezeigt.
4. Ist das Feld nicht änderbar (Style MC_STYLE_DISABLED ist gesetzt), wird die Änderbarkeit über den Style MC_STYLE_ENABLED der Klasse CL_GUI_ALV_GRID gesetzt und das ICON_DISPLAY auf dem Button angezeigt.
5. Schließlich aktualisieren Sie die Anzeige über die Methode REFRESH_TABLE_DISPLAY der ALV-Instanz.

```
METHOD ZIF_GUI_ALV_GRID~HANDLE_BUTTON_CLICK.
  FIELD-SYMBOLS: <ls_data>  LIKE LINE OF t_data,
                 <ls_style> TYPE         lvc_s_styl.
  READ TABLE t_data
      ASSIGNING <ls_data>
              INDEX es_row_no-row_id.
  IF sy-subrc = 0.
    READ TABLE <ls_data>-t_style
      ASSIGNING <ls_style>
      WITH KEY fieldname = 'TEXT'.
    IF sy-subrc = 0.
      IF <ls_style>-style =
             cl_gui_alv_grid=>mc_style_disabled.
      <ls_style>-style = cl_gui_alv_grid=>mc_style_enabled.
      <ls_data>-change_item  = icon_display.
      ELSE.
      <ls_style>-style = cl_gui_alv_grid=>mc_style_disabled.
      <ls_data>-change_item  = icon_change.
      ENDIF.
      sender->refresh_table_display( ).
    ENDIF.
  ENDIF.
ENDMETHOD.
```

**Listing 13.24** Methode HANDLE_BUTTON_CLICK

## 13.4 Ergebnis der implementierten Funktionen

Sie haben nun das ALV Grid Control für die Ticketübersicht erstellt und können das Programm ZBOOK_TICKET_OVERVIEW mit Transaktion SE38 ausführen. Das Selektionsbild des Programms sehen Sie in

Abbildung 13.29. Dort sehen Sie die `SELECT-OPTIONS` im oberen Bereich und die über `PARAMETERS` definierte Layoutvariante für den ALV Grid im unteren Teil.

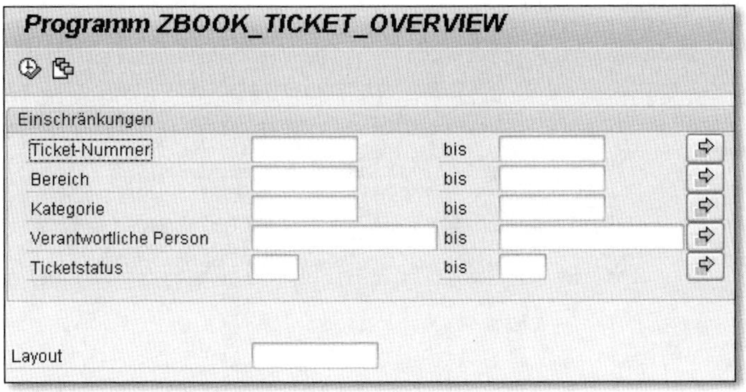


**Abbildung 13.29** Selektionsbild

Wenn Sie das Programm ausführen, sehen Sie das Ergebnis in Abbildung 13.30. (Für diesen Screenshot wurde das Layout angepasst, Ihre Ausgabe wird mehr Spalten enthalten.)

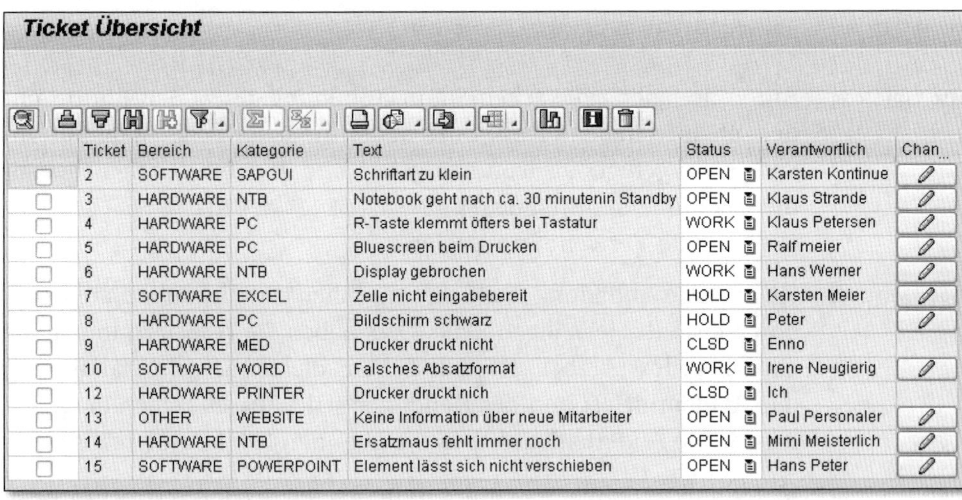

Ticket Übersicht

| | Ticket | Bereich | Kategorie | Text | Status | Verantwortlich | Chan... |
|---|---|---|---|---|---|---|---|
| ☐ | 2 | SOFTWARE | SAPGUI | Schriftart zu klein | OPEN | Karsten Kontinue | |
| ☐ | 3 | HARDWARE | NTB | Notebook geht nach ca. 30 minutenin Standby | OPEN | Klaus Strande | |
| ☐ | 4 | HARDWARE | PC | R-Taste klemmt öfters bei Tastatur | WORK | Klaus Petersen | |
| ☐ | 5 | HARDWARE | PC | Bluescreen beim Drucken | OPEN | Ralf meier | |
| ☐ | 6 | HARDWARE | NTB | Display gebrochen | WORK | Hans Werner | |
| ☐ | 7 | SOFTWARE | EXCEL | Zelle nicht eingabebereit | HOLD | Karsten Meier | |
| ☐ | 8 | HARDWARE | PC | Bildschirm schwarz | HOLD | Peter | |
| ☐ | 9 | HARDWARE | MED | Drucker druckt nicht | CLSD | Enno | |
| ☐ | 10 | SOFTWARE | WORD | Falsches Absatzformat | WORK | Irene Neugierig | |
| ☐ | 12 | HARDWARE | PRINTER | Drucker druckt nich | CLSD | Ich | |
| ☐ | 13 | OTHER | WEBSITE | Keine Information über neue Mitarbeiter | OPEN | Paul Personaler | |
| ☐ | 14 | HARDWARE | NTB | Ersatzmaus fehlt immer noch | OPEN | Mimi Meisterlich | |
| ☐ | 15 | SOFTWARE | POWERPOINT | Element lässt sich nicht verschieben | OPEN | Hans Peter | |

**Abbildung 13.30** Ausgabe der Ticketübersicht

**Checkbox**

Wie Sie in Abbildung 13.30 sehen, ist in der ersten Spalte nun eine änderbare Checkbox, in der Sie die jeweilige Zeile markieren können. Dazu haben Sie das Feld `CHECKBOX` im Feldkatalog als Checkbox definiert und auf »änderbar« gesetzt.

**Detail-Button-Funktion**

Außerdem sehen Sie in Abbildung 13.30 ganz links den Detail-Button in der Toolbar, der nun den Absprung in Transaktion ZTIK2 realisiert (siehe Abbildung 13.31). Dazu haben Sie eine Ereignisbehandler-Methode für das Ereignis `BEFORE_USERCOMMAND` der Klasse `CL_GUI_ALV_GRID` implementiert.

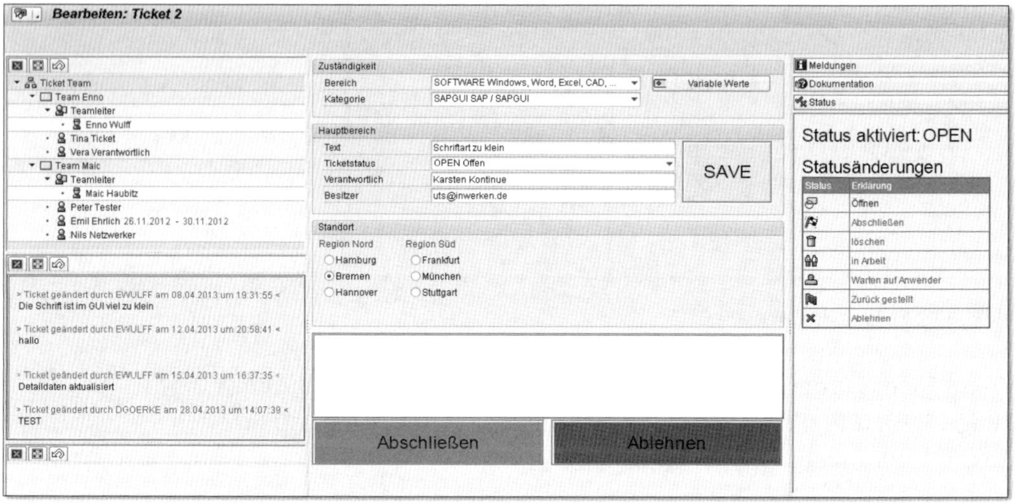


**Abbildung 13.31** Absprung in Transaktion ZTIK2

**Button mit Icon**

Am Ende jeder Zeile sehen Sie in Abbildung 13.30 den Button mit dem entsprechenden Icon. Dazu haben Sie jeder Zeile einen Button-Style hinzugefügt, das Icon übergeben und über eine Ereignisbehandler-Methode des Ereignisses `BUTTON_CLICK` der Klasse `CL_GUI_ALV_GRID` auf die Verwendung reagiert.

**Dropdown-Liste**

Sie sehen in Abbildung 13.32 die von Ihnen erstellte änderbare Dropdown-Liste der jeweiligen Zeile. Dies haben Sie realisiert, indem Sie eine Dropdown-Tabelle erstellt haben, diese über ein Handle eindeutig identifiziert und das Handle an jede Ausgabezeile übergeben haben. Die Änderbarkeit haben Sie über den Feldkatalog realisiert.

**Button-Menü**

In Abbildung 13.32 sehen Sie in der Toolbar ganz rechts das neue Button-Menü zum Löschen der Tickets. Über den kleinen schwarzen Pfeil des Buttons kann das Menü wie in Abbildung 13.33 geöffnet werden. Den Button haben Sie über eine Ereignisbehandler-Methode für das Ereignis `TOOLBAR` der Klasse `CL_GUI_ALV_GRID` realisiert. Dort haben Sie ein Button-Menü erstellt und die jeweiligen Funktionscodes zugeordnet. Über eine Ereignisbehandler-Methode für das Ereignis `USER_COMMAND` der Klasse `CL_GUI_ALV_GRID` haben Sie auf den entsprechenden Funktionscode reagiert.

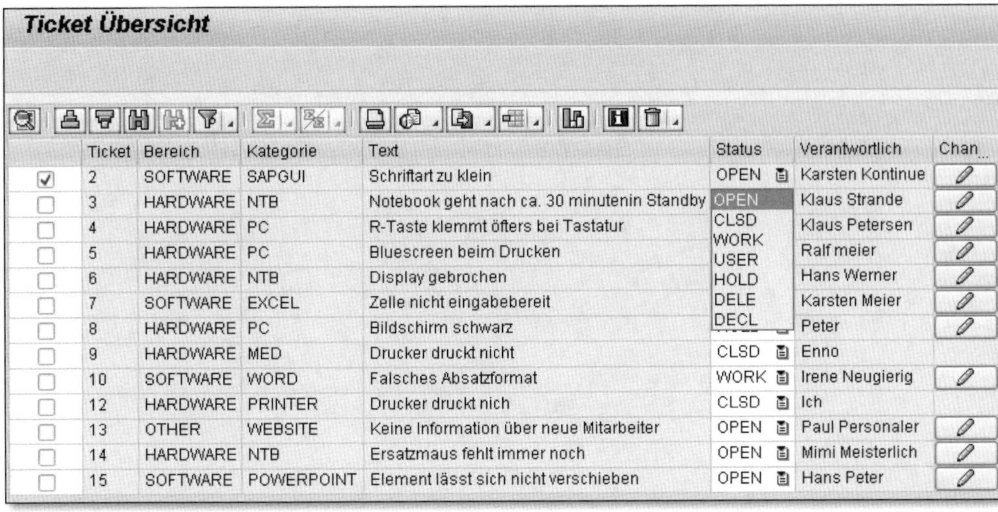


**Abbildung 13.32** Dropdown-Liste

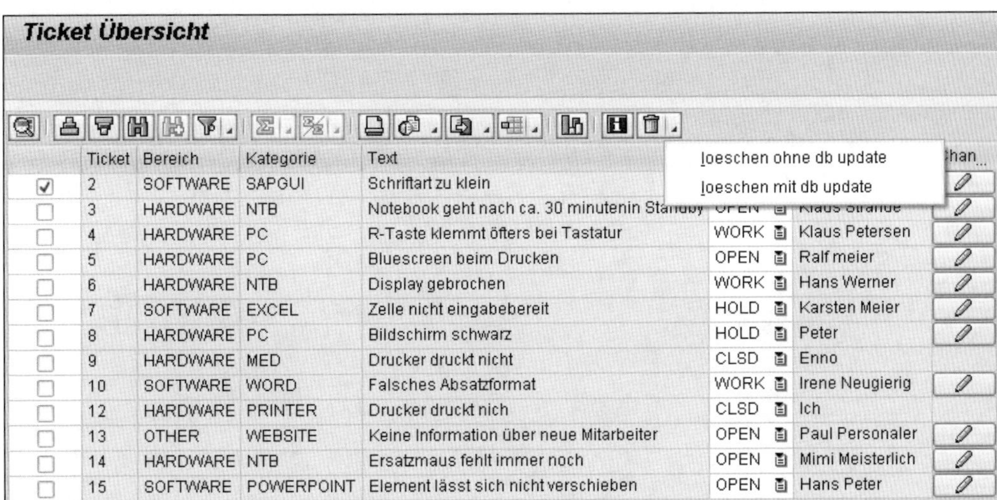


**Abbildung 13.33** Button-Menü

*Mit Drag & Drop können Sie dem Anwender eine zeitsparende und intuitive Funktion zur Verfügung stellen.*

# 14 Drag & Drop implementieren

In diesem Kapitel möchten wir Ihnen zeigen, wie einfach es ist, Drag & Drop für die Nutzung Ihrer Anwendungen zu ermöglichen. Nach unserer Erfahrung wird diese Funktion selten in selbst geschriebenen Anwendungen angeboten, da die Implementierung als schwierig und aufwendig empfunden wird. Dabei sind die Handhabung und Implementierung von Drag & Drop ganz einfach, wenn Sie die Grundlagen kennen, die wir Ihnen in diesem Kapitel vorstellen.

Dazu erläutern wir im ersten Schritt wichtige Begriffe, die Ihnen bei der Implementierung begegnen, stellen die Einsatzmöglichkeiten vor und geben einen Überblick über die Voraussetzungen, um diese Funktionalität zu implementieren. Nachdem Sie die notwendigen Grundlagen kennengelernt haben, beschreiben wir den generellen Ablauf eines Drag-&-Drop-Vorgangs und erläutern die notwendigen Schritte der Implementierung. Zu guter Letzt implementieren Sie eine Drag-&-Drop-Funktion in unserer Beispielanwendung – dem Ticketsystem.

## 14.1 Grundlagen

Drag & Drop ist eine Funktion, die in vielen Anwendungen zu finden ist. Dabei klicken Sie mit der linken Maustaste ein Bildschirmelement an, verschieben es mit gedrückter linker Maustaste an einen Ort auf dem Bildschirm und lassen es wieder »fallen«, indem Sie die Maustaste loslassen. Sie können dabei entscheiden, ob Sie das Element verschieben oder kopieren möchten. Sie kennen Drag & Drop z.B. vom Verschieben einer Datei von einem Ordner im Windows-Explorer in einen anderen. Diese Funktion existiert im SAP-System genauso und trägt auch dort zur intuitiven Bedienung der Anwendungen bei. Ein Beispiel ist das Ändern eines Layouts in der ALV-Grid-List-Anzeige. In Abbildung 14.1 sehen Sie, wie dort Felder aus dem SPALTENVORRAT per Drag & Drop zu den angezeigten Spalten hinzugefügt werden.

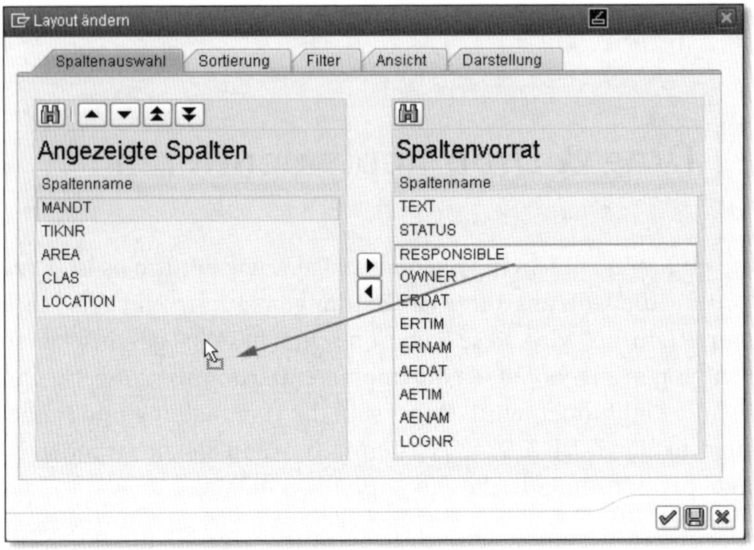


Abbildung 14.1 Drag & Drop in der Layoutänderung

Ein weiteres Beispiel: Im SAP Easy Access-Menü können Sie Transaktionen per Drag & Drop dem Favoriten-Ordner hinzufügen (siehe Abbildung 14.2).

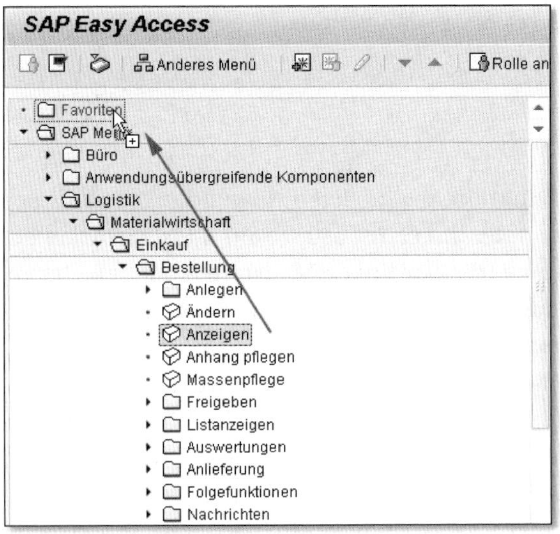


Abbildung 14.2 Drag & Drop im SAP Easy Access-Menü

### 14.1.1 Begriffe

In diesem Abschnitt erläutern wir Ihnen die wichtigsten Begriffe aus dem Drag-&-Drop-Umfeld.

- **Drag**
  Wird auf einem Control oder einem Bildschirm ein Element mit der linken Maustaste angeklickt und bei gedrückter linker Maustaste bewegt, sprechen wir von *Drag*. Ein Control, das Ausgangspunkt für einen Drag-&-Drop-Vorgang ist, wird *Dragsource* genannt.
- **Drop**
  Wird nach einem Drag an einer Stelle auf dem Bildschirm die linke Maustaste losgelassen, sprechen wir von *Drop*. Ein Control, auf dem ein Drop ausgeführt wird, wird *Droptarget* genannt.
- **Flavor**
  Der *Flavor* ist der Name für ein Drag-&-Drop-Verhalten (*Behaviour*). Drag & Drop ist generell nur möglich, wenn der Flavor in Quell- und Ziel-Control gleich ist und mindestens einen gemeinsamen *Effekt* hat.
- **Behaviour**
  In vielen SAP-Demoprogrammen wird der Begriff *Behaviour* (engl. = Verhalten) verwendet. Das Verhalten der Drag-&-Drop-Funktion wird über einen Flavor definiert.
- **Effekt**
  Der *Effekt* legt fest, ob das jeweilige Element bei einem Drag-&-Drop-Vorgang verschoben oder kopiert werden darf. Sie können auch beide Effekte KOPIEREN und VERSCHIEBEN zulassen.
- **Drag & Drop Handle**
  Das *Drag & Drop Handle* identifiziert ein Behaviour eindeutig.
- **Drag-&-Drop-Objekt**
  Das *Drag-&-Drop-Objekt* wird unter anderem für die Datenübertragung während des Drag-&-Drop-Vorgangs verwendet. Führt der Anwender einen Drag-&-Drop-Vorgang aus, erzeugt der *Drag-&-Drop-Service* des Applikationsservers eine Instanz der Klasse `CL_DRAGDROPOBJECT`, die Ihnen in jedem Ereignis zur Verfügung steht. Ihre Daten übergeben und entnehmen Sie dem Attribut `OBJECT` der Klasse `CL_DRAGDROPOBJECT` (siehe auch Abschnitt 14.2.2, »Datenübertragung«.

In Tabelle 14.1 sind drei Beispielvorgänge dargestellt, anhand derer wir die Begriffe in Beziehung setzen möchten.

**Beispiele**

| | Control 1 | | Control 2 | |
|---|---|---|---|---|
| 1 | **Behaviour** | | **Behaviour** | |
| | Flavor | `teamcopy` | Flavor | `teamcopy` |
| | Dragsource | `'X'` | Dragsource | `' '` |
| | Droptarget | `' '` | Droptarget | `'X'` |
| | Effekt | `COPY` und `MOVE` | Effekt | `COPY` und `MOVE` |
| 2 | **Behaviour** | | **Behaviour** | |
| | Flavor | `teamcopy` | Flavor | `teamcopy` |
| | Dragsource | `'X'` | Dragsource | `'X'` |
| | Droptarget | `'X'` | Droptarget | `'X'` |
| | Effekt | `COPY` | Effekt | `COPY` und `MOVE` |
| 3 | **Behaviour** | | **Behaviour** | |
| | Flavor | `copy` | Flavor | `teamcopy` |
| | Dragsource | `'X'` | Dragsource | `' '` |
| | Droptarget | `' '` | Droptarget | `'X'` |
| | Effekt | `COPY` | Effekt | `COPY` |

**Tabelle 14.1** Fallbeispiele zur Begriffserklärung

### Fall 1

Gemeinsamer Flavor, verschieben und kopieren

In Fall 1 ist ein Drag & Drop von Control 1 nach Control 2 möglich, da der Flavor in beiden Fällen gleich ist. Das Element kann von Control 1 nach Control 2 entweder verschoben oder kopiert werden (`COPY` und `MOVE`), die Wahl des Effekts liegt beim Anwender. Hält dieser nach dem Drag die Taste [Strg] gedrückt, und führt den Drop im Ziel-Control aus, wird der Effekt KOPIEREN verwendet. Drückt der Benutzer während des Vorgangs keine Taste, wird der Effekt VERSCHIEBEN verwendet.

### Fall 2

Zwei Richtungen, nur kopieren

Auch in Fall 2 ist ein Drag & Drop von Control 1 nach Control 2 möglich, da der Flavor in beiden Fällen gleich ist. In diesem Fall kann der Vorgang von Control 1 nach Control 2 oder umgekehrt durchgeführt werden. Das Element kann in diesem Fall nur kopiert werden, da beide Controls nur den Effekt `COPY` gemein haben.

### Fall 3

Abweichender Flavor

Im dritten Fall ist kein Drag-&-Drop-Vorgang möglich, da der Flavor abweicht.

## 14.1.2 Drag-&-Drop-fähige Objekte

**Ereignisbehandlung**

In diesem Abschnitt zeigen wir Ihnen, an welchen Stellen eine Drag-&-Drop-Funktion implementiert werden kann und wo dies nicht möglich ist. Generell können Sie Drag & Drop überall da implementieren, wo *Drag-&-Drop-Ereignisse* angeboten werden, über die die Funktion realisiert wird. Da *Dynpros* keine Ereignisbehandlung anbieten, ist es z.B. nicht möglich, im Eingabefeld eines Dynpros einen Drop auszuführen. Anders verhält es sich bei objektorientierten Controls, da diese die Ereignisbehandlung ermöglichen. Um Ereignisse auszulösen, sind Klassen notwendig, und um Ereignisse zu behandeln, müssen Methoden definiert sein, die auf diese Ereignisse reagieren.

**Informationen zur Drag-&-Drop-Fähigkeit**

Wenn Sie herausfinden möchten, welches Control Drag-&-Drop-fähig ist, gibt es verschiedene Wege: Sie können sich die Klasse des Controls in Transaktion SE24 anschauen. Sind in der Klasse Drag-&-Drop-Ereignisse auf der Registerkarte EREIGNISSE vorhanden, kann hier eine Drag-&-Drop-Funktion implementiert werden (siehe Abbildung 14.3). Drag-&-Drop-Ereignisse tragen die Begriffe *Drag* oder *Drop* im Namen und sind daran erkennbar. Da in der Klasse `CL_GUI_ALV_GRID` Ereignisse wie `ONDRAG` und `ONDROP` vorhanden sind, können Sie in diesem Control Drag-&-Drop-Funktionen implementieren.

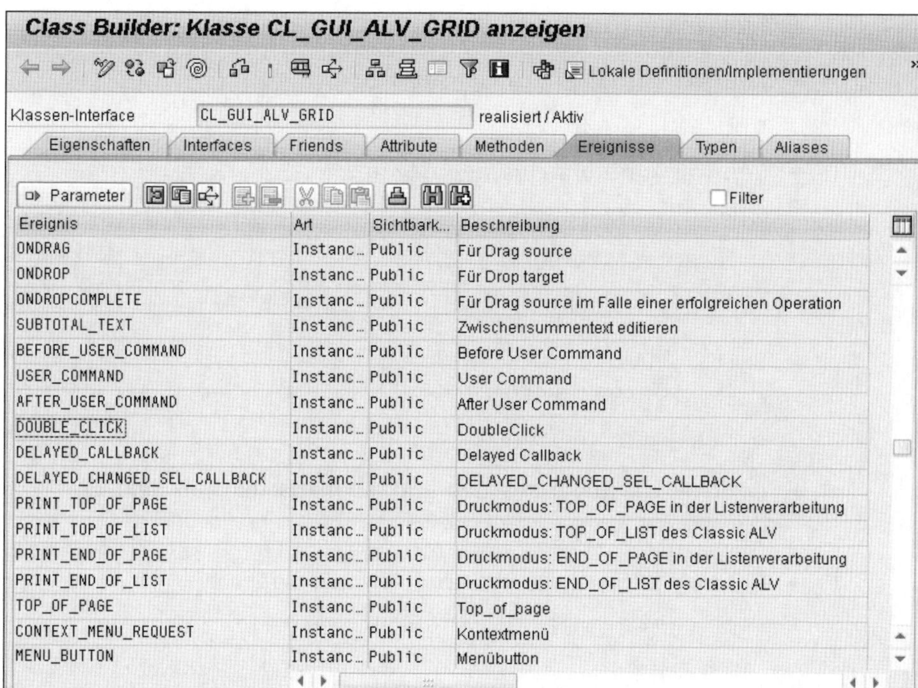


| Ereignis | Art | Sichtbark... | Beschreibung |
|---|---|---|---|
| ONDRAG | Instanc... | Public | Für Drag source |
| ONDROP | Instanc... | Public | Für Drop target |
| ONDROPCOMPLETE | Instanc... | Public | Für Drag source im Falle einer erfolgreichen Operation |
| SUBTOTAL_TEXT | Instanc... | Public | Zwischensummentext editieren |
| BEFORE_USER_COMMAND | Instanc... | Public | Before User Command |
| USER_COMMAND | Instanc... | Public | User Command |
| AFTER_USER_COMMAND | Instanc... | Public | After User Command |
| DOUBLE_CLICK | Instanc... | Public | DoubleClick |
| DELAYED_CALLBACK | Instanc... | Public | Delayed Callback |
| DELAYED_CHANGED_SEL_CALLBACK | Instanc... | Public | DELAYED_CHANGED_SEL_CALLBACK |
| PRINT_TOP_OF_PAGE | Instanc... | Public | Druckmodus: TOP_OF_PAGE in der Listenverarbeitung |
| PRINT_TOP_OF_LIST | Instanc... | Public | Druckmodus: TOP_OF_LIST des Classic ALV |
| PRINT_END_OF_PAGE | Instanc... | Public | Druckmodus: END_OF_PAGE in der Listenverarbeitung |
| PRINT_END_OF_LIST | Instanc... | Public | Druckmodus: END_OF_LIST des Classic ALV |
| TOP_OF_PAGE | Instanc... | Public | Top_of_page |
| CONTEXT_MENU_REQUEST | Instanc... | Public | Kontextmenü |
| MENU_BUTTON | Instanc... | Public | Menübutton |

**Abbildung 14.3** Ereignisse der Klasse CL_GUI_ALV_GRID

Interface IF_DRAGDROP

Eine weitere Herangehensweise, um herauszufinden, ob die Klasse Drag & Drop unterstützt, ist es, in Transaktion SE24 auf der Registerkarte INTERFACES zu prüfen, ob die Klasse das Interface IF_DRAGDROP implementiert (siehe Abbildung 14.4).

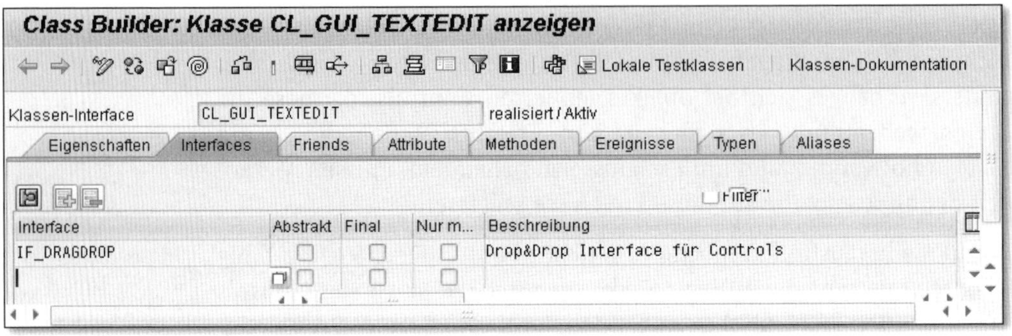


Abbildung 14.4 Interface IF_DRAGDROP

Ist in der Klasse das Interface IF_DRAGDROP eingetragen, finden Sie in der Klasse auch Ereignisbehandler-Methoden für die Drag-&-Drop-Ereignisse. Sind diese Methoden in der Control-Klasse implementiert, unterstützt das Control Drag & Drop.

Drag-&-Drop-fähige Controls

Die folgenden gängigen Controls sind Drag-&-Drop-fähig:

- Controls zur tabellarischen Anzeige:
  - CL_GUI_ALV_GRID
- Controls zur hierarchischen Anzeige:
  - CL_GUI_SIMPLE_TREE
  - CL_GUI_LIST_TREE
  - CL_GUI_COLUMN_TREE
  - CL_SIMPLE_TREE_MODEL
  - CL_LIST_TREE_MODEL
  - CL_COLUMN_TREE_MODEL
- Controls zur hierarchischen und tabellarischen Anzeige:
  - CL_GUI_ALV_TREE
- Controls zur Anzeige von Grafiken und Bildern:
  - CL_GUI_PICTURE

- Controls zur Anzeige und Nutzung von HTML-Objekten:
  - CL_GUI_HTML_EDITOR
- Controls zur Anzeige und Änderung von Texten:
  - CL_GUI_TEXTEDIT

[«]

**Drag & Drop ohne Aufwand im TextEdit Control**

Im TextEdit Control können Texte per Drag & Drop hinzugefügt werden, ohne ein eigenes Handling implementieren zu müssen. Das ist möglich, da das TextEdit Control die Drag-&-Drop-Funktion aus Microsoft Windows unterstützt. Ein eigenes Drag-&-Drop-Handling können Sie bei Bedarf implementieren.

### 14.1.3 Ereignisse für Drag & Drop

Ereignisnamen

Die Drag-&-Drop-Verarbeitung wird über die Ereignisbehandlung realisiert. Die Namen der dafür relevanten Ereignisse sind von Control zu Control ähnlich, aber nicht zwingend gleich. In der Klasse CL_GUI_TEXTEDIT des TextEdit Controls etwa heißt ein Ereignis für das Drag ON_DRAG, in der Klasse CL_GUI_ALV_GRID des ALV Grid Controls heißt das Drag-Ereignis ONDRAG. Wir beziehen uns in diesem Kapitel auf die Namenskonvention der Klasse CL_GUI_ALV_GRID.

Quell- und Zielereignisse

Die Ereignisse werden in Quell- und Zielereignisse unterschieden:

- **Quellereignisse**
  Die Quellereignisse werden im Quell-Control abgefangen:
  - ONDRAG
    Das Ereignis ONDRAG wird bei einem Drag & Drop entweder als erstes Ereignis oder in Folge des Ereignisses ONGETFLAVOR ausgelöst.

    Im Ereignis ONDRAG übergeben Sie die gewünschten Daten an die Instanz des Drag-&-Drop-Objekts. Dadurch stellen Sie dem Ziel-Control die Daten zur Verfügung.

    An dieser Stelle haben Sie die Möglichkeit, einen Drag-&-Drop-Vorgang abzubrechen, z.B. weil der Anwender keine Berechtigung besitzt, den gewünschten Vorgang durchzuführen. Allerdings empfehlen wir, Restriktionen eines Drag & Drops über den Flavor zu steuern. Dadurch ist es für den Anwender anhand des Mauszeigersymbols ersichtlich, an welcher Stelle ein Drop erlaubt ist.

- ONDROPCOMPLETE
  Dieses Ereignis wird ausgelöst, wenn sowohl der Drag- als auch der Drop-Vorgang im Ziel-Control ordnungsgemäß ausgeführt werden konnten. Im Falle eines Verschiebevorgangs entfernen Sie zu diesem Zeitpunkt das entsprechende Element aus dem Quell-Control.

- **Zielereignisse**
  Die Zielereignisse werden im Ziel-Control ausgelöst und abgefangen:
  - ONGETFLAVOR
    Der Drag-&-Drop-Service des SAP NetWeaver Application Servers prüft bei einem Vorgang, ob Quell- und Ziel-Control mehrere gemeinsame Flavors besitzen, und löst das Ereignis ONGETFLAVOR aus. Wenn Sie dieses Ereignis behandeln, können Sie über die Methode SET_FLAVOR des Drag-&-Drop-Objekts entscheiden, welcher Flavor genutzt wird.
  - ONDROP
    Dieses Ereignis wird ausgelöst, sobald der Anwender das gezogene Element auf einem Control fallen lässt. An dieser Stelle werden die Daten aus dem Drag-&-Drop-Objekt entnommen und im Ziel-Control verarbeitet.

## 14.2 Funktionsweise und Ablauf

Beim Drag & Drop laufen einige Vorgänge automatisch im Hintergrund ab, und einige müssen Sie selbst implementieren. Im ersten Teil dieses Abschnitts möchten wir Ihnen den generellen Ablauf einer Drag-&-Drop-Operation aufzeigen und erläutern Ihnen danach, wie die Datenübertragung funktioniert.

### 14.2.1 Ablauf des Drag & Drop

Ablaufschritte

Die folgenden Schritte werden bei einem Drag-&-Drop-Vorgang durchlaufen:

1. Sobald der Anwender für ein Element eines Custom Controls ein Drag ausführt, wird automatisch im Hintergrund der Drag-&-Drop-Service des SAP NetWeaver Application Servers gestartet.

2. Dieser Service überprüft eigenständig, ob für das Element ein Flavor als *Dragsource* definiert wurde. Haben Sie dort einen Flavor hinterlegt – z.B. an einem Mitarbeiterknoten in der in Kapitel 9, »Mit Tree Controls arbeiten«, implementierten Teamübersicht – verändert sich automatisch der Mauszeiger.
3. Während der Benutzer das Element bewegt, prüft der Drag-&-Drop-Service ständig, ob sich an der Stelle, an der sich der Mauszeiger gerade befindet, ein Custom Control befindet und ob das sich an dieser Stelle auf dem Bildschirm befindende Element das gleiche Behaviour besitzt. Ist dies der Fall, kann der Anwender an dieser Stelle das Element »droppen«. Dies wird ihm über eine Veränderung des Mauszeigers signalisiert.
4. Beim Drop erzeugt der Drag-&-Drop-Service eine Instanz der Klasse `CL_DRAGDROPOBJECT`. Diese Instanz wird bei jedem Drag-&-Drop-Ereignis zur Verfügung gestellt und dient unter anderem der Datenübertragung.
5. Der Service prüft, ob dem Quell- und Zielelement gemeinsame Flavor zugeordnet sind. Ist das der Fall, wird das Ereignis `ONGETFLAVOR` ausgelöst. Dort müssen Sie entscheiden, welcher Flavor verwendet werden soll. Den Flavor setzen Sie über die Methode `SET_FLAVOR` der Drag-&-Drop-Instanz der Klasse `CL_DRAGDROPOBJECT`.
6. Im nächsten Schritt wird das Ereignis `ONDRAG` im Quell-Control ausgelöst.
7. Danach wird im Ziel-Control das Ereignis `ONDROP` ausgelöst.
8. Im letzten Schritt wird im Quell-Control das Ereignis `ONDROPCOMPLETE` ausgelöst.

### 14.2.2 Datenübertragung

Die Datenübertragung bei einem Drag-&-Drop-Vorgang erfolgt über einen Instanzparameter der Klasse `CL_DRAGDROPOBJECT`. Dieser Parameter wird in jedem Drag-&-Drop-Ereignis zur Verfügung gestellt. Der Träger der Informationen ist hier also keine Tabelle oder Struktur, sondern ein beliebiges Objekt, das im Attribut `OBJECT` des Drag-&-Drop-Objekts übergeben und entnommen werden kann.

**Wiederverwendbarkeit der Objekte**

Sie haben zwei Möglichkeiten, ein Drag-&-Drop-Datenobjekt bereitzustellen:

- **Lokale Klasse**
  Wenn Sie die Ereignisbehandlung von mehreren Controls im Rahmenprogramm durchführen, können Sie dort eine lokale Klasse definieren, die Ihre Daten für die Übertragung enthält.
- **Globale Klasse**
  Haben Sie für die Verwaltung der Controls eine eigene Klasse als weitere Verschalung des Controls angelegt, müssen Sie eine globale Klasse erstellen. Erstellen Sie diese Klasse geschickt, hat dies den Vorteil, dass die Klasse wiederverwendet werden kann.

Im einfachsten Fall kann die Klasse aus einem öffentlichen Attribut bestehen, das durch das Quell-Control geschrieben und durch das Ziel-Control gelesen wird.

## 14.3 Beispielanwendung: Drag & Drop in Teambaum und Ticketübersicht

In diesem Abschnitt stellen wir Ihnen eine Beispielanwendung mit Drag-&-Drop-Funktion vor. In dieser Anwendung verwenden wir den in Kapitel 9, »Mit Tree Controls arbeiten«, angelegten Baum, der ein IT-Service-Team in der Übersicht abbildet, sowie die in Kapitel 13, »ALV Grid erstellen«, angelegte Ticketübersicht. Sie werden sehen, wie einfach eine Drag-&-Drop-Funktion implementiert werden und wie nützlich diese sein kann.

Anforderungen

In unserer Beispielanwendung möchten wir einen IT-Service-Mitarbeiter aus dem Teambaum in die Ticketübersicht »ziehen«, um ihn als Bearbeiter dem Ticket zuzuordnen. Durch diesen Vorgang soll gleichzeitig der Mitarbeitername in das Feld VERANTWORTLICH kopiert werden. Für den Drag-&-Drop-Vorgang sollen allerdings folgende Einschränkungen gelten:

- Ein Mitarbeiter darf nur zugeordnet werden, wenn:
  - das Ticket noch nicht abgeschlossen ist
  - noch kein Verantwortlicher zugeordnet ist
- Das Mitarbeiterelement darf nur über dem Feld VERANTWORTLICH der Ticketübersicht »fallen gelassen« werden.

Implementierung der Anwendung

Wir beschreiben im Folgenden Schritt für Schritt die notwendigen Anpassungen, um diese Anforderungen zu implementieren, und geben Ihnen Hinweise, worauf Sie bei der Umsetzung achten müssen.

Nachdem wir den Teambaum in die Ticketübersicht integriert haben, werden wir die notwendigen Anpassungen daran vornehmen. Zuletzt wird die Ticketübersicht für das Drag-&-Drop-Handling angepasst.

### 14.3.1 Integrieren des Teambaums in die Ticketübersicht

Um die Beispielanwendung aufzubauen, wird zuerst der Teambaum in die Ticketübersicht integriert. Nachdem Sie diesen Abschnitt bearbeitet haben, sollte das Ergebnis wie in Abbildung 14.5 aussehen.

> **Darstellung der integrierten Team- und Ticketübersicht** [«]
>
> Wir haben für Abbildung 14.5 einige Spalten ausgeblendet, damit diese übersichtlicher wird. Wundern Sie sich nicht, wenn Ihre Ausgabe mehr Spalten enthält.

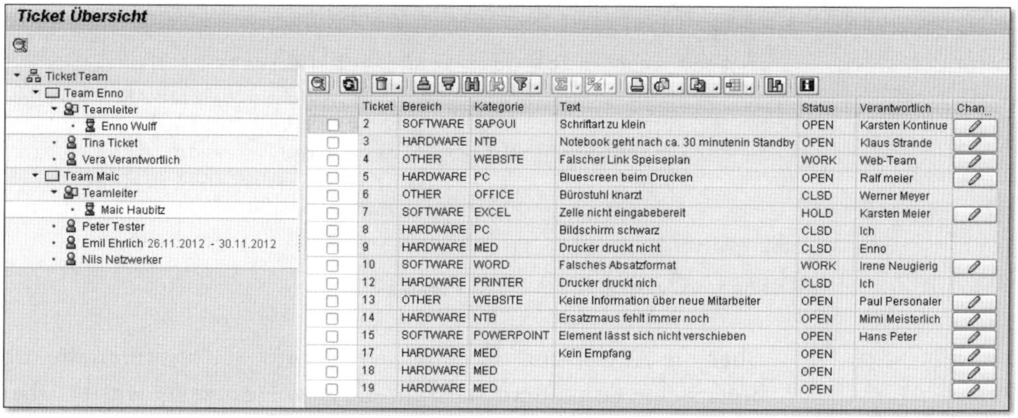


| Ticket | Bereich | Kategorie | Text | Status | Verantwortlich | Chan... |
|---|---|---|---|---|---|---|
| 2 | SOFTWARE | SAPGUI | Schriftart zu klein | OPEN | Karsten Kontinue | |
| 3 | HARDWARE | NTB | Notebook geht nach ca. 30 minutenin Standby | OPEN | Klaus Strande | |
| 4 | OTHER | WEBSITE | Falscher Link Speiseplan | WORK | Web-Team | |
| 5 | HARDWARE | PC | Bluescreen beim Drucken | OPEN | Ralf meier | |
| 6 | OTHER | OFFICE | Bürostuhl knarzt | CLSD | Werner Meyer | |
| 7 | SOFTWARE | EXCEL | Zelle nicht eingabebereit | HOLD | Karsten Meier | |
| 8 | HARDWARE | PC | Bildschirm schwarz | CLSD | Ich | |
| 9 | HARDWARE | MED | Drucker druckt nicht | CLSD | Enno | |
| 10 | SOFTWARE | WORD | Falsches Absatzformat | WORK | Irene Neugierig | |
| 12 | HARDWARE | PRINTER | Drucker druckt nich | CLSD | Ich | |
| 13 | OTHER | WEBSITE | Keine Information über neue Mitarbeiter | OPEN | Paul Personaler | |
| 14 | HARDWARE | NTB | Ersatzmaus fehlt immer noch | OPEN | Mimi Meisterlich | |
| 15 | SOFTWARE | POWERPOINT | Element lässt sich nicht verschieben | OPEN | Hans Peter | |
| 17 | HARDWARE | MED | Kein Empfang | OPEN | | |
| 18 | HARDWARE | MED | | OPEN | | |
| 19 | HARDWARE | MED | | OPEN | | |

**Abbildung 14.5** Teambaum in Ticketübersicht

**Anwendungen integrieren**

Um den Teambaum in die Anwendung der Ticketübersicht zu integrieren, sind nur ein paar Zeilen Coding notwendig.

1. Im ersten Schritt definieren Sie zwei globale Variablen in der Ticketübersicht `ZBOOK_TICKET_OVERVIEW` (siehe Listing 14.1):
   - eine Instanzvariable `GR_DOCK_CONT`, um den Teambaum in einem Docking-Container anzuzeigen
   - eine Instanzvariable `GR_TEAM_TREE`, die für unseren Teambaum benötigt wird

```
Data: gr_dock_cont TYPE REF TO cl_gui_docking_container,
      gr_team_tree TYPE REF TO zcl_book_team.
```

**Listing 14.1** Variablendeklaration

2. Im nächsten Schritt erweitern Sie das bereits vorhandene PBO-Modul OUTPUT, das Sie in Abschnitt 13.3.2, »Erstellen eines Reports für die Ticketübersicht«, in Listing 13.11 angelegt haben, um die fett hervorgehobenen Zeilen aus Listing 14.2.

```
MODULE output.
  if gr_custom_cont is not bound.
    CREATE OBJECT gr_custom_cont
      EXPORTING
        container_name = 'CCONT'.
  endif.
  IF gr_dock_cont IS NOT BOUND.
    CREATE OBJECT gr_dock_cont
      EXPORTING
        repid     = sy-repid
        dynnr     = '0100'
        side      = cl_gui_docking_container=>dock_at_left
        extension = '370'.
  ENDIF.
  gr_team_tree = zcl_book_team=>get_instance(
                              ir_cont   = gr_dock_cont
                              id_expand = 'X' ).
  gr_book_ticket = zcl_book_ticket_overview=>get_instance(
                         ir_cont      = gr_custom_cont
                         is_selection = gs_selection ).
ENDMODULE.
```

**Listing 14.2** Anpassung des Moduls OUTPUT

Über die Anweisung gr_dock_cont IS NOT BOUND prüfen Sie, ob bereits eine Containerinstanz für die Anzeige erzeugt wurde. Über den Befehl CREATE OBJECT gr_dock_cont erzeugen Sie eine Instanz des Docking-Containers und übergeben folgende Parameter:

- das aktuelle Programm
- Dynpro 100
- die Seite, an der der Container des Tree Controls an den des ALV Grid Controls angrenzen soll (hier: linke Seite, dock at left)
- eine feste Größe des Containers

3. Als letzten Schritt erzeugen Sie eine Instanz der Klasse ZCL_BOOK_TEAM. Dazu verwenden Sie die statische Methode GET_INSTANCE. Der Methode übergeben Sie die Instanz GR_DOCK_CONT und steu-

ern über den Parameter ID_EXPAND, dass der Teambaum expandiert angezeigt wird.

Da der Teambaum so konzipiert ist, dass das Objekt sich eigenständig um die Datenermittlung, Anzeige und Ereignisbehandlung kümmert, sind wir an dieser Stelle fertig. Sie haben den Teambaum erfolgreich in die Ticketübersicht integriert.

### 14.3.2 Vorbereiten der Datenübertragung

Wiederverwendbares Datenobjekt

Für die Datenübertragung zwischen dem Teambaum und der Ticketübersicht legen Sie eine globale Klasse an (siehe auch Anhang A.8, »Klasse und Methoden anlegen«). In unserem Anwendungsfall soll der Mitarbeitername einem Ticket zugeordnet werden. Damit die globale Klasse Daten aufnehmen kann, müssen Sie Attribute definieren. Diese Attribute sollten möglichst allgemein gehalten werden, damit die globale Klasse auch in anderen Anwendungen genutzt werden kann. Um die Modellierung der Klasse möglichst wiederverwendbar zu gestalten, zeigen wir Ihnen eine Lösung, mit der Sie eine einheitliche Datenübertragung für folgende Tree-Control-Klassen realisieren können:

- CL_LIST_TREE_MODEL
- CL_SIMPLE_TREE_MODEL
- CL_COLUMN_TREE_MODEL

Kontextunabhängige Attribute

Wir erstellen eine globale Klasse, die der Datenübertragung von einem der genannten Tree Controls in ein beliebiges anderes Control dient. Die Klasse beinhaltet kontextunabhängige Attribute, die Sie für verschiedenartige Anwendungen verwenden können. Zusätzlich werden SET- und GET-Methoden zur Verfügung gestellt, um die Informationen leichter interpretieren zu können. SET-Methoden übergeben die Informationen an die Klasse. Über die entsprechenden GET-Methoden können Sie diese Informationen auslesen. Dazu legen Sie die Klasse ZCL_DND_MODEL_TREE in Transaktion SE24 an (siehe Abbildung 14.6).

Möglichkeit zur Ableitung

Definieren Sie die Klasse nicht als FINAL, damit die Möglichkeit besteht, bei speziellen Anforderungen von dieser Klasse abzuleiten und die SET- und GET-Methoden der Klasse zu redefinieren oder bei Bedarf weitere Attribute zu verwenden.

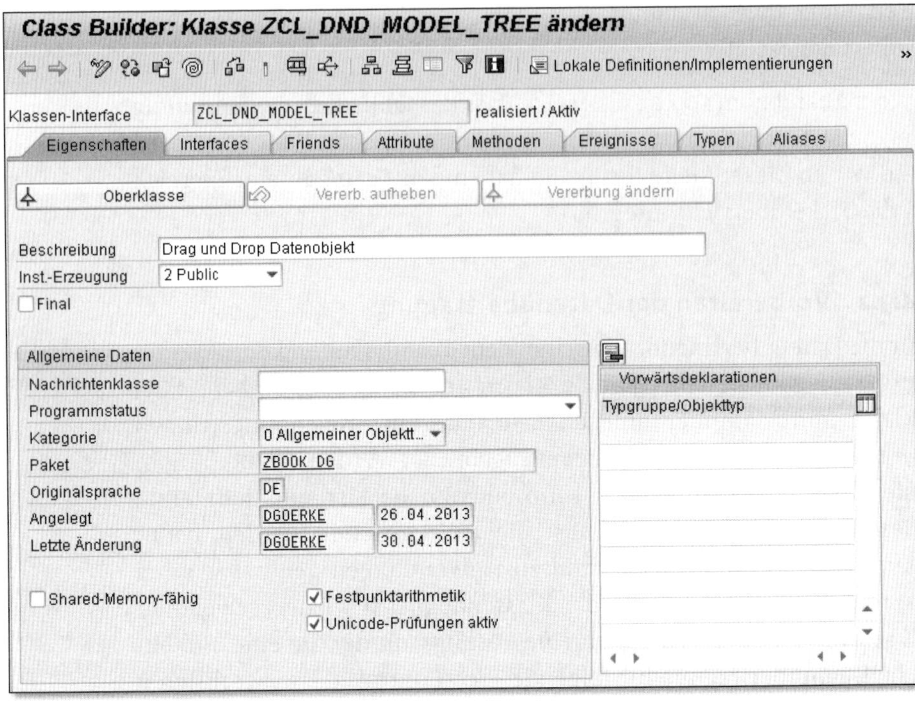


**Abbildung 14.6** Klasse ZCL_DND_MODEL_TREE

Attribute der Klasse ZCL_DND_MODEL_TREE

Für die Datenhaltung der Klasse `ZCL_DND_MODEL_TREE` legen Sie die in Abbildung 14.7 gelisteten Attribute an:

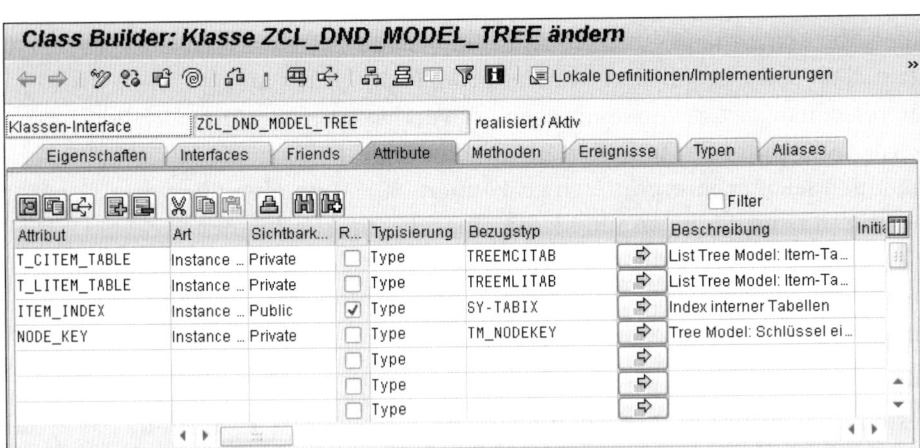


**Abbildung 14.7** Attribute der Klasse ZCL_DND_MODEL_TREE

Das Attribut T_LITEM_TABLE kann eine Item-Tabelle der Klasse CL_LIST_TREE_MODEL aufnehmen, das Attribut T_CITEM_TABLE eine Item-Tabelle der Klasse CL_COLUMN_TREE. Eine Item-Tabelle beinhaltet beliebig viele Elemente je Knoten. Darüber hinaus beinhaltet die Item-Tabelle von Anwendung zu Anwendung verschiedene Informationen. Aufgrund dieser Flexibilität verwenden wir dieses Attribut in unserer Klasse.

Attribute T_LITEM_TABLE und T_CITEM_TABLE

**Items des Teambaums**

In der Item-Tabelle des Teambaums befindet sich der Mitarbeitername und ggf. der Urlaub eines Mitarbeiters.

[zB]

Das Attribut ITEM_INDEX kann vom Quell-Control gesetzt werden. Über dieses Attribut kann das Quell-Control dem Ziel-Control mitteilen, welche Zeile der Item-Tabelle die gewünschten Informationen beinhaltet. Dadurch kann das Ziel-Control die Informationen gezielt auslesen.

Attribut ITEM_INDEX

Die Item-Tabelle des Teambaums enthält die Daten aus Tabelle 14.2.

| Tabellenindex | Inhalt |
|---|---|
| 1 | Mitarbeitername |
| 2 | Urlaub von |
| 3 | Trennzeichen |
| 4 | Urlaub bis |

**Tabelle 14.2** Beispiel-Item-Tabelle

Möchten Sie bei einem Drag & Drop den Mitarbeiternamen übertragen, setzen Sie den ITEM_INDEX auf 1. Möchten Sie den letzten Urlaubstag des Mitarbeiters übertragen, setzen Sie den ITEM_INDEX auf 4. Über diesen Index kann das Ziel-Control immer genau auf die Daten zugreifen, die Sie zur Verfügung stellen. Das Ziel-Control muss dazu nur wissen, *welche* Informationen übermittelt werden, aber nicht *woher* diese kommen.

Das Attribut NODE_KEY stellt die Information bereit, von welchem Knoten eine Drag-&-Drop-Operation gestartet wurde. Darüber kann das Ziel-Control bei Bedarf weitere Informationen aus dem Quell-Control abfragen.

Attribut NODE_KEY

**Methoden der Klasse ZCL_DND_MODEL_TREE**

Als Nächstes müssen Sie die Methoden der Klasse implementieren, zunächst die SET-Methoden für das Quell-Control und anschließend die GET-Methoden für das Ziel-Control.

Die Methode SET_LITEM_TABLE nutzen Sie im Quell-Control zum Zeitpunkt ONDRAG. Mittels dieser Methode übergeben Sie dem Drag-&-Drop-Datenobjekt die Item-Informationen. Diese Methode kann für die Klasse CL_LIST_TREE_MODEL verwendet werden und besitzt die in Abbildung 14.8 gezeigten Parameter.

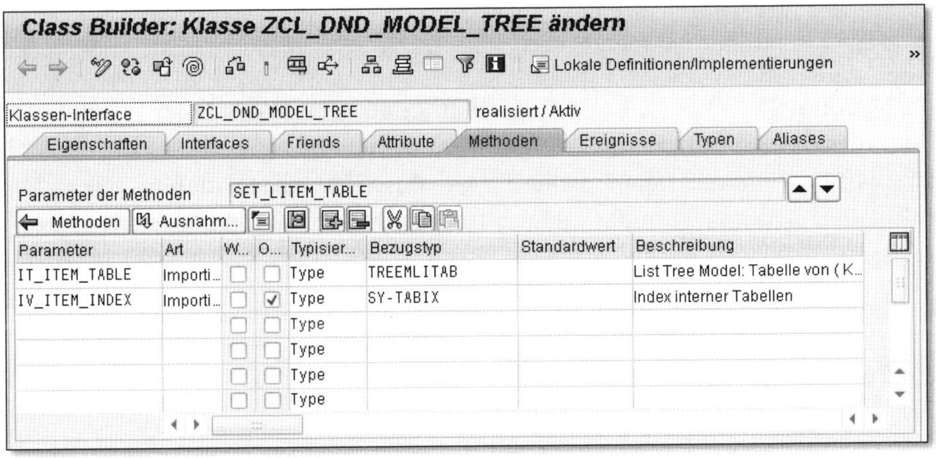


Abbildung 14.8 Parameter SET_LITEM_TABLE

**Methode SET_LITEM_TABLE (Quell-Control)**

Die in Listing 14.3 implementierte Methode SET_LITEM_TABLE setzt das Attribut T_LITEM_TABLE mit der übergebenen Tabelle IT_ITEM_TABLE. Über den Parameter IV_ITEM_INDEX können Sie dem Ziel-Control mitteilen, welche Zeile der Item-Tabelle die gewünschten Informationen beinhaltet. Dieser Parameter wird im Attribut ITEM_INDEX gespeichert.

```
METHOD set_litem_table.
  t_litem_table = it_item_table.
  item_index    = iv_item_index.
ENDMETHOD.
```

Listing 14.3 Methode SET_LITEM_TABLE

**Methode SET_CITEM_TABLE (Quell-Control)**

Die Methode SET_CITEM_TABLE nutzen Sie im Quell-Control zum Zeitpunkt ONDRAG. Mittels dieser Methode übergeben Sie Ihrem Drag-&-Drop-Datenobjekt die Item-Informationen. Diese Methode kann für die Klasse CL_COLUMN_TREE_MODEL verwendet werden und besitzt die Parameter aus Abbildung 14.9.

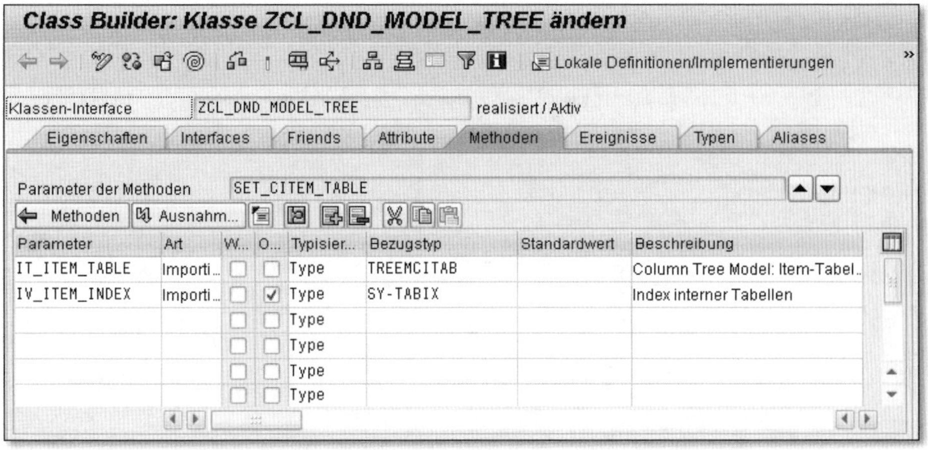


**Abbildung 14.9** Parameter SET_CITEM_TABLE

Die in Listing 14.4 implementierte Methode setzt das Attribut T_CITEM_TABLE mit der übergebenen Tabelle IT_ITEM_TABLE. Über den Parameter IV_ITEM_INDEX können Sie dem Ziel-Control mitteilen, welche Zeile der Item-Tabelle die gewünschten Informationen beinhaltet. Dieser Parameter wird im Attribut ITEM_INDEX gespeichert.

```
METHOD set_citem_table.
  t_citem_table = it_item_table.
  item_index    = iv_item_index.
ENDMETHOD.
```

**Listing 14.4** Methode SET_CITEM_TABLE

**Methode SET_NODE_KEY (Quell-Control)**

Die Methode SET_NODE_KEY nutzen Sie im Quell-Control zum Zeitpunkt ONDRAG. Mittels dieser Methode übergeben Sie dem Drag-&-Drop-Datenobjekt die Knoteninformation des Knotens, für den das Drag ausgeführt wurde. Diese Methode kann für die Klassen CL_*_TREE_MODEL verwendet werden und besitzt die Parameter aus Abbildung 14.10.

In dieser in Listing 14.5 implementierten Methode wird das Attribut NODE_KEY mit dem übergebenen Parameter IV_NODE_KEY gesetzt.

```
method SET_NODEKEY.
  node_key = iv_node_key.
endmethod.
```

**Listing 14.5** Methode SET_NODE_KEY

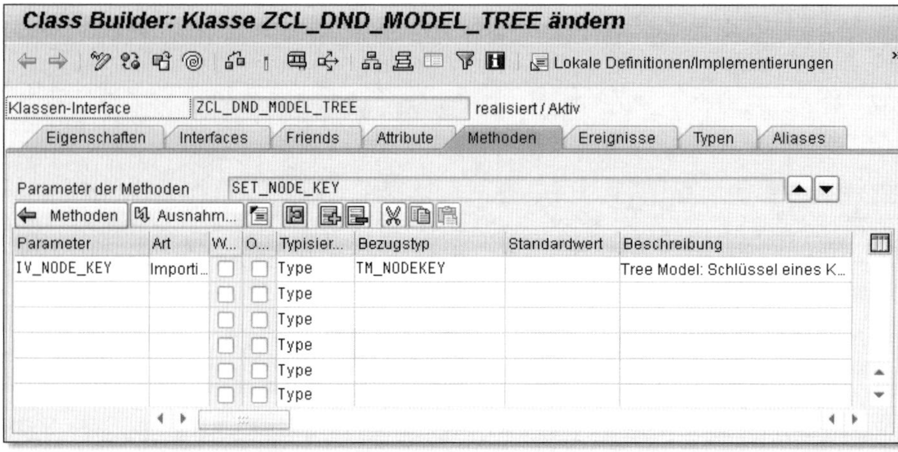


Abbildung 14.10 Parameter SET_NODE_KEY

Im Anschluss an die SET-Methoden müssen Sie noch die GET-Methoden implementieren.

**Methode GET_LITEM_TABLE (Ziel-Control)**

Auch die Methode GET_LITEM_TABLE nutzen Sie im Ziel-Control zum Zeitpunkt ONDROP. Mittels dieser Methode entnehmen Sie dem Drag-&-Drop-Datenobjekt die Item-Informationen. Diese Methode kann für die Klasse CL_LIST_TREE_MODEL verwendet werden und besitzt die Parameter aus Abbildung 14.11.

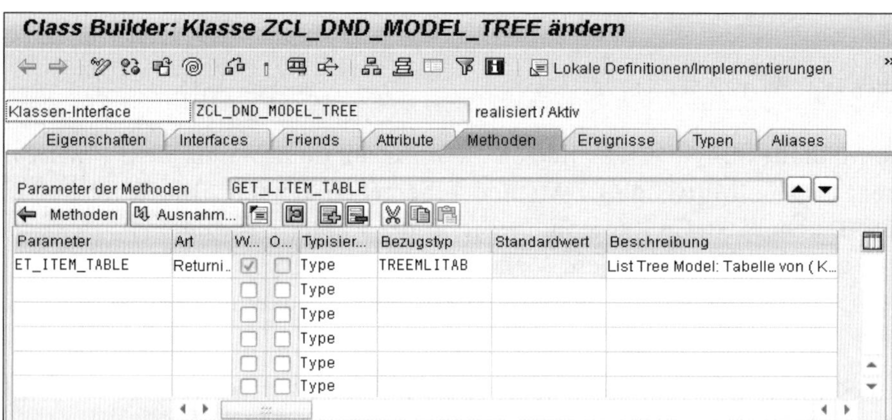


Abbildung 14.11 Parameter GET_LITEM_TABLE

In dieser in Listing 14.6 implementierten Methode wird das Attribut T_LITEM_TABLE über den Returning-Parameter ET_ITEM_TABLE zurückgegeben.

```
METHOD GET_LITEM_TABLE.
  et_item_table[] = t_litem_table[].
ENDMETHOD.
```

**Listing 14.6** Methode GET_LITEM_TABLE

Methode GET_CITEM_TABLE (Ziel-Control)

Die Methode GET_CITEM_TABLE nutzen Sie im Ziel-Control zum Zeitpunkt ONDROP. Mittels dieser Methode entnehmen Sie dem Drag-&-Drop-Datenobjekt die Item-Informationen. Diese Methode kann für die Klasse CL_COLUMN_TREE_MODEL verwendet werden und besitzt die Parameter aus Abbildung 14.12.

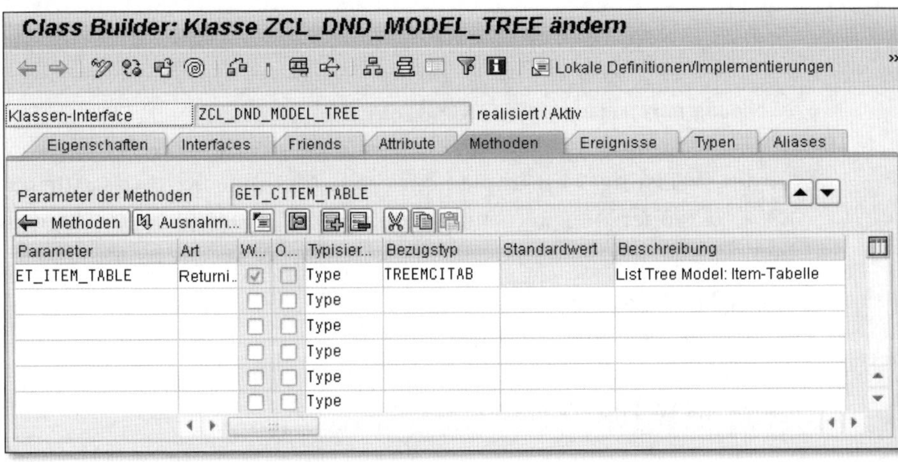


**Abbildung 14.12** Parameter GET_CITEM_TABLE

In dieser in Listing 14.7 implementierten Methode wird das Attribut T_CITEM_TABLE über den Returning-Parameter ET_ITEM_TABLE zurückgegeben.

```
METHOD get_citem_table.
  et_item_table = t_citem_table.
ENDMETHOD.
```

**Listing 14.7** Methode GET_CITEM_TABLE

Methode GET_NODE_KEY

Die Methode GET_NODE_KEY nutzen Sie im Ziel-Control zum Zeitpunkt ONDROP. Mittels dieser Methode entnehmen Sie dem Drag-&-Drop-Datenobjekt die Knoteninformation des Knotens, für den das Drag ausgeführt wurde. Diese Methode kann für die Klasse CL_*_TREE_MODEL verwendet werden und besitzt die Parameter aus Abbildung 14.13.

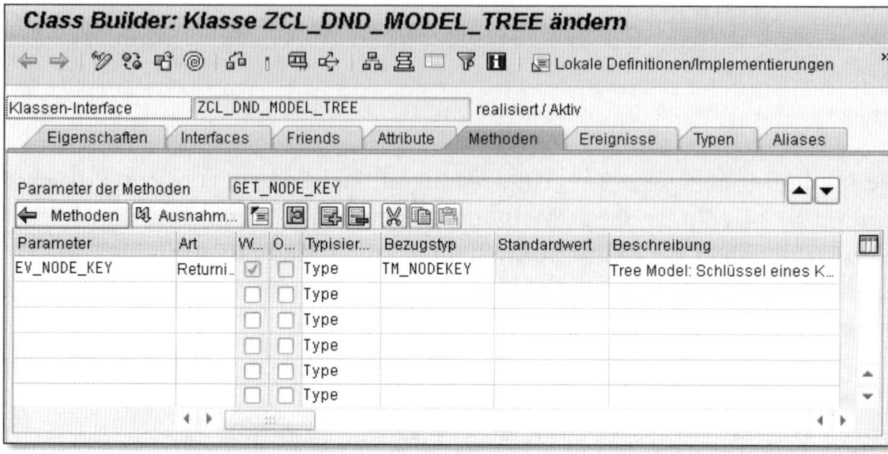


**Abbildung 14.13** Parameter GET_NODE_KEY

In der in Listing 14.8 implementierten Methode wird das Attribut NODE_KEY über den Returning-Parameter EV_NODE_KEY zurückgegeben.

```
method GET_NODE_KEY.
  ev_node_key = node_key.
endmethod.
```

**Listing 14.8** Methode GET_NODE_KEY

Sie haben nun eine Klasse, mit der Sie die Datenübertragung zwischen dem Teambaum und der Ticketübersicht realisieren können. Diese lässt sich für verschiedenste Drag-&-Drop-Operationen wiederverwenden.

### 14.3.3 Anpassung des Teambaums

In diesem Abschnitt beschreiben wir Ihnen die Vorgehensweise zur Anpassung des Quell-Controls.

**Zusätzliche Attribute**

Im ersten Schritt legen Sie die in Abbildung 14.14 gezeigten zusätzlichen Attribute zur Klasse ZCL_BOOK_TEAM an. Erstellen Sie dazu ein Instanzattribut R_DRAG_DROP vom Typ CL_DRAGDROP. Über die Klasse ZCL_BOOK_TEAM wird später das Verhalten der Drag-&-Drop-Operation festgelegt. Außerdem benötigen Sie ein Attribut D_DND_HANDLE_COPY. Dieses Attribut enthält später einen Handle, das das erlaubte Verhalten eindeutig identifiziert.

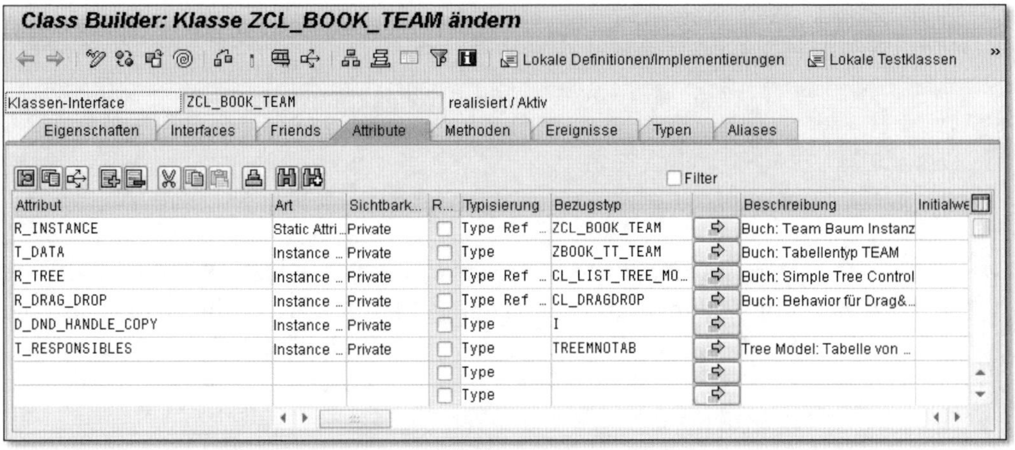


**Abbildung 14.14** Attribute für Drag & Drop in ZCL_BOOK_TEAM

**Methoden der Klasse ZCL_BOOK_TEAM**

Im nächsten Schritt müssen Sie die Methoden der Klasse ZCL_BOOK_TEAM anlegen. Erstellen Sie zunächst eine Methode SETUP_DRAG_DROP als private Instanzmethode. Diese Methode hat keine Parameter und dient nur zur Kapselung der Funktionalität.

In dieser Methode (siehe Listing 14.9) erzeugen wir eine Instanz der Klasse CL_DRAGDROP. Über die Methode ADD fügen Sie ein gewünschtes Behaviour hinzu (siehe Tabelle 14.3).

| Behaviour | |
|---|---|
| Flavor | copy |
| Dragsource | 'X' |
| Droptarget | ' ' |
| Effekt | COPY |

**Tabelle 14.3** Verhalten des Teambaums

Der Methode ADD übergeben Sie den Flavor copy und definieren über den Parameter DRAGSRC, dass es sich um ein Quell-Control handelt. Da Sie den Parameter DROPTARGET nicht setzen, kann dieses Control nicht als Ziel-Control verwendet werden. Schließlich ermitteln Sie über die Methode GET_HANDLE ein Handle, das das Verhalten eindeutig identifiziert.

```
METHOD setup_drag_drop.
  CREATE OBJECT r_drag_drop.
  r_drag_drop->add( flavor     = 'copy'
```

```
                         dragsrc    = 'X'
                         droptarget = ' '
                         effect     = cl_dragdrop=>copy ).
  r_drag_drop->get_handle( IMPORTING handle =
                               d_dnd_handle_copy  ).
ENDMETHOD.
```

**Listing 14.9** Methode SETUP_DRAG_DROP

**Aufruf der Methode**

Den Aufruf der Methode SETUP_DRAG_DROP fügen Sie am Anfang des Konstruktors ein (siehe Listing 14.10). Darüber hinaus registrieren Sie die Methode HANDLE_DRAG des Interfaces ZIF_HNDL_TREE_MODEL_LIST_COL.

```
METHOD constructor.
  DATA: ls_data     TYPE zbook_team,
        lt_events   TYPE cntl_simple_events,
        ls_events   LIKE LINE OF lt_events,
        lc_initial  TYPE i.
  me->setup_drag_drop( ).
  me->get_data( ).
  CREATE OBJECT me->r_tree
    EXPORTING
      node_selection_mode =
            cl_list_tree_model=>node_sel_mode_single
      item_selection      = 'X'
      with_headers        = ' '.
  me->r_tree->create_tree_control( EXPORTING
                                    parent = ir_cont ).
  ls_events-eventid = me->r_tree->eventid_item_double_click.
  ls_events-appl_event = 'X'.
  APPEND ls_events TO lt_events.
  me->r_tree->set_registered_events( EXPORTING
                                      events = lt_events ).
  SET HANDLER
    Me->zif_hndl_tree_model_list_col~handle_drag
      FOR me->r_tree.
  SET HANDLER
me->zif_hndl_tree_model_list_col~handle_item_double_click
      FOR me->r_tree.
  READ TABLE me->t_data
  INTO ls_data
  WITH KEY parent_id = lc_initial.
  me->add_node( ls_data ).
 me->r_tree->expand_root_nodes( expand_subtree = id_expand ).
ENDMETHOD.
```

**Listing 14.10** Konstruktor der Klasse ZCL_BOOK_TEAM mit Aufruf der Methode SETUP_DRAG_DROP

Im nächsten Schritt legen Sie die Ereignisbehandler-Methode HANDLE_DRAG des Interfaces ZIF_HNDL_TREE_MODEL_LIST_COL per Doppelklick an und implementieren sie, wie in Listing 14.11 zu sehen. Die Parameter der Methoden werden durch das Interface vorgegeben (siehe Abbildung 14.15).

**Methode HANDLE_DRAG**

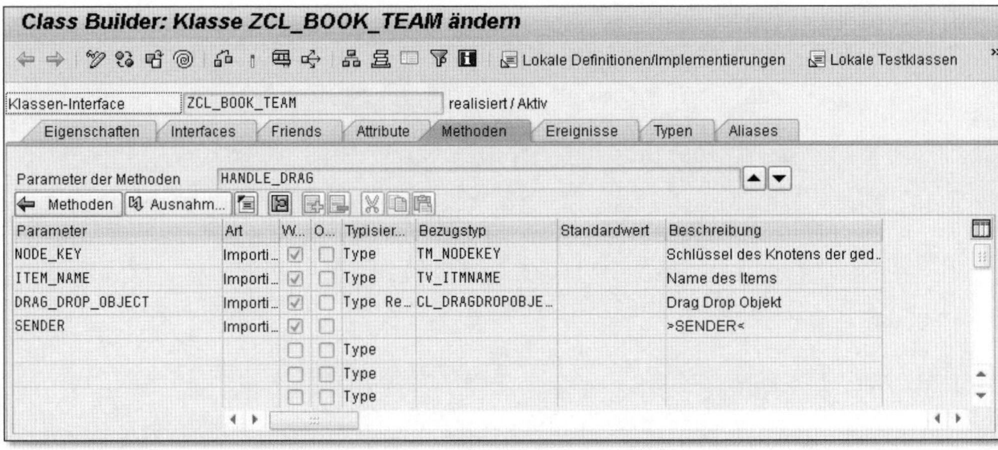


**Abbildung 14.15** Parameter der Methode HANDLE_DRAG

Legen Sie ein lokales Instanzattribut LR_DRAGDROPDATA und eine Tabelle LT_ITEMS an. Das Ereignis DRAG stellt Ihnen über die Event-Parameter Informationen zum Drag-&-Drop-Vorgang zur Verfügung. Der Parameter NODE_KEY enthält den Schlüssel des Knotens, für den das Drag ausgeführt wurde. Zu diesem Knotenschlüssel lesen Sie über die Methode NODE_GET_ITEMS die Item-Tabelle. Im nächsten Schritt erzeugen Sie eine Instanz der in Abschnitt 14.3.2, »Vorbereiten der Datenübertragung«, erstellten Klasse ZCL_DND_MODEL_TREE. Verwenden Sie die Methode SET_LITEM_TABLE, da der Teambaum über die Klasse CL_LIST_TREE_MODEL realisiert wurde. Über diese Methode übertragen Sie die Item-Tabelle an das Drag-&-Drop-Datenobjekt und definieren, dass die relevanten Informationen in Zeile 1 der Tabelle zu finden sind. In unserem Fall steht dort der Mitarbeitername.

**Datenobjekt zuordnen**

Im letzten Schritt *casten* Sie das Datenobjekt LR_DRAGDROPDATA in das Attribut OBJECT des Drag-&-Drop-Objekts DRAG_DROP_OBJECT. Das Attribut OBJECT der Klasse CL_DRAGDROPOBJECT kann jedes beliebige Objekt entgegennehmen.

[!]

**Exception-Behandlung**

Wenn Sie das Datenobjekt in das Drag-&-Drop-Objekt casten, sollten Sie die Exception CX_SY_MOVE_CAST_ERROR behandeln. Wird diese Exception ausgelöst, konnte dem Drag-&-Drop-Objekt kein Datenobjekt zur Verfügung gestellt werden, und Sie müssen die Verarbeitung beenden.

```
METHOD zif_hndl_tree_model_list_col~handle_drag.
  DATA: lr_dragdropdata TYPE REF TO zcl_dnd_model_tree.
  DATA: lt_items        TYPE treemlitab.
  CALL METHOD r_tree->node_get_items
    EXPORTING
      node_key    = node_key
    IMPORTING
      item_table = lt_items.
  CREATE OBJECT lr_dragdropdata.
  lr_dragdropdata->set_litem_table( EXPORTING
                                   it_item_table = lt_items
                                   iv_item_index = 1 ).
  TRY.
      drag_drop_object->object ?= lr_dragdropdata.
    CATCH cx_sy_move_cast_error.
      drag_drop_object->abort( ).
  ENDTRY.
ENDMETHOD.
```

**Listing 14.11** Methode HANDLE_DRAG

Drag & Drop Handle zuweisen

Als Letztes müssen Sie dafür sorgen, dass das Drag & Drop Handle D_DND_HANDLE_COPY den Mitarbeiterknoten zugewiesen wird. Nur für Knoten, denen dieses Handle zugewiesen ist, kann ein Drag ausgeführt werden. Erweitern Sie dazu die Methode ADD_NODE (siehe Listing 14.12). In Kapitel 9, »Mit Tree-Controls arbeiten«, haben Sie bereits die Abfrage implementiert, ob es sich bei dem aktuellen Knoten um einen Mitarbeiter handelt. Es wird geprüft, ob der aktuelle Knoten ein übergeordneter Knoten ist. Ist dem Knoten kein anderer Knoten untergeordnet, handelt es sich um einen Mitarbeiter. Für diesen Mitarbeiterknoten übergeben Sie der Methode ADD_NODE das Handle D_DND_HANDLE_COPY.

```
METHOD add_node.
  DATA: ls_data       LIKE LINE OF t_data,
        lv_node_key  TYPE          tm_nodekey,
        lv_parent    TYPE          tm_nodekey,
        lv_folder    TYPE          xfeld,
```

```
      lt_items     TYPE          treemlitab,
      lv_drag_drop TYPE          i,
      lv_image     TYPE          tv_image.
  lv_node_key = is_data-id.
  lv_image    = is_data-icon.
  IF is_data-parent_id IS NOT INITIAL.
    lv_parent = is_data-parent_id.
  ENDIF.
  lt_items = me->build_items( is_data = is_data ).
  READ TABLE t_data
      TRANSPORTING NO FIELDS
             WITH KEY parent_id = is_data-id.
  IF sy-subrc <> 0.
    lv_drag_drop = me->d_dnd_handle_copy.
    APPEND lv_node_key TO t_responsibles.
  ENDIF.
  CALL METHOD me->r_tree->add_node
    EXPORTING
      node_key          = lv_node_key
      relative_node_key = lv_parent
      relationship      = me->r_tree->relat_last_child
      isfolder          = lv_folder "immer leer
      item_table        = lt_items
      drag_drop_id      = lv_drag_drop
      image             = lv_image
      expanded_image    = lv_image.
  LOOP AT t_data INTO ls_data WHERE parent_id = is_data-id.
    me->add_node( ls_data ).
  ENDLOOP.
ENDMETHOD.
```

**Listing 14.12** Methode ADD_NODE

Sie haben nun den Teambaum als Quell-Control eingerichtet und dafür gesorgt, dass bestimmte Knoten des Teambaums über den `copy`-Effekt »dragbar« sind. Jetzt müssen Sie im letzten Schritt implementieren, dass Sie den Mitarbeiternamen in der Ticketübersicht »ablegen«, also einen Drop in der Teamübersicht ausführen können.

### 14.3.4 Anpassung der Ticketübersicht

In diesem Abschnitt nehmen Sie die notwendigen Anpassungen vor, um einen Mitarbeiter aus dem Teambaum in der Ticketübersicht zu »droppen«.

**Zusätzliche Attribute**

Für die Verwendung von Drag & Drop benötigen Sie zusätzliche Attribute in der Klasse ZCL_BOOK_TICKET_OVERVIEW (siehe Abbildung 14.16).

1. Im ersten Schritt erstellen Sie ein Instanzattribut R_DRAG_DROP vom Typ CL_DRAGDROP. Über diese Klasse wird später das Verhalten der Drag-&-Drop-Operation festgelegt.
2. Außerdem benötigen Sie ein Attribut D_DND_HANDLE_COPY. Dieses Attribut enthält später ein Handle, das das erlaubte Verhalten eindeutig identifiziert.

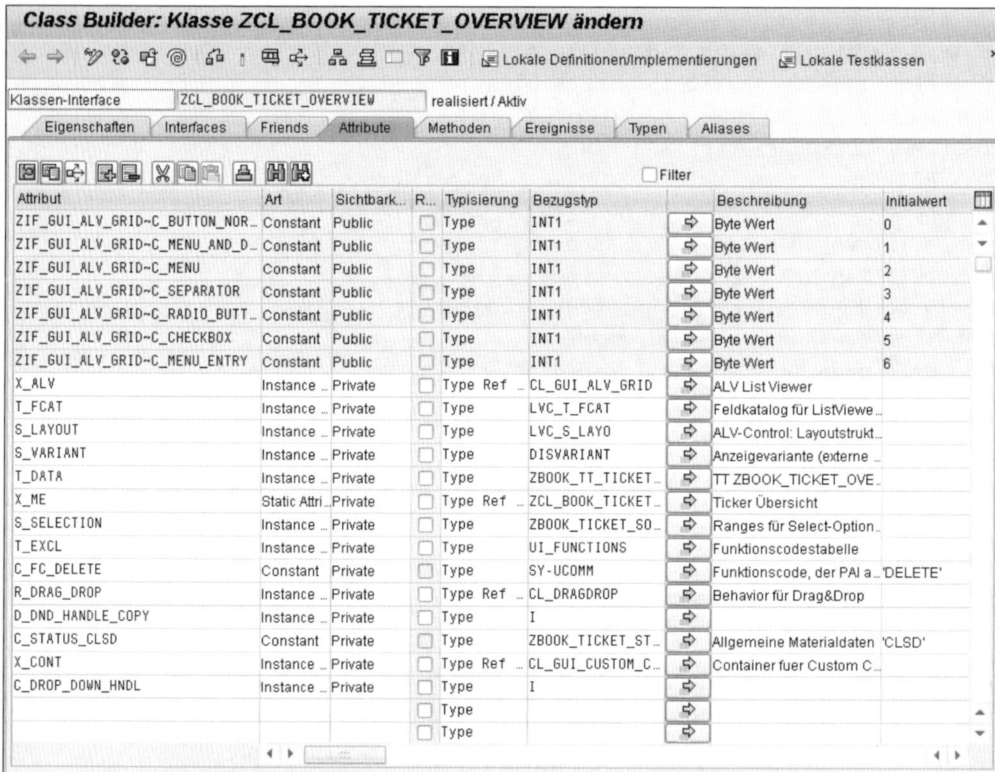


**Abbildung 14.16** Attribute zu ZCL_BOOK_TICKET_OVERVIEW

**Struktur um Feld erweitern**

Nun müssen Sie die Ausgabestruktur ZBOOK_TICKET_OVERVIEW um ein weiteres Feld T_DNDTAB erweitern (siehe Abbildung 14.17). Diese Tabelle besteht aus den Komponenten FIELDNAME und DRAGDROPID (siehe Abbildung 14.18).

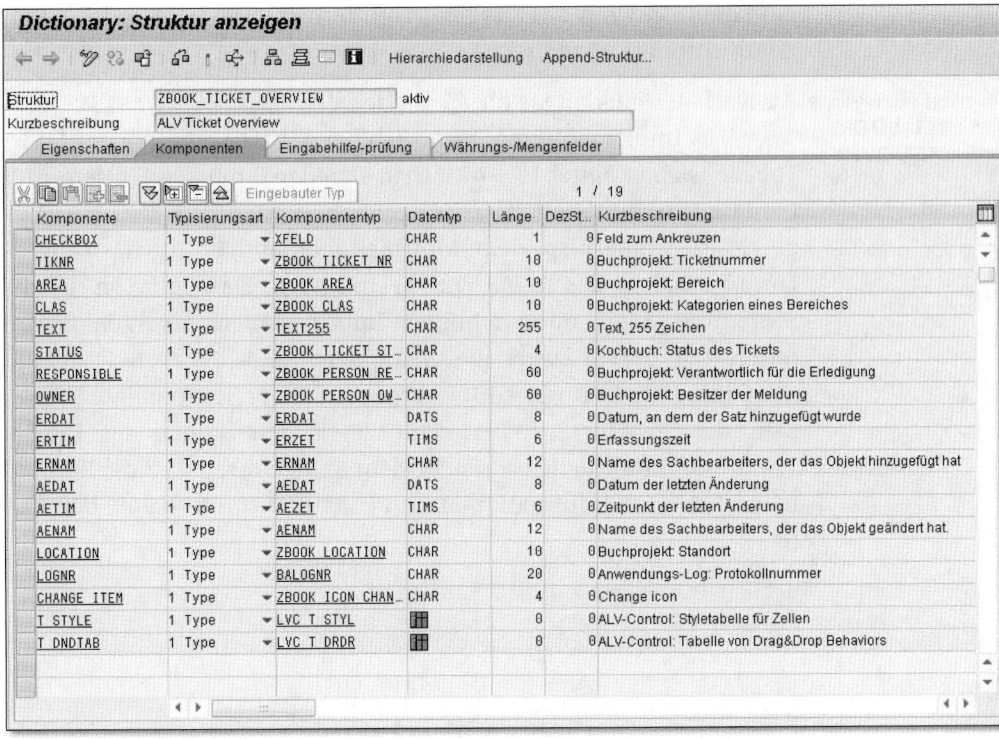

Dictionary: Struktur anzeigen

Hierarchiedarstellung Append-Struktur...

Struktur ZBOOK_TICKET_OVERVIEW aktiv

Kurzbeschreibung ALV Ticket Overview

Eigenschaften | Komponenten | Eingabehilfe/-prüfung | Währungs-/Mengenfelder

Eingebauter Typ 1 / 19

| Komponente | Typisierungsart | Komponententyp | Datentyp | Länge | DezSt... | Kurzbeschreibung |
|---|---|---|---|---|---|---|
| CHECKBOX | 1 Type | XFELD | CHAR | 1 | 0 | Feld zum Ankreuzen |
| TIKNR | 1 Type | ZBOOK_TICKET_NR | CHAR | 10 | 0 | Buchprojekt: Ticketnummer |
| AREA | 1 Type | ZBOOK_AREA | CHAR | 10 | 0 | Buchprojekt: Bereich |
| CLAS | 1 Type | ZBOOK_CLAS | CHAR | 10 | 0 | Buchprojekt: Kategorien eines Bereiches |
| TEXT | 1 Type | TEXT255 | CHAR | 255 | 0 | Text, 255 Zeichen |
| STATUS | 1 Type | ZBOOK_TICKET_ST... | CHAR | 4 | 0 | Kochbuch: Status des Tickets |
| RESPONSIBLE | 1 Type | ZBOOK_PERSON_RE... | CHAR | 60 | 0 | Buchprojekt: Verantwortlich für die Erledigung |
| OWNER | 1 Type | ZBOOK_PERSON_OW... | CHAR | 60 | 0 | Buchprojekt: Besitzer der Meldung |
| ERDAT | 1 Type | ERDAT | DATS | 8 | 0 | Datum, an dem der Satz hinzugefügt wurde |
| ERTIM | 1 Type | ERZET | TIMS | 6 | 0 | Erfassungszeit |
| ERNAM | 1 Type | ERNAM | CHAR | 12 | 0 | Name des Sachbearbeiters, der das Objekt hinzugefügt hat |
| AEDAT | 1 Type | AEDAT | DATS | 8 | 0 | Datum der letzten Änderung |
| AETIM | 1 Type | AEZET | TIMS | 6 | 0 | Zeitpunkt der letzten Änderung |
| AENAM | 1 Type | AENAM | CHAR | 12 | 0 | Name des Sachbearbeiters, der das Objekt geändert hat. |
| LOCATION | 1 Type | ZBOOK_LOCATION | CHAR | 10 | 0 | Buchprojekt: Standort |
| LOGNR | 1 Type | BALOGNR | CHAR | 20 | 0 | Anwendungs-Log: Protokollnummer |
| CHANGE_ITEM | 1 Type | ZBOOK_ICON_CHAN... | CHAR | 4 | 0 | Change icon |
| T_STYLE | 1 Type | LVC_T_STYL | | 0 | 0 | ALV-Control: Styletabelle für Zellen |
| T_DNDTAB | 1 Type | LVC_T_DRDR | | 0 | 0 | ALV-Control: Tabelle von Drag&Drop Behaviors |

**Abbildung 14.17** Ausgabestruktur ZBOOK_TICKET_OVERVIEW

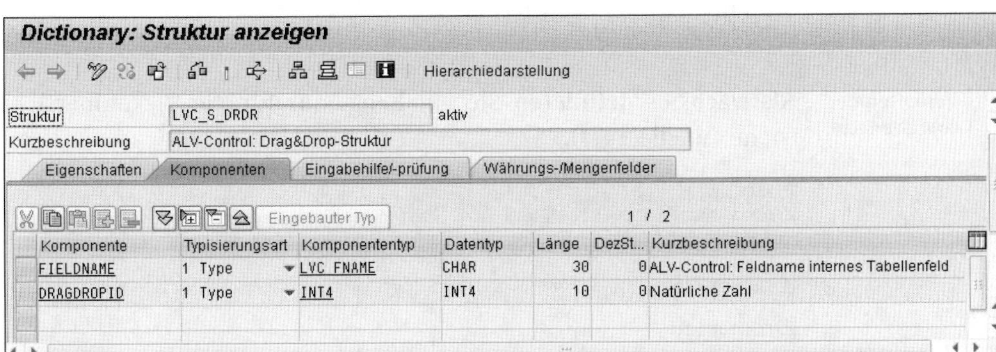

Dictionary: Struktur anzeigen

Hierarchiedarstellung

Struktur LVC_S_DRDR aktiv

Kurzbeschreibung ALV-Control: Drag&Drop-Struktur

Eigenschaften | Komponenten | Eingabehilfe/-prüfung | Währungs-/Mengenfelder

Eingebauter Typ 1 / 2

| Komponente | Typisierungsart | Komponententyp | Datentyp | Länge | DezSt... | Kurzbeschreibung |
|---|---|---|---|---|---|---|
| FIELDNAME | 1 Type | LVC_FNAME | CHAR | 30 | 0 | ALV-Control: Feldname internes Tabellenfeld |
| DRAGDROPID | 1 Type | INT4 | INT4 | 10 | 0 | Natürliche Zahl |

**Abbildung 14.18** Komponenten der Struktur LVC_S_DRDR der Tabelle T_DNDTAB

Über die Komponente `FIELDNAME` können Sie das Drag-&-Drop-Handling je Komponente der Ausgabetabelle steuern. Der Komponente `DRAGDROPID` wird das Handle des Verhaltens übergeben. So können Sie pro Feld ein unterschiedliches Drag-&-Drop-Verhalten implementieren. Da diese Tabelle in jeder Zeile der Ausgabetabelle enthalten ist, kann das Drag-&-Drop-Verhalten je Zeile und Komponente definiert werden.

**Methoden von ZCL_BOOK_TICKET_OVERVIEW**

Als Nächstes müssen Sie die Methoden der Klasse `ZCL_BOOK_TICKET_OVERVIEW` implementieren. Wie auch bei der Verwendung der Style-Tabelle (siehe Kapitel 13, »ALV Grid erstellen«) müssen Sie dem ALV Grid Control mitteilen, dass die Komponente `T_DND_TAB` kein Ausgabefeld ist, sondern spezielle Informationen enthält, die das Drag-&-Drop-Verhalten des ALV Grids beeinflussen. Dazu müssen Sie die Struktur `S_LAYOUT` mit den nötigen Informationen versorgen. Erweitern Sie zu diesem Zweck die Methode `BUILD_DISPLAY_OPTIONS` um das Coding aus Listing 14.13. Übergeben Sie der Komponente `FIELDNAME` der Struktur `S_LAYOUT-S_DRAGDROP` den Namen der Tabelle `T_DNDTAB`. Damit signalisieren Sie dem ALV Control, dass die Komponente `T_DNDTAB` Informationen zum Drag-&-Drop-Verhalten beinhaltet.

```
METHOD build_display_options.
  ...
  s_layout-cwidth_opt = 'X'.
  s_layout-stylefname = 'T_STYLE'.
  s_layout-s_dragdrop-fieldname = 'T_DNDTAB'.
  s_layout-no_rowmark = 'X'.
  ...
ENDMETHOD.
```

**Listing 14.13** Methode BUILD_DISPLAY_OPTIONS

**Verhalten der Ticketübersicht**

Als Nächstes definieren Sie ein Behaviour für die Ticketübersicht (siehe Tabelle 14.4).

| **Behaviour** | |
|---|---|
| Flavor | copy |
| Dragsource | ' ' |
| Droptarget | 'X' |
| Effekt | COPY |

**Tabelle 14.4** Verhalten der Ticketübersicht

Dazu legen Sie eine Methode `SETUP_DRAG_DROP` an. Die Implementierung dieser Methode entnehmen Sie Listing 14.14. Die Methode besitzt keine Parameter, da sie zur Kapselung dient. Im ersten Schritt erzeugen Sie eine Instanz der Klasse `CL_DRAGDROP` über den Befehl

CREATE OBJECT. Der Methode ADD übergeben Sie den Flavor copy. In der Ticketübersicht übergeben Sie dem Parameter DRAGSRC ein Leerzeichen und dem Parameter DROPTARGET ein 'X'. Damit ist die Ticketübersicht ein potenzielles Ziel einer Drag-&-Drop-Operation. Übergeben Sie den Effekt über die Konstante CL_DRAGDROP=>COPY. Zum Schluss ermitteln Sie über die Methode GET_HANDLE das Handle, das das Verhalten eindeutig identifiziert.

```
METHOD setup_drag_drop.
  CREATE OBJECT r_drag_drop.
  CALL METHOD r_drag_drop->add
    EXPORTING
      flavor     = 'copy'
      dragsrc    = ' '
      droptarget = 'X'
      effect     = cl_dragdrop=>copy.
  CALL METHOD r_drag_drop->get_handle
    IMPORTING
      handle = d_dnd_handle_copy.
ENDMETHOD.
```

**Listing 14.14** Methode SETUP_DRAG_DROP

**Drop im Feld »Verantwortlich«**

In diesem Schritt müssen Sie dafür sorgen, dass der Drop des Mitarbeiternamens auf dem Feld VERANTWORTLICH ausgeführt werden kann. Dazu ändern Sie die Methode ADD_INFO wie in Listing 14.15. Die Methode ADD_INFO wurde erstellt, um nach der Datenselektion Zusatzinformationen zu lesen oder unter Umständen Daten anzupassen. Erweitern Sie die bestehende Abfrage auf den Status CLSD um eine zusätzliche Abfrage. Prüfen Sie, ob das Feld VERANTWORTLICH, also die Komponente RESPONSIBLE, gefüllt ist. Wenn das Feld leer ist, soll ein Drag & Drop möglich sein. In diesem Fall füllen Sie die Tabelle T_DNDTAB. Übergeben Sie der Komponente DRAGDROPID das Handle D_DND_HANDLE_COPY. Die Komponente FIELDNAME füllen Sie mit RESPONSIBLE.

```
METHOD add_info.
  DATA: ls_styl    TYPE lvc_s_styl,
        ls_dndtab  TYPE lvc_s_drdr.
  FIELD-SYMBOLS: <ls_data> LIKE LINE OF t_data.
  LOOP AT t_data ASSIGNING <ls_data>.
    CLEAR ls_dndtab.
    IF <ls_data>-status <> c_status_clsd.
      ls_styl-fieldname = 'CHANGE_ITEM'.
      ls_styl-style     = cl_gui_alv_grid=>mc_style_button.
```

```
        INSERT ls_styl INTO TABLE <ls_data>-t_style.
        <ls_data>-change_item = icon_change.
        IF <ls_data>-responsible IS INITIAL.
          ls_dndtab-dragdropid = d_dnd_handle_copy.
          ls_dndtab-fieldname  = 'RESPONSIBLE'.
          APPEND ls_dndtab TO <ls_data>-t_dndtab.
        ENDIF.
      ENDIF.
      ls_styl-fieldname = 'TEXT'.
      ls_styl-style     = cl_gui_alv_grid=>mc_style_disabled.
      INSERT ls_styl INTO TABLE <ls_data>-t_style.
    ENDLOOP.
ENDMETHOD.
```

**Listing 14.15** Erweiterung der Methode ADD_INFO

**Ereignisbehandler-Methode implementieren**

Nun müssen Sie noch einen letzten Schritt durchführen. Implementieren Sie die Ereignisbehandler-Methode für das Ereignis ONDROP, indem Sie doppelt auf die Methode ZIF_GUI_ALV_GRID~HANDLE_ONDROP klicken (siehe Abbildung 14.19).

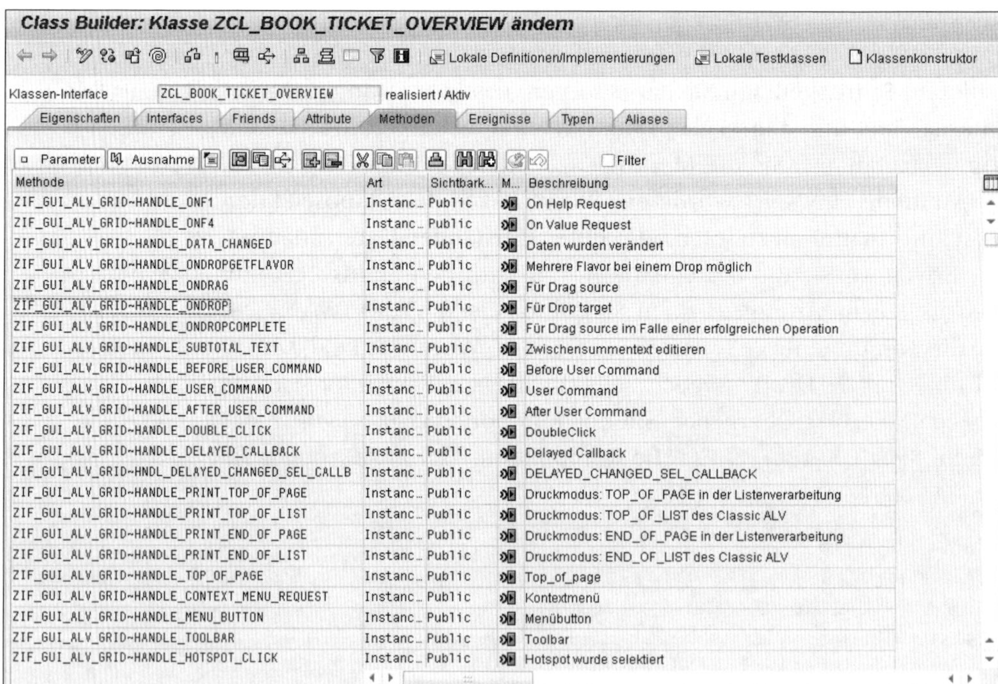


**Abbildung 14.19** Methode HANDLE_ONDROP

In dem Ereignis ONDROP müssen vier Schritte ausgeführt werden:

- Bearbeiter in Ausgabetabelle übernehmen
- Drag & Drop Handle aus der Zeile entfernen
- Daten in Tickettabelle aktualisieren
- ALV-Grid-List-Anzeige aktualisieren

Datenobjekt der Datenklasseninstanz zuweisen

Im ersten Schritt erzeugen Sie eine Instanz der Drag-&-Drop-Datenklasse ZCL_DND_MODEL_TREE (siehe Listing 14.16). Anschließend casten Sie das Drag-&-Drop-Datenobjekt in die Instanz der Klasse ZCL_DND_MODEL_TREE.

```
METHOD zif_gui_alv_grid~handle_ondrop.
  DATA: ls_items        TYPE treemlitem,
        lt_items        TYPE treemlitab,
        lr_dragdropdata TYPE REF TO zcl_dnd_model_tree.
  FIELD-SYMBOLS: <ls_data> LIKE LINE OF t_data.

  TRY.
      CREATE OBJECT lr_dragdropdata.
      lr_dragdropdata ?= e_dragdropobj->object.
      lt_items = lr_dragdropdata->get_litem_table( ).
      READ TABLE lt_items
             INTO ls_items
                  INDEX lr_dragdropdata->item_index.
      READ TABLE t_data
             ASSIGNING <ls_data>
                  INDEX es_row_no-row_id.
      IF sy-subrc = 0.
        <ls_data>-responsible = ls_items-text.
        DELETE <ls_data>-t_dndtab
             WHERE fieldname  = 'RESPONSIBLE'
               AND dragdropid = d_dnd_handle_copy.
        UPDATE zbook_ticket
         SET responsible = <ls_data>-responsible
         WHERE tiknr     = <ls_data>-tiknr.
        IF sy-subrc = 0.
          COMMIT WORK.
        ENDIF.
      ENDIF.
    CATCH cx_sy_move_cast_error.
      e_dragdropobj->abort( ).
  ENDTRY.
  x_alv->refresh_table_display( ).
  cl_gui_cfw=>flush( ).
ENDMETHOD.
```

**Listing 14.16** Methode HANDLE_ONDROP

[!] **Exception Handling**

Wenn Sie das Drag-&-Drop-Objekt in das Datenobjekt casten, sollten Sie die Exception CX_SY_MOVE_CAST_ERROR behandeln. Schlägt der Cast fehl, beenden Sie den Drag-&-Drop-Vorgang über die Methode ABORT.

Item-Informationen ermitteln

Ist der Vorgang erfolgreich, ermitteln Sie über die Methode GET_LITEM_TABLE die Item-Informationen. Um den Mitarbeiternamen aus der Item-Tabelle zu ermitteln, lesen Sie einfach den Eintrag der Item-Tabelle, der über den Index ITEM_INDEX vorgegeben wird. Das Quell-Control hat Ihnen über diesen Index mitgeteilt, welche Zeile der Item-Tabelle Sie betrachten müssen. Nun ermitteln Sie den entsprechenden Eintrag der ALV-List-Ausgabe, auf dem der Mitarbeitername »abgelegt« wurde. Das Ereignis übergibt diese Informationen über den Parameter ES_ROW_NO über dessen Komponente ROW_ID. Nachdem Sie die gewünschte Zeile ermittelt haben, weisen Sie nun dem Feld VERANTWORTLICH (Komponente RESPONSIBLE) den Mitarbeiternamen aus dem Teambaum zu (LS_ITEMS-TEXT). Da wir einen weiteren Drop auf diese Zeile verhindern möchten, wird das Drag & Drop Handle aus der Tabelle T_DND_TAB gelöscht. Da zukünftig durchaus mehrere Einträge in dieser Tabelle sein könnten, löschen Sie dort gezielt das Drag & Drop Handle D_DND_HANDLE_COPY. Um die Änderungen direkt zu übernehmen, aktualisieren Sie die Tabelle ZBOOK_TICKET.

ALV-Grid-Anzeige aktualisieren

Um die Anzeige des ALV Grids zu aktualisieren, rufen Sie die Methode REFRESH_TABLE_DISPLAY auf. Schließlich führen Sie die Methode FLUSH der Klasse CL_GUI_CFW aus; diese sorgt dafür, dass die Control-Informationen an Front- und Backend synchronisiert werden.

Die Anwender des Ticketsystems können nun Teammitarbeiter per Drag & Drop einem Ticket zuordnen.

*Dokumente sind nach wie vor eines der meistgenutzten Mittel, um Informationen festzuhalten und anderen zur Verfügung zu stellen. In diesem Kapitel erfahren Sie, wie einfach Sie ein Formular erstellen können.*

# 15 Formulare erstellen

In diesem Kapitel geben wir Ihnen zunächst einen kurzen Überblick über die unterschiedlichen Möglichkeiten, ein Dokument im SAP-System zu erstellen. Im Anschluss daran entwickeln wir ein Formular, das die Tickethistorie sowie weitere Informationen zu einem Ticket enthält. Das erstellte Formular werden wir in Kapitel 17, »E-Mails versenden«, wiederverwenden, wenn wir Ihnen den Versand von E-Mails aus der Ticketverwaltung erläutern.

## 15.1 Möglichkeiten der Formularerstellung

Formularerstellungswerkzeuge

In SAP-Systemen gibt es im Wesentlichen drei Möglichkeiten, Formulare zu erstellen:

- **SAPscript**
  Bei *SAPscript* handelt es sich um eine der ersten Technologien zur Formularerstellung von SAP. Aus diesem Grund sind in Unternehmen sehr viele Formulare mit dieser Technik erstellt worden und heute immer noch im Einsatz. Eine Stärke von SAPscript ist die hohe Performance, die der Grund dafür ist, dass auch heute noch einige Formulare in SAPscript erstellt werden. Wurden in Ihrem Unternehmen Formulare, die nicht mehr geändert werden müssen, bereits in SAPscript erstellt, empfiehlt sich eine Weiternutzung von SAPscript, da eine Portierung auf andere Technologien in großen Teilen (viele Teile vom Rahmenprogramm können eventuell auch in Smart Forms oder Adobe Forms weiterverwendet werden) eine komplette Neuerstellung notwendig macht. Für

den Fall, dass der Performance eine nachrangige Bedeutung zukommt und Formulare neu erstellt werden, können neuere und deutlich anwenderfreundlichere Technologien mit größerem Funktionsumfang zum Einsatz kommen.

- **SAP Smart Forms**
  Die Technologie *SAP Smart Forms* ist eine Nachfolgetechnologie von SAPscript und gehört seit SAP ERP 4.6C zur Standardauslieferung des SAP NetWeaver Application Servers ABAP. Die grafische Benutzeroberfläche dieses Tools erleichtert den Einstieg in die Formularentwicklung und ermöglicht auch den erfahrenen SAPscript-Entwicklern einen einfachen Umstieg. Einen bedeutsamen Vorteil gegenüber SAPscript stellen deutlich kürzere Entwicklungszeiten für die Formulare dar. War es bis zur Einführung von SAP Smart Forms nur Entwicklern möglich, Formulare zu erstellen, eröffnete sich mit dem neuen Werkzeug und der damit verbundenen grafischen Benutzeroberfläche auch für Nicht-Entwickler die Möglichkeit der Formulargestaltung und -pflege. Zum Standardumfang von SAP Smart Forms gehören z.B. Formulare aus den Bereichen SAP Customer Relationship Management (CRM), SAP ERP Human Capital Management (HCM), SAP-Vertrieb (SD) und -Finanzwesen (FI).
- **SAP Interactive Forms by Adobe**
  Zusätzlich zu SAP Smart Forms gibt es mit *SAP Interactive Forms by Adobe* eine weitere Technologie der Formularentwicklung. SAP Interactive Forms by Adobe basieren auf dem *Adobe LiveCycle Designer* und wurden um Funktionen zur speziellen Nutzung im SAP-Umfeld erweitert. Der Adobe LiveCycle Designer kommt dabei als grafische Benutzeroberfläche zum Einsatz, der lokal auf dem PC installiert werden muss. In SAP Interactive Forms by Adobe lassen sich PDF-Dokumente nicht nur generieren, sondern auch verarbeiten. So ist es, sofern eine Verbindung zum SAP-System besteht, beim Ausfüllen des Formulars möglich, Daten nachzulesen oder das gespeicherte PDF an das SAP-System zu übertragen und die gespeicherten Werte dort zu importieren. Besteht keine Verbindung zum SAP-System, können die Werte im PDF gespeichert und zum SAP-System übertragen werden, sobald eine Verbindung existiert. Derzeit werden über 2.300 PDF-basierte Formulare im Standard mit ausgeliefert.

Bei SAP Interactive Forms by Adobe unterscheidet man drei unterschiedliche Szenarien:

- *Online-interaktives Formular*
  In diesem Szenario wird eine Anbindung an das SAP-System benötigt, um online kontextsensitive Wertehilfen aufzurufen und Onlineprüfungen durchzuführen.
- *Offline-interaktives Formular*
  Dieses Szenario benötigt keine Anbindung an das Backend, da die benötigten Daten statisch im Formular hinterlegt sind. Dadurch reduziert sich das Spektrum der interaktiven Möglichkeiten weitestgehend auf statische Wertehilfen, statische Prüfungen und einfache arithmetische Berechnungen. Das Formular setzt sich in diesem Szenario aus der Layoutschicht und den Daten im XML-Format zusammen. Für die Datenverwendung wird das Dokument per E-Mail oder HTTP an das SAP-System geschickt.
- *Formulardruck*
  Im Rahmen des Formulardrucks kommt es zu keiner Interaktion. Die Daten werden klassisch ausgedruckt, per E-Mail versendet oder archiviert.

Werkzeug für Beispielanwendung

Die Entscheidung, in welcher Technologie wir das Formular in unserer Beispielanwendung umsetzen werden, fiel auf SAP Smart Forms, da diese Technik eine bewährte Möglichkeit der Formularentwicklung ist. Darüber hinaus müssen Sie keine zusätzliche Software installieren, um das Beispiel nachvollziehen zu können, da alle benötigten Komponenten bereits im SAP-System installiert sind. Anders ist dies bei Adobe Interactive Forms, da hier ein Java-Stack Voraussetzung ist (der nicht immer vorhanden ist) und der ADS (Adobe Document Server) konfiguriert werden muss. Wichtiger noch als diese Systemvoraussetzungen ist das Problem, dass man mit SAP und dem Adobe LiveCycle Designer in zwei verschiedenen Systemen arbeitet und ein Debuggen im Adobe LiveCycle Designer nicht (oder nur sehr schwer) möglich ist. Neben den zuvor genannten Argumenten sollte eines nicht fehlen: Für den SAP-Entwickler sind SAP Smart Forms deutlich einfacher zu bedienen, und der Umgang mit dem Tool ist vertrauter als mit dem Adobe LiveCycle Designer.

## 15.2 Formularerstellung mit SAP Smart Forms

Nachdem wir uns im vorangegangenen Abschnitt die unterschiedlichen Formulartechnologien angesehen haben, widmen wir uns nun der Formularentwicklung mit SAP Smart Forms.

Serienbrief

Das eigentliche Formular ist vergleichbar mit einem Serienbrief in gängigen Textverarbeitungsprogrammen. In der Vorlage werden Elemente wie das Seitenformat und die Formatierung sowie statische und dynamische Texte definiert. Beim Erzeugen des Dokuments aus dem Formular werden die dynamischen Felder mit Werten aus einer Datenquelle gefüllt bzw. in Abhängigkeit von anderen Werten gesetzt. Erzeugt man aus der Vorlage die einzelnen Dokumente, werden die dynamischen Elemente durch konkrete Werte ersetzt.

Die Ablauflogik des Formulars ist vollständig in SAP Smart Forms integriert. Die innerhalb des Formulars benötigten Anwendungsdaten werden vor dem Aufruf des Formulars im sogenannten *Druckprogramm* ermittelt. Das Druckprogramm übergibt die Daten dann an das Formular über die *Formularschnittstelle*, wodurch eine Trennung von Applikations- und Präsentationslogik gewährleistet ist. Das heißt, eine Änderung der Darstellungslogik führt nicht zur Änderung des Druckprogramms, sofern alle benötigten Anwendungsdaten in der Formularschnittstelle definiert sind. Sind nicht alle Informationen vorher ermittelbar, besteht die Möglichkeit, umfangreiche Datenselektionen auch in SAP Smart Forms vorzunehmen. Aus Gründen der Wartbarkeit wird jedoch die Datenselektion im Rahmenprogramm empfohlen.

Vorüberlegungen zum Entwurf

Zu Beginn einer Formularentwicklung liegt der Fokus auf der Konzeption des Dokuments. Dabei kommt es darauf an, welche Informationen in dem Dokument dargestellt werden sollen und an welchen Stellen diese platziert werden. Dementsprechend müssen Entscheidungen zu den folgenden Layoutfragen getroffen werden:

- Papierformat und Ausrichtung
- Festlegung der Maßeinheit zur Positionierung. Zur Auswahl stehen unterschiedliche Maßeinheiten wie etwa Millimeter und Zentimeter.
- Festlegung wiederkehrender Inhaltsbereiche auf der ersten Seite und den Folgeseiten (Kopf-, Haupt- und Fußbereich)

Im Folgenden erläutern wir, wie die darzustellenden Informationen ermittelt werden, um sie der Formularschnittstelle zur Verfügung zu stellen bzw. während der Formulargenerierung nachzulesen.

## 15.3 Umsetzung des Formularentwurfs

Die Umsetzung der Formularentwicklung erläutern wir in diesem Abschnitt anhand eines Beispiels. Auf dem Ticketdokument zu unserer Beispielanwendung soll in der linken oberen Ecke ein Logo dargestellt werden. Darunter folgen die Kerninformationen zum Ticket in zweispaltiger Form. Schließlich werden die Angaben zur Tickethistorie einspaltig im Hauptbereich des Dokuments dargestellt.

### 15.3.1 Vorbereitung der Übergabestruktur

Bevor Sie mit der Erstellung des Formulars beginnen, benötigen Sie eine Struktur zur Übergabe der Ticketinformationen. Es besteht die Möglichkeit, alle Parameter einzeln in der Formularschnittstelle anzulegen, jedoch ist die Anlage einer *Übergabestruktur* deutlich sauberer, wartbarer und vor allem wiederverwendbar.

**Formularschnittstelle mit tiefer Struktur** [+]

Für die Formularschnittstelle ist die Definition einer tiefen, verschachtelten Struktur sinnvoll. Denn wird z.B. im Druckprogramm der Formularname dynamisch (über einen Parameter) angesprochen, muss bei einer Erweiterung der Struktur um weitere Komponenten nicht jede Formularschnittstelle angepasst werden.

**Struktur anlegen**

Legen Sie die Struktur `ZBOOK_TICKET_OUTPUT` an.

Verwenden Sie die Komponenten `HEAD` vom Typ `ZBOOK_TICKET` für die Kopfdaten und HISTORY vom Typ `ZBOOK_HISTORY` für die Tickethistorie (siehe Abbildung 15.1). Aktivieren Sie anschließend die Struktur, um sie verwenden zu können.

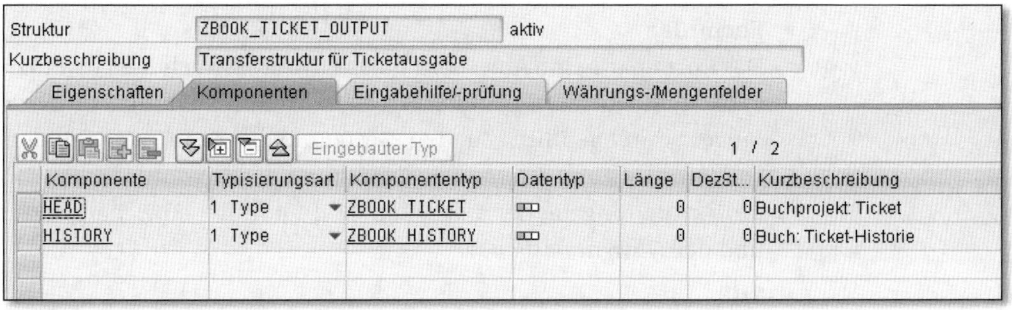


**Abbildung 15.1** Anlage der Struktur ZBOOK_TICKET_OUTPUT

### 15.3.2 Elemente des SAP Form Builders

Einstiegsbild

Nach diesen grundlegenden Vorbereitungen beschäftigen wir uns als Nächstes mit der Implementierung des Formulars und dessen Aufruf. Rufen Sie mit Transaktion SMARTFORMS das SAP Smart Forms-Einstiegsbild auf, das Sie in Abbildung 15.2 sehen.

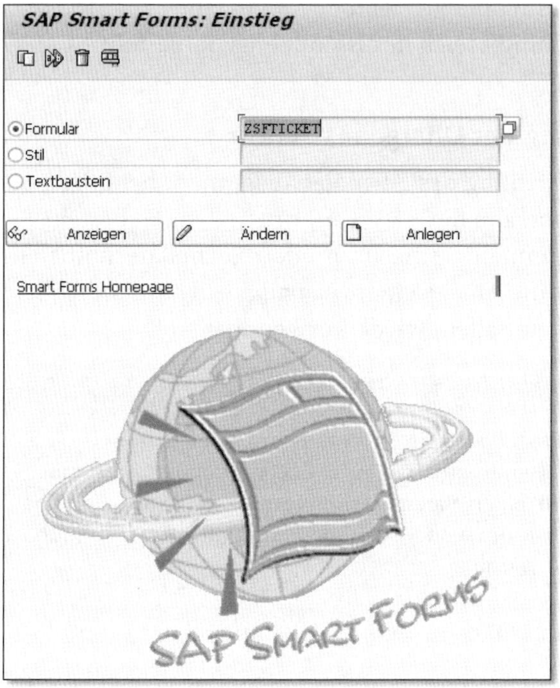


**Abbildung 15.2** Aufruf von SAP Smart Forms

Formular, Stil, Textbaustein

Hier haben Sie die Möglichkeit zur Anzeige, Änderung und Erstellung eines Formulars, Stils oder Textbausteins:

- **Formular**
  Das Formular beinhaltet sowohl das Layout als auch die Formularlogik. Erstellung und Änderung des Formulars werden im *Form Builder* durchgeführt. Zu den Bestandteilen des Form Builders gehören der *Form Painter* zur Gestaltung des Layouts, der *PC-Editor* für die Eingabe der statischen Texte und dynamischen Felder und der *Navigationsbaum*.
- **Stil**
  Der Stil definiert Absatz-, Zeilen- und Zeichenformate sowie Barcodes. Erfüllen die von SAP ausgelieferten Formate nicht Ihre

Anforderungen, haben Sie die Möglichkeit, eigene Stile zu definieren.

Die Definition eines Stils bezieht sich auf die folgenden Bereiche:

- *Kopfdaten*
  Definition des Standardzeilentyps. Wenn Sie im Formular Text eingeben, ohne ein spezielles Absatzformat einzutragen, wird diese Definition als Standard verwendet.
- *Absatzformate*
  Formate, in denen die Zeilen ausgegeben werden sollen. Die definierten Absatzformate lassen sich auch über den PC-Editor aufrufen.
- *Zeichenformate*
  Formate, in denen die Zeichen ausgegeben werden sollen. In den Zeichenformaten definieren Sie Schriftattribute wie Schriftart, Schriftgröße, Schriftschnitt, Farbe und Barcodes. Über das Zeichenformat lassen sich auch Absatzformate wie Schriftart, Schrifthöhe oder Farbe übersteuern. Die Angabe eines Zeichenformats ist nicht zwingend notwendig, da es sich aus dem Absatzformat oder dem Standardformat ableitet.

- **Textbaustein**
  Textbausteine dienen dazu, häufig verwendete Texte an einer zentralen Stelle im System vorzuhalten. Die Einbindung ins Formular erfolgt über Textknoten. Die hier angelegten Textbausteine sind mandantenunabhängig, an die Transportlandschaft angeschlossen und lassen sich mithilfe der Transaktion SE63 übersetzen.

**Textbausteine** [«]

Die Textbausteine in SAP Smart Forms unterscheiden sich von den SO10-Textbausteinen. Im Gegensatz zu den SO10-Textbausteinen (die es bereits zu SAPscript-Zeiten gab), deren Texte unter anderem in Belegen für Textbausteine verwendet werden und bei Bedarf transportierbar sind, erzeugen die Smart-Forms-Textbausteine immer einen Workbench-Auftrag. Auf diese Weise ist eine Konsistenz der Texte zwischen verschiedenen SAP-Systemen (Entwicklungs-, Qualitätssicherungs- und Produktivsystem) gewährleistet.

### 15.3.3 Formular anlegen

Import-Parameter definieren

Durch die Angabe eines Formularnamens und Klick auf den Button Anlegen erzeugen Sie ein Formular und gelangen in den *SAP Form*

*Builder*. Definieren Sie einen sprechenden Namen für das Formular, und beschreiben Sie den Formularinhalt im Feld Bedeutung. Anschließend definieren Sie im Bereich Formularschnittstelle zwei Import-Parameter. Für das Logo verwenden Sie den Parameter `I_LOGO` vom Typ `CHAR20` (siehe Abbildung 15.3). Indem Sie später diesen Parameter anstelle eines fest eingetragenen Namens verwenden, sind Sie in der Wahl des Logos flexibel und können es ohne Änderungen am Formular austauschen. So können für die unterschiedlichen Fachabteilungen entsprechende Logos eingesetzt werden, oder das Logo kann vom zugeordneten Team des Tickets abhängig sein. Für die Übergabe der Ticketinformationen definieren Sie den Parameter `IS_TICKET`. Verwenden Sie als Parametertyp die zuvor angelegte Struktur `ZBOOK_TICKET_OUTPUT`.

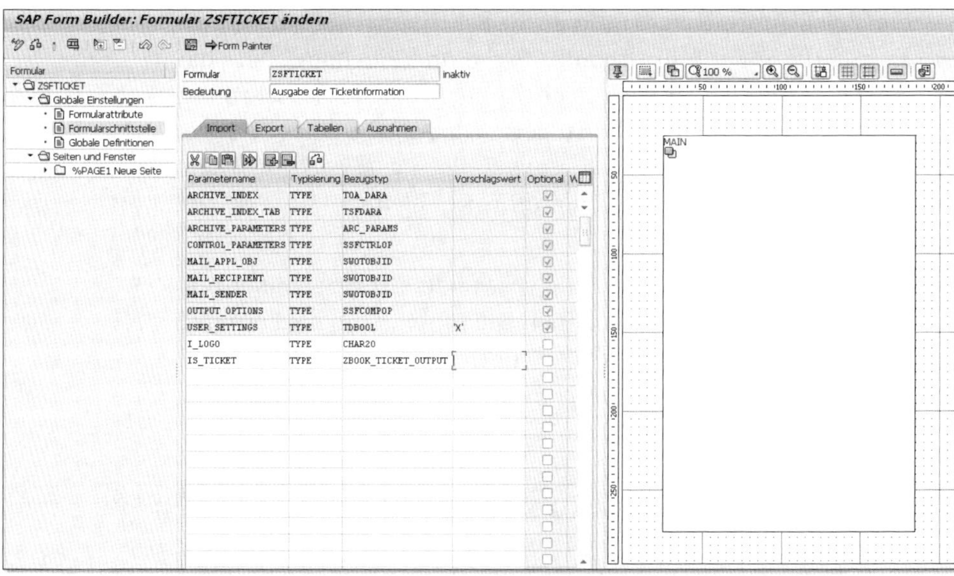


Abbildung 15.3 Formularschnittstelle im SAP Form Builder

Die Import-Parameter werden beim Aufruf des Dokuments übergeben und beinhalten die relevanten Informationen zum Ticket. Innerhalb des Formulars kann auf die Parameter der Formularschnittstelle komfortabel zugegriffen werden.

### 15.3.4 Logo dynamisch einbinden

Dynamische Felder nutzen

Zwar lassen sich Grafiken in SAP Smart Forms direkt als Element in das Formular einbinden, jedoch hat es sich bewährt, ein Fenster als

Container für Grafiken zu verwenden. Zum einen vereinfacht dies die Positionierung der Grafik, und zum anderen bieten Fenster die Möglichkeit, Rahmen und Rahmenlinien zu setzen. Im Regelfall stehen die zu verwendenden Grafiken im Vorfeld der Umsetzung fest, und es ist zumeist nicht geplant, diese zu ändern. Deshalb wird das Logo in der Regel fest im Formular definiert. Im Arbeitsalltag kommt es jedoch nicht selten vor, dass im Laufe der Zeit Anpassungen notwendig werden, da man z.B. für Geschäftsstellen unterschiedliche Logos verwenden möchte. Aus diesem Grund ist es sinnvoll, einige Inhalte über dynamische Felder einzubinden, um das Formular in so einem Fall nicht ändern zu müssen, sondern die Texte und Grafiken des Formulars von außen beeinflussen zu können. Die dynamischen Felder bieten die Möglichkeit, die zu verwendende Grafik bzw. die einzubindenden Texte zur Laufzeit zu ermitteln. So muss das Formular nicht angepasst werden, wenn sich eine Grafik ändern soll.

**Image Repository**

Zur dynamischen Integration des Logos definieren Sie im *Image Repository* (Transaktion SE78) die gewünschte Grafik (siehe Abbildung 15.4).

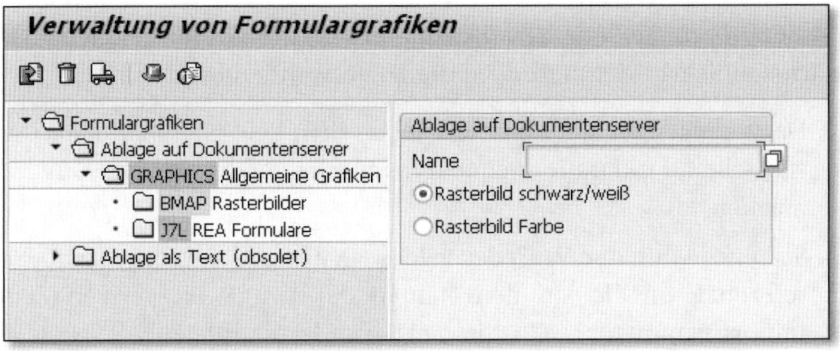


**Abbildung 15.4** Verwaltung von Formulargrafiken im Image Repository

**Fenster anlegen**

Im Programm setzen Sie eine Variable für das Logo und referenzieren darauf im Formular. Legen Sie zunächst ein Fenster für das Logo an, indem Sie im Navigationsbaum den Eintrag Seiten und Fenster auswählen und mit der rechten Maustaste auf MAIN Hauptfenster klicken. Im daraufhin erscheinenden Kontextmenü wählen Sie Anlegen • Fenster.

Im nächsten Schritt fügen Sie in dieses Fenster die Grafik ein. Dazu klicken Sie mit der rechten Maustaste in das im rechten Bildschirmbereich angezeigte Fenster und wählen im Kontextmenü Anlegen • Grafik. Ihr Formular sollte nun wie in Abbildung 15.5 aussehen.

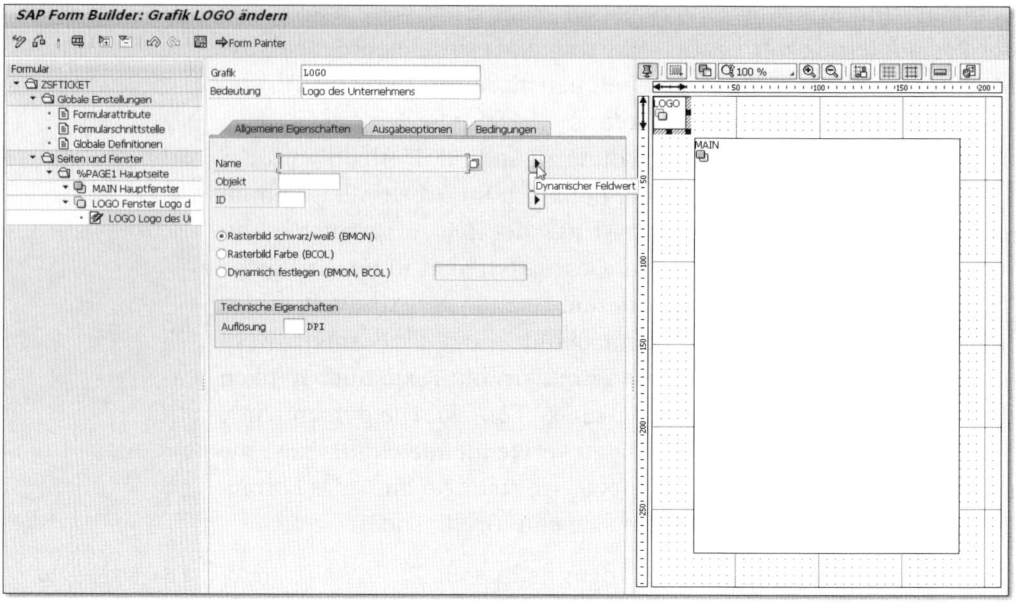


Abbildung 15.5 Anlage des Grafikelements

Grafik definieren

Bisher haben Sie nur den Platzhalter für die Grafik angelegt. Im nächsten Schritt definieren Sie die zu verwendende Grafik:

1. Dazu klicken Sie auf den Pfeil neben dem Feld Name, um aus der statischen Deklaration eine dynamische Feldwertzuweisung zu machen.
2. Setzen Sie nun den Wert des Feldes Name auf den Wert `I_LOGO`. So referenzieren Sie auf den Namen der Grafik im verwendeten Import-Parameter `I_LOGO` in der Formularschnittstelle.
3. Als Objekt wählen Sie `GRAPHICS`, und die ID ist `BMAP`.
4. Da Sie ein farbiges Rasterbild verwenden, setzen Sie den Radiobutton auf Rasterbild Farbe (BCOL) und definieren anschließend eine Auflösung von 200 DPI in den technischen Eigenschaften.

[»]

**Einstellungen zu den Bildeigenschaften**

In unserem Beispiel verwenden wir ein Rasterbild Farbe (BCOL) und verwenden daher die oben beschriebenen Einstellungen. Haben Sie Ihr gewünschtes Logo mit anderen Werten hochgeladen, tragen Sie die von Ihnen verwendeten Werte in diesem Dialog ein.

Parameterwerte prüfen

Bei externen Ressourcen wie Bildern und Textbausteinen empfiehlt es sich, zu überprüfen, ob bereits Werte übergeben worden sind oder die Parameter initial sind. Dazu stellt der Form Builder die Ausgabebedingungen zur Verfügung. Um zu überprüfen, ob der Name eines Logos übergeben worden ist, schauen Sie auf der Registerkarte BEDINGUNGEN, ob der Feldname `I_LOGO` ungleich `INITIAL` ist (siehe Abbildung 15.6).

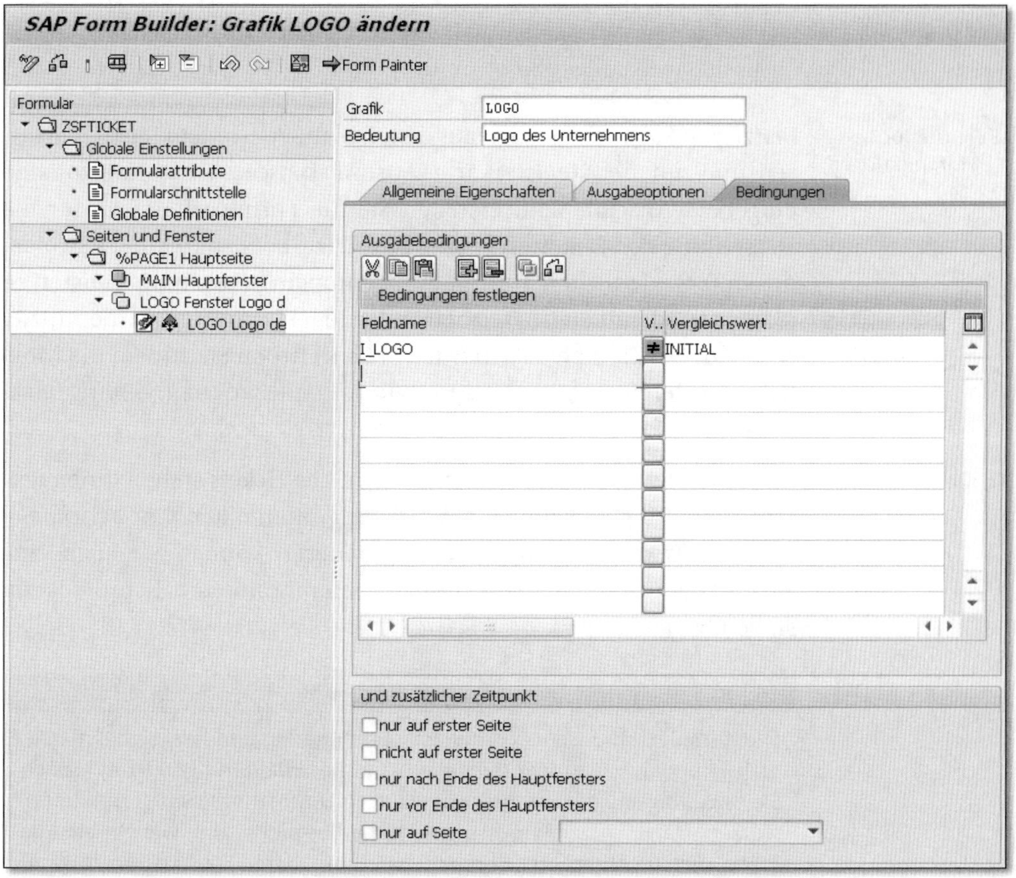


**Abbildung 15.6** Definition der Ausgabebedingungen

Grafikanzeige einstellen

Bei initialen Werten wird die Grafik nicht angezeigt. Im Bereich UND ZUSÄTZLICHER ZEITPUNKT können Sie definieren, auf welcher Seite des Dokuments das Element dargestellt werden soll. So ist es z.B. möglich, dass die Grafik nur auf der ersten Seite dargestellt wird.

[»]

**»Kein Fehler, falls Text nicht vorhanden«**

Bei Textbausteinen und Include-Texten mit optionalen Inhalten empfiehlt es sich, die Checkbox KEIN FEHLER, FALLS TEXT NICHT VORHANDEN auf der Registerkarte ALLGEMEINE EIGENSCHAFTEN zu aktivieren, da ansonsten bei einem leeren Inhalt ein Fehler erzeugt wird. Das Häkchen an dieser Stelle sorgt z. B. dafür, dass bei der Übergabe eines Namens, der in der Sprache nicht vorhanden ist, kein Fehler generiert wird. Ohne das Häkchen versucht das Formular, einen nicht existierenden Text zu verarbeiten, und die Formularausgabe wird abgebrochen, was in aller Regel nicht gewünscht ist. Ist das Häkchen gesetzt, ignoriert das Formular den fehlenden Textverweis und wird ausgegeben.

Bereiche für Textinformationen

Platzieren Sie nun das Logo auf dem Dokument, indem Sie es markieren und auf der Registerkarte AUSGABEOPTIONEN die Koordinaten eingeben. Anschließend erstellen Sie die Formularbereiche für die Darstellung der Ticketinformationen. Zur Übersicht bietet es sich an, die unterschiedlichen Informationsgruppen in separate Fenster zu platzieren, damit sie später bei Änderungen schneller zu identifizieren sind. Bei Zusatzfenstern (NICHT MAIN) haben Sie zudem die Möglichkeit, Bereiche zu schützen (NICHT UMGEBROCHEN, NICHT ÜBERSCHREIBEN, FENSTER AUF BESTIMMTE SEITEN BEGRENZEN).

Kopfinformationen

Zur Darstellung der Kopfinformationen des Tickets stehen Ihnen verschiedene Möglichkeiten zur Verfügung. Zum einen gibt es *Schablonen*, um Texte zu platzieren, zum anderen können Sie auch eine Tabelle benutzen, um die Informationen mitsamt der Historie darzustellen.

[»]

**Komplexität unseres Beispiels**

Die Komplexität unseres Formulars ist sehr gering und lässt sich einfacher realisieren, als wir es hier darstellen. Ziel der Erläuterungen ist es jedoch, Sie mit alltagstauglichen, praxisbewährten Umsetzungslösungen zu unterstützen. Daher setzen wir dieses einfache Beispiel so um, wie wir ein Formular auch im täglichen Gebrauch realisieren, damit Sie Ihre komplexeren Anforderungen ebenso umsetzen können.

Obwohl wir sowohl in den Ticketinformationen als auch in der Historie mit nur jeweils einem Datensatz arbeiten und die Informationen daher auch in einem einzigen Textfeld darstellen könnten, zeigen wir Ihnen hier, wie Sie die Informationen in einer Tabelle bereitstellen.

Wir gehen den Weg über Tabellen, weil sie alle Funktionen einer Schablone bieten und schneller erweitert werden können. Wollen

Sie später z.B. nicht nur ein Ticket, sondern mehrere darstellen, ändern Sie einfach die interne Tabelle, anstatt das Formular ändern zu müssen. Werden mehrere gleich aufgebaute Datensätze verwendet, kann man diese auch in der Schablone durch LOOP-Schleifen durchlaufen und darstellen. Dies ist aber umständlicher als die Nutzung der Tabelle. Darüber hinaus hat die Tabelle noch zusätzliche Funktionen wie Zeitpunktverarbeitung und Event-Steuerung.

**Tabelle anlegen**

Legen Sie für die Ticketinformationen im Hauptfenster eine Tabelle an, indem Sie mit der rechten Maustaste auf das Hauptfenster klicken und dort ANLEGEN • TABELLE auswählen.

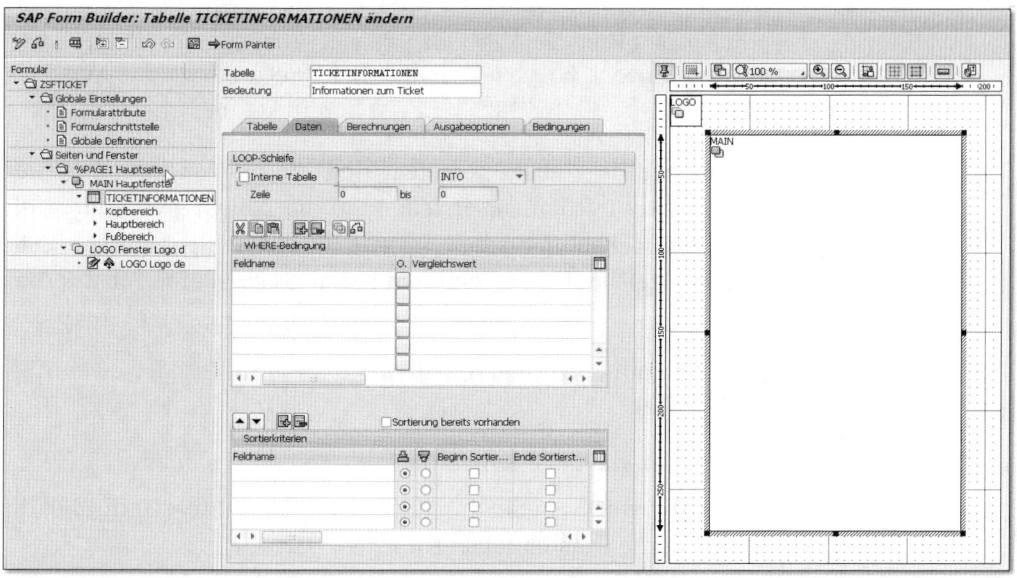


**Abbildung 15.7** Form Builder nach Anlage der Tabelle

Auf der Registerkarte DATEN im Tabellenbereich nehmen Sie das Häkchen neben INTERNE TABELLE weg (siehe Abbildung 15.7). Dadurch wird die Tabelle in der Verarbeitungslogik als Schablone abgearbeitet. Ist das Häkchen gesetzt, wird für jeden Datensatz der Hauptbereich des Formulars durchlaufen. Überschreitet der auszugebene Text in der Tabelle des Hauptbereichs eine Seite, wird der Kopfbereich der Tabelle erneut aufgerufen und dargestellt. Ist das Häkchen zur Nutzung der internen Tabelle gesetzt, ist außerdem zwingend ein Verweis auf einen Tabellentyp in der Formularschnittstelle notwendig. Darum werden in den Kopfbereich der Tabelle meist die Überschriften der in der Tabelle enthaltenen Positionen eingetragen.

[»]

**Nutzung einer Tabelle mit einer internen Tabelle**

Auswahl und Sortierung der Daten werden durch den Form Builder sehr erleichtert. Nutzen Sie den Form Builder für Tabellen zu Dokumenten, legen Sie im Bereich DATEN fest, welche interne Tabelle verwendet werden soll und in welche Struktur der aktuelle Datensatz geschrieben werden soll. Die Struktur müssen Sie zuvor in den globalen Definitionen bekannt machen. Zusätzlich bietet der Form Builder einen Filter auf Zeilennummern, und über die `WHERE`-Bedingungen lässt sich die Datenmenge weiter einschränken. Zur sortierten Ausgabe der Daten können Sie im Bereich SORTIERKRITERIEN die gewünschte Sortierung definieren. Der Form Builder bietet demnach innerhalb einer grafischen Benutzeroberfläche, die sich ohne Programmierkenntnisse bedienen lässt, alle Möglichkeiten einer `SELECT`-Abfrage.

Zeilentypen anlegen

Nachdem Sie die Tabelle angelegt und die Nutzung der internen Tabelle deaktiviert haben, erstellen Sie die Zeilentypen. Durch die Angabe des Zeilentyps geben Sie vor, wie viele Spalten eine Zeile haben soll, zeichnen Rahmenlinien ein und geben eine Schattierung vor.

Um die Spalten einzutragen, haben Sie im Form Builder zwei Möglichkeiten:

- Sie können die Zeilentypen im *Table Painter* zeichnen.
- Alternativ wechseln Sie durch Klick auf den Button DETAILS in die tabellarische Darstellungsform.

Erstellen Sie den Zeilentyp `TICKETINFO` mit zwei Spalten von jeweils 8 cm Breite und den Zeilentyp `HISTORIE` mit einer Spalte von 16 cm Breite (siehe Abbildung 15.8).

[»]

**Einsatz des Table Painters**

Die Nutzung des grafischen Table Painters ist auf den ersten Blick sehr anwenderfreundlich. Für die exakte Breitenangabe nutzen wir jedoch die tabellarische Darstellung, da Werte schneller und exakter eingestellt werden können und durch die Vorüberlegungen zum Formular bereits bekannt ist, wie viele Spalten auf welcher Breite benötigt werden.

Tabellenzeilen anlegen

Im nächsten Schritt erstellen Sie die Tabellenzeilen. Führen Sie dazu einen Rechtsklick auf den Kopfbereich der Tabelle aus, und wählen

Sie ANLEGEN • TABELLENZEILE. Wählen Sie als Zeilentyp TICKETINFO. Sobald Sie den Zeilentyp gewählt haben, legt der Form Builder für jede Spalte des Zeilentyps eine Zelle an.

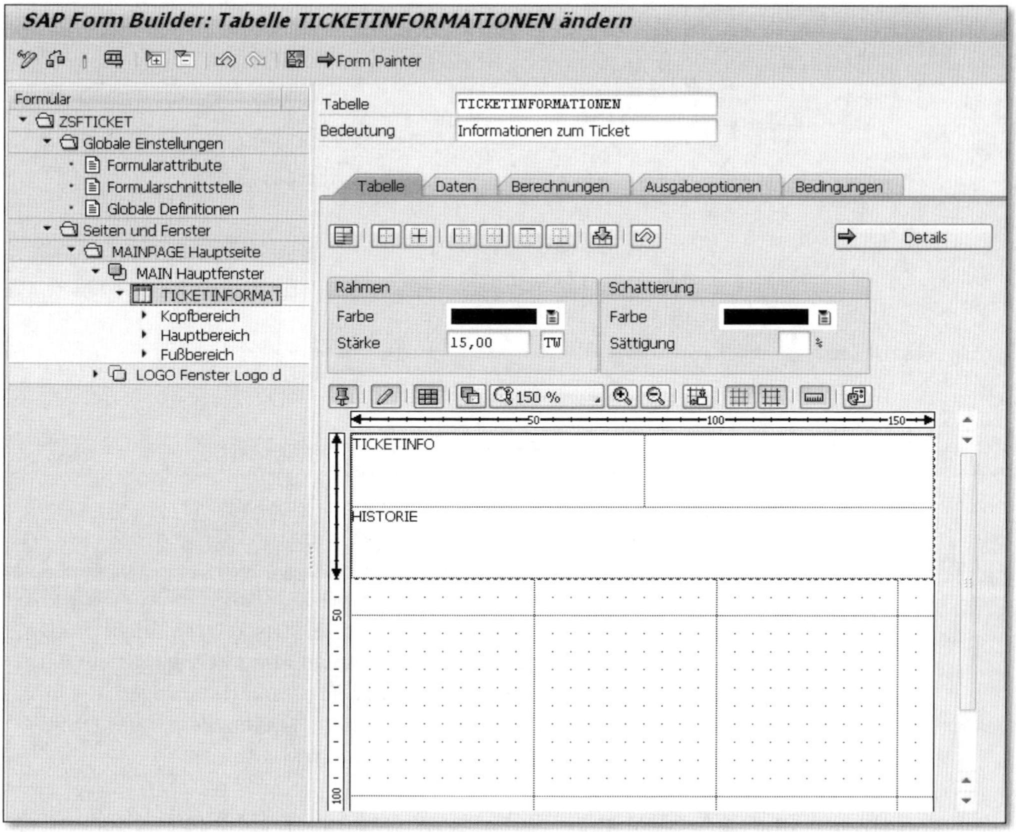


**Abbildung 15.8** Definition des Zeilentyps

Bisher haben wir die Zellen angelegt. Im nächsten Schritt fügen wir die Inhalte hinzu. Grundsätzlich können Sie die Ticketinformationen auch in einem einzigen Textfeld einfügen. Da dies im Laufe der Zeit mit zunehmenden Änderungen zu einer schlechten Wartbarkeit führt, definieren Sie für jede Information eine eigene Zelle. Führen Sie zur Anlage des Textfelds einen Rechtsklick auf die gewünschte Zelle aus, wählen Sie ANLEGEN • TEXT, und wechseln Sie anschließend auf die Registerkarte ALLGEMEINE EIGENSCHAFTEN (siehe Abbildung 15.9).

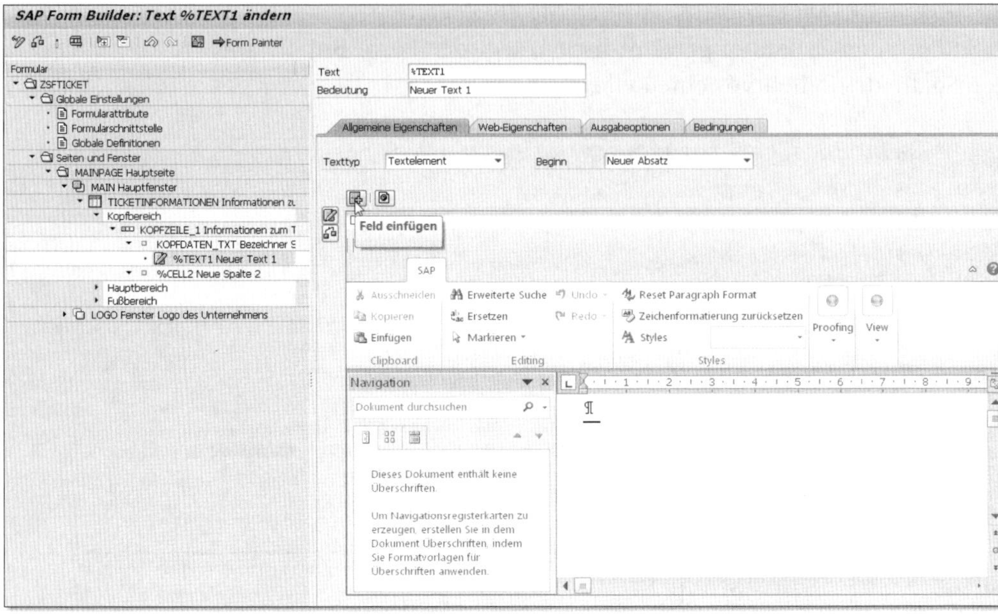


**Abbildung 15.9** Form Builder mit Darstellung des Testelements

**[+]**

**Auffinden von vermissten Registerkarten**

Sollten Sie die Registerkarte ALLGEMEINE EIGENSCHAFTEN nicht finden, kann es sein, dass sie sich weiter links befindet und nicht dargestellt wird. Über die Icons können Sie zu der Registerkarte springen, die links von der aktuell ausgewählten liegt. Alternativ klicken Sie auf das Ordnersymbol und wählen ALLGEMEINE EIGENSCHAFTEN aus.

**Dynamische Felder erstellen**

In den ALLGEMEINEN EIGENSCHAFTEN können Sie nun statischen Text eingeben und mit der Schaltfläche (FELD EINFÜGEN) dynamische Felder erstellen. Beim Klick auf die Schaltfläche öffnet sich ein Dialog zur Abfrage der einzufügenden Felder. Geben Sie »&IS_TICKET-HEAD-TIKNR&« ein, um sich die Ticketnummer ausgeben zu lassen (siehe Abbildung 15.10).

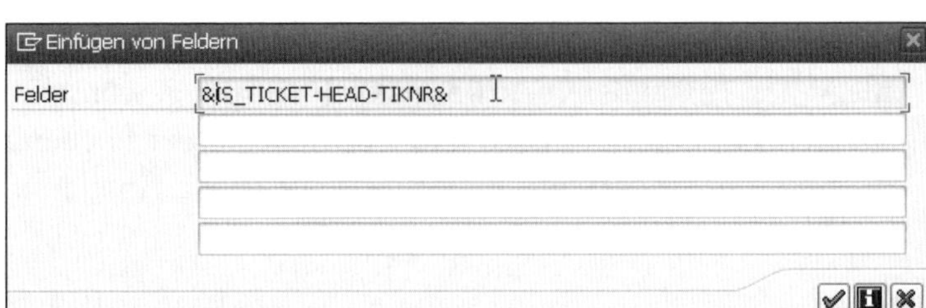


**Abbildung 15.10** Einfügen von Feldern

**Wahl des Editors** [+]

Der SAPScript-Editor wird häufig verwendet. Er hat den großen Vorteil, dass man genau sieht, was in dem Textfenster steht, und dadurch Fehler vermeidet, wie z. B.:

```
"Feldname: &variable&"
```

Wird dabei nicht der Button VARIABLE EINFÜGEN genutzt, wird die Variable nicht gelesen. An dieser Stelle wird das `&` als Sonderzeichen eingefügt, was man in der technischen Editorsicht leicht erkennen kann. Sie können hier »&variable&« eintragen und müssen nicht die Variable über das Plussymbol einfügen.

In der Praxis ergänzen sich beide Sichten sehr gut. In der technischen Sicht des Editors sehen Sie außerdem, welche Absatz- und Zeichenformate in dem Textbaustein genutzt werden.

Das Feld setzt sich aus verschiedenen Bestandteilen zusammen. Den Parameter `IS_TICKET` haben Sie in der Formularschnittstelle definiert. `HEAD` ist eine Komponente der Struktur. `TIKNR` ist ein Feld der Struktur `HEAD`. Der Feldbezeichner steht zwischen zwei kaufmännischen Und-Zeichen. Fügen Sie vor das Feld noch den Text »Ticketnummer:« ein, um den nachfolgenden Wert zu beschreiben (siehe Abbildung 15.11).

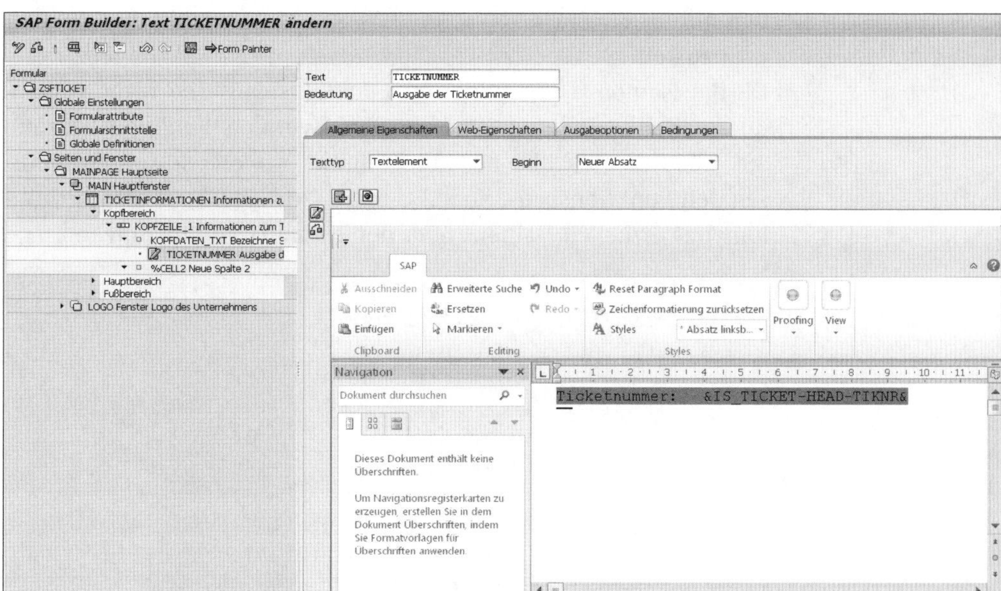


**Abbildung 15.11** Das Textelement zur Ausgabe der Ticketnummer

Wiederholen Sie nun die Schritte zur Anlage des Textes für die Felder TIKNR, AREA, CLAS, LOCATION, TEXT, STATUS, RESPONSIBLE, OWNER, ERDAT, ERTIM, ERNAM, AEDAT, AETIM, AENAM und LOGNR. Befüllen Sie dabei jeweils beide Spalten, und erzeugen Sie neue Zeilen entweder durch Neuanlage oder als Kopie der bestehenden Zeile. Legen Sie auf die gleiche Art im Hauptbereich den Text für die Anzeige der Historie an. Verwenden Sie den angelegten Zeilentyp Historie und als Feld &IS_TICKET-HISTORY-HISTORY&.

Nach Aktivierung des Formulars ist das Design des Formulars abgeschlossen. Als Ergebnis erhalten Sie ein *Smart Form*, das einem Funktionsbaustein entspricht. Diesen werden wir im nächsten Abschnitt aufrufen, um das Dokument ausdrucken zu können.

### 15.3.5 Druck des Dokuments

**Funktionsbaustein für Formularnamen**

Um das Dokument ausdrucken zu können, benötigen wir zwei Funktionsbausteine:

1. den Funktionsbaustein SSF_FUNCTION_MODULE_NAME
   Dieser Funktionsbaustein gibt für den übergebenen Formularnamen den zugehörigen generierten Funktionsbaustein zurück (siehe Listing 15.1).
2. den mittels SSF_FUNCTION_MODULE_NAME zuvor ermittelten Funktionsbaustein
   Da die Namen der generierten Funktionsbausteine nicht systemübergreifend eindeutig sind, können wir den Funktionsbaustein SSF_FUNCTION_MODULE_NAME nicht direkt verwenden, sondern müssen den Funktionsbaustein SSF_FUNCTION_MODULE_NAME zur Ermittlung des aktuellen Namens über den Formularnamen nutzen.

```
DATA: lf_formname  TYPE tdsfname   VALUE 'ZSFTICKET'.
DATA: lf_fm_name   TYPE rs38l_fnam.

    CALL FUNCTION 'SSF_FUNCTION_MODULE_NAME'
         EXPORTING  formname           = lf_formname
*                   variant            = ' '
*                   direct_call        = ' '
         IMPORTING  fm_name            = lf_fm_name
         EXCEPTIONS no_form            = 1
                    no_function_module = 2
                    OTHERS             = 3.
```

**Listing 15.1** Ermittlung des aktuellen Namens des Funktionsbausteins über den Formularnamen

Der zweite Funktionsbaustein ruft den zuvor ermittelten Funktionsbaustein auf. Beim Aufruf übergeben Sie den Import-Parameter IS_TICKET. Bei der Übergabe sollten Sie darauf achten, dass exakt dieselbe Dictionary-Struktur genutzt wird, die auch im Formular definiert wurde. Die einfachste Methode dazu ist die Nutzung der Musterfunktion für den Befehl CALL FUNCTION des ABAP Editors.

**Namen von Funktionsbausteinen** [«]

Den Namen eines Funktionsbausteins können Sie sich direkt im System über das Menü UMFELD • NAME DES FUNKTIONSBAUSTEINS ansehen.

In Kapitel 17, »E-Mails versenden«, werden wir das in diesem Kapitel erstellte Formular prozessieren und als PDF-Anhang in einer E-Mail versenden. In Listing 15.2 sehen Sie den beispielhaften Aufruf des Formulars, wobei die Variablen für das Logo und die Ticketinformationen noch deklariert, gefüllt und übergeben werden müssen.

```
CALL FUNCTION lf_fm_name
  EXPORTING
*   ARCHIVE_INDEX =
*   ARCHIVE_PARAMETERS =
*   CONTROL_PARAMETERS =
*   MAIL_APPL_OBJ =
*   MAIL_RECIPIENT =
*   MAIL_SENDER =
*   OUTPUT_OPTIONS =
*   USER_SETTINGS = 'X'
    I_LOGO = <Variable>
    IS_TICKET = <Variable>
* IMPORTING
*   DOCUMENT_OUTPUT_INFO =
*   JOB_OUTPUT_INFO =
*   JOB_OUTPUT_OPTIONS =
  EXCEPTIONS
    FORMATTING_ERROR = 1
    INTERNAL_ERROR = 2
    SEND_ERROR = 3
    USER_CANCELED = 4
    OTHERS = 5.
```

**Listing 15.2** Aufruf des erstellen Formulars

*Bilder, Audiodateien und Videos als Anhänge zu SAP-Belegen zur Verfügung zu stellen ist mit den generischen Objektdiensten kein Problem. Hier zeigen wir Ihnen, wie's geht.*

# 16 Generische Objektdienste verwenden

Belege bestehen im SAP-System normalerweise aus Einträgen in diversen Tabellen. Hinzu kommen gegebenenfalls Langtexte im SAPscript-Format, bei aktivierter Drucklistenarchivierung außerdem noch die abgelegten Ausdrucke des Belegs. Welche Bestandteile ein Beleg enthalten soll, wird zur Design-Zeit definiert und festgelegt.

Wenn ein Anwender darüber hinaus zusätzliche Informationen in Binärform wie z.B. Bilddateien zu einem Beleg oder in Stammdaten ablegen möchte, ist dieses System nicht flexibel genug. Zu diesem Zweck gibt es die sogenannten *generischen Objektdienste* (Generic Object Services, GOS).

In diesem Kapitel werden wir Ihnen zunächst die GOS aus Anwendersicht zeigen. Anschließend erklären wir, wie Sie eigene Objekte (wie unsere Beispieltickets) an die generischen Objektdienste anbinden. Abschließend zeigen wir Ihnen, wo die Anhänge abgelegt werden und was Sie dabei gegebenenfalls beachten sollten.

## 16.1 Umgang mit generischen Objektdiensten

**GOS-Menü**

Die GOS sind in vielen SAP-Anwendungen integriert. Sie können sie über ein Dropdown-Icon in der Kopfzeile einer Sicht () oder über das lokale Menü aufrufen. Klicken Sie das Dropdown-Icon an, wird ein Pop-up-Menü (siehe Abbildung 16.1) dargestellt, über das Sie Funktionen der GOS aufrufen können.

**Abbildung 16.1** GOS-Menü

[»]

**GOS-Menüs zu Objekten**

In Abbildung 16.1 ist das GOS-Menü zu einem Serviceauftrag zu sehen. Der grundsätzliche Aufbau des Menüs unterscheidet sich nicht vom GOS-Menü zu anderen Belegen und Stammdaten. In der Folge sprechen wir daher beim Ausgangsbeleg bzw. den Ausgangsstammdaten immer von einem *Objekt*.

Anlagen erfassen

Über den Menüeintrag ANLEGEN können Sie neue Anlagen zum Objekt erfassen, also z. B. Dokumente wie Bilder hochladen, eine allgemeine Textnotiz erfassen, das Objekt mit einem Verweis auf eine Internetseite ergänzen oder ein *Business Document* anhängen.

[»]

**Physische Ablage**

Die Ablage von hochgeladenen Dokumenten erfolgt entweder in der Datenbank des SAP-Systems oder auf einem externen Ablagesystem. Details dazu finden Sie in Abschnitt 16.3, »Ablage der GOS-Anlagen«.

Bereits vorhandene Anlagen können über die ANLAGENLISTE (in Abbildung 16.1 ausgegraut) angezeigt werden. Der Menüeintrag PERSÖNLICHE NOTIZ erlaubt die Erfassung einer Textnotiz, die nur für den aktuell angemeldeten Benutzer sichtbar ist. Der Klick auf weitere Menüeinträge erlaubt es, das Objekt per E-Mail weiterzuleiten oder einen Workflow zum Objekt zu starten. Beim Senden per E-Mail wird lediglich ein Verweis auf das Objekt versendet, nicht jedoch das Objekt selbst. Auf diese Weise ist gewährleistet, dass das Berechtigungskonzept auf diesem Wege nicht ausgehebelt wird.

Bildanhang

Um die GOS kennenzulernen, bewegen wir uns zunächst im SAP-Standard. Im folgenden Beispiel werden wir ein Bild an einen Serviceauftrag anhängen und dieses dann mithilfe der Anlagenliste zur Anzeige bringen.

[«]

**GOS-Dienste zu weiteren Objekten**

Um dieses Beispiel nachvollziehen zu können, benötigen Sie nicht unbedingt einen Serviceauftrag, da sich das generelle Vorgehen nicht von anderen Objekttypen unterscheidet. Sie können also ebenso gut einen SD-Auftrag oder einen Materialstamm verwenden, der die GOS unterstützt. Für bestimmte Objekte müssen die GOS allerdings vorab aktiviert werden.

Um ein Bild an ein Objekt anzuhängen, gehen Sie wie folgt vor:

1. Öffnen Sie das GOS-Menü, und wählen Sie Anlegen • Anlage anlegen.
2. Wählen Sie im Datei-Dialog die hochzuladende Datei aus, und klicken Sie auf den Button Öffnen.
3. Die Datei wird hochgeladen und mit dem Objekt verknüpft. Im Beispiel wurde die Datei *Fehler.PNG* hochgeladen.
4. Wählen Sie aus dem GOS-Menü den Eintrag Anlagenliste. Es wird eine Tabelle der zum Objekt erfassten Anlagen angezeigt (siehe Abbildung 16.2). Im Beispiel wurde zusätzlich zu dem hochgeladenen Bild eine Textnotiz erfasst.
5. Klicken Sie doppelt auf die von Ihnen angehängte Anlage mit dem Titel Fehler, wird die Datei heruntergeladen und auf Ihrem Rechner angezeigt.

**Abbildung 16.2** Anlagenliste

Da Dateianlagen auf den Rechner des Anwenders heruntergeladen werden, muss dort ein Anzeigeprogramm für den jeweiligen Dateityp installiert sein, damit die Anlage angezeigt bzw. abgespielt werden kann.

## 16.2 Generische Objektdienste in eigene Programme einbinden

Zur Veranschaulichung der Nutzung der GOS für Ihre Eigenentwicklungen werden wir in diesem Abschnitt GOS für das Objekt »Ticket« unseres Ticketsystems implementieren.

### 16.2.1 Business-Object-Repository-Objekt anlegen

BOR-Objekttyp

Um die GOS einbinden zu können, benötigen wir einen BOR-Objekttyp (Business Object Repository). Anschließend werden wir eine Klasse erstellen, die den Aufruf des GOS-Managers kapselt und so den Aufruf der GOS aus unterschiedlichen Programmen vereinfacht.

[»]

**BOR-Objekte**

BOR-Objekte sind eine objektorientierte Verschalung von Geschäftsobjekten wie Buchhaltungsbelegen, Aufträgen, Stammdaten etc. Sie wurden ursprünglich für die Verwendung in Workflows entwickelt, dienen mittlerweile jedoch als Zugriffspunkt für verschiedene andere Dienste, wie z.B. die GOS.

BOR-Objekt definieren

Mit den folgenden Schritten erstellen Sie den BOR-Objekttyp `ZBOOKTICK`, mit dem Tickets als Business-Objekte abgebildet werden.

1. Starten Sie Transaktion SWO1 (Business Object Builder).
2. Geben Sie als Objekttyp/Interfacetyp »ZBOOKTICK« ein, wählen Sie die Kategorie Objekttyp, und klicken Sie auf den Button Anlegen, bzw. drücken Sie [F5] (siehe Abbildung 16.3).
3. Füllen Sie die Eingabefelder im Fenster Objekttyp anlegen aus, wie in Abbildung 16.4 dargestellt.
4. Ordnen Sie den Objekttyp einem Paket zu, und wählen Sie gegebenenfalls einen Transportauftrag aus. Der Objekttyp wird Ihnen nun angezeigt.

**Abbildung 16.3** Objekttyp anlegen

**Abbildung 16.4** Daten zum Objekttyp

5. Positionieren Sie den Cursor auf SCHLÜSSELFELDER, und klicken Sie auf den Button zum Anlegen eines Objekttypmembers, oder drücken Sie die Taste F5 (siehe Abbildung 16.5).
6. Bestätigen Sie die Nachfrage, ob Sie den Objekttyp mit ABAP-Dictionary-Feldvorgaben anlegen möchten, mit JA.

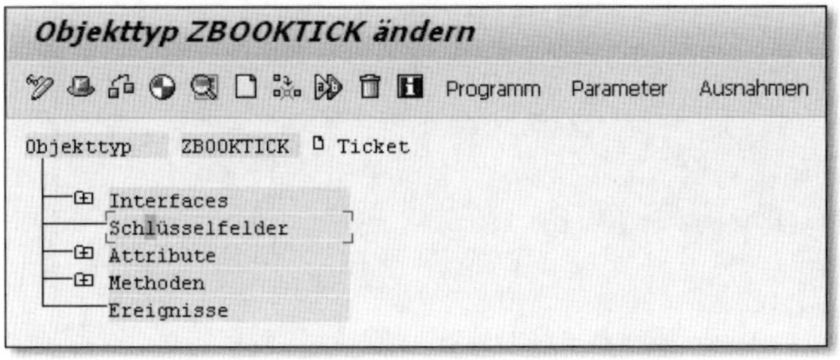


**Abbildung 16.5** Schlüsselfeld anlegen

7. Geben Sie im Feld TABELLE den Namen der Tickettabelle »ZBOOK_TICKET« ein. Bestätigen Sie Ihre Eingabe mit [↵] (siehe Abbildung 16.6).
8. Markieren Sie das Schlüsselfeld TIKNR in der angezeigten Tabelle, und bestätigen Sie erneut mit [↵].

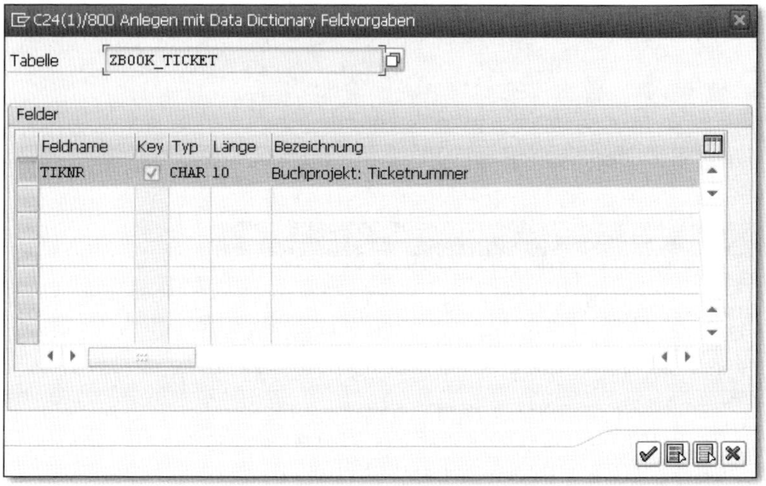


Abbildung 16.6 Schlüsselfelder aus Tabelle übernehmen

9. Überprüfen Sie die angezeigten Daten zum Schlüsselfeld, und legen Sie das Feld dann mit dem Button [Anlegen-Symbol] (Anlegen) an, bzw. drücken Sie erneut [↵] (siehe Abbildung 16.7).

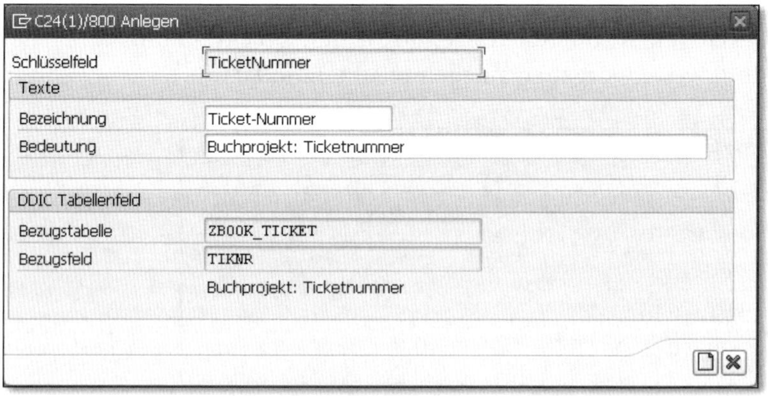


Abbildung 16.7 Schlüsselfeldattribute

10. Sichern Sie Ihren Objekttyp.
11. Wählen Sie aus dem Menü BEARBEITEN • FREIGABESTATUS ÄNDERN • OBJEKTTYP • IN IMPLEMENTIERT. Der Objekttyp wird automatisch generiert.
12. Wählen Sie nun aus dem Menü BEARBEITEN • FREIGABESTATUS ÄNDERN • OBJEKTTYP • IN FREIGEGEBEN. Bestätigen Sie gegebenenfalls auftretende Meldungen mit [↵]. Die Bildschirmanzeige sollte nun ähnlich wie in Abbildung 16.8 aussehen.

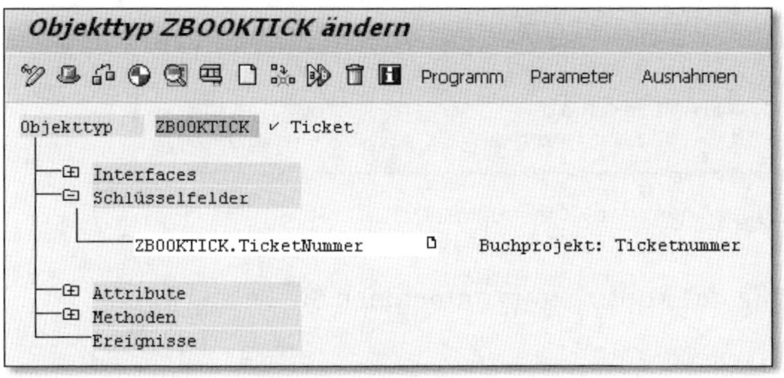


**Abbildung 16.8** Objekttyp freigegeben

Der Objekttyp ist damit angelegt, hat das benötigte Schlüsselfeld und ist freigegeben, sodass Sie ihn verwenden können. Daher können wir uns nun im folgenden Abschnitt um die Objektdienste kümmern.

### 16.2.2 Generische Objektdienste für ein Objekt aufrufen

*Objekt- und Anwendungsarten*

Es gibt mehrere Möglichkeiten, die GOS in einer eigenen Anwendung zu verwenden. Welche Alternative in einem konkreten Fall verwendet werden muss, hängt davon ab, ob es sich um ein statisches oder dynamisches Objekt handelt, welche Objektdienste Sie ein- oder ausschließen möchten und welche Art der Verbuchungssteuerung in der Anwendung implementiert ist.

#### Statisches Objekt

*Einmalige Initialisierung*

Im ersten und einfachsten Fall ändert sich das in der Anwendung bearbeitete Objekt nicht, die GOS werden also einmal initialisiert und bleiben dann für den Rest der Anwendungslaufzeit statisch. Um die GOS für ein solches Objekt, in unserem Beispiel ein Ticket, einzubinden, gehen Sie wie folgt vor:

1. Legen Sie die Klasse ZCL_BOOK_GOS_WRAPPER an (siehe Anhang A.8, »Klasse und Methoden anlegen«). Fügen Sie ein öffentliches Instanzattribut GR_GOS_MANAGER hinzu, das Sie als Referenz auf die Klasse CL_GOS_MANAGER typisieren.
2. Statten Sie die Klasse mit einem Konstruktor aus, den Sie wie in Abbildung 16.9 parametrisieren.

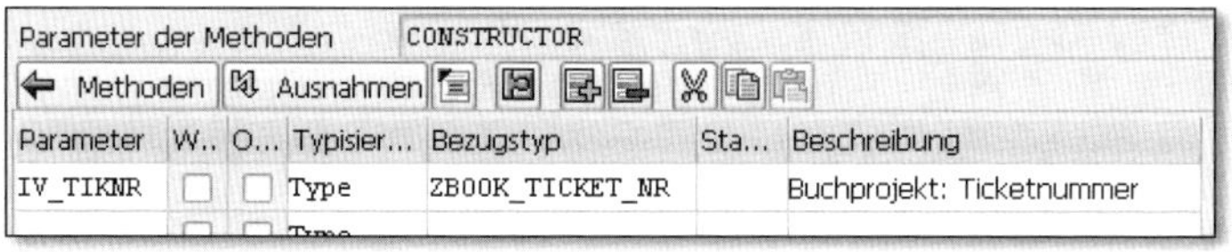


**Abbildung 16.9** Parameter des Konstruktors

3. Das Coding des Konstruktors entnehmen Sie Listing 16.1.

```
METHOD constructor.
  DATA ls_object   TYPE borident.

  ls_object-objtype = 'ZBOOKTICK'.
  ls_object-objkey  = iv_tiknr.
  CREATE OBJECT gr_gos_manager
    EXPORTING
      is_object = ls_object.
ENDMETHOD.
```

**Listing 16.1** Coding des Konstruktors

Die GOS werden über das BOR-Objekt zum Ticket initialisiert. Der Objekttyp wird dabei konstant vorbelegt, der Objektschlüssel ist die übergebene Ticketnummer. Das BOR-Objekt wird an den GOS-Manager übergeben.

4. In der Anwendung müssen Sie nun lediglich zwei Anpassungen vornehmen:
   - Deklarieren Sie eine Referenzvariable auf die Wrapper-Klasse (z.B. im TOP-Include der Anwendung).
     `DATA: gr_gos TYPE REF TO zcl_book_gos_wrapper.`
   - Erzeugen Sie die Wrapper-Instanz (z.B. zum PBO des Träger-Dynpros; siehe Listing 16.2).

```
IF NOT gr_gos IS BOUND.
  CREATE OBJECT gr_gos
    EXPORTING
      iv_tiknr = zbook_ticket_dynpro-ticket-tiknr.
ENDIF.
```

**Listing 16.2** Erzeugung der Instanz der GOS-Wrapper-Klasse

Die GOS sind nun in unserer Ticketanwendung verfügbar (siehe Abbildung 16.10).

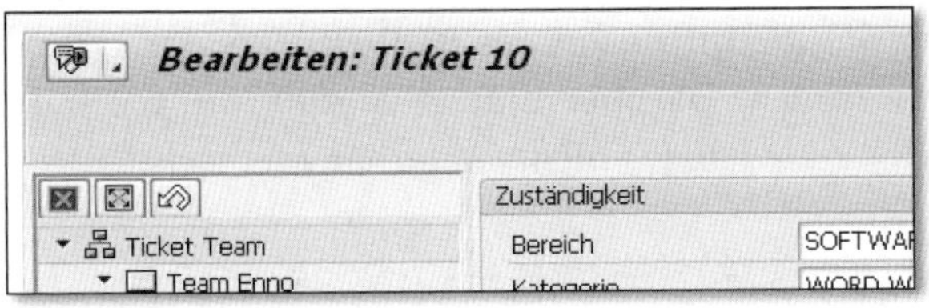


**Abbildung 16.10** GOS in der Anwendung eingebunden

### Dynamisches Objekt

**Objektaufruf per Callback**

Wenn sich das in die Anwendung geladene Objekt zur Laufzeit ändern kann, sind einige Schritte mehr zur Integration der GOS notwendig. Der GOS-Manager holt sich in diesem Fall das Objekt, zu dem die GOS gerufen werden sollen, dynamisch per Callback ab, d.h. durch den Aufruf einer Funktion der Anwendung. Der Callback erfolgt über eine Interface-Methode, die von der Anwendung implementiert werden muss. Folgen Sie diesen Schritten:

1. Legen Sie die Klasse `ZCL_BOOK_GOS_WRAPPER_DYN` an. Fügen Sie ein öffentliches Instanzattribut `GR_GOS_MANAGER` hinzu, das Sie als Referenz auf die Klasse `CL_GOS_MANAGER` typisieren.
2. Wechseln Sie auf die Registerkarte INTERFACES. Geben Sie in der ersten Tabellenzeile das Interface `IF_GOS_CALLBACK` ein, wodurch die Klasse dieses Interface implementiert.
3. Wechseln Sie auf die Registerkarte METHODEN. Die Interface-Methode `GET_OBJECT` ist dort bereits vorgegeben. Legen Sie zusätzlich einen parameterlosen Konstruktor an.
4. Implementieren Sie den Konstruktor, wie in Listing 16.3 gezeigt. Wie auch im Beispiel aus dem vorangegangenen Abschnitt wird der GOS-Manager instanziiert – in diesem Fall wird ihm jedoch eine Callback-Instanz geliefert.

```
METHOD constructor.
  CREATE OBJECT gr_gos_manager
    EXPORTING
      io_callback = me.
ENDMETHOD.
```

**Listing 16.3** Coding des Konstruktors

Implementieren Sie die Interface-Methode GET_OBJECT mit dem Coding aus Listing 16.4. Wir gehen für unser Beispiel davon aus, dass die Ticketnummer immer in einer Controller-Klasse steckt. Die Methode gibt die Identifikation des BOR-Objekts des aktuell geladenen Tickets zurück. Darüber hinaus werden die GOS auf änderbar (ep_mode = 'E') bzw. nicht änderbar (ep_mode = 'D') geschaltet.

```
METHOD if_gos_callback~get_object.
  es_object-objtype = 'ZBOOKTICK'.
  es_object-objkey  = zcl_ticket_cntl=>tiknr.
  IF abap_true = zcl_ticket_cntl=>change_mode( ).
    ep_mode = 'E'.
  ELSE.
    ep_mode = 'D'.
  ENDIF.
ENDMETHOD.
```

**Listing 16.4** Implementierung der Callback-Methode

Aufruf der Methode GET_OBJECT

Die Interface-Methode GET_OBJECT wird aufgerufen, sobald der Anwender auf das GOS-Icon klickt. Die Anwendung gibt die Information in diesem Fall nicht an den GOS-Manager weiter, sondern dieser holt sich die Identifikation des geladenen Objekts aktiv ab.

### Dienste ein-/ausschließen

Parameter IT_SERVICE_SELECTION

Wenn Sie einzelne Dienste der GOS von der Benutzung ausschließen oder nur bestimmte Dienste anbieten möchten, können Sie dies bei der Erstellung der GOS-Manager-Instanz festlegen. Übergeben Sie in diesem Fall den Parameter IT_SERVICE_SELECTION. Es handelt sich dabei um eine Range-Tabelle vom Typ TGOS_SELS.

#### *Fall 1: Es sollen nur bestimmte Dienste angeboten werden*

Mit dem Coding aus Listing 16.5 beschränken Sie die angebotenen Dienste auf das Hochladen einer Anlage.

```
DATA lt_serv     TYPE tgos_sels.
DATA ls_serv     TYPE sgos_sels.

ls_serv-sign    = 'I'.
ls_serv-option  = 'EQ'.
ls_serv-low     = 'PCATTA_CREA'.
APPEND ls_serv TO lt_serv.
```

**Listing 16.5** GOS-Dienste explizit anbieten

#### *Fall 2: Es sollen bestimmte Dienste ausgeschlossen werden*

Das Coding aus Listing 16.6 blendet den Dienst zum Hochladen einer Anlage aus dem GOS-Menü aus.

```
DATA lt_serv     TYPE tgos_sels.
DATA ls_serv     TYPE sgos_sels.

ls_serv-sign    = 'E'.
ls_serv-option  = 'EQ'.
ls_serv-low     = 'PCATTA_CREA'.
APPEND ls_serv TO lt_serv.
```

**Listing 16.6** GOS-Dienste ausschließen

Die Namen der verfügbaren generischen Objektdienste können Sie der Tabelle SGOSATTR entnehmen.

### Verbuchungssteuerung

Separate Verbuchung der Anlagen

Die GOS-Anlagen werden normalerweise zusammen mit den Anwendungsdaten (also dem Objekt, an dem sie hängen) verbucht. Das Absetzen eines entsprechenden COMMIT WORK-Befehls muss demnach in der Anwendung erfolgen. Wünschen Sie eine andere Verbuchungsart, sollen also die GOS-Anlagen separat verbucht werden, müssen Sie dem GOS-Manager den Parameter NO_COMMIT mit dem Wert space übergeben (siehe Listing 16.7).

```
CREATE OBJECT gr_gos_manager
  EXPORTING
    io_callback = me
    no_commit   = space.
```

**Listing 16.7** Verbuchungssteuerung

Sie sollten bei Verwendung dieses Parameters sicherstellen, dass Ihre Anwendungsdaten trotz möglicherweise zur Laufzeit auftretender COMMIT-Anweisungen konsistent sind.

## 16.3 Ablage der GOS-Anlagen

Anlagen, insbesondere binäre Dokumente wie Videos, können sehr viel Speicherplatz beanspruchen. Daher sollten Sie bei intensivem Einsatz der GOS ein Konzept für die Ablage entwickeln.

Text- und binäre Dokumente

Textdokumente (z. B. persönliche Notizen) werden standardmäßig in der Tabelle `SOC3` abgelegt. Binäre Dokumente werden über den *SAP Knowledge Provider* (KPro) im Content Repository `SOFFDB` abgelegt, das im Auslieferungszustand auf die Tabelle `SOFFCONT1` verweist. Dies bedeutet, dass die abgelegten Dokumente in der SAP-Datenbank liegen und dort entsprechende Ressourcen belegen. Content Repositories können Sie mit Transaktion OAC0 administrieren.

Externe Datenablage

Um die Dokumente in einem externen Ablagesystem (z. B. *SAP Content Server*) abzulegen, müssen Sie das Content Repository `SOFFDB` entsprechend abändern. Beachten Sie jedoch, dass bereits abgelegte Dokumente nicht automatisch an den neuen Ablageort umziehen. Mehr zu diesem Thema erfahren Sie in den SAP-Hinweisen 904711 und 389366.

*Unsere Ticketverwaltung arbeitet bisher in einem in sich geschlossenen System. Ein Weg, den Anwenderkreis zu vergrößern, ist der Versand von E-Mails, um über Statusänderungen und dringende Tickets zu informieren.*

# 17 E-Mails versenden

In den vorangegangenen Kapiteln haben wir uns darauf konzentriert, Elemente zu entwickeln, mit denen der Anwender aktiv im SAP GUI arbeitet. Neben dem Aufbau eines Arbeitsvorrats in Form einer ALV-Grid-Liste und der Implementierung eines Workflows – Workitems im Workplace eingeschlossen – gibt es noch weitere Möglichkeiten, den Anwender über Status-Updates auf dem Laufenden zu halten. In manchen Anwendungsfällen ist der Aufwand für die Implementierung eines Workflows zu hoch oder die Aufgabe nicht umsetzbar, da der Meldende eines Tickets unter Umständen keinen SAP-Benutzerzugang besitzt, schlicht sein Kennwort vergessen hat oder man jemanden in den Bearbeitungs-Workflow einbinden möchte, der nur über eine E-Mail-Adresse erreichbar ist. In diesen Szenarien ist der E-Mail-Versand die einfachste Möglichkeit, Anwender zu informieren. Mit Blick auf unser Ticketsystem ergeben sich die folgenden Anwendungssituationen:

- Ein Anwender sendet eine E-Mail an den Support, um sein Problem zu schildern.
- Ein Anwender wird über die Änderung des Ticketstatus in Kenntnis gesetzt.
- Bei Rückfragen kann eine E-Mail aus dem Ticketsystem heraus geschrieben werden.
- Das Supportteam möchte Informationen zum Ticket als PDF verschicken.
- GOS-Anhänge werden an die E-Mail angehängt.

In diesem Kapitel stellen wir Ihnen einige Methoden vor, um die genannten Anwendungen möglichst einfach implementieren zu können. Aus den oben beschriebenen Anwendungssituationen lassen sich folgende Anforderungen ableiten, deren Umsetzung wir in diesem Kapitel zeigen:

- einfacher Versand von E-Mails per Dialog
- E-Mail-Versand als Hintergrundverarbeitung
- E-Mail mit Anhängen versenden
- E-Mails als Smart-Forms-Dokument versenden
- GOS (Generic Object Services)

Möglichkeiten des E-Mail-Versands

SAP bietet eine Reihe von Funktionen für den E-Mail-Versand an. Dazu gehören neben dem SAP Business Workplace (SBWP) die Funktionen in der GOS-Toolbar und die Nachrichtenverarbeitung ohne Benutzerdialog.

Um den E-Mail-Versand in der Anwendung zu integrieren, bietet SAP zwei Programmierschnittstellen (APIs) an: Die Funktionsgruppe `SOI1` bietet z.B. mit dem Funktionsbaustein `SO_DOCUMENT_SEND_API1` die Möglichkeit, eine E-Mail mit Anhang zu erzeugen und zu versenden. Mittlerweile existieren neuere, flexiblere und klassenbasierte APIs, die auf der Klasse `CL_BCS` basieren. Diese APIs sowie deren Einsatz beschreiben wir im Folgenden.

Um die E-Mail-Funktionen in unsere Ticketanwendung zu integrieren, legen wir die Klasse `ZCL_BOOK_EMAIL` an und erweitern sie schrittweise um weitere Funktionen.

## 17.1 Einfacher E-Mail-Versand

Versand über einfachen Dialog

Eine der einfachsten Möglichkeiten, eine E-Mail aus einem Programm heraus zu versenden, ist die Verwendung eines Dialogfensters mit Hilfe der Klasse `CL_BCS`. Viele der Eingabewerte können bereits beim Aufruf der Klassenmethoden vorbelegt werden. So lassen sich Eigenschaften wie Größe des Fensters, Empfänger, Titel und Body-Text bereits aus vorhandenen oder abgeleiteten Informationen vorab definieren.

Die Klasse CL_BCS stellt verschiedene Factory-, SET- und GET-Methoden zur Verfügung, um den Zugriff auf die E-Mail-Attribute zu ermöglichen. Im ersten Schritt nutzen wir die Factory-Methode SHORT_MESSAGE der Klasse CL_BCS, um mit einem einfachen Dialog, wie in Abbildung 17.1 dargestellt, eine E-Mail erfassen zu können.

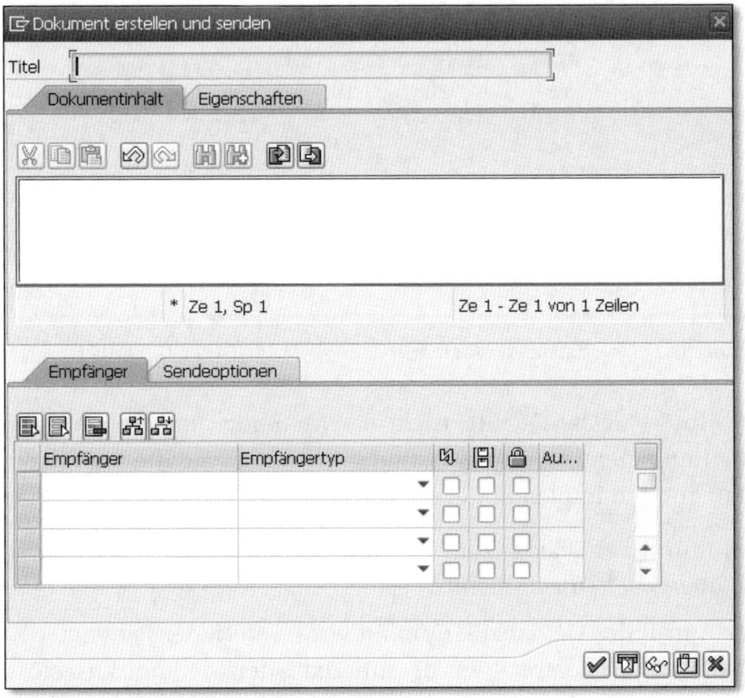


**Abbildung 17.1** Dialogfenster für den Versand von E-Mails

**Klasse ZCL_BOOK_EMAIL anlegen**

Als Erstes legen Sie in Transaktion SE24 oder SE80 die Klasse ZCL_BOOK_EMAIL mit der Beschreibung »E-Mail API (Ticket-Tool)« an. Nach dem Sichern wechseln Sie auf die Registerkarte METHODEN und erstellen die Methode CREATE_MAIL_DIALOG_SIMPLE.

Die Schnittstelle der Methode definieren Sie mit den Parametern aus Abbildung 17.2. Durch Setzen der Standardwerte vereinfachen wir die Übergabe bereits bekannter, also erprobter, Parameter wie Größe und Betreff. Diese stehen beim Aufruf der Methode fest und können übergeben werden.

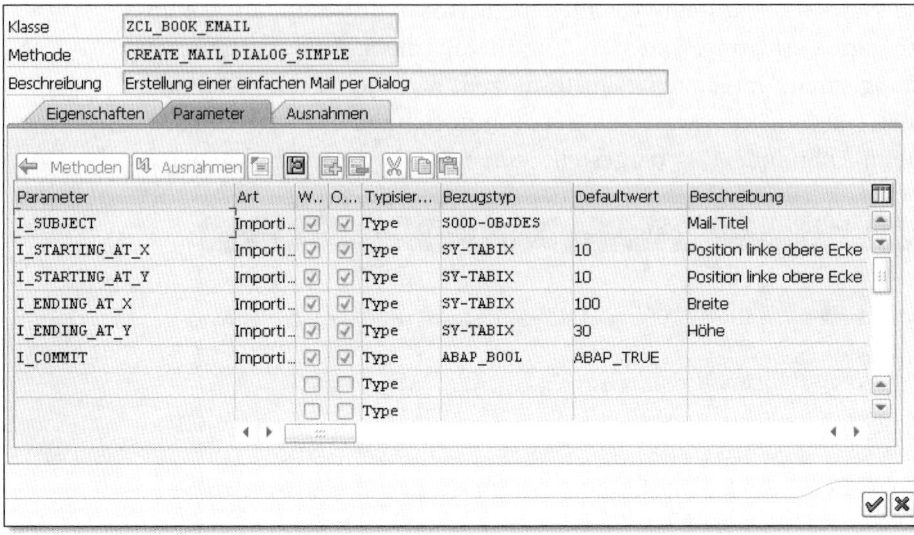


**Abbildung 17.2** Schnittstelle der Methode CREATE_MAIL_DIALOG_SIMPLE

Wechseln Sie in die Quelltextsicht der Methode, und übernehmen Sie die Implementierung aus Listing 17.1, indem Sie die die folgenden Funktionen implementieren:

- den Aufruf des Dialogs zum Versand von E-Mails, gesteuert durch die übergebenen Parameterwerte
- Der Aufruf des Datenbank-Commit wird, sofern der Parameter `I_COMMIT` auf `true` gesetzt wurde, innerhalb der Methode ausgelöst.

```
METHOD create_mail_dialog_simple.
  TRY.
      cl_bcs=>short_message(
          i_subject       = i_subject
          i_starting_at_x = i_starting_at_x
          i_starting_at_y = i_starting_at_y
          i_ending_at_x   = i_ending_at_x
          i_ending_at_y   = i_ending_at_y).
*     Zum Absenden muss ein Commit abgesetzt werden.
*     Dieser kann aber auch im Rahmenprogramm erfolgen ...
      IF i_commit EQ abap_true.
        COMMIT WORK AND WAIT.
      ENDIF.
    CATCH cx_send_req_bcs .
    CATCH cx_bcs .
  ENDTRY.
ENDMETHOD.
```

**Listing 17.1** Einfacher E-Mail-Dialog

Datenbank-Commit parametrisieren

Die Methode SHORT_MESSAGE bildet ein Dialogfenster für den E-Mail-Versand ab. Die Fenstergröße und den Inhalt der Betreffzeile können Sie über Parameter optional definieren. Neben der Eingabe der Betreffzeile, des Body-Textes und der Empfänger bietet der Dialog auch die Möglichkeit, einen Anhang an die E-Mail anzufügen. Der Parameter I_COMMIT betont die Notwendigkeit eines Datenbank-Commit-Aufrufs, ohne den die E-Mail nicht versendet würde. Auf der anderen Seite bietet er die Option an, die Methode in Bereichen anzuwenden, in denen ein Commit nicht zulässig ist. Zum Beispiel können Sie die Methode mit i_commit = abap_false auch in einem User-Exit aufrufen, in dem kein Commit erlaubt ist.

[«]

**Parameter I_COMMIT**

Alternativ zum direkten Ausführen des COMMIT WORK kann dieser auch im aufrufenden Programmcode durchgeführt werden. Ein fehlender COMMIT führt oftmals zu Irritationen, da es so aussieht, als sei die E-Mail durch den Dialog verschickt worden. Sie wird jedoch erst durch den COMMIT WORK wirklich in die Ausgangsqueue gestellt. Andernfalls verbleibt sie im Status NOCH KEIN EINTRAG IN DER WARTESCHLANGE im Sende-Prozess-Monitoring der Transaktion SOST. Die Warteschlange entspricht sozusagen der Postausgangsbox der E-Mail-Anwendung.

Einrichtung des E-Mail-Versands

Damit das System in der Lage ist, E-Mails zu verschicken, ist es notwendig, den SMTP-Server einzurichten. Richten Sie dazu in Transaktion SCOT die Default-Domäne im Menü unter EINSTELLUNGEN • DEFAULT DOMAIN (z.B. inwerken.de) ein (siehe auch Anhang A.10, »Domäne anlegen«). Anschließend öffnen Sie die Sicht SYSTEMZUSTAND über den Menüpunkt SICHT • SYSTEMZUSTAND. Expandieren Sie gegebenenfalls den Knoten INT INTERNET, und öffnen Sie per Doppelklick den Dialog zur Pflege der Daten aus dem E-Mail-Ausgangsserver. Hier definieren Sie den E-Mail-Host und den E-Mail-Port, über den das SAP-System die E-Mails ausliefert. Als Adressbereich wird zumeist ein »*« verwendet, damit dieser Knoten für alle E-Mail-Adressen genutzt wird. Um die Korrektheit der Einstellungen zu testen, bietet es sich an, eine Test-E-Mail mit Transaktion SO01 zu verschicken.

Weitere Informationen zur Einrichtung des SMTP-Servers finden Sie in der SAP-Onlinedokumentation zur Transaktion SCOT.

## 17.2 Versand einer E-Mail innerhalb der Ticketbearbeitung

Auch im zweiten Beispiel werden wir, genau wie zuvor, über einen Dialog E-Mails versenden. Der Unterschied liegt darin, dass wir im zweiten Beispiel den Inhalt der E-Mail und deren Empfänger nach dem Versand der E-Mail weiterverwenden können, um sie z.B. in die Historie zum Ticket zu schreiben. Diese Informationen erhalten wir über den Rückgabewert des Dialogfensters. Der Rückgabewert ist eine Referenz vom Typ `CL_BCS` und ermöglicht die Nutzung der Methode `DOCUMENT`, um auf die Dokumentinhalte zuzugreifen, und der Methode `RECIPIENTS` zur Ermittlung der Empfänger. Mit diesen Methoden ist der Zugriff auf alle relevanten Daten der E-Mail möglich.

In dieser erweiterten Version des E-Mail-Erfassungsdialogs nutzen wir das Factory-Entwurfsmuster und geben dem Ticket-Tool eine Referenz der Klasse `ZCL_BOOK_MAIL` zurück. Über die Instanzmethode `GET_MAIL_AS_TEXT` können Sie anschließend Informationen, etwa E-Mail-Text, Empfänger der E-Mail etc., in Textform (als String, siehe auch Abschnitt 6.1.1, »Dictionary-Objekte anlegen«) auslesen und der Tickethistorie hinzufügen.

Benötigte Methoden

Um den Aufruf des Dialogs und die anschließende Nutzung der Informationen zu realisieren, implementieren wir drei Methoden:

- Die Methode `GET_MAIL_BODY` wird verwendet, um den vom Anwender eingegebenen Nachrichtentext auszulesen.
- In der Methode `GET_MAIL_AS_TEXT` fügen wir den Nachrichtentext, den Betreff der E-Mail und die Empfängerliste zu einem Protokolltext zusammen, der anschließend in der Tickethistorie abgelegt werden kann.
- Die Methode `CREATE_MAIL_DIALOG` ruft, ähnlich, wie in Abschnitt 17.1, »Einfacher E-Mail-Versand«, beschrieben, einen Dialog für den E-Mail-Versand auf. Der Unterschied zur ersten Implementierung ist die Nutzung des Rückgabewertes der Methode, mit der wir den Dialog aufgerufen haben. Mit diesem werden die globalen Attribute `PR_DOCUMENT` und `PT_RECIPIENTS` gesetzt und daraus die relevanten Informationen zum E-Mail-Inhalt abgefragt (siehe Abbildung 17.3).

Zur Implementierung der neuen Methoden legen wir eine Konstante CV_CRLF sowie die Instanzvariablen PR_DOCUMENT als Referenz auf die einzelnen Teile der E-Mail und PT_RECIPIENTS für die Liste der E-Mail-Empfänger an. Die Konstante CV_CRLF nutzen wir als Abkürzung für CL_ABAP_CHAR_UTILITIES=>CR_LF. Sie dient dabei lediglich zur Vereinfachung des Zugriffs auf das Zeichen für einen Zeilenumbruch, das sich je nach Betriebssystem des SAP-Anwendungsservers unterscheiden kann.

**Konstante anlegen**

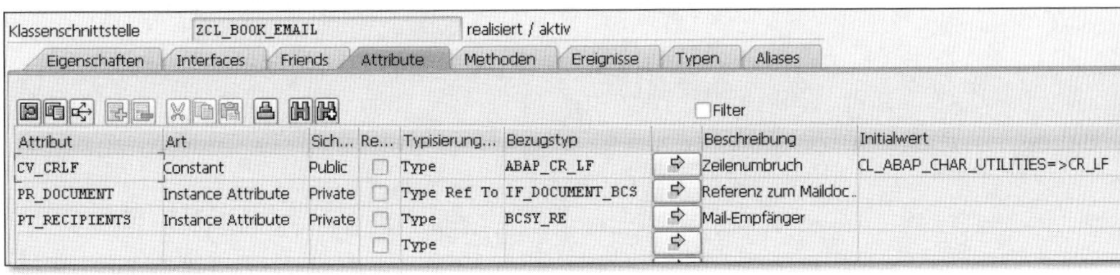


**Abbildung 17.3** Attribute der Klasse ZCL_BOOK_EMAIL

## 17.2.1 Auslesen der E-Mail als Text

Um eine übersichtliche Programmstruktur zu erhalten, kapseln wir die Verarbeitung des E-Mail-Inhalts in die im vorangegangenen Abschnitt genannten Methoden GET_MAIL_BODY und GET_MAIL_AS_TEXT.

**Methode GET_MAIL_AS_TEXT**

Legen Sie dazu in der Klasse ZCL_BOOK_EMAIL eine neue öffentliche Instanzmethode GET_MAIL_AS_TEXT an. Als Parameter definieren Sie R_STRING als Returning mit Wertübergabe und Typisierung TYPE auf den vordefinierten Datentyp String.

**Mail-Text auslesen**

Legen Sie in der Klasse ZCL_BOOK_EMAIL eine neue private Methode GET_MAIL_BODY an. Definieren Sie die Variable R_BODY als Returning-Parameter mit Wertübergabe und Typisierung TYPE auf das Datenelement String.

Implementieren Sie das Coding aus Listing 17.2 zur Methode GET_MAIL_BODY:

```
METHOD get_mail_body.
  DATA  lv_count                          TYPE i.
  DATA  lv_docnum                         TYPE int4.
  DATA  ls_doc                            TYPE bcss_dbpc.
  DATA  ls_doc_att                        TYPE bcss_dbpa.
  DATA  lv_line                           TYPE soli.
```

```
    DATA  lv_attachment_list            TYPE string.

    TRY.
        lv_count = pr_document->get_body_part_count( ).
        DO lv_count TIMES.
          ADD 1 TO lv_docnum.
          ls_doc_att =
            me->pr_document->get_body_part_attributes(
                  im_part = lv_docnum
            ).
          IF NOT ls_doc_att-filename IS INITIAL.
            CONCATENATE lv_attachment_list ls_doc_att-filename
              INTO lv_attachment_list SEPARATED BY cv_crlf.
            CONTINUE.
          ENDIF.
          ls_doc     =
            me->pr_document->get_body_part_content(
                  im_part = lv_docnum
            ).
          LOOP AT ls_doc-cont_text INTO lv_line.
            CONCATENATE r_body lv_line INTO r_body.
            "Kein SEPARATED BY cv_crlf, da Formatierung
            "in der solitab steckt.
          ENDLOOP.
        ENDDO.
        IF 0 < STRLEN( lv_attachment_list ).
          CONCATENATE r_body 'Attachments:' lv_attachment_list
            INTO r_body SEPARATED BY cv_crlf.
        ENDIF.
      CATCH cx_document_bcs .
    ENDTRY.

ENDMETHOD.
```

**Listing 17.2** Implementierung der Methode GET_MAIL_BODY

Methode GET_MAIL_BODY

Für die Ermittlung der Informationen über die E-Mail-Nachricht nutzen Sie in Listing 17.2 die Klassenvariable PR_DOCUMENT. Ermitteln Sie über die Methode GET_BODY_PART_COUNT, aus wie vielen Bestandteilen das Dokument besteht. Als Bestandteil des Dokuments bezeichnet man Anhänge und den eigentlichen Text der E-Mail. Damit besteht ein E-Mail-Dokument mit zwei Anhängen insgesamt aus drei Teilen.

Diese einzelnen Teile sollten Sie in einer DO-Schleife verarbeiten, da die Klasse keinen Iterator (d.h. einen Zeiger zum Durchlaufen der Elemente) über die Anhänge bietet. Die DO-Schleife bietet sich an, da Sie bereits im Vorfeld die Anzahl der notwendigen Durchläufe ermitteln konnten. Innerhalb der Schleife nutzen Sie die Methode GET_BODY_PART_ATTRIBUTES, mit deren Hilfe wir Informationen wie Dateiname, Größe und Dokumenttyp zu den einzelnen Teilen erhalten.

Die Anhang-E-Mail-Bestandteile unterscheiden sich vom E-Mail-Teil mit dem Haupttext dadurch, dass sie einen Dateinamen haben. Diese Eigenschaft machen wir uns zunutze, um die Unterscheidung zwischen Anhang und Haupttext treffen zu können. Besitzt der gerade verarbeitete Teil einen Dateinamen, fügen wir ihn mittels CONCATENATE der Namensliste unserer Dateianhänge hinzu und gehen mittels CONTINUE in den nächsten Schleifendurchlauf. Hat der Teil keinen Dateinamen, handelt es sich um den Nachrichtentext des E-Mail-Dokuments, und wir können ihn weiterverarbeiten.

Mit der Methode GET_BODY_PART_CONTENT ermitteln wir den Inhalt des E-Mail-Textes. Diesen durchlaufen wir in einer Schleife und setzen ihn zeilenweise zusammen. Im letzten Schritt der Verarbeitung setzen wir den Haupttext und die Liste der Dateinamen der Anhänge als Rückgabeparameter zusammen.

**Betreff und Empfänger auslesen**

Die Methode GET_MAIL_AS_TEXT beinhaltet alle Funktionen, um den Inhalt der Betreffzeile und die Empfänger der E-Mail auszulesen und als Text darzustellen. Als Empfänger kommen sowohl die direkten Empfänger aus dem AN-Feld als auch die Empfänger der Kopie und Blindkopie infrage und werden jeweils gesondert behandelt. Das Auslesen des Body-Textes ist dabei in der zuvor implementierten Methode GET_MAIL_BODY gekapselt.

Zur Implementierung nehmen Sie in Listing 17.3 die folgenden Schritte vor:

1. Lesen Sie mithilfe der Methode GET_SUBJECT die Betreffzeile der E-Mail aus, und speichern Sie diese zusammen mit dem kurzen Präfix SUBJ: in R_STRING.
2. Alle Empfänger sind in PT_RECIPIENTS abgelegt und werden innerhalb einer LOOP-Schleife abgearbeitet:
   - In der Schleife ermitteln Sie den Empfängernamen mithilfe der Methode GET_RECIPIENT_NAME der Instanz LR_RECIPIENT.
   - Um eine Unterscheidung treffen zu können, ob der Empfänger im Feld AN, CC oder BCC stand, überprüfen Sie, ob die Variable SNDCP des zugehörigen LS_RECIP-Objekts gefüllt ist. Ist die Variable nicht leer, stand der Empfänger im CC. Handelte es

sich nicht um den Empfänger einer Kopie, überprüfen wir, ob es sich um den Empfänger einer Blindkopie handelt. War der Empfänger weder Empfänger einer Kopie noch einer Blindkopie, wurde die Mail direkt an ihn gesendet. Den Namen des Empfängers schreiben wir zusätzlich zu dem Präfix, um welche Art von Empfänger es sich handelt, in den String LV_STRING.

- Nach dem ersten Schleifendurchlauf befinden sich der Inhalt der Betreffzeile in der Variablen R_STRING und der erste Empfänger inklusive Präfix in LV_STRING. Diese beiden Zeichenketten verbinden wir im letzten Schritt der Schleife und befüllen R_STRING mit der neuen Gesamtzeichenkette. In den weiteren Schleifendurchläufen fügen wir weitere Empfängerzeilen der Zeichenkette hinzu und erhalten damit eine Zeichenkette, die aus der Betreffzeile und den Empfängern besteht.

3. Im nächsten Schritt kommt die zuvor implementierte Methode GET_MAIL_BODY zum Einsatz. Diese liefert den Body-Text der E-Mail.
4. Im letzten Schritt fügen wir alle Informationen in einer Zeichenkette zusammen.

```
METHOD get_mail_as_text.
  DATA lv_objdes      TYPE sood-objdes.
  DATA ls_recip       TYPE recip_bcs.
  DATA lr_recipient   TYPE REF TO if_recipient_dialog_bcs.
  DATA lv_string      TYPE string.

* Titel:
  lv_objdes = pr_document->get_subject( ).
  CONCATENATE 'Subj:' lv_objdes INTO r_string.

  LOOP AT pt_recipients INTO ls_recip.
   lr_recipient ?= ls_recip-recipient.
   lv_string = lr_recipient->get_recipient_name( ).
   IF NOT ls_recip-sndcp IS INITIAL.     "Empfänger ist CC:
    CONCATENATE 'cc:  ' lv_string
      INTO lv_string RESPECTING BLANKS.
   ELSEIF NOT ls_recip-sndbc IS INITIAL. "Empfänger ist BCC:
    CONCATENATE 'bcc: ' lv_string
      INTO lv_string RESPECTING BLANKS.
   ELSE.                                 "Empfänger An:
    CONCATENATE 'An:  ' lv_string
      INTO lv_string RESPECTING BLANKS.
    ENDIF.
    CONCATENATE r_string lv_string INTO r_string
               SEPARATED BY cv_crlf.
```

```
  ENDLOOP.

* Übernehmen des Textes:
  lv_string = get_mail_body( ).
  CONCATENATE r_string lv_string INTO r_string
              SEPARATED BY cv_crlf.
ENDMETHOD.
```

**Listing 17.3** Methode GET_MAIL_AS_TEXT

### 17.2.2 Implementierung der Methode CREATE_MAIL_DIALOG

Bisher haben Sie den Dialog zum Versand von E-Mails aufgerufen, ohne den Rückgabewert weiter zu beachten. Dieser wird nun für die Verarbeitung des E-Mail-Inhalts und der Empfänger benötigt. Wechseln Sie dazu in den Class Builder zu unserer Klasse `ZCL_BOOK_MAIL` auf die Registerkarte METHODE, und kopieren Sie die Zeile `CREATE_MAIL_DIALOG_SIMPLE` mittels Copy & Paste ([Strg] + [C], [Strg] + [V]) oder über die entsprechenden Kontextmenüeinträge. Anschließend benennen Sie den neuen Eintrag in `CREATE_MAIL_DIALOG` um. Schnittstelle und Implementierung werden dabei aus der Vorlage übernommen. Klicken Sie nun auf den Button PARAMETER, und fügen Sie einen neuen Rückgabeparameter `R_MAIL`, wie in Abbildung 17.4 dargestellt, hinzu.

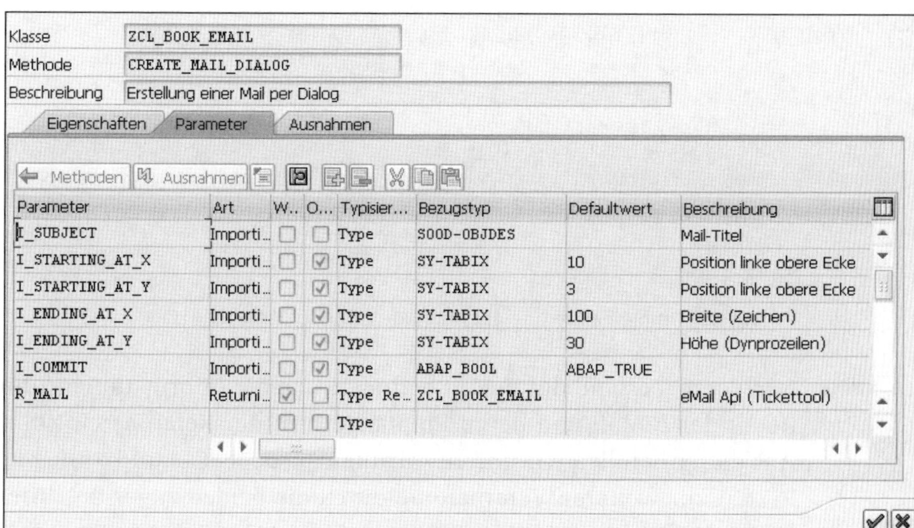


**Abbildung 17.4** Schnittstelle der Methode CREATE_MAIL_DIALOG

Anschließend ergänzen Sie den Quelltext aus Listing 17.4.

```
METHOD create_mail_dialog.
  DATA lr_mail                    TYPE REF TO cl_bcs.
  DATA lr_me                      TYPE REF TO zcl_book_email.

  TRY.
* E-Mail-Pop-up-Fenster gibt eine Referenz auf den
* Sendeauftrag zurück:
      lr_mail = cl_bcs=>short_message(
          i_subject        = i_subject
          i_starting_at_x = i_starting_at_x
          i_starting_at_y = i_starting_at_y
          i_ending_at_x   = i_ending_at_x
          i_ending_at_y   = i_ending_at_y
            ).

*     Eigenes Objekt instanziieren
      CREATE OBJECT lr_me.

*     Den E-Mail-Inhalt in pr_document übertragen:
      lr_me->pr_document = lr_mail->document( ).

*     Auslesen der Empfängerliste
      lr_me->pt_recipients = lr_mail->recipients( ).

*     Zum Absenden muss ein Commit abgesetzt werden,
*     dieser kann aber auch im Rahmenprogramm erfolgen ...
      IF i_commit EQ abap_true.
        COMMIT WORK AND WAIT.
      ENDIF.

*     Rückgabewert setzen
      r_mail = lr_me.
    CATCH cx_send_req_bcs .
    CATCH cx_bcs .
  ENDTRY.
ENDMETHOD.
```

**Listing 17.4** Implementierung der Methode CREATE_MAIL_DIALOG

Referenz LR_MAIL

Nach dem Versand der E-Mail befinden sich die Informationen zum Inhalt der E-Mail und deren Empfängern in der Referenz `LR_MAIL`. Aus dieser befüllen wir unsere Attribute `PR_DOCUMENT` und `PT_RECIPIENTS` zur weiteren Verarbeitung durch die beiden zuvor beschriebenen Methoden `GET_MAIL_BODY` und `GET_MAIL_AS_TEXT`.

Die Methodenaufrufe können wir in der Ticketbearbeitungsanwendung in die Funktionscode-Verarbeitung beim PAI integrieren oder innerhalb der Ereignisverarbeitung einer Drucktaste. Mittels der folgenden Anweisung wird der Erfassungsdialog für eine E-Mail aufgerufen (siehe Abbildung 17.1):

Methodenaufrufe in Anwendung integrieren

```
lr_mail = ZCL_BOOK_EMAIL=>create_mail_dialog( ).
```

Hat der Anwender mithilfe des Dialogs aus Abbildung 17.1 die E-Mail erfasst, kann anhand folgender Anweisung die Information für die Tickethistorie ausgelesen und weiterverarbeitet werden:

```
lr_mail->get_mail_as_text( ).
```

## 17.3 E-Mail-Versand als Hintergrundverarbeitung

Bisher haben wir alle E-Mails direkt aus der Benutzeroberfläche der Ticketverwaltung verschickt. In diesem Abschnitt beschäftigen wir uns mit dem Versand der E-Mail im Hintergrund. Sollen E-Mails ohne manuellen Zugriff generiert und versendet werden, kommt diese Funktion zur Anwendung. Sie lässt sich zum Versand von E-Mails bei einer Statusänderung, zur Benachrichtigung von Ticketbearbeitern über dringende Tickets und für andere Szenarien nutzen.

### 17.3.1 SAP-Link erzeugen

Aufruf des SAP GUIs

Da wir eine undokumentierte Kommunikation außerhalb unseres Ticket-Tools vermeiden möchten, aber auch eine hohe Akzeptanz unter den Bearbeitern der Tickets erreichen möchten, wollen wir einer automatisch generierten E-Mail einen Link beifügen, über den der E-Mail-Empfänger das Ticket in der Bearbeitungstransaktion öffnen kann. Das erreichen wir, indem wir einen sogenannten *SAP-Link* oder *SAP-Shortcut* als Anlage beifügen. Ein SAP-Link ist eine Textdatei zum Aufruf des SAP GUIs mit bestimmten Parametern. Anhand der Parameter lassen sich z.B. Transaktionen aufrufen, und man kann direkt zu dem gewünschten Datensatz navigieren. Listing 17.5 zeigt, wie mit der Methode ADD_TICKET_LINK ein SAP-Link-Anhang erstellt wird, um mittels SAP-Link das SAP GUI aufzurufen, zu einem bestimmten Ticket zu springen und es darzustellen.

```
METHOD add_ticket_link.

  DATA lt_att_text        TYPE soli_tab.
  DATA lv_att_text        TYPE string.
  DATA lv_name            TYPE so_obj_des.
  DATA lv_size            TYPE sood-objlen.
  DATA lr_attach_to       TYPE REF TO cl_document_bcs.

*Der Inhalt baut sich aus folgenden Zeilen auf:
  CONCATENATE
   '[System]'                                  cv_crlf
   'Name='    sy-sysid                         cv_crlf
 "Ermittlung der GUI-Verbindung via Systemid
    'Description='                              cv_crlf
    'Client=' sy-mandt                          cv_crlf
    "Zielmandant
    '[User]'                                    cv_crlf
    'Language=' sy-langu                        cv_crlf
    '[Function]'                                cv_crlf
    'Title='                                    cv_crlf
    'Command=*ZTIK2 P_TIKNR=' i_ticket ';'      cv_crlf
    "Transaktion mit vorbelegten Feldern
    'Type=Transaction'                          cv_crlf
    "Starte Transaktion
    '[Options]'                                 cv_crlf
    'Reuse=1'                                   cv_crlf
    "Nutzung offener SAP-GUI-Verbindung
               INTO lv_att_text.

  CONCATENATE 'Ticket' i_ticket '.sap' INTO lv_name.
  lv_size     = STRLEN( lv_att_text ).
  lt_att_text = cl_document_bcs=>string_to_soli(
                                 lv_att_text ).
  TRY.
      lr_attach_to ?= pr_document.
      lr_attach_to->add_attachment(
          i_attachment_type      = 'SAP'
          "Dateiendung veranlasst Ausführung durch SAP GUI
          i_attachment_subject   = lv_name
          i_attachment_size      = lv_size
          i_att_content_text     = lt_att_text
             ).
    CATCH cx_document_bcs .
  ENDTRY.
ENDMETHOD.
```

**Listing 17.5** Erstellung des SAP-Links zum Ticket

Durch den Aufruf des SAP-Links gelangen wir direkt zum relevanten Ticket. Der Aufruf besteht aus einer Reihe von Parametern.

**SAP-Link** [«]

Der OSS-Hinweis 103019 gibt ausführliche Informationen zu den Parametern einer SAP-GUI-Verknüpfung. Dateien mit der Endung *.SAP* werden vom SAP GUI erkannt und ausgeführt.

**Verbindung mit System und Mandant**

In unserem Beispiel in Listing 17.5 verwenden wir die Parameter `Name=<SAP-Systemid>` und `Client=<aktueller Mandant>` im Block `[System]` zur Angabe der System-ID und des Mandanten. Ist in den SAP-GUI-Einstellungen eine Verbindung zur entsprechenden System-ID vorhanden, wird ein Anmeldedialog zum eingegebenen Mandanten geöffnet, wobei die Anmeldedaten aus dem Block `[User]` vorbelegt werden.

Mit den Parametern im Block `[Function]` bewirken wir, dass nach der Anmeldung ein Kommando vom Typ Transaktion gestartet wird. In unserem Beispiel wird Transaktion ZTIKD gestartet. Die Ticketnummer wird im Parameterfeld `P_TIKNR` eingetragen. Durch das vor die Transaktion gestellte Sternchen (*) wird der Startbildschirm der Transaktion übersprungen.

Durch den Parameter `Reuse=1` im `[Options]`-Block wird bewirkt, dass der Anmeldedialog ausgelassen werden kann, falls eine SAP-GUI-Verbindung zum System offen ist.

### 17.3.2 Erzeugen einer E-Mail mit Anhang im Hintergrund

In der Methode `CREATE_MAIL_TEXT_DARK` implementieren wir die folgenden Bestandteile:

- Zusammensetzen des E-Mail-Inhalts mit Hinweisen zum Ticket
- Instanziierung des Absenderobjekts der E-Mail
- Hinzufügen der Empfänger
- Versand der E-Mail

**Methode CREATE_MAIL_TEXT_DARK anlegen**

Fügen Sie als Erstes in der Klasse `ZCL_BOOK_EMAIL` eine neue öffentliche, statische Methode `CREATE_MAIL_TEXT_DARK` mit der in Abbildung 17.5 dargestellten Signatur hinzu.

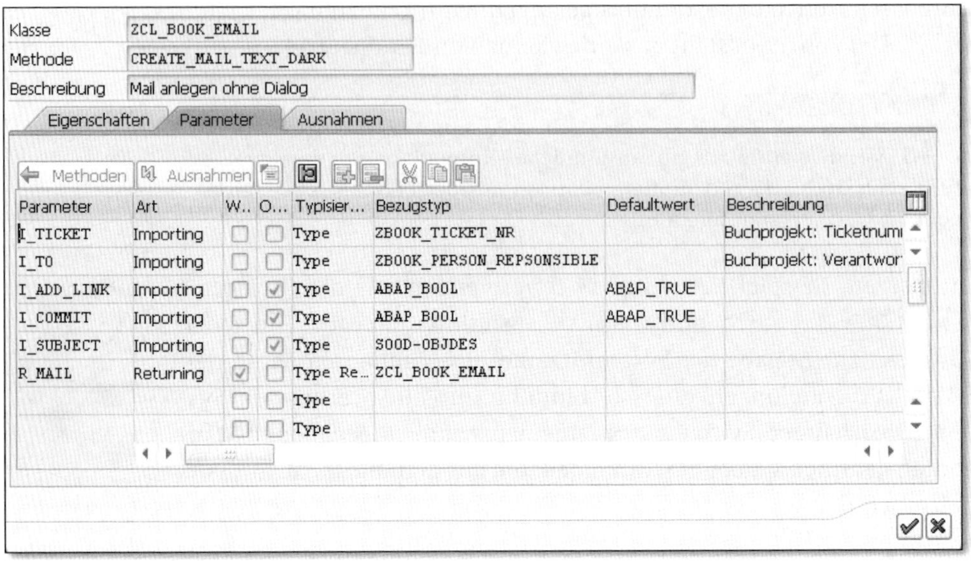

**Abbildung 17.5** Signatur der Methode CREATE_MAIL_TEXT_DARK

E-Mail-Versand-Ablauf

Anschließend implementieren Sie den folgenden Ablauf in der Methode `CREATE_MAIL_TEXT_DARK` (siehe Listing 17.6):

1. Im ersten Schritt nutzen Sie die Factory-Methode `CREATE_PERSISTENT`, um eine leere E-Mail-Instanz zu erzeugen, deren Inhalt wir dann mithilfe von `SET`-Methoden zuweisen.
2. Im zweiten Schritt erstellen Sie eine Instanz unserer Klasse `ZCL_BOOK_EMAIL`.
3. Anschließend setzen Sie den Body-Text der E-Mail im HTML-Format auf. Wir nutzen das HTML-Format und nicht Plain Text, da wir auf diese Weise die Möglichkeit haben, das Design der E-Mail bei Bedarf individuell dem Corporate Design des Unternehmens anzupassen.
4. Mit der Methode `SET_DOCUMENT` ordnen wir dem Sendeauftrag den Inhalt der Mail zu.
5. Die Senderadresse erzeugen Sie im nächsten Schritt. Dies muss eine gültige E-Mail-Adresse oder ein SAP-Benutzer mit hinterlegter E-Mail-Adresse sein. In unserem Beispiel entscheiden wir uns für eine E-Mail-Adresse. Danach ordnen Sie den Absender dem E-Mail-Objekt als Sender zu.

6. Wurde per Parameter ein SAP-Benutzer als Empfänger übergeben, nutzen wir dessen Benutzerstamm, um dessen E-Mail-Adresse zu ermitteln. Gelingt das nicht und kommt es daher zu einer Exception, nutzen wir die übergebene E-Mail-Adresse als Empfänger.
7. Über den Parameter `I_ADD_LINK` wird gesteuert, ob dem Ticket ein SAP-Link hinzugefügt wird. Dieser Parameter wird nur ausgewertet, wenn im vorangegangenen Schritt ein SAP-Benutzer übergeben worden ist und die Exception daher nicht gegriffen hat.
8. Im nächsten Schritt fügen Sie dem E-Mail-Objekt den Empfänger der E-Mail hinzu.
9. Die E-Mail soll sofort versendet werden, daher setzen Sie den Parameter `SEND_IMMEDIATELY` auf `true`.
10. Nun erfolgen der Versand der Mail und, sofern `I_COMMIT` auf `true` gesetzt worden ist, das Absetzen des Commits.
11. Die Empfängerliste wird ausgelesen.
12. Setzen Sie die Variable `R_MAIL` aus dem E-Mail-Objekt.

Die fertige Methode können wir nutzen, um E-Mails im Hintergrund zu versenden.

```
METHOD create_mail_text_dark.
  DATA lr_me          TYPE REF TO zcl_book_email.
  DATA lr_mail        TYPE REF TO cl_bcs.
  DATA lr_sender      TYPE REF TO cl_cam_address_bcs.
  DATA lr_recipient TYPE REF TO if_recipient_bcs.
  DATA lv_uname       TYPE xubname.
  DATA lv_email       TYPE ad_smtpadr.
  DATA lt_mailtext  TYPE soli_tab.
  DATA lv_subject     TYPE so_obj_des.
  DATA lv_body        TYPE string.

* Sendeauftrag vom System anfordern:
  lr_mail = cl_bcs=>create_persistent( ).
  CREATE OBJECT lr_me.

* Titel der Mail Übernehmen
  lv_subject =  i_subject.

* HTML-Formatierter Mailinhalt
  CONCATENATE lv_body
```

```
    `<table cellspacing="1" cellpadding="1"`
    ` width="400" border="0">`           INTO lv_body.
  CONCATENATE lv_body `<tbody>`          INTO lv_body.
  CONCATENATE lv_body `<tr><td valign="top"><strong>`
    `Hallo User!`
    `</strong></td></tr><tr><td>`
    `Bitte bearbeite das Ticket` i_ticket
    ` in unserem Ticketsystem</td></tr>` INTO lv_body.
  CONCATENATE lv_body `</tbody></table>` INTO lv_body.

  lt_mailtext =
    cl_document_bcs=>string_to_soli( lv_body ).

  lr_me->pr_document =
    cl_document_bcs=>create_document( i_type = 'HTM'
                            i_text = lt_mailtext
                            i_subject = lv_subject  ).

* Inhalt dem Sendeauftrag zuordnen
  lr_mail->set_document( lr_me->pr_document ).

* Absenderadresse erzeugen: Hier muß eine valide Adresse
* verwendet werden.
  lr_sender =
    cl_cam_address_bcs=>create_internet_address(
                          'ticketsystem@inwerken.de' ).
* Absender zuordnen
  lr_mail->set_sender( lr_sender ).

* Empfängeradresse erzeugen und zuordnen
  TRY.
      lv_uname = i_to.
      lr_recipient =
        cl_cam_address_bcs=>create_user_home_address(
                    i_user     = lv_uname
                    i_commtype = 'INT'
                       "Internetadresse = E-Mail
        ).
      IF abap_true = i_add_link.
*        SAP-Link zum Ticket anhängen
        lr_me->add_ticket_link( i_ticket ).
      ENDIF.

    CATCH cx_address_bcs.
      lv_email     = i_to.
```

```
      lr_recipient =
        cl_cam_address_bcs=>create_internet_address(
                                          lv_email ).
  ENDTRY.

  lr_mail->add_recipient( lr_recipient ).
* Sofort senden aktivieren, andernfalls
* versendet "SCOT" beim nächsten Joblauf
  lr_mail->set_send_immediately( abap_true ).

  lr_mail->send( ).

  IF abap_true EQ i_commit.
    COMMIT WORK AND WAIT.
  ENDIF.

*     Auslesen der Empfängerliste
  lr_me->pt_recipients = lr_mail->recipients( ).
  r_mail = lr_me.
ENDMETHOD.
```

**Listing 17.6** Methode CREATE_MAIL_TEXT_DARK

[«]

**Informationen, Warnungen und Fehlermeldungen**

Das Einsatzgebiet unserer neuen Methode `CREATE_MAIL_TEXT_DARK` ist der automatisierbare Versand von Informationen, wie z. B. ein Hinweis auf länger nicht bearbeitete Tickets. Da diese Methode zumeist im Hintergrund ausgeführt wird, besteht keine Möglichkeit, Mitteilungen auf dem Bildschirm auszugeben. Stattdessen bietet es sich an, Informationen, Warnungen und Fehler ins Applikationslog zu schreiben. Die Nutzung des Applikationslogs wird in Kapitel 7, »Mit dem Applikationslog arbeiten«, beschrieben.

### 17.3.3 Anschreiben einbinden/Nutzung von Templates

Anstatt, wie in Schritt 3 bei der Implementierung der Methode `CREATE_MAIL_TEXT_DARK` beschrieben, einen fest programmierten Text als den E-Mail-Inhalt einzufügen, ist es auch möglich, den Nachrichtentext über einen im System hinterlegten Standardtext zu definieren.

**Standardtext hinterlegen**

Starten Sie zum Anlegen des Standardtextes Transaktion SO10, und geben Sie den Textnamen `ZBOOK_REMINDER` ein. Im Feld Text-ID sollte »ST« eingetragen sein. Als Sprache legen wir uns, um den Aufruf zu vereinfachen, auf DE fest. Bestätigen Sie die Eingaben über den Button ANLEGEN.

In der darauffolgenden Sicht müssen Sie den Text erfassen und sichern (siehe Abbildung 17.6).

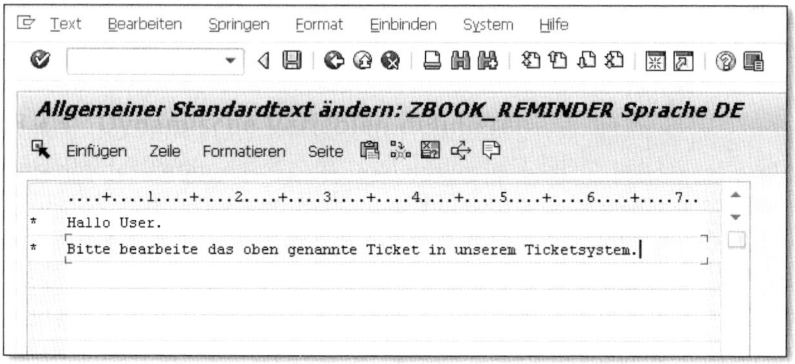


Abbildung 17.6 Reminder-Template für den E-Mail-Inhalt

Methode GET_TEXT_TEMPLATE

Anschließend definieren Sie eine private Instanzmethode `GET_TEXT_TEMPLATE` mit der in Abbildung 17.7 dargestellten Signatur.

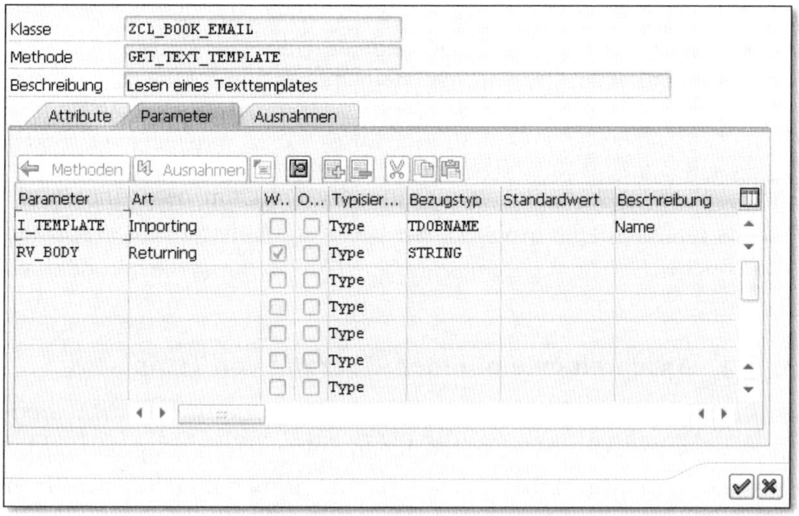


Abbildung 17.7 Signatur der Methode GET_TEXT_TEMPLATE

Methode implementieren

Implementieren Sie nun die Methode, wie in Listing 17.7 gezeigt.

```
METHOD get_text_template.

  DATA lt_html       TYPE STANDARD TABLE OF  htmlline.
  DATA ls_header     TYPE thead.
  DATA lt_lines      TYPE tline_tab.
  DATA ls_html_line  TYPE htmlline.

  CALL FUNCTION 'READ_TEXT'
    EXPORTING
      id                            = 'ST'
      language                      = 'DE'
      name                          = i_template
      object                        = 'TEXT'
    IMPORTING
      header                        = ls_header
    TABLES
      lines                         = lt_lines.

  IF lt_lines IS NOT INITIAL.
    CALL FUNCTION 'CONVERT_ITF_TO_HTML'
      EXPORTING
        i_header    = ls_header
      TABLES
        t_itf_text  = lt_lines
        t_html_text = lt_html.
    IF sy-subrc = 0.
      LOOP AT lt_html INTO ls_html_line.
        CONCATENATE rv_body ls_html_line INTO rv_body.
      ENDLOOP.
    ENDIF.
  ENDIF.
ENDMETHOD.
```

**Listing 17.7** Methode GET_TEXT_TEMPLATE

Die Implementierung erfolgt dabei in den folgenden Schritten:

1. Mithilfe des Funktionsbausteins READ_TEXT werden die Kopfinformationen des Standardtextes sowie der Inhalt ausgelesen.
2. Diese Informationen werden durch den Baustein CONVERT_ITF_TO_HTML in eine Textzeilen-Tabelle umgewandelt.
3. Die Textzeilen werden zu einem String verknüpft.

**Methode CREATE_MAIL_TEXT_DARK erweitern**

Nachdem Sie die Methode aktiviert haben, können Sie die Methode CREATE_MAIL_TEXT_DARK um den gleichen Import-Parameter I_TEMPLATE ergänzen und die CONCATENATE-Anweisung durch die folgende Zeile ersetzen:

```
lv_body = get_text_template( i_template ).
```

[»] **Einschränkungen bei Nutzung eines Standardtextes**

Beim Standardtextansatz werden keine Variablen aus dem Ticket in den E-Mail-Text integriert. Dazu könnten Sie Platzhalter, z.B. I_TIKNR, definieren, die Sie im Template verwenden und anschließend durch den folgenden Befehl ersetzen:

```
REPLACE ALL OCCURRENCES OF 'I_TIKNR' IN lv_body WITH i_ticket.
```

Mit dem Funktionsbaustein TEXT_SYMBOL_REPLACE lassen sich *Systemvariablen* wie z.B. &SYST-DATUM& ersetzen. Außerdem können innerhalb von Programmen Programmsymbole ersetzt werden. Mit Klassen bzw. Methoden und Attributen funktioniert das leider nicht.

## 17.4 E-Mails als Smart-Forms-Dokument versenden

Mithilfe von SAP Smart Forms können Sie PDF-Dateien generieren lassen, um die Inhalte des Tickets in Form eines Berichts darzustellen. Wie ein solches Smart Form erstellt wird und welche Schritte dazu notwendig sind, ist in Kapitel 15, »Formular erstellen«, dargestellt. In diesem Abschnitt geht es um die Verwendung eines dieser Smart Forms im Rahmen der Ticketverwaltung. Ziel ist es, das Formular mit den Daten aus dem Ticket zu befüllen, in ein PDF umzuwandeln und dieses als Anhang der E-Mail anzufügen.

Ablauf der Formularverarbeitung

Der Ablauf zur Verarbeitung des Formulars entspricht im Wesentlichen dem in Kapitel 15 beschriebenen Ablauf der Druckaufbereitung. Lediglich bei den zu übergebenden Steuerungsparametern müssen E-Mail-spezifische Werte gesetzt werden.

Listing 17.8 zeigt die Anweisungen zur Umsetzung der folgenden Schritte:

- Ermittlung der relevanten Daten aus dem Ticket
- Erzeugung der Empfängerdaten und der Daten des Absenders
- Verarbeitung des Formulars
- Erzeugung der E-Mail

Im Anschluss an das Listing finden Sie weitere Erläuterungen zu den einzelnen Schritten.

Legen Sie zunächst die öffentliche, statische Methode `CREATE_MAIL_FORM_DARK` mit den in Abbildung 17.8 gezeigten Parametern an.

**Methode CREATE_MAIL_FORM_DARK anlegen**

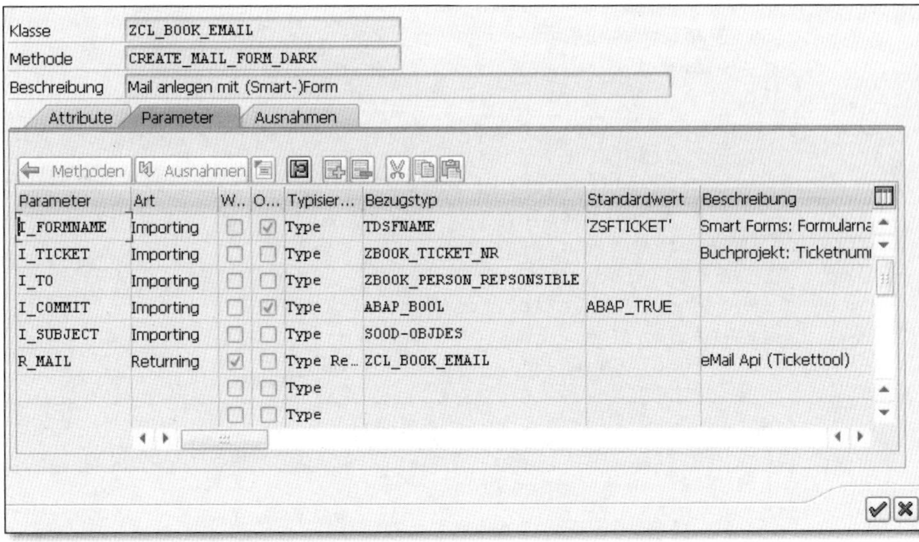


**Abbildung 17.8** Signatur der Methode CREATE_MAIL_FORM_DARK

Implementieren Sie nun die Methode mit dem in Listing 17.8 dargestellten Coding.

**Methode implementieren**

```
METHOD create_mail_form_dark.
  DATA ls_ticket_data    TYPE zbook_ticket_output.
  DATA lv_fm_name        TYPE rs38l_fnam.
  DATA lr_sender         TYPE REF TO cl_cam_address_bcs.
  DATA lr_recipient      TYPE REF TO cl_cam_address_bcs.
  DATA lv_uname                   TYPE xubname.
  DATA lv_email                   TYPE ad_smtpadr.
  DATA lt_mailtext                TYPE soli_tab.
  DATA lv_subject                 TYPE so_obj_des.
  DATA ls_control_param           TYPE ssfctrlop.
  DATA ls_mail_recipient          TYPE swotobjid.
  DATA ls_mail_sender             TYPE swotobjid.
  DATA ls_output_options          TYPE ssfcompop.
  DATA ls_document_output_info    TYPE ssfcrespd.
  DATA ls_job_output_info         TYPE ssfcrescl.

* Titel der E-Mail übernehmen
  lv_subject =  i_subject.

* Ermittlung der Ticketdaten:
  SELECT SINGLE *
```

```
    INTO CORRESPONDING FIELDS OF ls_ticket_data-head
    FROM zbook_ticket
   WHERE tiknr = i_ticket.

  IF 0 NE sy-subrc.
    RETURN.
  ENDIF.

  SELECT SINGLE *
    INTO ls_ticket_data-history
    FROM zbook_history
   WHERE tiknr = i_ticket.

* Empfängeradresse erzeugen und zuordnen
  lv_email     = i_to.
  CALL FUNCTION 'CREATE_RECIPIENT_OBJ_PPF'
    EXPORTING
      ip_mailaddr       = lv_email
      ip_type_id        = 'U'       " Internetadresse
    IMPORTING
      ep_recipient_id   = ls_mail_recipient
    EXCEPTIONS
      invalid_recipient = 1
      OTHERS            = 2.
  IF sy-subrc <> 0. RETURN. ENDIF.

*Absender erzeugen und zuordnen
  CALL FUNCTION 'CREATE_SENDER_OBJECT_PPF'
    EXPORTING
      ip_sender      = sy-uname
    IMPORTING
      ep_sender_id   = ls_mail_sender
    EXCEPTIONS
      invalid_sender = 1
      OTHERS         = 2.
  IF sy-subrc <> 0. RETURN. ENDIF.

* Verarbeitenden Funktionsbaustein zu Formular ermitteln
  CALL FUNCTION 'SSF_FUNCTION_MODULE_NAME'
    EXPORTING
      formname = i_formname
    IMPORTING
      fm_name  = lv_fm_name.

* Ausgabeparameter setzen:
  ls_control_param-device      = 'MAIL'.
  ls_control_param-no_dialog   = abap_true.
```

```
  ls_control_param-preview     = abap_false.
  ls_control_param-langu       = sy-langu.

  ls_output_options-tdtitle = i_subject.

* Verarbeitung des Formulars
  CALL FUNCTION lv_fm_name
    EXPORTING
      control_parameters   = ls_control_param
      mail_recipient       = ls_mail_recipient
      mail_sender          = ls_mail_sender
      output_options       = ls_output_options
      user_settings        = 'X'
      i_logo               = 'TICKETTOOL_LOGO'
      is_ticket            = ls_ticket_data
    IMPORTING
      document_output_info = ls_document_output_info
      job_output_info      = ls_job_output_info
    EXCEPTIONS
      formatting_error     = 1
      internal_error       = 2
      send_error           = 3
      user_canceled        = 4
      OTHERS               = 5.
  IF sy-subrc <> 0.
    RETURN.
  ELSEIF ls_job_output_info-outputdone = 'X'.
    " Alles ok. Mailauftrag erzeugt.
    IF abap_true = i_commit.
      COMMIT WORK AND WAIT.
    ENDIF.
  ENDIF.

ENDMETHOD.
```

**Listing 17.8** Methode CREATE_MAIL_FORM_DARK

Die Schritte der Implementierung beschreiben wir hier im Detail:

1. Erstellen Sie die neue Methode `CREATE_MAIL_FORM_DARK` in der E-Mail-Klasse. Die Methode benötigt als Importparameter die Ticketnummer und den Namen des Smart Forms, das zur Gestaltung des PDFs verwendet werden soll.
2. Die Ticketinformationen ermitteln Sie aus der Tabelle `ZBOOK_TICKET`. Sollten Sie keinen Datensatz zur übergebenen Ticketnummer erhalten, verlassen Sie die weitere Verarbeitung.

3. Die Tickethistorie lesen Sie aus unserer kundeneigenen Tabelle ZBOOK_HISTORY.
4. Die Empfängeradresse erzeugen Sie mithilfe der Funktion CREATE_RECIPIENT_OBJ_PPF. Dieser Funktion übergeben Sie die E-Mail-Adresse des Empfängers. Der Parameter IP_TYPE_ID definiert, um welche Art von Empfänger es sich handelt. Wir verwenden U, damit eine E-Mail-Adresse erzeugt wird. Alternativ steht F für Faxnummer und B für SAP-Benutzer, wodurch ein Fax oder eine SAP-Office-Nachricht erzeugt wird.
5. Den Absender erzeugen Sie mithilfe der Funktion CREATE_SENDER_OBJECT_PPF. Dieser übergeben Sie den Benutzernamen des aktuell angemeldeten Benutzers und erhalten das passende Senderobjekt.
6. Wie in Kapitel 15, »Formulare erstellen«, beschrieben, müssen Sie für die Verarbeitung des Smart Forms den zu benutzenden Funktionsbaustein mithilfe der Funktion SSF_FUNCTION_MODULE_NAME ermitteln. Sie übergeben ihm den Namen des zu verwendenden Smart Forms.
7. Für die Steuerung der Formularverarbeitung definieren Sie eine lokale Variable LS_CONTROL_PARAM als Struktur vom Typ ssfctrlop.
    - Über die Komponente DEVICE legen Sie darin fest, dass das Formular als E-Mail aufbereitet werden soll.
    - Um den Baustein im Hintergrund nutzen zu können, müssen Sie den Parameter NO_DIALOG aktivieren, um das Öffnen des Druckparameter-Auswahldialogs zu unterbinden.
    - Der Parameter PREVIEW steuert, ob nach der Generierung der PDF-Ausgabe eine Vorschau dargestellt werden soll.
    - Die Sprache des Formulars wird über den Parameter LANGU gesteuert.
8. Die Verarbeitung des Formulars erfolgt durch den in Schritt 6 ermittelten Funktionsbaustein. Diesem übergeben Sie die bereitgestellten Daten wie Steuerungsparameter, Absender, Empfänger und Ticketinformationen.
9. Wenn alles erfolgreich ausgeführt worden ist, erzeugen Sie den E-Mail-Auftrag.
10. Anschließend wird die E-Mail verschickt.

**Versand komplexer Informationen** [«]

Das Einsatzgebiet unserer neuen Methode ist der Versand von komplex strukturierten Informationen, wie z.B. ein Abschlussbericht zur Ticketbearbeitung.

**Smart Form und E-Mail in der Ticketbearbeitung** [zB]

Um das in Kapitel 15, »Formulare erstellen«, entworfene Formular an den Meldenden eines Tickets zu senden, wenn dieses im Status ABGESCHLOSSEN gesichert wird, können Sie folgendermaßen vorgehen: Fügen Sie die Zeilen aus Listing 17.9 in den in Abschnitt 4.11, »Daten sichern«, in Listing 4.2 vorgestellten Formbaustein `SAVE` vor der Anweisung `LEAVE TO TRANSACTION sy-tcode` ein:

```
DATA  lv_subject  TYPE sood-objdes.

IF zbook_ticket_dynpro-ticket-status = 'CLSD'.
  CONCATENATE 'Ticket ' zbook_ticket_dynpro-ticket-text
   INTO lv_subject SEPARATED BY space.

  CALL METHOD zcl_book_email=>create_mail_form_dark
    EXPORTING
      i_formname = 'ZSFTICKET'
      i_ticket   = zbook_ticket_dynpro-ticket-tiknr
      i_to       = zbook_ticket_dynpro-ticket-owner
      i_commit   = abap_true
      i_subject  = lv_subject.
ENDIF.
```

**Listing 17.9** Integration des automatischen E-Mail-Versands in die Sicherung der Daten

## 17.5 E-Mail mit Anhängen versenden

Abschnitt 17.3.1, »SAP-Link erzeugen«, beschreibt exemplarisch, wie Sie ein Attachment zu einer E-Mail hinzufügen. In Kapitel 16, »Generische Objektdienste verwenden«, wird beschrieben, wie Sie Anlagen zu einem Ticket hinzufügen können und wie Sie die Liste der GOS-Anhänge eines Tickets auslesen.

**Textdokumente in E-Mail-Anhang übernehmen**

Unter Verwendung der in Listing 17.10 dargestellten Logik lassen sich die GOS-Anhänge, also Textdokumente, aus dem Ticket in die E-Mail übertragen:

```
lv_size     = STRLEN( ls_gos-textstring ).
lt_att_text =
     cl_document_bcs=>string_to_soli( ls_gos-textstring ).
```

```
TRY.
    lr_attach_to ?= pr_document.
    lr_attach_to->add_attachment(
        i_attachment_type      = ls_gos-type
        "Dateiendung veranlasst Ausführung durch SAP GUI
        i_attachment_subject  = ls_gos-name
        i_attachment_size     = lv_size
        i_att_content_text    = lt_att_text
          ).
  CATCH cx_document_bcs .
ENDTRY.
```

**Listing 17.10** Übernahme eines GOS-Dokuments als Anlage

**Binärdaten in E-Mail-Anhang übernehmen**

Falls es sich bei dem Dokument um eine Datei im Binärformat handelt, ist das Vorgehen analog. Beachten Sie, dass sich die Variablen auf die entsprechenden Binärdaten beziehen, z.B. auf `ls_gos-binstring` anstelle von `ls_gos-textstring`. Das Coding entspricht dann Listing 17.11.

```
lv_size     = STRLEN( ls_gos-binstring ).
lt_att_bin =
    cl_document_bcs=>xstring_to_solix( ls_gos-binstring ).
TRY.
    lr_attach_to ?= pr_document.
    lr_attach_to->add_attachment(
        i_attachment_type      = ls_gos-type
        "Dateiendung veranlasst Ausführung durch SAP GUI
        i_attachment_subject  = ls_gos-name
        i_attachment_size     = lv_size
        i_att_content_hex    = lt_att_bin
          ).
  CATCH cx_document_bcs .
ENDTRY.
```

**Listing 17.11** Übernahme eines Dokuments im Binärformat

In unserem Anwendungsfall, in dem ein Supportmitarbeiter an die Bearbeitung des Tickets erinnert werden soll, möchte man die Benachrichtigung aus dem Ticketsystem heraus generieren lassen. Da die Zielsetzung des Ticket-Tools die möglichst komplette Abbildung des Ticket-Lifecycles ist, bietet sich der Versand von Anhängen nur für Nicht-SAP-Benutzer an. Anwender des Ticket-Tools mit SAP-Zugang sollten bevorzugt nur einen SAP-Link zum Ticket bekommen, weil auf diese Weise die Anhänge auch im Ticket-Tool verbleiben.

*I'd rather write code that writes code than write code.*

# 18 Dynamisch programmieren

»Jung – dynamisch – erfolglos«, so lassen sich leider häufig die ersten Gehversuche in dynamischer Programmierung beschreiben. Dynamische Programmierung ist komplex und verlangt dem Programmierer ein hohes Abstraktionsvermögen ab. Wenn man sich jedoch langsam und Stück für Stück an die neue Materie herantastet, wird es in der Regel nach einer Weile klappen. In diesem Kapitel wollen wir Sie an die dynamische Programmierung heranführen. Sie werden Unterschiede im Vergleich zu herkömmlichen Programmieransätzen und die Feinheiten bei der dynamischen Programmierung kennenlernen. Unter *dynamischer Programmierung* verstehen wir, dass bei der Programmierung Informationen verarbeitet werden, deren Struktur erst zur Laufzeit bekannt ist. Die Verarbeitung dieser Informationen (Anzeige, Verwaltung, Speicherung) erfolgt dynamisch.

Unser Ticketsystem hat bisher nur eine begrenzte Anzahl von Feldern (VERANTWORTLICH, STATUS etc.) sowie ein Feld zur Eingabe eines Freitextes für die Ticketbeschreibung. In diesem Kapitel werden wir das Ticketsystem um *variable Felder* erweitern, die für jeden Themenbereich und jede Kategorie eingestellt und dem Anwender zur Eingabe angeboten werden. Auf diese Weise wird das Ticketsystem sehr flexibel. Sie können sich an dem Beispiel orientieren und diese Technik für Ihre eigenen Programmierungen weiterverwenden. Folgende Arbeiten sind für die Erweiterung des Ticketsystems notwendig:

- Definition einer Tabelle zur Angabe von frei definierbaren Feldern je Bereich und Kategorie
- Darstellung und Pflege von Werten zu diesen Feldern:
  - als Einzelwerte
  - mehrere Werte, die in einem ALV Grid dargestellt werden

- Speicherung der Werte
  - in einer Tabelle
  - als XML-String
- Selektion der Werte

Nach diesen Arbeiten werden Sie je Bereich und Kategorie Felder definieren können, die für diese Bereiche und Kategorien hilfreich für die weitere Bearbeitung der Tickets sind, z. B.:

- SERIENNUMMER und BETRIEBSSYSTEM im Themenbereich Notebooks und PCs
- STANDORT und HERSTELLER im Themenbereich Drucker und PCs
- VERSIONSNUMMER im Themenbereich Software

Zur Einführung beginnen wir im ersten Abschnitt dieses Kapitels mit ein paar Grundlagen und Definitionen.

## 18.1 Ansätze und Stufen der dynamischen Programmierung

Verwandte Techniken/Abgrenzung

Bei der dynamischen Programmierung gibt es verschiedene Stufen mit steigender Komplexität. Zudem gibt es verschiedene Ansätze und Techniken, mit denen man sein Ziel erreichen kann. Es wird zwischen *dynamischer* und *generischer* Programmierung unterschieden. Diese Begriffe lassen sich jedoch in der Praxis nur schlecht voneinander trennen. In der Regel wird von Entwicklern daher der Begriff *dynamische Programmierung* verwendet, der auch generischen Quelltext einschließt.

Einige Techniken, die Sie vielleicht schon kennen, fallen nicht unter den Begriff *dynamische Programmierung* im eigentlichen Sinne, auch wenn sie vielleicht den Anschein erwecken. Die dynamische Programmierung zeichnet sich dadurch aus, dass dem verarbeitenden Programm die Struktur der Daten vollständig unbekannt ist. Häufig wird der Begriff *dynamisch* jedoch für Techniken verwendet, in denen lediglich modularisiert wurde:

- **Verwendung von Makros**
  Makros lassen sich geschickt einsetzen, um Quellcode übersichtlicher zu machen. Sie können mit deren Hilfe Namen von Variablen

und anderen Programmelementen übergeben. Dieser Ansatz ist allenfalls variabel, aber nicht dynamisch, denn der Aufruf erfolgt mit festen Parametern. Das Beispiel in Listing 18.1 zeigt das Makro ADD_ENTRY.

```
DEFINE add_entry.
workarea-feld_&1 = &2.
APPEND workarea to itab.
END-OF-DEFINITION.
```

**Listing 18.1** Makro ADD_ENTRY

Durch den Aufruf von ADD_ENTRY 01 100. wird das Feld FELD_01 des Arbeitsbereichs WORKAREA mit dem Wert 100 gefüllt. Die Zeile wird an die interne Tabelle ITAB gehängt.

- **Ausblenden nicht benötigter Elemente**
  Häufig wird eine Menge an Elementen vorbereitet, die maximal benötigt werden kann, und anschließend werden nicht benötigte Elemente ausgeblendet. Wenn so z.B. beim Aufruf eines ALV Grids nicht verwendete Felder aus dem Feldkatalog oder nicht benötigte Registerkarten eines Tabstrips ausgeblendet werden, spricht man ebenfalls nicht von Dynamik.

  Wir verdeutlichen dies anhand eines Beispiels: Um Monatswerte in einem ALV Grid anzuzeigen, werden die Felder MONAT01 bis MONAT12 in die interne Tabelle aufgenommen. Wenn in der Auswertung nur die Monate April, Mai und Juni verwendet werden sollen, werden die Spalten MONAT01 bis MONAT03 sowie MONAT07 bis MONAT12 ausgeblendet. Hier wäre durch die Erzeugung einer internen Tabelle zur Laufzeit eine dynamische Programmierung möglich. Bei Tabstrips gibt es keine Alternative zum Aus- und Einblenden der Registerkarten. Hier muss bei der Anlage so verfahren werden, dass zunächst die größtmögliche Anzahl an Registerkarten angelegt wird und nicht benötigte ausgeblendet werden.

**Feldsymbole**

Die erste Stufe dynamischer Programmierung ist die Verwendung von *Feldsymbolen*. Ein Feldsymbol ist ein Zeiger (*Pointer*) auf eine Variable, wobei unerheblich ist, ob diese für ein einzelnes Feld, eine Struktur, eine interne Tabelle oder eine Referenzvariable einer Klasse steht. Die Definition des Feldsymbols erfolgt durch die Anweisung

FIELD-SYMBOLS, die Zuweisung erfolgt durch den Befehl ASSIGN. Die verbale Beschreibung des Befehls ASSIGN lautet in etwa so:

> *Weise dem Element mit dem Namen »Elementname« das Feldsymbol <Name des Feldsymbols> zu.*

Die Zuweisung des Feldsymbols erfolgt also über den *Namen* der Variablen (ASSIGN). Die Zuweisung kann jedoch auch über die *Stelle* des Feldes in einer Struktur (ASSIGN COMPONENT) erfolgen. In beiden Fällen kann der Name der Variablen direkt im Quelltext angegeben werden, oder es kann eine Variable verwendet werden, die den Namen des Elements enthält. Aus diesem Grund sind bei der Nutzung von Feldsymbolen zwei Unterteilungen nötig:

- **Definierte Verwendung von Feldsymbolen**
  Mit *definierter Verwendung* sind im Quelltext definierte Feldnamen des Elements gemeint. Die explizite Nennung des Variablennamens innerhalb eines Programms scheint auf den ersten Blick unsinnig, denn warum sollte man per ASSIGN auf ein Feld zugreifen wollen, von dem man bereits weiß, dass es vorhanden ist? Die Antwort ist einfach: Sobald eine unbekannte Struktur an ein Unterprogramm oder eine Methode übergeben wird, kann man so vorgehen. Zum Beispiel könnte eine universelle Methode das Änderungsdatum in der Struktur setzen. Da das Feld ÄNDERUNGSDATUM jedoch in einem Fall AEDAT, im nächsten CHDAT und im dritten Fall UDATE heißt, kann durch den ASSIGN auf diese drei Felder geprüft werden, ob das Feld vorhanden ist. Die Prüfung, ob ein Feldsymbol erfolgreich zugewiesen wurde, erfolgt durch die Abfrage IS ASSIGNED, z.B.:

  ```
  ASSIGN ('LV_FELD01') TO <fs>.
  ASSIGN COMPONENT 'FELD01' OF STRUCTURE ls_struct TO <fs>.
  ```

  Auch der berühmt-berüchtigte *Dirty-Assign* gehört in die Kategorie Feldsymbole. Mit dem Dirty-Assign können Sie auf globale Daten eines im Hauptspeicher geladenen Programms zugreifen, auf die Sie eigentlich keinen Zugriff haben dürfen. Aus diesem Grund sollte dieser Befehl auch möglichst vermieden werden. In der folgenden Beispielanweisung wird die global definierte Struktur VBAK des Programms SAPMV45A dem Feldsymbol <vbak> zugewiesen:

  ```
  FIELD-SYMBOLS <vbak> TYPE vbak.
  ASSIGN ('(SAPMV45A)VBAK') TO <vbak>.
  ```

Anwenden können Sie diesen Befehl z.B. in einem Funktionsbaustein, der in der Auftragserfassung (SAPMV45A) aufgerufen wird. In diesem Funktionsbaustein haben Sie keinen Zugriff auf die Daten des rufenden Programms. Mithilfe des Dirty-Assigns haben Sie trotzdem die Möglichkeit, auf das global im rufenden Programm definierte Element VBAK zuzugreifen.

- **Variable Verwendung von Feldsymbolen**
  Mit der variablen Verwendung von Feldsymbolen kommen wir nun das erste Mal in den Bereich der »echten« dynamischen Programmierung. Die Namen der zu verwendenden Variablen stehen zum Zeitpunkt der Programmierung nicht fest. Sie können aus Benutzereingaben resultieren oder aus Tabelleneinträgen stammen. Die Namen können jedoch auch zusammengesetzt werden. Die Routine in Listing 18.2 ermittelt den aktuellen Monat und weist dem Feldsymbol <MONAT> den Wert des entsprechenden Monats aus der Struktur LS_WERTE zu:

```
DATA lv_feldname TYPE C LENGTH 40.
DATA: BEGIN OF ls_werte,
        monat01 TYPE p DECIMALS 2,
        monat02 TYPE p DECIMALS 2,
        ...
        monat12 TYPE p DECIMALS 2,
      END OF ls_werte.
FIELD-SYMBOLS <monat> TYPE p DECIMALS 2.
CONCATENATE 'LS_WERTE-MONAT' sy-datum+4(2) INTO lv_feldname.
ASSIGN (lv_feldname) TO <monat>.
IF <monat> IS ASSIGNED.
  WRITE: / 'Aktueller Monatswert:', <monat>.
ENDIF.
```

**Listing 18.2** Dynamische Zuweisung mittels ASSIGN

Variablen zur Befehlsausführung

Die Verwendung von Variablen zur dynamischen Befehlsausführung ist bei vielen Anweisungen möglich, nicht nur bei Feldsymbolen:

- SELECT, INSERT, UPDATE
- SORT
- CALL METHOD
- SUBMIT

Nähere Informationen finden Sie in der SAP-Hilfe zum jeweiligen Befehl. Meistens steht der variable Teil des Befehls in Klammern, wie z.B. beim Befehl SELECT:

```
SELECT feldname FROM (lv_tabname) INTO TABLE itab.
```

Eine Ausnahme davon bildet der Befehl `CALL FUNCTION`, bei dem der Funktionsbausteinname in einer Variablen ohne Klammern übergeben wird:

```
CALL FUNCTION lv_function_name.
```

Bei der dynamischen Programmierung sollte man unterscheiden zwischen Programmen, die mit dynamisch erstellten Daten umgehen können, und Programmen, die selbst dynamisch erzeugt wurden.

Daten dynamisch erzeugen

Zur dynamischen Erzeugung und Identifizierung von Daten stehen interne Befehle sowie spezielle Klassen zur Verfügung.

- interne Befehle: `FIELD-SYMBOLS`, `ASSIGN`, `CREATE DATA`
- Methode: `CL_ALV_TABLE_CREATE=>CREATE_DYNAMIC_TABLE`
- RTTS-Klassen (Runtime Type Services), bestehend aus:
  - Runtime Type Identification (RTTI, Erkennung von Datentypen und Datenstrukturen)
  - Runtime Type Creation (RTTC, Erzeugung von Daten)

Quelltext dynamisch erzeugen

Für die dynamische Erzeugung von Programmen steht der Befehl `GENERATE SUBROUTINE POOL` zur Verfügung, mit dem der Quelltext einer Unterroutine dynamisch erzeugt und aufgerufen wird. Diese Variante werden wir in diesem Buch jedoch nicht behandeln.

## 18.2 Einzelnes Feld definieren

Parameter zur Laufzeit definieren

In diesem Abschnitt zeigen wir Ihnen, wie Sie die Parameter eines Reports dynamisch verwenden können. Die Möglichkeit, einen Parameter zur Laufzeit zu definieren, gibt es in ABAP schon sehr lange, verwendet wird diese Option jedoch selten. Einen Eingabeparameter für das Selektionsbild unserer Ticketanwendung definieren Sie mit der Anweisung `PARAMETERS`. Der Verweis kann auf zwei Arten erfolgen:

- direkt auf ein Datenelement:

  ```
  PARAMETERS p_tiknr TYPE zbook_ticket_nr.
  ```

- indirekt über das Feld einer Tabelle oder Struktur:

  ```
  PARAMETERS p_tiknr LIKE zbook_ticket-tiknr.
  ```

Die dynamische Verwendung funktioniert nur mit der zweiten Variante (LIKE), wie in Listing 18.3 demonstriert.

```
REPORT zbook_ dyn_param.
  DATA gv_typename TYPE char40.
  PARAMETERS p_tiknr LIKE (gv_typename).
INITIALIZATION.
  gv_typename = 'ZBOOK_TICKET-TIKNR'.
```

**Listing 18.3** Dynamischer Parameter

**Programm zur Eingabe**

In dieser simplen Form ist die Verwendung zu hinterfragen, denn es handelt sich hier noch nicht um dynamische Programmierung. Sinnvoll wird die Parameterdefinition erst, wenn der Typ des Parameters von außen vorgegeben wird. Dies können wir realisieren, indem wir ein Programm schreiben, in dem der Anwender einen Datentyp eingeben kann (siehe Listing 18.4 und Abbildung 18.1).

```
REPORT zbook_ dyn_param_call.
PARAMETERS p_type TYPE char40.
PARAMETERS p_data TYPE char40.
AT SELECTION SCREEN.
  SUBMIT zbook_ dyn_param
    WITH p_type = p_type
    WITH p_data = p_data
     VIA SELECTION-SCREEN AND RETURN.
```

**Listing 18.4** Programm zur Eingabe des Datentyps

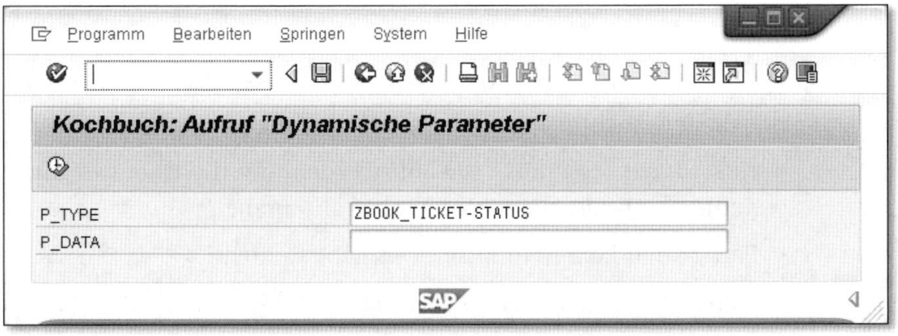


**Abbildung 18.1** Vorgabe des Datentyps

Der Datentyp wird in den Parameter P_TYPE eingetragen. Der Parameter P_DATA soll später den eingegebenen Wert enthalten. Wie dem Feld ein Wert zugewiesen wird, zeigen wir Ihnen in Abschnitt 18.2.1, »Daten übergeben«.

**Programm zur Verwendung des Datentyps**

Ein weiteres Programm verwendet diesen Datentyp auf einem dynamisch erzeugten Selektionsbild, das als Pop-up-Fenster angezeigt wird (siehe Listing 18.5 und Abbildung 18.2).

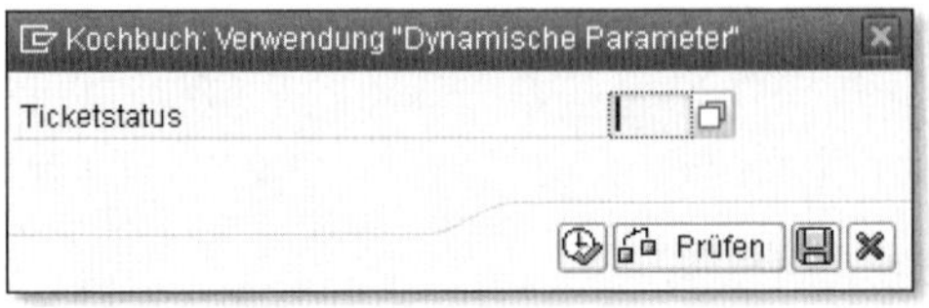


**Abbildung 18.2** Verwendung des übergebenen Datentyps (Pop-up-Fenster)

```
REPORT zbook_ dyn_param.
PARAMETERS p_type TYPE char40 NO-DISPLAY.
SELECTION-SCREEN BEGIN OF SCREEN 1 AS WINDOW.
PARAMETERS p_data LIKE (p_type).
SELECTION-SCREEN END OF SCREEN 1.
CALL SELECTION-SCREEN 1 STARTING AT 2 2 ENDING AT 80 5.
```

**Listing 18.5** Programm zur Verwendung des übergebenen Datentyps (Pop-up-Fenster)

[+]

**SELECT-OPTIONS dynamisieren**

Die dynamische Variante der PARAMETERS-Anweisung funktioniert auch für die Anweisung SELECT-OPTIONS. SAP stellt dazu das Beispielprogramm DEMO_SEL_SCREEN_SELECT_OPTIONS zur Verfügung.

Die Darstellung als Pop-up-Fenster ist leicht umzusetzen, leider hat sie jedoch ein paar Nachteile:

- Folgende Standard-Buttons erscheinen automatisch in dem Pop-up-Fenster. Nicht alle sind für die Dateneingabe geeignet:
  - Ausführen () muss gewählt werden, um die Daten zu übernehmen. Das ist nicht schön, aber akzeptabel.
  - Prüfen hat keine Funktion. Das geht so nicht!
  - Sichern () ist nicht erwünscht, da hiermit die Werte des Selektionsbildes gesichert werden.
  - Abbrechen ist die einzige Funktionstaste, die für unseren Zweck genau das tut, was der Anwender von ihr erwartet: Die Eingabe wird abgebrochen.
- Es erfolgt keine Werteprüfung, da bei Parametern eines Selektionsbildes auch Wildcards möglich sind.

### 18.2.1 Daten übergeben

Daten in Speicher exportieren

Die eingegebenen Werte werden bisher nicht an das Programm zurückgegeben. Da ein per SUBMIT aufgerufenes Programm Daten nicht direkt zurückgeben kann, werden wir die Befehle EXPORT TO MEMORY und IMPORT FROM MEMORY verwenden. Mit diesen Befehlen ist es möglich, Daten im ABAP-Memory des aktuellen Prozesses abzulegen und wieder auszulesen. Mit dem Report ZBOOK_ DYN_PARAM exportieren wir die Daten in das ABAP-Memory. Fügen Sie die folgende Anweisung am Ende des Quelltextes von ZBOOK_DYN_PARAM (siehe Listing 18.5) ein:

```
AT SELECTION-SCREEN.
  EXPORT data FROM p_data TO MEMORY ID 'Kochbuch'.
  LEAVE PROGRAM.
```

Daten im Programm einlesen

Im rufenden Programm müssen wir Daten wieder einlesen. Setzen Sie den folgenden IMPORT FROM MEMORY-Befehl hinter den SUBMIT-Befehl des Programms ZBOOK_ DYN_PARAM_CALL, das Sie in Listing 18.4 finden.

```
IMPORT data TO p_data FROM MEMORY ID 'Kochbuch'.
```

Mit diesen Änderungen sind wir unserem Ziel der dynamischen Dateneingabe bereits einen Schritt näher. Probieren Sie es aus: Starten Sie das Programm ZBOOK_DYN_PARAM_CALL, und drücken Sie die [↵]-Taste. Es erscheint das Pop-up-Fenster zur Dateneingabe, das Sie in Abbildung 18.2 sehen.

[+]

**Verwendungsnachweis für EXPORT und IMPORT**

Die Befehle IMPORT FROM MEMORY und EXPORT TO MEMORY sind mit viel Vorsicht zu gebrauchen, da der Export in einem anderen Programm erfolgt als der Import der Daten. Wenn Sie nicht an beiden Stellen gut dokumentieren, wo der jeweilige »Partner-Befehl« verwendet wird, ist es schwer, dies im Nachhinein nachzuvollziehen. Selbst wenn Sie die Anwendung im Debugger prüfen und Haltepunkte bei den Befehlen EXPORT und IMPORT setzen, können Sie das Pech haben, dass der Export aufgrund einer bestimmten Bedingung gar nicht ausgeführt wird. Wir raten Ihnen deswegen dringend zu einer der beiden folgenden Varianten:

- **Variante 1:**
  Verwenden Sie globale Konstanten für die Memory-ID. Globale Konstanten können sein:
  - globale statische Attribute einer globalen Klasse
  - Konstanten in einem Type-Pool
  - gemeinsam genutzte Includes

- **Variante 2:**
  Eine – wie wir finden – schönere Alternative zu den Konstanten ist eine Klasse oder eine Funktionsgruppe, die den Import und den Export für genau eine ID vornimmt. So können Sie einfach einen Verwendungsnachweis auf die eingesetzten Methoden oder Funktionsbausteine ausführen und gelangen direkt zu den Aufrufstellen.

### 18.2.2 Werte prüfen

Funktionsbaustein DDUT_INPUT_CHECK

Die Überprüfung des eingegeben Wertes müssen wir zusätzlich programmieren, denn im Selektionsbild sind grundsätzlich alle Eingaben erlaubt. Ist für das verwendete Feld eine Fremdschlüsselprüfung zu einer anderen Tabelle hinterlegt oder besitzt die zugehörige Domäne Festwerte, wollen wir nur diese als Eingabewert zulassen. Dafür gibt es einen Funktionsbaustein, der perfekt für unsere Zwecke passt: `DDUT_INPUT_CHECK`. Diesem Baustein muss man den zu prüfenden Wert übergeben sowie den Namen der Struktur bzw. Tabelle und den Namen des Feldes, auf das man sich bezieht. Der Name der Tabelle lautet in unserem Beispiel `ZBOOK_TICKET`, der Feldname heißt `STATUS`. Aufrufen müssen wir den Funktionsbaustein zum Zeitpunkt `AT SELECTION-SCREEN` des Programms. Wenn der zu prüfende Wert nicht in Ordnung ist, gibt der Funktionsbaustein eine Fehlermeldung aus, die alle weiteren Programmfunktionen verhindert. Den Aufruf des Funktionsbausteins zeigen wir Ihnen in Abschnitt 18.2.4, »Programmlogik ›austricksen‹«.

### 18.2.3 Schaltflächen ausblenden

Funktionsbaustein RS_SET_SELSCREEN_STATUS

Störend ist die Schaltfläche Speichern, mit der die Selektionsvariante gespeichert werden kann, was wir für unseren Zweck unterbinden möchten. Verwenden Sie dazu den Funktionsbaustein `RS_SET_SELSCREEN_STATUS`, mit dessen Hilfe Sie die Schaltfläche Speichern ausblenden. Dem Funktionsbaustein wird eine Tabelle mit allen auszublendenden Funktionscodes übergeben. Er muss einmal zum Zeitpunkt `INITIALIZATION` aufgerufen werden.

[+]

**So finden Sie den Funktionscode einer Schaltfläche**

Informationen über Felder und Menüeinträge erhalten Sie stets, indem Sie diese markieren und die Taste F1 drücken. Dies ist bei Schaltflächen jedoch nicht möglich, da Sie mit dem Klick auf die Schaltfläche bereits die zugehörige Funktion auslösen.

Mit einem einfachen Trick können Sie jedoch auch hier die [F1]-Hilfe verwenden: Klicken Sie auf die Schaltfläche, halten Sie dabei die Maustaste gedrückt, und ziehen Sie den Mauszeiger von der Schaltfläche weg. Der Fokus ist nun auf der Schaltfläche, und Sie können die [F1]-Hilfe aufrufen. Es wird ein Pop-up-Fenster angezeigt, in dem Sie den Funktionscode der Schaltfläche sehen.

### 18.2.4 Programmlogik »austricksen«

Die Schaltfläche SPEICHERN haben wir erfolgreich ausgeblendet. Nun müssen wir noch die Funktionen AUSFÜHREN (), PRÜFEN und ABBRECHEN in den Griff bekommen. Bei ABBRECHEN dürfen die Werte nicht übernommen werden. Bei AUSFÜHREN und PRÜFEN sollen die Werte verwendet und an das rufende Programm übergeben werden.

Ereignis AT SELECTION-SCREEN

Die Funktionen AUSFÜHREN und PRÜFEN fangen wir in dem Ereignis AT SELECTION-SCREEN ab. Zu diesem Zeitpunkt prüfen wir bereits die Eingaben. Sind die Eingaben in Ordnung, exportieren wir den eingegebenen Wert ins ABAP Memory und verlassen das Programm.

Die Funktion ABBRECHEN behandeln wir in dem Ereignis AT SELECTION-SCREEN ON EXIT-COMMAND. Hier können wir das ABAP Memory löschen. Das rufende Programm erhält dann beim Import der Daten den Returncode 4 und weiß somit, dass die Eingabe abgebrochen wurde. In den beiden folgenden Abschnitten zeigen wir Ihnen die beiden Programme vollständig.

### 18.2.5 Programm zur Eingabe eines einzelnen Wertes

Programm ZBOOK_DYN_PARAM

In diesem Abschnitt präsentieren wir Ihnen eine lauffähige variable Dateneingabe. Das Programm ZBOOK_DYN_PARAM zur Eingabe des Datentyps in Listing 18.6 ist objektorientiert aufgebaut.

```
REPORT zbook_dyn_param.
*== Selektionsbild ==*
PARAMETERS p_type TYPE char40 NO-DISPLAY.
SELECTION-SCREEN BEGIN OF SCREEN 1 AS WINDOW.
PARAMETERS p_data LIKE (p_type).
SELECTION-SCREEN END OF SCREEN 1.
CALL SELECTION-SCREEN 1 STARTING AT 2 2 ENDING AT 80 5.

*== CLASS lcl_dyn DEFINITION
CLASS lcl_dyn DEFINITION.
  PUBLIC SECTION.
```

```
    CLASS-METHODS change_status.
    CLASS-METHODS pai IMPORTING i_type TYPE any
                                i_data TYPE any.
    CLASS-METHODS exit.
  PROTECTED SECTION.
    CONSTANTS gc_memory_id TYPE c LENGTH 30
                           VALUE 'Kochbuch'.
ENDCLASS.                    "lcl_dyn DEFINITION

*== CLASS lcl_dyn IMPLEMENTATION
CLASS lcl_dyn IMPLEMENTATION.
*== INITIALIZATION
  METHOD change_status.
    DATA lt_excl  TYPE STANDARD TABLE OF syucomm.
    APPEND 'SPOS' TO lt_excl.
    CALL FUNCTION 'RS_SET_SELSCREEN_STATUS'
      EXPORTING
        p_status  = space
        p_program = space
      TABLES
        p_exclude = lt_excl.
  ENDMETHOD.
*== AT SELECTION-SCREEN
  METHOD pai.
    DATA lv_tabname   TYPE dfies-tabname.
    DATA lv_fieldname TYPE dfies-lfieldname.
    DATA lv_pname     TYPE c LENGTH 80.
    SPLIT i_type AT '-' INTO lv_tabname lv_fieldname.
    CALL FUNCTION 'DDUT_INPUT_CHECK'
      EXPORTING
        tabname   = lv_tabname
        fieldname = lv_fieldname
        value     = i_data
      IMPORTING
        msgid     = sy-msgid
        msgty     = sy-msgty
        msgno     = sy-msgno
        msgv1     = sy-msgv1
        msgv2     = sy-msgv2
        msgv3     = sy-msgv3
        msgv4     = sy-msgv4
      EXCEPTIONS
        OTHERS    = 3.
    IF sy-msgty = 'E'.
      SET CURSOR FIELD lv_pname.
      MESSAGE ID sy-msgid
            TYPE sy-msgty
```

```
        NUMBER sy-msgno
          WITH sy-msgv1 sy-msgv2 sy-msgv3 sy-msgv4.
    ENDIF.
    EXPORT data FROM i_data TO MEMORY ID gc_memory_id.
    LEAVE PROGRAM.
  ENDMETHOD.                   "pai
*== AT SELECTION-SCREEN ON EXIT-COMMAND
  METHOD exit.
    FREE MEMORY ID gc_memory_id.
    MESSAGE 'Eingabe abgebrochen ...' TYPE 'S'.
  ENDMETHOD.                   "exit
ENDCLASS.                    "lcl_dyn IMPLEMENTATION

INITIALIZATION.
  lcl_dyn=>change_status( ).
AT SELECTION-SCREEN.
  lcl_dyn=>pai( i_type = p_type i_data = p_data ).
AT SELECTION-SCREEN ON EXIT-COMMAND.
  lcl_dyn=>exit( ).
```

**Listing 18.6** Vollständiges Programm ZBOOK_DYN_PARAM

**Programm ZBOOK_DYN_PARAM_CALL**

Das rufende Programm, in dem der Datentyp vorgegeben wird (siehe Listing 18.4), hat sich kaum geändert (siehe Listing 18.7).

```
REPORT zbook_dyn_param_call.
PARAMETERS p_type TYPE char40 DEFAULT 'ZBOOK_TICKET-STATUS'.
PARAMETERS p_data TYPE char40.
AT SELECTION-SCREEN.
  DELETE FROM MEMORY ID 'Kochbuch'.
  SUBMIT zbook_ dyn_param_oo
    WITH p_type = p_type
    WITH p_data = p_data
     VIA SELECTION-SCREEN AND RETURN.
  IMPORT data TO p_data FROM MEMORY ID 'Kochbuch'.
IF sy-subrc = 0.
  MESSAGE i000(oo) WITH 'Der Wert wurde auf'
                        data 'geändert'.
ENDIF.
```

**Listing 18.7** Vollständiges Programm ZBOOK_DYN_PARAM_CALL

Mit diesem kleinen, aber wirkungsvollen Programm haben wir den Grundstein zur Dateneingabe für das Ticketsystem gelegt. Wir können das Programm aus Listing 18.6 im Ticketsystem verwenden, um je Bereich und Kategorie einen vorgegebenen Datentyp anzuzeigen.

### 18.2.6 Programm zur Eingabe mehrerer Felder

Selektionsbilddefinition

In diesem Abschnitt stellen wir Ihnen das vollständige Coding des Programms ZBOOK_DYN_MULTI zur Eingabe mehrerer variabler Felder vor, dessen einzelne Blöcke wir kurz erläutern. Wir beginnen mit der Definition des Selektionsbildes (siehe Listing 18.8). Die Parameter P_SHOW sowie P_TYPE01 bis P_TYPE05 sind nicht sichtbar, da wir das Selektionsbild 100 explizit aufrufen. Wir haben sie als Parameter definiert, damit die Typdefinitionen per SUBMIT übergeben werden können.

```
REPORT zbook_dyn_multi.
PARAMETERS p_show TYPE c LENGTH 1.
PARAMETERS p_type01 TYPE char80.
PARAMETERS p_type02 TYPE char80.
PARAMETERS p_type03 TYPE char80.
PARAMETERS p_type04 TYPE char80.
PARAMETERS p_type05 TYPE char80.
SELECTION-SCREEN BEGIN OF SCREEN 100 AS WINDOW.
PARAMETERS p_data01 LIKE (p_type01) MODIF ID 01.
PARAMETERS p_data02 LIKE (p_type02) MODIF ID 02.
PARAMETERS p_data03 LIKE (p_type03) MODIF ID 03.
PARAMETERS p_data04 LIKE (p_type04) MODIF ID 04.
PARAMETERS p_data05 LIKE (p_type05) MODIF ID 05.
SELECTION-SCREEN END OF SCREEN 100.
```

**Listing 18.8** Definition des Selektionsbildes

[»]

**Selektionsbild als Pop-up-Fenster definieren**

Das mittels SELECTION-SCREEN BEGIN OF SCREEN definierte Selektionsbild haben wir mit dem Zusatz AS WINDOW versehen. Dadurch wird einerseits die Verwendung als Pop-up-Fenster verdeutlicht, andererseits bewirkt der Zusatz, dass Fehlermeldungen nicht in der Statuszeile des SAP GUIs angezeigt werden, sondern in einem separaten Fenster.

Programm ZBOOK_DYN_MULTI

Das in diesem Abschnitt vorgestellte Programm ZBOOK_DYN_MULTI ist – wie das Programm ZBOOK_DYN_PARAM – objektorientiert aufgebaut. In Listing 18.9 sind die verwendeten Klassenmethoden definiert. In der Klassenvariablen MAX ist hinterlegt, wie viele Parameter definiert wurden.

```
CLASS lcl_dyn DEFINITION.
  PUBLIC SECTION.
    CLASS-METHODS pai IMPORTING ucomm  TYPE clike.
    CLASS-METHODS pbo IMPORTING i_show TYPE char01.
    CLASS-METHODS exit.
  PROTECTED SECTION.
```

```
    CLASS-DATA max VALUE 5.
    CLASS-METHODS check_values.
    CLASS-METHODS export_values.
    CLASS-METHODS loop_at_screen
        IMPORTING i_show TYPE char01.
    CLASS-METHODS change_status.
ENDCLASS.                    "lcl_dyn DEFINITION
```

**Listing 18.9** Definitionsteil der lokalen Klasse LCL_DYN

**Implementierung der Methoden**

Es folgt die Implementierung der Methoden (siehe Listing 18.10). Es werden die folgenden Methoden verwendet:

- PAI
  Die Methode ruft die geschützte Methode CHECK_VALUES auf, um die Eingaben zu prüfen. Hat der Anwender die Funktion AUSFÜHREN gewählt, werden die eingegebenen Werte ins ABAP Memory exportiert, und das Programm wird verlassen.
- PBO
  Hier werden Felder, für die keine Typdefinition übergeben wurde, ausgeblendet. Für die Felder P_DATA01 bis P_DATA05 ist eine MODIF-ID angegeben. Die MODIF-ID wird in dem Feld SCREEN-GROUP1 gespeichert. Ist beim Abarbeiten der SCREEN-Tabelle die MODIF-ID gefüllt, muss es sich bei dem Feld um einen der Parameter P_DATA01 bis P_DATA05 handeln. Mithilfe der MODIF-ID und der Anweisung ASSIGN wird der zugehörige TYPE-Parameter (P_TYPE01 bis P_TYPE05) dem Feldsymbol <TYPE> zugewiesen. Ist der TYPE-Parameter leer, wird das zugehörige DATA-Feld ausgeblendet.

  Zusätzlich wird die Funktion SICHERN ALS VARIANTE aus dem GUI-Status ausgeblendet.
- EXIT
  Bricht der Anwender die Eingabe ab, wird mit der Methode EXIT das ABAP-Memory initialisiert und das Programm verlassen.
- CHECK_VALUES
  Die Parameter P_TYPE01 bis P_TYPE05 werden der Reihe nach dem Feldsymbol <TYPE> zugewiesen. In diesen Feldern steht die übergebene Typdefinition im Format TABELLE-FELD. Diese Information wird aufgesplittet in TABELLE und FELD.

  Die Parameter P_DATA01 bis P_DATA05 werden der Reihe nach dem Feldsymbol <DATA> zugewiesen. Die Informationen TABELLE, FELD und Feldwert – also der Wert, der im Feldsymbol <DATA> steht – werden dem Funktionsbaustein DDUT_INPUT_CHECK zur Prüfung übergeben. Wurde ein unzulässiger Wert eingegeben (Fremdschlüsselprüfung oder Festwerte), dann wird der Cursor in dem fehlerhaften Feld positioniert, und es wird eine Fehlermeldung ausgegeben.

- EXPORT_VALUES
  Die geprüften Werte stehen in den Parametern P_DATA01 bis P_DATA05. Die Werte dieser Felder werden unter Angabe des numerischen Wertes im ABAP Memory gespeichert.

```
CLASS lcl_dyn IMPLEMENTATION.
  METHOD pai.
*== AT SELECTION-SCREEN
    check_values( ).
    IF ucomm = 'CRET'.
      export_values( ).
      LEAVE PROGRAM.
    ENDIF.
  ENDMETHOD.                    "pai

  METHOD exit.
    FREE MEMORY ID zcl_book_dyn_multi=>gc_memory_id.
    MESSAGE 'Eingabe abgebrochen ...' TYPE 'I'.
  ENDMETHOD.                    "exit

  METHOD pbo.
*== AT SELECTION-SCREEN OUTPUT
    loop_at_screen( i_show ).
    change_status( ).
  ENDMETHOD.                    "pbo

  METHOD loop_at_screen.
    DATA lv_pname     TYPE c LENGTH 80.
    FIELD-SYMBOLS <type>  TYPE any.
*== nicht verwendete Parameter ausblenden
    LOOP AT SCREEN.
      IF screen-group1 IS NOT INITIAL.
        CONCATENATE 'P_TYPE' screen-group1 INTO lv_pname.
        ASSIGN (lv_pname) TO <type>.
        IF sy-subrc = 0 AND <type> IS INITIAL.
          screen-active = '0'.
          MODIFY SCREEN.
        ELSEIF i_show IS NOT INITIAL.
          screen-input = '0'.
          MODIFY SCREEN.
        ENDIF.
      ENDIF.
    ENDLOOP.
```

```
  ENDMETHOD.                          "loop_at_screen

  METHOD change_status.
*== Nicht benötigte Status ausblenden
    DATA lt_excl  TYPE STANDARD TABLE OF syucomm.
    APPEND 'SPOS' TO lt_excl.
    CALL FUNCTION 'RS_SET_SELSCREEN_STATUS'
      EXPORTING
        p_status  = space
        p_program = space
      TABLES
        p_exclude = lt_excl.
  ENDMETHOD.                          "change_status

  METHOD check_values.
*== Eingegebene Werte prüfen
    DATA lv_tabname      TYPE dfies-tabname.
    DATA lv_fieldname    TYPE dfies-lfieldname.
    DATA lv_count        TYPE n LENGTH 2.
    DATA lv_pname        TYPE c LENGTH 80.
    FIELD-SYMBOLS <type> TYPE any.
    FIELD-SYMBOLS <data> TYPE any.

    DO max TIMES.
      lv_count = sy-index.
      CONCATENATE 'P_TYPE' lv_count INTO lv_pname.
      ASSIGN (lv_pname) TO <type>.
      SPLIT <type> AT '-' INTO lv_tabname lv_fieldname.
      CONCATENATE 'P_DATA' lv_count INTO lv_pname.
      ASSIGN (lv_pname) TO <data>.
      CALL FUNCTION 'DDUT_INPUT_CHECK'
        EXPORTING
          tabname   = lv_tabname
          fieldname = lv_fieldname
          value     = <data>
        IMPORTING
          msgid     = sy-msgid
          msgty     = sy-msgty
          msgno     = sy-msgno
          msgv1     = sy-msgv1
          msgv2     = sy-msgv2
          msgv3     = sy-msgv3
          msgv4     = sy-msgv4
        EXCEPTIONS
          OTHERS    = 3.
      IF sy-msgty = 'E'.
        SET CURSOR FIELD lv_pname.
        MESSAGE ID sy-msgid
              TYPE sy-msgty
            NUMBER sy-msgno
```

```
              WITH sy-msgv1 sy-msgv2 sy-msgv3 sy-msgv4.
        ENDIF.
      ENDDO.
    ENDMETHOD.                    "check_values

    METHOD export_values.
  *== Daten an das ABAP Memory übergeben
      TYPES: BEGIN OF ty_param,
               id   TYPE c LENGTH 80,
               name TYPE c LENGTH 80,
             END OF ty_param.
      DATA lt_params TYPE STANDARD TABLE OF ty_param.
      FIELD-SYMBOLS <param> TYPE ty_param.
      DATA lv_count        TYPE n LENGTH 2.
      DATA lv_pname        TYPE c LENGTH 80.
      DATA lv_type         TYPE c LENGTH 80.
      FIELD-SYMBOLS <type> TYPE any.
      FIELD-SYMBOLS <data> TYPE any.

      DO max TIMES.
        lv_count = sy-index.
        CONCATENATE 'P_TYPE' lv_count INTO lv_type.
        ASSIGN (lv_type) TO <type>.
        CHECK <type> IS NOT INITIAL.

        CONCATENATE 'P_DATA' lv_count INTO lv_pname.
        APPEND INITIAL LINE TO lt_params ASSIGNING <param>.
        <param>-id   = lv_count.
        <param>-name = lv_pname.
      ENDDO.
      EXPORT (lt_params) TO MEMORY
          ID zcl_book_dyn_multi=>gc_memory_id.
    ENDMETHOD.                    "export_values
  ENDCLASS.                     "lcl_dyn IMPLEMENTATION
```

**Listing 18.10** Implementierung der Methoden der Klasse LCL_DYN

**Programmablauf** Der Ablauf des Programms ZBOOK_DYN_MULTI ist durch die Modularisierung mithilfe von Klassenmethoden sehr kurz (siehe Listing 18.11).

```
START-OF-SELECTION.
  CALL SELECTION-SCREEN 100 STARTING AT 2 2 ENDING AT 80 9.
AT SELECTION-SCREEN ON EXIT-COMMAND.
  lcl_dyn=>exit( ).
AT SELECTION-SCREEN OUTPUT.
  lcl_dyn=>pbo( p_show ).
AT SELECTION-SCREEN.
  lcl_dyn=>pai( sy-ucomm ).
```

**Listing 18.11** Programmablauf ZBOOK_DYN_MULTI

## 18.3 Variable Felder definieren

**Tabelle zur Feldtypenzuordnung**

In diesem Abschnitt erstellen wir eine Tabelle, in der wir die Zuordnungen der Feldtypen zu einem Bereich und einer Kategorie unseres Ticketsystems vornehmen können. Ziel soll es sein, für jeden Bereich ein oder mehrere spezifische Felder anzeigen zu können.

Definieren Sie dazu in Transaktion SE11 die Tabelle `ZBOOK_ATTR` mit der Auslieferungsklasse C und erlaubter Anzeige in der Tabellensichtpflege, wie in Abbildung 18.3 zu sehen. Die Felder der Tabelle entnehmen Sie Abbildung 18.4, die zugehörigen Fremdschlüsseldefinitionen finden Sie auf der Registerkarte Eingabehilfe/-prüfung (siehe Abbildung 18.5).

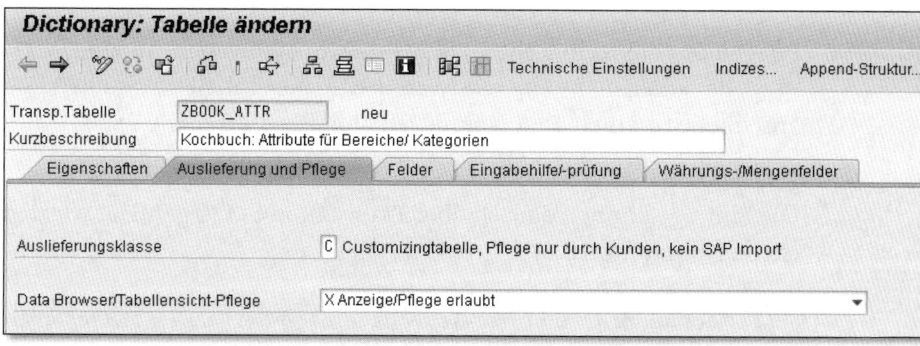


**Abbildung 18.3** Sicht »Auslieferung und Pflege« – Tabelle ZBOOK_ATTR

**Abbildung 18.4** Felder der Tabelle ZBOOK_ATTR

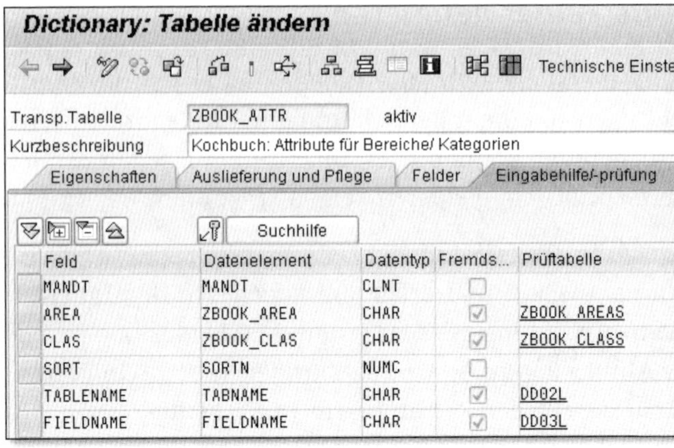


**Abbildung 18.5** Fremdschlüsseldefinitionen der Tabelle ZBOOK_ATTR

Tabelle aktivieren

Pflegen Sie die technischen Einstellungen (siehe auch Anhang A.11, »Tabelle anlegen«), und aktivieren Sie die Tabelle. Erstellen Sie anschließend einen Tabellenpflegedialog für die Tabelle `ZBOOK_ATTR` (siehe auch Kapitel 2, »Mit Tabellenpflegedialogen arbeiten«).

Die Einträge können danach über Transaktion SM30 gepflegt werden (siehe Abbildung 18.6).

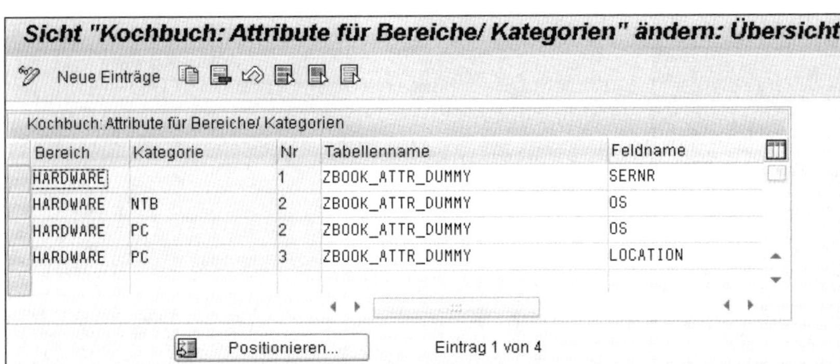


**Abbildung 18.6** Attribute je Bereich und Kategorie

### 18.3.1 Variable Felder verwenden

Hilfsstruktur ZBOOK_ATTR_DUMMY

In Abbildung 18.6 sehen Sie bereits die Struktur `ZBOOK_ATTR_DUMMY`. Dies ist eine Hilfsstruktur, mit der dynamisch auf die Datentypen verwiesen werden kann. Der dynamische Verweis funktioniert nur zwischen einer Tabelle bzw. Struktur und einem Feldnamen, ein

Datenelement allein reicht dazu nicht. Der Struktur ZBOOK_ATTR_DUMMY werden wir die folgenden drei Felder zuordnen (siehe Abbildung 18.7):

- SERNR: Seriennummer eines Geräts
- OS: Betriebssystem eines Computers (Notebook oder PC)
- LOCATION: Standort des Geräts (PC, Drucker, ...)

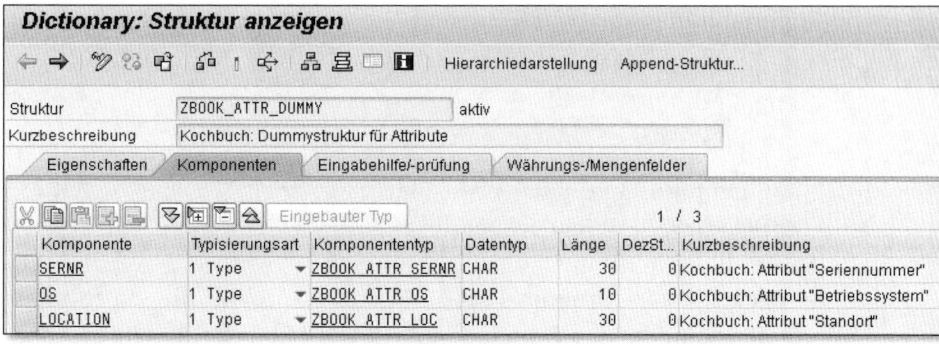


**Abbildung 18.7** Dummy-Struktur ZBOOK_ATTR_DUMMY

**Datenelemente anlegen**

Für alle Felder müssen wir ein entsprechendes Datenelement anlegen. Legen Sie die Datenelemente ZBOOK_ATTR_SERNR und ZBOOK_ATTR_LOCATION im ABAP Dictionary an. Verwenden Sie eine sprechende Bezeichnung, passende Feldbezeichner und den Datentyp CHAR30.

Für das Datenelement ZBOOK_ATTR_OS sollen die möglichen Betriebssysteme durch Domänenfestwerte vorgegeben werden:

1. Legen Sie das Datenelement ZBOOK_ATTR_OS im ABAP Dictionary an.
2. Vergeben Sie eine sprechende Bezeichnung, und verwenden Sie passende Feldbezeichner.
3. Als Datentyp verwenden Sie die Domäne ZBOOK_ATTR_OS. Legen Sie diese durch einen Doppelklick auf den Domänennamen an.
4. Verwenden Sie für die Domäne den Datentyp CHAR und die Länge 10. Machen Sie auf der Registerkarte WERTEBEREICH die in Abbildung 18.8 dargestellten Vorgaben für das Betriebssystem.
5. Beachten Sie, einen Festwert »leer« anzulegen. Diesen werden wir in Abschnitt 18.6, »Mehrere Werte erfassen«, benötigen.

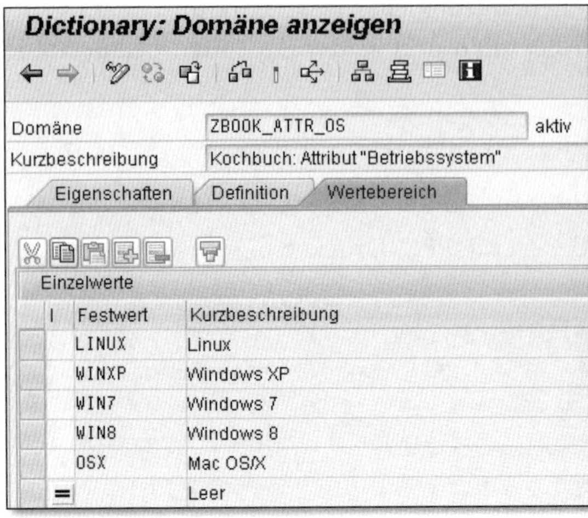


**Abbildung 18.8** Festwerte der Domäne ZBOOK_ATTR_OS

Legen Sie die Struktur `ZBOOK_ATTR_DUMMY` sowie die zugehörigen Datenelemente und Domänen im ABAP Dictionary an, wie in Abbildung 18.7 dargestellt. Aktivieren Sie die Datenelemente und die Domäne. Fügen Sie die Felder in die Struktur `ZBOOK_ATTR_DUMMY` ein, wie in Abbildung 18.7 zu sehen.

### 18.3.2 Variable Feldwerte speichern

Tabelle ZBOOK_ ATTR_VALUE

Mit der Definition der variablen Felder haben wir uns die Möglichkeit geschaffen, je Ticketbereich und -kategorie unterschiedliche Felder für die Anzeige zu definieren. Die in diese Felder eingegebenen Werte müssen selbstverständlich auch gespeichert werden, wozu wir im Folgenden eine eigene Datenbanktabelle erstellen. Schlüsselfelder sind die beiden Felder, die das variable Element definieren (Tabellenname und Feldname) sowie die Ticketnummer. Zum Speichern des variablen Wertes müssen wir ein Feld mit ausreichender Länge definieren, in unserem Fall sollten 80 Stellen reichen. Die Tabelle `ZBOOK_ATTR_VALUE` benötigt also die folgenden Felder:

- `TIKNR`: Ticketnummer
- `TABLENAME`: Name der Tabelle oder Struktur
- `FIELDNAME`: Name des Feldes
- `VALUE`: Wert des variablen Feldes

[«]

**Zeichenartige und numerische Feldwerte**

Wir verwenden in unserem Beispiel lediglich ein Feld für die Speicherung eines zeichenartigen Wertes (VALUE). Für Ihre eigenen Programme sollten Sie zusätzlich ein Wertefeld aufnehmen, das numerische Daten speichert. Dies ermöglicht Ihnen die Suche nach Werten, die größer oder kleiner als ein Suchwert sind.

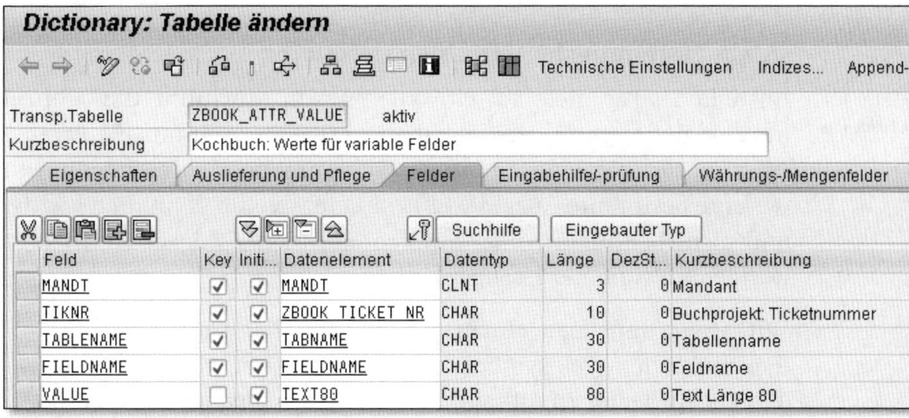


**Abbildung 18.9** Felder der Tabelle ZBOOK_ATTR_VALUE

Legen Sie die Tabelle ZBOOK_ATTR_VALUE mit der Auslieferungsklasse A – ANWENDUNGSTAB. (STAMM- UND BEWEGUNGSDATEN) an. Definieren Sie die Felder, wie in Abbildung 18.9 dargestellt. Sie brauchen keine Fremdschlüssel zu definieren, da die Tabelle nur maschinell gefüllt werden wird. Erfassen Sie die technischen Daten, und aktivieren Sie die Tabelle.

## 18.4 Mehrere Felder definieren

Anforderungen

In diesem Abschnitt wollen wir die Dynamik des Selektionsbildes noch erweitern. Wir werden mehrere Felder in einem Ticketbereich bzw. einer -kategorie zur gleichen Zeit dynamisch anzeigen. Dazu werden wir die Parameter im Programm durchnummerieren und dann mit dem Befehl ASSIGN ansprechen. Den Export und Import der Daten in diese Felder werden wir ebenfalls dynamisch gestalten. Dem Anwender wird ein Pop-up-Fenster zur Eingabe der Daten angezeigt, das höchstens so viele Felder anzeigt, wie Sie Parameter im Programm definiert haben (siehe Abbildung 18.10).

**Abbildung 18.10** Dynamisches Selektionsbild mit drei Werten

### 18.4.1 Dynamische Variablen definieren

*Parameter für Feldwerte*

Anstelle des Parameters P_DATA, den wir in Abschnitt 18.2, »Einzelnes Feld definieren«, genutzt haben, verwenden wir nun die Parameter P_DATA01 bis P_DATA05 zur Speicherung der Feldwerte. Obwohl wir eine bestimmte Anzahl von Parametern vorab definieren werden und nicht benötigte Felder ausblenden, ist der Zugriff auf die verwendeten Parameter hochgradig dynamisch.

Wir zeigen Ihnen an einem Beispiel, wie der Parameter P_DATA01 dynamisch dem Feldsymbol <DATA> zugewiesen wird. Genauso werden wir für jeden Zugriff auf die Parameter vorgehen müssen. Beginnen wir mit dem Namen der Variablen: Er besteht aus P_DATA und dem numerischen Zusatz 01. Speichern Sie den so zusammengesetzten Variablennamen in einer neuen Variablen PNAME (Parametername):

```
DATA pname TYPE string.
CONCATENATE 'P_DATA' '01' INTO pname.
```

*Feldsymbol für Parametervariable*

In der Variablen PNAME steht nun der Parameter P_DATA01. Auf diesen Variablennamen möchten wir nun einen Zeiger, d.h. ein Feldsymbol, setzen. Da wir nicht wissen, welchen Typ die Variable hat, verwenden wir ein generisches Feldsymbol (TYPE ANY).

```
FIELD-SYMBOLS <data> TYPE ANY.
ASSIGN (pname) TO <data>.
```

Das Feldsymbol <DATA> zeigt nun auf den Parameter P_DATA01. Wenn in P_DATA01 der Wert HARDWARE steht, erhalten wir auch mit dem Feldsymbol <DATA> den Wert HARDWARE, denn es handelt sich immer noch um die Variable P_DATA01! Ändern wir den Wert des Feldsymbols auf SOFTWARE, ändert sich auch der Wert der Variablen P_DATA01 auf SOFTWARE, denn wir sprechen die Variable an. Das Feldsymbol bietet lediglich eine andere Form des Zugriffs.

Dynamischer Variablenname

Nun wollten wir den Variablennamen zusätzlich dynamisch aufbauen. Wir verwenden dazu eine DO-Schleife und für ihren Aufbau den internen Schleifenzähler SY-INDEX. Da der numerische Namensteil der Variablen zweistellig ist, benötigen wir eine Hilfsvariable, die zweistellig und numerisch ist. In Listing 18.12 wird ein Selektionsbild mit drei Eingabefeldern definiert. Der Variablenname – in diesem Fall der Parameter im Selektionsbild – setzt sich zusammen aus dem festen Teil P_DATA und dem variablen Teil, d.h. einer laufenden Nummer. Der Befehl CONCATENATE setzt die Konstante P_DATA und die jeweilige laufende Nummer, die der Schleifenzähler SY-INDEX vorgibt, zu einem Text zusammen. Mithilfe des Befehls ASSIGN wird dieser Variablenname dem Feldsymbol <DATA> zugewiesen. Schlägt die Zuweisung fehl, verlassen Sie die DO-Schleife. Mit dem Feldsymbol <DATA> haben Sie Zugriff auf den jeweils zugewiesenen Parameter. Hier können Prüfungen, Zuweisungen oder Funktionsaufrufe erfolgen.

```
PARAMETERS p_data01  TYPE char20.
PARAMETERS p_data02  TYPE char20.
PARAMETERS p_data03  TYPE char20.
DATA pname           TYPE string.
DATA pzahl           TYPE n LENGTH 2.
FIELD-SYMBOLS <data> TYPE ANY.
DO.
  pzahl = sy-index.
  CONCATENATE 'P_DATA' p_zahl INTO pname.
  ASSIGN (pname) TO <data>.
  IF sy-subrc <> 0. EXIT. ENDIF.
ENDDO.
```

**Listing 18.12** Dynamischer Datenzugriff

Nach dem in Listing 18.12 vorgestellten Prinzip werden viele Zuweisungen in diesem Kapitel programmiert.

[«]

**Zuweisung des Feldsymbols erfolgreich?**

Existiert die Variable, die per ASSIGN zugewiesen werden soll, nicht, wird der Returncode 4 (SY-SUBRC = 4) zurückgespielt, und das Feldsymbol wird nicht zugewiesen. Sie sollten daher bei jedem Zugriff auf das Feldsymbol prüfen, ob es zugewiesen wurde (IS ASSIGNED). Wird im laufenden Programm ein nicht zugewiesenes Feldsymbol angesprochen, wird Ihnen ein Shortdump GETWA_NOT_ASSIGNED angezeigt.

### 18.4.2 Daten in das ABAP-Memory exportieren

Variablenwert exportieren

Den Export des Wertes einer einzelnen Variablen haben Sie bereits in Abschnitt 18.2.5, »Programm zur Eingabe eines einzelnen Wertes« kennengelernt. Sowohl Export als auch Import eines Wertes erfolgen unter der Angabe einer ID:

```
EXPORT feld FROM lv_feld TO MEMORY ID 'Kochbuch'.
IMPORT feld TO lv_feld FROM MEMORY ID 'Kochbuch'.
```

Ebenfalls möglich sind folgende Varianten:

```
EXPORT feld = lv_feld TO MEMORY ID 'Kochbuch'.
IMPORT feld = lv_feld FROM MEMORY ID 'Kochbuch'.
```

Sie geben beim Export an, unter welcher Kennung der Wert einer Variablen abgelegt werden soll. Für unseren Zweck benötigen wir fünf Export-Befehle, um die Daten im ABAP Memory abzulegen, und wiederum fünf Import-Befehle zum Einlesen der Daten:

```
EXPORT data01 FROM p_data01 TO MEMORY ID 'Kochbuch'.
EXPORT data02 FROM p_data02 TO MEMORY ID 'Kochbuch'.
...
```

Dynamischer Import/Export

Dabei handelt es sich um statische Befehle, wir möchten Ihnen hier jedoch eine Alternative zeigen, wie die Befehle `IMPORT` und `EXPORT` dynamisch verwendet werden können. Anstatt die Werte der Variablen und deren Kennungen einzeln zu verarbeiten, kann eine zweispaltige Tabelle übergeben werden, in der jeweils die Kennung und der Variablenname vorhanden sein müssen. Für unser Beispiel zeigt dies Tabelle 18.1.

| Kennung | Variablenname |
|---|---|
| DATA01 | P_DATA01 |
| DATA02 | P_DATA02 |
| DATA03 | P_DATA03 |

**Tabelle 18.1** Tabelle für den Export von Daten in das ABAP Memory

Beim Import der Daten sind die Variablennamen, denen die Werte zugewiesen werden sollen, vielleicht andere. In dem Fall wird der Variablenname entsprechend geändert (siehe Tabelle 18.2).

| Kennung | Variablenname |
|---|---|
| DATA01 | GV_DATA01 |
| DATA02 | GV_DATA02 |
| DATA03 | GV_DATA03 |

**Tabelle 18.2** Tabelle für den Import von Daten aus dem SAP Memory

Das Coding für den Aufbau der Parametertabelle sehen Sie in Listing 18.13. Wir haben es uns in dem Beispiel einfacher gemacht und nehmen als Kennung die zweistellige Nummer, die wir auch für den Aufbau des Variablennamens verwenden.

**Tabelle mit Kennung und Variablenname**

```
TYPES: BEGIN OF ty_param,
         id   TYPE c LENGTH 80,
         name TYPE c LENGTH 80,
       END OF ty_param.
DATA lt_params          TYPE STANDARD TABLE OF ty_param.
DATA lv_count           TYPE n LENGTH 2.
FIELD-SYMBOLS <param>   TYPE ty_param.
DO 5 TIMES.
  lv_count = sy-index.
  APPEND INITIAL LINE TO lt_params ASSIGNING <param>.
  <param>-id = lv_count.
  CONCATENATE 'GV_DATA' lv_count INTO <param>-name.
ENDDO.
EXPORT (lt_params) TO MEMORY ID 'Kochbuch'.
```

**Listing 18.13** Aufbau der Parametertabelle für EXPORT TO MEMORY

### 18.4.3 Funktionen kapseln

In diesem Abschnitt werden wir die Klasse ZCL_BOOK_DYN_MULTI erstellen, die alle notwendigen Methoden enthält, um die variablen Felder zu einem Ticket im Ticketdialog aufzurufen. Die Klasse wird die folgenden Methoden enthalten:

**Klasse ZCL_BOOK_DYN_MULTI**

- CONSTRUCTOR

  Der Konstruktor liest die Attribute zu der Kombination aus Bereich und Kategorie ein.
- EDIT

  Die Methode EDIT ruft den Report ZBOOK_DYN_MULTI auf, der die variablen Felder in einem Pop-up-Fenster anzeigt (siehe Abschnitt 18.2.6, »Programm zur Eingabe mehrerer Felder«).

- `SAVE`
  Diese Methode sichert die aktuellen Daten unter Angabe der Ticketnummer.
- `IMPORT_DATA`
  Hier werden die Daten importiert, die der Report `ZBOOK_DYN_MULTI` in das ABAP-Memory stellt, und die interne Parametertabelle zur Speicherung der Werte wird mit diesen Daten gefüllt.
- `READ_VALUES`
  Die Methode `READ_VALUES` liest die vorhandenen Werte zu einem Ticket und weist sie den Variablen zu.

Der Aufruf der Klasse erfolgt aus dem Dialogprogramm `SAPMZBOOK_TICKET` (siehe auch Kapitel 4, »Dialog erstellen«). Wir bauen den Aufruf in Abschnitt 18.6.2, »Einbau der dynamischen Datenerfassung«, in das Dialogprogramm ein.

**Attribute definieren**

Definieren Sie zuerst die Attribute, die für diese Klasse notwendig sind: Definieren Sie dazu die interne Tabelle `GT_ATTRIBUTES` als erstes Attribut, wie in Abbildung 18.11 zu sehen ist. In dieser Tabelle speichern wir die eingestellten Attribute aus Tabelle `ZBOOK_ATTR`.

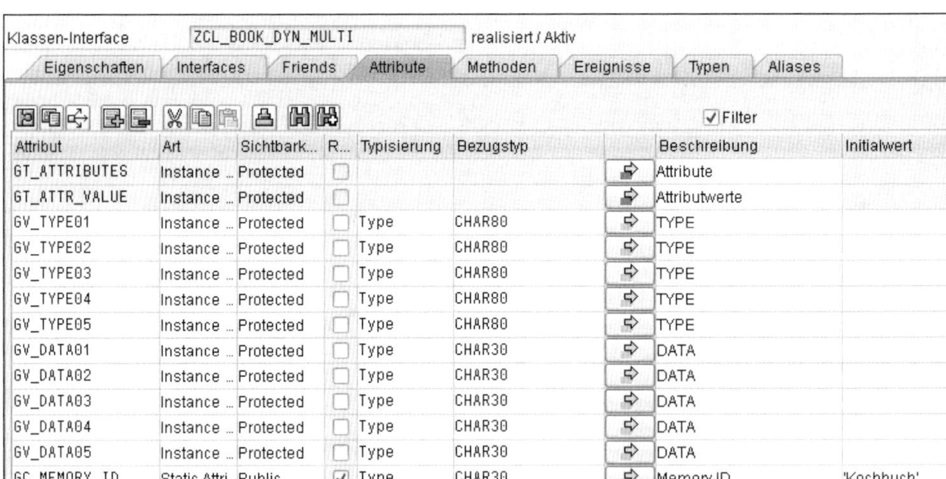


| Attribut | Art | Sichtbark... | R... | Typisierung | Bezugstyp | | Beschreibung | Initialwert |
|---|---|---|---|---|---|---|---|---|
| GT_ATTRIBUTES | Instance ... | Protected | ☐ | | | ⇨ | Attribute | |
| GT_ATTR_VALUE | Instance ... | Protected | ☐ | | | ⇨ | Attributwerte | |
| GV_TYPE01 | Instance ... | Protected | ☐ | Type | CHAR80 | ⇨ | TYPE | |
| GV_TYPE02 | Instance ... | Protected | ☐ | Type | CHAR80 | ⇨ | TYPE | |
| GV_TYPE03 | Instance ... | Protected | ☐ | Type | CHAR80 | ⇨ | TYPE | |
| GV_TYPE04 | Instance ... | Protected | ☐ | Type | CHAR80 | ⇨ | TYPE | |
| GV_TYPE05 | Instance ... | Protected | ☐ | Type | CHAR80 | ⇨ | TYPE | |
| GV_DATA01 | Instance ... | Protected | ☐ | Type | CHAR30 | ⇨ | DATA | |
| GV_DATA02 | Instance ... | Protected | ☐ | Type | CHAR30 | ⇨ | DATA | |
| GV_DATA03 | Instance ... | Protected | ☐ | Type | CHAR30 | ⇨ | DATA | |
| GV_DATA04 | Instance ... | Protected | ☐ | Type | CHAR30 | ⇨ | DATA | |
| GV_DATA05 | Instance ... | Protected | ☐ | Type | CHAR30 | ⇨ | DATA | |
| GC_MEMORY_ID | Static Attri... | Public | ☑ | Type | CHAR30 | ⇨ | Memory ID | 'Kochbuch' |

**Abbildung 18.11** Attribute der Klasse ZCL_BOOK_DYN_MULTI

Wir haben keinen Tabellentyp für die Tabelle angelegt, diesen definieren wir lokal in der Klasse. Geben Sie den NAMEN DES ATTRIBUTS, die ART und die SICHTBARKEIT ein, und klicken Sie dann auf die Schaltfläche mit dem Pfeil (⇨). Sie gelangen in die `PROTECTED SECTION` der Klasse. Geben Sie die folgende Anweisung zur Definition des Attributs ein:

```
DATA gt_attributes TYPE STANDARD TABLE OF zbook_attr.
```

Verfahren Sie ebenso mit dem Attribut GT_ATTR_VALUE. Es enthält die aktuellen Feldwerte der Tickets. Verwenden Sie die folgende Datendefinition:

```
DATA gt_attr_value TYPE STANDARD TABLE OF zbook_attr_value.
```

Die anderen Attribute tragen Sie ein, wie in Abbildung 18.11 dargestellt.

**Methode CONSTRUCTOR**

Im Konstruktor der Klasse ZCL_BOOK_DYN_MULTI (Signatur siehe Abbildung 18.12) werden die Definitionen für die variablen Felder eingelesen. Sofern eine Ticketnummer übergeben wird, werden die vorhandenen Daten eingelesen und die gelesenen Werte den Variablen GV_DATA01 bis GV_DATA05 zugewiesen. Das Einlesen der Daten berücksichtigt Einträge, bei denen die Kategorie (Feld CLAS) leer gelassen wurde und die somit für alle Kategorien des jeweiligen Bereichs Gültigkeit haben.

```
METHOD constructor.
  SELECT * FROM zbook_attr
    INTO TABLE gt_attributes
   WHERE ( area = area AND clas = clas )
      OR ( area = area AND clas = space ).
  SORT gt_attributes BY clas sort.
  IF tiknr IS NOT INITIAL.
    read_values( tiknr ).
  ENDIF.
ENDMETHOD.
```

**Listing 18.14** Implementierung der Methode CONSTRUCTOR

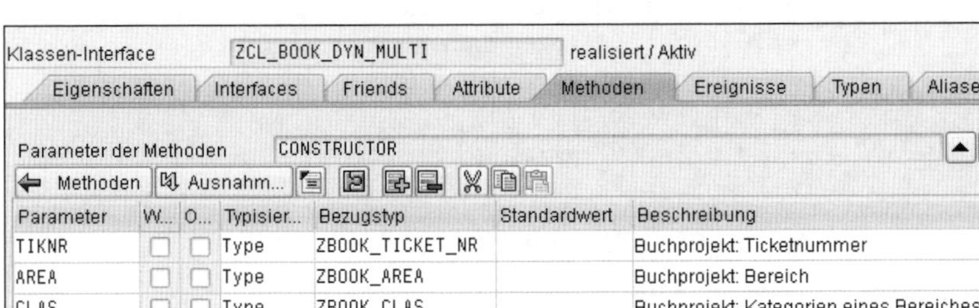


**Abbildung 18.12** Parameter der Methode CONSTRUCTOR

Methode EDIT

Diese Methode EDIT ruft das Programm ZBOOK_DYN_MULTI, das die variablen Werte in einem Pop-up-Fenster darstellt, über den Parameter SHOW auf (siehe Abbildung 18.13). Sofern die interne Tabelle GT_ATTR_VALUE, in der die gespeicherten Werte abgelegt werden, leer ist, werden die Typdefinitionen aus den Einstellungen für die variablen Werte aufgebaut. Schließlich werden die eingegebenen Werte durch die Routine IMPORT_DATA eingelesen (siehe Listing 18.15).

```
METHOD edit.
  DATA lv_count              TYPE n LENGTH 2.
  DATA lv_type               TYPE c LENGTH 80.
  DATA lv_tablename          TYPE char80.
  DATA lv_fieldname          TYPE char80.
  FIELD-SYMBOLS <type>       TYPE any.
  FIELD-SYMBOLS <attribute>  TYPE zbook_attr.
*== Zuweisung der Typdefinitionen GV_TYPE*
*== Die Werte GV_DATA* wurden in Methode READ_VALUES
*== oder IMPORT_DATA ermittelt
  IF gt_attr_value IS INITIAL.
    LOOP AT gt_attributes ASSIGNING <attribute>.
      lv_count = sy-tabix.
      CONCATENATE 'GV_TYPE' lv_count INTO lv_type.
      ASSIGN (lv_type) TO <type>.
      IF sy-subrc = 0.
        CONCATENATE <attribute>-tablename
                    <attribute>-fieldname
               INTO <type> SEPARATED BY '-'.
      ENDIF.
    ENDLOOP.
  ENDIF.
*== Aufruf des Programms zur variablen Eingabe
  SUBMIT zbook_dyn_multi
          WITH p_show   = show
          WITH p_data01 = gv_data01
          WITH p_data02 = gv_data02
          WITH p_data03 = gv_data03
          WITH p_data04 = gv_data04
          WITH p_data05 = gv_data05
          WITH p_type01 = gv_type01
          WITH p_type02 = gv_type02
          WITH p_type03 = gv_type03
          WITH p_type04 = gv_type04
          WITH p_type05 = gv_type05
           AND RETURN.
  import_data( ).
ENDMETHOD.
```

**Listing 18.15** Implementierung der Methode EDIT

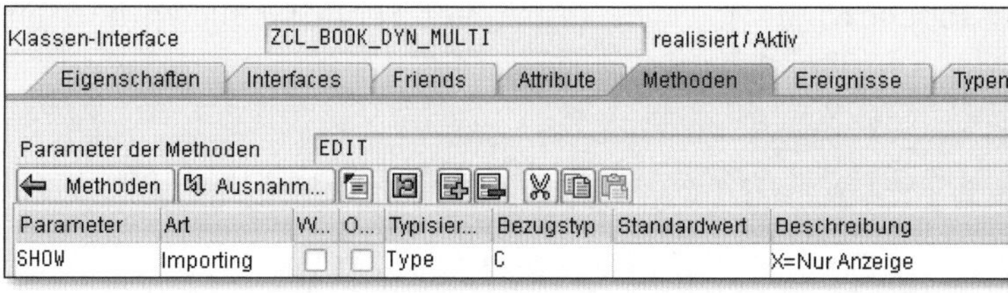


**Abbildung 18.13** Parameter der Methode EDIT

**Methode SAVE**

Die in Listing 18.16 implementierte Methode SAVE sichert die bereits aufbereiteten variablen Werte in der Datenbank. Bei der Instanzerzeugung vor Anlage eines Tickets ist noch keine Ticketnummer (Parameter TIKNR, siehe Abbildung 18.14) vorhanden, daher muss die Ticketnummer beim Sichern noch einmal übergeben werden und wird in der Tabelle nachgetragen. Die Daten werden durch die Anweisung MODIFY gesichert. Auf diese Weise ersparen wir uns die Abfrage, ob bereits Daten auf der Datenbank vorhanden sind (UPDATE) oder ob die Daten neu eingefügt werden müssen (INSERT).

```
METHOD save.
  DATA ls_attrvalue TYPE zbook_attr_value.
  ls_attrvalue-tiknr = tiknr.
  MODIFY gt_attr_value FROM ls_attrvalue TRANSPORTING tiknr
   WHERE tiknr = space.
  MODIFY zbook_attr_value FROM TABLE gt_attr_value.
ENDMETHOD.
```

**Listing 18.16** Implementierung der Methode SAVE

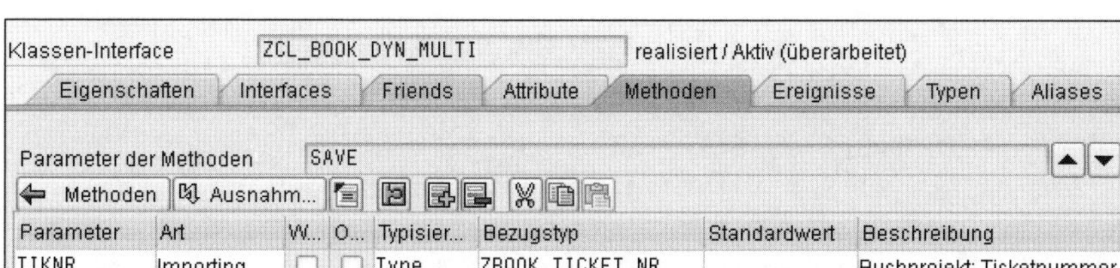


**Abbildung 18.14** Parameter der Methode SAVE

**Methode IMPORT_DATA**

Das Importieren der Daten ist relativ aufwendig, da die Werte aus den Variablen GV_DATA01 bis GV_DATA05 in die interne Tabelle GT_ATTR_VALUE überführt werden müssen (siehe Listing 18.17).

Der erste Schritt ist die Definition der zu importierenden Variablen. Der Import erfolgt, wie in Abschnitt 18.3.1, »Variable Felder verwenden«, beschrieben. Danach werden die importierten Daten für die interne Tabelle GT_ATTR_VALUE aufbereitet. Diese Tabelle wird in der Methode SAVE gespeichert.

```
METHOD import_data.
  TYPES: BEGIN OF ty_param,
          id   TYPE c LENGTH 80,
          name TYPE c LENGTH 80,
        END OF ty_param.
  DATA lv_tablename      TYPE char80.
  DATA lv_fieldname      TYPE char80.
  DATA lt_params         TYPE STANDARD TABLE OF ty_param.
  FIELD-SYMBOLS <param>  TYPE ty_param.
  FIELD-SYMBOLS <data>   TYPE any.
  FIELD-SYMBOLS <type>   TYPE any.
  FIELD-SYMBOLS <attr_value> TYPE zbook_attr_value.
  DATA lv_count          TYPE n LENGTH 2.
  DATA lv_pname          TYPE c LENGTH 80.
*== Definition der zu importierenden Variablen
  DO 5 TIMES.
    lv_count = sy-index.
    APPEND INITIAL LINE TO lt_params ASSIGNING <param>.
    <param>-id = lv_count.
    CONCATENATE 'GV_DATA' lv_count INTO <param>-name.
  ENDDO.
*== Import der Daten aus dem SAP Memory
  IMPORT (lt_params) FROM MEMORY ID gc_memory_id.
  check sy-subrc = 0.
  LOOP AT lt_params ASSIGNING <param>.
    lv_count = sy-tabix.
    ASSIGN (<param>-name) TO <data>.
    CONCATENATE 'GV_TYPE' lv_count INTO lv_pname.
    ASSIGN (lv_pname) TO <type>.
    CHECK <type> IS ASSIGNED AND <type> IS NOT INITIAL.
    SPLIT <type> AT '-' INTO lv_tablename lv_fieldname.
*== Lesen des Wertes für den eingestellten Datentyp
    READ TABLE gt_attr_value ASSIGNING <attr_value>
          WITH KEY tablename = lv_tablename
                   fieldname = lv_fieldname.
    IF sy-subrc > 0.
      APPEND INITIAL LINE TO gt_attr_value
                    ASSIGNING <attr_value>.
      <attr_value>-tiknr = space.
      <attr_value>-tablename = lv_tablename.
      <attr_value>-fieldname = lv_fieldname.
    ENDIF.
    <attr_value>-value = <data>.
  ENDLOOP.
ENDMETHOD.
```

**Listing 18.17** Implementierung der Methode IMPORT_DATA

Methode READ_VALUES

In der Methode READ_VALUES (siehe Listing 18.18) mit dem Parameter TIKNR (siehe Abbildung 18.15) erfolgt das Einlesen der gespeicherten Daten zu einem Ticket von der Datenbank. Die Typen werden aus der Tabelle in die Variablen GV_TYPE01 bis GV_TYPE05 überführt, die zugehörigen Werte in die Variablen GV_DATA01 bis GV_DATA05.

```
METHOD read_values.
  FIELD-SYMBOLS <attr_value> TYPE zbook_attr_value.
  FIELD-SYMBOLS <attr>       TYPE zbook_attr.
  FIELD-SYMBOLS <type>       TYPE any.
  FIELD-SYMBOLS <data>       TYPE any.
  DATA lv_count              TYPE n LENGTH 2.
  DATA lv_pname              TYPE string.
*== Lesen aller variablen Feldwerte zum Ticket
  SELECT * FROM zbook_attr_value
    INTO TABLE gt_attr_value
   WHERE tiknr = tiknr.
  IF sy-subrc = 0.
    LOOP AT gt_attributes ASSIGNING <attr>.
      READ TABLE gt_attr_value ASSIGNING <attr_value>
            WITH KEY tablename = <attr>-tablename
                     fieldname = <attr>-fieldname.
      CHECK sy-subrc = 0.
      lv_count = sy-tabix.
*== Zuweisung des Datentyps
      CONCATENATE 'GV_TYPE' lv_count INTO lv_pname.
      ASSIGN (lv_pname) TO <type>.
      CONCATENATE <attr_value>-tablename '-'
                  <attr_value>-fieldname
             INTO <type>.
*== Zuweisung des Datenfeldes
      CONCATENATE 'GV_DATA' lv_count INTO lv_pname.
      ASSIGN (lv_pname) TO <data>.
      <data> = <attr_value>-value.
    ENDLOOP.
  ENDIF.
ENDMETHOD.
```

**Listing 18.18** Implementierung der Methode READ_VALUES

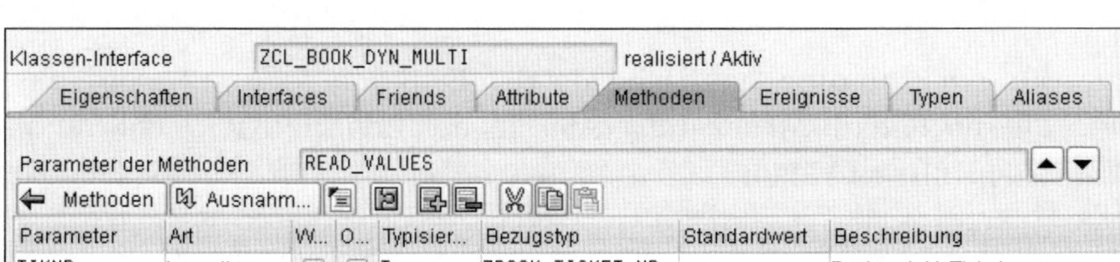


**Abbildung 18.15** Parameter der Methode READ_VALUES

### 18.4.4 Erfassung der variablen Werte einbauen

Anforderungen

Mit der Klasse ZCL_BOOK_DYN_MULTI haben wir die Voraussetzung für den Aufruf des Dialogs zur Eingabe der dynamischen Daten im Ticketdialog geschaffen. Der Einbau der variablen Felder soll über eine Schaltfläche auf dem Dynpro erfolgen. Durch einen Klick auf die Schaltfläche wird das Pop-up-Fenster mit den variablen Feldern angezeigt, und der Anwender kann die Felder ausfüllen. Sobald der Anwender die Felder Bereich und Kategorie ausgefüllt hat, kann das Objekt instanziiert werden (Methode CONSTRUCTOR). Klickt der Anwender die Schaltfläche Variable Werte an, wird die Methode EDIT aufgerufen. Beim Sichern der Daten muss die Methode SAVE aufgerufen werden.

Schaltfläche in Dynpro einbauen

Um die Schaltfläche in den Ticketdialog einzubauen, rufen Sie den Repository Browser mit Transaktion SE80 auf und bearbeiten das Programm SAPMZBOOK_TICKET. Wählen Sie das Dynpro 100 zur Bearbeitung aus. Fügen Sie im Screen Painter die Schaltfläche PB_VARVALUES auf dem Dynpro ein, und vergeben Sie den Funktionscode VARVALUES (siehe Abbildung 18.16).

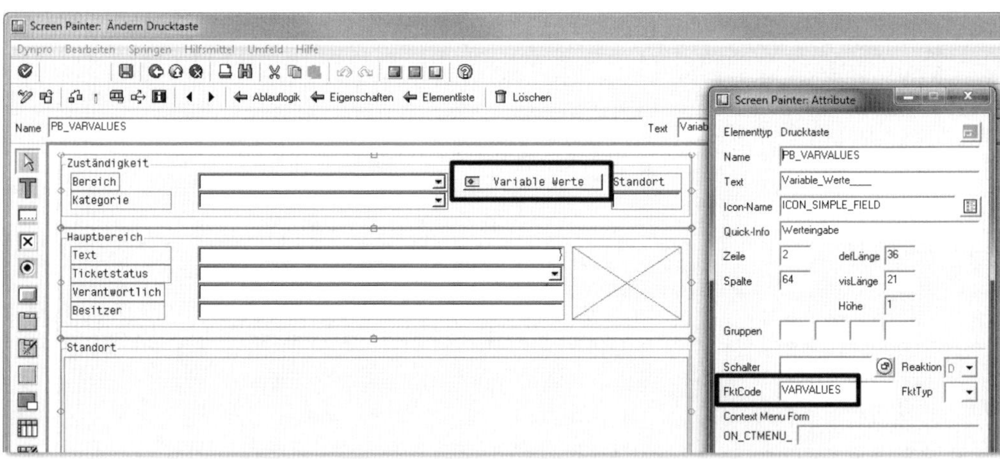


**Abbildung 18.16** Einbau der Schaltfläche »Variable Werte«

Ein Klick auf die Schaltfläche löst den Funktionscode VARVALUES aus. Diesen Funktionscode fragen Sie in der Routine USER_COMMAND ab (siehe Listing 18.19).

```
FORM user_command.
  CASE gv_okcode.
```

```
    WHEN 'VARVALUES'.
      PERFORM var_values.
    ..
  ENDCASE.
ENDFORM
```

**Listing 18.19** Abfrage des Funktionscodes VARVALUES

Legen Sie anschließend die Unterroutine VAR_VALUES an. In dieser Unterroutine rufen wir den Dialog zur Eingabe der variablen Werte auf. Klicken Sie dafür doppelt auf VAR_VALUES in der Routine, und fügen Sie das Coding aus Listing 18.20 ein.

```
FORM var_values.
  CHECK zbook_ticket_dynpro-ticket-area IS NOT INITIAL
    AND zbook_ticket_dynpro-ticket-clas IS NOT INITIAL.
  IF gr_var_values IS INITIAL.
    CREATE OBJECT gr_var_values
      EXPORTING
        tiknr = zbook_ticket_dynpro-ticket-tiknr
        area  = zbook_ticket_dynpro-ticket-area
        clas  = zbook_ticket_dynpro-ticket-clas.
  ENDIF.
  gr_var_values->edit( space ).
ENDFORM.
```

**Listing 18.20** Unterroutine VAR_VALUES

**Objektreferenzvariable**

Die Objektreferenz GR_VAL_VALUES in der Unterroutine existiert noch nicht. Legen Sie diese Variable durch einen Doppelklick auf den Namen im TOP-Include an:

```
DATA gr_var_values TYPE REF TO zcl_book_dyn_multi.
```

**Daten sichern**

Navigieren Sie anschließend zum Quelltext der Routine SAVE. Fügen Sie dort das Coding zum Sichern der Daten ein:

```
IF gr_var_values IS BOUND.
  gr_var_values->save( zbook_ticket_dynpro-ticket-tiknr ).
ENDIF.
```

**Funktionscode in GUI-Status einfügen**

Als Nächstes müssen Sie den Funktionscode in den GUI-Status einfügen. Navigieren Sie dazu im Repository Browser zum GUI-Status CREATE. Fügen Sie den Funktionscode VARVALUES bei einer beliebigen Funktionstaste ein, z.B. der Taste [F5] (siehe Abbildung 18.17):

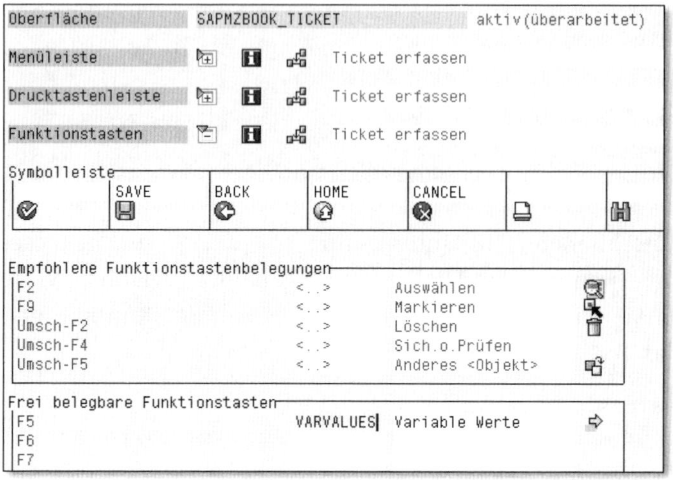


**Abbildung 18.17** Status CREATE mit der Funktion VARVALUES

[»]

**Sicherheit bei Funktionscodes**

Wenn Sie auf einem Dynpro eine Schaltfläche hinzufügen, raten wir Ihnen, den Funktionscode der Schaltfläche in den Status aufzunehmen. Wenn Sie das nicht tun und später die Schaltfläche deaktivieren, kann der Anwender trotzdem den Funktionscode der Schaltfläche manuell in das OK-Code-Feld eingeben, und die Funktion wird ausgeführt. Wenn der Funktionscode im Status vermerkt ist und mittels `SET PF-STATUS 'XYZ' EXCLUDING 'FUNKTIONSCODE'` deaktiviert wird, wird der manuell eingetragene Funktionscode nicht akzeptiert. Der Anwender erhält die Systemmeldung »Funktionscode ist nicht auswählbar«. Der Funktionscode einer Schaltfläche lässt sich übrigens durch die Taste [F1] einfach ermitteln.

Objektreferenz löschen

Die Objektreferenz `GR_VAR_VALUES` muss bei Aufruf eines Tickets initialisiert – bzw. gelöscht – werden, damit bei einem neuen Ticket nicht die Daten des zuvor gespeicherten Tickets verwendet werden. Dies erreichen Sie mit einem einfachen `CLEAR` auf die Referenzvariable. Ändern Sie die Routine `INIT`, und fügen Sie die folgende Zeile ein:

```
CLEAR gr_var_values.
```

Variable Werte erfassen

Im Ticketdialog können Sie nun die variablen Werte zu einem Ticket erfassen. Klicken Sie auf die Schaltfläche Variable Werte, und Ihnen wird der programmierte Dialog zur Eingabe der Werte angezeigt.

## 18.5 Interne Tabelle dynamisch erstellen

Sie können für jeden Bereich und jede Kategorie eigene variable Felder definieren. Die darin eingegebenen Werte werden je Ticket verwaltet und können im Ticketdialog geändert werden. Was unserer Anwendung noch fehlt, ist eine *dynamische Liste*, in der die variablen Felder aufgeführt werden. In dieser Liste kann der Anwender alle variablen Felder zu einem Ticket in einer Zeile sehen. Diese Liste programmieren wir in diesem Abschnitt. In Abschnitt 18.3, »Variable Felder definieren«, haben wir für den Bereich HARDWARE das variable Feld SERIENNR eingestellt. Dieses und alle anderen definierten Felder möchten wir in einer Liste ausgeben, die aussehen soll wie in Abbildung 18.18.

**Dynamische Strukturen - Übersichtstabelle**

| Ticket | Bereich | Kategorie | Text | Standort | BetrSystem | Seriennr. |
|---|---|---|---|---|---|---|
| 2 | SOFTWARE | SAPGUI | Schriftart zu klein | | | |
| 3 | HARDWARE | NTB | Notebook geht nach ca. 30 minutenin Standby | | LINUX | ABCD |
| 4 | HARDWARE | PC | R-Taste klemmt öfters bei Tastatur | RAUM 4 | WINXP | LLK-998 |
| 5 | HARDWARE | PC | Bluescreen beim Drucken | DEMO 34 | WIN8 | AB-34-LOK |
| 6 | HARDWARE | NTB | Display gebrochen | | WIN8 | OP-55-LPI |
| 7 | SOFTWARE | EXCEL | Zelle nicht eingabebereit | | | |
| 8 | HARDWARE | PC | Bildschirm schwarz | STAND1 | WIN8 | SERIE2 |
| 9 | HARDWARE | MED | Drucker druckt nicht | | | |
| 10 | SOFTWARE | WORD | Falsches Absatzformat | | | |
| 12 | HARDWARE | PRINTER | Drucker druckt nich | | | |

**Abbildung 18.18** Ticketübersicht mit variablen Feldern

Für den Bereich SOFTWARE sind keine variablen Felder definiert, folglich sollen auch keine Werte angezeigt werden. Für die Kategorie NTB (Notebook) gibt es keinen Standort; auch hier werden keine Werte angezeigt.

Für die Realisierung dieser Aufgabe gibt es zwei Möglichkeiten:

**Umsetzungsoptionen**

- Wir definieren eine Struktur und inkludieren die Basistabelle `ZBOOK_TICKET`. Zusätzlich hängen wir eine bestimmte Anzahl von Feldern an die Struktur an, die später die variablen Werte enthalten sollen. Mithilfe einer Tabelle merken wir uns, welches variable Feld für welches Datenfeld in der Struktur verwendet wird. Nicht benötigte Felder blenden wir im ALV Grid aus.

- Die Basistabelle ZBOOK_TICKET wird zur Laufzeit um die jeweils benötigten Felder erweitert.

Die erste Variante hat folgende Nachteile:

- Die Felder sind alle vom gleichen Typ. Wir würden uns in diesem Fall am Typ des Feldes ZBOOK_ATTR_VALUE-VALUE orientieren (siehe Abschnitt 18.3.2, »Variable Feldwerte speichern«) und den dort verwendeten Typ CHAR30 für alle zusätzlichen Felder verwenden. Da alle Felder dann gleich sind, gäbe es keine sinnvolle Dokumentation zu einem Feld.
- Die interne Tabelle, die zu der Struktur erzeugt wird, nimmt unnötig viel Speicherplatz ein, denn es werden sicherlich nicht nur fünf zusätzliche Felder definiert, sondern eher hundert.
- Der Programmierer muss sich für eine sinnvolle Anzahl von zusätzlichen Feldern entscheiden, es wird jedoch der Tag kommen, da die Anzahl der Felder nicht mehr ausreicht. Diese Variante kann auf hinzukommende Felder nicht dynamisch reagieren.

Schritte

Wir entscheiden uns daher für die zweite Variante. Mithilfe der in Abschnitt 18.1, »Ansätze und Stufen der dynamischen Programmierung«, erwähnten Hilfsklassen der RTTS-Bibliothek (Runtime Type Services) können wir eine interne Tabelle nach Belieben erzeugen. In der RTTS-Sprache bestehen Strukturen aus *Komponenten*. Komponenten können einfache Felder, aber auch Strukturen oder Tabellen sein. Um die interne Tabelle dynamisch zu erzeugen, folgen wir in diesem Abschnitt den folgenden Schritten:

- Ermitteln der Komponenten der Basistabelle ZBOOK_TICKET
- Erzeugen von Komponenten für jedes verwendete variable Feld
- Erzeugen der internen Tabelle anhand der ermittelten Komponenten
- Lesen der Ticketdaten
- Lesen der variablen Werte zu den Tickets
- Zuweisung der variablen Werte zum jeweiligen Feld
- Ausgabe der Tabelle mithilfe des SALV-Models

Datenreferenz

Wir werden Ihnen den Report TICKETÜBERSICHT MIT VARIABLEN FELDERN (ZBOOK_GRID) schrittweise erläutern. Die Erzeugung einer internen Tabelle zur Laufzeit erfolgt mithilfe einer *Datenreferenz* (siehe

Listing 18.21). Die Datenreferenz ist global verfügbar, sofern sie – wie in diesem Beispiel – global definiert wird. Der Zugriff auf die Datenreferenz (DATA gd_data TYPE REF TO data) erfolgt durch die Zuweisung zu einem Feldsymbol (ASSIGN gd_data->* TO <t_data>.). Wir benötigen daher die Datenreferenz auf die zu erzeugende Tabelle sowie die Objektreferenz für das SALV-Model und zusätzliche Selektionsparameter. Bei Programmstart werden die beiden Routinen DYNAMIC_TICKET_DATA und OUTPUT_DATA aufgerufen:

```
REPORT zbook_grid.
TABLES zbook_ticket.
DATA gd_data   TYPE REF TO data.
DATA gr_salv   TYPE REF TO cl_salv_table.
SELECT-OPTIONS s_tiknr FOR zbook_ticket-tiknr.
SELECT-OPTIONS s_area  FOR zbook_ticket-area.
SELECT-OPTIONS s_clas  FOR zbook_ticket-clas.
START-OF-SELECTION.
  PERFORM dynamic_ticket_data.
  PERFORM output_data.
```

**Listing 18.21** Selektionsbild und Grundgerüst für die Datenanzeige

**Unterroutine OUTPUT_DATA**

Wir beginnen mit der Implementierung der Unterroutine OUTPUT_DATA (siehe Listing 18.22). Mit dem Befehl ASSIGN weisen wir die global definierte Datenreferenz, die in Routine DYNAMIC_TICKET_DATA erzeugt wird, dem Feldsymbol <T_DATA> zu. Mit der Factory-Methode des SALV-Models erzeugen Sie eine entsprechende Objektreferenz. Sie holen die Objektreferenz auf die Spalten des SALV-Models ein und optimieren die Spaltenbreite. Danach wird die interne Tabelle angezeigt. Wurden keine Daten selektiert, wurde die interne Tabelle auch nicht erzeugt, und die Zuweisung der Datenreferenz zum Feldsymbol war nicht erfolgreich.

```
FORM output_data.
  FIELD-SYMBOLS <t_data> TYPE STANDARD TABLE.
  DATA lr_salv_col_tab   TYPE REF TO cl_salv_columns_table.
  ASSIGN gd_data->* TO <t_data>.
  CHECK sy-subrc = 0.
  TRY.
      CALL METHOD cl_salv_table=>factory
        IMPORTING
          r_salv_table = gr_salv
        CHANGING
          t_table      = <t_data>.
*== SALV-Spalten:
      lr_salv_col_tab = gr_salv->get_columns( ).
```

```
*== Spaltenbreite optimieren
      lr_salv_col_tab->set_optimize( ).
*== SALV-Anzeige
      gr_salv->display( ).
    CATCH cx_salv_msg .
    CATCH cx_salv_data_error.
  ENDTRY.
ENDFORM.                    " OUTPUT_DATA
```

**Listing 18.22** Unterroutine OUTPUT_DATA

**Tabelle dynamisch erzeugen**

Hier beginnt der interessante Teil des Reports: Die dynamische Erzeugung der internen Tabelle (siehe Listing 18.23). Die einzelnen Schritte dazu schauen wir uns im Folgenden noch genauer an.

```
FORM dynamic_ticket_data.
  TYPES: BEGIN OF ty_used_attr,
           tablename TYPE zbook_attr-tablename,
           fieldname TYPE zbook_attr-fieldname,
         END OF ty_used_attr.
  DATA lt_used_attr   TYPE STANDARD TABLE OF ty_used_attr.
  DATA lt_attr_value  TYPE SORTED TABLE OF zbook_attr_value
                           WITH NON-UNIQUE KEY tiknr.
  DATA lt_tickets     TYPE STANDARD TABLE OF zbook_ticket.
  DATA lr_datadescr   TYPE REF TO cl_abap_datadescr.
  DATA lr_structdescr TYPE REF TO cl_abap_structdescr.
  DATA lr_tabledescr  TYPE REF TO cl_abap_tabledescr.
  DATA lt_components  TYPE
           cl_abap_structdescr=>component_table.
  DATA ls_component   LIKE LINE OF lt_components.
  DATA lv_fieldname   TYPE fieldname.
  FIELD-SYMBOLS <attr_value> TYPE zbook_attr_value.
  FIELD-SYMBOLS <used_attr>  TYPE ty_used_attr.
  FIELD-SYMBOLS <t_data>     TYPE STANDARD TABLE.
  FIELD-SYMBOLS <s_data>     TYPE any.
  FIELD-SYMBOLS <field>      TYPE any.
  FIELD-SYMBOLS <tiknr>      TYPE any.
```

**Listing 18.23** DYNAMIC_TICKET_DATA – notwendige Variablen

Zuerst lesen Sie alle Tickets in die interne Tabelle LT_TICKETS ein (siehe Listing 18.24). Wenn keine Daten vorhanden sind, brechen Sie den Vorgang ab. Wichtig ist in diesem Fall, dass Sie in der Routine OUTPUT_DATA prüfen, ob die interne Tabelle erzeugt wurde (siehe Listing 18.24).

```
SELECT * FROM zbook_ticket INTO TABLE lt_tickets
 WHERE tiknr IN s_tiknr
```

```
    AND area  IN s_area
    AND clas  IN s_clas.
IF sy-subrc > 0.
  EXIT.
ENDIF.
```

**Listing 18.24** Tickets einlesen

Anschließend werden alle variablen Werte zu den Tickets gelesen (siehe Listing 18.25). Da wir den Zusatz FOR ALL ENTRIES verwenden, ist es wichtig, dass die Tabelle LT_TICKETS Daten enthält.

Variable Ticketwerte lesen

**SELECT-Zusatz FOR ALL ENTRIES**

[!]

Mit dem Zusatz FOR ALL ENTRIES zum Befehl SELECT können Sie die Selektion auf die Werte einschränken, die in einer anderen beliebig strukturierten internen Tabelle vorhanden sind. Dabei ist es jedoch wichtig, dass die interne Tabelle gefüllt ist! Andernfalls werden alle Daten aus der Tabelle selektiert.

```
IF lt_tickets IS NOT INITIAL.
  SELECT * INTO TABLE lt_attr_value
    FROM zbook_attr_value
     FOR ALL ENTRIES IN lt_tickets
   WHERE tiknr = lt_tickets-tiknr.
ENDIF.
```

**Listing 18.25** DYNAMIC_TICKET_DATA – Werte der variablen Felder lesen

Um zu wissen, welche variablen Felder in der Selektion vorhanden sind, selektieren wir diese wiederum mittels SELECT DISTINCT (siehe Listing 18.26). Der Zusatz DISTINCT bewirkt, dass gleiche Daten nur einmal selektiert werden.

Variable Felder ermitteln

```
IF lt_attr_value IS NOT INITIAL.
  SELECT DISTINCT tablename fieldname
    INTO TABLE lt_used_attr
    FROM zbook_attr_value
     FOR ALL ENTRIES IN lt_attr_value
   WHERE tiknr = lt_attr_value-tiknr.
ENDIF.
```

**Listing 18.26** DYNAMIC_TICKET_DATA – alle verwendeten variablen Felder ermitteln

Um die interne Tabelle aufbauen zu können, benötigen wir Komponenten. Dies können sowohl einzelne Felder als auch Strukturen sein. Die erste Komponente ist die Basistabelle ZBOOK_TICKET. Fragen Sie

Komponenten der dynamischen Tabelle

zuerst die Typdefinition dieser Tabelle ab, und fügen Sie sie als erste Komponente in die Komponententabelle ein (siehe Listing 18.27).

```
lr_structdescr ?=
  cl_abap_typedescr=>describe_by_name( 'ZBOOK_TICKET' ).
ls_component-name       = 'BASE_TABLE'.
ls_component-type       = lr_structdescr.
ls_component-as_include = 'X'.
APPEND ls_component TO lt_components.
```

**Listing 18.27** DYNAMIC_TICKET_DATA – Tabellentypdefinition der Komponente ZBOOK_TICKET

**Variable Felder als Komponenten**

Nun fügen wir die variablen Felder als eigenständige Komponenten ein (siehe Listing 18.28). Wir haben die verwendeten Attribute bereits eingelesen (Listing 18.26) und fragen zusätzlich nun über den Feldnamen die Typdefinition ab. Die Komponente fügen Sie mit dem Feldnamen in die Tabelle ein, der auch bei der Definition der variablen Felder verwendet wurde, allerdings mit dem Präfix `X_`. Haben Sie die Struktur `ZBOOK_ATTR_DUMMY` und das Feld `OS` verwendet, lautet der Feldname in der internen Tabelle also z.B. `X_OS`. Auf diese Weise stellen wir sicher, dass die hier verwendeten Feldnamen nicht in der Basistabelle genutzt werden, und wir können später die Wertzuweisung sehr elegant vornehmen.

```
  LOOP AT  lt_used_attr ASSIGNING  <used_attr>.
*== Feldname X_ + Feldname aus Definition
    CONCATENATE 'X_' <used_attr>-fieldname
           INTO ls_component-name.
    CONCATENATE <used_attr>-tablename
                <used_attr>-fieldname
           INTO lv_fieldname SEPARATED BY '-'.
    lr_datadescr ?=
        cl_abap_datadescr=>describe_by_name( lv_fieldname ).
    ls_component-type       = lr_datadescr.
    ls_component-as_include = ' '.
    APPEND ls_component TO lt_components.
  ENDLOOP.
```

**Listing 18.28** DYNAMIC_TICKET_DATA – variable Felder als Komponenten verwenden

**Struktur für dynamische Tabelle**

Nun müssen wir die interne Tabelle mit diesen Komponenten erzeugen. Dazu müssen wir zuerst eine Struktur anlegen (siehe Listing 18.29).

```
TRY.
    lr_structdescr = cl_abap_structdescr=>create(
                           p_components = lt_components ).
  CATCH cx_sy_struct_creation.
ENDTRY.
```

**Listing 18.29** DYNAMIC_TICKET_DATA – Struktur für die interne Tabelle erzeugen

**Tabellenbeschreibung und Datenreferenz**

Aus dieser Strukturbeschreibung erzeugen wir mit dem Coding aus Listing 18.30 eine Tabellenbeschreibung und daraus eine Datenreferenz auf die interne Tabelle.

```
TRY.
    lr_tabledescr = cl_abap_tabledescr=>create(
                          p_line_type  = lr_structdescr ).
    CREATE DATA gd_data TYPE HANDLE lr_tabledescr.
  CATCH cx_sy_table_creation.
ENDTRY.
```

**Listing 18.30** DYNAMIC_TICKET_DATA – dynamische Tabelle erzeugen

Mit der Datenreferenz selbst können wir nicht arbeiten. Deswegen müssen wir die Datenreferenz wiederum einem Feldsymbol zuweisen:

```
ASSIGN gd_data->* TO <t_data>.
```

Die Hauptarbeit ist nun getan, die interne Tabelle existiert. Sie können mithilfe des Feldsymbols `<T_DATA>` auf die Tabelle zugreifen. Da die Struktur der internen Tabelle aus den Feldern der Basistabelle `ZBOOK_TICKET` besteht, können Sie die bereits eingelesenen Ticketdaten mithilfe der neuen internen Tabelle einfach zuweisen:

```
<t_data> = lt_tickets.
```

**Variable Felder zuordnen**

Als Nächstes folgt die Zuordnung der variablen Felder. Diese lesen wir je Ticketnummer und ordnen darüber die gespeicherten Werte zu. Da die generischen Feldsymbole – `<T_DATA>` für die interne Tabelle und `<S_DATA>` für den Arbeitsbereich – ihre Struktur erst zur Laufzeit zugewiesen bekommen, können wir auf die Felder der Basistabelle nicht direkt zugreifen, sondern benötigen für das Lesen der Ticketattribute die Ticketnummer, die wir mittels `ASSIGN` einem Feldsymbol zuweisen (siehe Listing 18.31).

```
LOOP AT <t_data> ASSIGNING <s_data>.
  ASSIGN COMPONENT 'TIKNR'
         OF STRUCTURE <s_data> TO <tiknr>.
```

```
  LOOP AT lt_attr_value ASSIGNING <attr_value>
       WHERE tiknr =  <tiknr>.
```

**Listing 18.31** DYNAMIC_TICKET_DATA – variable Feldwerte einem Ticketdatensatz hinzufügen

In der Tabelle ZBOOK_ATTR_VALUE stehen Struktur und Feldname des variablen Feldes. Aus dem dort gespeicherten Feldnamen und dem Präfix X_ setzen Sie den Feldnamen zusammen, den wir in der internen Tabelle verwendet haben:

```
CONCATENATE 'X_' <attr_value>-fieldname
       INTO lv_fieldname.
```

Mithilfe des Feldnamens greifen Sie auf das korrespondierende Feld des Arbeitsbereichs zu:

```
ASSIGN COMPONENT lv_fieldname
       OF STRUCTURE <s_data> TO <field>.
CHECK sy-subrc = 0.
```

Das Feldsymbol <FIELD> verweist nun auf das Feld der Struktur <S_DATA> desjenigen variablen Feldes, das gerade bearbeitet wird. Sie können nun den gespeicherten Wert des variablen Feldes dem Feld der internen Tabelle zuweisen (siehe Listing 18.32):

```
      <field> = <attr_value>-value.
    ENDLOOP.
  ENDLOOP.
ENDFORM.                        " DYNAMIC_TICKET_DATA
```

**Listing 18.32** DYNAMIC_TICKET_DATA – variablen Feldwert setzen

In dieser Routine haben Sie nun zu jedem Ticket die zugehörigen variablen Felder gefüllt. Die interne Tabelle kann zur Darstellung an das SALV-Model übergeben werden (siehe Listing 18.24).

## 18.6 Mehrere Werte erfassen

Anforderung

In den vorangegangenen Abschnitten haben wir Ihnen gezeigt, wie Sie dynamische Daten zu einem Ticket erfassen und ändern können. Leider können Sie auf diese Weise nur jeweils *einen* Datensatz pro Ticket speichern. Es wäre jedoch durchaus nützlich, wenn Sie zu einem Ticket *mehrere* Datensätze erfassen könnten. Eine Ticketmeldung könnte z. B. lauten: »Bitte führen Sie bei folgenden sechs Notebooks unserer Abteilung ein Upgrade auf Windows 8 durch.«

Nun müsste der Bearbeiter für jedes der acht Notebooks ein Ticket erfassen. Stünde ihm für jedes Ticket eine Tabelle zur Erfassung der darin enthaltenen Aufgaben zur Verfügung, würde dies die Erfassung einer Ticketmeldung, die mehrere Aufgaben enthält, vereinfachen. Die Erfassungsmaske könnte z. B. so aussehen wie in Abbildung 18.19.

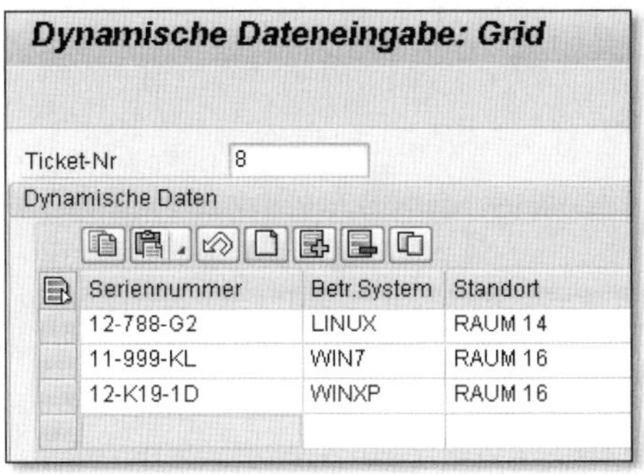


**Abbildung 18.19** Dynamische Dateneingabe in einer ALV-Grid-Liste

In diesem Abschnitt entwickeln wir das *Dynamic Data Grid*, ein dynamisch erzeugtes ALV Grid zur Dateneingabe. Die Erzeugung der dynamischen Tabelle und die Erfassung in der ALV-Grid-Liste sind dabei weniger kompliziert als die in den vorangegangenen Abschnitten vorgestellte Version, in der lediglich ein einzelner Datensatz erfasst werden kann. Zusätzlich zur Erfassung der Daten möchten wir Ihnen in diesem Abschnitt eine unkomplizierte und robuste Art der Datenspeicherung vorstellen. Die eingegebenen Daten werden dabei mit einem einzigen Befehl in einen XML-String transformiert, der problemlos gesichert werden kann.

## 18.6.1 Dynamische Datenerfassung kapseln

In diesem Abschnitt erstellen wir die Klasse `ZCL_BOOK_DYNAMIC_DATA_GRID` zur Kapselung der in die ALV-Grid Liste eingetragenen Daten. Für die Anlage der Attribute und Methoden können Sie Anhang A.8, »Klasse und Methoden anlegen«, zu Hilfe nehmen.

**Methode CONSTRUCTOR**

Legen Sie zuerst den Konstruktor mit den Parametern aus Abbildung 18.20 an, und implementieren Sie diese Methode, wie in Listing 18.33 zu sehen.

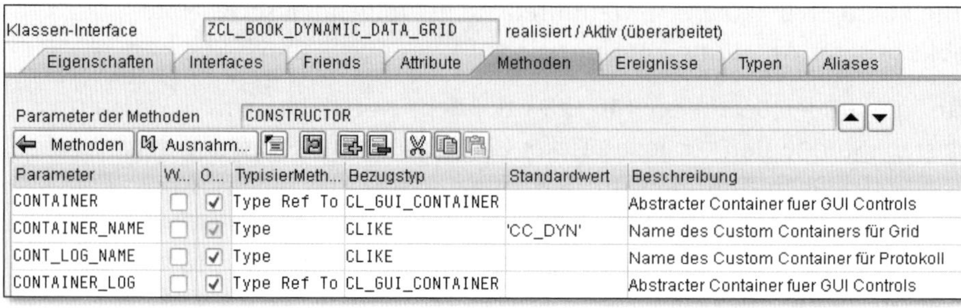


**Abbildung 18.20** Parameter der Methode CONSTRUCTOR

```
METHOD constructor.
  IF container IS BOUND.
    gr_container = container.
  ELSE.
    CREATE OBJECT gr_container TYPE cl_gui_custom_container
      EXPORTING
        container_name = container_name.
  ENDIF.
  IF cont_log_name IS NOT INITIAL.
    CREATE OBJECT gr_cont_log TYPE cl_gui_custom_container
      EXPORTING
        container_name = cont_log_name.
  ENDIF.
  SELECT * FROM zbook_attr INTO TABLE gt_attributes.
ENDMETHOD.
```

**Listing 18.33** Implementierung der Methode CONSTRUCTOR

**Methode CREATE_GRID**

Darüber hinaus benötigen wir die Methode CREATE_GRID, die keine Parameter enthält. Hier wird das ALV Grid instanziiert und die Eingabebereitschaft gesetzt. Es wird der Feldkatalog verwendet, der in der Routine PREPARE_DATA anhand der variablen Felder erzeugt wird. Das Coding zur Implementierung finden Sie in Listing 18.34.

```
METHOD CREATE_GRID.
  DATA ls_layout            TYPE lvc_s_layo.
  FIELD-SYMBOLS <table>     TYPE STANDARD TABLE.
  FIELD-SYMBOLS <workarea> TYPE any.
  FIELD-SYMBOLS <fcat>      TYPE lvc_s_fcat.
*== Zuweisung der dynamisch erzeugten Tabelle zum Feldsymbol
  ASSIGN gd_dynamic_data->* TO <table>.
  IF gr_grid IS NOT INITIAL.
    gr_grid->free( ).
    CLEAR gr_grid.
  ENDIF.
```

```
  CHECK gt_fcat IS NOT INITIAL.
  IF gr_grid IS INITIAL.
*== ALV anbinden
    CREATE OBJECT gr_grid
      EXPORTING
        i_parent       = gr_container
        i_applogparent = gr_cont_log
        i_appl_events  = ' '
      EXCEPTIONS
        others         = 5.

*== Edit-Event extra registrieren
    gr_grid->register_edit_event(
            cl_gui_alv_grid=>mc_evt_modified ).
*== Edit-Mode aktiv setzen
    gr_grid->set_ready_for_input( 1 ).
*== ... und Event Handler zuweisen
    SET HANDLER handle_data_changed FOR gr_grid.
*== Grid-Anzeige
    CALL METHOD gr_grid->set_table_for_first_display
      EXPORTING
        is_layout       = ls_layout
      CHANGING
        it_fieldcatalog = gt_fcat
        it_outtab       = <table>
      EXCEPTIONS
        OTHERS          = 4.
  ELSE.
    gr_grid->set_frontend_fieldcatalog(
               it_fieldcatalog = gt_fcat ).
    gr_grid->refresh_table_display( ).
  ENDIF.
*== Fokus auf das Grid setzen;
*== Der Anwender kann sofort Daten eingeben
  cl_gui_alv_grid=>set_focus( gr_grid ).
ENDMETHOD.
```

**Listing 18.34** Implementierung der Methode CREATE_GRID

Methode PREPARE_DATA

In Abschnitt 18.5, »Interne Tabelle dynamisch erstellen«, haben wir die interne Tabelle mithilfe der Runtime Type Services erzeugt. Hier nutzen wir die Methode `cl_alv_table_create=>create_dynamic_table` zur Erstellung der internen Tabelle. Bei dieser Variante müssen wir jedes einzelne Feld (Komponente) in einen Feldkatalog aufnehmen. Anhand dieses Feldkatalogs erzeugt die Methode eine Datenreferenz auf die interne Tabelle. Um die Tabellen ansprechen zu können, müssen wir die Datenreferenz einem Feldsymbol zuweisen. Nachdem die Tabelle generiert wurde, lesen wir vorhandene variable Werte zum Ticket ein (Methode READ_DATA) und erzeugen das ALV Grid (Methode CREATE_GRID).

Die Parametrisierung der Methode PREPARE_DATA nehmen Sie vor wie in Abbildung 18.21 und implementieren sie anschließend wie in Listing 18.35.

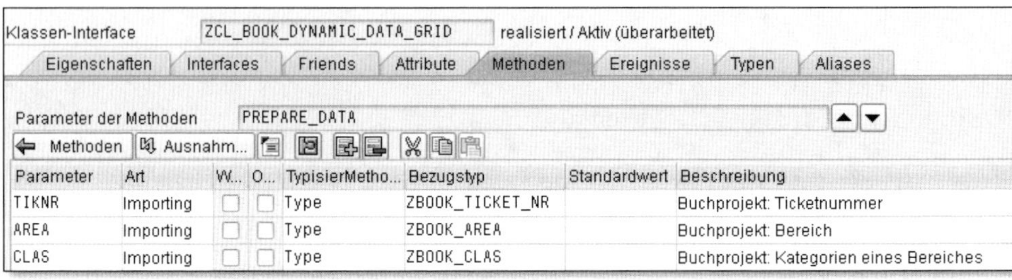


**Abbildung 18.21** Parameter der Methode PREPARE_DATA

```
METHOD PREPARE_DATA.
  FIELD-SYMBOLS <fcat>      TYPE lvc_s_fcat.
  FIELD-SYMBOLS <table>     TYPE STANDARD TABLE.
*== Übergebene Daten in globalen Variablen speichern.
*== So können wir auf Änderungen reagieren.
  CHECK gv_area  <> area
     OR gv_clas  <> clas
     OR gv_tiknr <> tiknr.
  gv_area  = area.
  gv_clas  = clas.
  gv_tiknr = tiknr.
  FIELD-SYMBOLS <attribute> TYPE zbook_attr.
  CLEAR gt_fcat.
*== Neuaufbau des Feldkatalogs anhand der variablen Felder
  LOOP AT  gt_attributes ASSIGNING  <attribute>
       WHERE ( area = area AND clas = clas )
          OR ( area = area and clas = space ).
    APPEND INITIAL LINE TO gt_fcat ASSIGNING <fcat>.
    <fcat>-fieldname  = <attribute>-fieldname.
    <fcat>-tabname    = '1'.
    <fcat>-ref_field  = <attribute>-fieldname.
    <fcat>-ref_table  = <attribute>-tablename.
    <fcat>-edit       = 'X'.
  ENDLOOP.

  IF gd_dynamic_data IS BOUND.
*== bei wiederholtem Aufruf die alten Daten löschen
    ASSIGN gd_dynamic_data->* TO <table>.
```

```
    CLEAR <table>.
    CLEAR gd_dynamic_data.
  ENDIF.

  IF gt_fcat IS NOT INITIAL.
*== Interne Tabelle aus Feldkatalog generieren
  CALL METHOD cl_alv_table_create=>create_dynamic_table
    EXPORTING
      it_fieldcatalog          = gt_fcat
    IMPORTING
      ep_table                 = gd_dynamic_data
    EXCEPTIONS
      generate_subpool_dir_full = 1
      OTHERS                   = 2.
  ENDIF.
  read_data( ).
  create_grid(  ).
ENDMETHOD.
```

**Listing 18.35** Implementierung der Methode PREPARE_DATA

[«]

**Leerer Festwert**

Sie haben die Domäne ZBOOK_ATTR_OS mit einem leeren Festwert angelegt (Leerzeichen, siehe Abbildung 18.8). Das ist wichtig, da wir bei der Dateneingabe im ALV Grid der Klasse ZCL_BOOK_DYNAMIC_DATA_GRID keine eigene Methode definiert haben, um die Werte zu prüfen. Dies können Sie separat tun, indem Sie eine Ereignisbehandler-Methode für das Ereignis DATA_CHANGED der Klasse CL_GUI_ALV_GRID programmieren. Wir haben dies jedoch nicht getan, da die einfache Dateneingabe auch ohne eine separate Methode funktioniert. Allerdings müssen wir in diesem Fall die Standard-Eingabeprüfungen des ALV Grid in Kauf nehmen. Diese lassen bei einem Feld, dessen Datentyp auf eine Domäne mit Festwerten verweist, ausschließlich die Festwerte zu. Wenn Sie also das Leerzeichen nicht explizit als Festwert aufnehmen, *müssen* Sie das Feld mit einem Wert füllen und können es nicht leer lassen, da ein ALV Grid über keine Muss-Eingabe-Steuerung wie Dynpro-Felder verfügt.

**Methode SAVE_DATA**

Bei der Methode SAVE_DATA (Signatur siehe Abbildung 18.22) wenden wir einen Trick an: Wir wandeln die interne Tabelle mithilfe des Befehls CALL TRANSFORMATION in einen XML-Datenstrom um (siehe Listing 18.36). Dieses Vorgehen hat die folgenden Vorteile:

- Die Daten können in einem Datenbankfeld vom Typ STRING gesichert werden.
- Die Daten können leicht zurück in eine interne Tabelle transformiert werden. Dies funktioniert selbst dann, wenn in der Zwi-

schenzeit die Definition der variablen Felder geändert wurde. Die Felder, die noch vorhanden sind, werden transformiert, die restlichen Felder bleiben trotzdem im XML-String enthalten. Ebenso können neue variable Felder hinzukommen. Die Transformation von XML in die interne Tabelle funktioniert weiterhin.

Den XML-String legen wir in dem Datencluster `INDX(Z1)` ab. Diese Art der Speicherung ist sehr komfortabel, denn damit könnten wir uns sogar die Umwandlung der Daten in einen XML-String sparen. Allerdings kann der Verzicht auf die Umwandlung beim Import der Daten zu Problemen führen, wenn sich zwischenzeitlich die Definition der variablen Felder geändert hat.

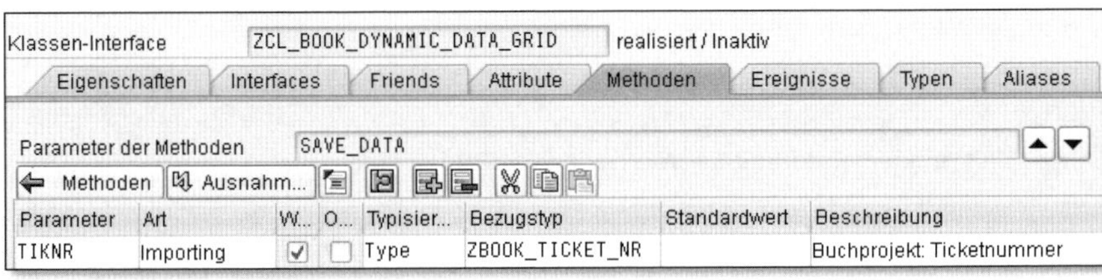


**Abbildung 18.22** Parameter der Methode SAVE_DATA

```
METHOD save_data.
  DATA lv_xml_string    TYPE string.
  FIELD-SYMBOLS <table> TYPE STANDARD TABLE.
  FIELD-SYMBOLS <warea> TYPE any.

  ASSIGN gd_dynamic_data->* TO <table>.
  gr_grid->check_changed_data( ).
  LOOP AT <table> ASSIGNING <warea>.
    IF <warea> IS INITIAL.
      DELETE <table> INDEX sy-tabix.
    ENDIF.
  ENDLOOP.
*== Hier erfolgt die Umwandlung der Tabelle in einen
*== XML-String.
  CALL TRANSFORMATION id SOURCE data = <table>
                         RESULT XML lv_xml_string.
*== Der XML-String wird in der Clustertabelle INDX abgelegt.
  EXPORT dynamic_data FROM lv_xml_string
                      TO DATABASE indx(z1) ID tiknr.
ENDMETHOD.
```

**Listing 18.36** Implementierung der Methode SAVE_DATA mit Befehl CALL TRANSFORMATION

**Daten im Cluster speichern** [+]

In der Systemtabelle INDX lassen sich unkompliziert Daten speichern. Der große Vorteil ist, dass Sie sogar komplexe Datenstrukturen dort ablegen können. Die Speicherung erfolgt unter Angabe des Gebiets (in unserem Beispiel in Listing 18.36 Z1) in einem Datencluster (INDX) und einer ID (in unserem Beispiel die Ticketnummer TIKNR). Sollte sich die Struktur der Daten nach dem Export geändert haben, kann es sein, dass die Daten nicht mehr korrekt eingelesen werden können.

Die Einträge in der Tabelle können Sie sehen, wenn Sie sich die Systemtabelle INDX im Data Browser (Transaktion SE16N) anschauen. Die enthaltenen *Daten* sehen Sie allerdings nicht, denn diese werden komprimiert gespeichert.

Wenn Sie sich entscheiden, das Systemcluster INDX zur Datenspeicherung zu verwenden, sollten Sie die Tabelle INDX in eine Tabelle im Kundennamensraum kopieren und diese verwenden. Sprechen Sie die Verwendung gegebenenfalls mit Ihrem Administrationsteam ab.

Methode READ_DATA

Die Methode READ_DATA liest die Daten aus dem Datencluster INDX und transformiert den XML-String in die dynamische generierte interne Tabelle (siehe Listing 18.37). Sollten keine Daten vorhanden sein, werden fünf leere Datensätze erzeugt, um die Dateneingabe zu vereinfachen.

```
METHOD read_data.
  DATA lv_xml_string TYPE string.
  FIELD-SYMBOLS <table>    TYPE STANDARD TABLE.
  ASSIGN gd_dynamic_data->* TO <table>.
*== Import des XML-Strings aus dem Datencluster
  IMPORT dynamic_data TO lv_xml_string
                    FROM DATABASE indx(z1) ID tiknr.
  IF sy-subrc = 0.
*== Umwandlung der XML-Daten in die interne Tabelle
    CALL TRANSFORMATION id SOURCE XML lv_xml_string
                          RESULT data = <table>.
  ELSE.
*== Keine Daten vorhanden: fünf leere Zeilen einfügen
    IF <table> IS ASSIGNED.
      CLEAR <table>.
      DO 5 TIMES.
        APPEND INITIAL LINE TO <table>.
      ENDDO.
    ENDIF.
  ENDIF.
  IF gr_grid IS BOUND.
    gr_grid->refresh_table_display( ).
  ENDIF.
ENDMETHOD.
```

**Listing 18.37** Implementierung der Methode READ_DATA

**Methode FREE** Schließlich müssen Sie noch die Methode `FREE` implementieren (siehe Listing 18.38). Die Methode ist wichtig, um den Neuaufbau des ALV Grids zu ermöglichen. Greifen Sie über die Objektreferenz `GR_GRID` auf das Attribut `PARENT` zu, und rufen Sie dessen Methode `FREE` auf. Diese Methode »entlässt« zuerst alle eingebundenen Controls (`GR_GRID`) und deinstalliert sich dann selbst.

```
METHOD free.
  gr_grid->parent->free( ).
ENDMETHOD.
```

**Listing 18.38** Methode FREE

### 18.6.2 Einbau der dynamischen Datenerfassung

Zum Abschluss dieses Kapitels möchten wir Ihnen noch zeigen, wie Sie das Dynamic Data Grid in die Ticketanwendung einbauen (siehe auch Kapitel 11, »Controls in Dialog einbauen«, und 12, »Frameworks verwenden«). Da wir sowohl auf der linken als auch auf der rechten Seite des Ticket-Dynpros jeweils Frameworks verwenden, die es auf einfache Art und Weise erlauben, einen neuen Container hinzuzufügen, wird der Einbau ein Kinderspiel.

**Abbildung 18.23** Die Ticketanwendung mit zusätzlichem Container

**Dynamic Data Grid integrieren** Folgende Schritte müssen Sie ausführen, um das Dynamic Data Grid in den Ticketdialog zu integrieren (Ergebnis siehe Abbildung 18.23):

1. Passen Sie den Quellcode bei der Erzeugung des Kochbuch-Frameworks auf der linken Seite an: Sie benötigen nun drei anstelle von zwei Containern.
2. Definieren Sie die Daten für den dritten Container.
3. Definieren Sie die Daten für das Dynamic Data Grid.
4. Instanziieren Sie das Dynamic Data Grid im PBO der Ticketanwendung.
5. Richten Sie eine Anpassung des Dynamic Data Grids bei Änderung von Bereich oder Kategorie ein.
6. Implementieren Sie den Aufruf der Datensicherungsmethode beim Sichern des Tickets.

**Drei Container**

Bearbeiten Sie dazu den Ticketdialog SAPMZBOOK_TICKET. im Repository Browser (Transaktion SE80). Beginnen Sie damit, in der Routine INIT_CONTROL_FRAMEWORK_LEFT die Erzeugung von drei anstelle von bisher zwei Containern vorzunehmen (siehe Listing 18.39):

```
FORM init_control_framework_left .
  ...
  CREATE OBJECT gr_splitadmin_left
    EXPORTING
      iv_no_of_container = 3
      ir_parent          = gr_docker_left.
  gr_container04 = gr_splitadmin_left->get_container( 1 ).
  gr_container05 = gr_splitadmin_left->get_container( 2 ).
  gr_container06 = gr_splitadmin_left->get_container( 3 ).
  ...
ENDFORM.
```

**Listing 18.39** Anpassung der Routine INIT_CONTROL_FRAMEWORK_LEFT

**Datendefinition**

Definieren Sie die Datenreferenzen für den neuen Container (GR_CONTAINER06) sowie das Dynamic Data Grid (GR_DYN_DATA_GRID). Rufen Sie dazu das TOP-Include auf und fügen Sie die Zeilen aus Listing 18.40 ein:

```
DATA gr_dyn_data_grid TYPE REF TO
                            zcl_book_dynamic_data_grid.
DATA gr_container06   TYPE REF TO cl_gui_container.
```

**Listing 18.40** Datenreferenzen für das Dynamic Data Grid

**Erzeugung des Dynamic Data Grids**

Das Objekt GR_DYN_DATA_GRID binden Sie bei Instanziierung in den Container GR_CONTAINER06 ein. Erzeugen Sie das Objekt dort, wo Sie auch die anderen Controls initialisieren, in der Unterroutine INIT_

CONTROLS. Fügen Sie den Quellcode aus Listing 18.41 in die Unterroutine ein.

```
IF gr_dyn_data_grid IS INITIAL.
  CREATE OBJECT gr_dyn_data_grid
      EXPORTING
          container = gr_container06.
ENDIF.
```

**Listing 18.41** Instanzerzeugung des Dynamic Data Grids

**Datentabelle erzeugen**

Zur Erzeugung der Datentabelle des Dynamic Data Grids wird die Routine INIT_CONTROLS in dem PBO-Modul STATUS_0100 aufgerufen. Das Objekt wird nur einmal bei Transaktionsstart erzeugt. Um bei Änderungen des Ticketbereichs oder der Ticketkategorie oder auch bei Bearbeitung eines anderen Tickets das ALV Grid entsprechend den Einstellungen zu erzeugen, haben Sie die Methode PREPARE_DATA in der Klasse ZCL_BOOK_DYNAMIC_DATA_GRID erstellt. Diese müssen Sie im PBO-Modul mit den jeweils aktuellen Daten (Ticketnummer, Bereich, Kategorie) aufrufen. Die Methode baut bei Änderungen die interne Datentabelle neu auf. Fügen Sie den Quelltext aus Listing 18.42 in das PBO-Modul STATUS_0100 ein. Beachten Sie, dass der Aufruf nach dem Aufruf der Routine INIT_CONTROLS erfolgen muss!

```
IF gr_dyn_data_grid IS BOUND.
  gr_dyn_data_grid->prepare_data(
    tiknr  = zbook_ticket_dynpro-ticket-tiknr
    area   = zbook_ticket_dynpro-ticket-area
    clas   = zbook_ticket_dynpro-ticket-clas ).
ENDIF.
```

**Listing 18.42** Aufruf der Methode PREPARE_DATA

**Sichern der Daten**

Damit die eingegebenen Daten gespeichert werden, müssen Sie die Methode SAVE_DATA der Klasse ZCL_BOOK_DYNAMIC_DATA_GRID aufrufen. Der Aufruf erfolgt in der Unterroutine SAVE. Fügen Sie den Aufruf aus Listing 18.43 in die Unterroutine ein.

```
IF gr_dyn_data_grid IS BOUND.
  gr_dyn_data_grid->save_data(
          zbook_ticket_dynpro-ticket-tiknr ).
ENDIF.
```

**Listing 18.43** Speichern der Daten

Sie haben nun erneut auf einfache Art und Weise ein recht komplexes Modul in den Ticketdialog integriert. Die Ticketanwendung sollte nun aussehen wie in Abbildung 18.23.

*Customizing ist ein zentrales Konzept von SAP. Personalisierung ist sozusagen benutzerbezogenes Customizing. Die Möglichkeit zur Personalisierung lässt sich einfach in eigene Anwendungen einbinden.*

# 19 Personalisierung verwenden

*Personalisierung* ist ein Mittel, mit dem einfach und komfortabel Einstellungen einer Applikation benutzerdefiniert zentral gespeichert werden können. Die Personalisierung ist eine mächtige Funktion, der in der Regel wenig Beachtung geschenkt wird. Ein Grund dafür ist sicherlich, dass sie vielen Entwicklern gar nicht bekannt ist. Ein weiterer Grund mag sein, dass komplexe Programmierungen in erster Linie funktionieren müssen und nach den Kernentwicklungsarbeiten oftmals dann keine Zeit mehr für die Verfeinerung der *Usability* bleibt. Integriert man jedoch einen Dialog für Benutzereinstellungen in eine Anwendung, hat dies viele Vorteile:

- Der Aufruf des Einstellungsdialogs innerhalb eines Programms ist sehr einfach möglich.
- Einstellungen werden in der Benutzerverwaltung mitkopiert.
- Die Einstellungen können rollenbasiert verwaltet werden.
- Die Ablage der Daten erfolgt an zentraler Stelle.
- Die Verwendung ist sehr einfach.

In diesem Kapitel werden wir ein Personalisierungsobjekt erstellen und einen Dialog zur Präsentation der Einstellungsmöglichkeiten programmieren. Diesen Dialog werden wir im Programm aufrufen, um die Einstellungen im Ticketdialog verwenden zu können.

Wir werden uns in diesem Kapitel auf die einfache Verwaltung von Einstellungen mithilfe einer Struktur konzentrieren. Darüber hinaus ist es möglich, vollständige Tabellen, in denen Benutzereinstellungen gespeichert werden, mithilfe der Personalisierung zu verwalten. Wird ein Benutzer kopiert oder einem Benutzer eine bestimmte Rolle zugewiesen, werden die entsprechenden Einträge dabei ebenfalls kopiert. Bei der hier gezeigten Variante passiert dies auch, jedoch werden die Daten komplett eigenständig von der Personalisierungsklasse verwaltet.

Im Ticketdialog zeigen wir sowohl auf der linken als auch auf der rechten Bildschirmseite Docking-Container an (siehe auch Kapitel 12, »Frameworks verwenden«). Je nach Bildschirmauflösung lassen sich einige Controls in den Docking-Containern unterschiedlich gut darstellen. Der Anwender wird es zu schätzen wissen, wenn die von ihm eingestellte Größe der Container gespeichert wird, sodass sie beim nächsten Programmstart die gleiche Größe haben wie bei der letzten Sitzung. Wir werden die Personalisierung daher dazu verwenden, die Größe der Docking-Container benutzerdefiniert abzuspeichern. Mithilfe des Einstellungsdialogs können die Werte auch explizit gesetzt werden. Diese Funktion ist sehr wichtig, wenn vorher die Größe der Docking-Container auf 0 gesetzt wurde. In diesem Fall ist der Docking-Container nicht mehr sichtbar, und die Größe kann nicht mehr geändert werden. Im Einstellungsdialog kann die Größe jedoch wiederhergestellt werden.

## 19.1 Personalisierungsobjekt anlegen

Benutzerpflege und Berechtigungen

Personalisierung ist ein Konzept, das die zentrale Ablage generischer benutzerspezifischer Daten ermöglicht. Die personalisierte Anwendung ist in die Benutzerpflege und das Rollenkonzept (Berechtigungsverwaltung) eingebunden. Auf diese Weise können durch das Zuordnen von Rollen oder das Kopieren von Benutzern die vorgenommenen Einstellungen übernommen werden. Der Einstellungsdialog kann auch aus der zentralen Benutzerpflege heraus aufgerufen werden. In einer Rolle werden dort alle verfügbaren Personalisierungsobjekte aufgelistet, und für obligatorische Objekte können Einstellungen vorbelegt werden.

Transaktion PERSREG

Alle notwendigen Einstellungen für die Erstellung des Personalisierungsobjekts werden in Transaktion PERSREG vorgenommen. Für die Pflege der Daten muss ein Dialog programmiert werden.

Klasse CL_PERS_ADMIN

Die Klasse `CL_PERS_ADMIN` wird für den Aufruf aller benötigten Funktionen verwendet:

- Laden der Daten
- Speichern der Daten
- Aufruf der verschiedenen Dialoge
- Löschen der Daten

**Personalisierungsobjekt registrieren**

Beginnen wir mit der Registrierung des Personalisierungsobjekts:

1. Rufen Sie Transaktion PERSREG auf.
2. Tragen Sie den Namen `ZBOOK_TICKET` in das Feld Schlüssel für das Personalisierungsobjekt ein, und klicken Sie auf (Anlegen). Anschließend können Sie alle Eigenschaften des Personalisierungsobjekts definieren (siehe Abbildung 19.1).

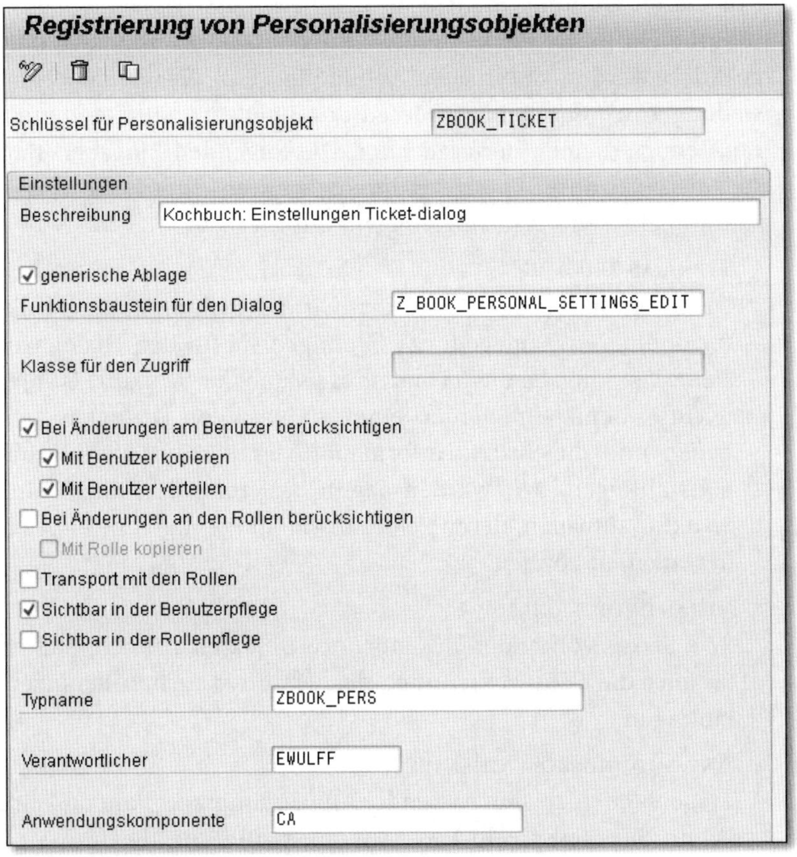


**Abbildung 19.1** Registrierung des Personalisierungsobjekts

3. Geben Sie die Beschreibung ein.

4. Entscheiden Sie sich für die Option GENERISCHE ABLAGE, damit das Personalisierungsobjekt die Ablage der Daten für Sie übernimmt.
5. Das Feld für die Eingabe eines Funktionsbausteins wird eingabebereit. Geben Sie den FUNKTIONSBAUSTEIN FÜR DEN DIALOG ein: `Z_BOOK_PERSONAL_SETTINGS_EDIT`. Diesen Funktionsbaustein werden wir in Abschnitt 19.3, »Dialogbaustein erstellen«, noch erstellen.
6. Aktivieren Sie die folgenden Optionen:
   - BEI ÄNDERUNGEN AM BENUTZER BERÜCKSICHTIGEN (MIT BENUTZER KOPIEREN und MIT BENUTZER VERTEILEN)
   - SICHTBAR IN DER BENUTZERPFLEGE

   Mit diesen Optionen haben Sie definiert, dass das Personalisierungsobjekt in der Benutzerverwaltung aufgelistet und auch dort geändert werden kann (siehe Abbildung 19.2). Vorhandene Einstellungen werden beim Kopieren des Benutzers auf einen anderen Benutzernamen berücksichtigt. Die folgenden Eingaben sind spezifisch für unser Beispiel, zum Registrieren eines Personalisierungsobjekts jedoch nicht zwingend erforderlich:

   - TYPNAME `ZBOOK_PERS`
     Die Struktur `ZBOOK_PERS` werden wir in Abschnitt 19.2, »Struktur definieren«, anlegen; wir benötigen sie für den Dialogbaustein. Die Eingabe des Typnamens (Name der Struktur) ist hier wichtig, denn wir werden einen universellen Dialogbaustein bauen und die Strukturinformation des Personalisierungsobjekts abfragen. Wir werden darauf basierend dynamisch eine Struktur aufbauen, deren Felder in einem Pop-up-Fenster geändert werden können.
   - VERANTWORTLICHER
     Wie Sie es von anderen Repository-Objekten kennen, sollten Sie hier die Benutzerkennung des verantwortlichen Benutzers eintragen.
   - ANWENDUNGSKOMPONENTE
     Tragen Sie hier die passende Anwendungskomponente ein. Wenn Sie dieses Feld leer lassen, erhalten Sie die Info-Meldung, dass die Anwendungskomponente nicht aktiv ist.
7. Sichern Sie die Einstellungen, und verlassen Sie die Transaktion.

Sie haben nun die Grundlage geschaffen, um Daten ohne großen Aufwand benutzerabhängig zentral zu speichern und zu verwalten. Ein zusätzlicher Einstellungsdialog ist nicht zwingend erforderlich, jedoch in unserem Beispiel sinnvoll, um ausgeblendete Docking-Container wieder einblenden zu können.

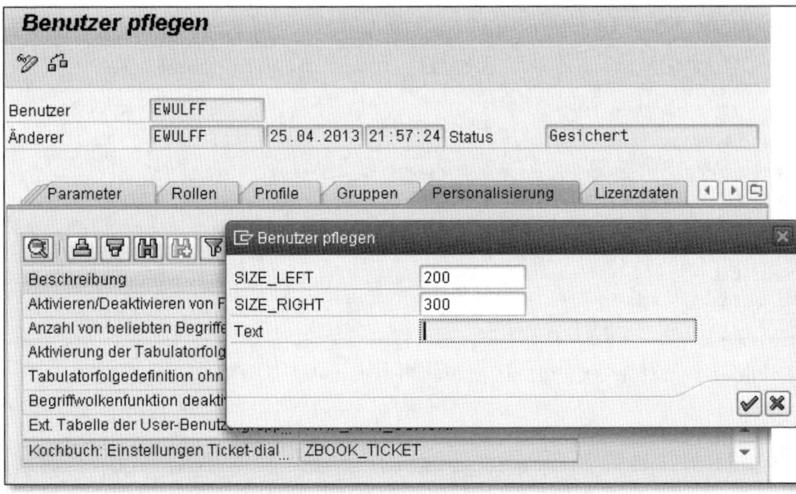


**Abbildung 19.2** Personalisierungsobjekt in der Benutzerpflege

## 19.2 Struktur definieren

**Struktur zur Feldvorgabe**

Die Daten werden von der Personalisierungsklasse eigenständig gespeichert. Wir benötigen zur Ablage der Daten deswegen keine Tabelle, sondern lediglich eine Struktur, in der wir die Felder vorgeben, die wir zur Speicherung der Benutzereinstellungen im Ticketdialog benötigen.

Wechseln Sie in Transaktion SE11, und legen Sie die Struktur (Datentyp) `ZBOOK_PERS` an. Wir benötigen ein Feld für die Breite des linken und ein Feld für die Breite des rechten Docking-Containers. Darüber hinaus verwenden wir ein Textfeld zur freien Eingabe (siehe Abbildung 19.3).

**Datentyp wählen**

Wir haben es uns an dieser Stelle einfach gemacht und für die beiden Felder zur Definition der Breite `SIZE_LEFT` und `SIZE_RIGHT` den internen Datentyp `INT4` verwendet, d.h., wir haben kein eigenes Datenelement erstellt. Um die eingebauten Datentypen verwenden zu können, klicken Sie auf die Schaltfläche EINGEBAUTER TYP. In

Abbildung 19.3 ist dies bereits geschehen, und es wird daher die Schaltfläche Komponententyp eingeblendet, über die Sie zur Komponentensicht wechseln können. Vergeben Sie wie gewohnt die Erweiterungskategorie Erweiterbar und zeichenartig oder numerisch, und aktivieren Sie die Struktur.

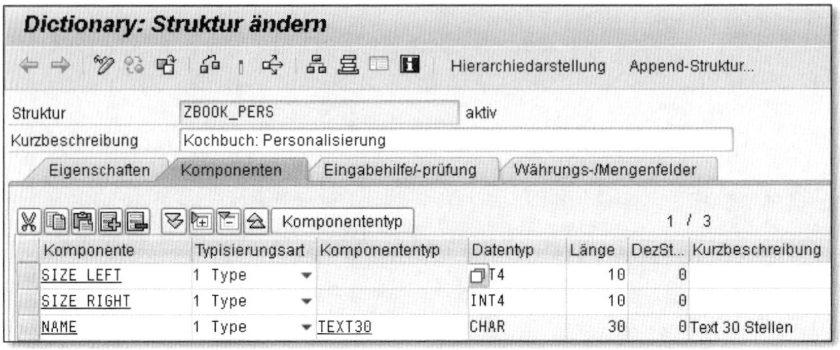


Abbildung 19.3 Struktur für die Dialogeinstellungen

[»]

**Integer**

Der intern bei Methodensignaturen verwendete Typ I entspricht dem elementaren Datentyp `INT4`. Da wir den Wert im Folgenden an die Methode `SET_EXTENSION` der Klasse `CL_GUI_DOCKING_CONTAINER` übergeben wollen, verwenden wir bereits hier den korrekten Datentyp.

## 19.3 Dialogbaustein erstellen

Für die Pflege der Einstellungen benötigen wir einen Funktionsbaustein, der die Daten aus dem Personalisierungsobjekt liest, die Daten präsentiert und anschließend speichert. Normalerweise erstellt man hierzu einen Personalisierungsdialog passend zu einem Personalisierungsobjekt beziehungsweise zu den hierin gespeicherten Daten. Einen sehr umfangreichen Personalisierungsdialog für das Objekt »Immobilien: Einstellungen Benutzeroberfläche« sehen Sie in Abbildung 19.4. Für die Ticket-Anwendung wollen wir jedoch einen Personalisierungsdialog erstellen, der universell eingesetzt werden kann. Er ist nicht so aufwendig wie das Beispiel in Abbildung 19.4, dafür können Sie ihn einfach und ohne weitere Anpassungen als Dialog für weitere Personalisierungsobjekte verwenden. Diesen Baustein werden wir nun erstellen.

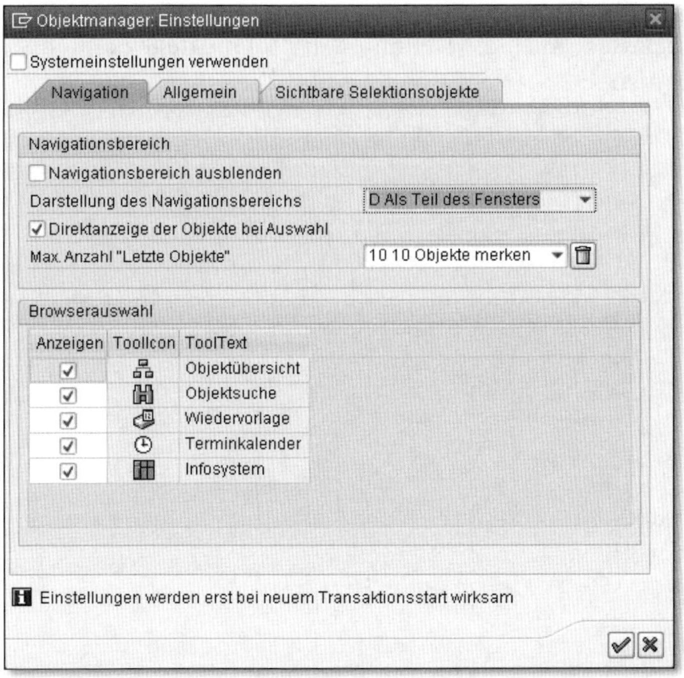


**Abbildung 19.4** Beispiel für einen speziellen Personalisierungsdialog

**Schnittstelle**

Der Funktionsbaustein benötigt eine fest definierte Schnittstelle. Diese legen Sie am einfachsten an, indem Sie den Beispielbaustein `SPERS_DEMO_DIALOG` kopieren und den kopierten Funktionsbaustein `Z_BOOK_PERSONAL_SETTINGS_EDIT` nennen. Diesen können Sie in die bereits vorhandene Funktionsgruppe `ZBOOK_TICKET` kopieren:

1. Rufen Sie Transaktion SE37 auf.
2. Geben Sie in das Feld FUNKTIONSBAUSTEIN den zu kopierenden Funktionsbaustein ein: `SPERS_DEMO_DIALOG`.
3. Klicken Sie auf die Schaltfläche KOPIEREN. Im folgenden Pop-up-Fenster geben Sie den Zielnamen des Funktionsbausteins (`Z_BOOK_PERSONAL_SETTINGS_EDIT`) sowie den Namen der Funktionsgruppe, in die kopiert werden soll (`ZBOOK_TICKET`), ein.
4. Klicken Sie auf die Schaltfläche KOPIEREN.

**Funktionsbaustein bearbeiten**

Sie haben den Funktionsbaustein nun kopiert und können ihn in Transaktion SE37 bearbeiten. Ändern Sie zuerst die Beschreibung des Bausteins. Der Quelltext aus Listing 19.1 muss komplett in den Quelltext des Funktionsbausteins übertragen werden. Zur Orientierung haben wir die Anweisung FUNCTION ... ENDFUNCTION mit im Quelltext belassen. Auch die Definition der Schnittstelle können Sie hier überprüfen.

```
FUNCTION z_book_personal_settings_edit.
*"----------------------------------------------------------
*"*"Lokale Schnittstelle:
*"  IMPORTING
*"   REFERENCE(P_PERS_OBJECT) TYPE REF TO CL_PERS_OBJECT_DATA
*"     REFERENCE(P_VIEW_MODE) TYPE  CHAR1
*"  EXCEPTIONS
*"      DIALOG_CANCELED
*"      PERS_OBJECT_ERROR
*"----------------------------------------------------------
*== Datendeklaration
  DATA lt_fields        TYPE STANDARD TABLE OF sval.
  DATA lt_dd03p         TYPE STANDARD TABLE OF dd03p.
  DATA ls_dd03p         TYPE dd03p.
  DATA lv_return        TYPE c LENGTH 1.
  DATA lv_struct_name   TYPE ddobjname.
  DATA lr_type_descr    TYPE REF TO cl_abap_typedescr.
  DATA lv_typename      TYPE abap_abstypename.
  FIELD-SYMBOLS <field> TYPE sval.
  FIELD-SYMBOLS <value> TYPE any.
  DATA ld_data          TYPE REF  TO data.
  FIELD-SYMBOLS <data>  TYPE any.
```

**Listing 19.1** Datendeklaration

**Typnamen ermitteln**

Im folgenden Quelltextabschnitt in Listing 19.2 fragen Sie den im Personalisierungsobjekt definierten Typnamen ab, also die Struktur ZBOOK_PERS. Der Typname wird allerdings im internen Format – als absoluter Typname – zurückgeliefert, sodass wir diesen etwas umständlich in den relativen Typnamen umwandeln müssen.

```
*== Typnamen des Personalisierungsobjekts ermitteln
  CALL METHOD p_pers_object->get_type
    IMPORTING
      p_typename = lv_typename.
*== Typbeschreibung anhand des Typnamens erzeugen
  lr_type_descr =
     cl_abap_typedescr=>describe_by_name( lv_typename ).
*== Relativen Namen ermitteln
  lv_struct_name = lr_type_descr->get_relative_name( ).
```

**Listing 19.2** Objekttyp des Personalisierungsobjekts ermitteln

Struktur dynamisch erzeugen

Aus dem ermittelten relativen Typnamen können wir nun einfach per CREATE DATA die Struktur dynamisch erzeugen, die wir nur durch ein Feldsymbol ansprechen können. Wenn Sie einen eigenen, explizit auf die Anwendung zugeschnittenen Dialog programmieren, können Sie auch mit einer festen Struktur arbeiten. Da Sie den hier entwickelten Dialogbaustein jedoch auch für andere Personalisierungsdialoge verwenden können sollen, muss die gesamte Ermittlung dynamisch erfolgen.

```
CREATE DATA ld_data TYPE (lv_struct_name).
ASSIGN ld_data->* TO <data>.
```

Anschließend lassen wir uns die gespeicherten Daten in die eben erzeugte Struktur (das Feldsymbol) übergeben (siehe Listing 19.3).

```
CALL METHOD p_pers_object->get_data
  EXPORTING
    p_reload_data   = space
  IMPORTING
    p_pers_data     = <data>
  EXCEPTIONS
    data_type_error = 1
    no_data_found   = 2
    internal_error  = 3
    OTHERS          = 4.
CASE sy-subrc.
  WHEN 1 OR 3 OR 4.  RAISE pers_object_error.
ENDCASE.
```

**Listing 19.3** Ermitteln der »persönlichen Daten«

Funktionsbaustein DDIF_TABL_GET

Um den Funktionsbaustein zur Darstellung der Felder nutzen zu können, benötigen wir die Feldinformationen der Struktur. Der Funktionsbaustein DDIF_TABL_GET liefert alle Felder der im ABAP Dictionary vorhandenen Struktur ZBOOK_PERS zurück (siehe Listing 19.4).

```
CALL FUNCTION 'DDIF_TABL_GET'
  EXPORTING
    name          = lv_struct_name
  TABLES
    dd03p_tab     = lt_dd03p
  EXCEPTIONS
    illegal_input = 1
    OTHERS        = 2.
```

**Listing 19.4** Funktionsbaustein DDIF_TABL_GET verwenden

**Feldnamen in Dialog** Nun folgt der Aufbau der Feldnamen für den Dialogbaustein. Wird der Dialog im Anzeigemodus aufgerufen, müssen wir dies auch im Dialog berücksichtigen. Das Feldattribut 02 schaltet die Eingabebereitschaft des Feldes aus (siehe Listing 19.5).

```
LOOP AT lt_dd03p INTO ls_dd03p.
  APPEND INITIAL LINE TO lt_fields ASSIGNING <field>.
  <field>-tabname    = ls_dd03p-tabname.
  <field>-fieldname  = ls_dd03p-fieldname.
  <field>-novaluehlp = abap_false.
  IF p_view_mode IS NOT INITIAL.
    <field>-field_attr = '02'. "Display
  ENDIF.
```

**Listing 19.5** Aufbau des Feldkatalogs für das Pop-up-Fenster

**Daten an Funktionsbaustein** Die gespeicherten Daten müssen wir nun ebenfalls Feld für Feld an den Funktionsbaustein übergeben. Dies lösen wir elegant mit dem Befehl `ASSIGN COMPONENT` (siehe Listing 19.6). Den Feldnamen verwenden wir schon für den Aufbau des Feldkatalogs.

```
  ASSIGN COMPONENT ls_dd03p-fieldname
      OF STRUCTURE <data> TO <value>.
  IF sy-subrc = 0.
    <field>-value = <value>.
  ENDIF.
ENDLOOP.
```

**Listing 19.6** Daten feldweise an Funktionsbaustein übergeben

**Feldwerte anzeigen/ändern** Der Standardbaustein `POPUP_GET_VALUES_USER_HELP` eignet sich perfekt zur Darstellung unserer Dialogfelder. Mit seiner Hilfe lassen sich über einen Feldkatalog Feldwerte anzeigen oder ändern.

```
CALL FUNCTION 'POPUP_GET_VALUES_USER_HELP'
  EXPORTING
    popup_title               = 'Einstellungen'
    no_check_for_fixed_values = abap_true
  IMPORTING
    returncode                = lv_return
  TABLES
    fields                    = lt_fields
  EXCEPTIONS
    error_in_fields           = 1
    OTHERS                    = 2.
```

**Listing 19.7** Funktionsbaustein POPUP_GET_VALUES_USER_HELP

[«]

**Funktionsumfang erweitern**

In der Dokumentation zum Funktionsbaustein POPUP_GET_VALUES_USER_HELP finden Sie Informationen zu seiner Verwendung. Sie können sowohl im Feldkatalog als auch durch User-Exits den Funktionsumfang erweitern.

Da wir in unserem Beispiel keine Datenelemente in der Struktur verwendet haben, gibt es auch keine Hilfe zu den einzelnen Feldern. Diese können Sie durch Callback-Routinen einfach implementieren. Setzen Sie die Parameter F1_FORMNAME und F1_PROGRAMNAME, um die Funktion der erweiterten [F1]-Hilfe zu implementieren:

```
CALL FUNCTION 'POPUP_GET_VALUES_USER_HELP'
  EXPORTING
    popup_title                = 'Einstellungen'
    f1_formname                = 'CALLBACK_F1'
    f1_programname             = 'SAPLZBOOK_TICKET'
    ...
```

**Listing 19.8** F1-Hilfe im Funktionsbaustein POPUP_GET_VALUES_USER_HELP

Da Sie sich innerhalb einer Funktionsgruppe befinden, muss der Programmname das Rahmenprogramm der Funktionsgruppe sein. Die Callback-Routine zur Ausgabe der [F1]-Hilfe könnte so aussehen wie in Listing 19.9.

```
FORM callback_f1 USING tabname fieldname.
  CASE fieldname.
    WHEN 'SIZE_LEFT'.
      MESSAGE i000(oo)
         WITH 'Breite des linken Docking-Containers'.
    WHEN 'SIZE_RIGHT'.
      MESSAGE i000(oo)
         WITH 'Breite des rechten Docking-Containers'.
  ENDCASE.
ENDFORM.                      "callback_f1
```

**Listing 19.9** Routine zur Ausgabe der F1-Hilfe

Dieses Vorgehen ist in einem universellen Baustein sicherlich nicht sinnvoll, denn damit ist der Funktionsbaustein nicht mehr universell einsetzbar. Wir wollten Sie hier jedoch auf die Variabilität des Bausteins hinweisen.

Feldwerte in Struktur übernehmen

Wenn der Anwender die Eingabe der Felder bestätigt, müssen wir die geänderten Feldwerte in die dynamisch erzeugte Struktur übernehmen. Dazu nutzen wir abermals den Befehl ASSIGN COMPONENT (siehe Listing 19.10).

```
  IF  sy-subrc is INITIAL and lv_return <> 'A'.
    LOOP AT lt_fields ASSIGNING <field>.
      ASSIGN COMPONENT <field>-fieldname
          OF STRUCTURE <data> TO <value>.
      IF sy-subrc = 0.
        <value> = <field>-value.
      ENDIF.
    ENDLOOP.
```

**Listing 19.10** Anwendereingaben in Struktur übernehmen

Speichern in Personalisierungsobjekt

Nun müssen die Daten noch im Personalisierungsobjekt gespeichert werden (siehe Listing 19.11), und der Einstellungsdialog ist fertig.

```
    CALL METHOD p_pers_object->set_data
      EXPORTING
        p_pers_data       = <data>
        p_write_through = space
      EXCEPTIONS
        data_type_error = 1
        internal_error  = 2
        OTHERS          = 3.
    IF sy-subrc <> 0.
      RAISE pers_object_error.
    ENDIF.
  ELSE.
    RAISE dialog_canceled.
  ENDIF.
ENDFUNCTION.
```

**Listing 19.11** Funktionsbaustein Z_BOOK_PERSONAL_SETTINGS_EDIT

[»]

**Universellen Dialog verwenden**

Diesen Dialog können Sie uneingeschränkt für einfache (flache) Strukturen verwenden. Der verwendete Funktionsbaustein hat jedoch in unseren Augen den Nachteil, dass keine Ankreuzfelder oder Listboxen definiert werden können. Im SAP-Umfeld ist es eher unüblich, dass Ankreuzfelder, also Felder, die lediglich den Wert » « (leer) oder »X« enthalten können, durch ein normales Eingabefeld dargestellt werden.

Personalisierungsdialog testen

Mithilfe der Transaktion SPERS_DIALOG können Sie den Dialog testen. Rufen Sie die Transaktion auf, und geben Sie den Namen des Personalisierungsobjekts ein: `ZBOOK_TICKET`. Nach Drücken der [↵]-Taste sollte der Dialog wie in Abbildung 19.5 angezeigt werden.

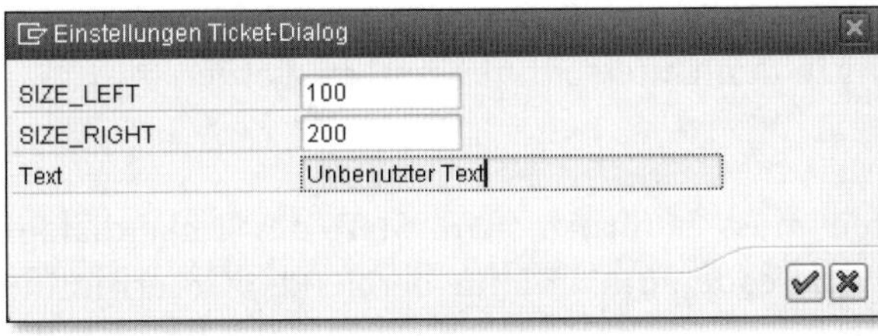


**Abbildung 19.5** Der universelle Einstellungsdialog

## 19.4 Anwendung personalisieren

Benutzerdefinierte Daten nutzen

Sie haben nun ein Personalisierungsobjekt erzeugt und einen Dialog für die Pflege der Einstellungen erstellt. Nun sollen die benutzerdefinierten Daten im Ticketdialog dafür verwendet werden, die Breite der beiden Docking-Container zu steuern. Sie müssen dafür die folgenden Änderungen im Ticketdialog vornehmen:

- Lesen der benutzerdefinierten Daten
- Anwenden der Daten auf die Docking-Container
- Funktionscode zum Aufruf des Einstellungsdialogs implementieren
- Ermitteln der aktuellen Containergrößen beim Verlassen der Transaktion
- Speichern der ermittelten Containerbreiten

Personalisierungsroutinen

Die im Folgenden verwendeten Unterroutinen werden alle für die Personalisierung verwendet, aus diesem Grund beginnen die Namen aller Routinen mit `PERSONALIZATION`. Wir empfehlen Ihnen diese Kennzeichnung, da die Routinen dadurch im Objektbaum der ABAP Workbench übersichtlicher dargestellt werden, indem klar ersichtlich ist, dass diese Routinen zusammengehören.

Wir möchten Ihnen zuerst die Unterroutinen vorstellen. Danach werden wir den Aufruf der Routinen im Ticketdialog vornehmen. Den ersten Aufruf werden wir nun jedoch direkt einbauen, damit Sie das Coding dazu per Doppelklick auf den Namen der Unterroutine wie gewohnt einbauen können. Andernfalls müssten Sie selbst ein Include anlegen und dieses in das Rahmenprogramm einbauen.

Struktur ZBOOK_PERS deklarieren

Rufen Sie die ABAP Workbench auf, und wechseln Sie zum Programm `SAPMZBOOK_TICKET`. Springen Sie in das TOP-Include des Modulpools, und deklarieren Sie die im Personalisierungsobjekt verwendete globale Struktur, die wir in den Unterroutinen nutzen werden.

```
DATA gs_zbook_pers TYPE zbook_pers.
```

**Daten einlesen** Das Lesen der Daten muss natürlich beim Start des Ticketdialogs erfolgen. Der Programmcode enthält dafür bereits die Unterroutine `INIT`. Klappen Sie links im Objektbaum der ABAP Workbench die Kategorie UNTERPROGRAMME auf, und klicken Sie doppelt auf die Routine `INIT`. Rufen Sie in dieser Routine die Unterroutine zum Lesen der Daten auf:

```
PERFORM personalization_get.
```

Klicken Sie doppelt auf den Namen der Unterroutine `PERSONALIZATION_GET`. Legen Sie die Routine wie gewohnt in einem neuen Include an. Listing 19.12 zeigt das Coding zur Unterroutine. Das Lesen der Daten erfolgt durch die Methode `CL_PERS_ADMIN=>GET_DATA`. Sind noch keine benutzereigenen Daten vorhanden, werden Vorschlagswerte verwendet.

```
FORM personalization_get.
  CALL METHOD cl_pers_admin=>get_data
    EXPORTING
      p_pers_key  = 'ZBOOK_TICKET'
    IMPORTING
      p_pers_data = gs_zbook_pers
    EXCEPTIONS
      OTHERS      = 4.
  IF gs_zbook_pers IS INITIAL.
    gs_zbook_pers-size_left  = 200.
    gs_zbook_pers-size_right = 200.
  ENDIF.
ENDFORM.                      " PERSONALIZATION_GET
```

**Listing 19.12** Unterroutine PERSONALIZATION_GET

[»]

**Personalisierung in Rollen verwenden**

Wir verwenden in unserem Beispiel die Personalisierung für einzelne Benutzer. Die Personalisierung kann jedoch auch in einer Berechtigungsrolle umgesetzt werden (siehe Abbildung 19.1, Option SICHTBAR IN DER ROLLENPFLEGE). Diese Funktion muss jedoch separat programmiert werden. Sollen die Einstellungen aus der Rolle verwendet werden, solange es noch keine benutzereigenen Einstellungen gibt, müssen Sie die Methode `CL_PERS_ADMIN=>GET_DATA_ROLE` aufrufen.

Es werden nicht automatisch die Einstellungen aus der Rolle verwendet, da es verschiedene Rollen geben kann, in denen ähnliche Werte eingestellt sind. Beim Lesen der Personalisierungsdaten zur Rolle muss die zu verwendende Rolle beim Aufruf der Methode CL_PERS_ADMIN=>GET_DATA_ROLE angegeben werden. Ebenfalls möglich ist die ausschließliche Definition der Werte in der Benutzerrolle durch die Benutzeradministration. Eine Änderung der Einstellungen der verwendeten Rolle sollte in diesem Fall mit einer Berechtigungsprüfung im Dialogfunktionsbaustein realisiert werden.

Legen Sie die folgenden Unterroutinen ebenfalls in dem aktuellen Include an. Die Routinen gehören alle zusammen; es ist daher nicht notwendig, für jede Routine ein neues Include anzulegen.

Speichern

In der Unterroutine PERSONALIZATION_SAVE (siehe Listing 19.13) lesen Sie die aktuelle Größe der beiden Docking-Container ein. Sofern sich die Werte geändert haben, speichern Sie diese im Personalisierungsobjekt.

```
FORM personalization_save.
  DATA lv_size_left  TYPE i.
  DATA lv_size_right TYPE i.
  IF gr_docker_left IS BOUND.
    gr_docker_left->get_width(
       IMPORTING width = lv_size_left ).
  ENDIF.
  IF gr_docker_right IS BOUND.
    gr_docker_right->get_width(
       IMPORTING width = lv_size_right ).
  ENDIF.
  IF lv_size_right <> gs_zbook_pers-size_right OR
     lv_size_left  <> gs_zbook_pers-size_left.
    gs_zbook_pers-size_right = lv_size_right.
    gs_zbook_pers-size_left  = lv_size_left.
    CALL METHOD cl_pers_admin=>set_data
      EXPORTING
        p_pers_key  = 'ZBOOK_TICKET'
        p_pers_data = gs_zbook_pers
      EXCEPTIONS
        OTHERS      = 4.
  ENDIF.
ENDFORM.                    "personalization_save
```

**Listing 19.13** Unterroutine PERSONALIZATION_SAVE

Dialog aufrufen

Für den Aufruf des Dialogs benötigen wir ebenfalls eine Unterroutine, die Sie in Listing 19.14 sehen. Sofern der Anwender Eingaben geändert hat, lesen wir die Daten erneut ein, denn sie werden leider nicht von der Dialogmethode zurückgegeben. Mit den neuen Werten passen wir sofort die Größe der Docking-Container an.

```
FORM personalization_dialog.
  CALL METHOD cl_pers_admin=>user_dialog
    EXPORTING
      p_uname                 = sy-uname
      p_pers_key              = 'ZBOOK_TICKET'
      p_check_user            = 'X'
      p_commit                = 'X'
      p_view_mode             = space
    EXCEPTIONS
      user_does_not_exist     = 1
      pers_key_does_not_exist = 2
      access_class_not_found  = 3
      dialog_not_defined      = 4
      dialog_canceled         = 5
      OTHERS                  = 6.
  IF sy-subrc = 0.
    PERFORM personalization_get.
    PERFORM personalization_apply.
  ENDIF.
ENDFORM.                    "personalization_dialog
```

**Listing 19.14** Unterroutine PERSONALIZATION_DIALOG

Containerbreite

Das Setzen der Containerbreite ist ebenfalls einfach. Da wir in den beiden unterschiedlichen Containern (rechts und links) zweimal die Einstellung ermöglichen, haben wir das Setzen der Containergröße modularisiert und in eine weitere Unterroutine ausgelagert (siehe Listing 19.15).

```
FORM personalization_apply.
  PERFORM personalization_apply_dock
    USING gr_docker_right  gs_zbook_pers-size_right.
  PERFORM personalization_apply_dock
    USING gr_docker_left   gs_zbook_pers-size_left.
ENDFORM.                    "personalization_apply
```

**Listing 19.15** Unterroutine PERSONALIZATION_APPLY

Trickserei

In dieser Routine zum Setzen der Containergröße wenden wir einen kleinen Trick an, der in unserer Ticketanwendung sehr nützlich sein wird: Hat der Anwender im Dialog den Wert für die Breite eines Containers auf 0 gesetzt, verstecken wir den gesamten Container. Sobald bestimmte Controls im Container angezeigt werden, lässt sich die

Größe des Docking-Containers jedoch nicht mehr auf 0 setzen, da das eingebettete Control meistens eine Mindestgröße beansprucht. Dieses Verhalten verwirrt in der Regel und sieht unprofessionell aus. Aus diesem Grund verstecken wir den Container bei Größe 0 komplett (Methode SET_VISIBLE( space )). Beim Setzen eines anderen Wertes muss der Docking-Container dann wieder mit der Methode SET_VISIBLE( 'X' ) sichtbar gemacht werden.

```
FORM personalization_apply_dock
     USING ir_docker TYPE REF TO cl_gui_docking_container
           iv_size   TYPE i.
  IF ir_docker IS BOUND.
    IF iv_size IS INITIAL.
      ir_docker->set_visible( space ).
    ELSE.
      ir_docker->set_width( iv_size ).
      ir_docker->set_visible( 'X' ).
    ENDIF.
  ENDIF.
ENDFORM.                    "personalization_apply_dock
```

**Listing 19.16** Unterroutine PERSONALIZATION_APPLY_DOCK

Aufruf

Speichern Sie die Änderungen. Im nächsten Schritt müssen wir die Routinen einbauen. Das Einlesen der Daten haben Sie bereits in die Methode INIT eingebaut. Das Setzen der Containerbreite muss erfolgen, nachdem die Container erzeugt wurden (Routine INIT_CONTROLS). Springen Sie in die Routine, und setzen Sie den Aufruf zum Setzen der Containerbreiten aus Listing 19.17 hinter die Instanzerzeugung der beiden Docking-Container.

```
FORM init_controls.
  IF gr_docker_right IS INITIAL.
    ...
  ENDIF.
  IF gr_docker_left IS INITIAL.
    ...
  ENDIF.
  PERFORM personalization_apply.
  ...
```

**Listing 19.17** Setzen der Containerbreiten

Das Ermitteln der aktuell eingestellten Containergrößen und das Sichern der Daten müssen wir an zwei Stellen vornehmen:

- beim Verlassen der Transaktion:

```
FORM user_command
  case gv_okcode.
    when 'BACK' or 'HOME' or 'CANCEL'.
      PERFORM personalization_save.
  ...
```

- beim Sichern des Tickets:

```
FORM save.
  PERFORM personalization_save.
  ...
```

[»]

**Modularisierung der Exit-Behandlung**

In Abschnitt 4.6, »Dynpros anlegen«, haben wir Sie darauf hingewiesen, welchen Vorteil es hat, die Exit-Behandlung der Dialogtransaktion ebenfalls in eine eigene Routine auszugliedern. Auf diese Weise brauchen wir das Sichern der Daten nur an einer Stelle zu implementieren, nämlich an genau dieser Stelle.

Dialog aufrufen

Nun müssen wir dem Anwender noch die Möglichkeit geben, seine Einstellungen selbst zu ändern. In einem anderen Kontext kann es auch sinnvoll sein, keinen Dialog in der Anwendung anzubieten, sondern ausschließlich die Pflege über den Benutzerstamm zuzulassen. Dies wäre z.B. der Fall, wenn es sich bei den benutzerabhängigen Berechtigungen um Berechtigungen handelt, die über Einstellungen in einer separaten Tabelle gesteuert werden. Soll der Benutzer eine zusätzliche Berechtigung erhalten, muss dies durch den Aufruf des Personalisierungsdialogs im Benutzerstamm erfolgen. Auch bei diesem Dialog wäre der Vorteil, dass beim Kopieren eines Benutzers auch diese Berechtigungen mit kopiert werden und nicht separat in einer Tabelle nachgeholt werden müssen.

GUI-Status ändern

Um in unserer Ticketanwendung den Einstellungsdialog aufrufen zu können, müssen Sie den GUI-Status verändern, den wir im Ticketdialog verwenden. Klappen Sie in Transaktion SE80 links im Objektbaum den Ordner GUI-Status auf. Klicken Sie doppelt auf den Status CREATE. Sie befinden sich nun im GUI-Status, dessen Anlage wir in Abschnitt 4.6, »Dynpros anlegen«, beschrieben haben. Um die Menüleiste zu bearbeiten, klicken Sie das Aufklappen-Icon neben Menüleiste an. Legen Sie einen neuen Menüeintrag an, indem Sie den Text des Menüs Hilfsmittel in ein leeres Feld schreiben (siehe Abbildung 19.6).

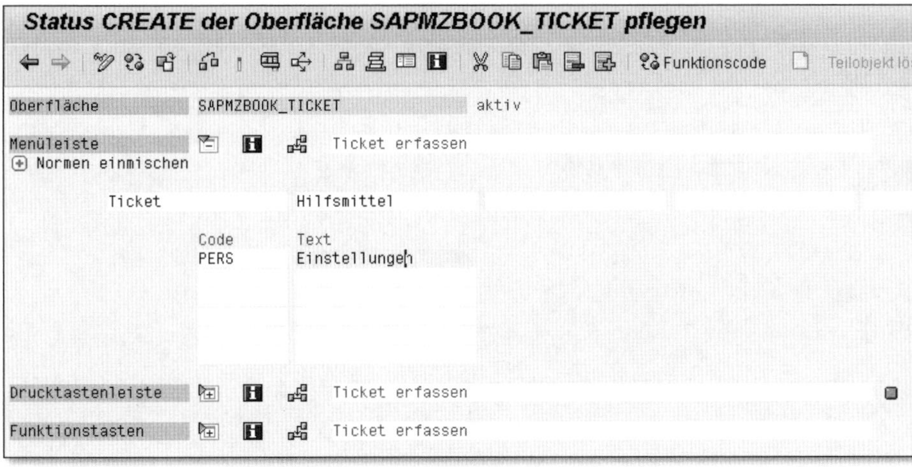


**Abbildung 19.6** GUI-Status CREATE: Menü definieren

Sofern die Einträge darunter noch nicht sichtbar sind, klicken Sie doppelt auf den Menüeintrag HILFSMITTEL. Geben Sie in den Menüeintrag darunter den Funktionscode »PERS« und den Text »Einstellungen« ein. Aktivieren Sie den GUI-Status.

**Funktionscode PERS in Dialog**

Klappen Sie den Ordner UNTERPROGRAMME auf, und klicken Sie doppelt auf die Unterroutine `USER_COMMAND`. Fügen Sie eine neue `WHEN`-Anweisung hinzu, in der Sie den soeben eingetragenen Funktionscode `PERS` abfragen (siehe Listing 19.18).

```
FORM user_command.
  CASE gv_okcode.
    WHEN 'BACK' OR 'HOME' OR 'CANCEL'.
  ...
    WHEN 'PERS'.
      PERFORM personalization_dialog.
  ENDCASE.
ENDFORM.
```

**Listing 19.18** Personalisierungsfunktionscode in Ticketdialog einbauen

Im Ticketdialog ist das neue Menü nun verfügbar, und der Anwender kann die Einstellungen durch Wahl des Menüeintrags HILFSMITTEL • EINSTELLUNGEN ändern. Änderungen im Einstellungsdialog wirken sich sofort auf die Container aus.

*Es ist eine immer wiederkehrende Anforderung, die Kommunikation von einem Fremd- zu einem SAP-System zu ermöglichen. Wir zeigen Ihnen in diesem Kapitel, wie dies mithilfe von Webservices möglich ist und welche Schritte zu deren Erstellung notwendig sind.*

# 20 Mit Webservices auf das SAP-System zugreifen

Bis vor einigen Jahren, und in manchen Bereichen nach wie vor, war die Übertragung von Daten zwischen zwei Systemen nur über einen Dateiaustausch möglich. Sicherlich wird der Datenaustausch noch heute in einigen Szenarien derart realisiert und ist in diesen Fällen aufgrund der Verarbeitungszeit und anderer Rahmenbedingungen sogar sinnvoll.

Heute sind die Systeme einer Landschaft jedoch keine geschlossenen Systeme mehr, sondern sind offener geworden, und dank verschiedener Technologien kann man die Daten nicht nur auf der Ebene der Datenhaltung austauschen, sondern Prozesse in anderen Systemen direkt auf der Ebene der Geschäftslogik anstoßen.

Für unser Ticketsystem gibt es verschiedene Anwendungsszenarien, in denen die Anbindung externer Systeme sinnvoll sein kann. Wenn etwa der Kunde, der die Service- und Supportleistung bezieht, ein anderes Ticketsystem verwendet, sollte eine Schnittstelle geschaffen werden, um direkt aus dem externen System ein Ticket an unser Ticketsystem weiterzuleiten. In diesem Szenario wird ebenso eine Schnittstelle benötigt, um die aktualisierten Informationen zum Ticket wieder im Kundensystem auslesen zu können.

Ein anderer Anwendungsfall wäre, im Intranet eine Übersicht bereitzustellen, wie viele Tickets offen sind oder welche neuen Tickets für einen Bearbeiter eingegangen sind. Dies ließe sich zwar auch mit der Einbindung von Web-Dynpro-Anwendungen in die Intranetseite realisieren, führt aber zu einem unschönen Medienbruch und bringt

Fragen zur Implementierung des Corporate Designs auf der Intranetseite mit sich. Eleganter, wartbarer und einfacher ist es, die Daten in der eigenen Applikation zu belassen und diese Daten über Schnittstellen aus Fremdsystemen zu übermitteln bzw. dorthin zu übertragen. In unserem Beispiel dient das SAP-System als Provider, der Informationen bzw. Statistiken zu Tickets zur Verfügung stellt.

Ein weiteres Szenario ist die Anreicherung der Tickets mit weiteren Informationen. So könnte man z.B. die Daten zu dem Supportkunden, der ein Ticket angelegt hat, automatisiert ergänzen, indem man aus dem SAP CRM-System (Customer Relationship Management) zu der E-Mail-Adresse des Erstellers den Namen und seine Telefonnummer nachliest.

Offene Systemarchitekturen bieten viele Möglichkeiten des Zusammenspiels einzelner Systeme. In diesem Kapitel werden wir Ihnen die Entwicklung eines SOAP-Webservices anhand eines Beispiels vorstellen.

Protokolle

Bei den SOAP-Webservices basiert der Datenaustausch auf dem *Simple Object Access Protocol* (SOAP), das sowohl die Struktur der Daten in der auszutauschenden Nachricht definiert als auch, wie diese Information zu interpretieren ist. Als Transportprotokoll wird – wie auch bei den RESTful Webservices – primär das *Hypertext Transfer Protocol* (HTTP) verwendet, jedoch sind auch andere Protokolle wie etwa das *File Transfer Protocol* (FTP) verwendbar. Diese Webservices können im SAP-System auf dem SAP NetWeaver Application Server (AS) ABAP oder Java zur Verfügung gestellt und konsumiert werden.

[»]

**Weiterführende Literatur**

In diesem Kapitel möchten wir Ihnen das Vorgehen bei der Implementierung und dem Deployment eines SOAP-Webservices im ABAP-System vorstellen. Zu einer erschöpfenden Behandlung des Themas gehören sehr viele Aspekte wie Sicherheit, Bereitstellung in der Infrastruktur etc., die nicht im Rahmen dieses Buches beschrieben werden können. Daher betrachten wir an dieser Stelle lediglich die relevanten Schritte zur Erstellung eines Webservices. Als vertiefende Literatur empfehlen wir Ihnen das Buch *Entwicklung von Enterprise Services für SAP* von Thomas Pohl und Markus Peter (SAP PRESS 2009) und die SAP-Hilfe.

Wizard zur Generierung

Zur Generierung von SOAP-Webservices zu bestehenden remotefähigen Funktionsbausteinen im ABAP-System bietet die ABAP Workbench einen Assistenten als Hilfsmittel an. Damit lassen sich ganze Funktionsgruppen oder einzelne Bausteine exponieren und für den Zugriff von außen zur Verfügung stellen. Im folgenden Abschnitt möchten wir Ihnen die Erstellung eines ABAP-Webservices zeigen.

## 20.1 SOAP-Webservice erstellen

Webservice-Provider und -Konsument

Für den externen Zugriff auf Informationen im Ticketsystem entwickeln wir im Folgenden einen Webservice, der die Funktionalität zweier Funktionsbausteine für Drittanwendungen zur Verfügung stellt. Das SAP-System dient dabei als *Webservice-Provider*, das aufrufende System ist der *Webservice-Konsument*. Der erste Funktionsbaustein, den wir dazu entwickeln werden, übergibt die Anzahl aller offenen Tickets. Ein zweiter Funktionsbaustein liefert eine Übersicht darüber, wie viele Tickets sich in welchem Status befinden.

Funktionsgruppe

Für die Realisierung des Webservices benötigen Sie eine Funktionsgruppe, in der Sie die Funktionsbausteine ablegen. Nach der Implementierung der Funktionsbausteine generieren Sie den zugehörigen Webservice und richten ihn im System ein.

### 20.1.1 Funktionsgruppe ZBOOK_HTTP anlegen

Für die beiden genannten Funktionsbausteine legen Sie die Funktionsgruppe ZBOOK_HTTP an, wie in Abbildung 20.1 dargestellt (siehe auch Anhang A.6, »Funktionsgruppe anlegen«).

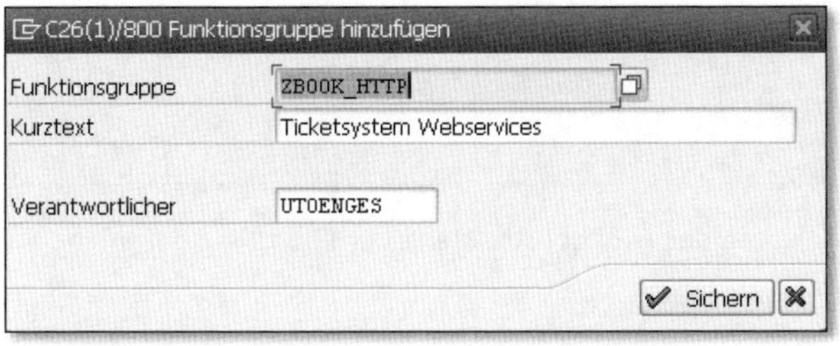


**Abbildung 20.1** Funktionsgruppe ZBOOK_HTTP anlegen

Geben Sie Funktionsgruppen stets einen sprechenden Namen, und ergänzen Sie einen Kurztext, der die Funktionsgruppe näher beschreibt.

### 20.1.2 Funktionsbausteine erstellen

Funktionen bereitstellen

Als Nächstes legen Sie die beiden Funktionsbausteine an. Deren Funktionen werden Sie später als Webservice bereitstellen.

#### Funktionsbaustein zur Ermittlung der Anzahl offener Tickets

Funktionsbaustein Z_BOOK_GET_OPEN_TICKETS

Legen Sie in der Funktionsgruppe `ZBOOK_HTTP` den Funktionsbaustein `Z_BOOK_GET_OPEN_TICKETS` an (siehe auch Anhang A.7, »Funktionsbaustein anlegen«), der die Information über die Anzahl der offenen Tickets ausgibt. Damit der Funktionsbaustein als Webservice verwendet werden kann, müssen Sie festlegen, dass dieser als REMOTE FÄHIGER BAUSTEIN definiert ist (siehe Abbildung 20.2). Auf diese Weise definieren Sie, dass er nicht nur lokal zur Verfügung steht, sondern auch von einem anderen System verwendet werden kann.

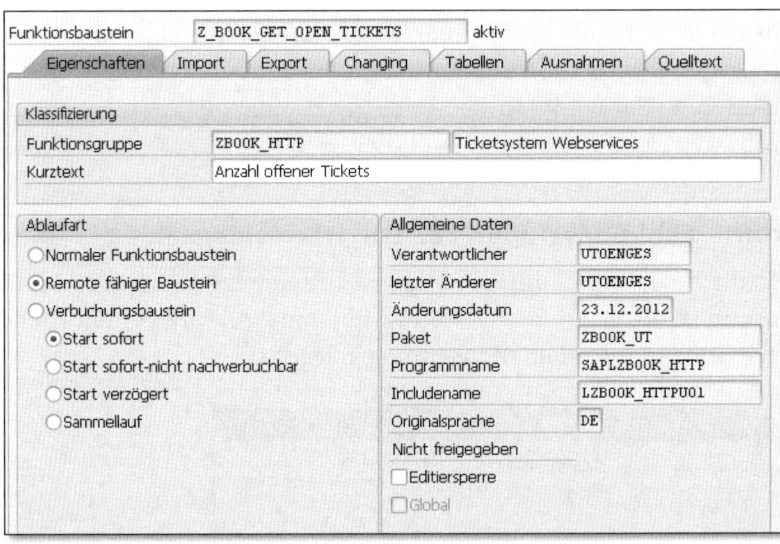


**Abbildung 20.2** Eigenschaften des Funktionsbausteins zur Ermittlung der offenen Tickets

Export-Parameter E_OPEN_TICKETS

Als Export-Parameter geben Sie auf der Registerkarte EXPORT den Parameternamen `E_OPEN_TICKETS` vom Typ `I` an und aktivieren die WERTÜBERGABE (siehe Abbildung 20.3). Der Wert dieses Parameters wird die Gesamtzahl der offenen Tickets enthalten.

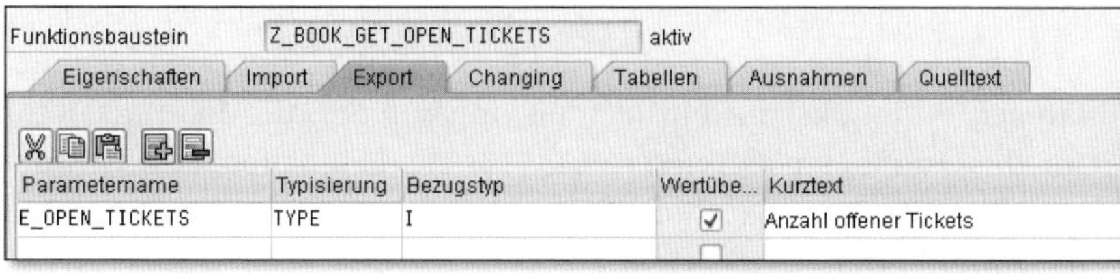


**Abbildung 20.3** Export-Parameter des Funktionsbausteins Z_BOOK_GET_OPEN_TICKETS

**Funktionsbaustein implementieren**

Das Coding des Funktionsbausteins in Listing 20.1 ist recht einfach gehalten und führt ein `SELECT COUNT` auf die Tabelle `ZBOOK_TICKET` aus, in der die Tickets gespeichert sind. Da für die gewünschte Funktion nur die offenen Ticket relevant sind, selektieren Sie dabei auf Tickets im Status `OPEN`, `WORK`, `USER` oder `HOLD`. Der Befehl `SELECT COUNT` ermittelt die Anzahl aller Datensätze in der Ergebnismenge.

```
FUNCTION z_book_get_open_tickets.
SELECT COUNT( tiknr ) INTO e_open_tickets
    FROM zbook_ticket
   WHERE status IN
      ('OPEN',"Offen
       'WORK',"In Arbeit
       'USER',"Warten auf Rückmeldung des Anwenders
       'HOLD')."Geparkt, wartend
ENDFUNCTION.
```

**Listing 20.1** Quellcode des Funktionsbausteins Z_BOOK_GET_OPEN_TICKETS

### Funktionsbaustein zur Ermittlung der Anzahl von Tickets in den einzelnen Status

**Struktur ZBOOK_TICKET_STATUS_COUNT**

Der zweite Funktionsbaustein liefert eine Übersicht darüber, wie viele Tickets sich in welchem Status befinden, d.h., der Baustein exportiert eine Tabelle, die den Ticketstatus und die Anzahl der Tickets in diesem Status enthält. Legen Sie als Erstes die Struktur `ZBOOK_TICKET_STATUS_COUNT` an, die aus den beiden Komponenten `STATUS` vom Typ `ZBOOK_TICKET_STATUS` und `ANZAHL` vom Typ `INT4` bestehen soll. Legen Sie anschließend einen neuen Tabellentyp `ZBOOK_TICKET_STATUS_COUNT_TAB` an, dem die Struktur `ZBOOK_TICKET_STATUS_COUNT` als Zeilentyp zugewiesen ist.

**Export-Parameter ET_TICKETS**

Legen Sie nun den Funktionsbaustein `Z_BOOK_GET_TICKET_STAT_COUNT` als remotefähigen Baustein an. Als Export-Parameter zu diesem Funktionsbaustein legen Sie den Parameter `ET_TICKETS` vom

Typ ZBOOK_TICKET_STATUS_COUNT_TAB an (siehe Abbildung 20.4). Da es sich auch bei Z_BOOK_GET_TICKET_STAT_COUNT um einen remotefähigen Funktionsbaustein handelt, müssen Sie die WERTÜBERGABE für den Parameter aktivieren. ET_TICKETS beinhaltet nach Ausführung des Funktionsbausteins die Liste der verschiedenen Status und die Anzahl offener Tickets.

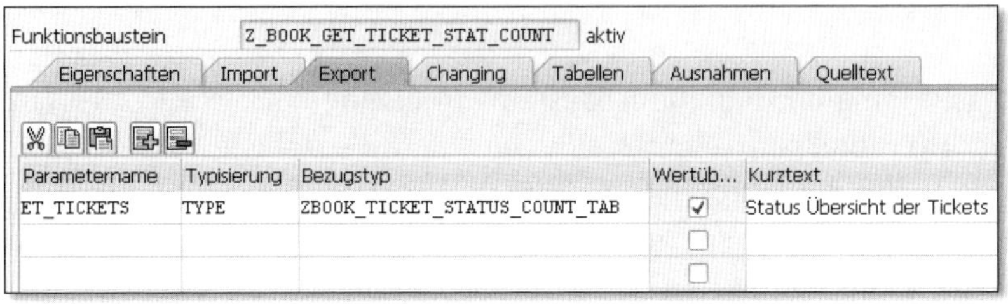


**Abbildung 20.4** Export-Parameter des Funktionsbausteins Z_BOOK_GET_TICKET_STAT_COUNT

**Funktionsbaustein implementieren**

Bei der Implementierung des Funktionsbausteins in Listing 20.2 nutzen wir erneut ein SELECT COUNT, um die Anzahl der Datensätze zu ermitteln. Damit wird die Ergebnismenge nach dem Status gruppiert und für jede Gruppe die Anzahl der Datensätze ermittelt. Das Ergebnis wird in die Tabelle ET_TICKETS geschrieben. COUNT( tiknr ) AS anzahl sorgt dafür, dass die Anzahl der Tickets mit gleichem Status in das Feld ANZAHL der Tabelle ET_TICKETS geschrieben wird.

```
FUNCTION Z_BOOK_GET_TICKET_STAT_COUNT.
  SELECT status COUNT( tiknr ) AS anzahl
    INTO CORRESPONDING FIELDS OF TABLE et_tickets
    FROM zbook_ticket
  GROUP BY status.
ENDFUNCTION.
```

**Listing 20.2** Quellcode des Funktionsbausteins Z_BOOK_GET_TICKET_STAT_COUNT zur Übersicht über die Anzahl von Tickets in den verschiedenen Status

### 20.1.3 Webservice für die Funktionsgruppe generieren

Nachdem Sie nun die notwendigen Implementierungen in den beiden Funktionsbausteinen vorgenommen haben, können Sie den Webservice aus der Funktionsgruppe generieren lassen. Ein alternatives Vorgehen wäre es, für jeden Funktionsbaustein einen eigenen Webservice anzulegen. Da sich jedoch die Funktionen alle auf den gleichen Kontext beziehen und es sich daher anbietet, sie über einen

Webservice zur Verfügung zu stellen, zeigen wir Ihnen hier die Webservicegenerierung für die Funktionsgruppe.

Definition des Webservices

Die Anlage der Webservicedefinition auf Basis der Funktionsgruppe, wie auch die Anlage auf Basis eines einzelnen Funktionsbausteins, wird durch einen Assistenten unterstützt. Sie rufen ihn auf, indem Sie mit der rechten Maustaste auf die Funktionsgruppe klicken und aus dem Kontextmenü ANLEGEN • WEITERE OBJEKTE • ENTERPRISE SERVICE auswählen. Damit öffnen Sie den in Abbildung 20.5 dargestellten Dialog zur Eingabe der Servicedefinition. Hier ist auch eine Beschreibung des Vorgehens enthalten. Wählen Sie als Namen der SERVICE-DEFINITION ZBOOK_TICKET, und vergeben Sie eine BESCHREIBUNG.

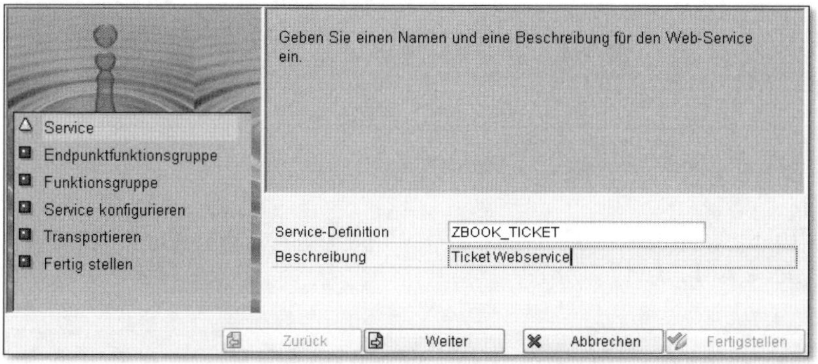


**Abbildung 20.5** Servicedefinition und Beschreibung im Enterprise-Service-Assistenten

Funktionsgruppe zuordnen

Klicken Sie auf WEITER, um zum nächsten Schritt zu gelangen. Als Name im Feld für die FUNKTIONSGRUPPE ist bereits ZBOOK_HTTP eingetragen, da Sie den Assistenten von dieser Funktionsgruppe aus aufgerufen haben (siehe Abbildung 20.6).

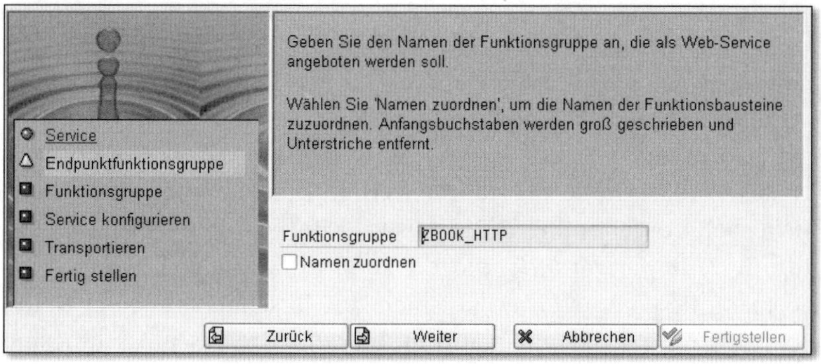


**Abbildung 20.6** Auswahl der Funktionsgruppe

**Funktionsbausteine aktivieren**

Im darauffolgenden Dialogfenster (siehe Abbildung 20.7) sind bereits die beiden Funktionsbausteine der Funktionsgruppe aktiviert. Sollten Sie nicht alle Funktionsbausteine aus einer Funktionsgruppe im Webservice anbieten wollen, löschen Sie den nicht benötigten Funktionsbaustein aus dieser Liste.

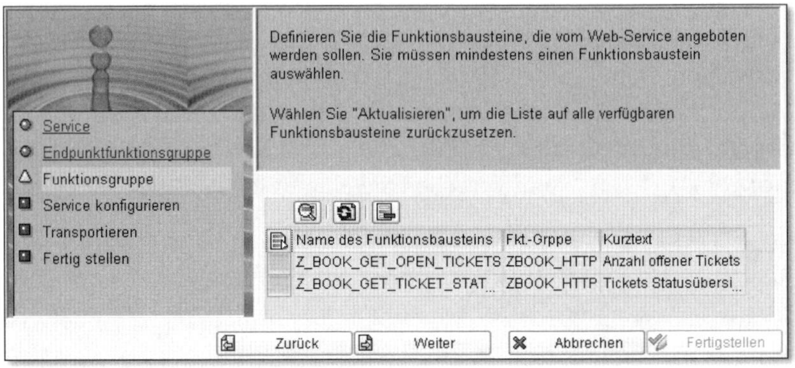


**Abbildung 20.7** Auswahl der anzubietenden Funktionsbausteine

**Webservice konfigurieren**

Ein Klick auf WEITER führt Sie zur Konfiguration des Webservices (siehe Abbildung 20.8).

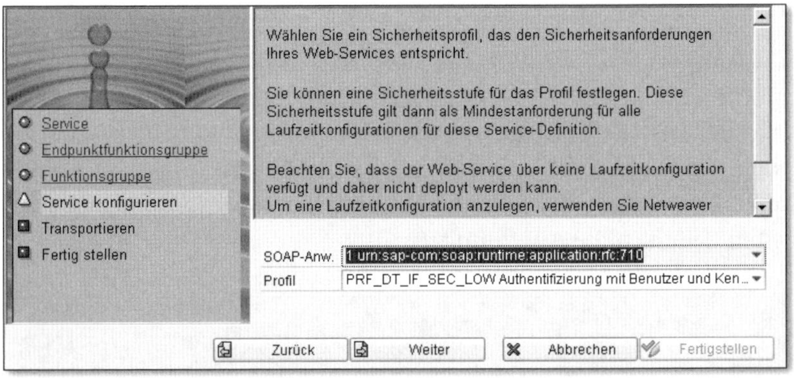


**Abbildung 20.8** Auswahl des Sicherheitsprofils

**Sicherheitseinstellungen**

In der Webservicekonfiguration werden Einstellungen zum Thema Sicherheit vorgenommen. Die Auswahl im Feld PROFIL bezieht sich auf die *Transportgarantie* und die *Authentifizierung*. Bei der Transportgarantie kommen Mechanismen zur Verschlüsselung der Datenübertragung über SSL, Signaturen und andere Verschlüsselungsmethoden zum Einsatz. Bei der Authentifizierung geht es um Themen wie Benutzer-/Passwort-Abfragen und X.509-Zertifikate. Es kann entweder eine HTTP-Authentifizierung mit der zusätzlichen Option *Anmeldetickets* oder eine Authentifizierung auf Nachrichtenebene genutzt werden, bei der Single Sign-on (SSO) zum Einsatz kommt.

**Sichern von Webservices** [«]

Da Webservices einen externen Zugriff auf das SAP-System ermöglichen, stellt die Absicherung des Webservices und des dafür exponierten SAP-Systems eine wichtige Aufgabe dar. Die SAP-Systeme sollten prinzipiell durch eine Systemhärtung, Firewalls und andere Mechanismen gesichert werden. Die Absicherung des Webservices ist ein umfassendes Thema, das wir im Rahmen dieses Buches nicht ausführlich beschreiben können. Weiterführende Informationen finden Sie unter dem Stichwort *Web Services sichern* in der SAP-Hilfe. Hier werden Sie auch auf die Artikel *Transportsicherheit für Web Services (AS ABAP)* und *Authentifizierung für Web Services (AS ABAP)* verwiesen.

Für unser Beispiel werden wir eines der Standardsicherheitsprofile nutzen. Es stehen vier Standardprofile zur Konfiguration des Webservices zur Verfügung: Sicherheitsprofile

- `PRF_DT_IF_SEC_HIGH`
  Bei diesem Sicherheitsprofil erfolgt die Authentifizierung über Zertifikate. Es wird eine Transportgarantie angeboten.
- `PRF_DT_IF_SEC_MEDIUM`
  Bei diesem Profil erfolgt die Benutzerauthentifizierung durch die Nutzung von Benutzernamen und Passwort. Eine Transportgarantie wird angeboten.
- `PRF_DT_IF_SEC_NO`
  Bei Wahl dieses Profils erfolgt weder eine Authentifizierung noch beinhaltet es eine Transportgarantie.
- `PRF_DT_IF_SEC_LOW`
  Bei diesem Profil erfolgt die Benutzerauthentifizierung durch die Nutzung von Benutzernamen und Passwort. Eine Transportgarantie wird nicht gegeben.

Wählen Sie für unseren Ticket-Webservice die Einstellung `PRF_DT_IF_SEC_LOW`. Durch diese Einstellung ist die Anmeldung mit Benutzernamen und Kennwort am SAP-System notwendig, um den Service zu nutzen.

Paket und Transportauftrag

Im nächsten Schritt werden das zu verwendende Paket und der zugehörige Transportauftrag abgefragt (siehe Abbildung 20.9).

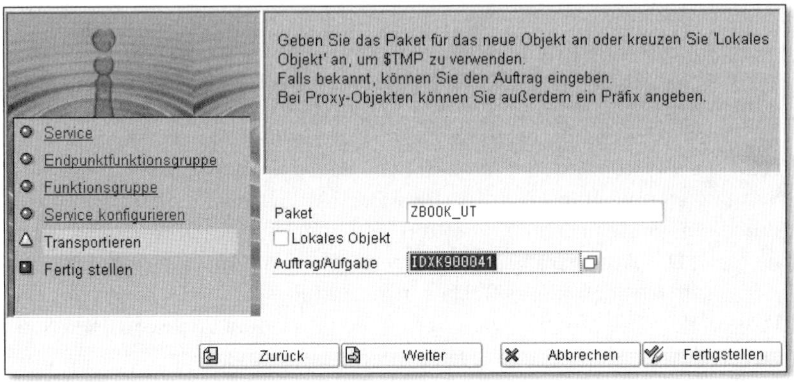


**Abbildung 20.9** Definition des Pakets und des Auftrags

Der Assistent hat nun alle für die Generierung des Webservices benötigten Informationen abgefragt. Schließen Sie die Generierung im folgenden Schritt mit FERTIGSTELLEN ab.

Webservice freigeben

Damit haben Sie den Webservice erfolgreich angelegt, er wurde jedoch noch nicht freigegeben. Diese Freigabe werden wir in Abschnitt 20.1.4, »Konfiguration des Webservices im SOA-Management«, erteilen.

Zuvor sollten Sie jedoch den Webservice aktivieren. Nachdem der Wizard durchlaufen wurde, öffnet sich automatisch die Webservicedefinition (siehe Abbildung 20.10). Sie können sie aber auch nachträglich per Doppelklick auf den in der Baumstruktur unter FUNKTIONSGRUPPEN neu hinzugekommenen Knoten ENTERPRISE SERVICES öffnen. Sehen Sie sich die Webservicedefinition noch einmal an, bevor Sie den Webservice später mithilfe der Administrationsoberfläche für Webservices in der SOAP-Laufzeit freigeben (Transaktion SOAMANAGER). In der Webservicedefinition sehen Sie neben den technischen Namen des Webservices `ZBOOK_TICKET` und Informationen für den externen und internen Zugriff auf der Registerkarte WSDL auch einen Verweis zur WSDL-Datei (Web Service Description Language). In dieser Datei werden der Webservice und sein Aufbau in einem auf XML basierenden Format beschrieben.

Webservice aktivieren

Nach der erfolgreichen Aktivierung des Webservices müssen Sie noch einige Einstellungen zum Webservice vornehmen. Dazu gehört unter anderem die Definition der *Endpunkte*, die die extern sichtbare Adresse mit dem Aufruf der Funktionen verknüpfen.

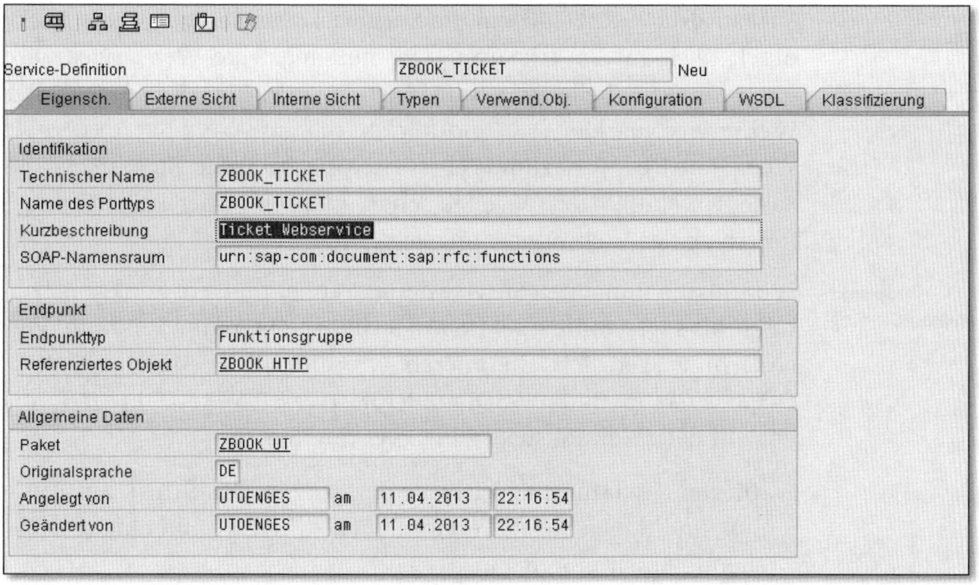


**Abbildung 20.10** Definition des Webservices

## 20.1.4 Konfiguration des Webservices im SOA-Management

Um den Webservice zu konfigurieren, rufen Sie im SAP GUI die Transaktion SOAMANAGER auf, woraufhin sich die Weboberfläche SOA-MANAGEMENT öffnet (siehe Abbildung 20.11).

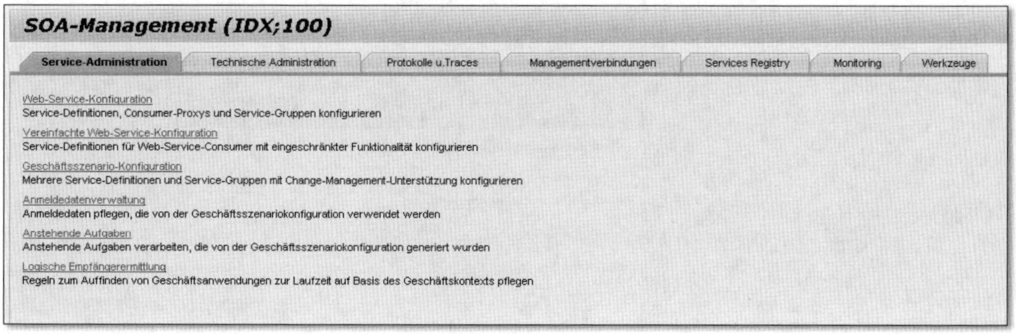


**Abbildung 20.11** Einstiegsbild des SOA-Managements

**Webservice auswählen**

Wählen Sie hier den Link Web-Service-Konfiguration, um in die Konfiguration des neu angelegten Webservices einzusteigen. Suchen Sie im nächsten Schritt nach unserem Webservice, indem Sie den Suchausdruck »ZBOOK*« in die Suchmaske eintragen und die Suche durch Klick auf Start starten. Der neu angelegte Webservice wird nun in einer Tabelle aufgeführt. Stellen Sie sicher, dass der richtige Webservice markiert ist, und klicken Sie auf Apply Selection. Sie sehen eine Übersicht zum Webservice. Wechseln Sie auf die Registerkarte Konfiguration. Wie Sie sehen, wurden bisher keine Services innerhalb des Webservices angelegt.

**Endpunkt Operation Binding**

Wir müssen nun einen Service definieren, der unsere Funktionsbausteine als sogenannte *Operationen* ausführt (Operation Binding). Vereinfacht ausgedrückt, definieren wir die URLs *<WSDL>/ZBOOK/OPEN_TICKETS* und *<WSDL>/ZBOOK/TICKET_STATUS_COUNT*, die wir mit den Funktionsbausteinen verknüpfen:

1. Klicken Sie dazu in den Details der Service-Definition auf Anlegen, und tragen Sie als Servicenamen »ZBOOK« und eine entsprechende Beschreibung ein.
2. Als Wert für Neuer Binding-Name geben Sie »OPEN_TICKETS« ein (siehe Abbildung 20.12).

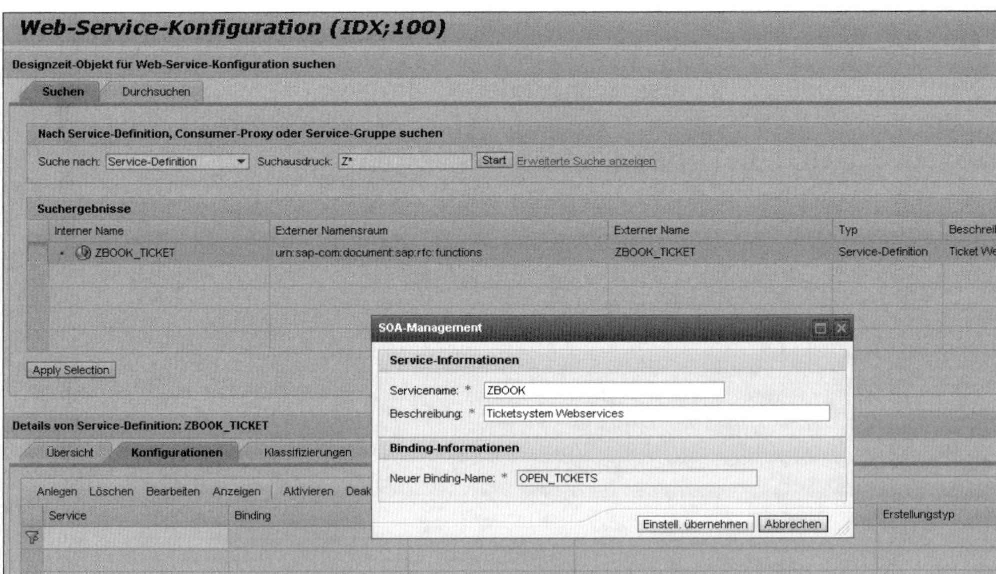


**Abbildung 20.12** Webservicekonfiguration

3. Bestätigen Sie Ihre Eingaben mit EINSTELL. ÜBERNEHMEN.

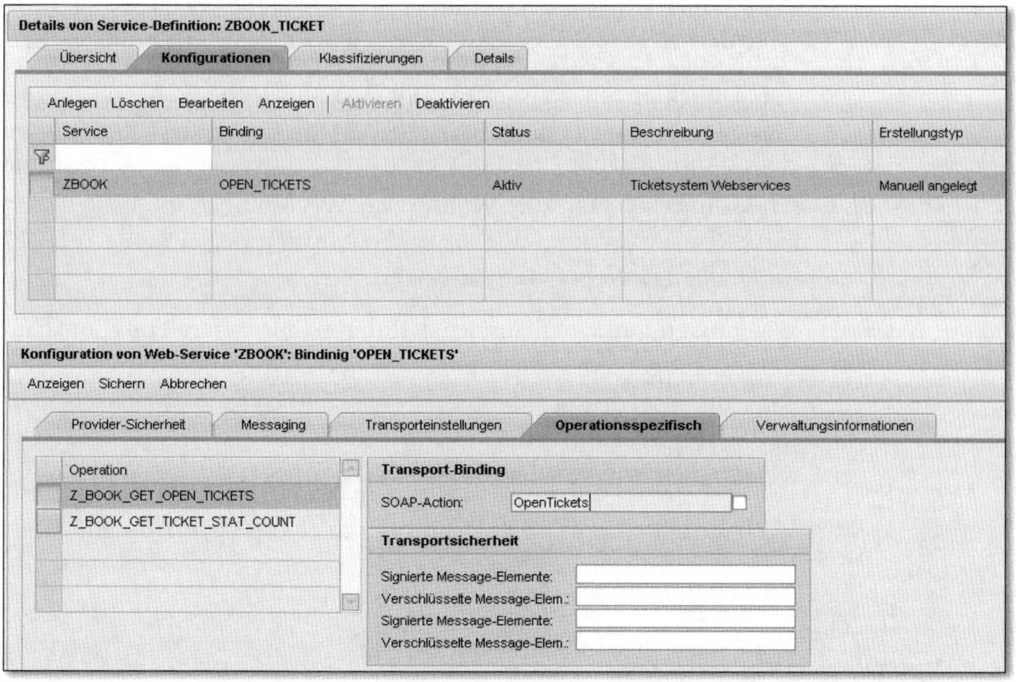


**Abbildung 20.13** Definition der SOAP-Operation

4. Wechseln Sie nun auf die Registerkarte OPERATIONSSPEZIFISCH (siehe Abbildung 20.13). Hier sehen Sie die beiden Funktionsbausteine in der Liste der Operationen.
5. Wählen Sie in der Liste OPERATION den Funktionsbaustein `Z_BOOK_GET_OPEN_TICKETS` aus, und ändern Sie den Namen der SOAP-ACTION im Bereich des TRANSPORT-BINDING in »OpenTickets«.
6. Sichern Sie die Eingaben. Das neue Binding erscheint mit Status AKTIV in der Übersichtstabelle.

Erstellen Sie nun ein weiteres Binding `TICKET_STATUS_COUNT` auf die gleiche Weise. Abbildung 20.14 zeigt einen Ausschnitt aus der generierten WSDL-Datei.

[»] **Einstellungen in Transaktion SOAMANAGER**

Das SOA-Management ist nicht an das Transportwesen angeschlossen, und dort vorgenommene Einstellungen müssen daher im Qualitätssicherungs- und Produktivsystem entsprechend definiert werden. Damit ist es möglich, in der Produktivlandschaft höhere Sicherheitsstandards zu definieren als im Entwicklungs- oder Testsystem.

```
- <wsdl:message name="ZBookGetTicketStatCount">
    <wsdl:part name="parameters" element="tns:ZBookGetTicketStatCount" />
  </wsdl:message>
- <wsdl:message name="ZBookGetTicketStatCountResponse">
    <wsdl:part name="parameter" element="tns:ZBookGetTicketStatCountResponse" />
  </wsdl:message>
- <wsdl:portType name="ZBOOK_TICKET_STATUS">
  - <wsp:Policy>
      <wsp:PolicyReference URI="#IF_ZBOOK_TICKET_STATUS" />
    </wsp:Policy>
  - <wsdl:operation name="ZBookGetTicketStatCount">
    - <wsp:Policy>
        <wsp:PolicyReference URI="#OP_ZBookGetTicketStatCount" />
      </wsp:Policy>
      <wsdl:input message="tns:ZBookGetTicketStatCount" />
      <wsdl:output message="tns:ZBookGetTicketStatCountResponse" />
    </wsdl:operation>
  </wsdl:portType>
- <wsdl:binding name="TICKET_STATUS" type="tns:ZBOOK_TICKET_STATUS">
  - <wsp:Policy>
      <wsp:PolicyReference URI="#BN_TICKET_STATUS" />
    </wsp:Policy>
  - <wsa:EndpointReference xmlns:wsa="http://schemas.xmlsoap.org/ws/2004/08/addressing">
      <wsa:ReferenceParameters />
    </wsa:EndpointReference>
    <soap:binding transport="http://schemas.xmlsoap.org/soap/http" style="document" />
  - <wsdl:operation name="ZBookGetTicketStatCount">
      <soap:operation soapAction="" style="document" />
    - <wsdl:input>
        <soap:body use="literal" />
      </wsdl:input>
    - <wsdl:output>
        <soap:body use="literal" />
      </wsdl:output>
    </wsdl:operation>
  </wsdl:binding>
- <wsdl:service name="ZBOOK">
  - <wsdl:port name="TICKET_STATUS" binding="tns:TICKET_STATUS">
      <soap:address
        location="http://devsaperp05.combridge.de:8024/sap/bc/srt/rfc/sap/zbook_ticket_status/800/zbook/ticket_status" />
    </wsdl:port>
  </wsdl:service>
</wsdl:definitions>
```

**Abbildung 20.14** Ausschnitt aus der WSDL-Datei

**Test und Fehleranalyse**

Zum Test des SOAP-Webservices empfiehlt sich die Nutzung des Open-Source-Werkzeugs SoapUI. Mit diesem Testwerkzeug sind automatisierte Funktions- und Lasttests möglich. Dazu generiert die Anwendung auf Basis der übergebenen WSDL-Datei die notwendigen Anfragen (Requests) an den Webservice mit allen Parametern.

Für eine Fehleranalyse können Sie sich die Protokolle und Traces im SAP NetWeaver Administrator anschauen. Sie finden diese im Bereich SOA MANAGEMENT • LOGS AND TRACES • WEB SERVICES LOGGING & TRACING.

# A Wiederkehrende Arbeitsschritte

Unser Buch soll Anfängern wie Fortgeschrittenen die Möglichkeit geben, unsere Programmierrezepte zu verstehen und umzusetzen. In den Kapiteln beschreiben wir die dafür notwendigen Schritte, gehen allerdings nicht auf die Grundtechniken der SAP-Programmierung ein. Daher finden Sie in den folgenden Abschnitten kurze Anleitungen zu immer wiederkehrenden Aufgaben, wie das Anlegen eines Programms, einer Klasse oder eines Datenelements. Sie sollen es Ihnen ermöglichen, die in diesem Buch umgesetzten Programmierungen nachzuvollziehen, sofern Sie eine bestimmte Grundtechnik noch nicht kennen. In den Kapiteln dieses Buches verweisen wir auf die entsprechenden Abschnitte dieses Anhangs.

## A.1 Tastenkombinationen und Funktionstasten

In der SAP-Programmierumgebung und allgemein im SAP-System gibt es einheitliche Tastenkombinationen für Aktionen. Zum Beispiel können Sie zum Aktivieren einer Tabelle auf den Button Aktivieren klicken oder die Tastenkombination [Strg] + [F3] drücken. Diese Tastenkombinationen sind in jeder Transaktion einheitlich. Sollte eine Tastenkombination abweichen, weisen wir Sie in den Kapiteln dieses Buches an entsprechender Stelle darauf hin.

**Symbole und Tasten**

In Tabelle A.1 finden Sie alle in diesem Buch verwendeten Aktionen und Tastenkombinationen, die zum Standardrepertoire eines SAP-Programmierers gehören:

| Aktion | Button | Funktionstaste |
|---|---|---|
| Daten sichern |  | [F11] oder [Strg] + [S] |
| Schritt zurückspringen |  | [F3] |
| Transaktion verlassen |  | [⇧] + [F3] |
| Transaktion abbrechen |  | [Esc] |

**Tabelle A.1** Tastenkombinationen und Symbole

| Aktion | Button | Funktionstaste |
|---|---|---|
| Quelltext prüfen | | Strg + F2 |
| Objekt anlegen | ANLEGEN | F5 |
| Objekt ändern | ÄNDERN | F6 |
| Objekt anzeigen | ANZEIGEN | F7 |
| Programm ausführen | | F8 |
| Objekt aktivieren | | Strg + F3 |

**Tabelle A.1** Tastenkombinationen und Symbole (Forts.)

## A.2 Transportaufträge

Wahrscheinlich werden Sie bereits mit Transportaufträgen in Berührung gekommen sein. Wir stellen Ihnen hier kurz die notwendigen Schritte vor, die Sie bei der Erstellung neuer Transportobjekte ausführen müssen.

**Objektkatalogeintrag anlegen**

Beim Sichern eines erstellen Objekts werden Sie aufgefordert, einen *Objektkatalogeintrag* für das Objekt anzulegen (siehe Abbildung A.1).

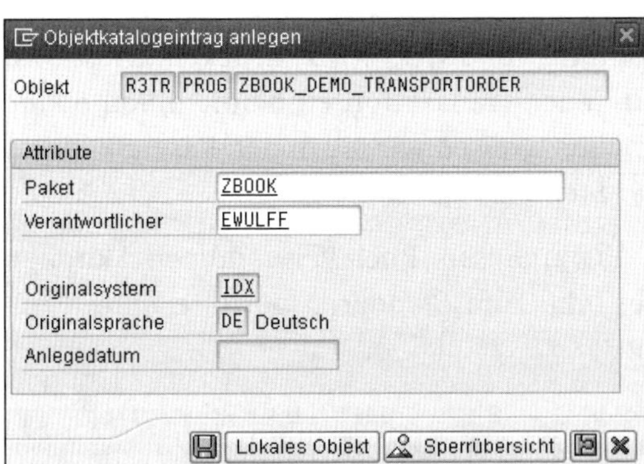


**Abbildung A.1** Objektkatalogeintrag für neue Objekte

Mit diesem Objektkatalogeintrag definieren Sie, ob das Objekt transportiert wird oder nicht. Sie haben folgende Möglichkeiten:

- **Anlage als lokales Objekt – kein Transport**
  Klicken Sie auf LOKALES OBJEKT, um das aktuelle Objekt lokal auf

dem SAP-Server zu speichern. Es wird dann in keinem Fall transportiert. Als Paketnamen vergibt das System das Kürzel `$TMP`.

- **Anlage als transportierbares Objekt**
  Soll das Objekt transportiert werden, müssen Sie es einem *Paket* (früher: *Entwicklungsklasse*) zuordnen, das als transportierbar gekennzeichnet ist. In Transaktion SE21 können Sie Pakete anlegen und ändern. Stimmen Sie sich gegebenenfalls mit Ihrem Systemadministrator ab.

**Objektkatalogeintrag ändern**

Der Objektkatalogeintrag kann nachträglich für jedes Objekt geändert werden. In der Regel finden Sie in der Anwendung den Menüpunkt SPRINGEN • OBJEKTKATALOGEINTRAG. Ihnen wird dann in einem Pop-up-Fenster der aktuelle Objektkatalog angezeigt (siehe Abbildung A.2):

**Abbildung A.2** Anzeige des Objektkatalogeintrags

Über die Schaltfläche ANZEIGEN/ÄNDERN ( ) bzw. [F6] können Sie den Eintrag nachträglich ändern.

**[+]**

**Objektkatalogeinträge gesammelt ändern**

Wenn Sie mehrere Objekte in einem Paket ändern müssen, ist es mühselig, jeweils die Transaktion für das Objekt aufzurufen und den jeweiligen Objektkatalogeintrag zu ändern. SAP stellt dazu ein Hilfsprogramm zur Verfügung. Sie können die Übersicht für die Hilfsprogramme – die TRANSPORT ORGANIZER TOOLS – über Transaktion SE03 aufrufen. Wählen Sie unterhalb des Ordners OBJEKTKATALOGEINTRAG das Programm OBJEKTKATALOGEINTRÄGE ÄNDERN aus (siehe Abbildung A.3). Klicken Sie auf AUSFÜHREN, oder drücken Sie [F8], um Objektkatalogeinträge gesammelt zu ändern.

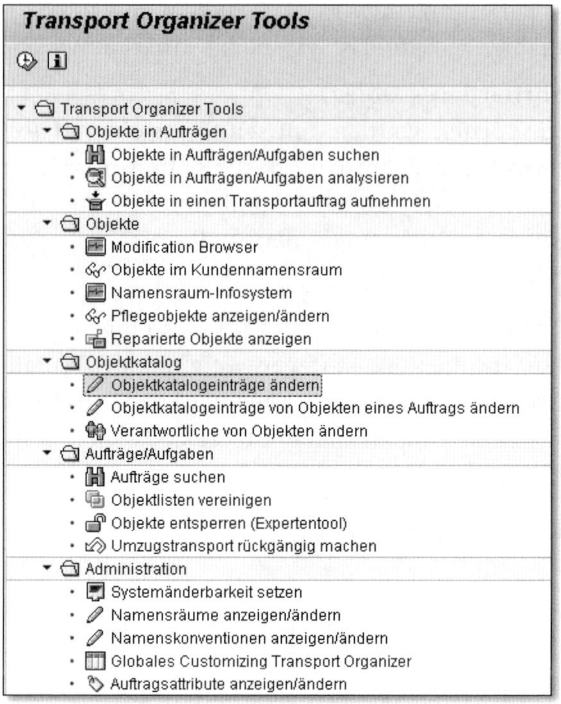


**Abbildung A.3** Transaktion SE03: Transport Organizer Tools

**Transportauftrag anlegen**

Transportierbare Objekte müssen Sie zudem einem *Transportauftrag* zuordnen. Diesen erstellen Sie einmal für Ihr Projekt. Sie können ihn dann für weitere Objekte, die Sie noch erstellen und ändern werden, verwenden.

Wenn Sie die Angabe zum transportierbaren Paket machen, wird Ihnen ein Pop-up-Fenster zur Eingabe der Transportauftragsnummer angezeigt (siehe Abbildung A.4):

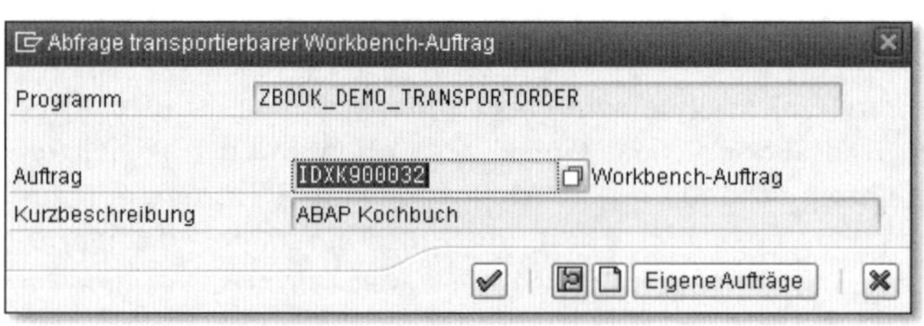


**Abbildung A.4** Abfrage des Transportauftrags

Sofern Sie noch keinen Transportauftrag für Ihr Projekt angelegt haben, können Sie das hier tun. Klicken Sie auf ANLEGEN, oder drücken Sie [F8]. In dem darauffolgenden Pop-up-Fenster geben Sie die Bezeichnung für den Transportauftrag ein (siehe Abbildung A.5). Sichern Sie die Eingaben.

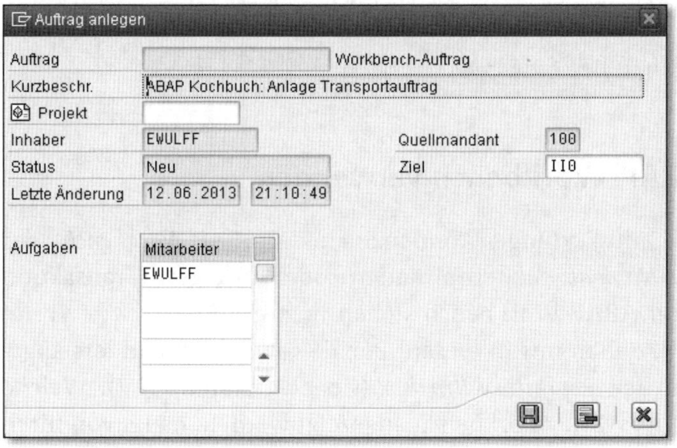


**Abbildung A.5** Anlage eines Transportauftrags

**Transportaufträge ansehen**

Ihre Transportaufträge können Sie im Transport Organizer (Transaktion SE09 oder SE10) sehen (siehe Abbildung A.6).

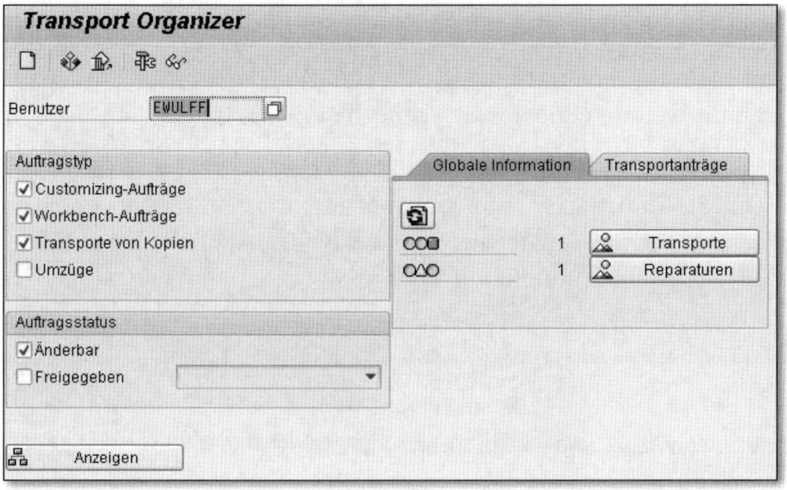


**Abbildung A.6** Transport Organizer

Hier werden die Transportaufträge zum Transport in angeschlossene Systeme freigegeben.

[»]

**Inaktives Transportsystem**

Ein korrekt funktionierendes Transportsystem ist für das Nachvollziehen dieser Übungen nicht erforderlich. Sollte Ihr Transportsystem nicht aktiv sein, z.B., weil Sie auf einem sogenannten *Mini-SAP-System* (SAP NetWeaver AS ABAP-Trial-Version) oder einem Standalone-Entwicklungssystem arbeiten, wählen Sie die Option LOKALES OBJEKT.

## A.3 ABAP Workbench verwenden

Browserwahl

Beinahe alle Entwicklungen können Sie in der *ABAP Workbench* oder dem *Object Navigator* anlegen, ändern oder anzeigen (Transaktion SE80). In der ABAP Workbench stehen mehrere *Browser* zur Verfügung. Wir beziehen uns in diesem Buch – soweit nicht anders angegeben – auf den *Repository Browser* (siehe Abbildung A.7). Welche Browser in der ABAP Workbench angezeigt werden, hängt von Ihren persönlichen Einstellungen ab, die Sie im Menü unter HILFSMITTEL • EINSTELLUNGEN ändern können.

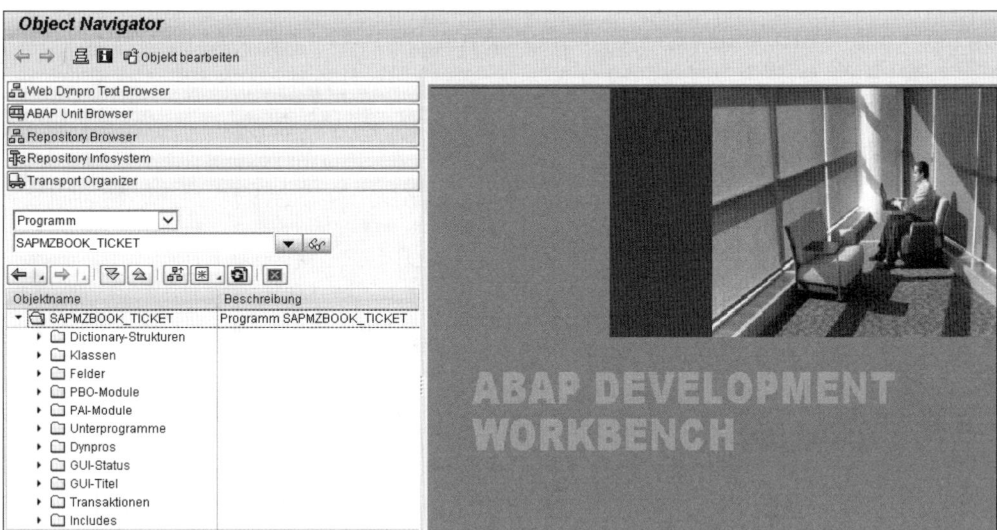


**Abbildung A.7** ABAP Development Workbench

Objektbaum

Unterhalb der Schaltflächen zur Auswahl des Browsers sehen Sie im Repository Browser das aktuell bearbeitete Entwicklungsobjekt und dessen Unterobjekte. Die Darstellung der Unterobjekte nennen wir *Objektbaum*. Wählen Sie ein Objekt per Doppelklick aus, sehen Sie rechts von der Objektauswahl den Transaktionscode, über den Sie das Objekt auch per Direktaufruf bearbeiten können. Die folgenden Transaktionen werden für die Objektbearbeitung verwendet:

- SE11: ABAP Dictionary
- SE24: Class Builder
- SE37: Function Builder
- SE38: ABAP Editor
- SE91: Nachrichtenpflege
- SE93: Transaktionspflege

## A.4 Programm anlegen

Im Folgenden stellen wir Ihnen zwei Alternativen zur Anlage eines Programms vor: in der ABAP Workbench und im ABAP Editor.

### A.4.1 Programm anlegen mit Transaktion SE80

Um ein Programm in der ABAP Workbench anzulegen, wählen Sie den Repository Browser und geben den Objekttyp Programm vor. Tragen Sie den Namen des anzulegenden Programms im Feld darunter ein. Drücken Sie die [↵]-Taste, oder klicken Sie auf [Icon]. Ihnen wird eine Pop-up-Meldung angezeigt mit der Information, dass das Programm nicht existiert. Bestätigen Sie mit Ja, dass Sie das Programm anlegen möchten (siehe Abbildung A.8).

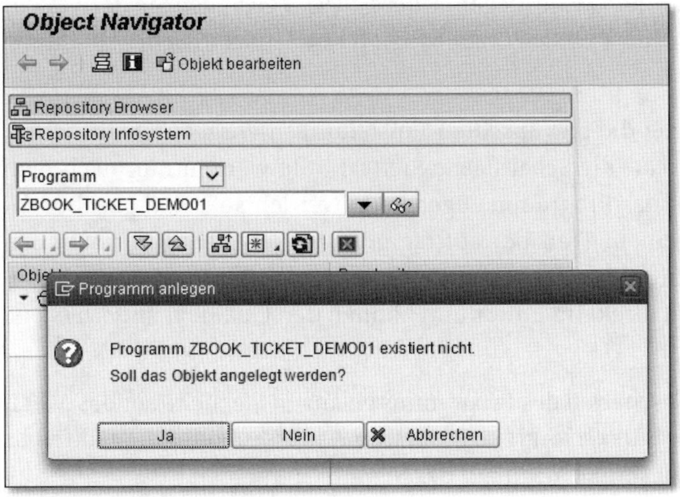


Abbildung A.8 Programm anlegen

Die darauffolgenden Schritte erklären wir in Abschnitt A.4.3, »Programmeigenschaften erfassen«.

### A.4.2 Programm anlegen mit Transaktion SE38

Rufen Sie den *ABAP Editor* mit Transaktion SE38 auf. Tragen Sie den Namen des anzulegenden Programms in das Feld PROGRAMM ein. Klicken Sie auf die Schaltfläche ANLEGEN (siehe Abbildung A.9).

**Abbildung A.9** Startbild des ABAP Editors – Programm anlegen

### A.4.3 Programmeigenschaften erfassen

Jedes Programm benötigt zwingend einen TITEL, und Sie müssen den TYP DES PROGRAMMS festlegen. Über ÄNDERN gelangen Sie dazu in das Pop-up-Fenster PROGRAMMEIGENSCHAFTEN ÄNDERN (siehe Abbildung A.10)

Nachdem Sie die gewünschten Einstellungen vorgenommen haben, klicken Sie auf die Schaltfläche SICHERN. Sie werden nun nach dem Paket, dem das Programm zugeordnet werden soll, und gegebenenfalls nach einem Transportauftrag gefragt. Genauere Informationen dazu finden Sie in Abschnitt A.2, »Transportaufträge«. Danach befinden Sie sich direkt im Editor und können den Quelltext ändern (siehe Abbildung A.11).

**Bearbeitung im Editor**

In die Eigenschaften des Programms gelangen Sie hier über das Menü SPRINGEN • EIGENSCHAFTEN. Programme müssen außerdem aktiviert werden. Klicken Sie dazu auf das Symbol .

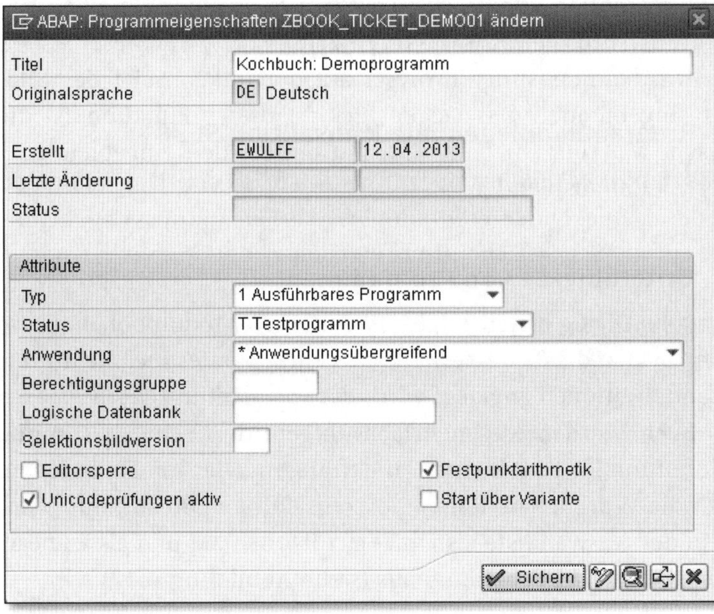


Abbildung A.10 Programmeigenschaften ändern

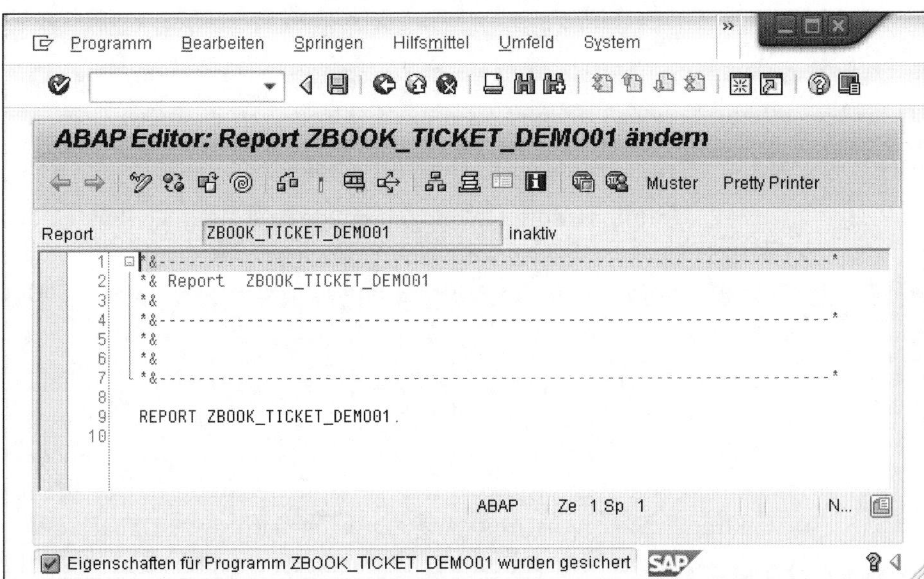


Abbildung A.11 Quelltext bearbeiten im ABAP Editor

In jeder Transaktion zur Bearbeitung von Repository-Objekten finden Sie die Schaltfläche OBJEKTLISTE ANZEIGEN (). Mit dieser Schaltfläche wird der Repository Browser auf der linken Seite des Bildschirms eingeblendet. Das Gegenstück zu dieser Funktion ist die Schaltfläche VOLLBILD AN/AUS (), mit der Sie den eingeblendeten Browser wieder ausblenden.

### A.4.4 Unterobjekte von Programmen

**Datendefinition im TOP-Include**

In Kapitel 4, »Dialog erstellen«, legen wir einen Modulpool an. Diese Programmart hat die Besonderheit, dass ein separates Include nur für die Datendefinitionen angelegt wird, das sogenannte *TOP-Include*. In diesem Buch werden Sie mehrfach aufgefordert, eine bestimmte Datendefinition im TOP-Include zu definieren. Dies tun Sie in jedem Fall über die Workbench. Rufen Sie Transaktion SE80 auf, und wählen Sie in der Auswahlliste als Objektart PROGRAMM und als zu bearbeitendes Objekt Ihr Programm aus (siehe Abbildung A.12).

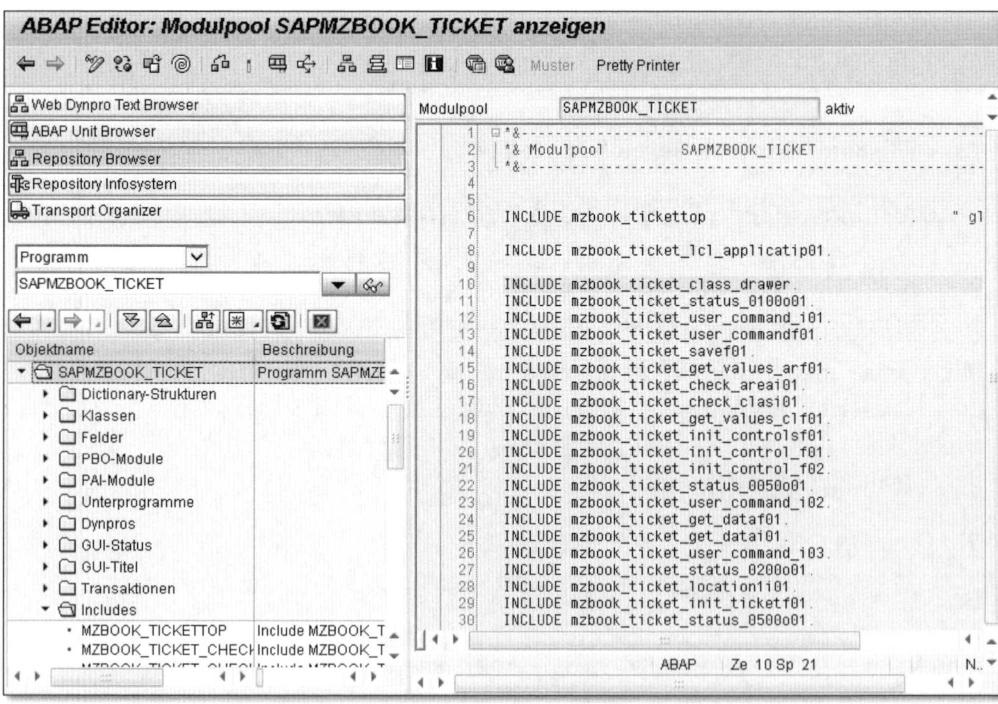


**Abbildung A.12** Bearbeitung des Programms SAPMZBOOK_TICKET in der ABAP Workbench

Sie gelangen auf zweierlei Arten in das TOP-Include eines Modulpools:

1. **Über das Rahmenprogramm**
   Klicken Sie doppelt auf den Objektnamen `SAPMZBOOK_TICKET` im Objektbaum. Auf der rechten Seite wird das Rahmenprogramm eingeblendet. Das oberste Include ist immer das TOP-Include und endet auf `top`.
2. **Über die Include-Liste**
   Klappen Sie im Objektbaum den Ordner INCLUDES auf. Wählen Sie per Doppelklick aus der Liste das Include aus, das auf `top` endet.

## A.5 Dynpros anlegen und erweitern

Ein Dynpro zu erstellen gehört zum Standardrepertoire eines SAP-Programmierers. Wie ein Dynpro erstellt wird und was alles dazugehört, haben wir in Abschnitt A.5, »Dynpros anlegen und erweitern«, beschrieben. Einige wichtige Erweiterungen und Anpassungen von Dynpros beschreiben wir in den folgenden Abschnitten.

### A.5.1 Custom-Control-Bereich erstellen

Sie können Enjoy Controls auf dem Dynpro einbinden. Dafür benötigen Sie einen definierten Bereich, der für das Control reserviert wird:

1. Wählen Sie für das Dynpro den Bearbeitungsmodus, und starten Sie den grafischen Screen Painter durch Klick auf LAYOUT.
2. Klicken Sie links in der Werkzeugleiste auf das Icon für CUSTOM CONTROL (siehe Abbildung A.13). Der Cursor verändert sich zu einem kleinen Quadrat, und Sie können mit der Maus einen Bereich auf dem Dynpro definieren.

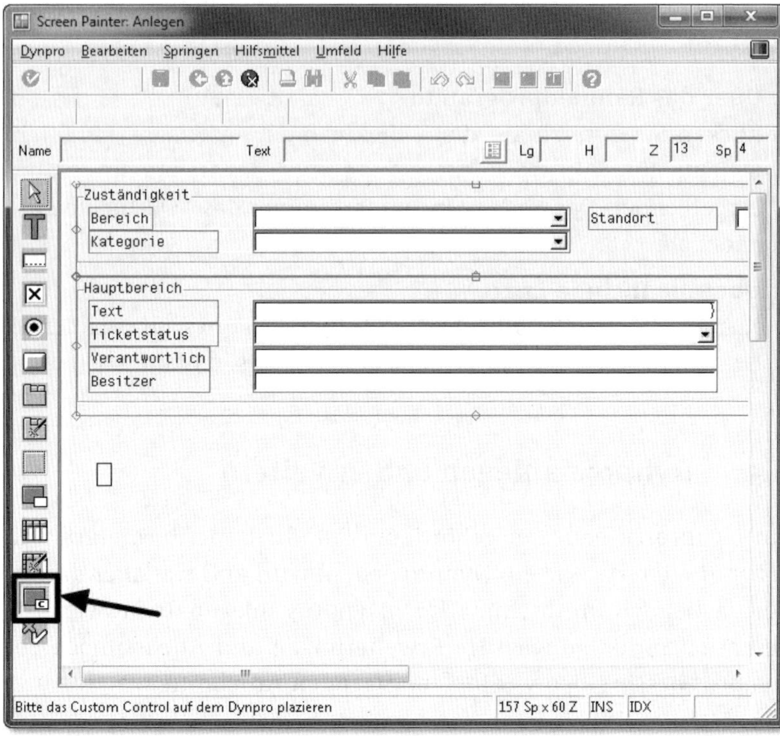


**Abbildung A.13** Auswahl des Werkzeugs »Custom Control«

Vergeben Sie einen Namen für den Custom-Control-Bereich im Feld NAME. In diesem Beispiel heißt der Bereich `CC_DEMO` (siehe Abbildung A.14).

**Custom Control verwenden**

Im Programm, in das Sie das Control einbauen möchten, verwenden Sie eine Objektreferenz der Klasse `CL_GUI_CUSTOM_CONTAINER`, bei deren Erzeugung Sie den Namen des für das Custom Control reservierten Bereichs angeben (siehe Listing A.1):

```
DATA gr_cc_demo TYPE REF TO cl_gui_custom_container.
CREATE OBJECT gr_cc_demo
  EXPORTING
    container_name = 'CC_DEMO'.
```

**Listing A.1** Aufruf des Custom Controls im Programm

Auf diese Weise erzeugen Sie einen Container, in dem Sie ein beliebiges Control einbinden können.

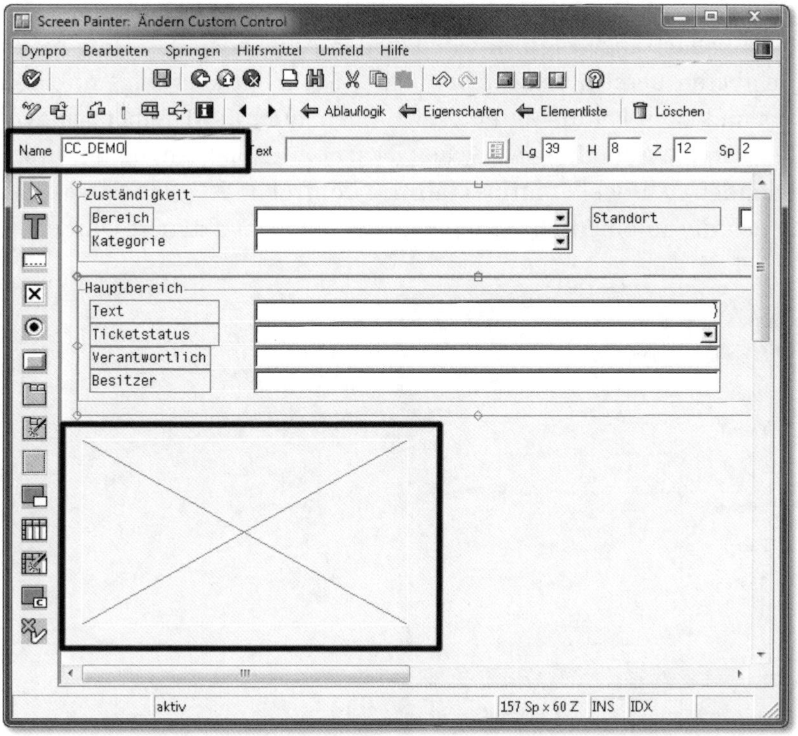


**Abbildung A.14** Dynpro mit definiertem Custom-Control-Bereich

## A.5.2 Resizing aktivieren

Ebenso wie bei vielen anderen Dynpro-Elementen besteht beim Custom Control die Möglichkeit, die automatische Größenänderung – das Resizing – zu aktivieren. Um die Eigenschaft zu ändern, klicken Sie doppelt auf das Custom Control. Es öffnet sich das ATTRIBUTE-Fenster. Falls es bereits geöffnet war, rückt es in den Vordergrund (siehe Abbildung A.15).

Control-Attribute einstellen

Ein SAP-GUI-Fenster kann unterschiedlich groß sein. Ein Anwender verwendet eine hohe Auflösung, der andere eine kleinere, der eine maximiert das Fenster, ein anderer reduziert die Größe so, dass zwei Fenster nebeneinanderpassen. Die Elemente haben auf einem Dynpro ihren festen Platz: Eingabefelder, Textfelder, Rahmen, Registerkarten etc., die Größe kann jedoch variieren. Ist die Option RESIZING nicht gesetzt, werden die Elemente in der Größe dargestellt, in der sie vom Programmierer definiert wurden. Wird in einem solchen Fall das SAP-GUI-Fenster vom Anwender so klein eingestellt, dass die

Resizing-Funktion

Elemente nicht vollständig dargestellt werden können, werden Scrollbalken angezeigt, mit denen der Anwender das Dynpro im sichtbaren Bereich verschieben kann. Das sieht allerdings unschön aus und kann bei mehreren großen Elementen für Unübersichtlichkeit sorgen. Abbildung A.16 zeigt dazu ein Beispiel. Auf dem Dynpro befinden sich zwei Controls (Tabstrip Control und Table Control), bei denen die automatische Größenanpassung nicht aktiviert wurde.

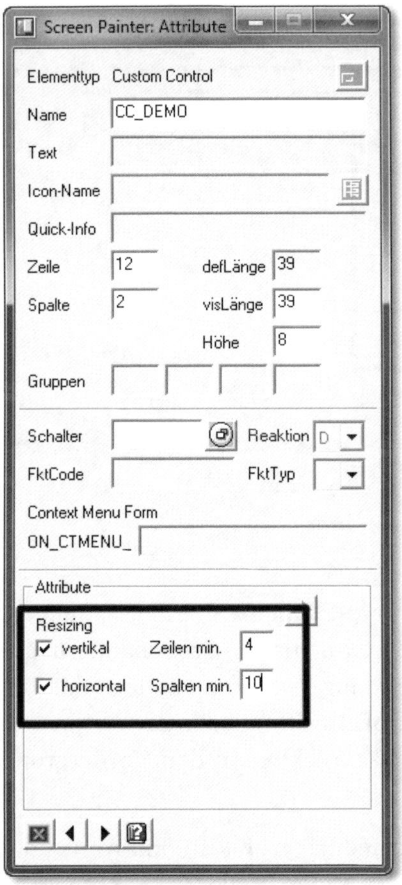


Abbildung A.15 Attributeinstellungen zum Custom Control

Wird ein SAP-GUI-Fenster zu klein eingestellt, lassen sich solche mehrfach vorkommenden Scrollbalken nicht vermeiden. Solange ausschließlich Controls benutzt werden, die eine automatische Größenänderung unterstützen, gibt es keine Probleme; ein Dynpro besteht jedoch häufig auch aus anderen Elementen, wie z. B. Eingabe- und Ausgabefeldern. Wird das Fenster so klein gezogen, dass diese Elemente nicht vollständig dargestellt werden können, werden Scrollbalken eingeblendet. Eine gewisse Mindestgröße darf man jedoch als Programmierer voraussetzen.

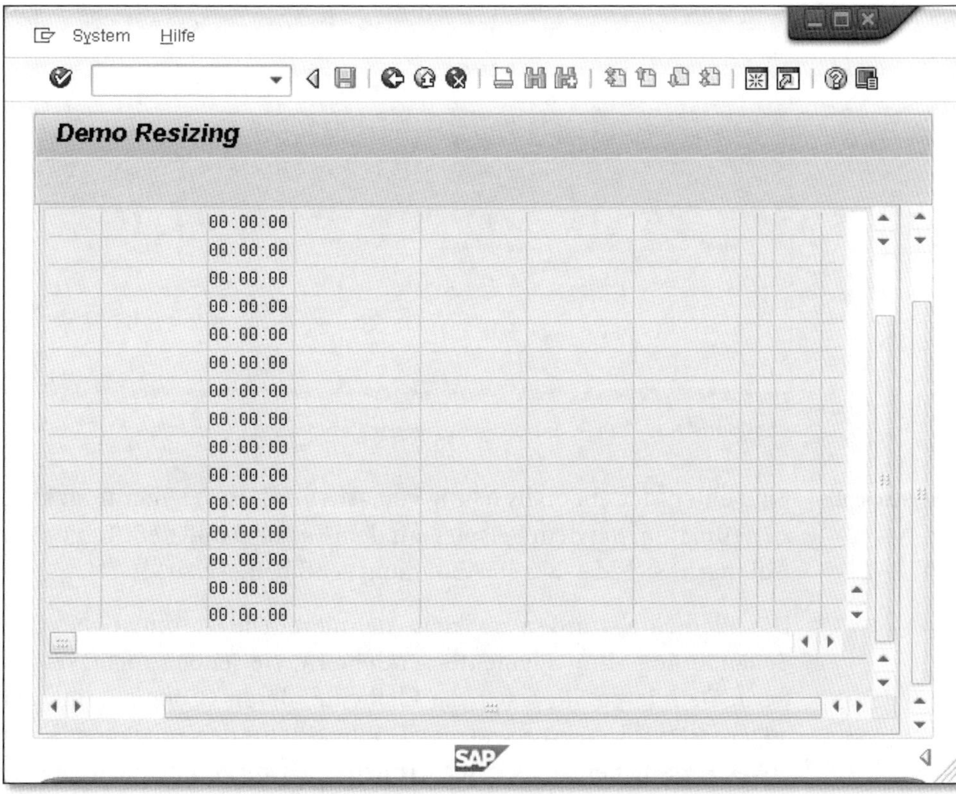


**Abbildung A.16** Keine automatische Größenanpassung der Controls

Sobald Sie das Resizing in den Attributen des Controls aktivieren, sieht das Dynpro – obwohl es in einem kleinen Fenster dargestellt wird – übersichtlich aus (siehe Abbildung A.17). Es sind lediglich noch Scrollbalken im Table Control vorhanden, da nicht alle Spalten der Tabelle angezeigt werden können.

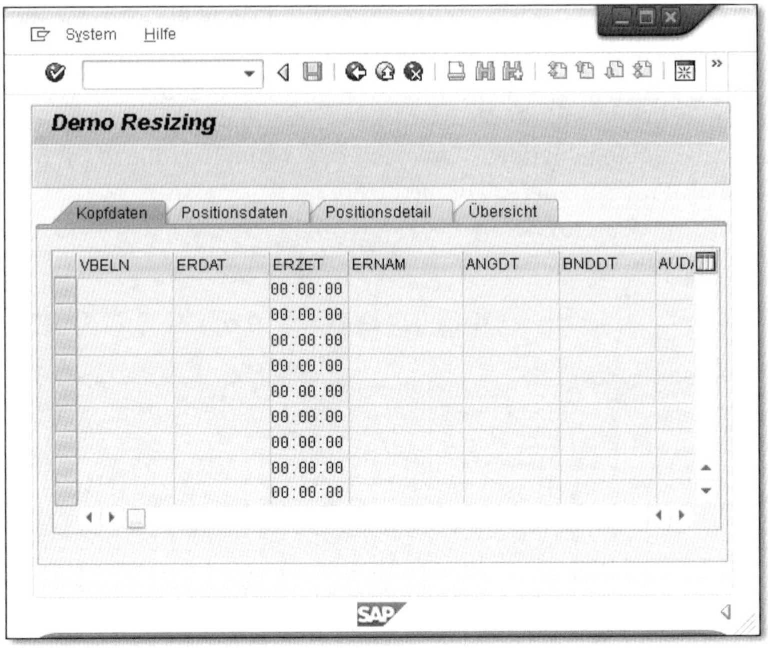


**Abbildung A.17** Zwei Controls mit eingeschalteter Resizing-Funktion

**Zu kleine Elemente**

Ein Fehler, der ebenfalls häufig gemacht wird, ist, Elemente zu klein zu definieren. Bei dem Beispiel mit dem Tabstrip und dem Table Control macht sich das wie in Abbildung A.18 bemerkbar.

Die Elemente wurden zu klein definiert. Die automatische Größenänderung kann Elemente verkleinern, sie jedoch nicht vergrößern. Definieren Sie daher die Elemente, deren Größe automatisch angepasst wird, so groß wie möglich. Es gibt für den Anwender kaum etwas Ärgerlicheres, als einen großen Bildschirm, der nicht genutzt werden kann.

[+]

**Dynpro vergrößern**

Bei der Anlage eines Dynpros wird die Größe auf 27 Zeilen und 120 Spalten festgelegt. Das ist für heutige Bildschirme in der Regel zu klein. Vergrößern Sie deswegen gleich zu Beginn das Dynpro z.B. auf 60 Zeilen und 250 Spalten. Durch das Resizing gibt es kein »zu groß«.

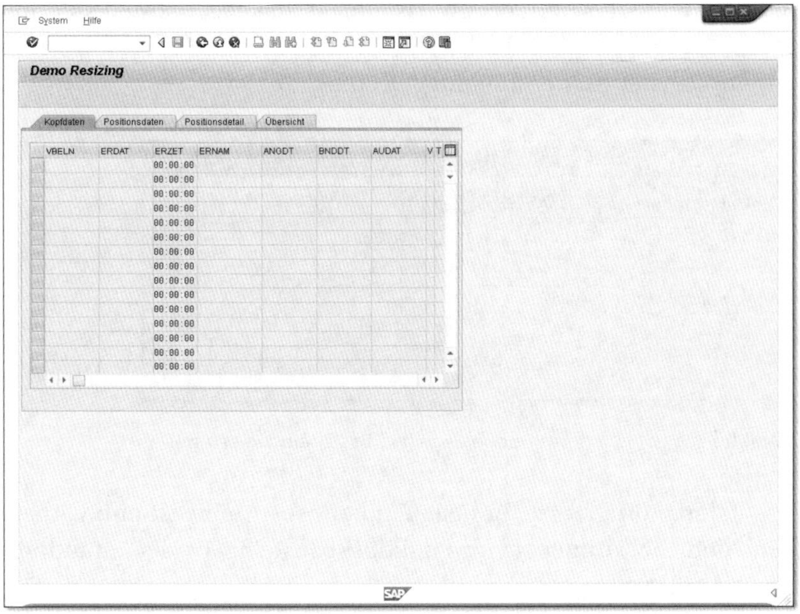


Abbildung A.18 Zu klein definierte Elemente auf dem Dynpro

## A.6 Funktionsgruppe anlegen

Eine Funktionsgruppe ist sozusagen das Trägerprogramm für Funktionsbausteine. Funktionsbausteine können immer nur in einer Funktionsgruppe angelegt werden. Verwenden Sie die ABAP Workbench (Transaktion SE80), um die Funktionsgruppe `ZBOOK_TICKET_SAVE` anzulegen (siehe Abbildung A.19).

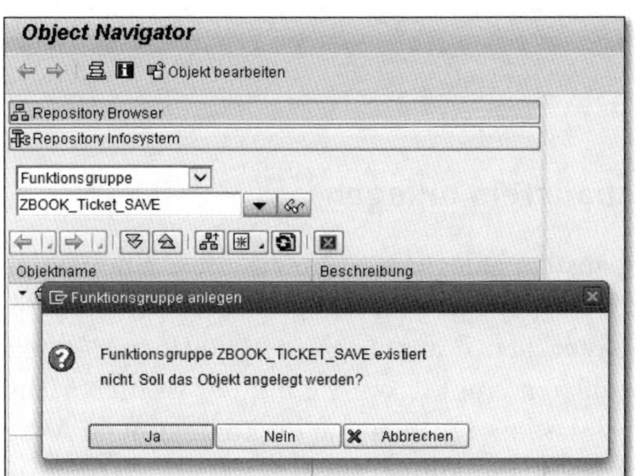


Abbildung A.19 Anlage der Funktionsgruppe ZBOOK_TICKET_SAVE

Bestätigen Sie die Abfrage, ob das Objekt angelegt werden soll, mit JA, und vergeben Sie einen beschreibenden Text im darauffolgenden Pop-up-Fenster (siehe Abbildung A.20).

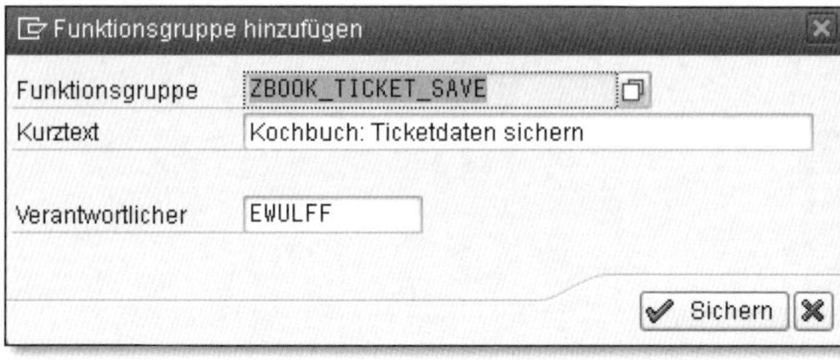


**Abbildung A.20** Funktionsgruppe erstellen: Beschreibung erfassen

Das Rahmenprogramm für neue Funktionsbausteine ist nun vorhanden, und Sie können neue Funktionsbausteine in der Funktionsgruppe anlegen.

Meldungen ausgeben

Um in einem Funktionsbaustein Meldungen (Befehl `MESSAGE`) ohne Angabe des Arbeitsbereichs ausgeben zu können, müssen Sie die Anweisung `MESSAGE-ID` in das TOP-Include einfügen. Sie gelangen über das Menü SPRINGEN • GLOBALE DATEN in das TOP-Include. Ändern Sie gegebenenfalls das Include so, wie in Abbildung A.21 dargestellt.

**Abbildung A.21** Angabe einer Message-ID

## A.7 Funktionsbaustein anlegen

Anlage in der ABAP Workbench

Um einen Funktionsbaustein anlegen zu können, muss eine Funktionsgruppe vorhanden sein. Wählen Sie die gewünschte Funktionsgruppe in der ABAP Workbench aus. Legen Sie nun den Baustein zum Sichern der Ticketdaten ein. Klicken Sie mit der rechten Maustaste auf den OBJEKTNAMEN, und wählen Sie im Kontextmenü ANLEGEN • FUNKTIONSBAUSTEIN (siehe Abbildung A.22).

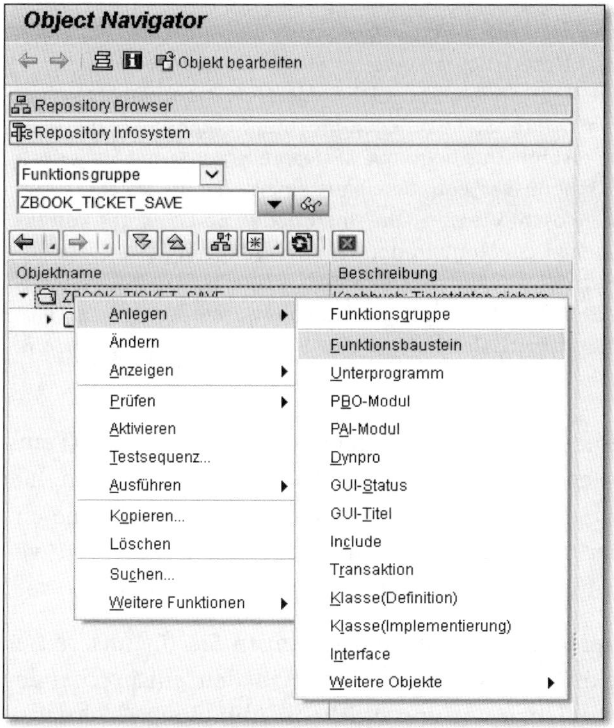


**Abbildung A.22** Anlage des Funktionsbausteins durch einen Klick mit der rechten Maustaste

Name und Kurzbeschreibung

Vergeben Sie im darauffolgenden Pop-up-Fenster zur Anlage des Funktionsbausteins einen Namen für den Funktionsbaustein, z.B. Z_BOOK_TICKET_SAVE, und geben Sie eine Kurzbeschreibung ein (siehe Abbildung A.23).

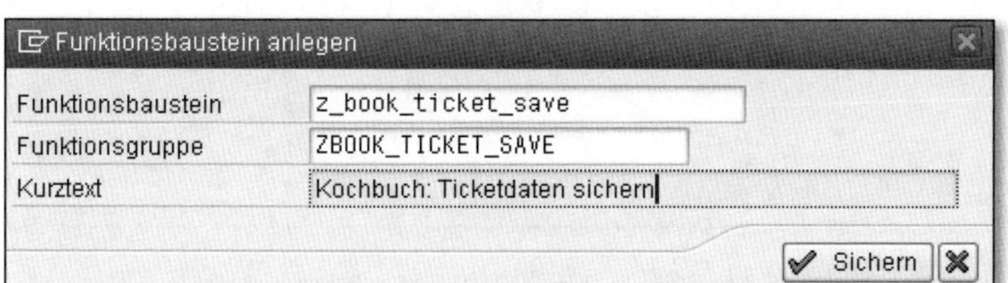


**Abbildung A.23** Anlage des Funktionsbausteins

[+]

**Namensraum beachten**

Achten Sie auf den Unterstrich an zweiter Stelle! Ein eigener Funktionsbaustein sollte mit `Z_` beginnen. Sobald Sie einen Funktionsbaustein ohne den Unterstrich an zweiter Stelle anlegen möchten, erhalten Sie die Meldung »Funktionsbausteinname liegt im SAP-Namensraum«, die Sie jedoch nur bestätigen können. Der Funktionsbaustein ist damit gesichert und muss erst wieder gelöscht werden, um einen neuen Baustein mit korrektem Namen anzulegen. Sie können den Funktionsbaustein zwar verwenden, aber es besteht die – wenn auch geringe – Gefahr, dass SAP irgendwann einen Funktionsbaustein gleichen Namens ausliefert, denn es gibt SAP-eigene Funktionsbausteine, die ebenfalls mit Z beginnen, wie z.B. `ZERO_CHECK`.

Anlage im Function Builder

Funktionsbausteine können Sie auch über den *Function Builder* (Transaktion SE37) anlegen. Das Vorgehen ist dabei ähnlich dem hier beschriebenen. Da der Function Builder die Funktionsbausteine einzeln betrachtet, müssen Sie bei der Anlage manuell angeben, in welcher Funktionsgruppe der anzulegende Funktionsbaustein liegen soll.

Welche Parameter und sonstigen Einstellungen Sie für unsere Beispiele beachten müssen, sagen wir Ihnen in den entsprechenden Kapiteln. Dabei beziehen wir uns auf die in Abbildung A.24 dargestellten Registerkarten, auf denen Sie die entsprechenden Informationen anpassen können.

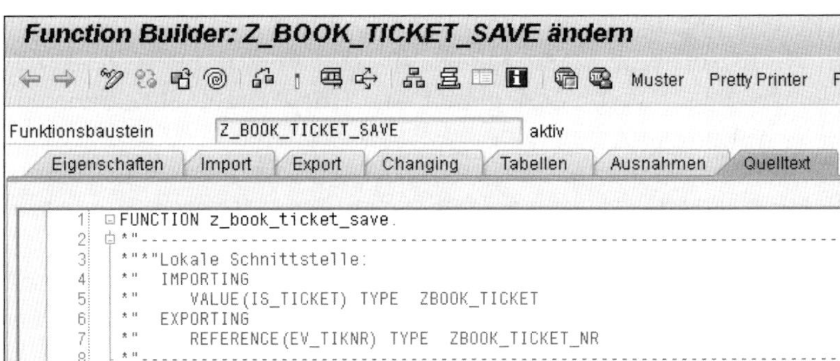


**Abbildung A.24** Registerkarten im Function Builder

## A.8 Klasse und Methoden anlegen

Eine Klasse erstellen Sie mit dem *Class Builder* (Transaktion SE24). Wir beschreiben das Vorgehen anhand vieler Beispiele in diesem Buch.

Eine Methode können Sie nur innerhalb einer Klasse erstellen:

1. Wechseln Sie in Transaktion SE24, den Class Builder, oder wählen Sie in der ABAP Workbench die Objektart KLASSE/ INTERFACE aus.
2. Wählen Sie die zu bearbeitende Klasse aus. Stellen Sie sicher, dass Sie sich in der Methodenübersicht (Registerkarte METHODEN) befinden.
3. Geben Sie in der Spalte METHODE den Namen der Methode ein. In der Spalte ART tragen Sie ein, ob es sich um eine *Instanzmethode* (INSTANCE METHOD) oder eine *statische Methode* (STATIC METHOD) handelt.
4. Die Spalte SICHTBARKEIT kann die Werte öffentlich (PUBLIC), geschützt (PROTECTED) oder privat (PRIVATE) enthalten. Öffentliche Methoden können vom implementierenden Programm aufgerufen werden. Geschützte und private Methoden können nur von der Klasse selbst verwendet werden. Geschützte Methoden werden vererbt und können in der erbenden Klasse redefiniert werden. Private Methoden können ausschließlich von der Klasse selbst und nicht von erbenden Klassen verwendet werden.

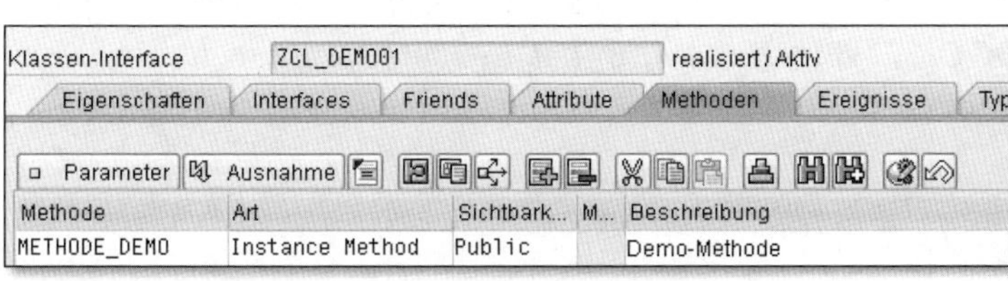


**Abbildung A.25** Anlegen der Methode METHODE_DEMO

**Parameter definieren**

Methoden können Parameter haben, die sogenannte *Signatur* der Methode. Sie können die Parameter einer Methode auf mehrere Arten ändern. Wir beschreiben Ihnen hier den Absprung aus der Methodenübersicht. Positionieren Sie den Cursor auf die Zeile mit der gewünschten Methode, und klicken Sie auf die Schaltfläche PARAMETER (siehe Abbildung A.26). Ihnen wird die Übersicht der Parameter zu der ausgewählten Methode angezeigt.

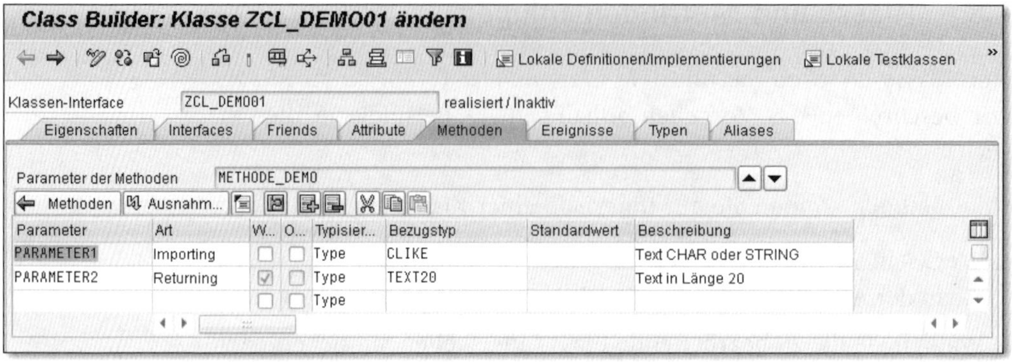


**Abbildung A.26** Anzeige der Parameter in der Methodenübersicht

## A.9 Datenelement anlegen

Datenelemente sind eine exakte *atomare Einheit* innerhalb eines Datenmodells. Sie besitzen die technische Beschreibung durch die zugeordnete Domäne. Ein Datenelement ist in der Regel spezieller als die Domäne. In einem SAP-System gibt es z.B. die technische Definition für eine *Kundennummer*. Dies ist die Domäne KUNNR. Es gibt ebenfalls das Datenelement KUNNR. Zusätzlich gibt es jedoch auch die Datenelemente Auftraggeber (KUNAG) und Warenempfänger (KUNWE). Sie definieren exakt, welche Funktion der Kunde in einem Prozess hat.

Rufen Sie das ABAP Dictionary (Transaktion SE11) auf. Wählen Sie die Option DATENTYP, und geben Sie den Namen des Datenelements, z.B. »ZBOOK_DTEL_DEMO«, in das nebenstehende Feld ein (siehe Abbildung A.27).

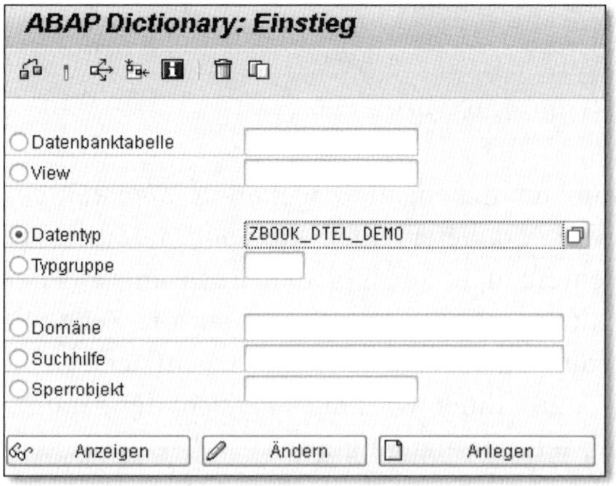


**Abbildung A.27** Anlage eines Datenelements

Klicken Sie auf die Schaltfläche Anlegen. Im darauffolgenden Pop-up-Fenster wählen Sie die Option Datenelement (siehe Abbildung A.28) und bestätigen die Auswahl.

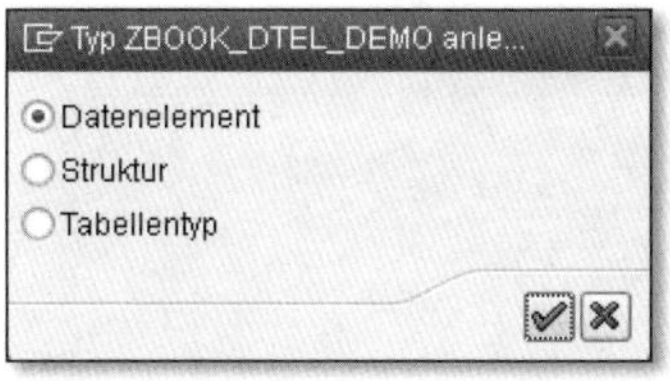


**Abbildung A.28** Auswahl des Datentyps: Datenelement

Sie befinden sich nun auf der Registerkarte Datentyp. Wählen Sie die Option Elementarer Datentyp und Domäne. Geben Sie den Namen der angegebenen Domäne im Feld daneben ein (siehe Abbildung A.29).

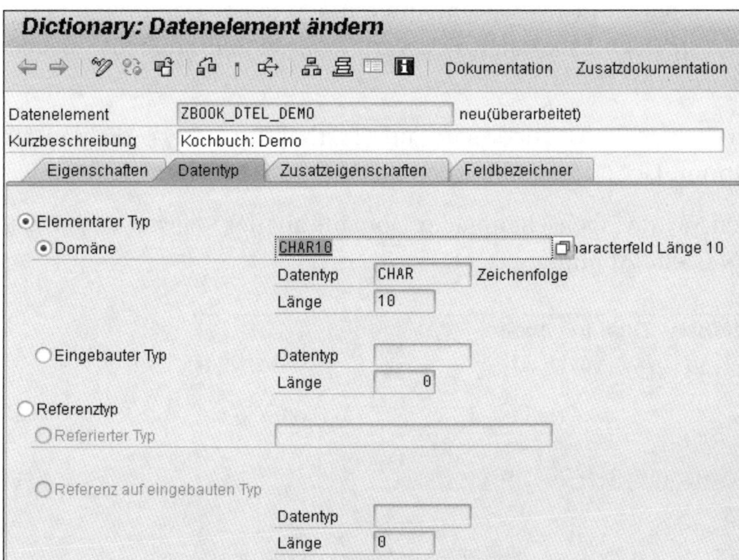


**Abbildung A.29** Definition des Datentyps

**Bezeichner angeben**

Wechseln Sie auf die Registerkarte Feldbezeichner, um die Bezeichner für das Datenelement einzutragen (siehe Abbildung A.30). Sie müssen lediglich die Feldbezeichner ausfüllen; die Länge wird vom System automatisch vergeben. Aktivieren Sie anschließend das Datenelement.

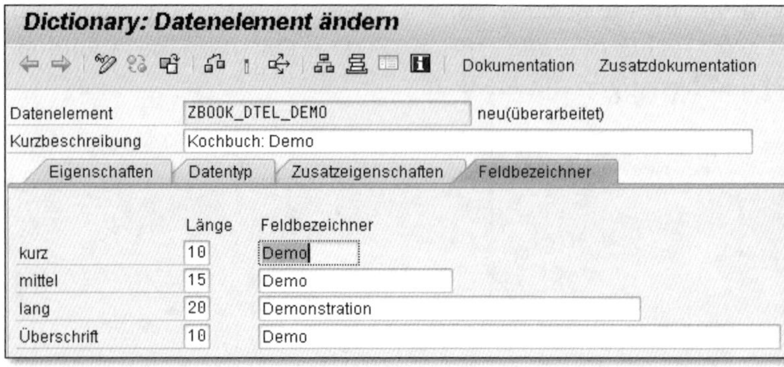


**Abbildung A.30** Eingabe der Feldbezeichner

## A.10 Domäne anlegen

Die Domäne definiert die technische Beschreibung eines Datenelements. In der Domäne werden unter anderem der Datentyp und die Länge festgelegt. Es können Festwerte oder eine Prüftabelle angegeben werden.

Rufen Sie das ABAP Dictionary auf (Transaktion SE11). Wählen Sie die Option DOMÄNE, und klicken Sie auf die Schaltfläche ANLEGEN.

Eigenschaften definieren

Pflegen Sie die Eigenschaften der Domäne auf der Registerkarte DEFINITION (siehe Abbildung A.31).

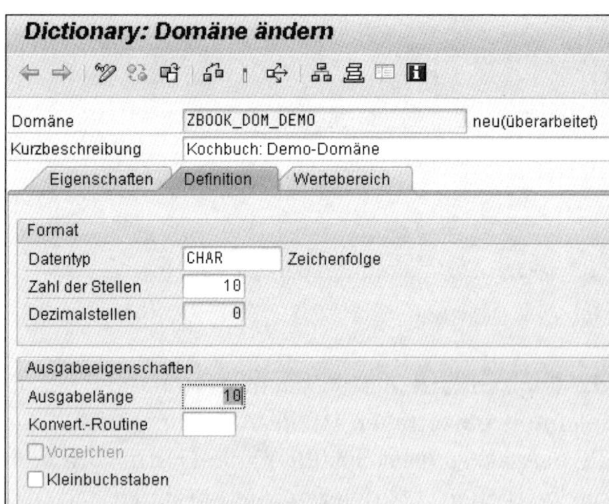


**Abbildung A.31** Definition des Formats

Wechseln Sie auf die Registerkarte WERTEBEREICH, und pflegen Sie die Festwerte, wie in Abbildung A.32 gezeigt, oder tragen Sie eine Wertetabelle ein. Aktivieren Sie schließlich die Domäne.

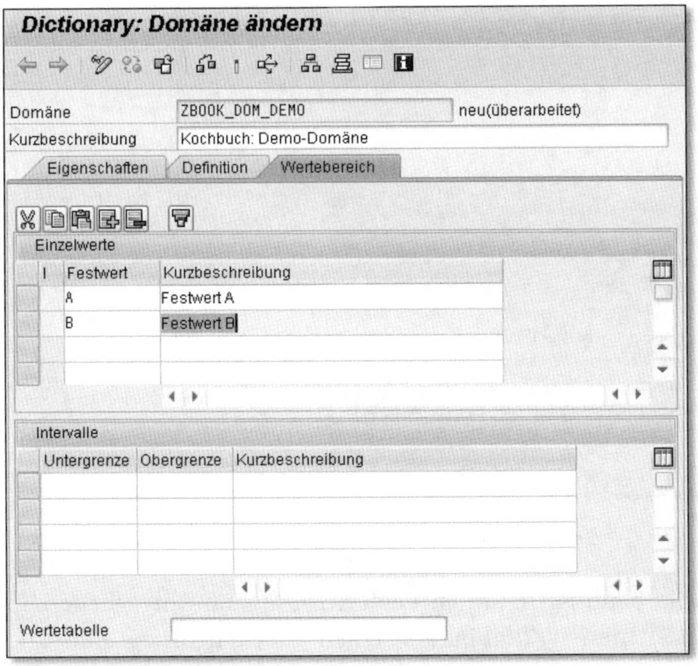


**Abbildung A.32** Definition der Festwerte

## A.11 Tabelle anlegen

Tabellen werden im ABAP Dictionary angelegt (Transaktion SE11). Starten Sie die Transaktion, und wählen Sie die Option DATENBANKTABELLE aus.

Klicken Sie auf die Schaltfläche ANLEGEN. Sie müssen nun die KURZBESCHREIBUNG, die AUSLIEFERUNGSKLASSE und das Pflegekennzeichen der Tabelle erfassen (siehe Abbildung A.33). Relevant für kundeneigene Entwicklungen sind in der Regel lediglich die Auslieferungsklassen A und C.

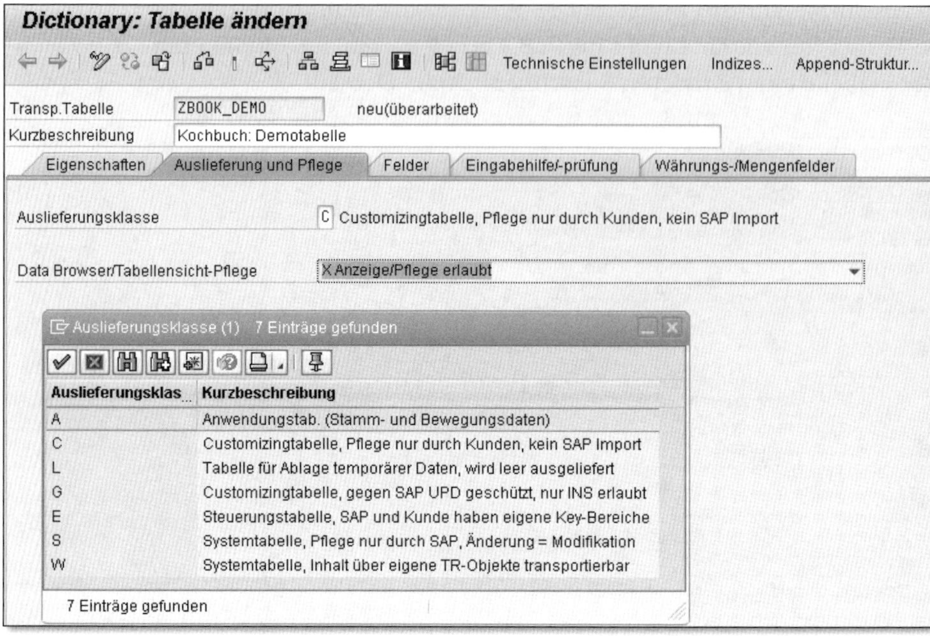


**Abbildung A.33** Auslieferung und Pflege

Felder erfassen

Eine Tabelle benötigt natürlich Felder. Diese sind untergliedert in *Schlüsselfelder*, deren Kombination einen Tabelleneintrag eindeutig identifiziert, und *Nicht-Schlüsselfelder*. Das erste Schlüsselfeld sollte immer der Mandant sein. Es gibt sicherlich Ausnahmen, bei denen eine Mandantenunabhängigkeit explizit gewünscht ist. Ist das jedoch nicht der Fall, sollten Sie immer den Mandanten als erstes Schlüsselfeld aufnehmen. In Abbildung A.34 sehen Sie exemplarisch einige Felder, die wir in die Demotabelle aufgenommen haben.

Technische Einstellungen

Zu einer Tabelle gehören auch die *technischen Einstellungen*. Hier definieren Sie, in welchem Datenbereich der Datenbank die Tabelle gespeichert werden und ob eine Pufferung erfolgen soll. Klicken Sie auf die Schaltfläche TECHNISCHE EINSTELLUNGEN, um die technischen Einstellungen zu pflegen (siehe Abbildung A.35). Die DATENART ist eine wichtige Einstellung, da das SAP-System darüber steuern kann, in welchem Bereich der Datenbank die Tabelle angelegt werden soll (*Tablespace*). Bei Tabellen, in denen wenig Datensätze zu erwarten sind, wird es in der Praxis irrelevant sein, welcher Bereich auf der Datenbank verwendet wird. In den wenigsten Fällen wird auch der Datenbankadministrator wissen, warum welche Datenart im SAP-

System mit welchem Tablespace in der Datenbank verknüpft ist. Sollten Sie eine Anwendung planen, bei der große Datensätze zu erwarten sind, oder sich einfach unsicher sein, sollten Sie Rücksprache mit Ihrem Datenbankadministrator halten.

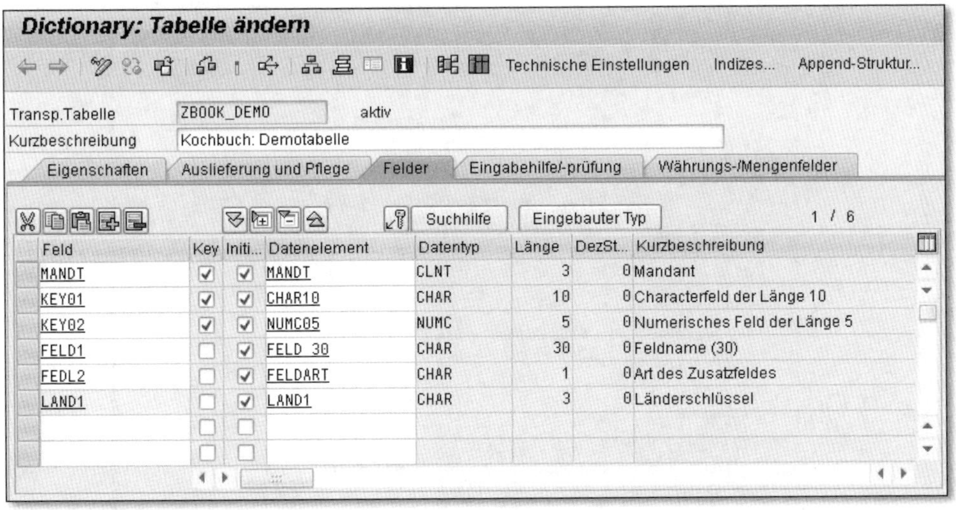


**Abbildung A.34** Felder einer Tabelle

**Größenkategorie**

Die GRÖSSENKATEGORIE Ihrer Tabelle sollten Sie möglichst ebenfalls abschätzen. Wählen Sie eine deutlich zu kleine Größenkategorie aus, wird – sobald der reservierte Platz für die Daten der Tabelle erschöpft ist – ein neuer Bereich zugeordnet (*Extend*). Passiert dies zu häufig, leidet die Performance erstens dadurch, dass die Zuweisung des neuen Bereichs Zeit in Anspruch nimmt, und zweitens weil die Daten fragmentiert vorliegen, was für die Geschwindigkeit der Lesezugriffe nicht förderlich ist.

**Pufferung**

Die Einstellungen zur Pufferung sollten Sie ebenfalls mit Ihrem Administrationsteam besprechen, denn die Tabellenpufferung verbraucht Hauptspeicher. Sie müssen bei der Auswahl der Pufferung abwägen, ob auf die Tabelle häufig von sehr vielen Anwendern gleichzeitig zugegriffen wird oder ob die Tabelle Daten enthalten wird, die eher sporadisch gelesen werden. Alternativ besteht auch die Möglichkeit, die Daten in der Anwendung zu puffern. Dazu muss die Tabelle – oder die gewünschten Datensätze – einmal bei Transaktionsstart durch eine zentrale Routine eingelesen werden, sodass im

Laufe der Anwendung auf diese interne Tabelle zugegriffen werden kann.

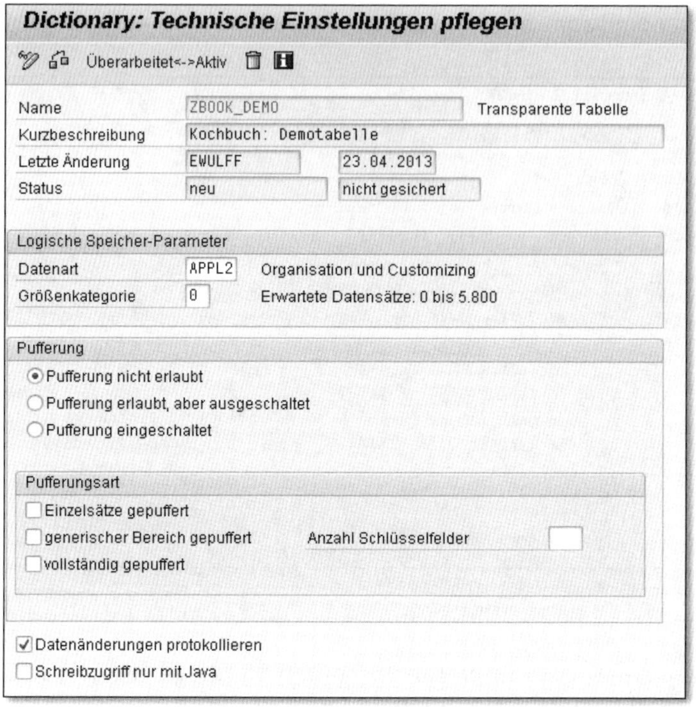


**Abbildung A.35** Technische Einstellungen einer Tabelle

Änderungen protokollieren

Ob Sie die Option DATENÄNDERUNGEN PROTOKOLLIEREN einschalten, hängt davon ab, ob Sie Änderungen in der Tabelle nachvollziehen möchten. Die globale Protokollierung von Tabellenänderungen muss dazu eingeschaltet sein (Systemparameter `rec/client`). Änderungen können Sie mit Transaktion SCU3 auswerten. Treffen Sie Ihre Wahl, und sichern Sie die technischen Einstellungen. Drücken Sie die [F3]-Taste, um zurück zur Tabellendefinition zu gelangen.

Erweiterungskategorie

Sie müssen nun noch die Erweiterungskategorie der Tabelle pflegen. Wählen Sie dazu im Menü ZUSÄTZE • ERWEITERUNGSKATEGORIE... Das System informiert Sie darüber, dass die Tabelle bisher noch nicht klassifiziert wurde. Bestätigen Sie diese Meldung (siehe Abbildung A.36).

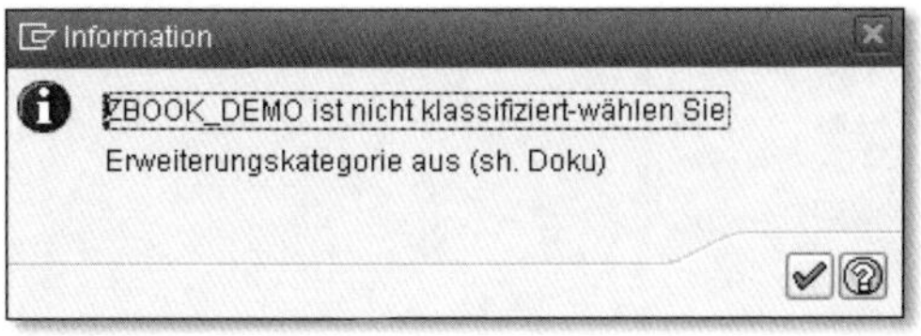


**Abbildung A.36** Die Tabelle ist noch nicht klassifiziert.

Wählen Sie nun die Erweiterungskategorie aus (siehe Abbildung A.37). Die Benennung der einzelnen Optionen ist etwas sperrig. Die Option ERWEITERBAR UND ZEICHENARTIG bedeutet, dass die Tabelle mit zeichenartigen Feldern erweitert werden kann, also Felder vom Typ `CHAR` oder `NUMC`. Dies ist z.B. dann sinnvoll, wenn Sie die Tabelle oder Struktur für den Datenaustausch mit externen Systemen verwenden. Eine Erweiterung der Struktur um Felder vom Typ Integer oder `CURR` könnte fatale Folgen für die Kommunikation zwischen verschiedenen Systemen haben. ERWEITERBAR UND ZEICHENARTIG ODER NUMERISCH bedeutet, dass Sie auch numerische Felder aufnehmen dürfen (Typ `CURR`, `DEC` oder `INT`). Verboten sind in beiden Fällen Strings oder Tabellen. Diese sind nur verwendbar bei der Option BELIEBIG ERWEITERBAR. Jegliche Erweiterungsmöglichkeit schließen Sie aus, indem Sie die Option NICHT ERWEITERBAR wählen.

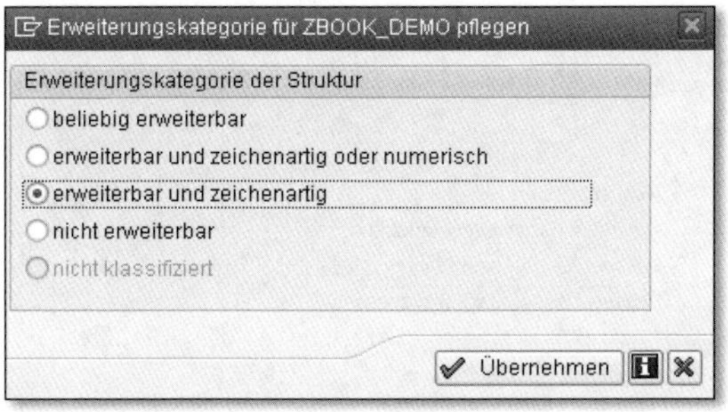


**Abbildung A.37** Erweiterungskategorien

**Fremdschlüssel definieren**

Bei einigen Tabellen werden Sie aufgefordert, einen *Fremdschlüssel* zu definieren (siehe Abbildung A.38). Ein Fremdschlüssel wird jeweils zu einem Feld der Tabelle definiert. Er bewirkt, dass bei Dateneingaben eine Wertehilfe angezeigt wird, und verhindert Falscheingaben.

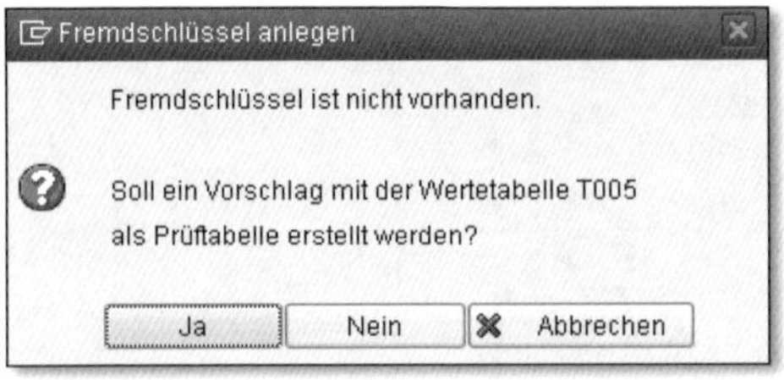


**Abbildung A.38** Fremdschlüssel anlegen

Wird bei dem verwendeten Datenelement eine Domäne verwendet, der eine Fremdschlüsseltabelle zugeordnet wurde, macht das System einen Vorschlag mit dieser Tabelle (siehe Abbildung A.38). In der Regel sollten Sie den Vorschlag annehmen; das System generiert dann automatisch die notwendigen Einträge (siehe Abbildung A.39).

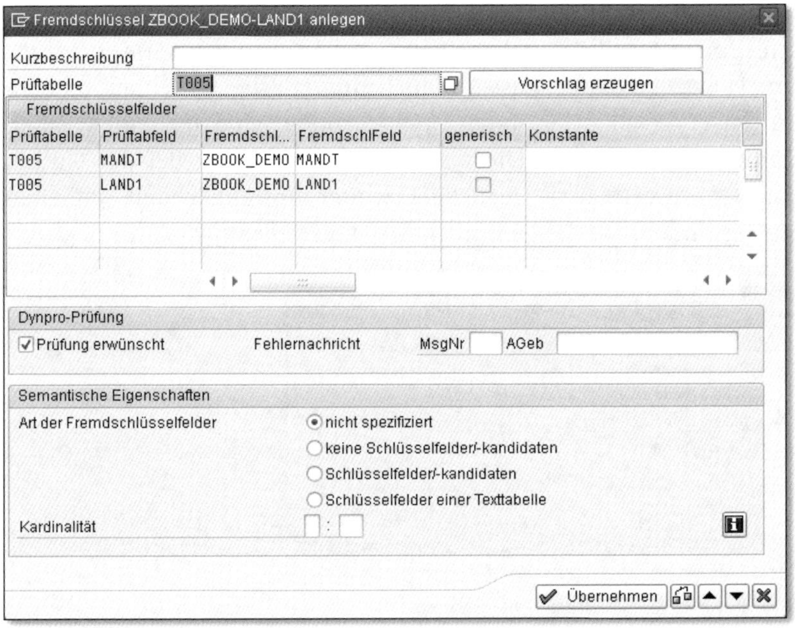


**Abbildung A.39** Fremdschlüsselprüfung für das Feld LAND1

[+]

**Manuelle Fremdschlüsselprüfung**

In der Regel werden Sie die Fremdschlüsselprüfung mit der zugrunde liegenden Fremdschlüsseltabelle vornehmen. Es gibt aber berechtigte Ausnahmen von der Regel. Ein in der Praxis häufig vorkommendes Beispiel aus dem Bereich Vertrieb (SD) sind Verkaufsorganisationen (`VKORG`) und zugeordnete Vertriebswege (`VTWEG`).

Verkaufsorganisationen werden in der Tabelle TVKO gepflegt, Vertriebsbereiche in der Tabelle TVTW. Beide Tabellen werden zunächst unabhängig voneinander gepflegt. Beide Organisationseinheiten sind jedoch über die Tabelle TVKOV miteinander verknüpft (Zuordnung der Vertriebswege zu Verkaufsorganisationen). Wenn Sie die Feldkombination VKORG und VTWEG in eine Tabelle oder Struktur aufnehmen, werden Sie in der Regel sichergehen wollen, dass nur der gewählten Verkaufsorganisation zugeordnete Vertriebswege erfasst werden können. Dies erreichen Sie, wenn Sie für das Feld VTWEG nicht die Tabelle TVTW als Prüftabelle verwenden, sondern die Tabelle TVKOV.

## A.12 Transaktionen anlegen

Rufen Sie Transaktion SE93 auf, um eine Transaktion anzulegen oder zu ändern. Geben Sie im Feld TRANSAKTIONSCODE den Namen der Transaktion ein. Wählen Sie die Schaltfläche ANLEGEN, um die Transaktion anzulegen (siehe Abbildung A.40).

**Abbildung A.40** Anlegen der Transaktion ZBOOK_DEMO

**Transaktionsarten**

Es gibt verschiedene Transaktionsarten (siehe Abbildung A.41):

- Dialogtransaktion
- Reporttransaktion
- ABAP-Objects-Transaktion
- Variantentransaktion
- Parametertransaktion

**Dialogtransaktion**

Legen Sie z.B. eine Dialogtransaktion an. Vergeben Sie einen sprechenden Kurztext, und bestätigen Sie diesen Verarbeitungsschritt.

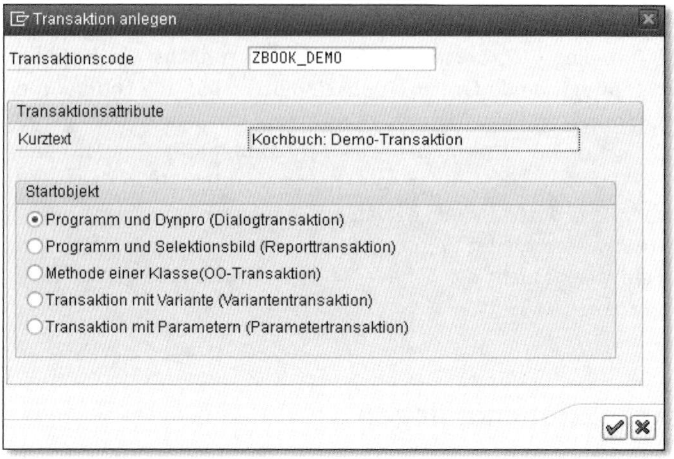


**Abbildung A.41** Wählen der Transaktionsart

Geben Sie den Namen des zu verwendenden Programms in das Feld PROGRAMM ein (siehe Abbildung A.42). Geben Sie die Nummer des Dynpros im Feld DYNPRONUMMER ein, und sichern Sie die Transaktion.

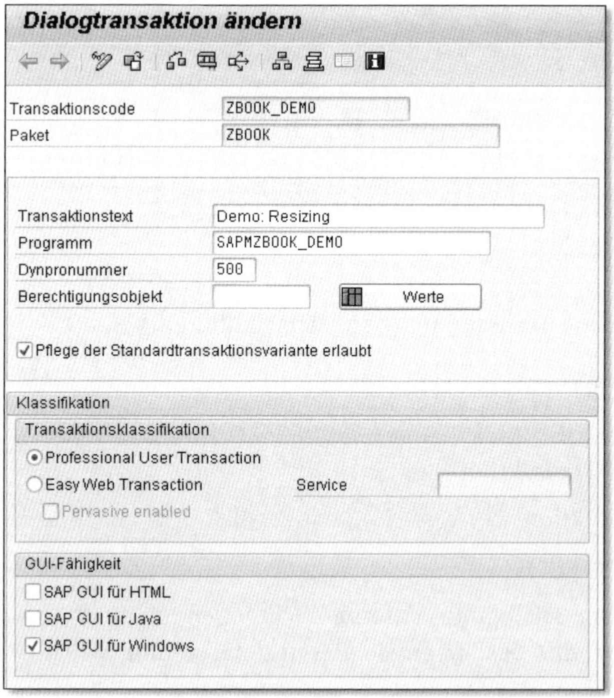


**Abbildung A.42** Anlage der Dialogtransaktion ZBOOK_DEMO

# B Die Autoren

**Enno Wulff** ist SAP-Berater und Programmierer aus Leidenschaft. Nach Abschluss seiner Ausbildung zum Fachberater für Softwaretechniken bei der SIEMENS NIXDORF Informationssysteme AG im Jahr 1995 war er bei dieser Firma in Hannover drei Jahre als SAP-Berater tätig. Danach gründete er mit einem Arbeitskollegen eine SAP-Beratungsfirma. Zu diesem Zeitpunkt ging Enno Wulff mit dem Tricktresor online, einem Portal, auf dem kleine Tipps & Tricks rund um die SAP-Programmierung redaktionell aufbereitet präsentiert werden. Nach einem Umzug zurück in die Heimat nach Norddeutschland und freiberuflicher Tätigkeit arbeitet er seit 2008 bei der Inwerken AG (ehemals COMbridge AG). Seine Schwerpunkte liegen in den Bereichen SAP-Programmierung, Sales & Distribution, Material Management, Quality Management und Cross Applications. Er ist mit cleveren Ideen immer auf der Suche nach der idealen Lösung.

**Dennis Goerke** beendete 2003 seine Ausbildung zum Fachinformatiker für Anwendungsentwicklung im SAP-Umfeld bei der Firma MDM-Münzhandelsgesellschaft. Anschließend sammelte er bei der Inwerken AG wertvolle Projekterfahrung in den SAP-Modulen Material Management, Production Planning, Quality Management, Sales & Distribution, Warehouse Management und im Custom Development. Heute ist er erfahrener SAP-Entwickler und Ausbilder und studiert berufsbegleitend Wirtschaftsinformatik in Hannover.

**Maic Haubitz** hat eine Ausbildung zum Datenverarbeitungskaufmann absolviert. Seit 1998 beschäftigt er sich mit Themen in und um die SAP-Software, seit 2002 als ABAP-Entwickler und SAP-Berater bei der Inwerken AG. Seine Schwerpunkte sind die Logistik-Module sowie die Basis-Komponenten.

**Sascha Seegebarth** studierte Angewandte Informatik an der Hochschule Hannover. Während seines Studiums sammelte er im Rahmen seiner Selbstständigkeit Erfahrungen in SAP-Projekten, bevor er 2008 als SAP-Technologieberater bei der Inwerken AG anfing. Sein Schwerpunkt liegt im Bereich neuer Technologien und integrativer Projekte.

**Udo Tönges** war nach seinem Studienabschluss 1999 zum Diplom-Mathematiker an der Universität Bielefeld zunächst im Service- und Support-Bereich eines SAP-Systemhauses tätig. Dort hat er sich breit gefächertes SAP-Modul-Wissen aneignen können und sich zum ABAP-Entwickler fortgebildet. Nachdem er zwei Jahre bei einem internationalen Unternehmen (mit Sitz in Mountain View, Kalifornien, und Standort in Braunschweig) als Projektmanager tätig war, wechselte er im August 2006 nach Hannover zur Inwerken AG. Seine Schwerpunkte in der SAP-Programmierung sind Schnittstellenimplementierungen, Web Dynpro ABAP und SAP-Workflow-Funktionen.

# Index

## C



## D

## G



## H



## I



## J

## K



## L



## M

## N



## O



## P

## R



## S

## T

## U



## V



## W

## X



## Z

# KATALOG & NEWSLETTER

Ja, bitte senden Sie mir kostenlos den neuen **Katalog**. Für folgende SAP-Themen interessiere ich mich besonders: (Bitte Entsprechendes ankreuzen)

- ☐ Programmierung
- ☐ Administration
- ☐ IT-Management
- ☐ Business Intelligence
- ☐ Logistik
- ☐ Marketing und Vertrieb
- ☐ Finanzen und Controlling
- ☐ Personalwesen
- ☐ Branchen und Mittelstand
- ☐ Management und Strategie

Ja, ich möchte den **SAP PRESS-Newsletter** abonnieren. Meine E-Mail-Adresse lautet:

______________________

**www.sap-press.de**

SAP PRESS

**Teilnahmebedingungen und Datenschutz:**
Die Gewinner werden jeweils am Ende jeden Monats ermittelt und schriftlich benachrichtigt. Mitarbeiter der Galileo Press GmbH und deren Angehörige sind von der Teilnahme ausgeschlossen. Eine Barablösung der Gewinne ist nicht möglich. Der Rechtsweg ist ausgeschlossen. Ihre freiwilligen Angaben dienen dazu, Sie über weitere Titel aus unserem Programm zu informieren. Falls sie diesen Service nicht nutzen wollen, genügt eine E-Mail an **service@galileo-press.de**. Eine Weitergabe Ihrer persönlichen Daten an Dritte erfolgt nicht.

Absender

Firma

Abteilung ______________________

Position ______________________

Anrede Frau ☐ Herr ☐

Vorname ______________________

Name ______________________

Straße, Nr. ______________________

PLZ, Ort ______________________

Telefon ______________________

E-Mail ______________________

______________________
Datum, Unterschrift

Bitte freimachen!

Antwort

**SAP PRESS**
c/o Galileo Press
Rheinwerkallee 4
53227 Bonn